교육학 논술

이경범 편저

- 체계적으로 정리된 교육학 핵심이론
- 효율적인 학습에 최적화된 구성
- 이론과 기출을 한번에 정리해주는 족보 제공(X-file)

THEME ver.

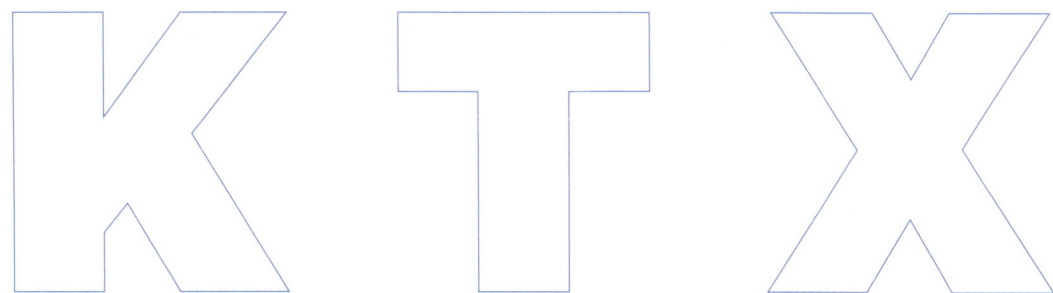

교 육 학 논 술   K T X

PREFACE

출간 계기
최근 임용 논술의 출제 경향을 보면, 기본적인 개념을 문제사태에 적용하는 형태가 주류를 형성하고 있다. 이를 대비하기 위해서는 각 테마별 주요 개념을 명료화하는 것이 가장 선행되어야 하고, 그 개념을 문제사태에 적용하는 형태로 접근하는 방식의 학습이 필요하다. 따라서 교육학 이론들의 자세한 맥락과 특징들을 매우 깊이 있게 다루는 기존 교재가 아닌, 각 테마의 핵심 내용들을 명료하게 정리하고 파악할 수 있도록 돕는 새로운 교재가 필요하였다.

이 책의 특징 및 활용
교육학 논술 KTX는 "THEME ver."과 "X-file ver."으로 구성되어 있다.
"THEME ver."은 방대한 영역의 교육학 이론들 중 핵심 이론들만을 엄선하여 각각의 테마로 구성하였다. 각 테마는 현재 교육의 트렌드에 맞춰 한동안 출제된 적이 없는 이론들은 과감히 빼버리고 교육행정고시, 교육행정직 공무원 시험, 임용 교육학 기출 시험에서 출제된 영역들을 중심으로 선정하였다. 또한, 최대한 핵심적인 내용들로만 구성함으로써, 목표달성의 효율성을 극대화하였다.
"X-file ver."은 교육학 이론들을 각각의 테마로 다루는 "THEME ver."의 학습을 보완하기 위한 부록이자, 시험날까지 활용할 수 있는 가장 중요한 족보자료이다. 각 이론들을 분리된 테마로 학습하게 되면, 교육학의 전체적인 흐름을 파악하기 어렵다. 이를 보완하기 위해, "X-file ver."에서는 교육학 내용들을 과목별로 구조화할 수 있는 INFO MAP 자료를 제공하고, 이와 연결지어 교육학 논술 기출문제까지 제시하고 있다. 고로 이론과 기출을 한 번에 정리함으로써 기억효과를 극대화하고, 시험날까지 계속 자동화할 수 있는 족보자료가 되어줄 것이다.
교육학 논술 KTX로 개념을 파악하고, 3-4월 수업교재인 논객 통합 기출서를 병행하여 본다면 임용논술 공부에 최적의 학습자료가 될 것임을 확신하는 바이다.

이 책이 나오기까지 수고해준 이들이 많다. CL Works 박인찬 이사님, 보명C&I 정태욱 사장님을 비롯한 모든 직원분들, 우리 연구실 가족들, 그리고 마지막으로 사랑하는 가족에게 고마움을 전한다.

2023년 12월
이경범

CONTENTS

교육학 논술 KTX

Chapter 01 교육의 기초

01 피터스(Peters)의 교육 개념   10
02 교육의 목적과 정당화   11

Chapter 02 교육철학

03 전통적 교육철학   14
04 미국의 4대 교육철학   16
05 실존주의 : 존재의 철학   19
06 분석철학 : 의미의 철학   21
07 비판이론 : '소외로부터의 해방 추구'   22
08 포스트모더니즘(후기 구조주의)   24
09 신자유주의(Neo-Liberalism)   26

Chapter 03 위대한 교육사상가

10 플라톤(Platon)   30
11 아리스토텔레스(Aristoteles)   32
12 코메니우스(Comenius)   34
13 루소(Rousseau)   35
14 페스탈로치(Pestalozzi)   36
15 헤르바르트(Herbart)   37
16 듀이(Dewey)   38

Chapter 04 교육심리

17 브론펜브레너(Bronfenbrenner)의 생물생태론적 접근   42
18 피아제(Piaget)의 인지발달이론   43
19 비고츠키(Vygotsky)의 인지발달이론   45
20 프로이드(Freud)의 심리성적 성격발달이론   47
21 에릭슨(Erikson)의 심리사회적 성격발달이론   49
22 마샤(Marcia)의 청소년 정체성이론   51
23 콜버그(Kohlberg)의 도덕성 발달이론   52
24 길리건(Gilligan)의 배려지향이론   54
25 파블로프(Pavlov)의 고전적 조건형성   55
26 손다이크(Thorndike)의 시행착오학습   57
27 스키너(Skinner)의 조작적 조건형성   58
28 반두라(Bandura)의 사회학습이론   60
29 초기 인지학습이론   62
30 정보처리이론   64
31 메타인지(Metacognition)   66
32 카텔과 혼(Cattell & Horn)의 유동지능과 결정지능   67
33 가드너(Gardner)의 다중지능이론   68
34 스턴버그(Sternberg)의 삼원지능이론   70
35 정서지능(EQ)   72
36 지능검사   73
37 창의성   75
38 인지양식   77
39 전이   79
40 동기(motivation)   81
41 바이너(Weiner)의 귀인이론   82
42 에클스와 위그필드(Eccles & Wigfield)의 기대-가치이론   83
43 데시와 라이언(Deci & Ryan)의 자기결정성이론   84
44 성취목표이론   86
45 자기지각이론   88
46 학교에서의 학습동기(TARGETT 모델)   90
47 특수한 학습자   91
48 영재아   93

Chapter 05 생활지도 및 상담

49 생활지도의 기초 96
50 비행이론 97
51 홀랜드(Holland)의 직업인성유형이론 99
52 로우(ROE)의 욕구이론 101
53 수퍼(Super)의 진로발달이론 102
54 크럼볼츠(Krumboltz)의 사회학습이론 104
55 상담기법 105
56 프로이드(Freud)의 정신분석상담 108
57 로저스(Rogers)의 인간중심상담 109
58 글래써(Glasser)의 현실치료상담 110
59 엘리스(Ellis)의 합리적·정서적 상담
　(RET : Rational-Emotive Therapy) 112
60 드 세이져의 해결중심상담 114

Chapter 06 교육사회

61 교육사회학 연구의 관점 118
62 기능주의 사회화이론 120
63 기능주의 하위이론 121
64 보울즈와 진티스(Bowles & Gintis)의 경제적 재생산이론 123
65 부르디외(Bourdieu)의 문화재생산이론 124
66 번스타인(Bernstein) 125
67 상징적 상호작용론 127
68 교육평등관 128
69 교육선발과 시험의 기능 129
70 학업성취 결정요인 130
71 학력상승이론 132
72 학교교육의 위기와 교육개혁 134
73 평생교육 135
74 다문화교육 137

Chapter 07 교육행정

75 교육행정의 개념과 원리 142
76 교육행정학의 발달과정 143
77 동기론① - 내용이론 146
78 동기론② - 과정이론 148
79 상황적 지도성론 150
80 새로운 지도성론 151
81 교육조직의 기초 153
82 조직유형론 154
83 교육조직구조 155
84 학교조직의 특성 156
85 학교풍토론 157
86 조직문화론 158
87 조직갈등론 159
88 의사소통론 160
89 교육기획론 161
90 교육정책의 기초 163
91 교육정책 결정모형 164
92 참여적 의사결정 모형 166
93 장학의 기초 167
94 장학의 유형 168
95 교육재정의 기초 170
96 교육예산 관리기법 171
97 교육제도 173
98 학교경영기법 175

Chapter 08 교수학습

99 토의법 178
100 협동학습 180
101 개별화 수업 183
102 자기주도학습과 자기조절학습 185

103 글레이저(Glaser)의 교수과정 모형 187
104 완전학습모형 188
105 브루너(Bruner)의 발견학습 189
106 오수벨(Ausubel)의 유의미 수용학습이론 190
107 가네(Gagné)의 목표별 수업이론 192
108 구성주의의 개요 194
109 구성주의 교수이론 195
110 라이겔루스(Reigeluth)의 정교화 이론 198
111 메릴(Merrill)의 내용요소제시이론 199
112 켈러(Keller)의 학습동기이론(ARCS) 201

Chapter 09 교육공학

113 교육공학의 발달과정 206
114 라이겔루스(Reigeluth)의 교수설계의 요소 207
115 교수설계 모형 208
116 교수매체연구 211
117 교수매체의 효과성 논쟁 212
118 교수매체 선정모형 213
119 컴퓨터 교육 215
120 원격교육 216
121 교수-학습방법의 혁신 217

Chapter 10 교육과정

122 교육목표 222
123 교육목표 분류학 224
124 교육내용 226
125 교육과정의 유형 227
126 잠재적 교육과정과 영 교육과정 231
127 교육과정 연구의 패러다임 233
128 타일러(Tyler)의 합리적 모형 235
129 타바(Taba)의 귀납적 모형 236
130 워커(Walker)의 숙의모형 237
131 스킬벡(Skilbeck)의 학교중심 교육과정 개발모형 238
132 위긴스와 맥타이(Wiggins & McTighe)의 백워드 교육과정 239
133 스나이더(Snyder)의 교육과정 실행 관점 241
134 홀과 호드(Hall & Hord)의 관심확인채택 모형 242

Chapter 11 교육평가

135 교육평가관 246
136 타일러(Tyler)의 목표중심적 접근 247
137 스터플빔(Stufflebeam)의 경영적 접근 248
138 스크리븐(Scriven)의 탈목표평가 249
139 아이즈너(Eisner)의 교육적 감식안과 교육비평 250
140 교육평가의 유형 ① - 평가기준에 따른 분류 251
141 교육평가의 유형 ② - 평가기능에 따른 분류 253
142 수행평가 254
143 평가도구의 조건 256

Chapter 12 교육통계 및 연구

144 척도 262
145 집중경향치 264
146 규준점수 265
147 고전검사이론 266
148 문항반응이론 268
149 표집방법 269

150 교육연구의 분류	271	
151 실험연구	272	
152 사례연구와 문화기술지법	274	
153 자료수집방법	275	

참고문헌   278

교 육 학 논 술   K T X

Chapter 01

교육의 기초

THEME 01 피터스(Peters)의 교육 개념
THEME 02 교육의 목적과 정당화

THEME 01 피터스(Peters)의 교육 개념

(1) 기준으로서의 교육
① 규범적 준거(교육목적) : 교육은 그 자체로서 가치 있는 것의 실현을 위한 것이어야 하며, 학습자는 이에 헌신·노력해야 함 → '내재적 가치'를 추구하는 일
② 인지적 준거(교육내용) : 교육은 '지식과 이해' 그리고 '지적 안목'을 가지게 해 주어야 함 → '지식의 형식'
③ 과정적 준거(교육방법) : 전달방법이나 과정이 도덕적으로 온당해야 함 → 학생의 의지나 자발성 존중

(2) 입문으로서의 교육
① 피터스는 듀이(Dewey)를 중심으로 하는 성장이론가와 전통주의자들을 비판하였음
② 성장이론가들은 지나치게 흥미를 강조한 나머지 가치 있는 내용을 의도적으로 전달한다는 것을 신봉한 교사들의 주장을 회피했고, 전통주의자들은 학생의 자발성과 의도성을 무시했다는 것
③ 이들을 비판하면서 피터스는 교육을 '미성숙한 아동을 인간다운 삶의 형식 안으로 입문시키는 과정(성년식)'으로 보았음
　㉠ 입문으로서의 교육 : 교육은 공적 전통(지식의 형식, 인류가 오랫동안 공동의 노력으로 이룩한 전통)에 입문하는 것
　㉡ 성년식에 비유 : 교육은 경험 있는 사람이 경험 없는 사람들의 눈을 개인의 사적 감정과 관계없는 객관적인 세계로 돌리게 하는 일

(3) 교육받은 사람
① 지식의 형식에 입문한 사람 : 힘들고 지루한 과정을 거쳐 마침내 그가 가치 있는 지식을 획득하게 되었을 때 비로소 '교육받은 사람'이 되어 그 활동에 자발적으로 헌신할 수 있게 됨
② 인지적 안목을 갖춘 사람 : '교육받은 사람'은 이론적 지식에 대해서 한 부분에 치중하지 않는 인지적 안목을 가져야 함 → 전체를 전망할 수 있는 전인의 모습
　㉠ 하는 지식(설득을 위한 교육) : 단순한 설득 그 자체, 이해와 무관한 설득만을 목적으로 학생의 외부적 반응에 초점
　㉡ 보는 지식(이해를 위한 교육) : '교육받은 사람'이 갖고 있는 지식으로, 교육을 통한 학생의 인격적 성숙을 추구. 인격적 성숙은 학생이 교사의 가르침에 대해 스스로 판단하여 의문을 품고 그 의문을 풀어나가는 과정에서 이루어짐
③ 합리적 인간 : '교육받은 사람'은 궁극적으로 모두가 합의하는 윤리적 기준에 맞게 스스로 살아갈 수 있는 합리적 주체

THEME 02 교육의 목적과 정당화

(1) 교육목적의 구분
① 내재적 교육목적 : 교육이 다른 것의 수단이 아닌 교육의 개념 혹은 활동 자체가 가지고 있는 목적 → 교육의 본질적 기능을 중시 **예** 지적 탁월성, 도덕적 탁월성, 미적 경험의 발달, 인격 완성, 자아실현 등
② 외재적 교육목적 : 교육이 다른 활동의 목적을 위한 수단으로 사용되는 것 → 교육의 비본질적·수단적 기능을 중시 **예** 생계유지, 직업 준비, 대학 입시, 국가발전의 수단 등

(2) 선험적 정당화
① 선험적이라는 용어는 '경험을 초월한다'는 뜻이며, 선험적 정당화는 어떤 질문 그 자체에 들어있는 논리적 가정을 드러냄으로써 정당화시키는 방식을 의미
② 이는 개인의 의식적인 사고에 의하여 받아들여지는가 아닌가와는 무관하게 성립하는 그런 정당화로서, 개인의 심리가 아닌 논리에 호소하는 것
③ 교육의 내재적·비도구적 목적을 강조하기 위해 등장 : 피터스는 「교육의 정당화」에서 '권태의 결여'와 '이성의 가치'를 통해 교육이 정당화될 수 있다고 주장
  ㉠ 권태의 결여 : 교육에 필요한 지식과 이해는 지적 기능과 능력을 연습할 기회를 주는데, 이러한 지적 활동은 매력적이고 신비한 것이어서 학습자와 탐구자를 몰입하게 만듦
  ㉡ 이성의 가치 : 교육은 이성의 발달에 관심을 갖는 활동으로, 이성은 문제를 해결하는 능력이며 이성을 통해 문제를 해결하기 위해서는 몇 가지 탁월성들을 구비하여야 함(진실 말하기, 성실, 사상의 자유, 명료성, 비자의성, 공평, 적합성, 일관성, 증거의 존중, 인간존중). 이러한 탁월성들은 획득하기가 매우 어렵고, 이를 구비한 사람은 많지 않음

교 육 학 논 술   K T X

Chapter 02

교육철학

THEME 03	전통적 교육철학
THEME 04	미국의 4대 교육철학
THEME 05	실존주의 : 존재의 철학
THEME 06	분석철학 : 의미의 철학
THEME 07	비판이론 : '소외로부터의 해방 추구'
THEME 08	포스트모더니즘(후기 구조주의)
THEME 09	신자유주의(Neo-Liberalism)

THEME 03 전통적 교육철학

(1) 관념론(Idealism)과 교육 - 플라톤(Platon)

1) 철학적 원리

① 실재의 문제 : 정신 또는 마음
② 진리의 준거 : 참된 지식은 이미 존재하는 것을 깨닫고 해독하는 것
  → 정합설 : 진리는 '논리적 사유'에 의해 인지되기 때문에 한 가지 신념이나 사실이 진리가 되는 준거는 그것들이 다른 신념이나 사실들과 모순되지 않게 관계를 유지하면서 논리정연하게 포함되어 있을 때임(현대철학의 '합리주의'와 연결)
③ 가치론 : 신에 의해 창조된 정신적인 가치, 절대적인 가치를 추구

2) 교육적 원리

① 교육목적 : 진리 탐구자가 됨으로써 학습자로 하여금 정신적 가치를 깨닫고 도덕적 인격을 도야하는 것
  → 인격교육, 도덕교육, 정신교육을 강조. 정신적 가치, 절대적 가치를 추구
② 교육내용 : 위계적으로 구성된 철학과 신학 중심. 정신적이고 이상적인 교과목. 일반 교양교육 강조
③ 교육방법 : 자신의 의지와 의식의 존중에 의한 교육 → 주입이 아닌 '추출'하는 작업(소크라테스식의 대화법)
  ▶ 소크라테스의 대화법(문답법) : 논박의 단계(반어법, 무의식적 무지에서 의식적 무지로 전환) + 산파술의 단계(의식적 무지에서 진리를 깨닫도록 하는 방법)
④ 교사의 역할 : 실재에 대한 지식을 전수하고 도덕적·문화적 가치의 모범 또는 모델이 되는 것

(2) 실재론(Realism)과 교육 - 아리스토텔레스(Aristoteles)

1) 철학적 원리

① 실재의 문제 : 사물을 감각과 추상적 활동을 통하여 인식할 수 있는 대상(질료와 형상으로 구성)
② 진리의 준거 : 우리가 실재를 관찰한다는 뜻, 관객이론(훈련, 경험, 연습을 많이 제공)
  → 대응설 : 우리의 생각과 지식이 실재한 사물들과 일치된 것이 진리가 됨
③ 가치론 : 가치는 외적인 객관적 기준에 의해 평가

2) 교육적 원리

① 교육목적 : 조직화되고 체계적인 지식(지식체가 학습 교과)을 연구하고 배움으로써 이성을 계발하는 것
② 교육내용 : 현대어와 자연과학을 중시하는 실학주의 교육, 관찰과 실험을 주로 하는 실험실 중심의 교육
③ 교육방법 : 교사중심. 학문적이고 기본적인 훈련 중요시. 교수 매체의 사용 옹호(사실에 정통한 정보제공, 교사 편견 제거)
④ 교사의 역할 : 가치 있는 내용을 선정·체계화. 강의·토론·실험 등의 다양한 교수 방법을 구사하여 효과적으로 정확한 정보를 소개 → 지식공급자의 역할

(3) 자연주의(Naturalism)와 교육 - 루소(Rousseau)

1) 철학적 원리

① 실재의 문제 : 자연만이 유일한 실재
② 진리의 준거 : 모든 지식은 경험으로부터 온다고 주장
③ 가치의 문제 : 자연질서의 한 부분인 자연과 자연법칙에 따라 발전하는 인간 본성에 의존

2) 유형 : 객관적 자연주의(코메니우스, 객관적으로 존재하는 자연현상의 법칙에 관심), 주관적 자연주의 - 원시적 자연주의(루소, 인간의 천성·개성 등에 관심), 사회적·문화적 자연주의(페스탈로치, 인간의 발달법칙에 관심)

3) 교육적 원리

① 교육적 인간상 : 자신의 이성에 따라 스스로 판단할 줄 아는 자율적 인간
② 교육목적 : 사회생활에 필요한 기능·지식·태도, 각 개인이 자신의 개인적인 생활을 즐길 수 있는 자질을 갖추도록 함
③ 교육과정 : 경험을 통한 교육활동의 중시, 아동의 자연적 성장발달과 자기활동, 관찰, 발견을 중시
④ 교사의 역할 : 아동의 발달 수준에 알맞은 관심의 대상을 포착, 활동을 촉구

(4) 프래그머티즘(Pragmatism)과 교육 - 듀이(Dewey)

1) 철학적 원리

① 실재의 문제 : 경험과 변화만이 유일한 실재
② 진리의 준거 : 지식은 환경과의 접촉과정에서 반성적 사고를 통해 얻어지는 것으로 상대적인 것
③ 가치의 문제 : 경험에 의해 유용성, 실용성이 입증된 것만이 가치로운 것(결과주의, 실험주의, 도구주의)

2) 프래그머티즘의 근본원리

① 이 세상에 영원, 불변하는 것은 없고 오직 변화만이 실재함
② 가치는 상대적
③ 인간은 사회적이고 생물학적인 존재
④ 모든 인간의 행동에 있어 비판적 지성의 가치가 발동되어야 함

3) 교육적 원리

① 교육목적 : 문제해결능력(개인적·사회적인 삶 속에서 새로운 것에 대처하기 위한 경험)의 제공 → 아동의 내재적 능력을 토대로 아동과 공동으로 합의하여 정해야 함
② 교육내용 : 끊임없는 경험의 재구성 과정. 각 교과목이 문제(과제)에 따라 서로 연결, 통합되는 방식을 추구
③ 교육방법 : 아동 중심 교수(아동의 현재 욕구, 흥미, 능력을 최대한 고려), 수업에의 아동의 활동적 참여, 그룹 활동 혹은 협동학습 촉진(구안법)
④ 교사의 역할 : 학생들이 문제를 해결해 나갈 수 있도록 격려 → 학습자의 주도적 학습이 곤란에 직면할 때 필요한 안내를 해주거나 다른 학습자에게 방해되는 행동을 통제하는 선에서 개입

THEME 04 미국의 4대 교육철학

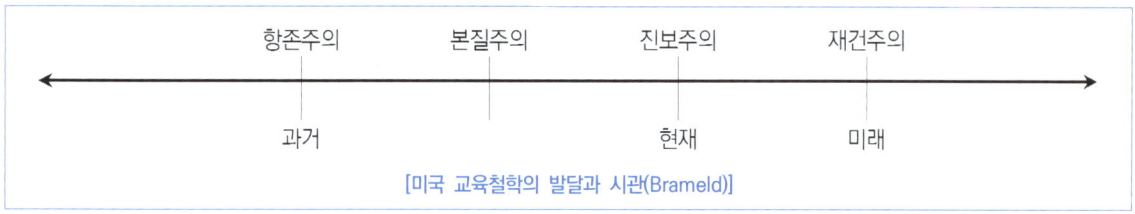

[미국 교육철학의 발달과 시관(Brameld)]

(1) 진보주의 : 미래 생활준비를 위한 교사중심의 전통적 교육철학 비판

1) 발달 배경
① 사상면 : 자연주의 철학(루소, 페스탈로치 등의 영향), 실용주의 철학(듀이, 급변하는 현재 생활에의 적응 중시)
② 환경면 : 과학기술의 발달(실용성 있는 교육 요청), 미국 민주주의 성장(학생의 참여 증대)

2) 특징
① 계발적 교육 : 밖으로부터의 형성이 아니고 안으로부터의 계발이어야 함
② 아동중심 교육으로의 전환 : 아동의 흥미와 욕구 충족, 자발적 자기실현의 과정
③ 교과과정의 현성성 : 교과과정은 미리 짜여 있어서는 안 되며, 그때그때 짜여져야 함
④ 방법의 중요성 : 내용에 접근하는 방법을 배우는 것이 내용의 체계적 이해보다 더 중요함
⑤ 학교의 사회개혁성 : 사회체제에 적응하는 사람을 육성하기보다는 사회체제의 한계를 인식시키는 곳이 되어야 함
⑥ 즐거운 훈련 : 훈련의 방법은 아동 자신이 선택해 가는 즐거운 것이 되어야 함

3) 진보주의 교육이론
① 중요 모토 : 교육은 "생활, 계속적인 경험의 재구성, 성장, 사회적 과정"이다.
② 교육목적 : 개인적 자아실현, 현재 생활에의 적응
③ 교육내용 : 경험중심 교육과정, 경험에 의한 학습과 학습자의 참여를 중시
④ 교육방법 : 듀이의 문제해결학습법, 킬패트릭의 구안법(프로젝트법) 등 → 흥미 중시, 자율학습
⑤ 교육평가 : 절대평가 선호

4) 진보주의의 가치와 한계
① 가치
  ㉠ 교사중심의 교육에서 아동 중심의 교육으로 교육의 중심을 이동시킴
  ㉡ 현재 생활에의 적응을 강조하여 교육의 실용성·실천성의 향상에 기여함
  ㉢ 민주주의의 성장·발달에 공헌함
② 한계
  ㉠ 지나친 아동중심주의(개인적 자아실현만 강조) → 본질주의가 비판
  ㉡ 본질적 문화유산의 경시 → 본질주의가 비판
  ㉢ 절대적인 진리의 경시 → 항존주의가 비판
  ㉣ 사회의 미래상에 대한 인식 부족 → 재건주의가 비판

(2) 본질주의(Bagley, Ulich, Horne) : 진보주의를 지나친 아동중심주의 교육이라고 '부분 비판'

1) 발달 배경
① 사상면 : 관념론과 실재론 – 절대적인 진리 강조(진리의 고정성과 확실성)
② 환경면 : 지식교육이 빈약 – 사회의 변화와 발전에 필요한 교사중심의 지식교육 강조

2) 특징
① 흥미보다 '노력'을 중시
② 교사의 주도성을 강조
③ 교재가 교사에 의해 논리적으로 조직되어 제시되어야 한다고 주장
④ 학교는 아동의 인격과 흥미를 충분히 존중하면서도 사회적 요구와 관심사에도 중점

3) 본질주의 교육이론
① 교육목적 : 본질적 문화유산의 전달
② 교육내용 : 3R's의 철저한 훈련(읽기, 쓰기, 셈하기), 고전
③ 교육방법 : 교사의 지시·명령·감독에 의한 교육

4) 본질주의의 가치와 한계
① 가치 : 본질적 문화유산의 전달을 강조, 과도한 진보주의를 시정
② 한계
  ㉠ 보수성 : 지적 진보성과 창의성을 저해
  ㉡ 자연과학(실재론)과 고전(관념론)에 치중, 사회과학이나 실기과목은 경시
  ㉢ 교육에서 학생의 자발적 참여가 제한
  ㉣ 사회개혁에 대한 의지 결여, 과거지향적

5) 진보주의와 본질주의 비교

구분	진보주의	본질주의
교육의 초점	흥미, 자유	흥미의 중요성 인정하나 노력 강조, 근면성 내포
내용선정	학습내용은 아동 자신에 의해 결정	교사에 의해 교재가 준비되고 제시됨
교육내용	개인의 경험	민족적 경험, 교과 또는 교재(원리)
내용조직	교재의 심리적 조직	논리적 조직
교육목적	직접적 목표	장래의 목표

(3) 항존주의 : 진보주의에 대해 '전면 비판'

1) 배경 : 현대문명의 위기(유물론과 배금주의 사상, 민주주의 혼란, 경험주의적·실증주의적 경향과 과학주의의 그릇된 진보의 개념에 기인)

2) 항존주의 형태
① 세속파 : 고전을 통한 이성의 훈련 강조 → 허친스(Hutchins), 아들러(M. Adler)
② 천주교파 : 종교적인 지성 강조 → 마리탱(Maritain), 커닝햄(Cunningham)

3) 항존주의 교육이론
① 교육목적 : 절대적이고 영원한 이성·영혼의 훈련
② 교육내용 : 위대한 고전들(The Great Books) → 허친스의 고전독서운동
  cf 본질주의(고전 자체가 목적, 본질적 문화유산의 전달이 목적) vs 항존주의(고전은 수단, 고전을 통한 이성·영혼의 훈련 강조)
③ 교육방법 : 교사의 훈련과 지시·강압의 방법

4) 항존주의의 가치와 한계

① 가치 : 선인의 예지에 의하여 수립된 확실성과 절대적인 진리의 가치를 강조
② 한계 : 지나친 보수주의, 아동의 자발성 무시, 전인교육 소홀, 문화에의 역행, 귀족성

5) 항존주의와 진보주의 비교

구분	항존주의	진보주의
가치관	가치의 영구적·불변적	일시적·변화적
진리관	진리의 절대성, 항존성	상대성, 진화성
실재의 본질	실재의 본질은 영원적·불변적	수시로 변화
교육목적	미래의 준비	현재생활에 충실
교육과정	고전 중심의 교육과정	생활 중심의 교육과정
교육방법 및 특징	주지주의(지식주의)	반주지주의(경험주의)
	정신주의, 이성주의	물질주의, 과학주의
	형식과 내용의 적극주의	자유를 중시하는 소극주의

(4) 재건주의(Brameld)

1) 배경

① 현대문화의 위기 : 소수의 지배층에 의하여 사회가 지배되는 위기를 극복하기 위하여 다수인(민중)의 참여를 강조 → '사회적 자아실현' 강조
② 기존사상의 한계점 - 브라멜드(Brameld)의 「재건된 교육철학을 지향하여」
　㉠ 진보주의의 개인적 자아실현을 비판
　㉡ 본질주의의 교육내용을 과거지향적이라고 비판
　㉢ 항존주의의 엘리트교육을 비민주적이라고 비판
③ 미래지향적·목표지향적이며, 기존 철학의 장점을 모두 수용할 수 있는 재건주의가 필요

2) 재건주의 교육이론

① 교육목적 : 사회적 자아실현
② 교육내용과 방법은 매우 다양 : 문화적 유산을 비판적으로 검토, 사회 재건에 활용할 수 있는 내용들을 중심으로 다룸
③ 행동과학 강조 : 교육의 목적과 방법은 행동과학에 의해 발견된 연구성과에 따라 재구성되어야 함
④ 교사의 역할 : 재건주의 사상의 타당성과 긴급성을 민주적 방법으로 학생들에게 설득시킴

3) 재건주의의 가치와 한계

① 가치
　㉠ 급변하는 사회에 적응하는 교육
　㉡ 미래사회가 민주주의에 의해 건설되어야 한다는 주장
　㉢ 교육이 사회개조의 가장 큰 수단이라는 새로운 시각을 제시
② 한계점
　㉠ 다수의 합의에 의한 교육은 어려움
　㉡ 교사와 학생의 공평한 입장을 추구하지만 주입식 교육이 불가피함
　㉢ 교육의 능력을 과신함

THEME 05 실존주의 : 존재의 철학

(1) 등장 배경 – "주체성이 진리이다"
① 합리주의적 관념론, 실증주의에 대한 비판과 도전으로 시작하여 분석철학과 실존주의는 현대철학의 주류를 형성
② 후설(Husserl) : 현상학적 입장(주관적 의미구성과정과 인간의 주체성 강조)을 통해 철학의 관심을 인식론(분석철학)으로부터 존재론(실존주의)으로 전환시켜야 한다고 주장
③ 현대문명의 비인간화에 대한 반항으로 등장

(2) 연구주제
① 체제성의 대비개념인 '개체성'
② 지식뿐만 아니라 감정, 의지까지도 포함한 체험의 세계 중시
③ 존재의 불합리성
④ 선택의 자유와 결단(순정성)
⑤ 인간이 도저히 피할 수 없는 불안·죽음·우울
⑥ 두 자유로운 개체(교사와 학생) 사이에서 이루어져야 할 공감적 관여의 문제

(3) 실존주의 교육이론

1) 기본입장 : "실존(존재)은 본질에 앞선다." - 샤르트르(Sartre)
① 본질은 그 자체로서의 의미보다는 자유와 책임, 그리고 선택의 주체인 나와의 관련을 맺었을 때만이 의미를 갖게 됨
② 인간은 자신의 자유의지에 의해 본질을 창조해 나가는 존재로, 자신의 행동 결과에 책임을 져야 함
→ 자유와 선택, 주체적 결단과 행동, 참여, 책임 등이 중요

2) 목적 : 자아실현적 인간 형성

3) 교육내용 및 방법
① 교사·커리큘럼·시설·환경 따위는 한 인간이 전인으로 성장하기 위한 도구에 지나지 않음
② 교과목 그 자체보다는 교과목을 다루는 방법을 중시 → 커리큘럼 내에서의 실존적 자유의 행사가 중요시됨
③ 지식의 전달보다 학생의 주체적 각성과 결단을 중시 → 니체(Nietzsche), 닐러(Kneller) 등은 정부 주도의 획일화, 집단화 학교교육을 비난
④ 인문학과 예술을 강조 : 실존적 선택은 개인적이고 주관적이기에 정서적·심미적·시적인 과목들이 적합
⑤ 죽음, 좌절, 공포, 갈등과 같은 인간 삶의 어두운 측면 또한 보여줘서 적극적인 삶의 의미를 느끼도록 함

4) 시사점
① 비연속적 성장 가능성의 일면 주목
▶ 볼노브(Bollnow)의 '비연속적 교육' : 인간의 성장은 비연속적인 도약 또는 질적인 변화단계를 거치며, 비연속적인 요소(위기, 각성, 충고, 상담, 만남, 모험, 좌절)에 의해 인간은 변화함 – 우발적이고 순간적인 만남과 각성
② 인간의 개성과 주체성을 최대한 존중하는 교육으로 전향시키도록 촉구

③ 학생 개개인의 개성을 존중 : 다양한 커리큘럼 제공을 통해 전인교육 추구
④ 학생의 자율성 강조 : 인간교육에 대한 교사의 관심과 역할이 매우 중요

5) 한계점 : 교육방법 체계화의 어려움, 개인과 환경과의 관계를 소홀히 함(개인 중시), 교육의 연속성 경시, 교사·커리큘럼·시설·환경을 인간의 전인적 성장을 위한 도구로 바라봄

(4) 부버(Buber)의 교육사상 : '만남'의 교육

1) 부버 사상의 뿌리 – 하시디즘 : 세계 속에서의 적극적인 봉사를 요구하며 일상생활의 충실·관심·사랑을 강조

2) 만남의 철학 : 인간이 세계에 대하여 가질 수 있는 두 가지 태도를 제시
① '나-그것'의 세계 : 사람이 세계를 객체로써 소유하고 이용한다는 것으로, 이때의 세계는 경험의 대상으로서의 '어떤 것'일 뿐, 경험하는 주체와 적극적이고 직접적인 관계에 있지 않음
② '나-너'의 세계 : 서로 전 존재를 기울여 참인격적으로 관계하며, 직접적이고 상호작용하는 근원적인 관계
▶ '나-너' 관계의 특성 : 상호성, 직접성, 현재성, 강렬성, 표현 불가능성

3) 교사와 학생의 바람직한 만남
① 상호 인격적 만남 : 상호 간의 인격을 존중하는 인격의 바탕 위에서 참 만남을 이루는 관계가 되어야 함
② 상호 주체적 만남 : 동등한 하나의 인격적 주체와 주체로서 그리고 삶의 주체로서 만나야 하며, 서로의 의견을 적극적으로 경청하는 자세를 가져야 함 → 암기 위주의 교육 X, 주입식의 교육 X
③ 상호 개성의 조화적 만남 : 교사와 학생이 각각 자유로운 개성적 존재로서 서로 만나야 함(각각의 개성과 가치 인정) → 획일화된 교육내용과 방법 X
④ 대화적 만남 : 교사와 학생이 대화를 통하여 서로의 인격을 깨어나게 해 주는 관계가 되어야 함
⑤ 상호 포용적 만남 : 교사와 학생은 자신의 정체성을 지니면서 상대편의 삶에 참여함으로써 자기 자기 자신의 삶을 형성해 가야 함(신뢰와 개방, 포용)
⑥ 구도적 동반자로서의 만남 : 교사와 학생의 관계는 진리 탐구에 있어서 우열적 상하관계가 아니라 동등한 탐구자로서의 관계임(우정의 관계, 진리의 공동생산)

THEME 06 분석철학 : 의미의 철학

(1) 등장 배경 - '철학적 분석주의, 논리적 실증주의, 논리적 실험주의, 언어분석주의'
① 종래의 사변적·선험적 철학방법을 거부
② 우리가 늘 쓰고 있는 일상언어의 의미를 밝히는 새로운 철학의 방법론(의미의 철학)
   cf 실존주의(존재의 철학) : 자아와 주체적 각성을 일깨우는 1인칭 나의 의미를 밝히는 철학
③ 분석철학의 두 조류
   ㉠ 논리적 경험론 : 일상적인 용어보다 더 정확한 논리적·상징적 언어를 발달시키는 것 → 슐리크(Schlick)
   ㉡ 일상언어학파 : 일상회화에서 사용하는 용어들을 명확히 하고자 함 → 비트겐슈타인(Wittgenstein)
④ 분석철학을 교육에 적용한 학자 : 하아디(Hardie), 페이글(Feigle), 오코너(O'Conner), 쉐플러(Scheffler), 피터스(Peters), 허스트(Hirst) 등
   ▶ 피터스와 허스트는 1965년 이후로 '지식의 형식(forms of knowledge)'을 통해서 이론적 이성을 개발해야 한다고 주장
   → 1990년대, 허스트는 교육의 개념을 '지식의 형식에의 입문'에서 '사회적 실제(social practices)에의 입문'으로 바꿈.
   사회적 실제란 인지적·정서적·행동적 측면이 서로 긴밀하게 관련되어 있는 요소들의 복합체(이론, 실제, 기술을 포괄하는 것)

(2) 분석철학의 교육적 영향
① 사고의 명확성, 명확한 의사전달
② 추리의 일관성과 결정성
③ 지식의 사실적 타당성과 확실성
④ 지식의 객관성과 신뢰성
⑤ 의도적 행위의 합리성(합리적 행동) : 수단을 적절히 선택하여 목적하는 바를 성취하는 행동
⑥ 도덕적 합리성(공평무사성)
⑦ 한계점 : 가치성·규범성·도덕성을 무시, 종합적 기능을 무시

(3) 교사의 교육적 태도에 주는 시사점(Kneller)
① 교사는 의사전달이 명확해야 함
② 교사는 논리학의 공식과 법칙을 준수하여 일관성 있게 추리하여야 함
③ 교사가 주장하는 지식은 신뢰할 수 있는 객관적인 것이어야 함
④ 교사는 모든 규범적 명제를 검토하여 그것의 의미를 밝혀야 함
⑤ 가설, 개념, 이론을 실증하는 데 연역법과 개연성의 법칙이 적용되어서는 안 됨

THEME 07 비판이론 : '소외로부터의 해방 추구'

(1) 등장 배경
① 비판이론은 독일철학, 특히 헤겔과 마르크스 철학에 그 뿌리를 두고 있음
② 발전과정
  ㉠ 1세대 : 마르크스주의의 한계 비판 → 호르크하이머(Horkheimer)와 아도르노(Adorno) 등의 프랑크푸르트학파
  ㉡ 2세대 : 마르크스주의의 한계 비판 + 비판이론 1세대 비판(사회에 대한 연구를 지나치게 객관화·법칙화) → 하버마스(Habermas)와 같은 철학자들에 의해 형성되고 발전
③ 실증주의 또는 과학주의 비판, 인간의 능동성 강조
④ 사회적 삶의 조건들을 드러냄으로써 사회적 계몽이 이루어짐과 동시에 인간이 해방될 수 있다고 봄
⑤ 비판적 교육학자 : 하버마스(Habermas), 프레이리(Freire), 애플(Apple), 지루(Giroux) 등

(2) 하버마스(Habermas)

1) 개요
① 수단과 목적, 이론과 실제를 재결합시키고자 함
② 실증주의와 해석학 비판
  ㉠ 실증주의 비판 : 인간 행위에 관한 법칙을 추구하여 인간을 수동적으로 봄
  ㉡ 해석학 비판 : 언어가 권력을 합법화시키는 데 기여하여 체계적인 의사소통을 왜곡
③ 자본주의 사회의 병적인 상태는 바로 지배세력과 돈과 권력에 의해 사회가 전략적으로 조종되기 때문에 발생 → 전략적 상호작용을 극복하고 대화적 상호작용으로 나아갈 때 해방이 가능

2) 이념비판
이념이란 지배집단의 가치, 신념 및 행동으로서 피지배집단을 희생시키면서 자신들의 이익을 도모하고 합리화하기 위해 사용하는 수단을 의미

3) 의사소통의 합리성
① 외적인 강제 없이 구성원 상호 간에 자율적이며 자유로운 대화를 통해 이루어지는 것
② 이 대화는 구성원 상호 간에 이해와 존중에 기초하며, 각 주장들은 구성원 모두가 수용할 수 있는지의 여부에 의하여 그 타당성이 검증됨
  cf 도구적 합리성(목적보다는 수단에 몰두하는 것) : 모든 가치가 목적을 얼마나 효과적으로 많이 달성하였는가의 지표(효율성과 능률성, 양적인 평가)에 집중, 목적 자체의 타당성이나 달성 방법의 도덕성 등은 관심 밖의 문제

4) 이상적 담화상황
대화나 토론에서 토론참가자 간에 왜곡되지 아니한 '평등한 발언기회' 보장을 의미

(3) 프레이리(Freire)

1) 개요
① 전통적 교육을 '은행식 교육'이라고 비판하고, 이에 대한 대안적 교육으로 '문제제기식 교육'을 제안
② 은행식 교육 : 선생이 주체가 되고 학생은 지식을 위탁받아 단순히 받아들이기만 하는 이른바 길들이기식 교육을 비판한 것

③ 문제제기식 교육 : 학생이 학습의 주체가 되어 그를 비인간화하고 있는 제한상황을 파악하는 현실 인식에서부터 시작하여 교사와 학생이 상호 배움의 주체 관계가 형성되는 대화적 과정(교육자와 피교육자의 구별이 없음)

2) 의식화 교육론

① 의식화 : 자기를 객관화하고 무엇이 자기를 비인간화시키는 '제한상황'인지를 의식하여 이의 변혁을 통해 새로운 세계, 존재를 이뤄가는 과정
② 의식화 과정은 곧 바로 해방의 과정이며, '프락시스(실천)'를 통해 이루어짐
　㉠ 프락시스 : 동시적이고 연속적인 사고와 실천적인 행위과정(이론과 실천의 통합)
　㉡ 해방 : 피억압자들이 자신의 인간성을 되찾는 데 있어서 압박자에 대한 압박자가 되지 말고 서로의 인간성을 회복시키는 것
③ 의식화 개념의 발달단계 : 본능적 의식의 단계 → 반본능적 혹은 주술적 의식의 단계 → 반자각적 의식의 단계 → 비판적 의식의 단계

3) 교육적 함의

① 프레이리는 비판이론이 추구하는 인간해방을 위한 '의식화'는 일상적인 사회현실에 대한 교사와 학생이 동등한 자격으로 자유롭게 참여하는 대화를 통해 가능하다고 봄
② 의식화교육의 두 가지 요소 : '사회현실에 대한 문제제기'와 '자유로운 대화'

(4) 비판적 교육철학의 의의와 비판

1) 의의 : 실증주의가 초래하는 문제점의 본질 규명, 전통적 비판이론에서 상실됐던 사회비판의 규범적 토대를 '의사소통적 합리성' 개념을 통해 새로이 확보, 이성에 기초한 '대화를 통한 문제해결'을 제시

2) 비판 : 지나치게 비판의식을 강조함으로써 교육의 역기능만 부각시킴, 교육을 지나치게 사회·정치·경제의 논리에 의해 해석하는 경향을 띠게 됨(교육의 진정한 의미와 가치를 고려대상에서 제외)

THEME 08 포스트모더니즘(후기 구조주의)

(1) 등장 배경

① 모더니즘(근대철학 : 기계적, 합리적, 일정한 질서 중시, 정초주의)을 초월, 극복하자는 사상
② 계몽사상적 이성 혹은 합리성에 대한 비판에서 비롯, 나아가 보편적 이론이나 사상의 거대한 체제의 해체를 주장
③ 전통철학에 대한 가정을 부정 : 절대적이거나 보편적인 지식관과 가치관, 학생을 수동적인 존재로 보는 전통적인 견해, 달과 주입이라는 획일적 방식의 전통적인 교육방법을 부정
④ 포스트모더니즘의 주요 학자 : 푸코(Foucault), 데리다(Derrida), 리오타르(Lyotard), 라깡(Lacan), 로티(Rorty) 등

(2) 특징(기본 가정)

1) **반정초주의의 표방** : 도덕이나 여타 다른 영역에서도 불변하고 보편적인 기초(삶의 기본원리를 이루는 것)는 없음

2) **다원주의의 표방** : 삶에는 궁극적인 기초가 없으며, 지식은 인간의 이해관계와 전통을 변화시킴으로써 결정됨(상이한 사회와 이익집단들은 그들의 필요와 문화에 적합한 가치를 구성)

3) **반권위주의의 표방** : 도덕적 지식을 포함한 모든 지식은 이를 생산하는 사람들의 이익과 가치를 반영함. 이러한 원천적인 편견을 반대하기 위해서는 모든 사람이 이를 창조하는 행위에 들어와야 함(개방적, 비판적 대화 강조)

4) **연대의식의 표방** : 타자에 대한 관심(타자들에게 해를 끼치는 억압적인 권력, 조정, 착취, 폭력 등을 거부)과 연대의식(공동체, 존중, 상호협력의 정신을 증진)을 매우 강조

5) **진리의 다원성과 해체설**
① 유일무이한 것으로 받아들여져야 하는 진리는 없으며 항상 그것은 부분적일 따름이며 따라서 불완전함
② 그러므로 새로운 개념과 언어게임의 창조를 통하여 세계를 다양한 각도에서 해석하고 이해해야 함
▶ 비트겐슈타인의 언어게임 : 언어의 의미가 실재에 상응하여 고정되어 있는 것이 아니라, 다양한 상황에서 사람들이 사용하는 방식에 따라 상이하게 드러남

6) **대서사에 대한 거부** : 보편적인 큰 틀에 의해 무시되고 소외되어 왔던 특수하고도 지엽적인 문제들(여성, 인종, 빈민, 죄인, 아동, 환경문제 등)을 공론화시킴, 즉 소서사가 정당화됨

7) **소여성 부정과 가치부하설**
① 이성이나 자아, 개념과 언어, 실재라는 것이 우리에게 주어지는 것(소여된 것)이며, 그것들이 어떠한 불변의 내재적 본질을 지니고 있다는 전통철학적 생각을 부정
② 가치부하설 : 사실적 지식은 인간적인 요소 또는 가치적 요소라고 할 수 있는 요소들의 복합적 작용의 결과

8) **진리의 우연성과 상호비교불가능설(통약불가설)**
① 세계와 사물에 대한 우리의 인식을 가능하게 하는 개념적 틀은 여러 가지 있을 수 있으며, 그 각각은 세계와 사물을 이해하는 하나의 독특한 관점과 틀을 제공함
② 서로 다른 개념적 틀에 입각한 상반된 진리주장에 대해 어느 것이 옳고 그른가를 객관적으로 비교·평가할 수 없음

(3) 포스트모더니즘 교육이론

① 교육목적 : 창조적이며 주체적인 다양한 자아의 형성, 끊임없이 성장하는 인간 형성, 조화로운 도덕적 인간의 형성
② 교육내용 : 탈문화정전중심(↔ 문화정전), 영상매체중심(↔ 활자중심), 통합교과형(↔ 교과분리)
③ 교육방법 : 개별화학습방법, 해체적 글쓰기 중심, 대화적인 협력학습

(4) 푸코(Foucault)의 훈육론

1) 지식 – 권력관계 : 지식의 힘과 권력의 힘 동일, 즉 지식은 권력의 행사를 정당화해 주며, 지식은 자신의 정당성을 유지하기 위해 권력을 필요로 함

2) 훈육론('지식 – 권력'과 '교육'의 관계)

① 훈육(규율) : 길들여진 몸을 창조하는 여러 다양한 기법과 전술
② 규율적 권력이 그 목표를 효과적으로 달성하기 위해 동원하는 세 가지의 주요 도구들
  ㉠ 관찰 : 병영, 학교, 감옥 등은 일종의 관측소로 건물 안에 있는 사람들을 눈에 잘 띄게끔 하는 구조로 건축되어 내부적인 제어를 용이하게 함 → 감옥구조와 유사한 '파놉티콘(panopticon)'의 학교구조
  ㉡ 규범적 판단(처벌) : 규범에 벗어난 비순응적 행위에 대해서는 원칙적으로 처벌이 가능하며, 이때 처벌은 이중적 효과를 가짐 → 교화 내지는 교정효과, 보상효과
  ㉢ 검사(시험) : 시험은 특정의 지식을 전달한 후 평가하는 것이므로 특정의 권력을 반영·정당화하며, 객체화와 계량화라는 기제를 통해 학생을 억압함

(5) 포스트모더니즘의 교육적 의의와 비판

1) 의의 : 소서사적 지식의 중시, 교육현장 내에서의 작은 목소리 존중, 과학적·합리적 이성의 극복과 그에 따른 감성적 기능 회복, 교육의 구조적 변화 촉발, 공교육 체제에 대한 비판적 시각의 제공, 특수한 삶의 문제들에 대한 의미 부여, 연대의식의 존중, 차이와 타자성의 존중, 비판의식의 함양 등

2) 비판 : 윤리학에 대한 방향제시 미흡, 극단적 이기주의화에 대한 우려, 삶과 도덕성에 대한 보편적 기반의 부재, 교육전통의 해체에 따른 교육 공동화 현상, 기존의 전통과 조화하려는 종합적 노력의 결여, 해체 위주에 의존함으로써 사회문화적 재건에 대한 비전 결여 등

THEME 09 신자유주의(Neo – Liberalism)

(1) 신자유주의 의미
① 최대의 이익 추구, 최소의 손해 회피 추구 : 효율성 고취
② 자유경쟁의 방법 적용(시장의 논리) : 경쟁력·효율성 상승
③ 국가 개입은 되도록 억제 : 결과의 평등 반대
④ 규율철폐, 자율화, 소비자 중심의 선택권 부여, 국가 주도의 공공복지 축소 등을 주장

(2) 신자유주의 교육의 특징
① 교육은 상품임 : 학교와 교사는 교육서비스 상품의 공급자, 학생·학부모는 소비자, 교육은 서비스 상품
② 교육을 자유경쟁 시켜야 함 : 학교와 교사는 학생·학부모가 원하는 저렴하면서도 양질의 교육을 제공하기 위하여 서로 간에 경쟁을 할 것 → 교육은 효율성이 높아지고, 학생·학부모의 교육 만족도가 증가함
③ 학교교육에 대한 국가의 개입은 최소화해야 함

(3) 신자유주의 교육원리에 따른 교육정책
① 공교육에 교육경쟁 메커니즘 도입, 소비자 중심주의로 대체 : ㉠ 자립형 사립고 시행, ㉡ 국·공·사립대학 부속학교의 '자율학교' 운영, ㉢ 학교 선택권에 대한 논의
② 비용 – 편익의 효율성을 극대화하고 자율성과 다양성 추구 : ㉠ 단위학교 책임 경영, ㉡ 평가를 통한 재정의 차등 지원, ㉢ 노동조합의 파괴, 규제 완화, 고용의 유연화에 따른 교원계약제와 사립학교 계약제

(4) 신자유주의 교육의 문제
① 다수의 복지를 훼손하고 소수를 위한 자본의 확대 재생산으로 이용될 소지가 큼
② 교육의 비인간화(엘리트학생과 보통학생으로 구분)
③ 경쟁에서 탈락한 소외학생의 수가 늘고, 이들의 학교 부적응현상이 심각함
④ 위로부터 비민주적인 방식으로 진행

교 육 학 논 술   K T X

Chapter 03

위대한 교육사상가

- THEME 10 플라톤(Platon)
- THEME 11 아리스토텔레스(Aristoteles)
- THEME 12 코메니우스(Comenius)
- THEME 13 루소(Rousseau)
- THEME 14 페스탈로치(Pestalozzi)
- THEME 15 헤르바르트(Herbart)
- THEME 16 듀이(Dewey)

THEME 10 플라톤(Platon)

(1) 사상적 특징 – 이데아론(관념론의 선구)

① 이원론적 세계관 : 세계를 현상계(감각경험과 변화에 의해 통제)와 이상계(사유나 영원한 이데아에 의해 지배)로 구분
② 이데아 : 개별적인 것과는 달리 지성으로만 알 수 있는 대상(고정적, 불변, 영원한 것)
③ 회상설 : 모든 인간은 이데아에 대한 완전한 지식을 자기 마음속에 지니고 있으며, 참된 지식은 이데아의 세계를 회상함으로써 얻어지는 것(자기분석)
④ 이성주의자 : 지식을 획득하기 위하여 우리 인간은 감각적 정보에서 벗어날 수 있는 능력을 키워야 함 → 지식은 생득적인 것으로, 이성을 통하여 사용 가능함

(2) 플라톤의 교육사상 – 「국가론」

1) 동굴의 비유

① '동굴의 비유'는 존재의 두 차원(본질에 있어 상이한 두 세계)를 묘사
  ㉠ 동굴 안은 현실의 세계로서 생성·소멸하면서 존재하지 않는 가변적인 모사의 세계(허깨비와 신념)를, 동굴 밖은 이데아의 세계로서 영원하며 생성소멸하지 않는 원형으로서의 세계(오성과 지성)를 나타냄
  ㉡ 인간은 궁극적 실재가 자리하는 진리의 세계가 아닌, 일시적 현상들이 난무하는 비진리의 세계에 살고 있음
  ㉢ 따라서 교육이란 어두운 상태에서 빛으로 옮겨가는 과정을 의미
② 플라톤은 죄수들 중 한 사람의 교육적 변화를 실재를 향한 '혼의 전환'으로 설명
  ㉠ '당시 사람들이 생각하는 교육'이란 마치 보지 못하는 눈에 시각을 넣어주듯 자신들이 지식을 넣어주는 것이라고 여김
  ㉡ 그러나 플라톤은 교육이란 눈이 어둠에서 밝음으로 향하기 위해 몸 전체와 함께 돌려야 하듯이 각자의 혼 안에 있는 힘과 각자가 이해하는 데 사용하는 기관이 함께 전환해야 하는 것이라 강조
  ㉢ 동굴의 어둠에서 빛으로 눈과 몸을 돌린 전환은 동굴 속의 사람이 실재와 가까워질 수 있도록 하는 깨달음을 제공, 이는 상상할 수 없었던 상황을 고스란히 직면해야 하는 것으로 엄청난 고통을 수반
③ 플라톤은 최고 수준의 인식 그 자체뿐만 아니라 다시 동굴로 돌아가는 결단과 행동에 교육의 궁극적 목적을 둠
  ㉠ 귀향의 의무 : 동굴로의 귀향은 '최고의 지식'에 대한 최종적 대답
  ㉡ 선의 이데아로 대표되는 최고의 지식은 단순히 인식 그 자체에서 성립되는 것이 아니라 실천과 연결될 경우에만 비로소 진리로 드러날 수 있는 것
④ 이렇듯 '동굴의 비유'는 인간이 지닌 실재에 대한 개념이 변화할 수 있음을 보여주며, 여기서 인간에게 실재하는 유일한 것이란 결국 그의 정신에 의해 파악되는 관념적인 내용임을 말하고 있음

2) 정의론
① 플라톤에 따르면, 정의란 일종의 보편적 덕목으로서 모든 부분들이 그들의 고유한 기능을 실행하고 있으며, 그들 각각의 덕을 발휘하는 것을 의미하는 것 또는 자신의 지위에 부여된 의무들을 수행하려는 의지
  ㉠ 욕망(절제의 덕) : 인간의 행위를 이끌어가는 감각과 육체적 욕구를 가리키는 것 → 생산자계급
  ㉡ 의지(용기의 덕) : 자기 주장적인 인간의 경향성이며 행위의 방향을 결정하는 능력 → 군인계급
  ㉢ 이성(지혜의 덕) : 종합적으로 이해하고 지도하는 기능 → 통치자계급
② 국가의 정의 : 국가 및 개인 자기의 직분에 맞는 덕을 실천하여 최선의 상태로서 조화로운 이상국가의 부분이 되는 것(맡은 바 임무를 성실히 수행함으로써 나타나는 질서)
③ 개인의 정의 : 영혼의 세 부분(이성, 기개, 욕정)이 이성의 질서 아래 조화되어 각 부분의 고유한 역할을 잘 수행하는 것

3) 철인통치론
① 철인교육 강조 : 선의 이데아를 지향, 인간 각자의 상이성(잠재능력과 소질)을 인식하고 이에 따라서 바르게 교육하는 것
② 플라톤의 인간교육단계론(공화국편) : 태교 – 기초도야기 – 군사전수기 – 고등교육기 – 철학교육기 - 실천, 봉사기 – 은퇴, 사생활시기

4) 교육적 특징
① 엘리트교육 : 이데아를 깨달을 수 있는 이성을 지닌 통치자중심으로 교육할 것을 강조
② 출생 전 교육 강조 : 이상국가를 위해서는 우수한 종족이 필요함. 이를 위해 국가는 결혼에서부터 간섭해야 함
③ 교육의 국가주도 : 국민 스스로의 학습능력을 부정적으로 보고 교육의 국가통제를 강조
④ 여성교육 : 여성도 남성과 동등하게 같은 직업에 종사해야 하며, 남성과 같이 생활하면서 국가를 수호해야 함
⑤ 자유교육 중시 : 실제적인 삶을 위한 교육이 아닌 절대적 진리를 위한 이성도야를 중시
⑥ 아카데미아 개설 : 대학의 기원, 무보수교육

THEME 11 아리스토텔레스(Aristoteles)

(1) 학문적 배경 – 형이상학(목적론적 세계관)
① 플라톤의 이원론을 비판 : "사물의 본질은 개개의 사물에 내재한다."
② 세계는 질료와 형상이 계속적으로 합해져서 이루어진 것이며, 가능태에서 현실태로 발전하는 과정 중에 있음
  ㉠ 질료 : 형상을 이루게 될 가능태
  ㉡ 형상 : 질료가 목적을 삼아 실현시켜 나갈 현실태

(2) 아리스토텔레스의 교육사상

1) 교육목적 : 관조적인 삶을 통한 행복, 중용을 통한 행복
① 교육의 최고목적은 직업기술이나 실제적인 유용성을 얻는 데 있는 것이 아니라, 이성을 훈련함으로써 사물의 본질을 관조하는 최상의 행복을 맛볼 수 있도록 준비시키는 것
② 그것은 어떤 직업적인 일을 하기 위한 교육이 아니라 여가(Schole)를 올바르게 누리도록 준비시키는 교육
③ 아리스토텔레스는 이러한 교육을 인간의 영혼을 자유롭게 하는 교육이며, 노예가 아닌 자유민이 받아야 할 교육이라 하여 '자유교육'이라 불렀음
  ▶ 자유교육(liberal education) : 폭넓은 교육을 통한 자유교양의 함양과 지적 능력의 개발을 통한 이성의 추구와 비판적 사고력의 개발(지성의 도야, 지적 수월성 추구)

2) 덕의 교육사상
① 아리스토텔레스에 의하면, 덕은 올바른 이성의 명령에 일치하여 행동하고, 판단하고, 느끼고자 하는 성향(인간이 가진 고유한 기능이 탁월히 발휘되고 있는 상태)을 의미
② 그러므로 덕을 지니고 그것을 행동으로 실천하는 것은 인간의 궁극적 목적인 행복한 삶을 위하여 필수적임
③ 그는 덕을 이미 주어진 선천적인 능력이라기보다는 후천적으로 얻을 수 있는 것으로 보았음
  cf 소크라테스와 플라톤은 덕을 곧 지식이라고 규정하여 지식의 의미를 확장, 반면 아리스토텔레스는 덕이 교육을 통하여 계발될 수 있다는 점에 주목
④ 아리스토텔레스는 인간이 가진 고유한 기능을 이성으로 보고, 이성이 기능하는 바에 따라 덕을 지적 덕(이론적 이성)과 도덕적 덕(실천적 이성)으로 나눔
  ㉠ 지적 덕 : 이성에 특유한 활동들을 알려주는 탁월성으로서 교육을 통하여 획득(인간의 사유와 이론 활동에 관계되는 덕) → 기예, 실천적 지혜, 철학적 지혜, 직관적 지성, 학문적 인식 등
  ㉡ 도덕적 덕 : 영혼의 비이성적인 부분들의 활동을 알려주는 탁월성으로서 습관화와 훈련을 통하여 획득(인간의 행위와 실천 활동에 관계되는 덕) → 용기, 절제, 자유, 정의, 관대함 등

3)「니코마코스 윤리학」

① 아크라시아(akrasia) : 그리스인이 지양해야 할 성격적 상태들 중 하나로 분류했던 '아크라시아' 곧 '자제력 없음'에 대해 보다 명확한 정의를 확립
② "유덕자가 되기 위해서는 어릴 적부터 윤리적으로 좋은 것들에 기쁨을 느끼고, 그리고 나쁜 것들에 대해서는 고통을 느끼게끔 해야 한다."

4)「정치학」

① 교육은 훌륭한 시민(욕망을 억제하고 절제와 용기와 관용을 갖춘 정의로운 사람)을 양성함으로써 국가의 복지를 보장해야 함
② 개인의 발달은 3단계로 구분되어 일어남(신체, 욕망 또는 열정, 이성의 발달). 신체, 인격, 지력교육이 필요
  ㉠ 신체교육 : 체력훈련과 군사훈련, 우아한 품위와 고상한 용기를 필요로 함
  ㉡ 인격훈련 : 습관의 형성. 교육에는 자연(본성)과 습관과 이성이라는 세 가지 요소가 있으며, 그 중에서 습관은 이성보다 먼저 형성되어야 함
  ㉢ 지력교육 : 이성의 훈련. 인간의 영혼을 신적인 경지(사물의 본질을 관조하는 사변적인 삶)로 고양하기 위한 것

5) 교육적 특징

① 국가주의 교육 : 국가가 교육기관을 관리·운영해야 함
② 귀족주의 교육 : 서민계급의 교육 반대. 자유교육, 교양교육을 강조
③ 실천적 학문(실용교육)보다 이론적 학문(교양교육)을 우위에 둠
④ 시민은 자유교육을, 시민이 아닌 사람들은 직업교육을 받도록 해야 함
⑤ 소요학교(리케이온) 개설 : 사립대학으로서 플라톤의 아카데미아와 유사

THEME 12 코메니우스(Comenius)

(1) 코메니우스의 교육사상

1) 교육목적
① 교육의 궁극적 목적은 신(神)과 더불어 영원히 행복한 생활을 영위하는 것
② 이 목적에 도달하기 위한 지상 생활의 준비로 지식, 도덕, 경건한 신앙이 필요

2) 교육내용 – 범지주의적 입장
① 백과사전적 지식 : 신과 자연, 인생과 예술 등의 모든 지식을 백과전서적으로 조직하여 이를 가르쳐야 함
  → "신이 창조한 모든 사물은 하나이므로, 모든 지식을 가르쳐야 한다."
② 이성, 도덕성, 경건성이란 교육목적에 따라 '정신교육(지식, 작업 및 기예, 언어교육), 도덕교육, 종교교육' 필요

3) 교육방법
① 합자연의 원리(객관적 자연주의) : 자연의 질서를 따르는 교육 -「대교수학」
② 직관주의 원리 : 직접적인 사물을 통한 교육, 모든 경험적 지식을 중시 -「세계도회」
③ 평생교육의 원리 : 감각적 실학주의 입장에서 과학적으로 제시(현대과학과 심리학에 관련) -「범교육론」

4) 교육제도(교육단계론)
①「대교수학」: 어머니 무릎학교(유아기) – 모국어학교(아동기) – 라틴어학교(소년기) – 대학(청년기)
②「범교육론」: 탄생 전 학교 – 유아학교 – 아동학교 – 청소년학교 – 청년학교 – 성인학교 – 노인학교, 이 일곱 학교의 모든 단계에서 이행하는 것이 가능한 죽음학교를 첨가

(2) 자연의 원리를 전제로 한 용이한 교수방법의 원리(합자연의 원리) –「대교수학」제17장

① 자연의 현상에는 적당한 시기가 있다. 그러므로 인간의 교육도 인생의 봄에 시작하고, 하루의 학습시간은 아침에 공부하는 것이 가장 적당하다.
② 자연은 사물을 만들기 위하여 먼저 재료를 준비한다. 그러므로 학습에서도 먼저 재료를 준비하여야 한다.
③ 자연의 사물은 모두 그 근본이 되는 뿌리로부터 발생한다. 그러므로 아동의 학습에 있어서도 그 지식을 책에서 구하지 말고 자연 그 자체에서 구하여야 한다.
④ 자연은 불필요한 일을 하지 않는다. 그러므로 아동의 학습에서도 생활에 가치가 없는 지식은 가르치지 말아야 한다.
⑤ 자연은 어떤 일을 시작하면 그것이 완성될 때까지 계속한다. 그러므로 아동은 그들의 학습에 인내가 있어야 하며 무단결석을 해서는 아니 된다.
⑥ 훈육의 방법도 자연의 법칙에 따라야 한다.

THEME 13 루소(Rousseau)

(1) 루소의 교육사상

1) **교육적 인간상** : 자연인, 즉 고상한 야인(noble savage)
   ① 사회제도의 법칙보다는 그 자신의 본성의 법칙에 의해 지배되고 지도되는 인간
   ② 직접적이고 직설적이며 꾸밈없는 인간으로, 자연성을 보존하면서 도덕적 자유를 실천할 수 있는 사람
   ㉠ 자연성 : 태어나면서부터 가지고 있었던 선한 감성과 이성을 가지고 있는 상태
   ㉡ 도덕적 자유 : 개인이 진정으로 자기 자신의 주인이 되는 상태를 터득한 상태로서, 본능적 욕구를 적절히 억제하면서도 자유와 행복을 느끼는 상태

2) **자연의 개념** : 창조주에 의하여 창조된 상태 그대로의 바탕, 본질, 가능성을 의미

3) **자연의 법칙** : 제1의 자연의 법칙(자기보존의 법칙) - 제2의 자연의 법칙(필연의 법칙) - 제3의 자연의 법칙(유용성의 법칙)

4) **자연에 따르는 교육**
   ① 교육목적 : 도덕적 자유인
   ② 교육의 3요소 : 자연, 인간, 사물
   ③ 식물에 비유 : 식물이 자연스럽게 성장하는 것처럼 교육이란 타고난 어린이의 본성을 자연스럽게 기르는 일
   ④ 발달단계에 따른 교육(합자연의 원리) : 어린이가 각 발달단계의 특징에 따라 자연스럽게 성장하도록 돕는 것
   ⑤ 소극적 교육 : 어린이가 진리를 이해하게 될 때까지 기다리면서 그를 진리로 인도하는 교육(외부로부터의 영향이나 간섭이 아니라 어린이 내면으로부터의 요구나 관심 그리고 흥미를 중시, 아동의 자발적인 경험과 탐색을 통해 학습)
   → 루소는 12세까지의 초기교육은 자연에 맡기는 소극적 교육이어야 함을 주장, "미덕이나 진리를 가르치는 것이 아니라, 악덕으로부터 마음을, 오류로부터 정신을 보호해주는 일이다."

5) **아동중심교육** : 어린이의 자발성과 흥미, 호기심에 입각한 교육(타고난 성향의 자연스러운 발달을 목적)

6) **자연벌** : 체벌을 반대하고 자연벌을 주장, 악행에 대한 자연의 결과로써 자기 스스로 벌을 깨닫도록 함

(2) 「에밀」을 통해서 본 루소의 발달단계에 따른 교육 - 인간의 심리적 근거에 따라 교육을 설명

단계		주요 교육내용
유아기(출생~2세)	운동성	신체발육과 건강을 위한 교육, 부모에 의한 교육
아동기(3~12세)	감수성	언어학습, 감각훈련, 이성의 수면기, 실제 경험을 통한 교육, 자연벌, 체력 단련
소년기(13~15세)	지성	이성의 시기, 자연과학, 탐구방법, 노동학습, 목공일
청년기(16~20세)	도덕성	제2의 탄생기(성적 존재로의 탄생), 적극적 교육, 이성에 대한 사랑, 역사수업과 종교수업
결혼기(20세~결혼)	사랑	남녀별학, 순종의 미덕, 자녀교육의 책임 의식, 종교적 감각의 도야, 가정관리, 쾌활

THEME 14 페스탈로치(Pestalozzi)

(1) 인간의 발달단계 - 「나의 탐구」

① 자연적 상태 : 동물적 상태의 인간(이기적이면서 이타적임). 이기심과 이타심이 조화를 이룰 때 비로소 선이 되지만, 조화와 균형이 깨질 때 인간은 타락하게 됨
② 사회적 상태 : 이기심에서 비롯되는 무질서와 폭력을 법으로 규제하는 상태(법이나 규칙, 사유재산제도, 직업 등을 통해 인간의 동물적 본능을 만족시키게 함)
③ 도덕적(종교적) 상태
　㉠ 내면세계의 숭고한 요청에 따라 자신을 정화하고 순화하여 도달하는 상태(관습적이고 강제적인 것이 아닌, 내면적이고 자율적인 것)
　㉡ 이 단계의 인간은 자신의 내면의 순화를 갈구하는 힘을 그 내면 깊숙이 간직하고 있어서 독자적인 인격적 결단으로 행위하며, 자신의 도덕적 세계를 만들어 나아갈 수 있음

(2) 페스탈로치의 교육사상

1) 교육목적
① 교육을 통한 이상사회 건설 : 하나님을 믿고 도덕이 인정받는 윤리적인 사회
② 인간성의 조화로운 발달 : 지, 덕, 체 중 심성에 우위를 두면서 조화적인 발전을 도모(심성교육 중시)

2) 교육내용 : 수(數)·형(形)·어(語)

3) 교육방법 - '합자연의 원리'
① 자발성의 원리 : 아동 내부에 있는 자연의 힘을 자발적으로 발전시켜야 함(주입식이 아닌 계발식 방법을 강조)
② 조화의 원리(3H) : 지적, 정의적, 신체적 기능의 조화로운 발달을 추구해야 함
③ 방법의 원리 : 모든 지적·도덕적 발달은 그 기초적인 것에서 출발하여 순차적으로 진행하고, 이를 통합하여야 함
④ 직관의 원리 : 어떤 개념을 가르치고자 할 때 관련된 사물에 대한 감각적 인상을 풍부하게 제공하고(외면적 직관), 이어서 자신의 사고과정을 통해 사물의 본질적인 것만을 파악하여 재구성하고 인식하도록 해야 함(내면적 직관)
　cf 직관의 ABC : 학습의 올바른 순서 - 가까운 것에서 먼 것으로, 단순한 것에서 복잡한 것으로의 점진적 학습
⑤ 사회의 원리 : 사회생활과 사회적 관계가 인간을 교육하는 힘을 가지고 있으며, 그 힘을 활용해야 함
⑥ 안방교육의 원리 : 가정은 인간의 도덕적 정서 중에서 가장 귀한 덕목(믿음, 감사, 신뢰, 사랑)을 어머니와 자녀 사이의 인간적인 만남과 생활을 통해 자연스럽게 싹 틔울 수 있는 곳
⑦ 일반도야의 원리 : 인간교육이 우선적으로 이루어진 후 직업교육이 실시되어야 하고, 직업교육은 인간교육의 목적하에 이루어져야 함

THEME 15 헤르바르트(Herbart)

(1) 개요

① 과학적 교육학의 아버지 : 「일반교육학」에서 교육학을 체계적, 과학적으로 최초 저술 → "교육의 목적은 윤리학에, 교육의 방법은 심리학에 기초를 두어야 한다."

② 기본개념
  ㉠ 표상 : 우리의 의식을 구성하는 내용물 → 관념의 총제(표상 덩어리, 사고권)
  ㉡ 통각 : 구 표상군이 새로운 표상을 해석하여 구 표상군 속으로 수용하는 과정
  ㉢ 흥미(구 표상군, 통각괴) : 학습의 중요한 요소이며, 교수의 결과
  ㉣ 전심 : 일정한 대상에 정신을 몰두하여 주의를 집중하고 있는 상태
  ㉤ 숙고(치사) : 전심의 과정을 통해 파악된 대상이 이미 파악된 다른 관념들과 통합·조정되는 과정 → 반성적 사고작용

(2) 헤르바르트의 교육사상

1) 교육목적 : 도덕적 품성의 도야

① 도덕적 행위는 다섯 개의 측면으로 이루어져 있어서 그중 하나라도 결여되면 완전한 도덕성이 될 수 없음
  ▶ 5도념 : 내면적 자유의 이념, 완전성의 이념, 선의지 또는 호의의 이념, 정의의 이념(권리의 이념), 보상(형평)의 이념

② 도덕적 품성의 도야를 위해 다방면의 흥미를 발달시켜야 하며, 다면적 흥미는 가르침(수업)을 통해 발달 가능함
  ▶ 다면적 흥미 : 다양한 교과가 학생의 마음속에 내면화되어 하나의 총체를 이루고 있는 상태, 폭넓은 지식들이 체계적으로 통합되어 선의지로 표출되는 것 → 지적인 흥미(경험·사변·심미적 흥미), 윤리적 흥미(공감·사회·종교적 흥미)

2) 교육방법(표상심리학에 기초) : 관리, 교수, 훈련

① 관리 : 교수의 예비적 단계 - 적극적 관리, 소극적 관리
② 교수 : 교육의 목적을 달성하기 위한 방법(관리, 교수, 훈련 중 가장 중요) - 비교육적 교수, 교육적 교수
  ㉠ 교육적인 교수의 방법 : 다면적 흥미를 일으킴으로써 지식이 의지·감정과 결합하여야 함
  ㉡ 교수 4단계설 : 흥미를 환기시키는 순서에 따라 구 관념과 신 관념을 융합하는 방법

명료 (정적 전심)	• 개개의 관념을 분명히 구별 • 교사는 가르치려는 주제를 명료하게 제시
연합 (동적 전심)	• 유사한 관념끼리 연합, 결합 • 교사는 어린이가 배운 내용을 다양한 형태로 결합시키거나 자신의 방식에 따라 동화할 수 있도록 지도
계통/체계 (정적 숙고)	• 지식의 계통이 성립 - 결합한 것을 체계화(반성적 사고의 상태) • 교사는 새로운 학습내용을 기존의 지식체계에서 자리잡도록 지도
방법 (동적 숙고)	• 체계화된 하나의 지식을 응용 • 교사는 새로운 지식을 활용한 적용능력을 기르기 위한 연습을 시킴

③ 훈련(훈육) : 교사와 아동이 인격적으로 교섭하여 도덕적 품성을 강화 - 명령, 상벌, 교훈, 모범(가장 중요)

THEME 16 듀이(Dewey)

(1) 듀이의 교육이론 요약

① 성장으로서의 교육 : 교육은 성장 그 자체 → 교육의 과정은 꾸준한 재조직, 재구성, 변형의 과정
② 소형사회로서의 학교 : 학교는 모든 사회의 활동을 집중시킨 공동사회의 형식을 갖추어야 하며, 실사회를 축소해서 담고 있는 소형사회가 되어야 함
③ 반성적 사고 : 문제확인 – 방향모색 - 정보수집과 관찰 - 가설설정 - 가설검증
④ 경험의 연속으로서의 교육 : 교육은 연속적인 경험의 재구성(상호관련성과 연속성)
⑤ 사회성 함양의 도덕교육 : 도덕교육의 삼위일체설을 주장 → ㉠ 학교를 통해 사회성을 계발할 것(학교 생활과 사회 생활의 일치), ㉡ 어린이 개개인이 스스로 배우고 활동하면서 도덕을 익혀갈 것, ㉢ 모든 교과가 도덕교육과 관련을 가질 것

(2) 「민주주의와 교육」

1) 교육목적

① 좋은 교육목적의 기준 : 현재 조건의 자연적인 산물, 목적의 융통성, 능동적인 목적(활동을 자유롭게 하는 것)
② 좋은 교육목적의 특징
   ㉠ 교육목적은 교육을 받을 특정한 개인의 내재적 활동과 필요에 기초를 두어야 함
   ㉡ 교육목적은 수업을 받는 학생들의 활동에 맞추어 그것을 도와주는 방법을 직접 시사할 수 있는 것이어야 함
   ㉢ 교육자는 이른바 '일반적이고 궁극적인 목적'이라는 것에 대하여 경계하여야 함. 충분한 지식을 가지고 있으면 우리는 아무데서나 시작해도 좋으며, 그러면서도 우리의 활동을 계속적으로 성과있게 유지해 나갈 수 있기 때문

2) 교육방법

① 교과와 방법의 동일성 : 방법은 외적인 것이 아닌 바로 '내용'에 관한 것이며, 내용을 효율적으로 다루는 것을 일컫는 것 이외의 아무것도 아님
② 교육방법의 원리
   ㉠ 성장의 원리 : 어린이의 내부로부터 오는 힘의 발로를 억압하지 않고 자유롭게 활동하게 하는 원리
   ㉡ 경험의 원리 : 학습에 의한 지적인 사고활동(관념적 요소)은 신체적 활동(감각적 요소)과 연결되어야 함
   ㉢ 지성의 원리 : 목적달성을 위한 수단과 방법을 숙고하는 능력을 사용하는 것
   ㉣ 흥미의 원리 : 거리가 있는 두 사물을 관련짓는 것
   ㉤ 도야의 원리 : 계속적인 주의와 인내
   ㉥ 탐구의 원리 : 가설설정, 가설검증, 결론 도출의 과정 → '문제 해결법'

교 육 학 논 술   K T X

Chapter 04

교육심리

THEME 17	브론펜브레너의 생물생태론적 접근
THEME 18	피아제의 인지발달이론
THEME 19	비고츠키의 인지발달이론
THEME 20	프로이드의 심리성적 성격발달이론
THEME 21	에릭슨의 심리사회적 성격발달이론
THEME 22	마샤의 청소년 정체성이론
THEME 23	콜버그의 도덕성 발달이론
THEME 24	길리건의 배려지향이론
THEME 25	파블로프의 고전적 조건형성
THEME 26	손다이크의 시행착오학습
THEME 27	스키너의 조작적 조건형성
THEME 28	반두라의 사회학습이론
THEME 29	초기 인지학습이론
THEME 30	정보처리이론
THEME 31	메타인지(Metacognition)
THEME 32	카텔과 혼의 유동지능과 결정지능
THEME 33	가드너의 다중지능이론
THEME 34	스턴버그의 삼원지능이론
THEME 35	정서지능(EQ)
THEME 36	지능검사
THEME 37	창의성
THEME 38	인지양식
THEME 39	전이
THEME 40	동기(motivation)
THEME 41	바이너의 귀인이론
THEME 42	에클스와 위그필드의 기대-가치이론
THEME 43	데시와 라이언의 자기결정성이론
THEME 44	성취목표이론
THEME 45	자기지각이론
THEME 46	학교에서의 학습동기(TARGETT 모델)
THEME 47	특수한 학습자
THEME 48	영재아

THEME 17 브론펜브레너(Bronfenbrenner)의 생물생태론적 접근

(1) 개요

① 행동생물학을 보완 : 가족에서 보다 넓은 사회적 환경에 이르기까지 환경의 다양한 측면이 어떠한 방식으로 아동의 발달에 영향을 주는지를 보여 줌
　cf 행동생물학(Lorenz) : '각인'과 '결정적 시기'의 개념 제안, 개인이 환경의 영향에 반응한다는 것을 발견
② 확장된 환경과 아동의 상호작용을 중시, 아동이 환경에 영향을 주기도 하는 능동적 존재임을 강조
③ 학습 : 환경에 적응하기 위한 하나의 수단, 그 대상이나 방법은 상황과 맥락에 따라 달라짐(일상적인 삶의 과정)
　cf 전통적인 접근(행동주의) : 학습을 '연습, 훈련, 혹은 경험의 결과 일어나는 행동의 비교적 영속적인 변화'로 파악

(2) 브론펜브레너의 생태학적 환경

체계분류	개념	예
미시체계 (microsystem)	• 특정 개인이 면대 면으로 직접 접하고 있는 상태에서 상호작용하는 체제 • 아동의 발달에 직접적으로 영향을 미치는 가장 가까운 환경	가정, 유치원, 학교, 또래집단, 놀이터 등
중간체계 (mesosystem)	• 둘 이상의 미시체제들로 구성된 복합적인 체제 • 미시체계들의 상호작용, 즉 환경들 간의 관계를 의미	가정-학교, 가정-이웃, 학교-이웃, 형제 관계 등
외체계 (exosystem)	• 아동이 직접적으로 접촉하고 있지는 않지만, 아동에게 영향을 주는 사회적 환경 − Comstock & Scharrer(2006)는 텔레비전 및 인터넷 같은 매체를 미시체계에 포함시키고 있음	부모 직장, 보건소, 보건복지부, 교육제도, 정부기관, 대중매체 등
거시체계 (macrosystem)	• 하위체계들의 형태와 내용에서 일관성 있게 나타나는 체제 • 미시·중간·외체계에 영향을 주는 신념, 가치, 관습 등의 광범위한 사회·문화적 맥락	사회의 가치, 법률, 관습, 유행, 공공정책 등
시간체계 (chronosystem)	• 아동의 생애에 있어서 전환점이 되는 사건(외적, 내적 사건) 등을 의미 • 전 생애에 걸쳐 일어나는 개인의 심리적 변화와 사회역사적인 환경을 포함	부모의 이혼, 사춘기의 시작, 사계절의 변화, 미국의 테러사건 등

(3) 교육적 시사점

① 학습목표 및 내용 측면 : 개인의 소질과 특성, 개인의 생태학적 환경에 따른 개별화된 학습목표 및 내용 제시
② 학습방법 및 절차 측면 : 생태학적 환경 속에서 제대로 살아갈 수 있도록 개인의 소질과 특성, 생태학적 환경을 개별적으로 배려. 교사와 학생, 학생들끼리의 상호작용을 중시(개별화, 사회적 상호작용과 협동학습 강조)
③ 평가 측면 : 학생의 성취도뿐만 아니라 학생의 가족, 학교, 친구, 교외활동 등과 같이 다층구조로 이루어진 생태학적 환경과의 상호관련성 파악(모든 환경들 간의 상호관련성 중시)

THEME 18 피아제(Piaget)의 인지발달이론

(1) 개요
① 지능 : 환경에 적응하는 능력, 정적인 특성이 아니라 가변적인 특성
② 아동의 사고는 성인의 사고와 질적으로 다름(아동의 사고는 세계를 해석하는 독특한 방식 반영)
③ 아동은 환경과 상호작용을 통해서 인지구조를 구성하는 능동적인 존재
④ 특히 또래의 중요성을 강조(또래는 대등한 위치, 상호작용 과정에서 인지적 갈등유발)
⑤ 개체와 물리적·사회적 환경의 상호작용은 인지발달에 큰 영향을 미침
⑥ 인지발달에는 유전적으로 결정된 신경계의 성숙이 선행되어야 함
⑦ 인지발달은 단계적으로 이루어짐 - 발달이란 사고가 질적으로 급격하게 변용되는 과정

(2) 인지발달의 기제

1) 조직 : 여러 가지 요소(신체적, 인지적, 지각적 정보)들을 인지구조 속으로 체제화하고 결합하는 과정

① 구조 : 아동이 세계를 이해하고 경험을 해석하고 조직화하는 지속적인 지식기반
② 도식 : 사고의 기본단위, 아동이 환경과의 상호작용과정에서 구성한 행동 또는 사고의 조직화된 패턴
③ 인지구조 : 일관성 있고 논리적으로 상호 관련된 틀로, 환경의 상호작용을 통해 질적인 변용 과정을 거침(인지발달 = 인지구조의 질적인 변화)

2) 적응 : 자기 자신이나 환경을 수정하고 조정하는 경향성

① 동화 : 새로운 경험을 기존의 도식이나 구조에 통합하는 과정
　　예 '개'에 대한 도식을 가진 유아가 '염소'나 '송아지'를 보고 '개'라고 부름
② 조절 : 특정 장면의 요구에 따라 내적 구조 혹은 도식을 조정하는 과정
　　예 '개' 도식을 가진 아동이 '염소'를 보고 '개'가 아니라는 사실을 깨닫고 '염소' 도식을 형성함
③ 평형화 : 인지구조의 균형을 유지하려는 정신과정(끊임없이 행동을 조정하는 복합적이고 역동적인 과정)
④ 불평형화 : 사람의 사고과정과 환경사건 사이의 불균형 혹은 모순(불편함은 동화와 조절을 통해 해결책을 추구하려는 동기를 불러일으킴)

(3) 인지발달단계 - 발달단계를 통과하는 순서가 불변적이고 문화적 보편성이 있음을 가정

단계	발달의 특징
감각운동기 (출생~2세)	• 사고능력이 없으며 반사운동, 순환운동, 감각 및 운동을 통해 세계를 이해 • 대상영속성 : 물체를 기억에 표상하는 능력(지각이나 행위와 관계없이 사물이 존재한다는 것을 인식) → 감각운동기 후기에 발달 　예 공이 소파 밑으로 굴러가 보이지 않아도 소파 밑에 공이 있다는 것을 알게 됨 • 반사작용 : 자극에 대한 자동적인 반응 → 감각운동기 말기에 목표지향적 행동이 시작 • 모방능력(관찰학습의 토대)

전조작기 (2~7세)	• 아동들이 마음속에서 사물을 표상하는 것을 학습하는 단계 • 상징적 사고 : 행위나 사물을 정신적으로 표상하기 위해 '언어, 그림, 기호, 몸짓' 등의 상징적 기호를 사용 • 중심화 : 어떤 상황에서 두드러지는 한 가지 측면에만 초점을 맞추는 경향 　→ 직관적 사고(대상에 대한 지각적 속성에 따라 판단하는 것)의 영향으로 나타남 • 자아중심성 : 다른 사람의 관점을 고려하지 못하고 자신의 관점으로만 세상을 이해하는 경향성 • 변환적 추리 : 특수사례에서 특수사례로 진행하는 추리(논리적 오류 포함) 　예 "암소는 우유를 생산한다. 염소도 우유를 생산한다. 따라서 염소는 암소다." • 언어의 급격한 발달, 보존개념 미획득, 비가역성, 물활론
구체적 조작기 (7~11세)	• 직접적으로 경험할 수 있는 사상에 한해 논리적인 사고가 가능한 단계 • 보존개념 획득 : 물체의 모양이 바뀌어도 물리적 특성은 동일하다는 사실을 인식하는 능력(반환성, 상보성) • 가역성 : 어떤 상태의 변화과정을 역으로 밟으면, 다시 원상태로 돌아갈 수 있음을 아는 것 　→ 직관적 사고에서 벗어나, 사물이나 현상의 여러 측면들을 체계적으로 고려 • 연역적 추리 : 두 개 이상의 정보에 근거하여 논리적 추론을 도출 • 탈중심화, 분류능력, 서열화능력
형식적 조작기 (11~15세)	• 직접 경험할 수 있는 사상을 비롯하여 완전히 가설적이고 추상적인 사상과 개념을 논리적으로 다룰 수 있고, 형식논리에 의해 사고할 수 있는 단계 • 추상적 사고 : 구체적인 사물이나 대상과 관계없이 형식논리에 근거한 사고 • 가설연역적 사고 : 문제를 해결하기 위해 가설을 설정하고, 그 가설의 검증을 통해 결론을 도출하는 사고 • 명제적 사고 : 'A인 동시에 B' 'A이지만 B는 아님' 'A도 아니고 B도 아님'과 같은 3개의 명제를 바탕으로 가설을 설정하고 논리적으로 추론하는 능력 • 조합적 사고 : 문제를 해결하기 위해 모든 가능성을 논리적이고 체계적으로 숙고하는 사고 • 청소년기의 자아중심성 사고(Elkind) : 상상적 청중, 개인적 우화, 불사신 착각(14~15세에 절정에 달한 뒤에 점차 감소)

(4) 교육적 시사점

① 학습자의 인지발달수준에 기초한 적정 수준의 내용을 선정하여 적절한 시기에 교육해야 함
② 학습자의 인지발달을 유도하기 위해서는 적당한 인지 불균형이 유지될 필요가 있음 → 또래와의 상호작용
③ 자기주도적 활동 지원 : 학습자의 자발성에 따른 능동적인 발견과정이 중요 → 일방적 지식전달 X, 아동 스스로 환경과 적극적으로 상호작용(직접적인 경험과 활동 강조)
④ 학습자의 내재적 동기 중시 : 학습자의 지적 호기심, 탐구심, 흥미를 유발할 수 있도록 교육내용, 학습자료, 교수활동 등을 다양화
⑤ 학습자의 지적 발달을 가속화 하기 위한 무리한 시도를 금지해야 함 → 현재의 발달수준보다 조금 더 높은 수준으로 수업을 설계(적절한 불균형을 경험)

THEME 19 비고츠키(Vygotsky)의 인지발달이론

(1) 개요
① **사회적 상호작용과 인지발달** : 아동은 타인과의 관계에서 영향을 받으며 성장하는 사회적 존재이며, 사회적 상호작용은 학습과 인지발달을 가져오는 직접적 요인(성인들이나 유능한 동료들과의 상호작용 중시)
② **언어와 인지발달** : 언어는 사회문화적인 환경과 개인의 정신기능을 연결해주는 중요한 매개체이며, 정신을 재구조화하고 자기조절이 이루어진 높은 수준의 사고과정을 형성하는 데 중요한 도구
③ **문화와 인지발달** : 자신이 학습한 것이 새로운 문화적 맥락으로 통합되는 현상은 인지가 발달하고 있음을 의미(문화는 발달이 일어나는 상황적 맥락을 제공, 아동은 사회적 상호작용을 통해 문화적 지식을 내면화)

(2) 주요 개념

1) 근접발달영역(ZPD : Zone of Proximal Development)
① 아동이 혼자서는 해결할 수 없지만 성인이나 뛰어난 동료의 조력이 있으면 성공적으로 문제를 해결할 수 있는 영역(현재의 수준은 같을지라도 근접발달영역은 개인차가 있을 수 있음)
② 근접발달영역의 단계 : 타인조절 → 자기조절 → 자동화(내면화) → 탈자동화(새로운 능력의 발달을 위해 ZPD로 회귀)
   ▶ 내면화 : 사회적 학습 상황에서 지식을 흡수하거나 받아들여 그것을 스스로 사용할 수 있는 상태(사회적 인지기능이 개인적 인지기능으로 변환되는 것)

2) 비계설정(scaffolding) - ZPD를 적절하게 사용하는 수업방법
① 아동이 독자적으로 완성할 수 없는 과제를 완성하게 하는 조력, 즉 근접발달영역에 있는 과제를 수행할 수 있도록 성인과 유능한 사람이 어떤 형태의 지도나 구조를 제공하는 것
② 교수 발판의 유형 : 모델링, 소리 내어 생각하기, 질문, 수업자료 조정하기, 조언과 단서 등

3) 역동적 평가
① 근접발달영역의 개념에 근거하여 발달잠재력을 확인하기 위한 미래지향적 평가
   cf 고정적 평가(전통적 평가) : 실제적 발달수준을 측정하는 과거지향적 평가
② 역동적 평가는 적절한 기회를 주었을 때 평가하고자 하는 지식이나 전략을 학습할 수 있는 잠재력이 있는 학생들을 확인할 수 있음(힌트를 활용하는 능력을 중시)

구 분	고정적 평가	역동적 평가
평가목적	교육목표 달성 정도 평가	향상도 평가
평가내용	학습결과 중시	학습결과 및 학습과정 중시
평가방법	정답한 반응 수 중시 일회적·부분적 평가	응답의 과정이나 이유도 중시 지속적·종합적 평가
평가상황	획일적이고 표준화된 상황 탈 맥락적인 상황	다양하고 융통성 있는 상황 맥락적인 상황
평가시기	특정 시점(주로 도착점)	교수학습의 전 과정(출발점, 도착점 포함)

(3) 교육적 시사점

① 문화적으로 적절한 맥락 속에서 학습활동이 이루어져야 함(아동은 사회적으로 경험과 지식이 더 많은 다른 사람들을 통해 혼자서는 얻지 못했을 이해체계를 발달시켜 나감) → 사회적 구성주의
② 학생들이 그들 자신의 이해를 언어로 설명하도록 장려함 → 사적언어 사용
③ 학습자의 근접발달영역 내에 있는 학습활동을 만들어야 하며, 근접발달영역은 교육과정 및 학습 계획을 세우는 지침으로 사용되어야 함 → 현재 발달수준이 아닌, 앞으로 도달될 '기대 발달수준'에 맞춘 학습활동
④ 학습자에게 학습과 문제해결을 위해 필요한 지원(발판)을 제공함 → 초기에는 많은 지원을 제공하고, 점차 지원을 줄여 아동으로 하여금 책임을 감당하도록 함
⑤ 학생들이 서로 사회적 상호작용을 할 수 있도록 학습활동을 만들어야 함 → 가급적 다양한 능력 수준의 학생들과 상호작용할 수 있도록 협동학습 상황 마련
⑥ 학생들의 실제적 발달수준 뿐만 아니라 잠재적 발달수준까지 측정하기 위해 역동적 평가를 활용함

(4) 피아제(Piaget)와 비고츠키(Vygotsky)의 비교

	피아제	비고츠키
학습과 발달	발달이 학습에 선행	학습은 발달을 주도
아동관	아동은 스스로의 세계를 구조화하고 이해하는 독자적인 존재(꼬마 과학자)	아동은 타인과의 관계에서 영향을 받으며 성장하는 사회적 존재
지식관	인지적 구성주의	사회적 구성주의
인지발달	• 인지갈등을 해소하려는 평형화 과정에서 인지발달이 이루어짐 • 지식의 형성과정 : '개인 (내)' → '사회'	• 사회적 상호작용을 통한 내면화가 인지발달에 큰 영향을 줌 • 지식의 형성과정 : '사회(개인 간) → '개인' → '사회'
사고와 언어발달	• 언어발달은 인지발달에 의존 • 언어는 사고의 징표에 불과	• 사고와 언어가 독립적으로 발달(2세경에 연합) • 언어는 사고발달의 핵심적인 역할
사적언어	• 자기중심적 언어 : 아이들의 혼자 중얼거림은 의사소통 능력의 부재, 인지적 미성숙의 발현 • 주로 전조작기 아동들의 자기중심적 사고의 특징을 보이는 것	• 사적언어 : 사고와 행동을 유도하는 아동들의 자기 말, 점차 내적언어로 내면화됨 • 특히 어려운 문제를 해결할 때 그들의 사고를 안내하고 조절하는 기능을 수행함
상호작용 대상	• 물리적 환경에 대한 아동의 능동적인 상호작용 • 인지적 갈등을 불러일으키는 또래와의 상호작용 중시	성인이나 유능한 또래와 같은 보다 유능한 사회적 구성원과의 협동적인 상호작용을 중시
주요 교수전략	학습자 스스로가 지식을 능동적으로 구성할 수 있도록 활동 기회와 조력을 제공 → 불평형 경험	근접발달영역 내에서 발판 제공과 의미 있는 상호작용의 제공

THEME 20 프로이드(Freud)의 심리성적 성격발달이론

(1) 개요
① 인생의 초기 경험 강조, 5세 이전의 경험이 평생을 좌우(심리적 결정주의) → 유아교육의 중요성
② 인간행동의 무의식적 결정요인 강조 → 성격연구의 새로운 측면 제시
③ 정신의 구조
    ㉠ 의식 : 자신이 주의를 기울이는 순간 알아차릴 수 있는 정신작용의 부분
    ㉡ 전의식 : 현재 의식되지 않지만, 주의를 집중하고 노력하면 의식이 될 수 있는 정신작용의 부분
    ㉢ 무의식 : 자신이 전혀 자각하지 못하고 영원히 알지 못할 수도 있는 정신작용의 부분(인간의 행동과 사고를 좌우)
④ 성격의 구조
    ㉠ 원초아(id) : 본능을 내포하고 있는 정신기관, 모든 정신 에너지의 저장소·공급자 → 쾌락의 원리
    ㉡ 자아(ego) : 현실의 검증자, 성격의 집행 및 통제자 → 현실의 원리
    ㉢ 초자아(super-ego) : 도덕적 감시자, 사회적 가치 및 이상의 수호자 → 도덕성의 원리

(2) 성격발달단계 – 리비도(Libido, 성 충동)가 집중적으로 표출되는 신체 부위에 따라 단계를 구분

단계	발달의 특징
구강기 (출생~1년)	• 입을 통한 환경의 탐색, 입술을 통한 리비도 방출, 본능지배의 시기, 모자 관계가 중요한 역할 • 구순고착적 성격 : 구강 전기 고착(과도한 흡연, 음주, 식탐) • 구순공격적 성격 : 구강 후기 고착(타인에 대한 비난, 분노)
항문기 (2~3세)	• 배설물의 배출을 통한 쾌감의 획득, 배설을 통한 리비도 배출, 배변훈련을 통해 처음으로 사회적 통제를 경험 • 자아 형성, 쌍방적 관계, 능동적 인간관계 • 항문보유적 성격 : 지나치게 인색, 고집, 결벽증, 청결, 소극적 성격 • 항문공격적 성격 : 공격성, 잔인

남근기
(3~5세)
	• 초자아의 자아 이상 형성, 거세불안, 남근선망
	  → 오이디푸스 콤플렉스(남아) : 마마보이, 건방짐, 허풍, 연상의 여자에게 집착
	  → 엘렉트라 콤플렉스(여아) : 정조관념 희박
	• 동일시 : 콤플렉스를 극복하는 과정에서 나타남(부모의 도덕률과 가치체계를 내면화, 초자아 발달)

잠복기 (6~11세)	• 성적으로 비교적 평안한 시기, 주위환경에 대한 탐색과 지적 탐색이 활발, 사회성 발달 • 각종 기술 습득에 주력, 학교에서 새로운 문제해결 능력 획득, 사회적 가치 내면화 • 자아와 초자아가 더욱 강해짐
생식기 (11세 이후)	• 이성에 대한 성적 흥미 유발, 성적인 책임감 발달 • 부모로부터 독립하려는 욕구 형성(심리적 이유기) • 이 시기까지 순조로운 발달 성취 시 성숙한 이성관계의 형성, 자아정체감 확립 등을 이룰 수 있는 반면, 이 시기를 잘 극복하지 못할 경우 권위에 대한 반항, 비행, 이성에의 적응 곤란 등을 초래

▶ 어떤 단계에서든 특정 문제들이 성격발달을 지연·저지시킬 수 있으며, 일생동안 개인의 성격에 지속적으로 영향을 미칠 수 있음

(3) 자아 방어기제 - 합리적 방안으로 불안을 다룰 수 없을 때 자아는 비현실적 방법에 의존

유 형	특 징
부정 (denial)	• 외적인 상황이 감당하기 어려울 때 위협적인 정보를 의식적으로 거부하거나, 현실화된 정보가 타당하지 않고 잘못된 내용이라고 간주하는 것 예 자녀가 도둑질을 했다는 경찰의 연락에 "그럴 리가 없어. 우리 아이는 그런 아이가 아니야." 하다가 다음에는 "뭔가 잘못됐어, 담임선생님과 경찰이 오해했을 거야."라는 식으로 부정함
억압 (repression)	• 불쾌한 경험이나 받아들여지기 어려운 욕구, 수치스러운 생각, 고통스러운 기억, 반사회적인 충동 등을 무의식 속으로 몰아넣거나 생각하지 않도록 억누르는 방법 예 기억상실증, 싫은 사람과의 약속 날짜를 잊어버리는 일
합리화 (rationalization)	• 상황을 그럴 듯하게 꾸미고 사실과 다르게 인식하여 자아가 상처받지 않도록 정당화시키는 방법 • 자신이 간절히 바라는 어떤 것을 이루기 어려울 때 그것의 가치를 낮추거나(예 먹고 싶으나 먹을 수 없는 포도를 신 포도이기 때문에 안 먹겠다고 하는 것), 인정하고 싶지 않은 것을 인정해야만 할 때 그것의 가치를 높임 (예 실력이 부족한 학생이 출제 방향이나 문제의 초점을 맞추지 못해 점수가 낮게 나왔다고 변명함)
투사 (projection)	• 자기 자신의 동기나 불편한 감정을 다른 사람에게 돌림으로써 불안 및 죄의식에서 벗어나고자 하는 것 예 일이 이렇게 된 것은 다 당신 때문이라는 식의 책임 회피나 지나친 비판 및 편견
승화 (sublimation)	• 억압된 충동이나 욕구의 발산 방향을 사회적으로 인정되거나 가치 있는 쪽으로 옮겨 실현함으로써 그 충동이나 욕구를 충족시키는 행동기제 예 공격적 충동은 권투나 야구, 축구와 같은 공격적인 스포츠를 함으로써 표현될 수 있음
퇴행 (regression)	• 충격적 경험에 부딪친 사람이 이를 극복하지 못하고 이전의 문제없던 단계로 후퇴하는 것 예 성인이 좌절했을 때 미숙한 유치증과 어린애 같은 행위를 보이는 것 cf 고착 : 특정 발달단계에 머무르는 것
동일시 (identification)	• 자신의 불안, 부족감을 피하기 위해 다른 사람의 바람직한 점을 자기 것으로 끌어들이는 것 예 어머니가 딸의 용모나 인기를 자랑스럽게 여기거나 아버지가 아들의 취미활동을 같이 즐기는 것
반동형성 (reaction formation)	• 자기가 느끼고 바라는 것과는 정반대로 감정을 표현하고 행동하는 것 예 경쟁자를 지나치게 칭찬하는 사람, 성적 욕구가 강한 사람이 지나치게 성을 혐오하는 것 등
주지화 (Intellectualization)	• 골치 아픈 문제로부터 벗어나거나 위협적인 감정에서 자기를 떼놓기 위해 문제장면이나 위협조건에 관한 지적인 토론 및 분석을 하는 것(스트레스를 부정하는 고등수단) 예 중상환자를 치료하는 의사의 냉정한 태도
환치 (displacement)	• 만족되지 않은 충동에너지를 다른 대상으로 돌림으로써 긴장을 완화시키는 방어기제 예 자식을 갖고 싶으나 갖지 못하는 어른이 고양이 또는 강아지 같은 애완동물에 집착하는 경우

THEME 21 에릭슨(Erikson)의 심리사회적 성격발달이론

(1) 개요

① 인간의 성격발달에 있어서 중요한 타인과의 관계를 중시(사회적 상호작용 강조)
② 인간의 성격발달단계를 전 생애에 걸쳐 8단계로 구분, 각 발달단계에는 발달의 결정적 시기가 있음
③ 각 발달은 이전의 발달에 기초하여 계속적·누적적으로 일어남
④ 각 단계별로 특징적인 과업과 위기가 존재하는데, 이를 어떤 식으로 해결하는가에 따라 성격의 방향이 결정됨
   → 위기(각 시기에 발달하지 않아야 할 것)가 관여(각 시기에 발달해야 할 것)를 압도할 때 발달상의 문제 발생
⑤ 프로이드와 에릭슨의 비교

프로이드	에릭슨
성격발달에 있어서 성 본능을 강조(원초아 강조)	사회적 상호작용의 역할을 강조(자아 강조)
성격발달에 미치는 부모의 영향을 강조	심리사회적 환경의 중요성을 강조
5세 이전의 성격발달에 관심, 성격발달은 사춘기에 완성(사춘기를 별로 중시 X)	전 생애에 걸친 성격발달이론 제시, 정체성이 형성되는 청소년기가 가장 중요한 시기

(2) 성격발달단계(8단계) - 전생애적 발달 강조

발달단계	특징	덕목/악덕목	시기(프로이드)
신뢰감 대 불신감 (0~18개월)	• 주요 발달과업 : 신체적·심리적 욕구충족 • 사회문화적 역할(중요한 타인) : 일관성 있는 보호와 애정, 관심(어머니)	희망/탐식	영아기 (구강기)
자율성 대 수치심 (18개월~3세)	• '나'에 대한 감각이 형성되는 시기로 독자적인 행동을 추구함 • 주요 발달과업 : 배변훈련, 걷기, 언어의 발달 • 사회문화적 역할(중요한 타인) : 자발적 행동의 칭찬, 분별력 있는 적절한 도움과 격려(부모-모방)	의지/분노	유아기 (항문기)
주도성 대 죄책감 (3~6세)	• 새로운 환경에 대한 탐색 욕구, 적극적 행동이 나타나는 시기(왕성한 지적 호기심) • 주요 발달과업 : 목표지향적 행동, 도덕의식 발달 • 사회문화적 역할(중요한 타인) : 주도성을 발휘할 수 있는 기회와 자유의 제공(부모-동일시)	목적/탐욕	유아기 (남근기)
근면성 대 열등감 (6~12세)	• 자신이 행한 업적을 통해 인정받고 싶은 욕구가 큰 시기 • 주요 발달과업 : 인지적·사회적 기술 습득 • 사회문화적 역할(중요한 타인) : 성취 기회의 제공과 격려, 인정(부모, 담임교사)	능력/시기	아동기 (잠복기)
정체감 대 역할혼미 (12~18세)	• 부모로부터 경제적으로는 독립을 못했지만 정서적으로는 독립하는 시기(성격발달에서 중추적 역할을 하는 시기) • 심리적 유예기 : 정체성 위기를 겪는 과정 속에서 청소년들이 절망하고 방황하는 상태 • 주요 발달과업 : 자아정체감의 형성 → 정체감 3요소 : 자신의 외모에 대한 수용, 중요한 타인의 인정, 분명한 목적의식	자기충실/자만	청년기 (생식기)

	• 사회문화적 역할(중요한 타인) : 정서적 안정과 바람직한 성역할 모델 제공(또래친구, 사회적 압력)		
친밀감 대 고립감 (19~25세)	• 타인과 자신의 정체감을 공유하는 단계 • 주요 발달과업 : 원만한 인간관계, 배우자 선택, 공유된 정체감 • 사회문화적 역할(중요한 타인) : 자신과 타인에 대한 이해, 타인과의 친밀한 관계 유지(배우자, 동료, 사회)	사랑 /정욕	성인 전기
생산성 대 침체감 (25~54세)	• 타인을 위해 무엇인가를 하기 위해서 노력하는 단계 • 주요 발달과업 : 자녀 양육, 후세대 양성(창조성, 생산성, 다음 세대에 대한 관심과 헌신) • 사회문화적 역할(중요한 타인) : 직업적 성취, 학문적·예술적 업적 사회봉사(배우자, 자녀, 친구, 동료, 지역사회)	돌봄 /무관심	성인 중기
자아통정성(통합성) 대 절망감 (54세 이상)	• 자신의 과거, 즉 인생에 대한 정체감을 형성하는 단계 • 주요 발달과업 : 생의 음미 • 사회문화적 역할(중요한 타인) : 자신의 완성을 위한 노력과 성취(자녀, 손자)	지혜 /우울	성인 후기

(3) 사회성 촉진 위한 교수전략

① 모델링과 직접적인 교수활동을 통해 학생들이 실천해야 할 사회적 기술을 가르치도록 노력해야 함(사회적 기술을 이해하고, 실제 상호작용 속에서 연습해보는 과정 필요)

② 학급 내에서 허용되는 행동을 규정한 학급규칙을 만들고, 이를 이해할 수 있도록 도와주어야 함(예시 제시, 토론 유도 등)

③ 학생들이 사회적 기술을 직접 실행할 수 있도록 하고, 그에 대한 피드백을 제공하여야 함

(4) 교육적 시사점

① 영아에게는 이 세상은 평온하고 안전한 곳이라는 느낌을 갖게 하여 기본적 신뢰감을 형성할 수 있도록, 부모가 애정을 갖고 자녀의 신체적·심리적 욕구를 충족시켜 주면서 일관성 있게 잘 돌보아 주어야 함

② 어린 유아에게는 자율성을 기를 수 있도록 유아의 자발적 행동에 대해 칭찬과 신뢰를 표현하고, 격려하고, 용기를 주고, 유아의 방법과 속도에 따른 기능이 발휘될 수 있도록 지지해 주는 것이 필요

③ 학령전기의 유아에게는 자기주도적 활동을 최대한 허용하여 주도성을 형성하도록 도와야 함

④ 초등학교 시기의 아동에게는 과제를 완성하는 즐거움, 성취감을 경험할 수 있는 기회를 가능한 한 많이 제공하고 적정한 기대와 칭찬, 격려를 통해 자신감과 근면성을 형성하도록 도와야 함

⑤ 중·고등학교 시기는 자아정체감의 확립시기이므로 열린 마음으로 솔직한 토론의 장과 상담을 마련하여 스스로 문제를 해결할 수 있도록 격려하고, 긍정적인 자아정체감을 형성하도록 적극적으로 지도할 필요가 있음

THEME 22 마샤(Marcia)의 청소년 정체성이론

(1) 개요
① 마샤는 정체성에 대한 에릭슨의 이론을 상당히 발전시킨 이론을 제시
② 정체성 지위 : 정체성을 확립하기 위해 심리사회적 과업을 다루는 방식 또는 과정
③ 정체성 지위를 정체성 위기의 경험 여부와 과업에 대한 몰입 여부를 기준으로 하여 네 가지 상태로 구분
  ㉠ 위기 : 현재 상태와 역할에 관해 의문을 제기하고 대안적 가능성(직업이나 신념 등)을 탐색하는 과정
  ㉡ 몰입(관여) : 주어진 역할과 과업에 몰두하는 정도

(2) 정체성 지위의 유형

정체감 혼미형 위기(×), 몰입(×)	• 삶의 목표와 가치를 탐색하려는 시도를 하지 않고, 삶을 계획하려는 욕구가 부족한 상태 • 인생을 설계하려는 욕구가 부족할 뿐만 아니라, 인생에 대한 방향감각이 없음 • 정체성을 탐색하는 과정에서 가장 위험한 상태, 지속되면 부정적 정체감 형성 • 하루 종일 재미만 추구하는 사람이거나, 불안수준이 높고 자신감이 낮은 미성숙하고 혼란스러운 사람
정체감 폐쇄(유실)형 위기(×), 몰입(○)	• 정체성 위기를 경험하지 않고서도 정체성이 확립된 것처럼 행동하는 상태 • 가장 큰 특징 : 권위에 맹종한다는 것. 정체성을 형성하기 위해 노력하지 않고, 부모가 기대하거나 선택해 준 생애 과업을 그대로 수용 • 청년기를 안정적으로 보내는 것처럼 보이나, 성인기에 들어 뒤늦게 정체성 위기를 경험하는 경우 많음
정체감 유예형 위기(○), 몰입(×)	• 정체성 위기를 경험하지만, 역할과 과업에 몰두하지 못하는 상태 • 여러 가지 대안들을 검토하지만 특정 과업에 몰입하지 못함 • 정체성 성취에 이르는 과도기적 단계이므로, 대부분 시간이 지나면 정체성을 확립하게 됨
정체감 성취형 위기(○), 몰입(○)	• 정체성 위기를 경험한 다음 확고한 개인적 정체성을 확립한 단계 • 자기에 대한 다양한 가능성을 검토한 다음 자기를 정확하게 인식하고, 인생행로를 분명하게 확립한 상태

(3) 교육적 시사점
① 청소년들이 자신의 정체감을 성공적으로 획득하기 위해서는 여러 가지를 탐색하며 그것들을 검토하고, 실험하고, 행동을 수정하며 자신에게 맞지 않는 특성을 버릴 수 있는 자신감을 가져야 함 → 이에 대해 부모, 교사는 안정적이고 수용적인 반응을 보여 주어야 함
② 교사는 학생에게 자신의 능력, 성격의 특성, 인생의 목표, 가치관 등을 탐색할 수 있도록 다양한 경험을 할 수 있는 기회를 만들어 주어야 함(학생이 적극적으로 자신에게 의미 있는 결정을 고민하고 탐색하고, 결정하는 데 도움)
  ㉠ 자서전 쓰기, 자신의 약점·강점을 스스로 평가하게 하기 등을 통해 학생이 자신에 대해 깊이 생각해 보도록 유도
  ㉡ 학습내용이 직업에서 어떻게 활용될 수 있는지 생각하게 하기 등을 통하여 학습과 직업의 연계성에 초점을 두어 수업을 구상

THEME 23 콜버그(Kohlberg)의 도덕성 발달이론

(1) 개요

① 도덕성의 발달을 도덕적 행위보다는 도덕적 판단능력의 발달로 봄
② 주로 아동을 대상으로 한 피아제의 도덕성 발달이론을 성인까지 확대 - 3수준 6단계(최종 7단계)
   - cf 피아제의 도덕성 발달단계 : 전도덕 단계(학령 전 아동) - 타율적 도덕성의 단계(6~10세) - 자율적 도덕성의 단계(10세 이후)
③ 도덕발달의 주요기제는 인지갈등 : 도덕적 갈등상황(moral dilemma)을 제시, 갈등상황에 대한 도덕적 판단을 근거로 하여 도덕발달단계 설정 → 하인츠(Heinz)의 딜레마
④ 도덕적 갈등상황은 '예', '아니오'가 아닌 그 대답에 대한 이유를 제시하는 것 - 그들이 행동을 어떻게 정당화시키느냐 하는 것이 도덕적 발달수준을 결정

(2) 도덕성 발달단계 : 각 단계에서의 도덕적 판단방식은 질적으로 다른 양상을 보임

수준	단계	특징	딜레마에 대한 반응
전 인습	벌회피·복종지향 (주관화, 약 3~7세)	• 진정한 의미의 규칙에 대한 개념이 없음 • 행위의 옳고 그름을 그 행위의 물리적 결과에 의해 판단	죄를 지으면 벌을 받기에, 하인즈가 약을 훔친 것은 잘못
	욕구충족을 위한 도구적 상대주의 (상대화, 약 8~11세)	• 자기에게 당장 이익이 있을 때 규칙 준수 • 자신의 욕구충족이 도덕판단의 기준(자기중심적, 실리적, 1:1의 상호 교환관계 중시)	아픈 사람이 자기 아내이므로, 약을 훔쳐서라도 아내의 생명을 구하기만 하면 됨
인습	대인관계 조화, 착한 아이 지향 (객체화, 약 12~17세)	• 대인관계와 타인의 승인을 중시, 타인의 관점과 의도를 이해하고 고려하며 다른 사람을 도와주고 기쁘게 해주는 것이 도덕적 행위 • 사회적 규제 수용, 행위의 의도에 의해 옳고 그름 판단	다른 사람으로부터 비난을 받으므로 약국 문을 부수고 약을 훔치는 것은 잘못
	법과 질서준수 지향 (사회화, 약 18~25세)	• 사회질서와 법률의 중요성 강조(법률적 의지) • 법은 만인에 평등, 예외가 있을 수 없음. 소수의 권리 불인정	법은 어떤 경우에라도 지켜야 하므로, 약을 훔친 행동은 잘못
후 인습	사회계약 지향 (일반화, 약 25세 이상)	• 사회질서 유지를 위해 법과 규칙을 중시하나 사회적 유용성이나 합리성에 따라 법이나 제도가 바뀔 수 있음을 인정 • 사회적 책임으로서의 공리주의, 가치 기준의 일반화·세계화 추구, 소수의 권리 인정 • 자유, 정의, 행복추구 등의 제도적 가치가 법보다 상위임을 어렴풋이 인식	하인츠가 약을 훔친 것은 잘못이나 인명을 구하기 위한 일이므로 정상 참작하여 용서해야 함
	보편적 도덕원리 지향(궁극화)	• 올바른 행위란 도덕원리(공정성, 정의, 인간권리의 상호성과 평등성, 인간의 존엄성에 대한 존중)에 따른 양심의 결단 • 인간은 수단이 아닌 목적, 사회정의와 진실이 우선 • 극히 소수만 도달하기 때문에 나이를 들 수 없음	인간의 생명은 법이나 관습보다 우선. 따라서 약을 훔쳐서라도 생명을 구해야 하며 훔친 행동에 대해 비난해서는 안 됨

▶ 모든 사람이 발달단계의 끝(후인습수준)에 도달하는 것은 아니며, 대부분의 성인은 인습수준에 머물러 있음
▶ 콜버그는 말년에 도덕성 발달 6단계에 '우주영생 지향단계(아가페) - 도덕성 문제는 도덕이나 삶 자체가 아니라 우주적 질서와의 통합'를 추가하여 최종 7단계를 제안

(3) 콜버그 이론의 의의와 비판

1) 의의
① 모든 사람의 도덕적 추론능력의 발달은 같은 단계를 거침으로써 진행됨
② 도덕성 발달은 갑작스럽게 단절되어 진행되기보다 점진적이며 지속적으로 이루어짐
③ 사람들의 도덕적 추론능력의 발달 속도에는 개인차가 존재함
④ 어느 단계에 도달하게 되면 그 이전 단계로의 퇴보는 없으며, 주로 그 단계에서 도덕적 추론을 하는 경향이 있음
⑤ 교육적 개입을 통해서는 도덕적 추론의 바로 다음 단계로만 진입하게 할 수 있음
- cf 도덕성 발달이 어느 단계에 멈추거나 한 단계에 고착화되는 이유는 개인이 현재 수준의 도덕적 추론방식을 반성할 충분한 기회가 없기 때문

2) 비판
① 도덕적 행동은 상황, 성격 등의 영향을 받아 도덕적 추리와 도덕적 행동이 일치하지 않을 수도 있음
② 문화적 편향 : 후인습적 수준은 개인의 존엄성을 중시하는 서구사회의 가치를 반영 → Turiel
- cf 튜리엘(Turiel) : 도덕규범을 세 영역으로 구분 – 도덕적 영역(보편적 도덕원리), 사회인습적 영역(특정 사회나 문화 내에서 구성원들의 합의로 규정된 행동규범), 개인적 영역(개인이 선택할 수 있는 특유의 행동이나 사태)

③ 사람들은 상황과 맥락에 따라 동시에 몇 단계의 도덕적 추론을 보일 수도 있음
④ 도덕발달이 퇴행하는 경향도 관찰됨
⑤ 후인습적 도덕성이 도덕발달의 이상적 방향을 제시할 뿐, 실제적인 지침으로는 부족함
⑥ 여자가 상대적으로 더 낮은 단계에 있음을 시사하여 성차별적 발상이라는 비판과 동시에 여성의 사고 특성을 제대로 반영하지 못하고 있다는 지적을 받음 → Gilligan
▶ 콜버그는 대부분의 남성들이 4단계 수준을 보이는 데 반해, 여성은 3단계 수준에 머물러 있다고 주장

(4) 도덕성 발달을 촉진시키기 위한 교수전략

1) 사회학습이론적 접근의 방법
① 학생과의 상호작용에서 윤리적 사고, 행동, 감정이입 등을 시범 보임(교사는 공정하고, 책임감 있고, 민주적이려고 노력)
② 학급 경영을 도덕성 발달을 촉진시키는 수단으로 활용 : 학생들이 규칙(공정성, 개방성, 협동, 타인의 의견에 대한 관용 등)을 이해하고, 왜 그것이 중요한지 이해하며, 그것을 따르기로 동의함으로써 도덕성이 발달될 수 있음

2) 인지적 접근의 방법
① 다른 사람의 관점을 존중하도록 지도 : 학급 토론을 통해 자신의 도덕적 사고를 시험해 보고 그것을 다른 학생의 사고와 비교해 보게 함으로써, 학생들의 도덕성 발달을 촉진(인지적 불평형 경험)
② 토론을 이끄는 구체적 사례로서 도덕적 딜레마 이용(도덕적 갈등의 경험 제공) → 현재 추론단계보다 한 단계 높은 경험을 제공하는 것이 이상적
③ 자신의 도덕적 입장을 분명히 하고 정당화하도록 지도 : 토론과 그 뒤에 글쓰기와 같은 활동을 통해 학생들이 해당 쟁점에 자신들의 선택을 논리적으로 변론할 수 있도록 격려

THEME 24. 길리건(Gilligan)의 배려지향이론

(1) 개요

① 성차의 문제를 간과하고 인지적 측면에서만 도덕성을 고려한 콜버그 이론의 한계를 보완
② 여성의 도덕성 발달이 남성보다 뒤지는 것이 아니라 여성과 남성은 보는 관점이 다르고, 판단하는 기준이 다름
　㉠ 남성은 '정의'와 개인의 '권리'라는 관점에서 도덕적 판단을 하는 경향이 있음
　㉡ 여성은 공동체적 '관계'와 타인에 대한 '배려(보살핌)'와 '책임'이라는 관점에서 판단하는 경향이 있음
　　cf. 콜버그(이성중심적 도덕이론) vs 길리건(감성중심적 도덕이론, 이성의 역할을 전적으로 무시하지는 않음)
③ '배려의 윤리(ethic of care)' 제안 - 여성의 도덕성 발달에 대한 새로운 접근 : 도덕적 이상형은 배려할 줄 아는 인간이고 도덕성의 핵심은 자기 자신과 타인들에 대한 책임감과 배려, 동정심, 타인과의 조화

(2) 도덕성 발달단계 - 자아와 타인이 어떻게 관련되어 있는가에 대한 특정한 이해방식을 반영

단계	특징
[1수준] 자기중심적 인습이전 수준	• 자신의 이익과 생존에 자기중심적으로 몰두하는 단계 • 제1과도기 : 이기심으로부터 책임감으로 전환되는 시기
[2수준] 타인배려 중심 인습수준	• 자신의 욕구나 복지는 미루고 타인의 복지에 초점을 맞추는 단계 • 제2과도기 : 자아와 타인 모두의 욕구에 대해서 책임을 지려는 시기
[3수준] 자기와 타인에 대한 균형적 배려의 인습후수준	• 개인의 권리 주장과 타인에 대한 책임이 조화되는 단계 • 인간관계가 상호적이라는 것을 인식하며, 자신과 타인의 관계에 대한 새로운 이해를 통해서 이기심과 책임감 간의 대립을 해소하는 것

(3) 배려윤리를 통해 윤리적 이상을 실현하기 위한 도덕교육 방법

① 교사는 학생과의 관계 안에서 배려를 실천함으로써 배려의 의미를 알려주고 어떻게 배려하고 응답하는지에 대한 본보기 역할을 수행해야 함 → 배려의 능력은 자신들이 배려를 받았던 경험과 배려를 베풀었던 경험에 의존
② 학생들이 배려를 직접 실천할 기회를 제공해야 함 → 공동체를 위한 봉사활동 과정을 정규 교과목 외에 채택, 배려를 실천적으로 경험할 수 있는 협동학습 등
③ 교사와 학생들 간에 이루어지는 일상적인 대화를 적극적으로 활용해야 함 → 도덕교육에서 학생들의 윤리적 이상을 고양시키기 위해서는 대화가 필수적(특히, 성인과 학생들 간에 이루어지는 일상적인 대화가 가장 중요)
④ 교사는 학생에 대한 이해와 지식을 기초로 하여 학생 안에 있는 보다 훌륭한 자아의 발달을 돕기 위해 그들을 인정하고 격려해 주어야 함 → 학생과의 상호이해와 신뢰감 형성이 요구(학생의 재능, 능력, 특성, 관심 등을 알고 있어야 함)

THEME 25 파블로프(Pavlov)의 고전적 조건형성

(1) 행동주의 학습이론의 기본가정
① 학습 : 경험이나 연습을 통해서 일어난 행동의 지속적인 변화
② 객관적으로 관찰할 수 있는 구체적인 행동을 연구대상으로 함(내재적인 사고과정이나 구조에는 관심 없음)
③ 자극-반응이론 : 자극(환경으로부터 학습자에게 제시되는 모든 것)과 반응(자극으로 인한 행동)의 관계를 탐구
④ 조건형성(조건화) : 특정 행동을 변화시키기 위한 조건을 부여한다는 의미로, 행동을 변화 내지 수정하기 위한 구체적인 절차를 말함

(2) 파블로프의 고전적 조건형성(수동조건형성)

1) 학습
중성자극을 조건자극으로 전환시키며, 조건자극에 대하여 조건반응을 형성하는 것

2) 고전적 조건형성의 과정

조건형성 전	조건형성과정	조건형성 후
음식(US) → 침 분비(UR) 종소리(NS) → 무반응	종소리 + 음식 → 침 분비	종소리(CS) → 침 분비(CR)

① 무조건자극(US) : 무조건반응, 즉 어떤 반응을 자동적으로 유발하는 자극
② 무조건반응(UR) : 자극에 의해 무조건 일어나는 반응(생득적인, 불수의적 반응)
③ 중성자극(NS) : 물리적 반응을 유발하지 않는 자극
④ 조건자극(CS) : 중성자극이 무조건자극과 짝지어짐으로 인해 새로운 반응을 유발하게 되는 경우, 그 중성자극을 조건자극이라고 함 예 먹이와 함께 제시된 종소리
⑤ 조건반응(CR) : 조건자극에 대해 새롭게 형성된 반응 예 종소리에 의해 타액이 분비되는 현상

3) 고전적 조건형성의 주요 현상
① 소거 : 조건반응이 획득된 후 무조건자극을 주지 않고 조건자극만 반복해서 제시할 때 조건반응이 점차 감소하는 현상
② 자극 일반화 : 조건자극과 유사한 자극에 조건반응을 나타내는 현상(자극의 유사성이 높을수록 조건반응의 강도는 커짐)
③ 자극 변별 : 조건자극에만 조건반응을 나타내고, 다른 자극에는 조건반응을 나타내지 않는 현상
④ 자발적 회복 : 소거 후 일정 시간이 흐른 뒤에 조건자극이 다시 제시되면 조건반응이 재생되는 현상(조건반응이 원래의 강도를 찾는 것으로, 처음 조건형성 때보다 시간이 단축됨 - 잠재학습을 의미)
⑤ 고차적 조건형성 : 학습된 조건자극이 다시 무조건자극으로 작용하여 또 한 번의 조건형성이 되는 것

4) 고전적 조건형성의 학습원리
① 시간의 원리 : 조건자극은 무조건자극과 약간 앞선 상태 또는 거의 동시에 제공되어야 함(접근성의 원리)
② 강도의 원리 : 무조건자극은 조건자극보다 같거나 조금 강해야 함 예 개가 더욱 좋아하는 먹이를 무조건자극으로 사용
③ 일관성의 원리 : 조건자극은 조건화가 성립되기 위해서는 일관되게 주어져야 함
④ 계속성의 원리 : 자극과 반응의 결합관계가 반복되는 횟수가 많을수록 조건화가 잘 됨(연습의 법칙, 빈도의 법칙)

5) 고전적 조건형성의 응용

① 소거 : 조건자극을 생리적 만족감이 없이 반복적으로 제시하여 습관을 소거 **예** 금연초

② 역조건형성 : 바람직하지 못한 조건반응을 바람직한 조건반응으로 대치하려는 방법(바람직한 반응을 유발하는 자극이 바람직하지 않은 반응을 유발하는 자극보다 반드시 더 강력해야 함)

예
- 1단계 : 개(조건자극 1) → 두려움(조건반응)
- 2단계 : 친구(조건자극 2) → 즐거움(조건반응)
- 3단계 : 친구 + 개 → 즐거움(조건반응)
- 4단계 : 개 → 즐거움

③ 홍수법 : 공포나 불안을 일으키는 조건자극을 장시간 동안 충분하게 경험시켜 공포나 불안을 소거시키려는 방법

④ 체계적 둔감법 : 역조건형성을 이용하여 공포를 일으키는 자극에 점진적으로 노출시켜 공포를 소거시키려는 방법, 공포에 상반되는 반응은 이완(불안위계의 작성 → 이완훈련 → 상상하면서 이완하기)

⑤ 혐오치료 : 바람직하지 않은 반응을 유발하는 자극과 혐오자극을 함께 제시하여 조건자극을 회피하도록 하는 방법

6) 교육적 시사점

① 학습을 긍정적 정서와 관련지어야 하며, 부정적인 정서와 연합되지 않도록 유의해야 함 → 따뜻한 표현 사용, 안정적 분위기 속에서 긍정적인 결과가 나오도록 단계적으로 질문, 존중과 격려 제공 등
   ▶ 조건화된 정서반응(정서의 연합) : 쾌락 혹은 고통을 유발하는 무조건자극과 연합되어 있는 조건자극을 경험할 때 나타나는 긍정적 감정이나 부정적 감정

② 학습 과정 측면에서 두 사실 사이의 인접성이 견고해지도록 복습과 연습을 자주 반복해야 함

③ 학생들이 적절하게 일반화하고 변별하도록 가르쳐야 함

THEME 26 손다이크(Thorndike)의 시행착오학습

(1) 개요
① 배경 : 손다이크는 환경적 조작의 영향을 보여주기 위해 파블로프의 연구를 확장 → 결합설(연합설) 혹은 도구적 조건형성으로 불리는 학습이론을 제창
② 학습 : 수많은 시행착오를 되풀이하다가 우연하게 목표에 도달하는 방법을 알게 되는 것

(2) 시행착오설의 학습원리(학습의 3법칙)
① 연습의 법칙(반복의 법칙, Pavlov의 계속성의 원리) : 반복 학습이 반응의 학습을 촉진, 연습이나 시행이 거듭될수록 정확한 반응은 많아지고 부정확한 반응은 적어짐
  ▶ 후일 손다이크는 단순한 반복연습이 학습을 증대시키는 것이 아니라 보상과 같은 효과요인이 제공되면 연습횟수가 줄어들더라도 학습은 훨씬 증대될 수 있다고 연습의 법칙을 수정
② 효과의 법칙(만족의 법칙) : 만족스러운 결과가 수반되면 행동이 반복될 확률이 증가하고, 불만족스러운 결과가 수반되면 행동이 반복될 확률이 감소한다는 법칙
  ▶ 그러나 이후에 손다이크는 인간행동이 만족감과 쾌락에 의해 학습되는 것만은 아니며, 처벌이나 비판 등의 불만족요인에 의해서도 학습이 강화된다고 효과의 법칙을 수정
③ 준비성의 법칙 : 학습할 준비, 목표지향적인 행동을 할 준비가 되어 있을 때 학습이 만족스럽게 이루어질 수 있음
④ 기타의 하위법칙 : 유추에 의한 반응의 법칙, 다양 반응의 법칙, 자세 또는 태도의 법칙, 요소 우월주의 법칙, 연합이완의 법칙

(3) 교육적 시사점
① 보상 : 정확한 반응을 할 때 보상을 주면 학습이 촉진됨
② 태도 : 새로운 장면에서 반응을 하는 데는 자세·태도가 영향을 미치는데, 이는 학생들의 자세나 태도를 확인하는 것이 중요함을 시사함
③ 주의 : 학생들이 특정 시점에서 존재하는 모든 자극에 똑같이 반응하지 않으므로 교사는 학습장면의 중요한 요소나 측면을 특별히 강조해야 함
④ 일반화(전이) : 가장 중요한 교육의 목적, 학습한 반응을 새로운 장면에 적용하는 것

THEME 27 스키너(Skinner)의 조작적 조건형성

(1) 개요
① 의도적·자발적 행동(조작적 행동)과 이에 따르는 보상에 의해 조건형성이 이루어짐
② 고전적 조건형성과 조작적 조건형성의 비교

구분	고전적 조건형성	조작적 조건형성
형태	S형 조건형성(S : 자극)	R형 조건형성(R : 반응)
자극-반응	자극(무조건 자극) → 반응	반응 → 강화(보상)
반응의 성질	불수의적 반응(대응적 행동), 유도된 반응	수의적 반응(조작적 행동), 방출된 반응

(2) 강화이론 : 강화와 벌은 행동이 일어난 즉시 주어야 함(즉시강화의 원리)

1) 강화 : 행동의 발생빈도 혹은 강도를 '증가'시키는 절차

① 정적 강화 : 가치 있는 어떤 것을 제공해 줌으로써 바람직한 행동의 강도와 빈도를 증가시킴 **예** 칭찬, 인정
② 부적 강화 : 기분 나쁜 자극을 제거해 줌으로써 바람직한 행동의 강도와 빈도를 증가시킴 **예** 청소당번 면제

2) 벌 : 행동의 강도를 약화시키거나 빈도를 '감소'시키는 절차

① 정적 벌(수여설 벌) : 행동 후 불쾌자극(부적 강화물)을 제시하는 것
② 부적 벌(제거성 벌) : 행동 후 쾌자극(정적 강화물)을 제거하는 것

3) 강화와 벌의 관계

분류	정적 강화물(쾌자극)	부적 강화물(불쾌자극)
제시되는 경우(가)	정적 강화	정적 벌
제거되는 경우(감)	부적 벌	부적 강화

4) 강화계획 : 학습자의 반응에 대해 언제 어떻게 강화를 줄 것인가를 정해 놓은 규칙 또는 프로그램

① 연속(계속) 강화계획 : 정확한 반응을 할 때마다 강화물을 제공 - 학습의 초기 단계에 가장 효과적
② 간헐(부분) 강화계획 : 정확한 반응 중에서 일부 반응에만 강화
　㉠ 고정간격 강화계획 : 일정한 시간 간격마다 강화물이 주어지는 경우 **예** 월급, 정기시험
　㉡ 변동간격 강화계획 : 강화를 주는 시간 간격을 변화시키는 강화계획 **예** 낚시
　㉢ 고정비율 강화계획 : 일정한 횟수의 반응을 할 때마다 강화를 주는 계획 **예** 쿠폰 10장 모으기
　㉣ 변동비율 강화계획 : 평균적으로 일정 횟수의 반응을 해야 강화를 주는 계획(단, 강화를 받을 수 있는 반응횟수를 수시로 변동시킴) **예** 카지노의 슬롯머신, 도박
③ 효과성 : 변동비율강화 > 고정비율강화 > 변동간격강화 > 고정간격강화
　㉠ 반응속도는 통제정도에 달려있음 : 강화가 간격(시간)보다는 반응횟수에 따라 이루어질 때 반응을 더 잘 통제할 수 있음 → 반응속도는 간격강화보다 비율강화에서 더 빠름
　㉡ 반응의 지속성은 예측가능성에 달려 있음 : 예측가능성이 높은 강화에는 기대될 때만 반응하고 그 외에는 반응을 유보함 → 반응의 지속성을 북돋아 주려면 예측가능성이 낮은 변동강화가 효율적

(3) 행동수정기법

1) 바람직한 행동을 증가시키는 방법
① 행동조성(형성, shaping) : 강화를 이용해서 목표행동을 점진적으로 형성하는 기법 → 차별강화(어떤 반응에는 강화를 주고 어떤 반응에는 강화를 주지 않는 것) + 점진적 접근(목표행동에 근접하는 행동에만 강화를 주는 것)
② 프리맥의 원리 : 선호하는 활동이 덜 선호하는 활동에 대해 효과적인 강화인자가 되는 것
  예 일명 '할머니의 규칙' – 야채를 싫어하는 손자에게 "야채를 다 먹으면 밖에 나가 놀 수 있단다."라고 함
③ 자극변별훈련 : 특정한 자극에 대해서만 특정한 행동을 하고 다른 자극에 대해서는 그 행동을 하지 않도록 배우는 것
④ 자극통제 : 변별자극을 이용(변별자극을 제거하거나 변화시킴)해서 행동을 통제하는 기법
  예 냉장고를 보이지 않도록 하여 비만아동의 섭식행동을 수정하는 것
⑤ 토큰강화 : 토큰(그 자체로는 아무 가치가 없지만 다른 물품을 구입하거나 교환하는 데 사용됨 – 쿠폰, 스티커)을 이용해서 바람직한 반응의 확률을 증가시키려는 기법
  cf 1차적 강화물 : 그 자체로서 생리적 욕구를 만족시켜 줌 / 2차적 강화물 : 1차적 강화물과 결합하여 강화속성을 갖게 됨

2) 바람직하지 못한 행동을 감소시키는 방법
① 소거 : 강화를 주지 않을 때 반응의 확률이나 강도가 감소하는 현상
② 차별강화 : 일정시간 동안 바람직하지 않은 반응을 하지 않을 때 강화를 주는 기법
  예 쉬는 시간에 친구들과 다투지 않는 학생에게 강화를 주는 것
③ 상반행동 강화 : 문제행동과 정반대가 되는 바람직한 행동을 강화함으로써 상대적으로 문제행동을 감소시키는 기법
  예 책상에 조용히 앉아 공부하는 행동을 강화하여 수업시간에 돌아다니는 행동을 감소시킴
④ 타임아웃(격리, time-out) : 바람직하지 못한 행동을 감소, 제거하기 위해 정적 강화를 받을 수 있는 기회를 박탈하거나 강화를 받을 수 있는 장면에서 일시적으로 추방하는 방법
  예 소란스러운 행동을 하는 아동을 10분 동안 복도에 홀로 있게 하는 것

(4) 교육적 시사점

① 처벌보다는 강화 사용 : 처벌은 단지 일시적으로 행동을 억제시킬 뿐 처벌받은 행동이 제거되지는 않으며, 부정적인 정서반응을 조건형성할 수 있음(처벌이 필요할 때는 정적 벌보다는 부적 벌을 사용)
② 수업시간에 제공되는 예 또는 다른 정보를 서로 비교해보도록 해 일반화와 변별능력을 향상시킬 수 있도록 함
③ 적절한 강화계획의 사용 : 지속적 강화계획은 새로운 행동을 처음 학습할 때 효과적이나, 강화물이 제거되면 급격히 소거됨. 따라서 행동을 계속 유지하도록 하기 위해 간헐적 강화계획으로 전환할 필요가 있음
④ 바람직한 행동의 형성함 : 행동형성이라 불리는 과정을 통해 목표행동에 점진적으로 접근하도록 강화할 수 있음
⑤ 기대 행동을 이끌어 내기 위해 선행자극 사용 : 과거에 강화 받은 행동의 선행자극은 미래에 그 행동을 할 가능성을 높이고, 과거에 처벌받은 행동의 선행자극은 미래에 그 행동을 할 가능성을 줄임

THEME 28 반두라(Bandura)의 사회학습이론

(1) 개요

① 느슨한 행동주의로서 환경 영향 못지않게 '개인의 주도성'을 인정
② 상호결정론 : 신념과 기대 같은 개인 내 요인(P), 행동(B), 환경(E)이 서로 영향을 주고받는 상호작용 관계
③ 관찰에 의한 학습과 인지과정 중시 : 개인이 사건을 지각하는 방식과 그 개인의 기대와 목표 그리고 '자기능력'과 '자기통제' 등 인지과정이 행동습득에 중요(S-O-R)
④ 행동주의와 사회인지학습이론의 비교
  ㉠ 행동주의자들이 학습을 관찰 가능한 행동의 변화라고 하는 반면, 사회학습이론가들은 이전과는 다른 행동을 나타내 보일 수 있도록 하는 정신구조의 변화라고 봄
  ㉡ 행동주의는 환경과 행동 사이에서 환경결정론(환경이 일방적으로 행동을 야기하는 관계)를 제시한 반면, 사회학습이론은 상호결정론을 전제함
  ㉢ 행동주의자는 강화인과 처벌인을 행동의 직접적인 원인으로 여기지만, 사회학습이론가들은 강화인과 처벌인이 특정한 기대를 형성하게 한다고 봄(기대했던 강화인의 미발생은 처벌인, 기대했던 처벌의 미발생은 강화인으로 작용)

(2) 관찰학습(대리학습, 모방학습)

1) 관찰학습과 대리학습

① 관찰학습 : 성공적인 모델의 행동을 관찰하고 모방함으로써 학습하는 것(행동을 모방했을 때 원하는 결과를 얻을 수 있다는 기대에 의해 동기화)
② 대리학습 : 다른 사람이 행동한 후에 보상을 받는지 처벌을 받는지 관찰하여 자신의 행동을 적절히 조절함으로써 학습하는 과정(행동의 결과를 대리경험 - 대리강화, 대리처벌)

2) 관찰학습의 효과

① 모델링효과 : 관찰자가 모델의 행동을 관찰하는 과정을 통해 새로운 행동이나 기능을 학습하는 현상
② 금지(제지)효과 : 모델이 특정 행동을 한 다음 처벌받는 장면을 관찰한 후 그 행동을 금지하거나 억제하는 것
③ 탈제지효과 : 금지효과의 반대현상, 모델이 금지된 행동을 한 후 보상을 받거나 혹은 처벌받지 않는 것을 관찰한 후 평소 억제하고 있던 그 행동을 수행하게 되는 것
④ 기존 행동 촉진 : 모델의 행동은 관찰자가 이미 학습한 행동을 촉진함
⑤ 정서유발(정서각성) : 모델의 정서표현을 관찰함으로써 관찰자의 정서적 반응은 변화될 수 있음

3) 관찰학습의 단계

주의집중	• 학습자들이 모방하고자 하는 모델의 행동에 주의를 기울이는 단계 • 학습자들의 주의를 끄는 모델의 특성이 무엇인지 아는 것이 중요 • 주의집중 정도는 자극의 특수성·복잡성, 자극이 제시되는 속도, 자신의 능력에 대한 지각 등에 의해 영향을 받음
파지	• 관찰한 내용을 상징적 표상 형태로 저장하는 단계(심상이나 언어로 부호화하여 기억)
재생	• 파지한 내용을 머릿속으로 연습해 보거나 또는 실제 행동으로 옮겨보는 단계 • 인지적 시연, 암송, 실제 몸을 이용하여 반복적으로 연습하는 방법 등이 있음 • 반두라는 일정 기간의 인지적 시연이 필요하다고 강조. 자신의 행동과 모델의 행동을 비교하여 교정하는 과정이 필요하기 때문

동기화	• 학습된 행동을 실제 행동으로 드러내 보이기 위한 내적 과정(동기를 형성하는 단계) • 긍정적 유인가가 학습자에게 제공될 때, 비로소 관찰학습을 통해 학습된 행동이 실제 행동으로 나타남 • 강화물은 실제 수행을 야기하는 것은 물론, 관찰학습의 다른 과정에도 영향을 미침 - 직접, 대리, 자기강화

▶ 관찰학습에서 모델링에 영향을 주는 요인 : 모델의 특성, 관찰자의 특성, 행동과 관련된 보상의 결과
▶ 모델의 효과성 : 지각된 유사성, 지각된 지위, 모델의 능력에 대한 지각

4) 관찰학습의 유형
① 직접모방학습 : 모델의 행동을 직접 보고 배우는 것, 모델의 행위를 관찰하고 모델이 한 행동을 그대로 시행함으로써 보상을 받는 것을 전제로 함(가장 단순한 관찰학습)
② 모형학습(동일시학습) : 보상의 대상이 되는 행동이 아닌 모델의 비도구적인 독특한 행동유형(모델의 일반적 행동, 정서적 반응, 광범위한 의미체계, 도덕적 가치 등)을 습득하는 것
③ 무시행학습 : 행동을 예행해 볼 기회가 없거나 모방에 대한 강화가 없음에도 관찰자가 학습을 하는 것
④ 동시학습 : 관찰자의 행동과 똑같은 행동을 모델이 하고 있을 때 관찰자의 행동이 촉진되는 현상
⑤ 고전적 대리조건 형성학습 : 타인이 정서적으로 경험하는 것을 관찰, 그와 비슷한 정서적 반응을 학습하는 것 → 관찰자와 모델의 정서가 동일할 때(감정이입), 슬픈 영화를 보고 눈물 흘릴 때(대리선동), 관찰자가 모델보다 우위라고 생각할 때(동정) 발생

(3) 교육적 시사점
① 교사는 모범적인 모델이 되어 학생이 그것을 내면화함으로써 자기 평가기준을 이용하게 해주어야 함. 그리고 학생들이 적정 수준의 목표를 스스로 설정할 수 있도록 도와주는 것이 필요
② 교사는 어떤 행동이 강화될 것인지를 설명해 주어서 학생이 자신의 행동을 조절할 수 있도록 해야 하며, 무슨 행동이 강화받는지를 학습자가 알 수 있도록 피드백해 주어야 함
③ 교사는 관찰학습의 기본적인 4가지 과정(주의집중, 파지, 재생, 동기유발)을 이용하여 학생들의 학습능력을 강화시키고 바람직한 행동을 신장시킬 수 있음
④ 학급에서 관찰학습을 사용하기 위해 또래들을 모델로 활용할 수 있음 → 잘하는 학생과 어려움이 있는 학생을 짝지어줌, 친구들에게 호감을 많이 주는 학생에게 학급 리더의 역할을 부여하여 어려움을 겪는 친구들을 도와주도록 함
⑤ TV, 영화 등의 매체에 등장하는 모델들의 사치, 폭력, 음란행위를 관찰함으로써 비행문제가 심화될 수 있으므로 교사는 학생들에게 교육적이고 친사회적인 프로그램을 보도록 격려하고, 건전한 TV 시청의 모범을 보여주어야 함(학부모와 연계)
⑥ 학생들의 자기조절 행동을 촉진해야 함 → 학습계획을 쓰면서 각자 자신의 목표를 정하도록 도움, 학생들이 각자 자신의 목표를 얼마나 달성했는지 평가하게 함, 스스로 숙제를 평가하기 위한 평가표를 만드는 것을 도와줌

THEME 29 초기 인지학습이론

(1) 행동주의 학습이론과 인지주의 학습이론의 비교

구 분	행동주의 학습이론	인지주의 학습이론
핵심개념	자극, 반응, 강화	사고, 인지, 문제해결, 기억
목 적	직접 관찰할 수 있는 외현적 행동을 탐구대상으로 하여 자극과 반응의 관계 분석	정보를 획득하고 처리하며, 저장하고 인출하기 위해 사용하는 정신과정 분석
강화의 기능	자극-반응관계를 형성하거나 수반관계를 학습하거나 반응확률을 증가시키는 역할	학습자에게 정보를 제공하는 역할만 수행하기 때문에 강화가 제공되지 않아도 학습이 일어난다고 주장
문제해결방식	행동적인 시행착오 강조	인지과정, 즉 사고를 강조
학습자	백지와 같은 수동적인 상태	능동적인 상태
교사역할	바람직한 행동을 유발할 수 있는 환경을 조성하는 역할	교사-학생관계의 적극적인 참여자로서 학생들이 파악하도록 조력하는 역할
공통점	외부 지식을 학습자에게 어떻게 전달하는지에 관심(객관주의)	

(2) 형태주의 심리학 – "전체란 단순히 부분의 합이 아니라 그 이상을 의미한다."

1) 개요
① 인지주의 학습이론의 토대 : 인간이 정보를 받아들이는 과정과 그것이 학습되고 기억되는 과정에 관심
② 형태주의 심리학자들은 심리학의 연구방법이 너무 원자적이고 분석적이어서 행동과 경험에 포함된 기본과정을 이해하는 데 도움을 주지 못한다는 시각에서 형태주의 심리학을 창시 → 형태(gestalt)란 '전체로서의 형태' 또는 '모양'

2) 베르트하이머(Wertheimer)의 지각체제이론 – 형태심리학의 창시자
① 전체론의 입장 : 인간이 경험하고 학습하는 것은 통합된 전체로서의 장, 이를 자극-반응의 단위와 같은 개개의 요소로 분석하는 것은 무의미(원자론의 입장에 반대)
② 파이현상 : 정지해있는 물체를 움직이는 것으로 지각하는 일종의 운동착시현상(가현운동) → 우리가 경험하고 있는 것이 때로는 경험의 본질과는 상당히 다를 수 있음
  예 두 개의 불빛이 번갈아서 꺼졌다 켜졌다를 반복할 때 마치 불빛이 움직이고 있다고 착각함
③ 학습의 법칙(지각의 법칙) : 근접의 법칙, 유사성의 법칙, 연속의 법칙, 완결의 법칙, 전경과 배경의 법칙

3) 쾰러(Köhler)의 통찰이론 – '아하' 경험
① 통찰 : 문제장면에 존재하는 다양한 요소들의 관계를 파악하여 문제를 해결하는 것
② 침팬지 실험 결과 : 침팬지 술탄은 임의적으로 자극과 반응을 연합한 것이 아닌, 부분의 요소들을 유의미한 전체로 관련짓고 의미 있는 인지구조를 형성하여 문제를 해결한 것
③ 목적과 수단, 전체와 부분, 사물과 사물의 관계개념의 성립

4) 레빈(Lewin)의 장(場)이론
① 학습 : 지각의 장(개체를 둘러싸고 있는 모든 것)에 대한 인지구조의 성립 또는 변화

② 행동방적식, B=f(P·E) : 인간의 행동은 개인과 환경의 상관관계에 의해 결정, 개체가 의식하지 않으면 심리적 생활공간으로 들어오지 못함
③ 특징 : 지각과 실재의 상대적 관계(개인의 지각과 환경의 상호작용), 행동의 목적성, 심리적 기능의 강조, 상황의 강조, 현시성의 원리(행동은 현재 장의 영역에 의해 가능)

5) 코프카(Koffka)의 기억흔적이론
① 지각된 경험 → 기억흔적 → 학습(기억흔적 장의 형성 또는 변용)
② 기억흔적 : 서로 독립적인 것이 아니라 상호 통합적이고 전체적으로 작용하는 재조직화된 흔적체계

(3) 톨만(Tolman)의 기호-형태설 : 목적적 행동주의
① 신행동주의 심리학자이면서 학습이론에서는 인지적 측면을 강조
② 학습이란 단순히 자극-반응 관계를 형성하는 것이 아닌, 특정 행동을 하면 특정 결과를 얻을 것이라는 기대를 학습하는 과정(행동은 목적을 지향 – 목적적 행동주의)
③ 즉, 학습은 S-R이 아니라 기호(Sign)-형태(Gestalt)-기대(Expectation)의 형성
④ 실험내용
  ㉠ 잠재적 학습(잠재학습 실험) : 강화 받지 않은 행동이라도 잠재학습의 형태로 남아 있어 다른 학습에 영향을 미침
  ㉡ 인지적 학습(장소학습 실험) : 유기체의 학습은 장소에 대한 '인지도'를 가짐

THEME 30 정보처리이론

▶ 정보처리모형

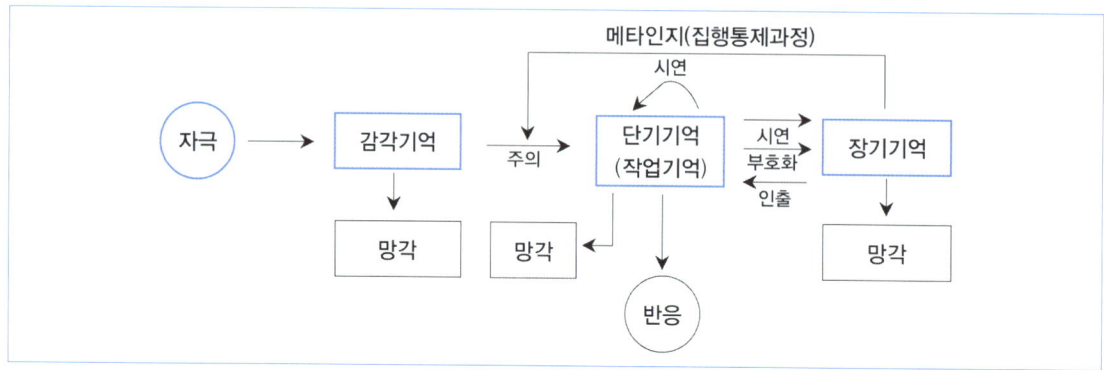

(1) 기억의 구조(정보저장소)

1) **감각기억(영상기억, 잔향기억)** : 감각수용기관을 통해 정보를 최초로 저장하는 곳
   ① 자극을 아주 정확하게 저장하며, 수용할 수 있는 정보의 양에는 제한이 없음
   ② 그러나 저장시간이 매우 짧으며(시각 약 1초, 청각 약 4초 정도), 즉시 처리되지 않을 경우 곧 유실됨
   → 두 가지 이상의 감각 정보가 동시에 제시되는 것은 바람직하지 않음

2) **단기기억(작동기억, 작업기억)** : 일시적 정보저장고
   ① 성인의 경우 보통 5~9개(7±2 chunk)의 정보가 약 20초 동안 저장될 수 있음
      ▶ 작업기억은 청킹 수에만 민감하지 청킹의 크기, 복잡성, 세련 정도에는 제한이 없음
   ② 정보를 처리하기 위해 함께 작동하는 세 가지 요소로 구성되어 있음
      ㉠ 중앙집행기 : 정보의 흐름통제, 정보를 처리하기 위한 전략 선택, 정보를 장기기억으로 옮김
      ㉡ 음운고리 : 단어와 소리를 단기간 저장, 유지 시연을 통해 정보를 보관
      ㉢ 시공간 스케치판 : 시각 또는 공간적 정보를 단기간 저장
      ▶ 시공간 스케치판과 음운고리는 상호 독립적, 각 요소는 다른 요소의 자원을 빼앗지 않으면서 각자의 정신적 작업을 할 수 있음
   ③ 단기기억의 가장 큰 특징은 정보의 양과 지속시간에 제한이 있다는 점 → 인지적 부하(병목현상) 발생
   ④ 단기기억 한계 조정전략
      ㉠ 청킹(Chunking) : 정보의 개별적 단위를 보다 크고 의미 있는 단위로 묶는 것
      ㉡ 자동화 : 자각이나 의식적인 노력 없이 수행할 수 있는 정신적 조작
      ㉢ 이중처리(분산된 처리) : 시각과 청각의 이중정보처리, 시각적 표상과 언어적 설명의 결합

3) **장기기억(이차적 기억)** : 영구적·반영구적 정보저장고
   ① 장기기억에 저장된 지식의 형식 : 서술적 지식(knowing what - 의미, 일화기억), 절차적 지식(knowing how), 조건적 지식(knowing why or when)
   ② 장기기억에서의 저장 형태 : 명제와 명제망, 심상(image), 도식(schema)

(2) 기억의 과정(인지과정)

① 주의 : 자극에 의식적으로 초점을 두는 과정, 수많은 정보 중 중요 정보에 선택적으로 주의를 기울임(칵테일 파티효과)
  ▶ 학생들의 주의를 끌기 위한 전략 : 학생 이름 호명, 강조, 사고촉진 질문, 문제 제시, 다양한 자료와 시청각매체 활용, 시범 등
② 지각 : 자극에 의미를 부여하고 반응하는 과정, 지각은 학습자의 성향이나 기대와 같은 요인에 의존함(같은 사물을 보고도 다르게 해석) → 학생들이 정보를 정확하게 지각하였는지를 확인하는 유일한 방법은 '질문'하는 것
③ 시연 : 정보를 유지하기 위해 마음속으로 또는 소리 내어 정보를 반복하는 과정(새로운 정보를 작업기억 속에 유지, 장기기억으로 정보를 이동시킴) → 시연하는 반복의 횟수, 시연을 실행하는 시기/간격 등을 고려해야 함
④ 부호화 : 제시된 정보를 처리 가능한 형태로 변형하는 과정

조직화	관련 있는 내용을 공통 범주나 유형으로 묶는 기법 예 도표, 행렬표, 개요, 위계도, 개념도 등
정교화	기존에 가지고 있던 정보를 새로운 정보에 연결하여 정보를 유의미한 형태로 저장하는 과정 예 요약 및 의역, 노트 필기, 유추, 사례 등
심상	정보에 대한 시각적 이미지를 머릿속에 표상하는 과정 → 이중부호화이론(언어 + 이미지로 정보를 저장)
도식 활성화	새로운 지식이 기존지식과 연결될 수 있도록 적절한 사전지식을 활성화시키는 전략

⑤ 인출 : 장기기억 속에 있는 정보를 꺼내고자 탐색하는 과정, '인출단서(기억 속 특정 정보에 접근하는 데 도움을 주는 힌트)'와 '단서 과부화(하나의 인출단서에 너무 많은 수의 기억이 연결된 상태)'가 인출 여부를 결정함
  ▶ 부호화 특수성의 원리 : 정보를 부호화할 때 사용된 단서가 그 정보를 가장 효과적으로 인출할 수 있는 단서가 됨(지각한 대로 저장하고, 저장한 대로 인출함) → 효과적인 인출을 위해서는 성공적인 부호화가 선행되어야 함
⑥ 망각 : 저장한 정보를 소실하거나 인출할 수 없는 상태 → 원인 : 간섭(이전에 한 학습이나, 이후에 한 학습이 현재의 이해를 방해하여 정보가 소실되는 현상), 인출실패(인출단서의 부족 - 설단현상)
  ▶ 간섭의 유형 : 순행간섭(이전 학습이 새로운 정보의 학습을 방해), 역행간섭(새로운 학습이 이전 학습 내용의 기억을 방해)
  ▶ 설단현상 : 무엇인지 알고는 있는데 입 끝에서 맴돌기만 할 뿐 바로 튀어나오지 않는 현상

(3) 정보처리이론의 교육적 시사점

① 학습자가 주어진 정보를 효과적으로 처리할 수 있도록 인지적 전략을 가르쳐 주거나 그것을 효과적으로 개발·활용할 수 있는 교수-학습방법이나 전략이 모색되어야 함을 시사해 줌
② 학습자를 적극적이며 능동적인 정보처리자로 간주함으로써 수업상황에서 학습자가 차지하는 비중을 크게 보았음
③ 교사들이 수업상황에서 학습자들의 학습과정을 일련의 정보처리과정으로써 보다 체계적으로 파악할 수 있는 안목을 제시해 줌

THEME 31 : 메타인지(Metacognition)

(1) 개념
① 자신의 인지과정에 대한 자각과 통제(초인지, 상위인지) - '사고에 대한 사고, 인지에 대한 인지'
② 자기 자신의 인지과정을 인식·성찰하고 통제하는 정신활동 혹은 능력(자신의 인지과정에 대한 자각과 통제)

(2) 구성요소
1) 메타인지 지식(인지에 관한 지식) : 자신의 사고에 대한 지식, 전략을 언제 어느 장면에서 적용할 것인가에 대한 지식
  ① 개인적 지식 : 자기의 인지능력에 대해 가지고 있는 신념이나 지식
  ② 과제지식 : 학습과제가 다를 경우 전략이 달라진다는 것을 이해하는 지식
  ③ 전략지식 : 과제의 성질에 따라 적절한 전략을 선택하는 지식

2) 메타인지 조절(인지에 대한 지식) : 자신의 인지과정을 조절·통제하는 것
  ① 계획 : 계획 활동의 전반적인 순서를 결정, 적절한 인지 전략이나 활동 방법을 선택
  ② 점검(조절) : 인지적 상태와 인지 전략의 진행 상태를 점검(부적절한 인지 전략과 방법을 수정)
  ③ 평가 : 인지 상태의 변화 정도와 목표 도달 정도를 평가, 사용한 인지 전략의 유용성을 평가

(3) 메타인지가 학습에서 중요한 이유
① 스스로 효과적인 환경을 창조할 수 있음 **예** 학습과정에서 주의집중하는 것이 중요하다는 것을 아는 학습자는 교실 앞자리에 앉거나 학습을 방해하는 물건을 책상 위에 두지 않음
② 더 정확하고 확실하게 학습할 수 있음 **예** 자신의 학습과정에 대해 인지하는 학습자는 자신이 모르는 부분에 대해 명확하게 지각하고 이해를 점검하기 위해 문제를 풀거나 교사에게 도움을 구함
③ 작업기억의 정보처리를 조절할 수 있음 **예** 작업기억용량의 한계를 잘 아는 학습자는 정보처리 과정을 수시로 점검하고 필요 시 메모 등의 적절한 학습전략을 사용함
④ 유의미한 학습이 촉진됨 **예** 적극적인 메타인지활동에 참여하는 학습자는 정보들이 긴밀한 관계를 가질 때 효과적으로 부호화된다는 것을 알기에 사전지식과 학습 내용 간의 의미 있는 연결고리를 찾고자 함

(4) 메타인지를 촉진하기 위한 학습전략
① 자기질문 전략 : 읽은 자료에 대해 누가, 무엇을, 어디서, 어떻게라는 질문을 해보는 학습전략(자신이 무엇을 알고, 무엇을 모르고 있는가를 확인하는데 도움이 됨)
② 그림이나 도표의 활용 : 학습내용이 공간관계에 관한 것이나 인과관계를 나타낼 때, 그림이나 도표로 나타내 보는 것이 효과가 있음(이해 점검, 이해하지 못하면서도 이해한다는 착각을 하지 않을 수 있음)

THEME 32 카텔과 혼(Cattell & Horn)의 유동지능과 결정지능

(1) 개요 : 인간의 능력은 상위 요인인 일반지능(g요인)과 두 개의 하위요인, 즉 유동지능과 결정지능으로 구성되어 있다고 가정함 → 지능의 위계모형

> cf 스피어만(Spearman)의 2요인설(g요인설) : 지능은 일반(g)요인과 특수(s)요인으로 구성, 이 중 일반요인은 지능의 본질을 구성하는 능력 → 일반요인(모든 종류의 인지과제를 해결하는 데 필수적으로 관여하는 요인 - 지능), 특수요인(특정 과제의 문제해결에만 적용되는 다수의 특수요인 - 적성)

(2) 유동지능과 결정지능

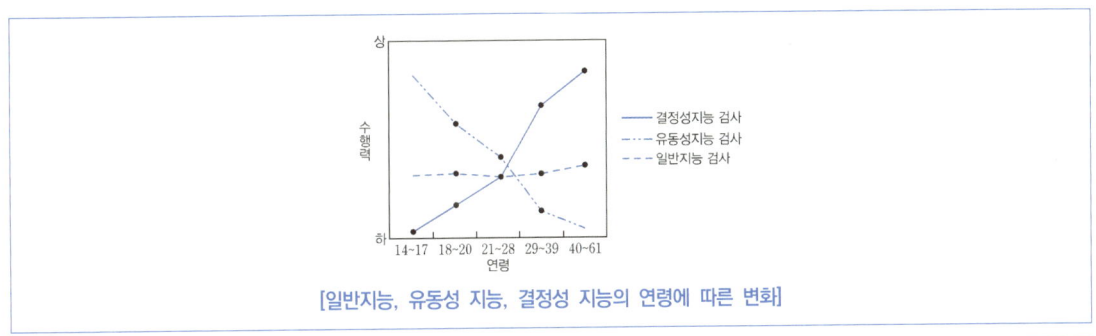

[일반지능, 유동성 지능, 결정성 지능의 연령에 따른 변화]

유동지능	• 스피어만의 g개념과 유사, 새로운 문제에 임해서 보이는 추상적 추론능력의 정확성과 속도에 관련된 요인 • 문화적 영향을 받지 않는 유전적 혹은 생리학적 영향하에 있는 능력 • 즉, 유동적 지능이란 학습된 지식의 영향을 받지 않는, 새로운 상황에서 정보를 획득하고 활용하는 능력을 의미 • 유동지능은 10대 후반에 절정에 도달하고 성년기에는 중추신경구조의 점차적인 노화로 인해 감소하기 시작	
	하위능력	새롭고 추상적인 문제를 해결하는 능력, 정보처리속도 및 정확성에 관련한 지능, 기억능력, 추상적 관계이해능력 등
	측정검사	유동지능은 수열, 분류검사, 비언어적, 비표상적 도형에서의 유추를 통해 주로 측정됨
결정지능	• 경험이나 교육의 영향을 받아 획득한 능력, 개인이 소유하고 있는 정보량을 의미 • 의도적 학습과정을 통하여 발달하는 것, 개인이 살고있는 문화 속에서 습득하는 경험과 지식이 중요한 영향을 미침 • 즉, 결정적 지능이란 사실적 정보, 지적 기능, 전략 등에 대한 경험의 누적을 통해 형성된 지능을 의미 • 그러므로 학습이 많을수록, 경험이 많을수록, 지식을 많이 갖출수록 결정적 지능은 높아짐(연령이 높아짐에 따라 증가)	
	하위능력	여러 학문영역의 다양한 지식들(상식), 언어능력, 일상 문제에 관한 논증능력, 언어유추능력, 수학의 응용문제 해결능력, 사회적 관계능력 등
	측정검사	결정지능은 어휘력 검사, 일반지식검사 등의 검사, 산술능력검사, 기계적 지식과 기능검사 등을 통해 주로 측정됨

▶ 주로 결정적 지능을 측정하는 것으로 알려진 일상 문제에 관한 논증능력, 언어유추능력, 수학문장제풀이 능력 등도 그 과제가 지식의 측면을 강조하지 않고 추론의 측면을 강조하는 경우는 유동적 지능을 나타내는 것으로 알려져 있음(나동진)
▶ 유동적 지능과 결정적 지능 간에는 어느 정도의 상관관계가 있으며, 결정지능은 문화 내에서의 학습경험에서 유동적 지능으로의 투자에 따라 달라질 수 있다고 카텔은 설명하고 있음

THEME 33 가드너(Gardner)의 다중지능이론

(1) 개요

① 가드너는 지능이 높으면 모든 영역에서 우수하다고 간주하는 종래의 지능이론을 비판
② 지능 : 한 문화권 또는 여러 문화권에서 가치 있다고 인정되는 문제를 해결하고 산물을 산출해 내는 능력(문화 다원주의적 입장)

(2) 지능의 종류 – 9가지의 상호독립적인 지능으로 구성

지능	특징
언어지능	• 음운, 어문, 의미 등의 복합적인 요소로 구성되어 있는 언어의 여러 상징체계를 빠르게 배우며, 그에 관련된 문제를 해결할 수 있고 그러한 상징체계들을 창조할 수 있는 능력 → 적절한 교수학습 활동 : 영화나 드라마를 보고 리포트 쓰기, 일지 쓰기, 조사 수업, 책 표지 보고 이야기 만들기, 나의 이야기, 단어 듣고 설명하기, 브레인스토밍 등
논리수학 지능	• 숫자나 규칙, 명제 등의 상징체계들을 숙달하고 창조하며, 그에 관련된 문제를 해결해 내는 능력 → 적절한 교수학습 활동 : 대화를 통해 학생들 자신이 갖고 있는 신념이 옳고 그름을 스스로 판단하도록 일깨워 줌, 벤다이어그램과 그래프 그리기, 분류하기 활동, 추리하기 활동 등
공간지능	• 시각적 정보의 정확한 지각, 지각내용의 변형능력, 시각경험의 재생능력, 균형·구성에 대한 민감성, 유사한 양식을 감지하는 능력 → 적절한 교수학습 활동 : 예술 포트폴리오, 벽화 그리기, 그림책 만들기, 조립활동, 마인드 맵 등
신체운동 지능	• 감정이나 의도를 표현하기 위해 신체를 숙련되게 사용하고 사물을 능숙하게 다루는 능력 → 적절한 교수학습 활동 : 낱말카드게임, 신체 부분을 통한 역할놀이, 흉내내기 게임 등
음악지능	• 가락, 리듬, 소리 등의 음악적 상징체계에 민감하고, 그러한 상징들을 창조할 수 있으며, 그에 관련된 문제를 해결하는 능력 → 적절한 교수학습 활동 : 학습 내용을 리듬 형태로 바꾸기, 음악을 듣고 내용을 그림이나 글로 표현하기, 교과의 단원에 적당한 분위기를 조성할 수 있는 음악듣기 등
대인관계 지능	• 타인의 기분, 기질, 동기, 의도를 파악하고 변별하는 능력, 타인에 대한 지식에 따라 행동할 수 있는 잠재능력 → 적절한 교수학습 활동 : 또래와 생각 공유하기, 협동적 과제, 협동적 게임과 같은 신체적 활동, 인터넷과 같은 상호작용적 소프트웨어를 활용한 수업 등
개인내적 지능	• 자기 자신에 대한 객관적 이해 및 지식과 그에 기초하여 적절히 행동할 수 있는 능력 → 적절한 교수학습 활동 : 스스로 문제해결하기, 목표설정하기, 일지쓰기, 독립적 학습시간, 독립적 과제 할당, 긴장완화를 돕는 활동 등
자연관찰 지능	• 동식물이나 주변 사물을 관찰하여 공통점과 차이점을 분석하는 능력(관찰 능력, 자연세계에 대한 관심과 지식 능력) → 적절한 교수학습 활동 : 식물이나 동물 관찰하기, 주변 관찰하기, 관찰 견학 여행, 애완동물 기르기와 모니터링, 발견활동 등
실존지능	• 인간의 존재, 삶과 죽음, 희로애락, 인간의 본성 및 가치에 대해 철학적·종교적 사고를 할 수 있는 능력(심오한 경험들의 실존적 양태에서 자기 자신의 위치를 파악하는 능력)

▶ 실존지능은 뇌에 해당 부위가 없고 아동기에는 거의 나타나지 않기 때문에 가드너는 다른 지능들과 달리 반쪽지능으로 평가함

(3) 수업 도입전략

① 서술적 도입전략 : 주제의 중심이 되는 이야기와 관련된 것
② 논리-수학적 도입전략 : 주제에 대한 수학적 측면, 연역적·논리적 추론, 삼단논법 등으로 얻을 수 있는 주제에 역점을 둠
③ 심미적 도입전략 : 주제의 표현 또는 예술적 측면, 주제와 관련된 감각적 측면에 역점을 둠
④ 경험적 도입전략 : 주제의 물리적 자료와 관련된 연구를 할 수 있는 기회를 아동에게 제공하는 것
⑤ 대인관계적 도입전략 : 주제에 대한 학습을 위해 타인과 함께하는 측면
⑥ 실존적·기본적 도입전략 : '존재의 이유, 존재의 의미, 존재의 목적'과 같이 주제의 본질에 대한 원초적·철학적 질문과 관련된 것

(4) 교육적 시사점

① 사람은 태어날 때 1~2가지 영역에서 뛰어난 능력을 가지고 태어나며, 지능은 노력과 훈련으로 극복할수 있음(지능을 학습하는 능력으로 가정)
② 학생이 어려워하는 교과목을 우수한 지능을 이용하여 가르치면 성공적인 학습이 가능함
③ 평가는 학습자의 지능에서 강점과 약점을 파악하여 적절한 교수내용과 방법을 연결해주는 평가가 되어야 함
④ 전통적 지능측정의 문제점과 대안을 제시
  ㉠ 지능분석방법의 차별화 : 개인의 나이, 세련됨, 문화적 배경 등에 따라 지능을 분석하는 방법이 달라야 함
  ㉡ 자발적 흥미의 중요성 강조 : 측정이 통제되고 강제되는 상황에서가 아니라 아동들이 '하고 싶어할 때' 관찰되어야 함
  ㉢ 실제상황의 환경 조성 : 실제상황에서 혹은 실제상황과 같은 환경을 조성해서 지능을 측정할 때만이 피험자의 현재 지적 능력과 가능성에 대해 보다 완벽한 평가를 할 수 있음
⑤ 개인중심 학교를 지향 : 학생의 현 상태와 목표에 맞는 프로그램 개발과 개인의 인지양식에 맞춘 학습활동과 수업설계를 통해 학습자에게 최적의 학습기회를 제공해야 함 → 개별학습과 재능교육의 이론적 기반 확립
⑥ 감성지능(EQ), 도덕지능(MQ), 성공지능(SQ)과 같은 새로운 지능이론 출현에 기여

THEME 34 스턴버그(Sternberg)의 삼원지능이론

(1) 개요

① 과정 지향의 지능이론, 모든 사람들에게 공통적으로 나타날 수 있는 '사고과정' 강조
② 지능 : 삶에 적합한 환경을 의도적으로 선택하거나 조성하고, 그 환경에 적응하는 능력(환경에 대한 통제를 지능의 중요 측면으로 강조)
③ 전통적인 지능이론과의 차이점 : 환경에 적응하기 위한 실용적 지능을 포함, 지능이 수업을 통해 증진될 수 있음을 주장, 삼원지능의 세 능력이 모두 동원될 때 학습이 가장 잘 이루어진다고 주장
④ 가드너와 스턴버그의 지능이론 비교

가드너	스턴버그
• 지적 능력 범위를 확대 : 지능이 단일능력이라는 견해를 부정, 사회·문화적 맥락을 고려 • 환경과의 상호작용에 의해 개인의 잠재적 능력의 한계를 극복하면서 지능이 변화·발전될 수 있다고 봄 • 학교수업과 평가는 학생의 강점 지능을 활용하고 약점 지능을 교정, 보완하는 데 초점을 맞추어야 한다고 강조	
• 지능의 영역에 주안을 둠 • 서로 독립적인 지능을 가정함 • 프로세스폴리오 같이 수행의 과정을 통해서 얻어진 자료로 지능을 측정함	• 인지과정에 주안을 둠 • 지능이 서로 관련된 세 개의 하위요인으로 구성되어 있다고 가정 • 지능의 측정은 지필 검사를 통해서도 가능하며, 일회적인 측정을 통해서 가능

(2) 삼원지능이론(성공지능)

지능		특징
요소하위이론 (분석적 능력)		새로운 지식을 획득하고 그 지식을 논리적인 문제를 해결하는 데 적용하는 능력으로, 지적 행동의 기반이 되는 정보처리기능(기존의 지능 개념과 유사)
	메타 요소	• 지적 행동의 여러 측면들을 계획·관리·조직하는 기능을 하는 고등정신과정 • 수행요소와 지식획득요소를 언제 어떻게 적용해야 할 것인가를 결정
	수행 요소	• 메타요소의 지시를 받아 실제 문제를 해결하는 하등정신과정 • 문제의 요소를 부호화하고, 가능한 해결책들을 비교하며, 정보를 인출하고, 반응하는 것
	지식 습득 요소	• 문제를 해결하는데 필요한 새로운 정보를 학습하는 기능을 수행하는 하등정신과정 • 선택적 부호화, 선택적 결합, 선택적 비교의 지적 행동이 특히 중요 ① 선택적 부호화 : 다양한 정보에서 적절한 정보를 결정하는 과정 ② 선택적 결합 : 정보들을 통합된 전체로 구성하는 과정 ③ 선택적 비교 : 새로운 정보와 기억 속에 저장된 정보 사이의 관계를 비교하는 과정
경험하위이론 (창의적 능력)		비교적 새로운 문제를 해결하고(신기성을 다루는 능력), 정보처리과정을 신속하게 자동화시키는 능력으로 구성
	신기성	새로운 상황을 효과적으로 다루는 능력, 통찰력, 창의력
	자동화	익숙한 과제에 대해 효율적이고 자동적인 문제해결능력, 사고력
상황하위이론 (실제적 능력)		변화하는 환경에 적응하고 기회를 최적화하는 능력(학교 교육보다 일상적인 경험에 의해 획득, 발달 됨)

지능		특징
	적응	환경과 조화로운 관계를 유지하는 것, 기존 환경에 자신을 맞추는 것
	조성	기존 환경을 자신에게 맞도록 변형시키는 것
	선택	적응이 가능하지 않거나 조성이 적절하지 않을 때 새로운 환경을 선택

▶ 요소하위이론은 지능의 성분을 다루는데, 이 성분들이 익숙하지만 비교적 추상적인 문제나 일상생활 속 꽤 익숙한 문제에 적용될 때는 분석적 능력이 관여하며, 새로운 유형의 과제나 새로운 상황에 적용될 때는 창의적 능력을 불러들이며, 구체적이고 비교적 친숙한 일상의 문제에 적용될 때는 실제적 능력이 관여함

(3) 교육현장에서 지능의 측정 및 진단에 주는 시사점

1) 요소하위이론

① 이 하위이론은 지능이 높은 학생이 지능이 낮은 학생보다 반드시 지적 과제를 빨리 수행하지는 않으며, 교사가 학생의 지능을 측정하고 진단할 때 학생의 점수를 수행 요소로 분리해야 한다는 점을 시사해 줌
② 따라서 지능을 측정할 때, 지적 과제를 수행한 결과를 중심으로 측정하고 진단하기보다는 지적 과제 수행에 관여하는 정신과정과 전략을 중심으로 측정하고 진단해야 함
② 또한, 학생의 지능에 가장 영향력을 갖는 요소는 메타요소임을 인식하여 교사는 그러한 메타요소를 측정하고 진단할 필요가 있음

2) 경험하위이론

① 이 하위이론은 과제나 검사 문항에 대한 학생들의 신기성과 자동화의 정도가 각기 다를 수 있기 때문에 그들의 지능 수준을 공평하게 비교하는 일이 대단히 어려울 수 있음을 시사해 줌
② 지능을 잴 때 교사는 학생에게 비교적 새로운 과제 또는 '익숙하게 다루지 않았던' 과제를 선택해야 함(어느 정도 친숙해져 수행을 자동화할 수 있는 과제)
③ 그렇다고 해서 지나치게 새로워서 완전히 개인의 과거의 경험 밖에 놓여서는 안 됨

3) 상황하위이론

① 이 하위이론은 지능을 측정할 때 지나치게 인위적인 학업 지능만을 잴 것이 아니라, 학생 개개인이 처해 있는 사회 문화적 환경에서 표출되는 지적 행동과 관련된 현실 세계의 지능을 재어서 보완할 필요가 있음을 시사해 줌
② 가령, 대인관계에 대한 관련 기술을 측정하는 사회적 지능과 직업 세계에서의 성공과 관련된 지식을 측정하는 실제적 지능 등이 있을 수 있음

THEME 35 정서지능(EQ)

(1) 개요
① 지능지수(IQ)가 인간의 행복 또는 성공을 예언하는 데 한계가 있다는 지적과 함께 지능에 대해 회의적인 시각들이 나오기 시작하면서 IQ에 도전장을 낸 정서지수(EQ)가 등장(정서지수란 정서지능을 수치화한 것)
② 정서지능 : 일종의 사회적 지능으로서 자신과 타인의 정서를 점검하고 변별하며, 자신의 행위와 사고를 유도하는 데 그 정보를 이용하는 능력 → 정서지능이라는 용어는 메이어(Mayer)와 살로비(Salovey)가 처음 제안
③ 정서지능은 가드너 다중지능이론의 내성지능(= 자기인식, 정서조절, 자기동기화), 대인관계지능(= 공감, 대인관계능력)과 유사

(2) 정시지능의 구성요인 - 골만(Goleman)
① 자기인식 : 자신의 내적 상태에 지속적인 주의를 기울이고 스스로의 감정 상태를 깨닫는 능력
② 정서의 조절 : 자신의 기분과 감정을 제대로 파악하고 조절하는 것으로 스트레스에 민감하지 않고 잘 적응하며 부정적 감정상태를 신속하게 치유하는 능력(자기조절의 목적은 정서의 억압이 아닌 정서의 '균형')
③ 자기동기화 : 난관에 봉착했을 때 어려움을 무릅쓰고 문제를 해결하기 위해 계속 노력하려는 정서적 능력 → 집중력, 만족지연능력, 낙관성
④ 공감 : 타인의 생각이나 느낌을 대리적으로 느끼고 타인의 입장을 자신의 입장으로 받아들이고 이해할 수 있는 능력
⑤ 대인관계능력 : 타인의 감정을 조절하거나 내가 할 일이 무엇인지를 알고 실천하는 능력(대인관계 능력의 핵심은 '정서표현' - 상대의 권리를 침해하거나 상대를 불쾌하게 하지 않는 범위에서 자신의 욕구나 느낌, 생각 등을 나타내는 것)
   cf 대인관계 능력의 하위요인(Schlein & Guerney) : 만족감, 의사소통, 신뢰감, 친근감, 민감성, 개방성, 이해성

(3) 학생들의 정서조절 능력을 향상시킬 수 있는 학교교육 프로그램
① 교육과정기반 프로그램 : 아동들에게 자신과 타인의 정서 인식, 공감, 갈등 해결 등의 구체적인 정서능력들을 조장하고 정서지능의 가치를 교육하는 것(현재 가르치고 있는 교과 단원과 통합)
   예 아동은 특정 정서(슬픔, 두려움, 혐오, 놀람)를 경험하는 인물에 대해 묘사한 문학작품을 읽을 때 그 인물의 다양한 감정들에 대해 배울 수 있음
② 정서 교양 프로그램 : 사회적 기술 훈련, 인지행동수정, 자기조절 및 다양한 양식의 프로그램들을 포함하여 학교에서 정서능력을 가르치기 위해 설계된 것
   예 감정을 확인하고 이름 붙이기, 감정을 표현하기, 감정의 강도를 평가하기, 충동 통제하기, 스트레스 감소시키기, 타인의 시각 이해하기, 삶에 대한 긍정적 태도 갖기 등의 교육 프로그램

THEME 36 지능검사

(1) 비네-시몬검사(Binet-Simon Test, 1905)
  ① 최초의 지능검사, 언어성 개인검사, 아동용
  ② 정신지체아, 학습부진아를 변별하고 측정하기 위한 교육적 필요에서 출발
  ③ 비네-시몬검사 개정판(1908) : '정신연령'이라는 개념이 지능검사에서 처음으로 도입

(2) 스탠포드-비네 지능검사(Stanford-Binet Test, 1916)
  ① 측정집단의 연령범위가 2세부터 성인에 이르기까지 다양, 검사의 실시와 채점방식이 보다 객관성을 유지
  ② 아동용에는 동작검사 형식의 문항을 주로 사용, 성인용에는 언어검사 문항을 많이 사용하는 등 발달단계를 고려함
  ③ 지능지수 산출식(비율지능지수) 사용 → IQ = 정신연령/생활연령 ×100
  ④ 비율지능지수의 문제점 : 연령이 다른 사람이나 연령이 동일한 사람과 비교시 자신의 위치를 알 수 없고, 정신연령의 상한계가 15세로 정해져 있어 나이가 들수록 IQ가 낮아짐

(2) 웩슬러 지능검사(Wechsler Test)
  ① 지능이란 유목적적으로 행동하고, 합리적으로 사고하며, 환경을 효율적으로 다루는 개인의 통합된 또는 총체적인 능력이라고 정의
  ② 언어성 검사(6개)와 동작성 검사(5개)로 구성
  ③ 지능지수 산출식(편차지능지수) : 각 연령집단을 모집단으로 한 정상분포이므로 개인의 점수가 차지하는 상대적 위치를 파악할 수 있음(편차 IQ=15Z+100 / 평균 100, 표준편차 15)
  ④ K-WISC-Ⅴ(한국판-웩슬러 아동용 지능검사 Ⅴ) : 전체 IQ와 함께 5개의 기본지표(언어이해, 시공간, 유동추론, 작업기억, 처리속도 지표) + 5가지 추가지표(양적추론, 청각작업기억, 비언어, 일반능력, 인지효율 지표) 점수를 제공

(3) 집단지능검사
  ① 집단지능검사는 개인검사에 비해 시간과 비용에 있어 능률적이고 경제적이기 때문에 선호됨
  ② 제1차 세계대전 중에 미국심리학회에서 개발한 '군대알파검사(army α)'와 '군대베타검사(army β)'를 효시로 하는 집단지능검사는 대개 스탠포드-비네 지능검사와 웩슬러 지능검사의 내용을 수용하고 있음
  ③ 대표적 유형 : 쿨만-앤더슨(Kuhlman-Anderson) 지능검사, AGCT(Army General Classification Test)

(4) 문화평형검사(culture-fair test) - 문화적 차이와 경제적 차이를 극복하려는 검사
  ① SOMPA(System of Multicultural Assessment) - 머서(Mercer) : 아동의 의료적 요소(아동의 시각, 청각, 예민성, 몸무게, 키 그리고 포괄적인 병력 등)와 사회적 요소(주로 면접으로 시행, 교우관계나 학교 외적 생활 측면)를 고려한 검사
  ② K-ABC(아동용 카우프만 지능검사, Kaufman-Assessment Battery for children) : 전통적인 지능검사들이 지니고 있는 문제점을 수정·보완하여 2세 6개월~12세 5개월 아동의 지능과 습득도를 측정하기 위해 개발된

개인지능검사
- ㉠ 발달수준에 근거한 연령별 실시 하위검사 구분 : 기존의 검사들은 피검자의 발달 수준을 고려하지 않은 채 모든 연령이 동일한 검사를 실시함
- ㉡ 좌·우뇌의 기능을 고루 측정하는 하위검사 구성 : 대부분의 지능검사들이 좌뇌의 기능을 측정하는 하위검사들로 구성(우뇌가 발달한 아동이나 우뇌지향적 문화권에서 성장한 아동들의 지능이 평가절하됨)
- ㉢ 처리중심의 검사 : 대부분의 지능검사들은 내용중심의 검사로서 지능의 구성요인을 측정하는 데 그침(검사결과에 근거해서 아동이 왜 그러한 정도의 수행을 했는지 설명할 수 없음 – 교육적 활용에도 제한)

③ 레이븐(Raven)의 순서행렬검사(progressive matrices test)
- ㉠ 그림의 형태가 변화되는 것을 추론해 낼 수 있는가를 알아보기 위한 비언어성 검사(시공간적 지각력, 추론능력), 각 문항이 사고의 수준에 따라 차례로 제시됨
- ㉡ 기존에 습득한 지식과 언어능력에 영향을 받지 않으며, 시간제한이 없어 검사동기가 낮거나 신체적 장애를 갖고 있는 환자, 검사장면에서 빨리 반응이 어려운 사람들에게 유용함
- ㉢ 피험자의 나이와 지적 능력에 따라 선택적으로 사용이 가능 : SPMT(standard), CPMT(colored), APMT(advanced)

(5) 지능지수(IQ) 해석 시 유의점

① 지능지수는 지능과 동일한 것이 아니라 지능을 나타내는 하나의 지표에 불과함
② 지능지수는 개인의 일생 동안 상당한 정도로 변화됨(지능을 포함한 인간의 모든 특성은 연령이 증가함에 따라 변화됨)
- cf 플린 효과(Flynn effect) : 세대가 반복될수록 지능검사 점수가 높아지는 현상으로 시각매체의 증가, IQ 테스트의 반복효과, 교육의 확대, 영양섭취의 증가, 조기교육 등이 원인으로 추정됨

③ 지능지수는 개인 지적 기능의 한 가지 지표일 뿐임 : 대부분의 지능검사들은 비교적 한정된 능력(수리력, 유추능력, 언어능력 등)을 측정하고 있을 뿐 인간관계기술, 심미적 능력, 창의력과 같이 중요한 능력은 측정하지 못함
④ 대부분의 지능검사들은 문화적으로 편향되어 있음 : 지능검사에 포함된 일부 문항은 특정 계층이나 인종에 유리하고 다른 집단에는 불리할 수 있음
⑤ 지능지수만으로 학업성적을 완전히 예언할 수는 없음 : 지능지수는 학업 장면에서의 성공 여부를 예측할 수 있는 가장 중요한 요인은 아님, 단지 관련이 있을 뿐(높은 성적이 지능의 결과라고 정확하게 말할 수 없음)
⑥ 지능지수만을 기준으로 하여 개개인에 대해 중요한 의사결정을 내리는 것은 바람직하지 않음, 특히 IQ를 기준으로 특정 학생을 영재아 또는 학습부진아로 분류하는 것은 매우 위험
⑦ 점수 범위로 해석하는 것이 합리적 : 검사 자체의 신뢰도나 검사 외적 요인(피검사의 상태나 태도 등)으로 인해 측정오차가 생길 수 있으며, 오차 없이 정확하다고 해도 점수 차이가 어느 정도의 지적 능력 차이를 의미하는지는 알 수 없음

THEME 37 창의성

(1) 개념 - '새롭고 적절한 것을 생성해 낼 수 있는 능력'

1) **길포드(Guilford)** : 유창성, 융통성, 독창성

   ① 유창성 : 일정한 시간 내에 한 범주 내에 속하는 아이디어를 다양하게 생성해 내는 능력
   ② 융통성 : 일정한 시간 내에 다양한 범주에 해당되는 아이디어들을 생성해 내는 능력
   ③ 독창성 : 문제에 대해 통상적인 것에서 탈피하여 독특하고 참신한 아이디어를 산출해 내는 사고능력

2) **어반(Urban)** : 인지적 요소와 정의적 성향으로 구성된 창의성의 6요소 모델을 제안

   ① 인지적 요소 : 일반적인 지적 능력, 구체적인 지식과 기술, 확산적 사고능력
   ② 정의적 성향 : 개방성과 애매모호함에 대한 참을성, 동기화, 집중력

3) **창의적 사고의 기능** : 민감성, 유창성, 융통성, 독창성, 정교성

(2) 창의성 개발기법

1) **확산적 사고기법** : 유의미하며 새로운 연결을 만들고 표현하는 사고과정(아이디어 생성, 유창성·융통성·독창성 향상)

브레인스토밍 (brainstorming)		• 개인의 창의적인 아이디어 산출을 위해 자유로운 집단토의방법을 사용하는 것 - 오스본(Osborn) • 브레인스토밍 변형기법 : 브레라이팅(brainwriting), 브레인라이팅 게시기법(BW post-it) • 효과적인 브레인스토밍을 위한 기법 4가지
	비판금지	산출되는 아이디어에 대해서는 끝날 때까지 평가를 하지 않음
	자유분방	과거의 지식, 경험, 전통 등에 구애됨이 없이 새로운 아이디어를 산출하도록 함
	양산	아이디어의 질에 관계 없이 가능한 많은 아이디어를 산출하도록 함
	결합 및 개선	제안된 아이디어에 새로운 아이디어를 결합시켜 개선방안을 모색함
시넥틱스 (synectics)		• 시넥틱스는 서로 관련 없는 요소들의 결합을 의미 - 고든(Gordon) • 개인이 당연시하고 있던 대상이나 요소를 이상한 것으로 파악하거나 반대로 이상하게 여기던 것을 친숙한 것으로 받아들이는 경험을 통해 사고의 민감성을 높이는 기법 • 시넥틱스 기법에 사용되는 유추 4가지
	직접적 유추	주어진 문제를 전혀 다른 사물이나 현상에 객관적으로 직접 비교하는 방법 예 우산을 통하여 낙하산의 원리를 알아냄
	의인적 유추 (개인적 유추)	자신이 주어진 문제의 일부라고 생각하고 자신이 스스로 해결해야 할 대상이 되었다고 상상하면서 의인화하여 새로운 아이디어를 유추하는 방법 예 자신이 직접 나무가 되어 나무가 겪는 어려움 생각해 보기
	상징적 유추	어떤 대상의 추상적인 원리나 특성이 되는 상징을 유추하는 방법 예 타인의존증후군을 통해 '신데렐라 콤플렉스'라는 새로운 의미를 만들어 냄
	환상적 유추	문제해결을 위해 현실적인 면보다는 환상적인 면을 상상하도록 하여 유추하는 방법 예 날으는 양탄자

육색사고모	• 여섯 가지 색깔의 모자가 각각 나타내는 사고자의 역할을 통해 한 번에 한 가지의 사고만 하도록 함으로써 창의력 사고를 촉진하려는 방법 - 드 보노(de Bono)
	• 우리가 사고를 하는 데 어려움을 겪는 주된 이유는 한 번에 여러 가지를 동시에 고려하기 때문
	• 이 방법을 사용하면 한 번에 한 가지만 다루게 함으로써 사고를 단순화시킬 수 있고, 나아가 한 가지 사고에서 벗어나 여러 가지 측면의 사고를 할 수 있음
	• 활용 시 주의점
	  - 한 번에 하나의 모자만을 사용하여 그 사고에 집중할 수 있도록 함(똑같은 색깔의 모자 여러 번 사용 가능)
	  - 긍정적인 사고로 다양하게 사고한 후에 비판적으로 평가할 수 있도록 황색 모자를 먼저 사용한 후 흑색 모자를 사용하도록 함
	• 육색사고모의 모자별 형태와 역할

백색	중립적·객관적 사고	정확한 정보에 기초하고 이미 검증된 중립적이고 객관적인 사실을 제시
적색	감정이나 정서의 사고	자신의 분노, 두려움, 직관과 같은 감정이나 정서를 제시
황색	긍정적·낙관적 사고	긍정적이고 낙관적인 측면을 제시
흑색	비판적·부정적 사고	부정적이고 비판적인 측면을 제시
녹색	창의적·확산적 사고	창의적이고 확산적인 새로운 측면을 제시
청색	지휘자의 사고	지휘자나 사회자처럼 정리, 요약, 결론적인 내용을 제시

2) **수렴적 사고기법** : 아이디어들을 분석하고, 다듬고, 선택하는 사고과정(아이디어 선택·개발)

역브레인스토밍	• 아이디어를 생성해 내는 입장인 브레인스토밍과는 달리, 이미 생성해 놓은 아이디어에 대해 많은 양의 자유분방한 '비판'을 생성해 내는 사고기법 • 양적인 면을 중시하고 자유분방하게 한다는 점에서 브레인스토밍과 유사함
PMI (Plus, Minus, Interesting)	• 불가능하다고 생각되는 기존의 개념을 완전히 바꿔 아무리 어려운 문제도 해결할 수 있다는 자신감으로 전환시키는 사고방식 - 드 보노(de Bono) • 먼저 어떤 문제의 긍정적인 면을 살펴보고, 다음으로 부정적인 면을 살펴본 후, 마지막으로 주목할 만한 가치가 있는 것을 생각하도록 하여 주의의 방향을 잡아 주는 방법

(3) 창의성 촉진을 위한 효과적인 교육방법

① 민주적·개방적·수용적인 수업분위기를 조성하여 학생들이 위협받지 않고 자유롭고 편안한 분위기에서 자발적 참여를 유도하고 다양한 사고를 할 수 있도록 배려함
② 학생으로 하여금 지적 호기심을 채울 수 있도록 질문할 기회를 제공·격려하고 질문에 대한 피드백을 제공해야 함
③ 개방적·확산적 질문으로 깊이 있는 사고를 유도하고, 가정을 제시하여 대안적 설명, 실험방법 등을 생각해 보게 함
④ 이전의 학습이나 경험을 사용하여 무엇을 해보게 하거나 만들어 보게 하는 등 창의적 표현활동의 기회를 제공함
⑤ 자료의 불완전성과 개방성을 활용함. 자료의 불완전성은 지적 호기심과 긴장감을 유발하며, 내용의 완전성을 추구하는 과정에서 문제를 새롭게 발견하고 더 나은 해결방안 또는 대안에 이를 수 있음
   cf) 일반적 문제해결에서는 구조화된 문제를 다루며, 기존의 알고리즘을 적용하거나 이미 기억한 절차를 그대로 적용하는 반면, 창의적 문제해결에서는 비구조화된 문제를 다루며, 문제와 방법, 해결책을 스스로 발견하거나 창조해 해결함
⑥ 정확한 답과 목표달성만 강조하는 성공지향적 수업풍토를 탈피하고 확산적 사고를 통해 다양한 해결 방안과 결론을 도출하도록 도움

THEME 38 인지양식

(1) 개념
① 인지양식(cognitive style) : 개인이 사물이나 정보를 지각하고 처리하는 독특한 방식
② 인지양식은 다양한 지각 및 인지과제에 대해 일관성 있게 반응하는 방식으로 성격특성과 지적 능력을 연계시키는 통합적 개념으로 간주되고 있음
  - **cf** 학습양식 : 학습자가 갖고 있는 학습에 대한 접근방식이나 수업방법에 대한 개인 특유의 선호도 – 생리적 리듬·감각방식·집단·주의집중·인지양식 등에 대한 선호도

(2) 위트킨(Witkin)의 장독립성-장의존성
① 장독립성–장의존성은 주변 장의 구조가 그 속에 포함된 항목의 지각에 영향을 주는 정도, 개인이 장의 요소를 별개 항목으로 지각하는 정도, 분석적으로 지각하는 정도를 의미
② 장 독립–장 의존 학습자의 특성 비교

구분	장독립성	장의존성
정보 처리 방식	• 사물을 지각할 때 그 사물 주변 장의 영향을 받지 않거나 적게 받는 유형 • 분석적 정보처리 : 분석적으로 사고하며, 구조를 일반화할 줄 알고, 정해진 형식이나 구조에 영향을 받지 않음	• 사물을 지각할 때 그 사물 주변 장의 영향을 많이 받는 유형 • 전체적 정보처리 : 전체적인 구조를 수용할 줄 알며 정해진 형식이나 구조에 영향을 받음
구조화 정도	• 새로운 구조를 부여하여 재조직 • 구조의 영향을 거의 받지 않음 • 비구조화된 과제 수행 용이	• 장에 새로운 구조를 부여하지 않음 • 구조의 영향을 많이 받음 • 비구조화된 과제 수행 곤란
지향성	• 내부 단서 중시 • 개인내부 지향	• 외부 단서(사회적 정보)에 민감 • 타인의 비판에 민감
대인 관계	개인주의적, 대인관계에 무관심	사회 지향적, 대인관계 중시
적합한 교수 방법	• 외부의 지도 없이 스스로 문제를 해결할 수 있는 수업 선호(발견학습, 스스로 학습) • 독립적 학습 환경 제공 • 탐구와 발견 • 분류해야 할 풍부한 양의 자료 제시 • 독립적, 계약적 자기 교수 제공 • 귀납적 교수 계열 제시 • 개요, 패턴 노트, 개념도 등의 작성 • 정교화된 계열 제시	• 문제해결방식을 분명하게 가르치는 수업방식 선호(강의) • 사회적 학습환경 제공 • 선행조직자와 같은 구조적 단서 자료 제공 • 명확하고 충분한 피드백 제공 • 내용의 개요나 그래픽 조직자 제시 • 전형적인 예시 제공 • 필요한 교수자료에 대해 알려주기 • 그래픽이나 언어적 단서 제공 • 순서적인 교수 계열 제시

(3) 카간(Kagan)의 숙고형-충동형

① 문제를 해결하기 위한 가설을 설정하고, 그 가설의 타당성을 검증하는 과정에서 나타나는 반응잠시(반응을 할 때까지 소요되는 시간)와 반응오류(반응의 정확성)를 기준으로 인지양식을 숙고형과 충동형으로 구분
② 숙고형과 충동형의 차이

숙고형(반성적 인지양식)	충동형(충동적 인지양식)
몇 가지 대안들이 가능한 문제상황에서 문제해결을 위하여 차분하게 심사숙고하는 인지양식	가설을 성급하게 검토하고, 따라서 실수도 많이 하는 인지양식
반응잠시가 길고 반응오류를 적게 범하기 때문에 성적이 높음	반응잠시가 짧고 반응오류를 많이 범하기 때문에 성적이 낮음
문제를 해결할 때 정확성에 주안을 둠	문제를 해결할 때 속도에 주안을 둠
어려운 과제를 해결해야 할 때 유리	쉬운 과제를 신속하게 수행해야 할 때 유리

(4) 콜브(Kolb)의 학습스타일

① 콜브는 정보의 인식과 처리의 두 연속선상에서 나타나는 학습 사이클상에서 상호 경향성을 4가지 학습스타일, 즉 적응형, 발산형, 동화형, 수렴형으로 분류
② 그에 의하면, 학습자는 지식을 받아들이는 과정에 있어서 구체적인 경험이나 추상적 개념화를 거치고, 지식을 처리하는 과정에서는 반성적 관찰이나 능동적 실험을 선택함

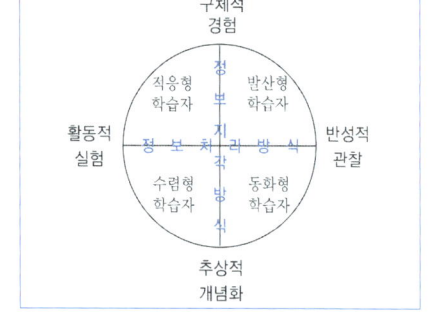

③ 4가지 학습스타일

구분	학습자 특성
발산형 학습자 (구체적 경험, 반성적 관찰)	• 현상을 직관적으로 보며, 많은 생각들을 일반화함 • 창조적 능력이 뛰어나고 의미나 가치에 대한 인식력이 탁월함 • 상상력가 감수성이 풍부하며 사람들에게 관심이 많아 주로 문화와 예술 분야에 관심이 있음
동화형 학습자 (추상적 개념화, 반성적 관찰)	• 논리적이고 정확하며, 이론적 모델을 세우는 데 익숙함 • 귀납적 추론이 가능하며, 행동보다는 사고와 이해에 초점을 둠 • 이론의 실제적인 사용보다 추상적인 이론을 논리적으로 생각해 보는 것을 더 중요하게 생각함
수렴형 학습자 (추상적 개념화, 활동적 실험)	• 문제해결능력과 의사결정 능력이 뛰어나고 감정에 치우치지 않음 • 생각하는 것을 실제로 적용하는 능력을 가짐 • 하나의 질문에 하나의 정답이 있거나 주어진 문제의 해결책이 유일한 최적의 대안일 때, 가장 잘 수행함
적응형 학습자 (구체적 경험, 활동적 실험)	• 행동과 결과에 기반을 두어 생각하고 계획을 세워 수행함 • 새로운 경험을 즐기고, 기회를 찾으려 하며 위험을 두려워하지 않음 • 실제로 실행해 보기를 선호할 뿐 아니라 직관적인 시행착오의 방법으로 문제를 해결하는 경향이 있음

THEME 39 전이

(1) 개념 : 특정 장면에서 학습한 지식이나 기술이 새로운 장면의 학습이나 행동에 영향을 미치는 현상(선행학습장면과 새로운 학습장면이 상이하다는 것을 전제)

(2) 전이의 유형

정적 전이	• 이전의 학습이 다른 상황에서의 학습을 촉진하는 현상 예 중학교 영어 수업에서 접속사와 대명사의 개념을 학습했던 것이 고등학교 영어 수업에서 관계대명사를 학습할 때 적용되어 이해에 도움이 됨
부적 전이	• 이전의 학습이 다른 학습 상황에서의 학습을 방해하는 현상 예 새로운 도로명 주소를 요구하는 경우, 이전에 익숙하게 사용하던 지번 주소명이 새로운 형태의 주소명 학습에 방해가 됨
수평적 전이	• 선행학습과 후행학습의 수준이 비슷한 경우에 나타나는 전이 예 역사시간에 학습한 3·1운동에 대한 지식이 국어시간의 독립선언문 학습에 영향을 미침
수직적 전이	• 위계관계가 분명한 학습과제 사이에서 나타나는 전이(선행학습이 후속학습의 기초가 됨) 예 구구단 학습이 분수학습에 영향을 줌
일반 전이	• 특정한 상황에서 학습한 지식, 기능, 법칙을 완전히 새로운 장면에 적용하는 것 예 개념지도를 활용하여 과학 과목을 공부한 학생이 이를 사회 과목에도 적용하여 비슷한 효과를 얻게 됨
특수 전이	• 특정한 상황에서 학습한 지식, 기능, 법칙 등을 매우 유사한 장면에 적용하는 것 예 영어 문법을 학습한 경험이 있는 경우, 일본어보다는 구조상 비슷한 특성을 보이는 중국어 문법 학습이 보다 쉬움 • 근접전이와 원격전이는 특수전이의 사례가 됨
근접 전이	피상적인 특성은 물론, 기저원리가 비슷한 장면 사이에 일어나는 전이
원격 전이	기저원리는 동일하나, 피상적 특성이 다른 장면에서 일어나는 전이
의식적 전이	• 의식적이고 의도적인 전이, 현재의 문제와 선행경험과의 관련성을 능동적으로 숙고할 때 일어남 • 선행학습에서 원리·도식·추상화 등을 도출하여 과제 해결에 의도적으로 적용할 때 발생
무의식적 전이	• 선행지식을 매우 유사한 학습과제의 문제해결에 자동적으로 적용하는 경우 일어나는 전이(자동적 전이) • 깊이 생각할 필요가 없을 정도로 고도로 숙달된 기술이 자발적이고 자동적으로 전이되는 것
전향적 전이	• 선행학습이 후속학습에 영향을 미치는 현상
역행적 전이	• 현재의 학습활동이 과거에 학습활동을 이해하는 데 영향을 주는 현상

(3) 전이이론

1) **형식도야설** : 능력심리학의 전이이론

   ① 형식도야설은 일반능력이 광범위한 영역으로 전이된다는 관점으로, 일단 정신능력이 함양되면 다른 교과의 학습은 물론 일상생활에 이르기까지 광범위한 영역으로 전이가 일어난다고 봄
   ② 능력심리학에 기초하였고, 교과형 교육과정도 관련됨
   ▶ 능력심리학은 신체훈련으로 근육을 단련시킬 수 있는 것처럼 인간의 정신능력(기억력·주의력·추리력·의지력·상상력과 같은 기초능력)도 훈련으로 연마할 수 있으며, 일단 정신능력이 연마되면 새로운 장면에 광범위하고 자동적으로 전이된다고 주장

2) **동일요소설** : 결합설의 전이이론

   ① 학습과제 사이에 동일한 요소(목적, 내용, 방법, 기능 등)가 있을 경우에만 전이가 일어나며, 동일한 요소가 없을 경우에는 전이가 일어나지 않는다고 보는 입장
   ② 즉, 특수한 능력이나 기능이 특수한 상황에서만 전이가 된다는 관점
   ③ 따라서 선행학습과 후행학습 간에 적극적인 전이가 이루어지게 하려면, 두 상황의 유사성, 자극이나 반응의 유사성 또는 원리의 유사성이 있어야 하는 것이며, 그 유사성의 정도가 클수록 보다 더 많은 전이가 일어난다는 것

3) **일반화설** : 전이에 대한 기계론적 이론

   ① 선행학습에서 획득된 원리나 법칙을 후속학습에 활용할 수 있을 때 전이가 일어남
   ② 전이의 가장 중요한 조건은 두 학습장면에 존재하는 일반원리나 법칙의 유사성으로, 학생이 일반화를 이해하면 전이는 자동적·기계적으로 일어남 **예** Bruner의 지식의 구조, 개념학습, 원리학습

4) **형태이조설** : 형태심리학의 전이이론

   ① 형태이조설은 일반화설이 확장된 것으로, 어떤 상황에서의 완전한 형태의 관계를 이해하는 것이 원리를 이해하는 것보다 전이가 더 잘 일어나도록 한다는 것
   ② 형태이조설에 따르면 전이의 결정요인은 통찰이며, 선행학습장면에서 역학적 관계를 통찰해야 다른 장면으로 전이가 일어남 **예** Bruner의 발견학습

(4) 전이에 영향을 주는 요인

1) **개인 요인**

   ① 선행학습 수준 : 전이가 잘 일어나도록 하기 위해서는 이전 학습에 대한 깊은 이해가 선행되어야 하며, 사전지식이 유의미하게 조직되어야 함
   ② 메타인지 능력 : 전이는 학습자가 자신의 인지과정을 인식, 점검 및 조절하고 다양한 인지전략을 언제 어떻게 활용하는지를 알 수 있을 때 잘 일어남

2) **환경 요인**

   ① 학습상황 사이의 유사성 : 선행학습 장면과 새로운 학습장면이 유사할수록 전이가 촉진됨(동일요소설, 일반화설)
   ② 학습맥락 및 경험의 다양성 : 선행학습 시에 다양한 사례와 충분한 연습기회를 제공할수록 전이가 촉진됨

THEME 40 동기(motivation)

(1) 개요

1) 개념 : 개인의 행동수준 또는 강도를 결정하는 심리적 구조이며 과정(개체의 행동을 어떤 목표로 이끌어 가는 내적 충동상태)

2) 내재적 동기와 외재적 동기

① 내재적 동기 : 개인의 내적 요인과 그가 수행하는 과제 자체에 의하여 동기화되는 것
  - 예) 성취감, 유능감, 도전감, 호기심, 흥미, 즐거움 등

② 외재적 동기 : 활동하는 과정과 무관한 외적인 요소에 의하여 동기화되는 것(특정 목적을 위한 수단)
  - 예) 돈, 인정, 경쟁, 성적, 인센티브 등

(2) 보상과 동기

1) 과잉정당화가설 - '외적 보상이 내재적 동기를 감소시킬 수 있음'

① 과잉정당화 효과란 내재적 흥미를 가진 과제에 대하여 보상을 주면, 그 과제가 보상을 위한 수단으로 인식되면서 내재적 동기가 감소할 수 있는 현상을 의미

② 이미 그 활동을 즐기는 사람에게 보상을 제공하면, 그들은 그 활동에 참여하는 이유를 보상 때문이라고 과잉정당화를 하게 됨

③ 만약 활동에 대한 보상이 사라지면 사람들은 그 과제를 하는 이유에 대한 정당화 근거를 잃게 되고, 그 결과 과제수행에 대한 동기마저 잃게 된다는 것

2) 인지평가이론 - '외적 보상이 항상 내재적 동기를 손상시키는 것은 아님'

① 모든 보상은 잠재적으로 통제와 정보의 특성을 가지며, 통제와 정보 중 어느 것이 상대적으로 더 우세한가에 따라 보상이 내재적 동기에 미치는 영향은 긍정적일 수도, 부정적일 수도 있음(보상을 어떻게 지각느냐)

② 통제로서의 보상 → 내재적 동기 감소
  - ㉠ 보상의 통제적 기능은 특정 방식으로 행위하고 생각하도록 강요하고 압력을 가하는 것
  - ㉡ 개인이 어떤 성취에 대하여 주어지는 보상이 자신의 행동을 통제하려고 주어진다고 생각하거나, 혹은 자신이 그 과제를 하는 이유가 보상을 얻기 위한 것이라고 생각하면, 자신의 행동에 대한 이유를 보상과 같이 외적 요소에 귀인하여 자신의 통제감에 대한 지각이 약해짐
  - ㉢ 따라서 활동과 보상 간의 유관성이 더이상 유효하지 않게 되면 사람들은 그 과제를 할 이유가 없어지고 따라서 내재적 동기는 감소하게 됨

③ 정보로서의 보상 → 내재적 동기 증가
  - ㉠ 보상의 정보적 기능은 현재 수행하고 있는 일을 어느 정도 잘하고 있는가에 대해 피드백을 제공하는 것
  - ㉡ 보상이 실제 수행 또는 향상과 관련하여 주어지는 보상을 통해 수행에 대한 정보를 얻을 수 있는 사람은 효능감을 느끼고 자기결정성을 경험하게 됨
  - ㉢ 이후 보상 유관이 없어지더라도 흥미는 계속 유지되는데, 그 이유는 동기를 행동의 동인을 배우고자 하는 욕구와 같은 개인 내부에 두기 때문

THEME 41 바이너(Weiner)의 귀인이론

(1) 개요
① 어떤 상황에서의 성공이나 실패에 대한 원인을 무엇이라고 인식하느냐에 따라 그의 행동이 결정됨
② 학생들은 학교 성적에서의 성공과 실패를 주로 '능력, 노력, 과제 난이도, 행운'의 네 가지 원인으로 설명

(2) Weiner의 인과적 귀인 모형 - 학업성취 귀인의 3가지 차원

구 분	내 적		외 적	
	안 정	불안정	안 정	불안정
통제 가능	평소의 노력	즉시적 노력	교사의 편견	타인의 도움
통제 불가능	능력	기분	과제난이도	행운

① 소재 차원 : 원인의 소재를 자기의 내부에서 찾는지, 아니면 자신의 외부에서 찾는지에 관한 요인
② 안정성 차원 : 원인이 시간과 상황변화에 따라 안정적인지, 불안정한지에 관한 요인(미래예측이 가능하면 안정적)
③ 책임감 차원 : 원인을 학습자의 의지로 통제가 가능한지, 가능하지 않은지에 관한 요인

(3) 학습된 무기력 - 셀리그만(Seligman)
① 원인 : 내적 - 안정적 - 통제 불가능안 요인에 귀인
② 통제가 어려웠던 이전의 경험을 기반으로 어떤 노력도 실패로 이끌어질 것이라는 기대를 의미
③ 사람들이 그들의 삶에서 마주치는 사건이나 결과가 대부분 통제 가능하지 않다고 믿게 될 때, 학습된 무기력을 발전시킴
④ 무기력감을 느끼는 학생들은 동기화되지 않고, 인지적 결손을 발전시키며, 우울감이나 불안을 느끼게 됨

(4) 귀인이론의 시사점
① 자신의 성공과 실패의 원인을 '내적 - 불안정적 - 통제 가능'한 요인에 귀인시킬 때 학습동기가 증가됨
② 학교학습에서의 성공과 실패에 대하여 그 원인을 무엇이라고 지각하느냐에 따라 후속되는 학업적 노력, 정의적 경험, 미래학습에서의 성공과 실패가 달라짐
③ 그러므로 학습자가 성취결과에 대한 원인을 무엇이라고 지각하는지를 알면, 그의 미래의 학업성취도를 예측할 수 있고 나아가서 적절하지 못한 귀인은 변경시킬 수도 있음

THEME 42 에클스와 위그필드(Eccles & Wigfield)의 기대-가치이론

(1) 개요
① 인간은 자신이 성공할 것이라는 기대에 그 성공에 대한 개인이 부여하는 가치를 '곱한' 값만큼 동기화됨
② '곱하기'의 의미 : 만약 어떤 일에 대한 성공 기대 또는 그 성공에 대한 가치가 거의 영에 가깝다면, 그 일을 하려는 그 사람의 동기 또한 영에 가까울 것

(2) 기대구인(expectancy construct) × 가치요인(value components)

1) 성공에 대한 기대
① 과제난이도 인식 : 과제가 쉽다고 느낄 때보다 어려운 것으로 생각될 때 성공에 대한 기대를 별로 하지 않음
② 자기도식 : 우리 자신에 관한 정보의 망 조직으로, 자아개념과 사람들에 대한 믿음 등을 포함
   - 예 수학을 잘한다는 긍정적인 자아개념을 가지고 있는 학생은 그렇지 않은 학생보다 더 높은 성공에 대한 기대를 가짐

2) 과제 가치
① 내재적 흥미 : 사람들이 기꺼이 참여하도록 유도하는 활동의 특성과 주제의 성격을 지칭함
   → 무엇을 공부할지, 어떻게 공부할지에 대해 선택권이 주어지면 학생들의 흥미는 더욱 더 증가하며, 학생이 주제에 관해 배경지식이 많을수록 그 주제에 대해 더 많은 흥미를 가지게 됨
② 중요성 : 주제나 활동에 참여했을 때 그것이 자기도식에서 중요한 점을 얼마나 확증해 주는지를 의미함
   - 예 만약 어떤 여자가 자신이 훌륭한 운동선수라고 생각한다면 운동경기에서 잘하는 것은 그녀에게 중요함. 운동을 잘한다는 것은 자신의 운동실력에 대한 믿음을 확신하도록 하기 때문
③ 효용가치 : 직업이나 미래의 목표를 충족시킨다는 인식을 의미
   - 예 민수는 '대수학을 완전히 이해하지는 못하니까 나는 정말로 열심히 공부해야 해. 대수학은 내가 앞으로 듣고 싶은 수학과목의 선수과목이고, 대학에서 필요한 수학적 배경이 있으면 좋겠어.'라고 생각함. 이 경우 민수의 동기는 대체로 외재적이지만, 대수학에 대한 이해가 향상됨에 따라 그의 내재적 동기 또한 증가할 가능성이 높음
④ 비용 : 과제에 참여함으로써 올 수 있다고 인식되는 부정적인 면(소비 시간의 양, 감정적 비용 등)
   - 예 위의 예에서 민수가 대수학을 공부하는 데 쓴 시간(비용)은 더 바람직한 활동을 하지 못한 시간을 의미하며, 만약 비용이 너무 높으면 활동에 참가하지 않으려고 할지도 모름

(3) 기대가치이론의 시사점
① 높은 성공에 대한 기대를 가진 학생은 과제를 할 때 더 끈질기고, 좀 더 도전적인 활동을 선택하고, 낮은 기대를 가진 학생보다 더 많은 것을 성취하기 때문에 성공에 대한 기대는 교실에서 중요한 의미를 가짐
② 따라서 교사는 학생들에게 적절한 난이도의 과제를 제시하고, 충분히 대비하여 성공할 수 있도록 교수법을 구조화할 필요가 있음
③ 또한, 공부를 하는 것에 대한 이유를 설명함으로써 학습의 중요성과 가치에 대한 이해를 도울 수 있음

THEME 43 · 데시와 라이언(Deci & Ryan)의 자기결정성이론

(1) 개요

① 자기결정 : 자기 자신의 행동과 운명을 자율적으로 선택할 수 있다는 믿음
  → 인간은 선택권을 갖고 의사결정을 하는 것이 내재적으로 동기화되어 있기 때문에 의사결정에 대한 기회가 없다면 다른 모든 욕구가 충족된다 해도 만족하지 않음
② 자기결정성 이론에 의하면 인간은 선천적으로 세 가지 욕구를 갖고 있음
  ㉠ 유능감 욕구 : 목표를 어떻게 성취할 것인지 이해하고 이를 효율적으로 달성하는 능력을 가지려는 욕구
  ㉡ 자율성 욕구 : 스스로의 결정에 의해 선택하고 행동하고자 하는 욕구
  ㉢ 관계성 욕구 : 부모, 교사, 친구 등 타인과 안전하고 만족스러운 관계를 맺으려는 욕구
    ▶ 인간의 동기, 성취, 발달은 인간의 세 가지 욕구를 만족시키는 상황에서 극대화되지만, 가장 중요한 것은 '자율성 욕구'이며 이는 행동 결정 과정에 절대적으로 필요함(자율성이 보장되어야 비로소 유능감이 제대로 발휘될 수 있음)
③ 자기결정성이론의 핵심은 학습자의 내재적 동기를 유발시키고 외적으로 동기화된 행동을 내면화시켜 통합된 조정에 이르도록 하기 위해서 인간의 세 가지 기본적인 욕구인 자율성, 유능감, 관계유지의 욕구를 자극하고 충족시켜 줄 수 있는 환경의 구성에 있다고 할 수 있음

(2) 자기결정력 인식에 영향을 주는 요인

① 선택 : 자신의 행동을 정당한 한계 내에서 선택할 수 있을 때 자기결정력은 증가함
② 위협과 마감시간 : 자신이 통제받고 있다는 느낌을 제공하여 자기결정력이 감소함
③ 통제적인 표현 : 나의 행동을 다른 사람이 통제하는 언급은 자기결정력을 감소시킴
④ 외적 보상 : 과정에 대한 정보제공이 아닌, 행동통제나 조종의 수단으로 인식될 때 자기결정력은 감소함
⑤ 감독과 평가 : 자신이 평가받고 있다는 것을 느낄 때 자기결정력이 감소함

(3) 자기결정성이론에서의 동기유형

① 아동은 발달해감에 따라 사회화과정에서 주어지는 통제, 보상 등의 외재적 동기는 내면되고, 점차 자기조절과정의 일부가 됨
② 외재적 동기에 의한 행동을 다루기 위해 자기결정성이론에서 무동기에서 외재적 동기를 거쳐 내재적 동기로 발달해 나가는 동기의 변화과정을 제안

조절 방식	무동기	외재적 동기				내재적 동기
		외적 조절	투사	동일시	통합	
관련 과정	• 유관 지각 없음 • 낮은 지각된 유능감 • 무관련성 • 무의도성	• 외재적 보상 또는 벌 강조 • 순응 • 대응	• 자아 개입 • 자기 자신 또는 타인으로부터의 인정에 초점	• 활동이 중요하다고 의식적으로 인식함 • 목표를 스스로 인정	• 목표의 위계적 통합 • 일치	• 흥미 • 즐거움 • 내재적 만족
지각된 동인	비인격	외부적	약간 외부적	약간 내부적	내부적	내부적

(4) 학생들의 '자기결정성'을 높이기 위한 교수전략

1) 유능감 욕구

① 다양한 성공 경험을 제공하고, 항상 새로운 과제와 적정 수준의 난이도를 가진 과제를 선정함(도전과 기술 간의 균형을 이루도록 하면 플로우 상태에 빠져 들어갈 수 있음)
② 즉각적이고 구체적인 피드백이 있을 통해 현재 자신의 위치와 앞으로 얼마나 가야 하는지에 대한 정확한 감각을 제공하는 것이 중요함
③ 보상은 통제적인 것이 아닌 정보적인 보상이어야 하며, 결과보다는 참여 자체에 대한 보상이 바람직함
④ 실패결과에 대해서는 능력귀인보다는 노력귀인이나 전략귀인으로 유도하는 것이 바람직

2) 자율성 욕구

① 교사는 수업 중에 학생의 수행이나 행동에 대해 끊임없이 평가하고, 다른 학생과 비교함으로써 심리적인 압박감을 주는 것을 피해야 함
② 또한 학생의 행동을 직접 통제하는 것을 피해야 함(학생들이 교사와 부모가 자율성을 지지하는 것으로 지각하면 학업동기의 내재화가 촉진되어 자기결정동기가 증진될 것)
③ 교사는 학생들이 학습내용이나 순서를 스스로 결정할 수 있도록 자유로운 학습분위기를 조성해야 함

3) 관계성 욕구

① 학생들의 흥미와 복지에 관심을 보여야 하며, 학생들이 교사가 자신을 진정으로 좋아하고 존중하며 가치 있는 사람으로 대우한다고 느끼는 자기가치감을 높여주어야 함
② 학생들이 자기들끼리 개인적으로 혹은 소집단으로 만나서 공부할 수 있는 시간을 많이 제공함

THEME 44 성취목표이론

(1) 성취동기이론

① 성취동기 : 도전적이고 어려운 과제를 성공적으로 수행하려는 욕구 → 성공추구동기, 실패회피동기
  ㉠ 성공추구동기 > 실패회피동기 : 노력을 통해 달성할 수 있는 중간 정도의 난이도 과목에 접근하는 경향이 두드러짐
  ㉡ 실패회피동기 > 성공추구동기 : 과목에 대한 실패를 감수하면서도 어려운 과목을 선택하는 경향성이 있음(실패를 과목의 난이도에 귀인시키려는 목적)
② 과제의 성공과 실패에 따른 동기의 변화

구 분	성공추구동기가 높음	실패회피동기가 높음
성 공	동기 감소	동기 증가
실 패	동기 증가	동기 감소

(2) 목표지향이론 - 성취동기이론 보완(목표의 개념 도입)

1) 개요
① 목표지향성(성취목표) : 학생들이 성취행동을 수행하는 의도 또는 이유
② 학습이나 작업과 같이 성패와 관련된 어떤 과제를 수행할 때, 과제수행의 목표를 어디에 두느냐 하는 것이 그 과제의 수행과정은 물론 결과에까지 영향을 미침

2) 목표의 유형

숙달목표 (학습목표, 과제목표)		• 과제를 달성하는 것, 이해 증진, 향상에 초점을 둔 목표(학습목표, 과제개입목표, 과제중심목표) • 학습목표의 초점 : 학습과 향상(과제의 숙달에만 관심)
	숙달 접근	도전거리를 찾고, 어려움에 직면했을 때에도 지속해나가는 경향 예 지난번보다 더 나은 결과물을 만들기 위해 열심히 과제를 준비함
	숙달 회피	잘못 이해하거나 과제를 숙달하지 못하는 것을 회피하려는 경향 예 뛰어난 운동선수가 실력이 떨어질 것 같아 새로운 기술의 습득을 주저함
수행목표 (능력목표, 자아목표)		• 학습자의 능력과 다른 사람과 비교된 역량에 초점을 둔 목표(자아개입목표, 능력중심목표) • 학습목표의 초점 : 자신의 수행에 대한 평가 • 실수를 했을 때 그것을 인정하지 않고 당황스러워함
	수행 접근	유능하게 보이는 것, 호의적인 평가를 받는 것을 강조하는 목표 예 기말시험에서 경쟁자인 동급생보다 더 잘하기 위하여 열심히 공부함
	수행 회피	무능력하게 보이는 것, 호의적이지 않은 평가를 피하는 것에 초점을 둔 목표 예 그림을 못 그린다고 놀림을 받을 것 같아 미술 과제를 제출하지 않음
과제회피 목표		• 배우기를 원하지도 않고, 똑똑하게 보이기를 원하지도 않으며, 단지 과제를 회피하고자 함 • 열심히 노력할 필요가 없거나, 과제가 쉽거나, 게으름을 피울 수 있을 때 성공적이라고 느낌
사회적 목표		• 타인이나 집단의 일부로 연결되고자 하는 다양한 종류의 욕구와 동기 • 특정한 사회적 결과나 사회적 상호작용을 달성하려는 목표

3) 숙달목표와 수행목표가 인지·정의·행동적 특성에 미치는 영향

	숙달목표	수행목표
귀인패턴	• 숙달목표는 긍정적이고 적응적인 귀인과 관련됨 • 숙달목표를 가진 학생들은 성공 및 실패 장면에서 노력귀인을 하고 능력이 노력에 비례한다고 생각함	• 수행목표는 부정적이고 비적응적인 귀인과 관련됨 • 수행목표를 가진 학생들은 성공 및 실패 장면에서 능력귀인을 하며, 이들은 능력과 노력이 반비례한다고 생각하기 때문에 능력과 자기가치감을 보호하기 위해 노력을 회피하는 경향이 있음
인지전략	• 숙달목표를 가진 학생들은 정교화나 조직화와 같은 심층적인 인지전략을 적극적으로 활용하고 메타인지전략과 자기조절전략을 적절하게 적용함	• 수행목표를 가진 학생들은 피상적이고 기계적인 학습전략을 활용하는 경향이 있음
정의적 특성	• 숙달목표를 가진 학생들은 노력을 통해 성공했을 경우 자부심을, 실패했을 경우 죄책감을 경험함 • 그들은 내재적 동기가 높고, 학습태도가 긍정적이며, 과제에 가치를 부여함	• 수행목표를 가진 학생들은 학습과제에 대해 가치를 부여하지 않고 외재적 동기가 높음
행동적 측면	• 숙달목표를 가진 학생들은 시간 및 노력을 효율적으로 관리하며 도전적이고 새로운 과제를 선호하고 위험부담경향성이 높음 • 이들은 다른 사람들의 도움이 학습에 도움이 된다고 보고 적극적으로 도움을 요청함	• 수행목표를 가진 학생들은 위험부담경향이 낮기 때문에 쉬운 과제를 선호하고 새로운 과제나 도전적인 과제는 기피함 • 이들은 다른 사람의 도움을 받는 것은 능력이 부족하다는 사실을 나타낸다고 보고 다른 사람들의 도움을 적극적으로 요청하지 않음

4) 숙달접근목표지향을 촉진하기 위한 수업전략

① 다양하고 변화가 많으며 흥미로운 과제를 제시함(과제의 다양성과 차이점이 제공되면, 사회적 비교를 줄일 수 있음)
② 도전적이지만 학생의 능력 범위 안에 있는 과제를 제시함
③ 학습량, 학습의 속도, 과제 완성까지 주어진 시간을 설정하는 기회를 제공하고, 각자의 목표를 세우도록 함
④ 학생들의 노력, 진보, 성취를 제대로 인정해주어야 함
⑤ 여러 가지 협동집단을 통해 동료 간 상호작용을 조장함(문제에 대한 모든 부담을 혼자 지지 않고, 협동과 학습을 추구)
⑥ 공개적인 평가를 피하고 개인적인 평가를 함(개인적 평가결과는 학생 개개인의 발전 정도를 알려주는 유용한 자료가 됨)

THEME 45 자기지각이론

(1) 반두라(Bandura)의 자기효능감이론(self-efficacy theory)

1) 개요

① 자기효능감 : 목표를 성취하기 위하여 요구되는 일련의 행위들을 조직하고 수행하는 자신의 능력에 대한 스스로의 판단(어떤 결과를 얻는 데 필요한 행동을 할 수 있다는 능력에 대한 신념 – 미래지향적, 영역 특수적)
  - cf 자기효능감은 구체적인 능력에 대한 신념을 의미한다는 점에서 자기 자신에 대한 총체적인 판단인 자기개념과 구분됨

② 자기효능감은 성취행동에 큰 영향을 미침
  ㉠ 자기효능 수준이 높은 학생 : 학습활동에 적극적으로 참여함, 자신의 기술과 능력의 발달을 촉진하는 과제에 적극적으로 관여함, 어려움에 직면하더라도 더 많이 노력하고 과제를 끈기 있게 지속함, 보다 효과적인 인지적·자기조절 학습전략을 더 많이 사용함, 스트레스와 불안을 효과적으로 통제함
  ㉡ 자기효능감이 낮은 학생 : 새로운 기술을 배울 수 있는 새로운 과제에 관여하지 않고 회피함으로써, 부정적인 자기효능감 지각을 감소시켜줄 교정적 피드백을 받지 못하게 됨

2) 자기효능감의 원천

① 완숙경험 : 과거의 성패경험에 따라 자신의 능력이 평가됨. 그러나 기대, 과제 난이도, 노력의 정도, 외부의 도움의 정도 등에 의해 자기효능감이 달라짐(남이 도와주어서 과제를 성공했다고 생각한다면 자아효능감은 낮을 것)
② 대리경험 : 자신이 직접 경험해 보지 않은 과제에 대한 자신의 효능감은 다른 사람들이 그 과제를 수행한 결과를 보고 판단함(비슷한 연령이나 능력 수준을 갖고 있는 동료의 성공적인 성취나 실패를 관찰)
③ 사회적 설득 : 부모나 교사 등 자신에게 중요한 인물이 어떤 일을 할 수 있다고 믿어 주며, 격려하고 설득하면 학생이 효능감을 갖게 됨(설득의 효능은 설득하는 사람의 신용, 믿음직함, 전문성 등에 달려 있음)
④ 생리적·정서적 상태 : 피곤감, 숨이 참, 통증, 땀, 소화불량, 불면증 등 생리적 증상과 불안, 두려움, 긴장, 떨림, 자신 없음 등 정서상태가 효능감 결정에 영향을 미침

3) 자기효능감 증진 방안

① 학생들은 다양한 상황에서 성공적인 성취 경험을 할 수 있어야 함(학생의 능력 수준보다 약간 낮은 과제를 제시하여 성공 경험을 하게 하고 서서히 과제수준을 높임, 또는 도전적인 과제를 성공할 수 있는 기회 제공)
② 다른 사람들이 성취를 이루는 것, 특히 자신과 비슷한 타인의 성취를 관찰하는 모델학습의 기회를 많이 제공하여 대리 경험을 하게 해야 함(다른 사람과의 공동작업, 학급 동료들의 성공 경험 발표 기회 등을 마련)
③ 교사는 학생들에게 언어적 설득뿐만 아니라 행동으로 학생에 대한 신뢰를 보여 줄 수 있어야 함
④ 실패나 어려운 과제에 접할 때 유발되는 정서적 각성을 긍정적으로 대처할 수 있는 기회를 제공해야 함(긴장이나 불안에 대응하는 대처기술을 훈련)

(2) 자기가치이론(self-worth theory)
① 자기가치(자존감) : 자기 자신에 대한 정서나 감정 혹은 자기 자신에 대한 평가, 자신에 대한 일반적이고 확산적인 반응
   - cf. 자기가치는 자신에 대한 정서적인 반응이라는 점에서 자신에 대한 인지적인 평가 혹은 믿음인 지각된 유능감과 다름
② 학생들은 학업분야에서 긍정적인 자기 존중감을 유지하기 위해 다양한 자기보호전략을 사용하며, 이러한 전략의 특징은 학업 실패의 원인을 능력이 아닌 통제할 수 없는 외적 원인으로 귀인한다는 것
   ㉠ 비현실적으로 높은 목표를 설정해 놓고 실패했을 때 과제곤란도로 귀인함
   ㉡ 꾸물거리거나 공부하지 않는 등 자해 전략을 사용
   ㉢ 실패 시 질병이나 잘못된 수업과 같은 통제 불가능한 요인으로 핑계를 댐
   ㉣ 실패를 피하기 위해 확실히 성공할 수 있는 매우 쉬운 과제를 택하거나 부정행위를 함
   ㉤ 실패할 수도 있는 장면을 고의로 회피함
③ 코빙튼(Covington)에 따르면, 학생들은 가끔 그들의 자기가치를 보호하기 위해서 자기장애(self-handicapping) 행동 패턴을 보이기도 함
   ㉠ 학생들은 시험공부를 하는 것을 마지막 순간까지 미루어 자신의 수행을 실제 가진 능력보다 낮게 만듦
   ㉡ 학생들이 이러한 자기장애 전략을 사용하는 것은 귀인의 관점에서 보면 긍정적인 동기적 효과를 가지고 있기 때문
   ㉢ 만약 학생들이 시험공부를 미룸으로써 시험에 실패한다면, 그들의 실패를 능력이 아닌 노력 부족 탓으로 돌리면서 자기가치를 보호할 수 있게 되는 것
   ㉣ 동시에 만약 시험에 잘 대비하지 않으면서도 성공했다면 자신이 높은 능력을 가지고 있음이 틀림없다는 귀인을 할 수 있음
④ 하지만 이러한 자기장애전략을 지속적으로 사용하는 것은 궁극적으로 부정적인 학습활동 패턴과 결과를 만들어 내고, 또한 부정적인 학습결과가 지속됨으로 인해 자기장애전략의 사용이 자기가치를 보호해 주는 기능을 더 이상 수행할 수 없게 됨

THEME 46 학교에서의 학습동기(TARGETT 모델)

(1) 개요

① 에임스(Ames)는 학생들의 학습동기에 영향을 줄 수 있는 교사들이 내리는 결정을 여섯 가지 영역으로 구분
→ ⓣ 학생들이 해야 하는 과제(Task) 본질, Ⓐ 과제수행에서 학생들에게 허용되는 자율성(Autonomy), Ⓡ 학생들의 성취를 인정(Recognition)하는 방식, Ⓖ 집단편성(Grouping) 실행, Ⓔ 평가(Evaluation) 절차, ⓣ 학급에서의 시간(Time) 계획

② 울포크(Woolfolk)는 그 모델에 ⓣ 교사기대(teacher expectation)를 첨가, 학습동기를 위한 TARGETT을 제시

(2) TARGETT 모형

영역	목표	가능한 전략들의 예
과제 (Task)	• 학습과제의 내재적 매력을 고양시키기 • 학습을 의미 있게 하기	• 학생들의 배경이나 경험과 관계된 수업을 장려 • 출석, 성적, 성취에 대한 대가 지불(금전적이거나 다른 방식의)을 피함 • 목표수립과 자기조절을 강조
자율성/권위 (Autonomy/ Authority)	• 선택을 하고 책임을 학생들에게 적당한 자유를 제공	• 과제를 줄 때 대안을 제시 • 학교생활에 대한 학생들의 제안을 듣고 그것을 진지하게 받아들임 • 학생들이 선도성을 행사하고 자신의 학습을 평가하도록 장려 • 모든 학생들이 통솔력을 가질 기회를 만듦
인정 (Recognition)	• 모든 학생들이 학습을 인정받을 수 있는 기회를 제공 • 목표달성에서 진보를 인정	• '개인적 최고'상을 만듦 • '우등생'에 대한 강조를 줄임 • 광범위한 학교와 관계된 학생들의 활동을 인정하고 공표 • 도전거리 찾기와 개혁을 인정
집단편성 (Grouping)	• 모든 학생들의 수용과 이해의 분위기 조성 • 사회적 상호작용의 영역 넓히기 • 사회적 기술 발달 고양	• 협동학습, 문제해결, 의사결정의 기회를 제공 • 또래 상호작용의 영역을 넓히기 위해 여러 집단의 구성원이 되도록 격려 • 능력별로 편성된 학급을 없앰
평가 (Evaluation)	• 성적주기와 보고과정 표준화검사의 사용과 관련된 실행 • 목표와 표준의 정의	• 성취에 대한 사회적 비교를 강조하는 것을 줄임 • 학생들이 학생진보를 표현하는 성적주기/보고하기 절차를 확립. 평가과정에 학생의 참여를 장려
시간 (Time)	• 학습과제와 학생의 욕구를 반영하는 시간 계획 • 학습과제에 학생이 더 많이 참여할 기회를 줌	• 가능할 때마다 학생들이 자신의 속도로 진보할 수 있도록 함 • 학습경험을 조직하는 데에 융통성을 장려 • 대단위 시간표 작성과 같은 것을 통해 교사들에게 시간사용에 대한 통제권을 더 많이 줌
교사기대 (Teacher expectation)	• 모든 학생들에 대해 적절하지만 높은 기대를 가짐 • 성장을 기대함을 의사소통함	• 모든 학생들에게 그들의 과제를 개정하고 향상시킬 기회를 줌 • 누가 어떤 기회를 갖는지 감독 • 학습재료가 성취에 있어 다양성을 보임을 확인함

THEME 47 특수한 학습자

(1) 학습부진아

1) 개념 : 자신의 지적 능력에 비해 학업성취수준이 낮은 학생(지적 결함보다는 교육과정의 적응에 곤란을 겪는 학생)

2) 특징
① 일반적으로 지적 호기심, 탐구심, 흥미, 동기 등이 결여되어 있으며, 학습 과정에서도 주의집중력이 결여되고 통제력과 끈기가 부족한 편
② 만성적인 학습부진의 경우, 열등감이 높고 자기 불신감이 강하며, 매사에 자신이 없고 규칙적이지 못하여 시간관념이 희박함
③ 또한, 자기발견에 대한 열망이 없고 타인의 단점에도 관심이 적은 편이며 장래에 대한 실제 준비보다 백일몽에 빠지거나 낙천적인 성향을 보임. 따라서 실패나 낮은 성취도에 대해서 합리화하려고 함

3) 지도방안
① 적응수업전략 : 학습자의 학습을 증진시키기 위하여 어떤 요소나 전체적인 학습환경을 변화시키는 과정
   - 예) 이해할 수 있는 수준으로 도달해야 할 학습목표 제시, 수업진행 안내를 위한 수업개요 제시, 수준에 적절한 가정학습과제 제공, 특별 교재 또는 학습자료 활용, 학습계획서를 작성해 주고 점검함, 학습기술 지도 등
② 교정수업전략 : 학습을 방해하거나 장애가 되는 결함과 약점 등을 제거(학습부진아에 대한 개인별 진단이 중요)
   - 예) 기초학습기능형, 교과 개별지도형, 학습전략형, 심리치료형, 직업 프로그램

(2) 학습장애

1) 개념
① 지능 수준이 낮지 않으면서도 듣기, 말하기, 쓰기, 읽기, 셈하기 등 특정 학습에서 장애를 나타내는 학생(단지 특정 학습에서 장애를 나타낼 뿐, 겉으로는 지극히 정상적인 모습을 나타냄)
② 학습장애는 다른 장애 조건(감각장애, 지적장애, 정서장애 등)이나 사회적 문화실조 및 경제실조와 함께 나타날 수 있으나, 이러한 조건이 직접적인 원인은 아님

2) 특징
① 듣는 것이나, 읽는 것을 이해하는데 어려움을 겪는 경우
② 수학적 계산을 하는 것에 어려움을 겪는 경우
③ 지정된 목적지로 이동하는 것에 어려움을 겪는 경우
④ 직접적인 집중력에 문제가 있는 경우
⑤ 쓰기, 자르기 또는 그리기와 같은 손으로 수행하는 작업에 어려움을 겪는 경우

3) 지도방안
① 통합교육 : 학습장애학생들을 따로 분리하지 않고 일반학급에서 정상적인 학생들과 같이 공부하게 하는 것
② 전략훈련 : 학습하는 방법, 즉 자신에게 가장 적절한 학습전략을 가르치는 것(조직화전략, 질문법, 암기법 등이 유용)
   - 예) 어떤 지식을 알아야 한다면 그것을 어떻게 이해하여 암기할 것인지, 즉 그룹화, 암송, 시연 등과 같은 기억전략을 어떻게 활용할 것인지에 대해 가르치는 것

(3) 지적장애

1) 개념 : 청년기(18세) 이전에 시작되는 발달 장애로, 지능을 포함한 지적 및 인지 능력과 심리적, 사회적 적응 능력이 부족하여 독립적인 일상생활이 어려운 상태(지적 기능 + 적응행동상의 결함)

2) 특징

① 세상에 대한 일반적 지식의 결여
② 추상적 관념에 대한 이해의 어려움
③ 낮은 독해능력 및 언어기능
④ 학습 및 기억전략이 잘 개발되어 있지 못함
⑤ 운동기술의 저해
⑥ 아이디어를 새로운 상황으로 전이시키는 데 어려움

3) 지도방안 – 통합교육을 위한 교수방법

① 교사주도 교수방법 : 과제의 하위 단계를 분석하여 순차적으로 교수(과제분석), 교사가 과제 수행을 시범(모델링)
② 학생주도 교수방법 : 자기점검, 자기교수, 자기강화와 같은 자기조절 기술을 사용하도록 교수함
③ 또래주도 교수방법 : 추가적인 연습과 개인적인 도움을 제공하기 위해 또래를 활용 (예) 또래 교수자
④ 컴퓨터 활용 교수방법 : 교육용 소프트웨어 활용((예) 개인교수형, 반복연습형 프로그램 등), 다양한 디지털 자원을 활용((예) 블로그를 활용한 쓰기 교육, 유튜브 동영상을 활용한 교육 등)
⑤ 자기결정력 증진을 위한 교수방법 : 개인의 결정사항에 대하여 스스로 선택할 수 있고, 자신의 생활을 통제할 수 있으며, 자신을 옹호할 수 있는 능력(자기결정력)을 키우도록 교육함

(4) 주의력 결핍-과잉행동장애(ADHD : Attention Deficit Hyperactivity Disorder)

1) 개념 : 지속적으로 주의력이 부족하여 산만하고 과다활동, 충동성을 보이는 상태(일반아동의 3~5% 정도로 알려져 있으며 남아가 여아에 비해 3배 정도 많음)

2) 특징 - '부주의, 과잉행동, 충동성'

① 집중적인 주의력이 요구되는 활동((예) 숙제, 작품 만들기 등)을 회피하거나 매우 싫어함
② 일상적인 활동((예) 약속, 도시락 갖고 가기)도 종종 잊어버리며 다른 사람의 말에 귀를 기울이지 못하고 대화에 전념하지 않고 상대방의 말을 중간에 가로채고 끼어들기를 좋아함
③ 흔히 교사가 질문할 때 끝까지 듣지 않고 손을 들고 종종 교실을 돌아다니며 다른 학생들에게 참견하기 좋아해 수업을 방해하기 때문에 교사들을 매우 난처하게 함
④ 경기나 집단활동을 할 때 규칙을 이행하지 않으며 쉽게 좌절하고 분노하며 고집이 세고 지배적 태도를 보이고 과도하고 빈번한 자신의 욕구 주장으로 친구들로부터 따돌림을 받기 쉬움

3) 지도방안

① 작은 단위로 과제를 나누고 과제를 단순화하여 제시
② 과제의 양과 시간을 아동의 속도에 맞추어 제시
③ 과제수행 결과를 수시로 점검하고 즉각적으로 피드백을 줌
④ 시청각 보조 교수, 구조화된 자료, 조작 가능한 자료 등 다양한 자료 사용
⑤ 지시사항은 짧고 명확하게 하며, 아동이 활동하기 전에 지시사항을 반복해서 말해보게 함

THEME 48 영재아

(1) 영재의 정의
① 영재에 대한 통념 - 터만(Terman) : 일반지능 상위 1%, 즉 지능지수 140 이상인 자
② 영재교육진흥법 : "영재"란 재능이 뛰어난 사람으로서 타고난 잠재력을 계발하기 위하여 특별한 교육이 필요한 사람
③ 렌줄리(Renzulli)의 세 고리 모형
  ㉠ 영재성의 세 요소 : 평균 이상의 능력, 창의성, 과제집착력
  ㉡ 영재성에 대한 렌줄리 정의의 가장 큰 의의는 처음으로 '과제집착력'과 같은 비인지적 요인을 영재성의 정의에 포함시켰다는 점
  ㉢ 그는 세 요인이 서로 중첩되는 부분에 영재성이 위치하기 때문에 개인이 영재성을 나타내기 위해서는 세 구인이 적절하게 조화되어야 한다는 것을 강조함

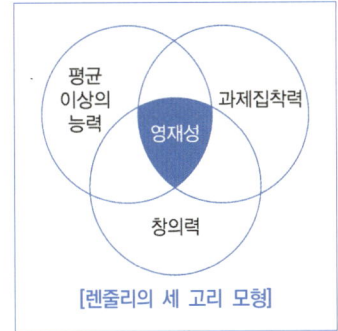
[렌줄리의 세 고리 모형]

(2) 영재교육의 방법
① 학습촉진 프로그램(가속화) : 상급학교 조기입학제도, 월반제도, 대학과정 조기이수제도 등
② 심화학습 프로그램(풍부화) : 정규과정의 폭과 깊이를 확장하는 광범위한 학습 제공(독립연구, 시사프로그램, 현장견학 등)
③ 영재학생 집단 구성을 통한 지도 : 영재학생을 모아 동질 집단을 구성하여 지도(과학고등학교, 예술 중·고등학교 등)
④ 렌줄리(Renzulli)의 학교전체 심화학습 모형
  ㉠ 심화학습 3단계 모형(1, 2단계는 모든 학습자들에게 적용 가능, 3단계는 영재아들에게 해당하는 단계)

[1단계] 일반적 탐색활동	• 학생들에게 광범위하고 다양한 주제를 접하게 하며 아이디어를 내면화시켜주는 과정 • 정규 교육과정에서 다뤄지지 않는 다양한 내용에 대한 경험을 확장시키고 새로운 흥미를 유발할 수 있는 기회를 지속적으로 제공해 주어야 함
[2단계] 집단 훈련활동	• 사고와 지각과 관련된 단계로, 창의적 사고력, 문제해결력 등의 개별 또는 집단훈련과정, 즉 학습자가 내용을 효과적으로 다룰 수 있도록 하는 정신작용을 발전시키는 과정 • 1단계가 '내용' 위주의 심화학습이라면, 2단계는 '방법'을 보다 중요시하는 전략적인 심화학습
[3단계] 개인과 소그룹의 실제문제 탐구	• 1, 2단계에서 습득한 지식과 기능을 바탕으로 일상생활의 문제나 자기주도적 관심사를 선택하여 이를 창의적으로 해결하고 산출물을 만들어내는 단계 • 자신이 선택한 문제를 통해 그동안 배운 지식과 정보를 응용하고 창의성을 활용하며 타 영역에서 익힌 연구방법을 적용하는 전문가의 과정(자기 확신, 과제 집착, 성취감 개발 등의 활동)

  ㉡ 교육과정 압축(축약) : 학습자가 사전에 학습한 자료를 반복하여 가르치는 것을 막고, 정규 교육과정에 대한 학습자의 도전 수준을 향상시키며, 기초 학습 기술의 숙달을 보장하면서 심화 혹은 속진형 학습활동의 기회를 마련해 주는 일종의 교육과정 재구성 혹은 간소화 과정

교 육 학 논 술   K T X

Chapter 05

생활지도 및 상담

THEME 49	생활지도의 기초
THEME 50	비행이론
THEME 51	홀랜드(Holland)의 직업인성유형이론
THEME 52	로우(ROE)의 욕구이론
THEME 53	수퍼(Super)의 진로발달이론
THEME 54	크럼볼츠(Krumboltz)의 사회학습이론
THEME 55	상담기법
THEME 56	로저스(Rogers)의 인간중심상담
THEME 57	로저스(Rogers)의 인간중심상담
THEME 58	글래써(Glasser)의 현실치료상담
THEME 59	엘리스(Ellis)의 합리적·정서적 상담
THEME 60	드 세이져의 해결중심상담

THEME 49. 생활지도의 기초

(1) 생활지도의 원리

① 계속성의 원리 : 입학으로부터 졸업 후의 추수지도에 이르기까지 모든 과정에서 지도가 이루어져야 함
② 균등성의 원리 : 문제학생이나 부적응아뿐만 아니라 우등생이나 졸업생, 퇴학생 등 모든 학생을 대상으로 삼아야 함
③ 과학성의 원리 : 구체적이고 객관적인 자료를 수집하고 활용해야 함
④ 전인성의 원리 : 지·덕·체의 조화로운 발달을 위한 지도여야 함
⑤ 적극성의 원리 : 치료보다는 예방에 중점을 두어야 함
⑥ 협동성의 원리 : 학교와 가정, 지역 사회가 상호 유기적 관계를 맺고서 아동의 올바른 성장·발달을 도와주어야 함
⑦ 조직성의 원리 : 전문상담교사를 중심으로 구체적인 조직을 가져야 함

(2) 생활지도의 활동 - 파슨스(Parsons) : 나를 알고(조사), 직업을 알고(정보제공), 의사결정하도록 돕는 것(상담)

학생 조사활동	• 학생이해에 필요한 모든 자료를 과학적이고 객관적으로 파악하는 활동(과학성의 원리) • 조사영역 : 가정환경, 지적 능력, 교과 성취도, 생활환경, 교육적·직업적 흥미, 장래의 희망과 계획 등 • 방법 : 가정환경 조사, 생활기록부 확인, 학생·부모 면담, 관찰, 심리 검사, 사회성 측정, 개인 자서전 쓰기 등
정보 제공활동	• 학생들에게 필요한 각종 정보 및 자료를 제공하여 학생들의 개인적 성장과 사회적 적응을 돕기 위한 활동 • 제공되는 정보의 유형 : 교육정보, 직업정보, 개인-사회적 정보 • 방법 : 개인상담이나 집단상담, 강의, 특수 행사의 실시, 정보실이나 게시판 등을 통해 제공
상담활동	• 상담자와 내담자 간의 일대일 관계에서 상담기법을 통하여 목적있는 전문적인 대화를 전개하는 것 • 학생들의 자율성과 자기 이해를 중시하는 동시에 여러 심리적 특성을 긍정적 방향으로 조력하여 피상담자의 성장과 발전을 촉진하는 활동(생활지도의 중핵적 활동)
정치활동	• 취업지도, 진학지도, 학과선택지도 등에 있어 자신과 진로를 정확하게 이해하여 자기 자신의 자리매김을 현명하게 하는 데 조력하는 활동(상담의 결과를 통해 학생들을 적재적소에 알맞게 배치) • 정치활동 내용 : ① 학생들을 능력에 따라 배치, ② 학생들의 진급, 진학, 월반을 돕는 일, ③ 학생 수준에 맞게 교육과정이나 교과목을 선택하도록 돕는 일, ④ 상급학교와 직업을 현명하게 선택·결정하도록 돕는 일
추수활동	• 재학생, 중도탈락자, 졸업생들에 대한 계속적인 지도와 과거의 생활지도 프로그램에 대한 평가에 관련된 활동 • 추수활동 내용 : ① 지도를 받았던 학생에게 계속해서 자기를 평가하고 이해할 수 있는 정보를 제공, ② 지도를 받았던 학생이 그 후에 얼마나 적응된 생활을 하고 있는지를 확인, ③ 학생과 학교의 지역사회 간의 유대를 긴밀하게 하는 일, ④ 현재 기도하고 있는 학생들에게 도움이 될 만한 정보자료를 제공하는 일

THEME 50 비행이론

(1) 비행행동의 사회환경적 접근 : 개인 바깥의 사회환경이나 구조적 특성에 초점

1) **아노미이론** - 머튼(Merton)
   ① 아노미(Durkheim) : 사회구조가 급격하게 변화함에 따라 집단규범이 모호해져 초래된 '무규범상태'
   ② 비행발생 원인 : 사회구조가 특정의 사람에게는 정당한 방법으로 문화적으로 규정된 목표를 달성할 수 없게 되어 있기 때문

2) **사회통제이론** - 허쉬(Hirschi)
   ① 가정에서 사회기관에 이르기까지 개인이 갖고 있는 유대가 통제력이 되어 아동들로 하여금 법과 규범이나 규칙을 지키게 함
   ▶ 사람들로 하여금 비행을 저지르게 하는 요인을 설명하고자 하였던 기존의 비행이론들과 달리, 사회통제이론은 일탈행위가 당연히 일어날 수 있는 것으로 보고 '사람들이 비행을 하지 않는 이유'를 설명하고자 함
   ② 개인의 사회에 대한 유대 요인 : 애착, 관여, 참여, 신념
      ㉠ 애착 : 의미 있는 타자에 대한 의미 있는 유대관계
      ㉡ 관여 : 일반적인 사회적 목표나 수단을 존중하고 그에 순응하는 것
      ㉢ 참여 : 일상적인 활동에 적극적으로 참여하는 것
      ㉣ 신념 : 개인이 전통적인 가치를 어느 정도 수용하고 있는가
   ③ 비행발생 원인 : 아동이 가정, 학교, 사회와의 결속(유대)이 없고 가정, 학교, 사회의 통제력이 약화됨

3) **중화이론(사회통제 무력화이론, 자기합리화이론)** - 마차와 사이크스(Matza & Sykes)
   ① 사회통제이론 비판 : 대부분의 비행 청소년들이 사회통제가 느슨한 상황에 이르러 비행을 청산하는 현상, 즉 표류(drift)를 설명하지 못함
   ② 표류(편류)이론 : 청소년 비행이란 일시적인 하나의 편류현상과 같은 것으로, 기존의 인습가치(지배문화)와 일탈가치 사이에서 방황하다가 다시 제 모습을 찾아 돌아오는 현상이라고도 부름
   ③ 비행발생 원인 : 비행 청소년들도 합법적이고 바람직한 규범을 알고 있음에도, 위법행위에 대한 정당화 기술을 통해 준법의식을 마비시키고 위법행위를 하게 됨
   ④ 중화술(정당화 기술)의 유형
      ㉠ 자기책임 부정 예 주위환경 때문에 어쩔 수 없이 저질렀다고 함
      ㉡ 가해 부정 예 기물파괴는 장난이고, 절도행위는 빌린 행위
      ㉢ 피해자 부정 예 상대가 나쁜 놈이라서 맞았다고 주장
      ㉣ 비난자 비난 예 부패한 사회통제기관에서 자기를 심판할 자격이 없다고 함
      ㉤ 고도의 충성심 호소 예 패거리에 대한 충성심 때문
   ⑤ 이런 정당화 방법을 통해 자신의 행동을 정당화할 뿐, 합법적인 규범을 알고 있기 때문에 이후 합법적인 사회체계로 돌아올 수 있다고 봄(비결정론적 시각)

(2) 비행행동의 상호작용적 접근 : 개인과 환경의 상호작용에 초점

1) 의사결정론(자유의지론) : 대부분의 비행은 아동의 자유의지에 의해 수행된 의사결정과정

2) 하위문화이론
① 비행은 그들이 속한 하위집단의 문화를 자연스럽게 습득한 결과
② 기존의 지배문화에 반대하거나 지배규범의 합법성을 거부하고 저항의 하위문화가 형성됨(비공리성, 악의성, 부정성, 단기 쾌락성, 다면성 등)
③ 기존의 사회문화에서 벗어난 가치를 중시함으로써 비행을 행하는 것을 자연스럽게 조장하는 분위기를 형성
④ 비행발생 원인 : 하위문화적 특성과 가치를 반영하는 행동을 더 많이 표현하고 행했느냐에 따라 집단 내의 지위가 결정되는 것을 보면서 더욱 경쟁적으로 혹은 자연스럽게 비행행동을 저지르게 됨

3) 사회학습이론 : 아동의 비행행동은 관찰이나 모방에 의해 학습된 결과

4) 차별접촉이론 - 서덜랜드(Sutherland)
① 비행행동은 사람들 사이의 상호작용에 의해 학습되는 행위, 비행을 저지르게 되는 과정에 초점
② 비행은 다른 사람, 특히 친밀한 친구들과의 차별적 접촉을 통해서 학습되며, 이런 접촉이 얼마나 강하게, 자주 그리고 오래 이루어졌느냐에 따라서 비행행동의 정도가 달라짐

5) 낙인이론
① 권력이나 영향력, 지위가 있는 사람들이 비행행동 혹은 비행자라고 낙인찍었기 때문에 비행행동이 지속되고 강화된다고 보는 관점(비행소년과 정상소년 간에는 근본적인 차이가 있다는 가정을 부정)
② 주변 사람들이 문제행동을 일으킨 아동을 비행아동으로 낙인찍게 되면, 그는 스스로 주변의 기대나 지각에 부응하여 2차, 3차 비행행동을 하게 된다는 것
③ 특히, 아동이 사회적 통제를 많이 받고 있는 사회나 집단에 속해 있을수록 낙인찍힐 가능성은 높아지고 이로 인해 2차, 3차 비행으로 연결될 수 있는 확률도 높아짐
④ 낙인의 과정 : 모색(추측) → 명료화(정교화) → 공고화(고정화)
⑤ Lemert - 사회적 낙인으로서의 일탈 : 일차적 일탈(사회적, 문화적, 심리적, 생리적 요인들로 인해 야기되는 일시적 일탈)과 이차적 일탈(일차적 일탈에 대하여 사회적 반응으로 야기된 문제들에 대한 행위자의 반응, 지속적인 일탈)
⑥ Becker - 사회적 지위로서의 일탈 : 일탈은 한 사람이 저지른 행위의 본질이 아니라 오히려 한 위반자에게 다른 사람들이 규칙과 제재를 적용한 결과일 뿐, 일탈행동으로 규정하거나 낙인찍는 것은 사회적 지위와 같은 효과를 줌

THEME 51 홀랜드(Holland)의 직업인성유형이론

(1) 기본가정

① 대부분의 사람들은 여섯 가지 유형 중의 하나로 분류될 수 있음
   - '실재적(Realistic), 탐구적(Investigative), 예술적(Artistic), 사회적(Social), 설득적(Enterprising), 관습적(Conventional)'
② 환경에도 6가지 직업 환경 유형이 있으며, 일반적으로 각 환경에는 그 성격유형에 일치하는 사람들이 머물고 있음
③ 사람들은 자신의 능력과 기술을 발휘하고 태도와 가치를 표현하고 자신에게 맞는 역할을 수행할 수 있는 환경을 찾음
④ 개인의 행동은 성격과 환경의 상호작용에 따라 결정됨. 따라서 사람과 환경의 성격유형을 안다면 진로선택, 직업변경, 직업성취, 역량 등에 대해서 예측할 수 있게 해 줌

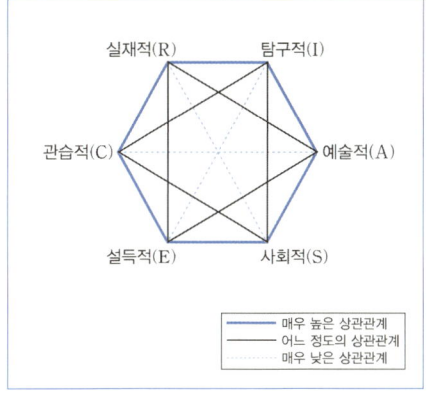

(2) 6가지 직업적 성격유형

유형	성격특징	선호하는/싫어하는 직업적 활동	대표적인 직업
실재적 유형 (Realistic)	남성적이고, 솔직하고, 성실하며, 검소하고, 지구력이 있고, 신체적으로 건강하며, 소박하고, 말이 적으며, 고집이 있고, 직선적이며, 단순함	분명하고, 질서정연하게, 체계적으로 대상이나 연장·기계·동물들을 조작하는 활동 내지는 신체적 기술들을 좋아하는 반면, 교육적인 활동이나 치료적인 활동은 좋아하지 않음	기술자, 자동차 및 항공기 조종사, 정비사, 농부, 엔지니어, 전기·기계기사, 운동선수 등
탐구적 유형 (Investigative)	탐구심이 많고, 논리적·분석적·합리적이며, 정확하고, 지적 호기심이 많으며, 비판적·내성적이고, 수줍음을 잘 타며, 신중함	관찰적·상징적·체계적으로 물리적·생물학적·문화적 현상을 탐구하는 활동에는 흥미를 보이지만, 사회적이고 반복적인 활동들에는 관심이 부족한 면이 있음	과학자, 생물학자, 화학자, 물리학자, 인류학자, 지질학자, 의료기술자, 의사 등
예술적 유형 (Artistic)	상상력이 풍부하고, 감수성이 강하며, 자유분방하며, 개방적이다. 또한 감정이 풍부하고, 독창적이며, 개성이 강한 반면 협동적이지는 않음	예술적 창조와 표현, 변화와 다양성을 좋아하고, 틀에 박힌 것을 싫어한다. 모호하고, 자유롭고, 상징적인 활동을 좋아하지만, 명쾌하고, 체계적이고, 구조화된 활동에는 흥미가 없음	예술가, 작곡가, 음악가, 무대감독, 작가, 배우, 소설가, 미술가, 무용가, 디자이너 등
사회적 유형 (Social)	사람들과 어울리기 좋아하며, 친절하고, 이해심이 많으며, 남을 잘 도와주고, 봉사적이며, 감정적이고, 이상주의적임	타인의 문제를 듣고, 이해하고, 도와주고, 치료해 주고, 봉사하는 활동에는 흥미를 보이지만, 기계·도구·물질과 함께 명쾌하고, 질서정연하고, 체계적인 활동에는 흥미가 없음	사회복지가, 교육자, 간호사, 유치원교사, 종교지도자, 상담가, 임상치료가, 언어치료사 등
설득적 유형 (Enterprising)	지배적이고, 통솔력·지도력이 있으며, 말을 잘하고, 설득적이며, 경쟁적이고, 야심적이며, 외향적이고, 낙관적이고, 열성적임	조직의 목적과 경제적 이익을 얻기 위해 타인을 선도·계획·통제·관리하는 일과 그 결과로 얻어지는 위신·인정·권위를 얻는 활동을 좋아하지만 관찰적·상징적·체계적 활동에는 흥미가 없음	기업경영인, 정치가, 판사, 영업사원, 상품구매인, 보험회사원, 판매원, 관리자, 연출가 등
관습적 유형 (Conventional)	정확하고, 빈틈이 없고, 조심성이 있으며, 세밀하고, 계획성이 있으며, 변화를 좋아하지 않으며, 완고하고, 책임감이 강함	정해진 원칙과 계획에 따라 자료들을 기록·정리·조직하는 일을 좋아하고, 체계적인 작업환경에서 사무적·계산적 능력을 발휘하는 활동을 좋아한다. 그러나 창의적·자율적이며 모험적·비체계적인 활동은 매우 혼란을 느낌	공인회계사, 경제분석가, 은행원, 세무사, 경리사원, 컴퓨터프로그래머, 감사원, 안전관리사, 사서, 법무사 등

(3) 5가지 주요개념

① 일관성 : 성격유형과 환경모형 간의 관련 정도를 의미, 정육각형 모형상의 두 유형 간 근접성에 따라 설명됨 (성격유형과 환경모형을 연결 지을 때, 어떤 쌍은 다른 쌍보다 더 가깝게 관련될 수 있음)
  - 예 실재적(R)이면서 탐구적(I) 성격유형을 가진 사람은 관습적(C)이면서 예술적(A) 성격유형을 가진 사람보다 일관성이 높음
② 일치성 : 개인과 직업 환경 간의 적합성 정도, 사람의 직업적 흥미가 직업 환경과 어느 정도 맞는지를 의미
  - 예 실재적인(R) 성격유형을 가진 사람은 실재적인(R) 환경에서 활발하게 활동함 – 일치성이 높음
③ 변별성(차별성) : 사람이나 환경이 얼마나 잘 구분되는가, 직업적 흥미 특성이 얼마나 뚜렷하게 나타나는가를 의미
④ 정체성 : 자신에게 갖는 정체성 또는 환경에 대해 갖는 정체성이 얼마나 분명하고 안정되어 있는가를 평가하는 것
⑤ 계측성 : 흥미 유형과 환경 유형 간의 관계가 육각형 모형에 따라 결정될 수 있다는 것

(4) 진로상담 장면에 주는 시사점

① 홀랜드 코드를 해석할 때 상담자는 내담자의 성격특성을 고려해야 함(코드가 의미하는 흥미, 특질, 다른 특성들)
② 상담목표는 내담자의 일관성을 높이는 것이 아니라, 오히려 내담자가 자신의 특성을 자각하도록 돕는 데 있음
③ 변별성을 높이기 위해서는 내담자가 자신의 흥미, 가치, 경험에 대해 이해하고, 6가지 유형의 다양한 가치를 분명히 하도록 하는 것이 필요함
④ 내담자의 각 홀랜드 유형에 따른 진로상담 전략이 필요함 예 탐구형 내담자에게 컴퓨터를 이용한 안내시스템 제공

(5) 홀랜드 이론의 의의와 한계

1) 의의 : 홀랜드의 이론은 복잡한 직업 세계를 단순화하고 해석하는 데 매우 유용한 방식

2) 한계점
① 성격만이 편파적으로 강조되어 여러 가지 다른 중요한 개인적, 환경적 요인이 도외시 됨
② 진로상담에 적용할 수 있는 구체적인 절차를 제공해주지 못하고 있음(특히, 상담자-내담자의 대면관계)
③ 홀랜드 모형을 측정하는 검사 도구의 성적 편파(gender bias)적인 문제를 아직 해결하지 못함
④ 성격 요인을 중요시하고 있으면서도 성격의 발달과정에 대한 설명이 결여되어 있음
⑤ 사람들은 자신의 환경 및 자기 자신이 변화하는 가능성이 있음에도 불구하고 이 점을 고려하지 않음

THEME 52 로우(ROE)의 욕구이론

(1) 개요
① 초기 아동기, 특히 12세 이전에 부모가 보여 준 자녀양육방식이 자녀의 진로선택에 영향을 줄 수 있음
② 부모-자녀관계와 직업선택
　㉠ 부모가 자녀를 수용하고 따뜻한 분위기에서 성장한 사람은 어떤 필요가 생길 때 사람으로부터 충족시키고자 하는 방식을 배우게 되고 이는 직업선택에도 영향을 미쳐 사람지향적인(person-oriented) 경향이 있는 직업을 고름
　㉡ 반면, 거부적인 양육환경에서 성장한 사람들은 자신이 필요로 할 때 부모로부터 따뜻한 사랑과 관심을 받지 못하였기 때문에 문제가 있을 때 사람들과의 접촉이 개재되지 않는 다른 수단을 통해서 이를 해결하는 방식을 취함. 이로써 그들은 사람과의 관계보다는 사람회피적인(nonperson-oriented) 직업에 관심을 갖게 됨

(2) 직업분류체계 - 8개의 각 직업군과 함께 곤란도와 책무성을 고려한 8×6 구조

	직업군	수준
사람 지향적 직업	서비스직(사회사업, 가이던스, 가정적이고 보호적인 서비스)	• 고급 전문관리 • 중급 전문관리 • 준전문관리 • 숙련직 • 반숙련직 • 미숙련직
	비즈니스직(일대일 만남을 통해 공산품, 투자 상품, 부동산, 용역을 판매하는 것)	
	행정직(사업, 산업체, 정부기관 등에서 일하는 화이트칼라)	
	보편적 문화직(교육자, 언론가, 법률가, 성직자, 언어학자, 인문학자)	
	예능직(예술가, 연예인)	
사람 회피적 직업	기술직(상품과 재화의 생산, 유지, 운송)	
	옥외활동직(농산물, 수산자원, 지하자원, 임산물, 축산업)	
	과학직(심리학, 인류학, 물리학, 의학직)	

(3) 로우의 욕구이론의 의의와 한계

1) 의의
① 진로상담에 대한 로우의 공헌 중 가장 가치 있는 것은 그녀의 분류체계인데, 이는 내담자가 매칭의 준비가 되어 있을 때 더욱 유용함
② 특히 직업선호도검사, 직업흥미검사, 직업명사전과 같은 분류체계 개발에 영향을 주었고, 미국 내 여러 기관의 진로상담 프로그램이나 진로방법에 로우의 분류체계가 적용되고 있음

2) 한계점
① 실증적인 근거가 결여되어 있음(로우 자신도 본인의 이론의 가정에 대한 직접적인 증거가 거의 없음을 인정)
② 부모-자녀 관계는 로우의 이론처럼 획일적이거나 단순하지 않기에, 이론을 검증하기가 매우 어려움
③ 진로상담을 위한 구체적인 절차를 제공하지 못하고 있음(실제적인 적용성의 결여)

THEME 53 수퍼(Super)의 진로발달이론

(1) 개요

① 긴츠버그(Ginzberg) 이론을 비판 : 진로의사결정과정에서 흥미의 역할을 충분히 고려하지 않았고, 선택과 적응의 개념을 구분하지 못하고 있으며, 진로선택과 관련된 타협의 과정을 설명하지 못함
  - **cf** 긴츠버그(Ginzberg)의 발달이론 : 직업선택 과정은 개인의 희망과 직업 가능성 간의 타협으로, 진로발달과정은 3단계, 즉 환상기(6~10세) - 잠정기(11~17세) - 현실기(18~22세)에 이르는 20대까지로 볼 수 있음
② 진로 : 개인이 일련의 발달과업에 직면하여 그가 되고자 하는 사람이 되는 방식으로 이러한 발달과정을 이행하는 생애 과정 → 심리사회적 발달과 사회적 기대의 맥락, 직업기회구조의 배경과 관련하여 발달

(2) 주요개념

1) 자아개념

① 자아개념은 어떤 역할, 상황, 지위에서 특정 기능을 수행하고 있으며, 일련의 복잡한 관계 속에서 자신에 대한 상을 제공하며, 인간은 자아 이미지와 일치하는 직업을 선택함
② 자아개념은 유아기에서부터 사망에 이르기까지 계속 발달·보완되지만, 청년기 이후에는 자아개념에 큰 변화가 오지 않음
③ 아치웨이 모형 : 다양한 개인적 혹은 상황적 결정요인이 전생애 과정에서 개인이 수행하는 생애역할의 군집을 형성하고, 이러한 개인 및 상황적 결정요인들이 개인의 자아개념 발달에 상호작용하며 영향을 미침
  - ㉠ 아치웨이 모형은 진로 자아개념이 심리사회적 개념임을 잘 보여줌
  - ㉡ 왼쪽 기둥은 진로발달의 개인심리적 측면(성격, 흥미, 가치, 적성, 욕구 등)을, 오른쪽 기둥은 진로발달의 사회적 측면(노동시장, 사회, 학교, 지역사회 등)을 나타냄. 그리고 진로발달 단계에 따라 개인심리적 요인과 사회적 요인의 상호작용 속에서 개인의 역할 자아개념이 발달하게 됨

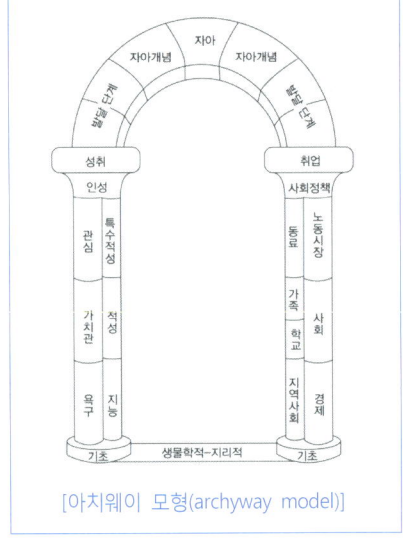

[아치웨이 모형(archyway model)]

2) 진로성숙도

① 진로발달의 연속선상에서 개인이 도달하는 위치
② '신체적·심리적·사회적 특성의 집합체'로서 이전 단계와 하위단계의 요구에 대응하는 능력의 정도
③ 하위요인 : 진로계획, 직업탐색, 의사결정, 직업세계에 대한 지식, 선호하는 직업군에 대한 지식 등

3) 진로적응 : 진로성숙도를 성인에게 적용

① 각 개인이 일의 세계와 자신의 개인적 환경 사이에서 추구하는 균형에 초점
② 즉, 진로적응은 성인이 진로조건의 변화에 대응함에 따라 그 개인이 환경에 영향을 주고, 환경은 다시 그 개인에게 영향을 주게 되는 과정에서 나타남

(3) 전생애 발달이론

단계	내용
성장기 (출생~13세)	• 가정과 학교에서의 주요인물과 동일시함으로써 자아개념을 발달시키는 시기 • 초기에는 욕구와 환상이 지배적이나 사회참여와 현실검증이 증가함에 따라 흥미와 능력을 중요시하게 됨 • 주요 직업적 발달과업 : 자기에 대한 지각이 생겨나고 직업세계에 대한 기본적인 이해가 이루어지는 것(미래 지향성 증진, 자율성 증진, 자기효능감, 일 습관 및 태도 증진 등) • 하위단계 : 환상기 - 흥미기 - 능력기
탐색기 (14~24세)	• 학교활동, 여가활동 등을 통해 자아검증, 역할시행, 직업탐색을 시도하는 시기 • 주요 직업적 발달과업 : 미래에 대한 계획(직업선택을 명료화하고, 구체화하며, 실행하는 것) • 하위단계 : 잠정기 - 전환기 - 시행기
확립기 (25~45세)	• 자신에게 적합한 분야 발견, 안정된 위치 확보를 위해 노력하는 시기 • 주요 직업적 발달과업 : 자신의 직업적 위치의 안정화(적응, 만족스런 업무수행), 공고화(일에 대한 긍정적 태도, 좋은 동료관계), 승진(발전) • 하위단계 : 시행기 - 안정기
유지기 (45~65세)	• 주요 직업적 발달과업 : 현재까지 자신이 성취한 것을 유지하고, 지식과 기술을 새롭게 하며 일상적인 일을 하는 새로운 방법을 고안해 내는 것(유지, 갱신, 혁신) • 이때 만약 새로운 직업분야를 선택하게 되면, 개인은 탐색-확립-유지의 과업을 통한 재순환을 수행해야 함
쇠퇴기 (65세 이후)	• 정신적, 신체적인 힘이 약해짐에 따라 직업전선에서 은퇴하게 됨 • 주요 직업적 발달과업 : 은퇴 이후의 새로운 역할을 개발하는 것(감속, 은퇴준비, 은퇴생활)

(4) 교육적 시사점

① 의미 있고 만족스러운 생애를 영위하기 위하여 각각의 역할수행에 필요한 책임과 의무를 정확히 인식하고 실천할 수 있는 능력을 학교체제 안에서도 학습할 수 있도록 도와야 함(진로상담의 최종 목표를 직업선택으로 제한해서는 안됨)
② 개인의 진로성숙도를 분석하고, 그 결과를 바탕으로 진로성숙의 취약한 하위부분을 보완할 수 있는 구체적인 진로발달 프로그램의 개발과 적용이 요구됨
③ C-DAC(careerdevelopment assessment and counseling) 모형 - 수퍼의 진로발달이론과 진로상담의 접목
  ㉠ C-DAC 모형은 전생애적 관점에서 내담자의 주요한 진로문제, 진로발달과업, 진로의사결정 준비도 정도를 평가
  ㉡ 이를 바탕으로 내담자가 생애역할에 부여한 우선순위를 결정하도록 도움

THEME 54 크럼볼츠(Krumboltz)의 사회학습이론

(1) 개요
① 진로상담에 대한 사회학습이론은 진로상담과정에서 '학습의 측면'을 강조
② '사람들은 어떻게 해서 현재의 직업을 선택하게 되었을까?'라는 질문에 대한 네 가지 요인을 제시
  ㉠ 환경적 요인 : 선천적으로 타고난 능력(유전요인, 특수능력), 환경적 상황과 여러 가지 일들
  ㉡ 심리적 요인 : 학습경험(도구적, 연합적), 과제접근기술

(2) 진로선택에 영향을 미치는 네 가지 요인
① 선천적으로 타고난 능력 : 개인의 타고난 유전적 재능
② 환경적 상황과 여러 가지 일들 : 개인이 속해 있는 사회의 다양한 여건들
③ 학습경험 : 이전 학습경험의 결과에 의해 어떤 진로에 대해 이것은 '좋다' 혹은 '싫다'라는 경향을 갖게 되는 것
  ㉠ 도구적 학습경험(조작적 조건화) : 행동과 그 행동의 결과와의 관계를 학습하게 되는 것, 행동의 결과가 긍정적이라면 그 행동은 증가할 것 예 발표 시 선생님으로부터 말을 조리 있게 잘한다는 칭찬을 들었다면 아나운서와 같은 직업에 관심을 가질 수 있음
  ㉡ 연합적 학습경험(고전적 조건화) : 중립적이던 자극이 긍정적 또는 부정적 자극과 함께 짝지어 경험되면서 부정적 또는 긍정적인 자극의 성격을 띠게 되는 것 예 자동차는 중립자극이지만 자동차 사고를 경험한 사람은 자동차에 대해 부정적 느낌을 갖게 되어, 이와 관련된 직업에 싫어하는 태도를 보일 수 있음
④ 과제접근기술 : 개인이 어떤 당면한 문제를 성취하기 위해 동원하는 기술(선천적 능력, 환경적 상황, 학습경험 등을 기반으로 하여 갖추게 됨) 예 수행에 대한 기대, 업무습관, 인지적 과정, 정서적 반응 등
▶ 이상에서 살펴본 네 가지 요인은 서로 영향을 주고받으면서 한 개인에게 '나는 이러이러하구나(자기관찰 일반화).' 또는 '세상은 이러이러하구나(세계관 일반화).' 하는 일반화된 생각을 하도록 만듦

(3) 교육적 시사점
① 내담자가 자신의 진로를 능동적으로 선택해 나갈 수 있는 능력을 갖추도록 하는 것이 중요한 상담목표이며, 이를 위해 상담자는 교육자로서의 역할을 수행해야 함
② 진로신념검사를 활용하여 상담 초기에 내담자의 진로를 방해하는 생각이 무엇인지를 명료화해줌으로써, 진로상담의 목표설정 및 구체적인 상담 진행을 용이하게 해야 함
  ▶ 진로신념검사 : 내담자들이 진로문제를 해결하기 어렵게 만드는 정신적 장애물들을 명료화해주는 상담 도구
③ 진로상담자는 내담자가 삶에서 겪게 되는 다양한 사건을 개인의 진로에 유리하게 활용할 수 있는 방법의 예를 제시하고, 자신에게 일어날 수 있는 상황에서 어떻게 그 기회를 활용할 것인지 그 방법에 대해 알도록 도와주어야 함
  ▶ 계획된 우연 : 사람의 노력 여하에 따라 예기치 않은 사건들이 진로에 긍정적으로 작용하는 경우를 의미. 우연한 일들을 자신의 진로에 적극적으로 유리하게 만들어 가는 능력은 교육하고 가르칠 때 갖춰질 수 있음

THEME 55 상담기법

(1) 반영(정서 되돌려주기)
① 개념 : 내담자의 말과 행동에서 표현된 기본적인 감정, 생각 및 태도를 상담자가 다른 참신한 말로 부연해 주는 것
② 효과
  ㉠ 자신의 깊은 속을 이해받고 있다는 느낌을 심어주어 아동의 자기개방 수준을 심화시킴
  ㉡ 아동이 느끼는 여러 감정들을 정확히 변별하는 데도 도움을 줌
  ㉢ 아동의 감정을 통제하고 조절하는 역할을 수행하기도 함
③ 유의점 : 내담자의 감정을 반영해 주려면 상담자의 감수성이 동원되어야 하므로 상담자는 감수성훈련을 통하여 적절한 반영을 할 수 있도록 준비되어 있어야 함
④ 반영의 예
  • 아동 : "엄마가 내 말도 들어 주었으면 좋겠어요. 왜 그렇게 자기만 생각하고 잘난 척하는지 이해가 안 돼요."
  • 상담자 : "엄마에 대해 실망감, 좌절감이 심한 것 같구나."

(2) 재진술(내용 되돌려주기)
① 개념 : 아동의 메시지에 표현된 핵심 인지내용을 되돌려 주는 기술로서, 아동이 표현한 바를 상담자의 언어로 뒤바꾸어 표현하는 기술
② 효과
  ㉠ 아동에게 자신의 말이 제대로 이해되고 있는지 판단할 수 있는 정보를 제공함
  ㉡ 대화의 주제를 통제하고 대화의 초점을 찾아가는 기능을 담당하기도 함
  ㉢ 아동의 정서가 대화의 초점으로 등장하는 것이 시기상조라는 판단이 들 때, 교사는 이를 활용함으로써 대화에 부여되는 에너지 수준을 조절할 수 있음
③ 재진술의 예
  • 아동 : "엄마는 말 그대로 자기 말만 해요. 자기만이 제일 중요하고 자기가 항상 중심이라고 생각해요. 그래서 엄마와 함께 있으면 항상 엄마 혼자 떠들어요. 저는 아예 대꾸할 생각도 안 하지요."
  • 교사 : "엄마가 자기 말만 너무 심하게 해서 엄마와 아예 대화를 하지 않는다는 말이구나."

(3) 명료화 - '방어기제를 분명히 인식'시켜 주는 것
① 개념 : 상대방의 대화 내용을 분명히 하고 상대방이 표현한 바를 정확히 지각하였는지 확인하는 대화기술
② 적용 : 대화 도중 불명확한 대명사, 애매모호한 어휘, 다중 의미를 가진 어구, 뒤틀린 문법의 사용 등으로 혼란스러워질 때, 대화 내용 중 전후 관계가 불명료한 경우, 논리의 비약이 심해서 생략된 부분이 많은 경우 교사는 명료화 기술을 적용할 필요가 있음
③ 효과
  ㉠ 중간 중간 사실을 확인함으로써 교사로 하여금 검증되지 않은 가정과 추리에 의해 섣부른 결론에 도달하지 않도록 돕는 역할을 수행함
  ㉡ 학생으로 하여금 상담자가 자신의 말을 정확히 이해하고 있고, 전력을 다해 자신의 말을 집중해 듣고 있다는 신뢰감을 심어주기도 함

④ 명료화의 예 : "방금 ~스럽다고 했는데 잘 못 들었어. 다시 말해 주겠니?", "그 친구가 마음에 들지 않는다고 했는데 어떻게 마음에 들지 않는지 그게 불분명하네."

(4) 구체화
① 개념 : 아동의 메시지 중에 불분명하고 불확실한 부분, 애매모호해서 혼란을 주는 부분, 아동 고유의 지각이 반영되어 선뜻 이해하기 어려운 부분 등을 정밀하게 확인하는 방법
  ◎ 명료화는 메시지의 전후 문맥을 분명히 하기 위한 기술, 구체화는 언어 내용의 정체를 구체적으로 확인하는 기술
② 유의점 : 교사가 구체화해야 할 첫 대상은 아동이 즐겨 사용하는 어휘와 개념들의 의미이기에, 아동에게 중요한 의미가 있을 법한 내용에 대해서는 상식 수준에서 이해된다고 넘어가지 말고 그 뜻을 철저히 밝혀야 함
③ 구체화의 예 : "기분이 나쁘다는 말이 무슨 뜻인지 조금 더 구체적으로 말해 주겠니?", "그 느낌을 다른 말로 표현한다면 어떤 말이 적당할까?"

(5) 직면 - '방어기제의 원인적 불안을 자각'시키는 것
① 개념 : 모순되거나 일관성이 결여된 언어와 행동을 드러내 노출시키는 대화기술
② 직면의 대상 : 대화의 내용 속에 발견되는 모순, 불일치, 왜곡, 게임, 변명, 연막 치기, 각종 방어기제 등
  ◎ 모순된 청담자의 메시지 유형(Cormier & Cormier) : 언어와 비언어 행동, 언어 메시지와 취하는 행동, 두 개의 언어 내용, 두 개의 비언어 내용, 언어 메시지와 맥락 또는 상황의 모순
③ 효과 : 사람은 누구나 의식・무의식 중에 자신을 은폐하고 위장하려는 심리를 가지고 있는데, 이런 심리는 은연중 혼란스러운 대화로 나타남. 교사는 아동의 대화 속에 숨어 있는 이런 혼란들을 드러내 직면시킴으로써 아동이 보다 효율적으로 생활하도록 도울 수 있음
④ 유의점 : 직면 기술은 철저히 아동을 위한 목적으로 활용되어야 함, 즉 아동을 새로운 통찰로 이끌어 바람직한 변화를 유도하는 수단으로 활용되어야 하며, 교사의 분노를 표출하거나 뚜렷한 목적 없이 직면 기술을 사용하는 것은 절대 금해야 함
⑤ 직면의 예 : "네가 그 일에 열심을 다하는 듯 행동하는 것이 사실은 자기 고집을 꺾기 싫어서 그러는 것 아니니?"

(6) 즉시성
① 개념 : 특히 인간관계와 관련하여 과거-거기서 벌어졌던 일보다는 지금-여기서 벌어지는 일들에 직면하여 그것을 다루도록 하는 초점화 기술(상담자와 내담자 간의 즉각적인 상호작용)
② 적용 : 상담 대화가 방향을 잃고 진전되지 않을 때, 둘 사이에 심리적 거리감이 느껴질 때, 아동이 교사에게 지나치게 의존할 때, 전이 또는 역전현상이 작용할 때와 같이 지금-여기에서 벌어지고 있는 두 사람의 관계가 문제가 된다고 판단될 경우 이를 과감히 대화의 초점으로 삼아 말을 시키는 것
③ 즉시성의 예 : "엄마는 자기 속을 잘 털어놓지 않고 끙끙 앓는 스타일이라, 그래서 항상 싫어도 어쩔 수 없이 네가 수다를 떨어야 한다고 했는데, 지금 우리 관계에서는 어떻다고 생각하니? 너는 지금까지 내가 반응할 틈도 주지 않고 계속 이야기했는데, 혹시 엄마와의 관계가 여기서도 똑같이 나타나는 것은 아닌지 모르겠네."

(7) 해석 - '방어와 원인적 불안 간의 관계 및 결과적 의미를 의식화'시키는 것
① 개념
  ㉠ 아동의 말에 대해 교사가 자신의 판단을 섞어 반응하는 대화기술
  ㉡ 아동의 대화를 들으면서 교사는 나름대로 아동, 아동의 문제생활, 아동의 행동 등을 보는 틀이 생기기 마련인데 이런 틀을 아동에게 이야기해 줌으로써 아동을 통찰 또는 새로운 깨달음으로 인도하려는 시도

(사태를 지각하고 이해하는 교사의 준거체제를 드러내 놓는 행위)
- cf 내담자의 내면세계에 접근하는 깊이의 정도 : 반영 < 명료화 < 직면 < 해석
② 효과
  ㉠ 해석은 일종의 검증되지 않은 가설과 비슷한 성격이 있는데, 이 가설이 아동의 동의를 얻으면 상담을 급진전시키는 힘을 발휘할 수 있음
  ㉡ 지금까지 주관에 사로잡혀 객관화시키지 못했던 여러 사태들이 교사의 해석 행위를 통해 새롭게 조명됨으로써 해결의 새로운 돌파구를 찾는 계기가 될 수 있음
③ 유의점
  ㉠ 교사의 해석이 받아들여질 수 있는 충분한 래포가 형성되어 있어야 함
  ㉡ 일단 해석을 시작하였으면 이를 수정해야 할 별도의 상황이 생기지 않는 한 일관성 있게 밀고 나가야 함
  ㉢ 해석의 내용은 아동의 메시지에 들어있는 사실과 정보들에 기반하여야 함
  ㉣ 아동에게 충격을 주려는 특별한 의도가 없다면 해석의 내용은 현재 아동의 준거 체제와 현격히 차이가 나지 않는 것이 좋음
  ㉤ 해석의 내용은 가능한 한 아동이 통제·조절할 수 있는 것이 좋음
  ㉥ 해석은 부정적·소극적 내용보다 긍정적·적극적 내용으로 구성하는 것이 좋음
  ㉦ 해석을 제공할 때 단정적·절대적 어투보다는 잠정적·탄력적 어투를 사용하는 것이 좋음
④ 해석의 예
  - 아동 : 애들이 나보고 공부 못한다고 할 때마다 화가 나서 참을 수가 없어요.(철수는 친구들에게 습관적으로 욕을 하고 자주 싸움. 그러나 자신에게 관심을 보이는 선생님께는 깍듯이 인사하고, 좋은 수업태도를 보임)
  - 교사 : 철수가 제일 화가 날 때는 친구들이 너를 무시한다는 느낌이 들 때구나. 무시당하는 느낌이 들면 화가 나고 그래서 욕을 하고 싸우게 되니 말이야. 그런 걸 보면 다른 사람들이 철수를 함부로 대하지 않고 존중해 주고 인정해 주는 것이 너에게는 정말 중요한가 보다.

(8) 재구조화(재정의)
① 개념 : 어떤 문제나 상황에 대한 내담자의 관점을 수정하거나 재구성하는 기법
② 효과
  ㉠ 교사가 학부모로 하여금 부모로서의 자기 자신이나 자녀를 보는 관점의 변화를 촉진하는 데 유용함
  ㉡ 상황이나 문제에 대처하는 부모의 행동에 정면으로 도전하거나 부정하지 않으면서, 그 상황이나 문제에 대한 대안적 시각을 제공함으로써 부모의 고착된 관점을 흔들어 놓고 긍정적 변화의 가능성을 높일 수 있음
③ 재구조화의 예 : 상황이나 행동에 대해 기존에 부여되던 의미와 다른 뜻의 새 이름을 부여함 - 부모가 자녀를 '게으르다'고 보는 관점을 '서두르지 않는다, 느긋하다, 편안하다' 등으로, '적극적이지 못하다'를 '신중하다, 주의 깊다'로 등으로 새롭게 부여

THEME 56 프로이드(Freud)의 정신분석상담

(1) 개요

1) 인간관
① 결정론적 존재 : 비이성적·비사회적인 힘인 본능적 충동이나 무의식적 동기가 인간의 행동을 결정
② 생물학적 존재 : 인간은 생물학적 충동과 본능을 만족시키려고 하는 욕망에 의하여 동기화 됨
③ 비관론적 존재 : 인간은 생물학적 충동에 의해 통제되고 정신에너지 체계인 세 가지 자아가 갈등함

2) 주요 개념
① 성격구조 : 원초아, 자아, 초자아
② 불안
  ㉠ 현실적 불안 : 자아가 현실을 지각하여 두려움을 느끼는 불안
  ㉡ 신경증적 불안 : 자아(현실)와 원초아(본능) 간의 갈등에서 비롯된 불안
  ㉢ 도덕적 불안 : 원초아와 초자아 간의 갈등에서 비롯된 불안(자신의 양심에 대한 두려움)
③ 방어기제 : 인간은 갈등에서 비롯된 불안으로부터 자신을 보호하기 위해 다양한 방어기제를 사용
④ 심리성적 발달 단계 : 구강기 – 항문기 – 성기기 – 잠재기 - 생식기

3) 문제의 원인 : 무의식적 갈등

4) 상담목표 : 무의식적 갈등을 의식화시켜 행동의 동기를 각성·통찰할 수 있게 하여 의식수준에서 행동할 수 있게 돕는 것, 즉 내담자의 내부갈등을 해결토록 조력하고 정신건강을 되찾도록 도와주는 것

(2) 상담기법

① 자유연상 : 내담자로 하여금 마음속에 떠오르는 것이면 무엇이든지 말하도록 하는 것
② 꿈의 분석 : 자유연상을 통하여 왜곡된 현재몽의 내용을 분석하여 잠재몽이 가지고 있는 의미를 규명해 자신이 가지고 있는 갈등과 억압을 규명하는 수단으로 이용
③ 정화 : 방출되지 못한 정서에 대한 정화적 소산과 함께 망각된 사건들을 회상토록 함
④ 전이와 역전이
  ㉠ 전이 : 과거의 타인에게 경험했던 감정, 기대, 욕망 등을 현재 상담자에게도 느끼는 것
  ㉡ 역전이 : 상담자가 내담자에게 일으키는 전이 현상
⑤ 저항의 해석 : 저항(현재 상태를 유지하고 변화를 방해하려는 의식적·무의식적 생각, 태도, 감정, 행동)의 이유들을 각성할 수 있도록 도우려는 것
⑥ 해석 : 내담자의 어떤 사고와 느낌, 꿈, 저항, 행동에 대해 상담자가 추리를 하여 설명

THEME 57 로저스(Rogers)의 인간중심상담

(1) 개요

1) **인간관** : 인간은 무조건적으로 존중하고 신뢰하는 환경조건이 주어진다면, 스스로 성장하고 자기를 실현하는 건설적인 방향으로 발달하고자 하는 자기실현의 동기를 가지고 있음

2) **주요 개념**
   ① 자기(Self) : 스스로 가지고 있는 통합적이고 전체적인 개념
   ② 자기실현의 동기와 성향 : 자신의 잠재력을 최고도로 발휘하고자 하는 동기와 성향
   ③ 이상적 자기(Ideal self) : 자신이 스스로에게 바라는 모습
   ④ 유기체의 요구와 존중받고자 하는 욕구 사이의 괴리와 갈등 : 자신이 원하는 것과 중요 타자(부모나 교사 등)가 원하는 것 사이에 차이가 있는 상태
   ⑤ 자기개념과 경험 간의 일치 : 상담자의 무조건적 수용이 주어지면, 자신의 경험을 있는 그대로 경험하며 그것을 자신의 일부로 받아들이게 됨

3) **문제의 원인** : 자아와 현실 간의 불일치

4) **상담목표** : 자아와 현실의 일치를 통해 충분히 기능하는 인간이 되도록 돕는 것, 자아 혹은 자아개념과 유기체의 경험 간의 일치의 정도를 높일 수 있도록 돕는 것

(2) 상담기법(상담자의 인간중심적 태도)

일치성	• 상담 관계에서 상담자가 순간순간 경험하는 자신의 감정이나 태도를 있는 그대로 진솔하게 인정하고 개방하는 것(= 진솔성, 사실성, 개방성, 투명성, 현재성) • 상담자의 진솔한 태도는 내담자와의 인간 대 인간의 만남을 가능하게 하며, 상담자는 내담자에게 모델로서 본보기가 됨 • 결과적으로 내담자로 하여금 개방적 자기 탐색을 촉진하여 그가 지금-여기에서 경험하는 감정을 자각하도록 하는 요인이 됨
무조건적 긍정적 존중	• 가치의 조건화를 버리고 조건 없이 내담자를 수용하는 것(비소유적 온화, 돌봄, 칭찬, 수용, 존경 등) • 내담자를 하나의 인격체로서 깊고 진실하게 돌보는 것으로, 돌본다는 것은 내담자의 감정이나 생각, 행위의 좋고 나쁨의 평가와 판단에 의해 영향받지 않는다는 점에서 무조건적임 • 상담자가 실현화 경향성을 가진 존재로서 내담자를 철저하게 믿는 태도는 그로 하여금 자신을 믿고 자기 성장을 이루도록 하는 촉진적 조건으로 작용함
공감적 이해	• 상담기간 중에 상호작용을 통해 나타나는 내담자의 경험과 감정을 민감하고 정확하게 이해하는 것 • 공감적 이해의 목적은 내담자가 자신에게 더욱 밀접히 다가가게 하고 더욱 깊고 강한 감정을 경험하게 하여 내담자 내부에 존재하는 불일치성을 인식하여 해결하도록 격려하는 데 있음 • 정확한 공감적 이해의 단계에서는 명백한 감정의 인식을 넘어서 내담자가 경험 속에서 미처 느끼지 못했던 감정까지도 상담자가 인지할 수 있게 함으로써, 상담자는 내담자가 부분적으로 인식했던 감정의 자각을 확산시킬 수 있도록 도울 수 있음

THEME 58 글래써(Glasser)의 현실치료상담

(1) 개요

1) 인간관 : 결정론적 철학에 반대, 실존주의적

① 현실치료는 인간 본성에 대한 결정론적 철학에 의존하지 않고 인간은 궁극적으로 자기결정을 하고 자기 삶에 책임을 갖고 있다는 가정에 근거
② 실존적이고 현상학적인 전제에 기초하는 것으로, 인간은 자유롭고 자신의 목표를 스스로 선택하고자 하는 욕구를 지닌다고 가정

2) 주요 개념

기본욕구	• 구뇌 : 무의식적으로 하는 행동 - 생리적 욕구 • 신뇌 : 의식하는 것들의 중심부(모든 자발적인 행동의 원천) - 소속, 힘, 자유, 즐기고 싶은 욕구 • 인간은 심리적 욕구와 생리적 욕구인 다섯 가지의 기본적 욕구에 의해 끊임없이 행동해야만 함
통제이론	• 우리 자신의 내적 동기가 우리의 행동을 통제한다는 심리학적 이론 • 우리가 우리의 욕구를 만족시키는 내적 세계인 지각 혹은 사진첩을 창조하며, 이러한 지각에 따라 행동이 생성된다고 가정 • 우리의 기본적 욕구에 따라 뇌의 통제체계가 기능한다는 것
행동체계	• 행동체계는 이제까지 욕구 충족에 도움이 되었던 조직화된 행동으로 구성되어 있으며, 이 조직화된 전체행동은 현실세계를 통제하여 기본적 욕구를 충족시킬 수 있도록 노력함 • 전체행동의 4가지 요소 : 활동하기와 생각하기(앞바퀴), 느끼기와 생리기능(뒷바퀴) • 전체행동을 자동차에 비유 : 인간의 욕구는 자동차의 엔진에 해당, 원함은 핸들이 되어 전체행동인 자동차가 가고 싶은 방향으로 가게 됨
선택이론	개인의 자유를 강조하는 이론으로, 우리가 하는 모든 것을 선택할 수 있다고 주장
정체감	성공적 정체감을 가진 사람은 패배적 정체감을 가진 사람보다도 더 효과적으로 자신을 통제하고, 강하며, 책임감이 있고, 자기훈련적이며, 기본적 욕구를 충족시키는 사람
3R	• 책임(Responsibility) : 타인의 욕구충족을 방해하지 않는 범위에서 자신의 욕구를 충족시키는 능력 • 현실(Reality) : '현실을 직면한다'는 것 • 옳고 그름(Right and Wrong) : 가치판단을 하지 않으면 문제를 현실적으로 해결할 수 없음

3) 문제의 원인 : 현재 행동의 문제

4) 상담목표

① 일반적 목표 : 소속감, 힘, 자유, 즐기고 싶은 것의 욕구를 충족시켜 주는 좀 더 효율적인 방법을 찾게 하는 것
② 내담자가 생의 목표를 규정하고 명확히 하도록 도우며, 자신의 목표를 좌절시키는 이유들을 분명하게 하도록 돕고, 내담자가 목표에 도달하는 여러 다른 방법들을 발견하도록 도움

(2) 현실치료의 특징

① 정신병의 개념을 부정, 자기의 행동에 대한 책임 강조
② 현재에 초점
③ 감정과 태도보다는 내담자의 현재 '행동'에 중점
④ 치료자는 전이적 대상물이 아닌, 따뜻한 인간적인 위치에서 내담자와 친밀한 관계를 맺음

⑤ 행동의 진단보다는 욕구와 바람과 비교하여 그 행동 선택을 평가하는 것에 초점
⑥ 행동의 도덕성 강조(옳고 그름의 문제를 직시)
⑦ 처벌을 배제
⑧ 책임의 개념 강조

(3) 상담과정 및 상담기법

1) 우불딩(Wubbolding)이 제시한 WDEP

① 바람 파악(Want) : "무엇을 원하는가?"
  → 자신의 욕구를 충족시킬 수 있는 방법을 발견할 수 있도록 함
② 현재행동 파악(Doing) : "당신은 무엇을 하고 있습니까?"
  → 상담자가 상담 초기에 내담자에게 내담자가 어디로 가고 있는가를 탐색하도록 도와주는 절차
③ 평가하기(Evaluation) : "당신은 지금의 행동이 당신에게 도움이 된다고 봅니까?"
  → 내담자의 행동과 욕구와의 관계를 점검, 내담자가 자신의 행동과 수행능력을 평가하도록 함
④ 계획하기(Plan) : "계획짜자!"
  → 내담자의 바람과 욕구를 충족시킬 수 있는 계획을 수립하는 것

2) 상담기법 : 상담자 태도, 질문하기, 직면하기, 역설적 기법(틀 바꾸기와 증상처방), 유머 사용하기 등

THEME 59 엘리스(Ellis)의 합리적·정서적 상담 (RET : Rational-Emotive Therapy)

(1) 개요

1) 인간관
① 정신분석의 한계점을 인식 : 인간의 사고과정, 특히 신념이 인간행동을 움직이는 가장 큰 원동력이 됨
② 인간은 합리적 사고를 하는 동시에 비합리적인 사고도 함

2) 주요 개념
① 성격의 세 가지 측면 : 생리적 측면, 사회적 측면, 심리학적 측면
② 합리적 가치/태도 : 사람들이 명확히, 유연하게 그리고 과학적으로 생각하도록 조력하는 것을 강조
③ 당위주의(비합리적 신념의 뿌리) : 인간은 근본적으로 불완전한 존재, 당위성을 강조하는 것은 비합리적
　㉠ 자신에 대한 당위성 : '나는 훌륭한 사람이어야 한다.', '나는 실수해서는 안 된다.' 등
　㉡ 타인에 대한 당위성 : '자식이니까 내 말을 들어야 한다.' 등
　㉢ 조건에 대한 당위성 : '나의 방은 항상 깨끗해야 한다.', '나의 교실은 정숙해야 한다.' 등
④ ABC이론 : 우리의 정서적·행동적 결과에 영향을 미치는 원인으로 사건보다는 신념체계의 중요성을 강조한다는 점에서 인지·정서·행동치료를 ABC이론이라고도 함

3) 문제의 원인 : 비합리적 신념

4) 상담목표
① 내담자의 비합리적 신념을 합리적 신념으로 바꾸어 수용할 수 있는 합리적 결과를 갖게 하는 것
② 내담자가 과학적인 방법을 일상적인 정서적 문제나 행동적 문제를 해결하는 데 적용하도록 돕는 것

(2) 상담과정 - ABCDEF모델

① A(activating events, 선행사상/촉발사상) : 인간의 정서를 유발하고 어떤 사건이나 현상
② B(belief, 신념) : 환경적 자극에 대해서 각 사람이 지니고 있는 사고
③ C(consequence, 결과) : 선행사건과 관련된 신념으로 인해서 생긴 결과
④ D(dispute, 논박) : 비합리적 신념에 대해 도전하고 다시 생각하도록 함
　㉠ 논리성에 근거한 논박 : 내담자 자신이 가지고 있는 생각의 비논리성에 대해 질문하고 지적하는 것
　　예 "당신이 가지고 있는 신념과 생각의 증거가 어디에 있습니까?"
　㉡ 현실성에 근거한 논박 : 내담자가 가지고 있는 절대적인 소망이 현실에서는 대부분 이루어지지 않는다는 점을 내담자가 깨닫도록 하는 것
　　예 "당신이 원하는 방식대로 인생이 풀린다는 것이 현실적으로 가능한 일입니까?"
　㉢ 실용성에 근거한 논박 : 내담자가 그렇게 비합리적인 생각을 하는 것이 실제로 자신에게 어떤 도움이 되는지 돌아보게 함으로써 내담자의 사고를 변화시키는 방법
　　예 "당신이 그런 생각을 계속하는 게 실제 당신에게 도움이 됩니까?"
⑤ E(effect, 상담의 효과) : 논박하기를 통해 비합리적 신념이 효과적인 합리적 신념으로 바뀐 것
⑥ F(feelings, 감정) : 논박하기를 통해 바뀐 효과적·합리적 신념에서 비롯된 새로운 감정이나 행동

(3) 상담기법

1) **인지적 기법**

    ① 비합리적 신념에 대한 논박 : 치료자가 적극적으로 내담자의 비합리적 신념을 논박하는 것(논리성, 현실성, 실용성에 근거한 논박)
    ② 인지적 과제 : 'should나 must' 등의 강박적 요소 제거
    ③ 자신의 말 바꾸기 : '해야 한다'를 '하고 싶다'로 변경

2) **정서적 기법**

    ① 합리적-정서적 이미지 : 부적절한 감정을 느끼는 상황에서 활발하게 상상하도록 격려 → 적절한 감정으로 변화시키기 위해 활발히 작업하며 그 결과로 행동이 바뀌게 됨
    ② 역할놀이(정서적·행동적 구성요소가 모두 포함)
    ③ 부끄러움-공격연습 : 내담자는 타인이 자신의 행동에 그리 큰 관심을 갖고 있지 않다는 것을 깨닫고, 다른 사람들의 반응에 더 이상 연연해 할 필요가 없음을 배움
    ④ 유머사용 : 유머를 통해 내담자가 가진 비합리적 사고의 왜곡을 덜 심각한 방법으로 보여줌

3) **행동적 기법**

    ① 내담자가 실제 해보면서 깨닫게 하는 방법(역할연기, 역할 바꾸기)
    ② 습득한 내용을 실제생활에 적용, 피드백을 받도록 하는 방법(실제생활에서 해보기, 여론조사하기)
    ③ 상담자를 보고 배우는 방법(모델링)
    ④ 전통적인 이완법(체계적 둔감법, 이완기법, 범람법)과 강화 스케줄의 적용

THEME 60 드 세이져(de Shazer)의 해결중심상담

(1) 개요

1) 기본가정 및 인간관
① 해결중심치료는 인간의 잠재적인 자원, 문제해결능력, 과거의 성공적인 경험, 변화욕구 등을 중시하며, 문제의 중심적인 이야기를 해결중심적인 이야기로 변화시키는 것을 기초로 문제해결방안에 관심을 두고 해결방안을 고안하다 보면 더욱 새로운 발견을 한다는 것
② 해결중심 단기상담은 문제의 원인을 규명하기보다는 학생이 가진 자원(강점, 성공경험, 예외상황)을 활용하면서 해결방법에 중점을 두어 단기간 내에 상담목적을 성취하는 상담 모델
  → 인간은 근본적으로 자신 안에 자신의 문제를 해결할 수 있는 능력과 자원을 지니고 있음
③ 이전의 이론들이 문제를 정의하고 원인을 파악하여 해결방법을 계획하는 문제중심의 패러다임을 가졌다면, 해결중심 상담은 학생과 함께 해결책을 발견하고 학생의 성공경험을 통하여 강점을 발견하고 그것을 확대시키는 해결중심적 패러다임을 가졌다고 볼 수 있음

2) 상담목표
① 해결중심상담의 주요 목표는 내담자로 하여금 내적 자원을 개발하고 그들이 스트레스를 경험하는 때에 대한 예외사항을 알도록 돕는 것
② 결국, 상담목표는 이미 예외 속에 존재하는 것, 즉 문제를 해결하는 쪽으로 지향하도록 하는 것

(2) 상담자와 청담자와의 관계 유형(상담자는 관계 유형에 따라서 다른 접근을 시도해야 함)
① 방문형 : 상담을 받아야 한다는 필요성이나 문제해결의 동기가 약한 사람들(자신의 의사와 관계없이 상담에 참여했기 때문에 상담에 대한 저항이 강함)
  → 상담받으러 온 사실 그 자체에 대하여 먼저 상담을 해, 가지고 온 불만을 수용하고 긍정적인 기대와 동기를 갖게 하고 난 후에 상담을 시작해야 함(관계 형성이 먼저 이루어져야 함)
② 불평형 : 문제가 무엇인지는 알지만, 그 문제해결책이 자신과는 무관하다고 생각하는 학생들(다른 사람의 문제 때문에 자신이 힘들다고 불평하는 유형)
  → 상담에서 타인을 변화시키는 것은 불가능하다는 점, 문제의 원인을 타인의 탓으로 돌리면 해결책을 찾을 수 없다는 점을 이야기하고, 자신의 변화를 통한 방법을 찾을 것을 권함(자신이 문제해결의 주체임을 알아차리게 도와야 함)
③ 고객형 : 자신의 문제가 무엇인지를 잘 알며, 문제해결을 위한 동기가 높고 적극적으로 노력을 함
  → 내담자가 지니고 있는 해결능력을 찾고, 실제 삶의 장면에서 문제가 아닌 예외 상황을 찾고 확인하도록 돕고, 그 예외가 계속해서 일어날 수 있도록 지지하고 강화함

(3) 상담기법

기적질문	• 만약 문제가 해결되거나 더 나아진다면, 내담자가 자신의 삶이 그렇게 될 것이라는 것을 가능한 한 분명하고 명확히 기술하도록 도와주는 미래지향적인 질문 • 문제와 분리하여 문제가 해결된 상황을 상상해 보게 하고, 자신이 해결하기를 원하는 것들이 무엇인지 구체적이고 명확화하는 데 도움이 되고, 상담목표를 설정하는 데 도움이 됨 　예 "기적이 일어나서 각자의 소망이 이루어진다면 여러분의 삶은 어떻게 달라질까요?"

예외질문	• 문제해결을 위해 우연적이며 성공적으로 실시한 방법을 발견하여 의도적으로 실시하도록 하는 것 • 즉, 평소에는 의식하지 못했던 성공적인 경험을 의도적으로 시행하도록 하여 강화를 하는 방법 　예 "시험을 볼 때마다 불안하다고 했는데, 혹시 불안하지 않은 적은 없었니?"
척도질문	• 숫자를 활용하여 학생이 생각하는 문제의 심각도, 가장 먼저 해결해야 할 문제의 우선순위, 상담목표의 성취정도와 상담동기, 성공가능성, 자신감 그리고 상담과정에서의 문제해결 정도 등을 수치로 표현하는 것 • 척도질문을 함으로써 학생들이 자신의 생각이나 느낌을 구체화하고 변화과정과 목표달성 정도를 이해하는 데 많은 도움을 얻을 수 있음 • 척도화의 목적은 내담자들이 확인할 수 있는 작은 목표를 세우고, 진전을 측정하고, 또 행동의 우선순위를 설정하도록 돕는 것 　예 "가장 불안할 때를 10점, 전혀 불안하지 않을 때를 0점이라고 한다면, 지금은 몇 점 정도 될까?"
대처질문	• 만성적인 어려움이나 심한 좌절과 실패로 비관적인 상황에 있을 때, 그 정도인데도 지금까지 그 학생이 대처해 온 나름대로의 방법을 찾아서 성공감과 자긍심을 갖도록 하는 질문 • 이 질문은 내담자에게 아직도 문제를 심각한 상황으로 가져가지 않을 힘과 그 정도 선에서 버텨낼 수 있는 힘이 남아 있다는 것을 알게 하고 자신에게 남아 있는 자원과 강점을 인정하게 함 　예 "그렇게 불안해하면서도 어떻게 그동안 결석 한번 없이 학교를 잘 다닐 수 있었니?"
관계성 질문	• 내담자가 자기중심적 생각에서 벗어나 중요한 타인의 시각에서 보면서 문제해결에 관한 새로운 가능성을 찾아내는 데 도움을 주는 질문 • 내담자가 자신을 자기 입장에서가 아닌 중요한 타인의 눈으로 보게 되면 이전에는 생각하지 못했던 새로운 해결의 가능성을 만들어 낼 수도 있음 　예 "지금까지 얘기했던 친구가 괴롭혔던 문제가 없었거나 혹은 적었던 경우가 있었을 텐데 그 경우를 얘기해주겠니? 그 친구는 왜 그랬던 것일까?"

교 육 학 논 술   K T X

Chapter 06

교육사회

THEME 61	교육사회학 연구의 관점
THEME 62	기능주의 사회화이론
THEME 63	기능주의 하위이론
THEME 64	보울즈와 진티스의 경제적 재생산이론
THEME 65	부르디외(Bourdieu)의 문화재생산이론
THEME 66	번스타인(Bernstein)
THEME 67	상징적 상호작용론
THEME 68	교육평등관
THEME 69	교육선발과 시험의 기능
THEME 70	학업성취 결정요인
THEME 71	학력상승이론
THEME 72	학교교육의 위기와 교육개혁
THEME 73	평생교육
THEME 74	다문화교육

THEME 61 교육사회학 연구의 관점

(1) 기능이론과 교육 : input(교육의 기회균등) → output(사회평등 보장)

1) 기능이론의 가정 : 안정성, 통합성, 기능적 조정, 합의

2) 교육에 대한 기능론의 입장

① 학교의 사회적 기능
　㉠ 사회화의 기능 : 학교교육의 목적은 기존 사회의 유지와 변화하는 사회에 적응할 수 있도록 하는 것
　㉡ 선발의 기능 : 학교는 능력 있는 사람들을 분류하고 선발하는 합리적인 방안
② 능력주의 : 개인의 능력과 업적에 따라 교육의 기회와 사회적 신분이 제공되는 능력주의는 정당한 것
③ 교육의 기회균등과 사회평등 : 교육의 기회균등이 이루어지면 능력주의에 의해 사회가 평등해질 수 있음
④ 학업격차에 대한 입장 : 유전론(초기) → 환경론(후기)
⑤ 교육문제에 대한 입장 : 교육의 문제는 교육 내부의 조정과정에서 일어나는 일시적인 병리현상
⑥ 교육개혁론 : 교육의 개혁이란 사회가 변화함에 따라 사회의 유지와 안정에 기여하기 위한 교육체제의 대응

3) 기능론적 관점의 한계

① 사회의 가치에 대해 합의가 이루어져 있다고 가정함으로써 교육의 규격화와 획일화를 초래(사회화만 강조)
② 보수적 성향 → 갈등이론의 대두배경
　㉠ 집단 간의 갈등을 외면함으로써 교육정책의 결정과정에 대한 분석을 소홀히 함
　㉡ 교육의 순기능에만 지나치게 치중, 선발과정에 있어 사회경제적 배경의 영향을 무시
　㉢ 교육문제들을 일시적 병리현상으로 보고, 부분적이고 점진적인 개선책에만 집중
③ 거시적 입장에만 치중 : 교육활동에 참여하는 행위자에 의해 교육의 성격이 변화될 수 있음을 무시
　→ 해석적 접근의 대두배경

(2) 갈등이론과 교육 : input(교육의 기회균등) → output(사회불평등 재생산)

1) 갈등이론의 가정 : 갈등과 긴장, 억압과 강제, 변화

2) 교육에 대한 갈등론의 입장

① 학교의 기능 : 지배집단에 유리한 기존 질서를 유지하는 데 기여, 이데올로기 주입
② 선발관 : 능력주의 비판, 학습자의 사회경제적 배경에 따라 선발
③ 교육내용에 대한 입장 : 교육내용은 이데올로기를 담고 있는 편협한 것
④ 학업성취에 대한 입장 : 학업성취에 가장 큰 영향을 미치는 것은 사회경제적 배경
⑤ 교육의 기회균등과 사회평등 : 학교교육이 지배계층의 아동에게 절대적으로 유리하므로, 사회체제의 근본적인
　변화 없이 교육의 기회균등의 보장만으로 사회평등을 이룰 수 없음
⑥ 교육문제에 대한 입장 : 교육문제는 사회체제의 구조적 모순에서 비롯, 교육의 변화만으로는 문제해결 불가

3) 갈등론적 관점의 한계

① 지나친 결정론 : 경제구조나 문화구조에 의해 일방적으로 교육의 성격이 결정됨
② 사회의 이원화 : 사회구조를 지배-피지배 관계로 구분하는 것은 사실을 왜곡하거나 과장할 수 있음
③ 학교교육의 공헌을 과소평가 : 학교교육이 개인의 신분상승 등 사회이동을 촉진시키는 면도 있음

(3) 신교육사회학 : input(교육의 기회균등) → process(학교 내부) → output(사회불평등 재생산)

1) 대두배경 : 거시적 이론(기능론, 갈등론)에 대한 비판을 토대로 학교지식이나 교사-학생 간 상호작용, 인간의 주체적 인식과 해석을 중요시하는 미시적·해석학적 패러다임이 등장 → '교육 내부'의 문제에 관심

▶ 해석적 접근 : 사회는 인간이 만든 것이므로, 사회적 인간 행위는 자연현상처럼 객관적으로 설명될 수 있는 것이 아닌 행위자의 입장에서 이해되어야 한다는 것

㏄ 기능론과 갈등론의 공통점 : 개인 행위자보다 구조가 결정력을 지니고 있다고 믿으며 거시적인 구조적 설명에 치중함

2) 연구동향
① 종래의 암흑상자로 간주하였던 학교 안의 교육현상에 대해 관심
② 종래의 수동적 인간관으로부터 벗어나 인간을 능동적 존재로 봄
③ 양적 연구법보다 질적 연구법으로 접근

3) 신교육사회학의 기본입장
① 인간은 외부적으로 존재하는 것을 그대로 받아들이는 것이 아니라 자기의 시각을 갖고 받아들임
② 교육과정은 사회의 불평등한 구조를 반영한 사회적·정치적 산물(Manheim의 지식사회학에 근거 : 지식은 절대적인 것이 아니라 사회적 세력관계를 반영한 것)
③ 교사-학생 간의 관계를 사회적으로 규정(교사가 학생들을 분류하는 기준은 사회적으로 형성됨 - 중·상류층 학생에게 유리)

4) 대표적 이론가
① 영(Young) - 「지식과 통제」 : 교육내용으로서의 지식은 사회적 구성물이어서, 이를 선택하고 조직하는 지배계층의 논리를 반영함
② 번스타인(Bernstein) : 계층의 언어 사용 형태(대중어와 공식어)가 학업성취의 차이를 가져옴

5) 신교육사회학의 의의와 한계
① 의의 : 교육의 사회성을 인정하고 교육과정의 적합성 강조와 교육 외의 사회구조적 문제에만 편중되어 있던 연구관심을 교육 내부의 문제로 끌어들임으로써 교육사회학의 연구의 범위를 넓혀 주었음
② 한계 : 사회구조적 환경보다 행위자에 초점을 둠으로써 그의 사회환경적 제약을 경시하는 경향이 있음, 극단적 상대주의적 지식관으로 갈 위험이 있음

THEME 62 기능주의 사회화이론

(1) 뒤르켐(Durkheim)의 이론 : 도덕사회화론

① 사회적 유대 : 분업화와 전문화를 통하여 사회의 구성요소들이 이질적으로 바뀌었음에도 불구하고 사회가 해체되지 않고 존속되는 이유는 바로 산업사회의 도래와 더불어 형성된 '유기적 유대'를 바탕으로 사회구성원들 사이에 내적 의존성이 강화되었기 때문

② 도덕적 개인주의 : 근대적인 산업사회의 출현으로 아노미 상태 만연, 이를 해소하기 위해서는 새로운 도덕률의 확립이 필요 → 의무 함축적 개인주의로서 도덕적 개인주의를 주장(자유방임적 X)

③ 교육의 기능 : 교육은 개인을 사회적 존재로 형성하여 사회적 생존을 가능하게 만드는 일종의 사회적 과정

보편적 사회화	• 한 사회의 공통적 감성과 신념, 즉 집합의식을 새로운 세대에게 내면화시키는 것 • 이를 통해 그 사회의 특성을 유지하고 구성원들의 동질성을 확보하게 됨 • 사회가 분화되고 전문화될수록 사회의 동질성 확보가 필요하므로 보편적 사회화는 더욱 요구됨
특수사회화	• 개인이 속하여 살아가게 될 직업집단의 규범과 전문지식을 학습하도록 하는 것

(2) 드리븐(Dreeben)의 이론 : 학교규범론

① 학교의 기능 : 사회규범을 적절한 방법을 동원하여 학생들에게 내면화시키는 것
② 사회화 : 산업사회에서 중요시되는 규범(독립성, 성취지향성, 보편성과 특정성)을 가르치는 것

독립의 규범	• 자신의 개인행위에 대해서 다른 것에 의존하거나 예속되지 않으며, 스스로 책임을 지는 것 • 학교에서 과제를 스스로 처리해야 하고 자신의 행동에 대한 책임을 지게 함으로써 습득, 부정행위에 대한 규제와 공식적 시험을 통해 습득, 평가의 단위는 '개인'으로 처리
성취의 규범	• 학생들이 할 수 있는 최선을 다해 그들의 과제를 수행해야 한다는 전제를 받아들이고 그 전제에 따라 행동하는 것 • 이 규범은 '교수-학습-평가'라는 체계 속에서 형성되는데, '공동'으로 수행하는 활동에도 적용된다는 점에서 독립성과 구별됨
보편의 규범	• 개인이 특별히 다르게 예외적으로 대우받지 않고 누구에게나 공통적으로 적용되고 따라야 하는 사회적 적용 • 동일연령의 학생들이 같은 학습내용과 과제를 공유함으로써 형성됨
특정(예외)의 규범	• 평등에 있어서 예외적으로 대우받을 수 있는 규범 • 학년이나 학교의 수준이 높아지면서 흥미와 적성에 맞는 분야에 한정하여 그 분야의 교육을 집중적으로 수행함으로써 학습하게 됨

THEME 63 기능주의 하위이론

(1) 인간자본론 - 슐츠(Schultz)

1) 기본가정

① 교육은 인간자본에의 투자 : 교육투자 → 생산성향상 → 소득증대
② 노동시장에 대한 가정 - 완전 자유경쟁 노동시장
  ㉠ 노동시장은 동질적, 완전경쟁적 : 노동자와 사용자 모두 노동시장의 상황에 대해 완전한 정보를 공유
  ㉡ 노동시장에서는 수요와 공급이 만나는 점에서 임금이 결정됨
  ㉢ 임금차가 나는 것은 인적 특성과는 무관, 전적으로 생산성의 차이 때문
③ 교육과 생산성과의 관계 : 교육을 받을수록 생산성이 높아져 임금이 상승하게 됨
④ 교육과 사회평등
  ㉠ 교육은 생산성을 증대시켜 높은 임금을 받게 해주므로 계층의 상승이동을 가능하게 해줌
  ㉡ 교육의 기회 확대는 계층 간의 소득격차를 줄이게 해주므로, 사회평등을 이룩할 수 있다고 주장

2) 인간자본론의 영향 : 교육이 개인의 생산성 증대를 가져올 뿐만 아니라, 이를 통해 사회의 경제적 발전을 가져온다는 점을 강조해 교육에 대한 투자를 확대시키는 데 기여

3) 인간자본론의 비판이론

① 선발가설이론(선별이론) : 교육은 단지 고용주들이 좀 더 능력 있는 사람을 선택할 수 있는 선발장치로만 작용할 뿐이며, 소득격차는 고학력자들에 대한 고용주들의 선호도를 반영한 것(교육이 생산성을 높인다는 증거 X)
  ▶ 신용증명 효과 : 선별이론가들에 따르면, 학교교육을 통해서 얻게 되는 것은 생산능력이 아니라 '교육받았다는 증표'(곧, 졸업장)뿐임. 즉, 소정의 과정을 성공적으로 끝냈음을 증명하고 앞으로도 부과된 업무를 성공적으로 수행할 것이라고 기대할 수 있게 하는 효과가 있는 것
② 이중노동시장이론 : 노동시장은 1차·2차 시장구조로 구분, 개인의 소득결정은 개인의 생산성과 관계없이 노동시장의 분할구조에 의해 결정됨
③ 급진적 접근 : 공교육은 교육기회 균등의 차원보다는 자본가들의 이익을 위해 존재하는 대중교화의 도구
④ 인문주의적 접근 : 앞으로의 교육은 인력교육에서 벗어나 인간교육으로 나아가야 함

(2) 지위획득론

1) 기본가정

① 현대사회에 대한 가정
  ㉠ 업무가 중요성과 난이도에 따라 나누어진 분업사회
  ㉡ 세분화된 업무가 효율적으로 수행되도록 하기 위해 보상이 달리 주어지는 위계적 사회
  ㉢ 업무 수행에 요구되는 능력을 갖추면 누구든지 원하는 자리를 차지할 수 있는 개방사회
② 노동시장에 대한 가정
  ㉠ 모든 구성원들이 객관적이며 공정한 기준에 의해 사회적 공헌도를 평가받고, 그에 부합하는 직업을 얻음
  ㉡ 즉, 사회는 거대한 자유경쟁 노동시장으로, 오직 능력에 의해서 사회적 위치를 차지하게 됨

2) 지위획득 모형 : 지위획득론자들은 사회계층이 개인의 업적에 따라 획득된 것임을 증명하기 위하여 학력이 직업적 성취에 미치는 영향을 분석

① 블라우와 던컨(Blau & Duncan)의 지위획득 모형 : 정치적 산술방법

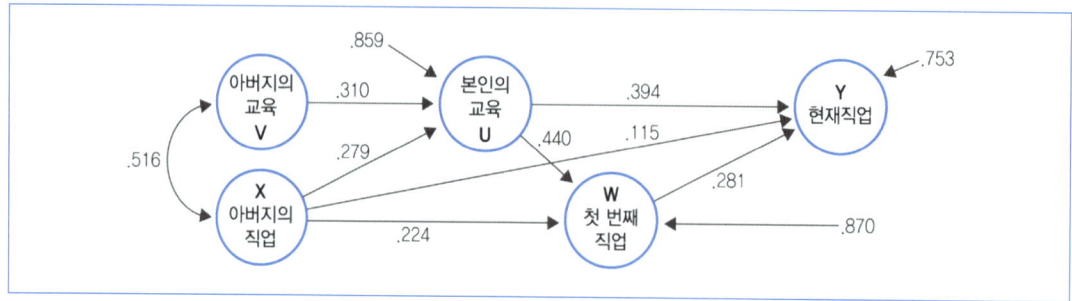

㉠ 지위획득의 결정변수 : 사회적 배경요인(아버지의 교육, 아버지의 직업), 개인의 훈련과 경험(본인의 교육, 본인의 첫 번째 직업)
㉡ 결론 : 개인이 받은 교육과 초기 경험이 그의 직업적 성공에 큰 영향을 미침 → 교육을 통한 계층상승과 사회평등이 가능함을 의미

② 위스콘신 모형 : 사회적 산술방법

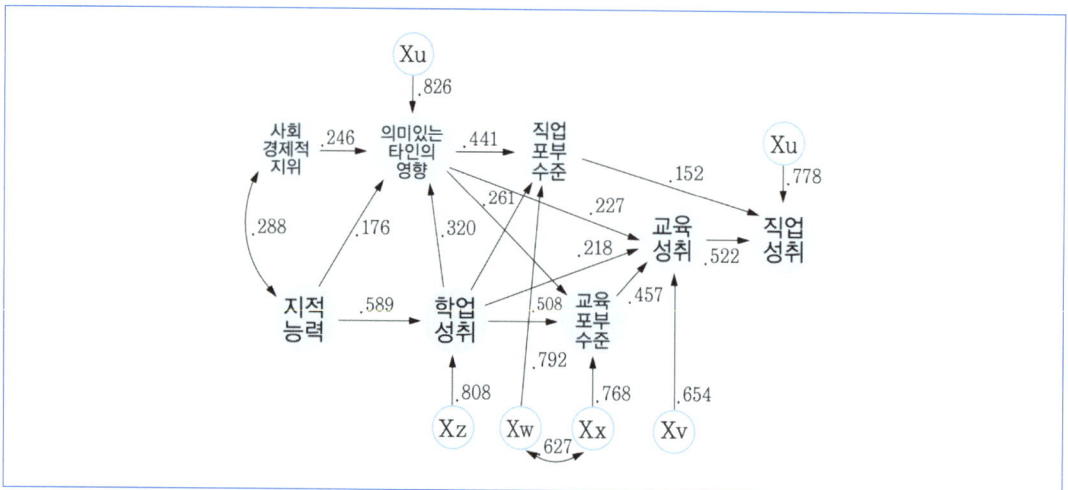

㉠ 사회심리학적 변인을 삽입한 연구모델 → 객관적 변인(부모의 계층, 거주지역 등), 주관적 변인(의미 있는 타인의 영향, 응답자의 교육포부, 응답자의 직업포부 등)
㉡ 결론 : 의미 있는 타인은 아들의 사회적 지위에 대한 포부수준에 영향, 이는 교육성취에 직접 관련됨 → 직업적 지위의 획득과정에서 사회심리적 요인들(의미 있는 타인의 영향, 교육적 포부, 직업적 포부 등)이 사회구조적 요인 못지않게 작용하고 있음

THEME 64　보울즈와 진티스(Bowles & Gintis)의 경제적 재생산이론

(1) 기본입장
① 하부구조인 경제구조가 상부구조를 결정한다는 마르크시즘의 경제적 결정론의 입장에 서 있음
② 상부구조인 학교가 하부구조인 자본주의의 특성을 그대로 반영하고 이를 교육시킴으로써 기존의 불평등구조가 재생산된다는 것
③ 능력주의 교육관 배격 : 사회의 상층부에 있는 사람들의 능력은 개인의 사회계층적 배경의 영향을 크게 받음 → "능력주의 선발은 허구"
④ 잠재적 교육과정 중시 : 학교는 자본주의 생산구조에서 요구되는 행동양식과 태도를 주입하여 기존의 질서를 정당화함

(2) 학교의 기능 : 차별적 사회화
① 학교는 사회적인 위계구조를 그대로 반영하여 사회적 생산관계의 각 수준에서 필요한 태도와 행동양식을 주입시킴으로써 자본주의 질서에 순응할 수 있도록 함
② 지배집단은 독립적이고 진취적인 지도자로 기르고, 피지배집단은 순종적인 노동자로 길러 계층의 불평등을 유지시키는 기능을 수행한다는 것

(3) 대응(상응)이론 : 학교교육과 경제적 생산체제가 서로 상응(대응)
① 노동자가 자신의 작업내용을 스스로 결정할 수 없듯이 학생들도 자기가 배워야 할 교육과정에 대하여 아무런 결정권을 갖지 못함
② 교육은 노동과 마찬가지로 목적이 아니라 수단(임금을 얻기 위한 노동, 졸업장을 얻기 위한 교육)
③ 생산현장이 각자에게 잘게 나누어진 분업을 시키듯이, 학교도 계열을 구분하고 지식을 과목별로 잘게 나눔
④ 생산현장에 여러 직급별 단계가 있듯이 학교도 학년에 따라 여러 단계로 나뉘어 있음

(4) 비판점
① 지나치게 구조의 개념을 중시한 나머지 재생산에 미치는 구조적 요소와 인적 요소가 역동적으로 작용하는 부분을 설명하지 못함
② 인간을 단순한 생산체제를 반영하고 순응하는 것으로 봄으로써 인간의 능동성을 제한함
③ 학생과 교사와의 상호작용을 무시하고 있으며, 심지어 교육과정도 무시함
④ 학교에서 가르치는 경제학이 학생의 경제관과 직업관에 어떤 영향을 미치는지 간과함
⑤ 인간 본성의 지적·인지적 측면만 강조하고 본능과 감정을 무시하는 경향이 있음

THEME 65 부르디외(Bourdieu)의 문화재생산이론

(1) **기본입장** : 학교는 지배집단의 '문화자본'을 재창조하고 정당화하는 역할을 수행 → 문화적 재생산(문화자본의 세대 간 상속)

　cf 사회적 재생산 : '사회자본', 즉 경제력과 권력의 세대 간 상속

(2) **문화자본** : 개인이 소유하고 있는 지식(문화적 지식과 언어적 취향 그리고 예절이나 여가활동 등과 관련)

　1) **문화자본의 형태**
　　① 체화된 문화자본 : 그것을 소유한 사람에게서 풍기는 품위, 세련됨, 교양 등
　　② 객관화된 문화자본 : 그림, 책, 사전, 도구, 물건 등의 문화적 재화 형태의 자본
　　③ 제도화된 문화자본 : 학교와 같은 문화 제도를 통하여 획득한 학위나 자격증(상징적인 능력의 지표)

　2) **언어의 중요성** : 언어는 개인의 경험을 반영하고 지배하는 것으로, 어휘의 선택, 말하는 태도, 표현방법 등은 개인과 집단을 차별화시킬 수 있는 수단이 될 수 있음(문화자본의 실제적 작용에 있어서 언어의 중요성을 지적)

　3) **아비투스(habitus)론**
　　① 부르디외는 문화 중에서도 어렸을 때부터 계급적 배경을 통해서 자연스럽게 내면화된 '아비투스적 문화'를 중시
　　② 아비투스는 세계나 가치 및 문화에 관해 오랜 기간에 걸쳐 무의식적으로 습득된 성향이자 실천감각으로, 특정 문화자본을 반복적·기계적·자동적으로 재생산해 내는 것(계급적 행동유형과 가치체계를 반영)

(3) **상징적 폭력과 티내기**

　1) **상징적 폭력**
　　① 지배계급의 사고방식이나 지배유형 또는 문화양식이 자연스러운 질서를 가진 것처럼 보이도록 하는 것
　　② 지배계급의 문화자본을 원천으로 하는 학교문화와 교육내용은 지배계급의 문화적 아비투스를 형성하도록 하여 그들의 문화적 자의성을 영속화함
　　③ 학교의 교육문화를 지배계급의 문화로 구성함으로써, 사회적으로 중립적이고 객관적이며 공정한 것으로 인식되는 학교는 지배계급의 사회적 가치를 보편적이고 의미 있는 것으로 일반화시켜 기존의 권력관계를 재생산함
　　▶ 지배집단은 자신들이 가진 문화적 자본에서의 유리함을 성적·학력·학벌 등으로 객관화한 후, 이를 준거로 하여 사회적으로 높은 자리를 차지함. 문화적 자본은 이러한 과정을 거침으로써 경제적 자본으로 전환됨

　2) **티내기(distinction)**
　　① 자신을 다른 사람과 구별하여 두드러지게 하는 노력, 일상생활에서의 갖가지 행동에 배어 나타남
　　② 티내기는 계급적 차원에서 일어나는 구별하기 행위의 전형으로, 계급 간 구별짓기의 좋은 예는 예술, 예의범절 등의 생활방식과 학력처럼 오랜 기간에 걸쳐 습득되는 것들에서 찾을 수 있음 → 학력과 사회계급에 따라 향유하는 문화적 가치인 취향이 다름

THEME 66 번스타인(Bernstein)

(1) 언어실조론

1) 대중어와 공식어

① 사회언어학적 입장에서 학교 내부의 불평등문제에 접근, 계층의 언어사용형태가 학업성취의 차이를 가져옴
② 번스타인은 영국사회의 노동계급과 중류계급이 갖고 있는 독특한 구어양식을 각각 '대중어'와 '공식어'로 지칭
③ 중류계급의 아동들은 공식어와 대중어를 모두 사용할 줄 알며 필요에 따라서 적절한 언어를 구사, 노동계급은 대중어만을 사용하기에 공식적 장면에서 공식어를 사용할 수 없으며 대중어를 이용하여 메시지를 이해해야 함

대중어(제한된 어법)	공식어(정련된 어법)
• 하류층이 사용하는 언어 • 구문형식이 어설픔, 문법적으로 미완성의 문장 • 상투적인 관용어·표현어 잦은 사용 • 구체적 의미	• 중상류집단이 사용하는 언어, 교실에서 사용하는 언어 • 정확한 문법적 어순과 통사구조 발휘 • 언어가 복잡한 인지위계 표현 • 보편적 의미

2) 문화실조로서의 언어실조

① 중류계급의 공식어 어법에는 '합리적인 이유와 그에 따른 행동'이라는 교육적 기능이 함축되어 있지만, 노동계급의 대중어 어법은 합리적 이유를 제시하지 않고 단순히 행동을 지시할 뿐이므로 교육적 기능이 있을 수 없음
② 학습장면에서는 중류계급의 어법으로 의사소통이 이루어지기 때문에 중류계급 아동은 아무런 불편 없이 교사로부터 교육적 메시지를 전달받을 수 있지만, 노동계급 아동은 말을 이해할 수 없어 메시지를 전달받는 데 어려움을 겪음
③ 노동계급 아동이 중류계급 어법을 사용하는 교사의 말을 이해하지 못해 교사-학생관계에 긴장과 갈등이 생길 수 있으며, 심한 경우 교사의 지시를 따르지 않는 '문제아동', '반항아동' 등으로 분류될 수 있음

(2) 교육자율이론

1) 개요

① 번스타인은 사회언어 분석에서 출발하여 교육과정의 조직형성과 사회적 지배원리의 관계에 관한 연구를 거쳐, 한 사회의 지배가 전수되는 기제를 밝히려고 시도
② 그에 따르면, 교육과정의 조직원리가 사회질서의 기본원리를 반영하고, 학생들에게 그 원리를 내면화시킴
   cf 교육과정에 대한 부르디외의 관심은 그 속에 담겨 있는 '내용'에만 집중되는데, 번스타인은 내용도 내용이지만 내용의 '조직'원리의 교육적 중요성을 극명하게 드러냄
③ 교육과정은 한 사회가 사회질서를 유지·재생산해 가는 방식의 한 표현 → 교육과정 분석을 통해 사회적 특성을 밝힐 수 있음
④ 교육자율이론의 핵심개념 : 코드(code)
   ㉠ 교과 지식의 선정, 조직, 전달, 평가 등 학교의 총체적인 경험을 규율하는 규칙
   ㉡ 번스타인은 교육상황을 규정하는 코드를 분석하기 위하여 교육과정, 교수법, 평가를 함께 분석하여야 함을 주장

2) 교육과정분석

① 분류 : 과목 간, 전공분야 간, 학과 간의 구분 - 구분된 교육내용들 사이의 경계의 선명도
② 구조 : 과목 또는 학과 내의 조직의 문제로, 가르칠 내용과 가르치지 않을 내용의 구분이 뚜렷한 정도, 계열성의 엄격성, 시간배정의 엄격도 등을 포함

▶ 번스타인은 교육과정 유형을 둘로 나누어 강한 분류·강한 구조, 강한 분류·약한 구조를 '집합형'으로, 약한 분류·강한 구조, 약한 분류·약한 구조를 '통합형'으로 구분

3) 교육과정의 유형

집합형 교육과정(학과제)	통합형 교육과정(학부제)
• 엄격히 구분된 과목 및 전공분야(종적 관계 중시, 타 분야와의 교류가 제한적) • 상급과정으로 갈수록 점점 전문화되고 세분되어 학습영역이 좁아짐 • 소속학과에 대한 강한 충성심 요구 • 교육과정의 계획과 운영에 학생들의 참여 기회가 극히 적음	• 과목 및 학과 간의 구분이 뚜렷하지 않음(횡적 교류 증가) • 대체로 여러 개의 과목들이 어떤 상위개념이나 원칙에 따라 큰 덩어리로 조직됨 • 교사와 학생들의 재량권이 늘어남 • 교사와 교육행정가의 관계에서도 교사의 권한이 증대됨

4) 보이는 교수법과 보이지 않는 교수법

보이는 교수법(강한 분류·강한 구조)	보이지 않는 교수법(약한 분류·약한 구조)
• 전통적인 지식교육 - '보수적' 교수법 • 지식의 전달과 성취를 강조 • 학습내용의 위계질서 뚜렷, 전달절차의 규칙이 엄격히 계열화, 객관적 평가 중시 • 배울만한 가치가 있는 내용과 그렇지 못한 내용이 명백하게 구분('일'과 '놀이'의 구분)	• 아동중심 교육과정의 '진보적' 교수법 • 지식의 획득과 자질을 강조 • 객관적 기준이나 방법이 존재하지 않음, 상대적 비교가 아닌 학습자의 내적인 변화를 중시 • '놀이'가 학습의 주요 내용(일이 곧 놀이, 놀이가 곧 일)

5) 교육과 사회와의 관계

① 사회부문 간 분류가 강한 시대 : 교육과 생산 간의 구분이 분명 = 자율성 보장
② 교육과 생산 간의 경계가 약한 시기 = 자율성 잃게 됨

6) 교육과정 재맥락화

① 교육과정의 공식적 재맥락화 단계 : 학문영역에서 생산된 지식을 지배적인 원칙에 맞추어 교육과정화하는 단계
② 교수를 위한 재맥락화 단계 : 공식적으로 재맥락화된 교육과정이 실제 교육현장 속으로 들어가서 그 현장의 틀에 맞도록 재구조화되는 것

THEME 67 상징적 상호작용론

(1) 기본가정
① 미드(Mead)와 쿨리(Cooley)에서 시작되어 블루머(Blumer)가 체계화
  ▶ 쿨리의 거울자아이론 : 자아개념이란 타인들(자신이 비쳐지는 거울들)이 자신을 어떻게 생각하느냐에 영향을 받아 형성됨
  ▶ 미드의 자아형성이론 : 자아는 본질적으로 사회적인 것으로, 사회적 상호작용을 통해 자아가 형성됨
② 개개인에 있어서의 자아의식의 형성은 사회에서의 상호작용의 결과, 개개인은 일상생활에 있어서 다양한 상황에서 접촉하게 되는 타인들의 눈을 통하여 자신을 알게 됨
③ 사회를 사람들 간의 상호작용 관계라고 봄으로써 사회를 정태적인 불변하는 구조적 측면을 중시하는 구조기능주의론과는 대조적으로 사회의 과정적 측면을 강조

(2) 맥닐(McNeil)의 방어적 수업
① 한 명의 교사가 수십 명의 학생들을 가르치는 학급 상황에서 교사는 학생들로부터 자신을 지켜야 한다는 구조적인 방어의식을 갖게 되며, 그러한 방어의식은 교과지도에서는 방어적 수업으로, 생활지도에서는 학생다움을 요구하는 각종 규제로 구체화됨
② 방어적 수업을 위한 강의전략
  ㉠ 단편화 : 수업의 내용을 단편적 지식들 혹은 서로 연결되지 않은 목록들로 환원시킴으로써, 토론과 반대의견을 제시하지 못하게 막는 것
  ㉡ 신비화 : 복잡하거나 논의의 여지가 있는 주제에 관한 토론을 막기 위해서 그것을 중요하지만 알기 힘든 것처럼 다루는 전략
  ㉢ 생략 : 시사문제나 논쟁의 여지가 있는 주제를 다룰 경우, 학생들이 반대의견을 제시하거나 토론을 할 만한 자료 혹은 자료를 보는 관점을 언급하지 않고 생략함
  ㉣ 방어적 단순화 : 학생들을 이해시키기 위해서는 다양한 방법과 많은 시간이 드는 주제를 다룰 경우, 이를 간단히 언급만 하고 넘어가는 전략. 이 주제는 깊이 공부하지 않아도 된다고 말함으로써 이를 정당화시킴

(3) 자성예언(self-fulfilling prophecy)
① 개념 : 영향력 있는 타인의 기대수준이 학습자의 수행능력에 미치는 영향력
② 학생들에 대한 교사의 기대수준을 학생들이 감지하고 거기에 맞추어 행동을 하려고 하는 성향 때문에, 교사의 기대가 높으면 학생들의 학업성취는 높게 나타나게 됨
③ 자기충족적 예언, 피그말리온 효과, 플라시보 효과 등과 같은 의미로 사용됨

THEME 68 교육평등관

(1) 교육의 허용적 평등
① 개념 : 모든 사람에게 교육받을 기회가 고르게 허용되어야 함(신분, 성, 종교, 인종 등의 차별 철폐)
② 선발관 : 교육의 양은 능력에 비례하며, 교육기회는 엄격한 기준에 의한 선발을 거쳐 차등적으로 주어져야 함
③ 법적 규정 : 모든 국민은 능력에 따라 균등하게 교육을 받을 권리를 가짐(헌법), 모든 국민은 성별, 종교, 신념, 인종, 사회적 신분, 경제적 지위 또는 신체적 조건 등을 이유로 교육에 있어 차별을 받지 아니함(교육기본법)

(2) 교육의 보장적 평등
① 개념 : 취학을 가로막는 경제적·지리적·사회적 제반 장애를 제거해 취학을 보장해 주어야 함
② 우리나라의 보장정책
　㉠ 경제적 제약 극복 : 무상·의무교육 실시, 학비보조제도 및 장학금제도 운영 등
　㉡ 지리적·사회적 제약 극복 : 학교를 지역적으로 종류별로 고르게 설치, 야간학급 및 방송통신학교의 설치 등

(3) 교육의 과정적 평등(조건적 평등)
① 개념 : 교사, 교육목표, 교육과정, 교육자료, 교육방법, 교육시설 등에 있어 집단 간 차별이 없어야 함
② 교육조건 평등관에 반론 : 콜맨(Colman)보고서
　㉠ 콜맨은 학업성적에 영향을 미친다고 보는 제반 교육여건의 차이가 학생들의 실제 성적에 어떤 영향을 미치는가를 분석, 그러나 연구결과는 예상을 뒤엎음
　㉡ 연구결과 : 학교의 교육조건들은 성적에 별다른 영향을 주지 못함, 가정배경과 친구집단이 훨씬 강한 영향을 미침
③ 한국의 고교평준화정책 : 이론상으로는 교육조건의 평등관을 반영, 실제로는 입시제도의 일환으로 시행

(4) 교육의 결과적 평등(보상적 평등)
① 등장배경 : 콜맨 보고서 - 학업성취의 불평등은 그들이 처한 가정배경이나 동료집단에 원인이 있음
② 개념 : 교육의 결과 나타나는 학업성취나 이로 인한 소득과 삶의 기회에 있어 집단 간의 격차가 작아야 함
　→ 저소득층·벽지·문화적 혜택을 받기 어려운 곳에 더 많은 교육자원을 투입하여 학생 간, 계층 간, 지역 간의 교육적 불평등을 축소시키려는 접근
③ 이론적 근거 : 롤즈의 「정의이론(1971)」 - 복권에 당첨된 사람이 어느 정도의 적선을 하는 것이 '정의'
　㉠ 제1원칙(평등한 자유) : 자유는 인간의 기본적 권리로서 차등이 있을 수 없음
　㉡ 제2원칙(차등의 원칙) : 자유를 제외한 사회적·경제적 가치의 할당에 있어서의 불평등은 정당한 것
　　→ 최소 수혜자에게 최대한의 이익이 보장되어야 함(역차별적 정책 도입)
④ 교육결과의 평등을 위한 보상적 평등정책
　㉠ 학생 간 격차 축소 : 학습부진아에 대한 보충학습 지도 등
　㉡ 계층 간 격차 축소 : Head Start, 교육우선지역(EPA, ZEP), 교육복지투자우선지역, 기회균형 선발제 등
　㉢ 지역 간 격차 축소 : 읍·면지역 중학교의 의무교육 우선 실시, 농어촌학생의 대학입시 특별전형 등

THEME 69 교육선발과 시험의 기능

(1) 교육선발

1) 교육선발관

① 엘리트주의 : 각자가 받는 교육수준은 장래 경제적 생산에 기여할 능력이 얼마나 되느냐에 따라 결정됨(유전적 요인 강조) → 조기선발, 복선제
② 평등주의 : 누구에게나 가능한 한 오랫동안 교육을 받을 수 있는 권리가 있음(환경적 요인 강조) → 만기선발, 단선제

2) 호퍼(Hopper)의 교육선발 유형

① 선발방법에 따른 분류 : 중앙집권화와 표준화(후원적 이데올로기), 지방분권화와 비표준화(경쟁 이데올로기)
② 선발시기에 따른 분류 : 조기선발(엘리트 이데올로기), 만기선발(평등 이데올로기)
③ 선발대상에 따른 분류 : 특수주의(생득적 속성), 보편주의(개인의 노력과 야심)
④ 선발기준에 따른 분류 : 전체주의(집단의 기준), 개인주의(개인의 능력 기준)
⑤ 우리나라의 교육선발 : 중앙집권화와 표준화, 만기선발, 대상의 보편주의, 기준의 개인주의

구 분	선발방법	선발시기	선발대상과 기준
경쟁적 이동 (평등 이데올로기)	지방분권적, 비표준화된 방법	만기선발	개인의 노력과 자질에 의한 선발 (보편주의와 개인주의)
후원적 이동 (엘리트 이데올로기)	중앙집권적, 표준화된 방법	조기선발	생득적 속성에 의한 선발 (특수주의와 집단주의)

(2) 시험의 기능

1) 교육적 기능 - 몽고메리(Montgomery)

① 학업성취의 확인과 미래학습의 예언
② 선발기능 : 시험은 상급학년 진학 또는 상급학교 진학을 결정하는 기능을 함
③ 경쟁촉진기능 : 상대적 기준으로 학생을 판정·선발하는 교육체계는 학생들을 과열된 경쟁분위기로 몰아넣음
④ 목표와 유인기능 : 시험은 학습자에게 학습목표를 지시해 주고, 그 목표에 도달하고자 하는 동기를 촉발함
⑤ 교육과정결정기능 : 학생들은 시험에 출제되는 것만을 학습함, 시험이 교육과정(학생의 학습내용)을 결정하는 것

2) 사회적 기능

① 사회적 선발기능 : 개인의 능력과 노력에 의해 사회적 보상과 지위가 부여되기 시작하면서, 시험을 통한 선발이 중요해짐 예 대학수학능력시험은 결과적으로 사회적 지위획득으로 연결되어 사회적 선발기능을 수행함
② 지식의 공식화와 위계화 : 시험에 출제되고, 정답으로 규정되는 지식은 그 사회가 공식적으로 인정하는 지식이 됨
③ 사회통제기능 : 시험에 사고방식과 행동을 통제할 수 있는 지식과 규범을 출제할 경우 시험을 통한 사회통제가 가능
④ 기존질서의 정당화와 재생산 : 기존질서를 정당화하는 지식을 학교의 시험에 출제할 경우, 학생들은 이를 공식적이고 가치 있는 것으로 받아들이게 되므로, 시험을 통해 기존질서를 정당화하고 재생산할 수 있게 됨
　　예 그람시의 헤게모니 이론, 부르디외의 문화재생산이론

THEME 70 학업성취 결정요인

(1) 지능결핍론
① 젠센(Jensen) : 유전요인 약 80%, 나머지 20%가 개인의 사회적·문화적·신체적 형성에 영향을 끼침
② 아이젠크(Eysenck) : 개인의 지능적 유전은 약 80%, 환경에 의한 것은 약 20%

(2) 문화환경결핍론
① 가정의 문화환경, 언어 모형, 지각 태도의 차이나 상대적 결핍이 개인차를 유발
② 콜맨(Coleman) 보고서
  ㉠ 학생의 가정배경은 학생의 학업성취에 미치는 가장 중요한 요인
  ㉡ 학교의 물리적인 시설, 교육과정, 교사의 질 등은 성적에 매우 미소한 영향을 주는데, 이 중에서 교사의 질은 학교의 다른 특성요인에 비하여 상대적으로 성적에 주는 영향이 큼
  ㉢ 학생집단의 사회적인 구조는 가정환경과는 별도로 학교의 다른 어떤 요인보다도 학생의 성적에 미치는 영향이 큼
  ㉣ 즉, 학생의 '가정환경'(부모-자식 간의 긴밀한 상호작용)이 학업성취에 가장 큰 영향을 미치며, 그 다음으로는 동료집단의 영향이 큼
  ㉤ 콜맨의 사회자본론 : 콜맨은 자본을 물적자본, 인간자본, 그리고 사회자본으로 구분

물적자본	도구, 기계 혹은 다른 생산설비와 같이 실체화된 자본
인간자본	교육을 통하여 획득할 수 있는 기능과 지식
사회자본	• 사람들 간의 관계가 변화하면서 나타나는 자본으로, 개인 간 또는 집단 간 네트워크와 관계 속에서 구성원들의 행위와 상호작용을 관장함으로써, 인간자본의 형성이나 개인적 및 사회적 가치를 창출하는데 기여하는 특정 유형의 자원 • '집합행동'을 촉진하는 사회적 관계에 내재된 자원으로, 사회적 관계에서는 '호혜성'과 '평등'에 대한 믿음이 중요한 요소 • 좁게는 부모-자녀의 관계(가정 내), 넓게는 부모들이 가정 밖에서 맺고 있는 사회적 관계의 전체(가정 밖)를 의미

③ 젠크스(Jencks) : 인지능력의 불평등을 설명해 주는 정도를 가정배경 요인(60%), 유전요인(35~50%), 학교의 질(40%)의 순이라고 지적
④ 영국의 플라우덴 보고서 : 사회계층이 높을수록 부모의 자녀교육에 대한 포부수준 및 관심도가 높았고 학업성취의 격차를 설명해 주는 데에 부모의 태도(흥미, 포부), 가정환경, 학교특성 순으로 나타남

(3) 교사결핍론
① 성적격차는 학교 자체의 사회적 특성인 교사-학생의 대인지각의 차이에 의해 생김
② 즉, 교장의 지도력, 교사의 수업계획과 학생에 대한 기대, 학교풍토 등이 성적에 주는 영향이 매우 큼
③ 효과적인 학교
  ㉠ 인적·물적 투입여건은 비슷한데 학생이 얻게 되는 지적·비지적인 산출이나 결과가 다른 학교보다 더 높은 학교 → 투입여건이란 학부모의 사회경제적 지위와 학생의 학업능력 등과 같이 학교에서 통제할 수 없는 것을 의미

ⓛ 효과적 학교의 특성 요인
  ⓐ 교장과 교사의 강한 지도력
  ⓑ 학생의 학업성취에 대한 교사의 높은 기대
  ⓒ 분명한 교수-학습목표
  ⓓ 학교의 학구적 분위기와 그에 따른 교직원 연수
  ⓔ 학생의 학업진전도의 주기적 점검
ⓒ 브루코버(Brookover)의 학교풍토

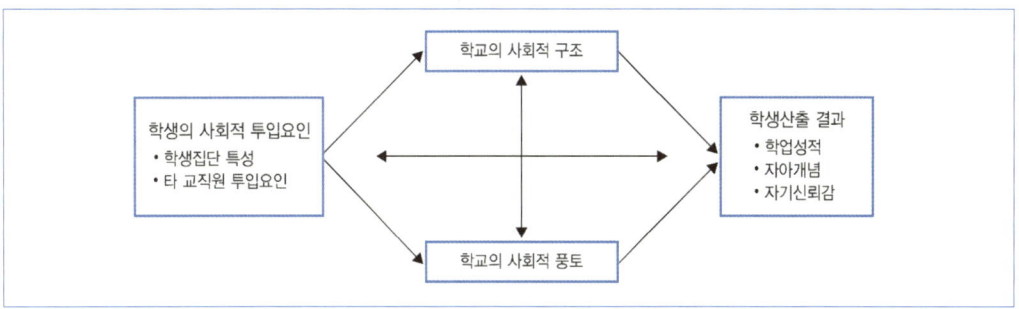

  ⓐ 학교사회의 투입요소, 학교의 사회적 구조, 학교풍토와 학교 산출변인의 관계 규명
  ⓑ 연구결과 : 학생의 학업적 성공에 대한 교사의 기대, 학생의 학습능력에 대한 교사의 평가, 교사의 평가와 기대에 대한 학생의 지각 등의 '학교풍토'가 학업성취에 영향을 줌 → 학교풍토의 하위변인 중에서 학업성취에 가장 큰 영향을 주는 것은 학생의 무력감, 학생에 대한 현재의 평가 및 기대, 학구적 규범 등

THEME 71 학력상승이론

(1) 학습욕구이론
① 매슬로우의 동기이론에 바탕 : 자아실현의 욕구, 심미적 욕구, 알고 이해하려는 욕구가 학습의 욕구와 관련됨
  - cf 매슬로우(Maslow)의 욕구계층모형 : 결핍욕구 – 생리적 욕구, 안전의 욕구, 사회적 욕구, 존경의 욕구 / 성장욕구 – 자아실현의 욕구(지적 욕구, 심미적 욕구, 자아실현 욕구)
② 학교팽창의 원인 : 사람은 누구나 학습욕구를 가지고 있는데, 학교교육을 통하여 이를 충족시킬 수 있기 때문에 기회만 주어지면 교육을 받으려 함
③ 한계점 : 오늘날의 학교가 학습욕구를 제대로 충족시켜 주지 못하고 있음, 학교는 학교가 가지는 기능 중 학습의 기능을 가장 소홀히 함(Reimer & Illich)

(2) 기술기능이론 - 클라크와 커(Clark & Kerr)
① 기본전제 : 직업세계의 기술수준과 학교의 교육수준이 일치함, 학교는 산업사회를 지탱하는 핵심장치이어서 직종수준에 알맞게 학교제도가 발달함
② 학교팽창의 원인 : 산업사회에서 요구되는 기술수준이 계속 증가함. 한 직종의 기술수준이 높아지면 그에 상응하는 교육수준도 높아질 수밖에 없으므로 산업사회의 기술발전에 따라 학력도 높아지게 됨
③ 한계점 : 과잉학력현상을 설명하지 못함(→ 지위경쟁이론 등장), 직업기술수준과 학력수준은 반드시 일치하지 않음

(3) 신마르크스이론 - 보울즈와 진티스(Bowles & Gintis)
① 학교팽창의 원인 : 자본가계급의 이익을 위하여 자본가계급에 의해 교육이 발전됨(학교는 자본주의에 적합한 사회규범을 주입시키는 핵심적 장치)
② 교육제도의 발전
  ㉠ 초기 의무교육제도 : 노동의 질을 높일 목적으로 공장지대 주변에서 강력히 실시
  ㉡ 중등교육의 확대 : 생산체제가 바뀌어 과거보다 높은 수준의 기술인력뿐만 아니라 사무직도 더 많이 요구하게 되자 교육을 확대
  ㉢ 대학교육의 확대 : 저소득층에게 '나도 대학에 다닌다.'는 환상을 심어 주면서 하급의 직업교육을 실시하기 위해 확대
③ 문제점 : 교육을 자본계급의 이익을 위한 것으로만 단정(학습자 자신의 이익이라는 다른 측면 무시), 교육을 수단적 기능의 관점에서만 파악

(4) 지위경쟁이론(계층경쟁론) - 콜린스(Collins)
① 학교팽창의 원인 : 학력은 사회적 지위획득의 수단이기 때문에 사람들이 경쟁적으로 높은 학력을 취득하려 하여 학력이 계속 높아짐
② 학교와 학력의 의미
  ㉠ 학교 : 학교는 기술적 지식을 전달하는 것이 중요한 것이 아니라, '어휘, 억양, 의상, 심미적 취향, 가치와 예절' 등을 가르치는 곳(특정 지위문화를 가르침)
    ▶ 교육은 내부 구성원들에게는 정체성을 부여하고, 외부인들에는 장애물이 됨으로써 지위문화를 강화하는데 기여함, 즉 특권적 지위를 독점하려는 지배집단과 그 지위에 들어갈 기회를 얻으려는 종속집단 간의 갈등을 유발

ⓛ 학력(學歷) : 학교교육을 받은 경력이나 이력, 학교교육을 마친 최종 수준, 학교교육력 → 학력(學歷)에 의한 지위경쟁력이 강한 사회를 학력사회라 함

　　cf 학력(學力) : 배워서 가지게 되는 지력이나 실력

③ 학력의 영향
　㉠ 경제적 소득에 영향 : 학력별 교육수익률 → 상급학력으로 갈수록 교육수익률이 높음
　ⓛ 개인적 직업지위에 영향 : 학력별 직업의 분포 → 학력이 높을수록 상급직업에 종사

④ 학력상승에 따른 현상
　㉠ 졸업장병 - 도어(Dore) : 보다 높은 학력을 취득하기 위해 끊임없이 경쟁하는 것
　ⓛ 교육인플레이션 : 직업세계의 기술수준과 관계없이 계속 높아지는 학력으로 인해 나타나는 학력의 평가 절하현상

　　cf 냉각기능 : 자신의 무능력을 인식하게 하여 기대수준을 낮추고 실현될 수 없을 정도로 높게 설정한 계획을 포기하도록 유도하는 기능

⑤ 고등교육 대중화의 영향 : 대졸자의 교육수익률 하락(희소가치가 없어지기 때문), 고등교육을 통한 사회이동 효과 감소, 입학경쟁의 완화(고등교육기관의 증대로 평균 입학경쟁률 감소), 대학의 서열화

⑥ 문제점 : 경쟁의 부정적 측면만 강조, 학교의 팽창을 교육수요자의 경쟁으로만 파악

(5) 국민통합이론

① 학교팽창의 원인 : 국가의 형성과 이에 따른 국민통합의 필요성 때문에 교육이 팽창
② 한계점 : 고등교육의 팽창, 특히 과잉교육의 문제를 설명하는 데 한계가 있음

THEME 72 학교교육의 위기와 교육개혁

(1) 학교교육의 위기

1) **일리치(Illich)의 탈학교사회(Deschooling)**
   ① 학교교육의 폐지론자, 특수기술센터(대안적 친목기구)에 의한 교육 제안 = 학습망(learning web)
   ② 사악한 잠재적 교육과정의 네 가지 요소
      ㉠ 학생들에게 가르치는 것을 배우는 것으로, 학년이 올라가는 것은 교육받는 것으로 간주하도록 가르침
      ㉡ 학교는 학생들에게 학교교육이 반드시 필요한 것이라고 확신시킴
      ㉢ 학교는 학생들을 소외시킴
      ㉣ 학교는 학생들에게 현존하는 제도나 기관이 절대적으로 필요하다는 신념을 전달함

2) **라이머(Reimer)의 학교사망론**
   ① 학교는 한편에서는 순종을, 다른 한편에서는 규정위반을 가르침. 오늘날 학교는 국가의 이념을 주입함
   ② 따라서 인간의 잠재력을 계발해 주고 전인적 인간을 키워준다는 본래의 사명을 다하고 못함 - 학교는 죽었음

3) **실버만(Silberman)의 학급위기론**
   ① 인간교육이라는 핵심적인 관점에 따라 현 학교교육 및 사회교육을 비판하고 개혁의 방향을 제시
   ② 단편적인 암기에 치중하는 교육은 생산적인 가치도 없고, 피교육자의 성장가능성을 저해함 → 학급의 위기
   ③ 교사의 전문성 부족이 교실 붕괴를 초래함

(2) 교육개혁 - 학습사회론

1) **정의** : 학습하는 사람, 늘 배움을 추구하는 사람들로 구성되는 사회의 학습화

2) **허친스(Hutchins)의 학습사회론** - 자아실현
   ① 학습사회 : 모든 사람들이 언제 어느 때라도 교육을 받을 수 있고 교육의 목표는 인간가치 실현에 두어야 하며, 모든 제도가 인간가치 실현을 지향하는 방향으로 가치전환에 성공한 사회라 규정
   ② 학습사회의 목표 : 평생학습을 통한 자기실현

3) **일리치(Illich)의 학습사회론** - 탈학교사회
   ① 인간을 억압하는 제도화된 학교교육의 잘못된 측면을 폐지하자고 주장(은행저축식 교육) → '학습망' 제안
   ② 학습망(learning web)의 세 가지 기능
      ㉠ 누구든지 학습하려고 한다면, 젊거나 늙었거나 인생의 어느 때에 필요한 수단이나 교재를 이용할 수 있게 해주어야 함
      ㉡ 자기가 알고 있는 것을 다른 사람과 더불어 나누어 가지고자 하는 다른 사람을 발견할 수 있게 해주어야 함
      ㉢ 배우고자 노력하는 모든 사람들에게 기회를 부여해 주어야 함
   ③ 학습에 필요한 네 가지 자원 : 교육자료, 학습동료, 교육자들의 인명록, 기능교환

THEME 73 평생교육

(1) 개요

1) 개념
① 일반적 개념 : 평생교육이란 태아에서 무덤까지 한 개인의 일생을 통한 교육을 수직적으로 통합한 교육과 가정·학교·사회에서 이루어지는 수평적 교육을 통합한 교육을 말한다.
② 랭그랑(Lengrand) : 개인의 출생에서 죽을 때까지 전 생애에 걸친 교육(수직적 차원)과 학교 및 사회 전체교육(수평적 차원)의 통합
③ 데이브(Dave) : 개인적·사회적 삶의 질을 계속적으로 향상시키기 위하여, 평생 동안에 걸쳐 연장 실시되는 모든 형태의 형식적·비형식적 학습활동
④ 「평생교육법」: 학교의 정규교육과정을 제외한 학력보완교육, 성인 문해교육, 직업능력 향상교육, 성인 진로 개발역량 향상교육, 인문교양교육, 문화예술교육, 시민참여교육 등을 포함하는 모든 형태의 조직적인 교육활동

2) 목적 및 이념
① 목적 : 개인적 차원 및 사회공동적 차원의 인간 삶의 질을 향상
② 이념(Dave & Skager) : 전체성, 통합성, 융통성, 민주화, 기회와 동기의 부여, 교육가능성, 다양한 전개양식, 삶과 학습의 질

3) 평생교육 유형
① 형식교육 : 국가가 학력이나 학위를 공식적으로 인증하는 교육 예 학교교육
② 비형식교육 : 교실, 교사, 학생, 교과서, 시간표 등을 모두 갖추고 있지만 국가의 인증을 받지 않는 교육(의도적이고 조직화된 학습활동이지만, 학력이나 학위가 우선 목적은 아님) 예 사설기관의 학력보충교육, 문화센터 등
③ 무형식교육 : 주 목적이 교육은 아니었지만 그 안에서 많은 가르침과 배움이 일어나는 과정(무의도적, 자연발생적)

4) 평생교육의 영역 - 「평생교육법」
① 학력보완교육 ② 기초문해교육 ③ 직업능력교육 ④ 성인 진로교육
⑤ 인문교양교육 ⑥ 문화예술교육 ⑦ 시민참여교육

(2) 발전과정

1) 유네스코(UNESCO) - '문해교육'
① 1970년, 랭그랑(Lengrand)의 「평생교육입문(An Introduction to Lifelong Education)」: 본격적인 평생교육 담론의 시작 → 앎과 삶의 통합, 교육체제의 경직성을 유연화하는 새로운 교육제도의 필요성을 주장
② 1972년, 포르(Faure) 보고서 「존재하기 위한 학습(Learning To Be)」: 이 보고서는 교육제도의 개혁방향으로 '학습사회건설'을 제안했고, 이를 향한 21개의 개혁 원칙을 제시
③ 1973년 데이브(Dave)의 「평생교육과 학교 교육과정(Lifelong Education and School Curriculum)」
④ 1976년, 데이브(Dave)의 「평생교육의 토대(Foundation of Lifelong Education)」: 이전까지는 어떤 이념, 이상향, 지향점으로 모호했던 '평생교육'을 좀 더 '학문'의 대상으로 구체화시켜내는데 기여
⑤ 1979년, 겔피(Gelpi)의 「평생교육의 미래(Future for Lifelong Education)」: 교육기회 평등, 교육의 민주화, 해방교육

⑥ 1996년, 들로어(Delors)의 「학습 : 숨겨진 보물(Learning : the treasure within)」 : 교육이 추구해 나가야 할 네 가지 기둥을 평생학습의 지표로 상정
▶ 학습의 네 기둥 : 알기 위한 학습(learning to know), 실천하기 위한 학습(learning to do), 더불어 살기 위한 학습(learning to live together), 존재하기 위한 학습(learning to be)

2) 경제협력개발기구(OECD) - '순환교육'
① 1973년, 「순환교육 : 평생학습을 위한 전략」을 발표
② 순환교육 : 의무교육 또는 기본교육 이후에 전 생애에 걸쳐 주로 직업활동과 교육에 순환적으로 참여할 수 있도록 만드는 종합적 교육전략

(3) 평생교육방법
① 노울즈(Knowles)의 성인학습이론
  ㉠ 안드라고지(Andragogy) : 기존의 전통적 교육학이 아동과 청소년을 대상으로 한 것으로서의 페다고지라고 규정하고, 그것에 대비하여 성인학습자의 자율성, 자기주도성, 경험중심성, 현장중심성 등을 강조하며 등장한 것 → 성인교육을 이해하는 개념틀
  ㉡ 자기주도학습(Self-Directed Learning) : 학습자 스스로가 자신의 학습욕구를 진단하고, 목표를 설정하고, 학습자원을 찾아 선택하고, 학습전략을 짜며, 그 결과를 평가함에 있어서 주도권을 행사하는 학습과정 → 개념틀을 실현하는 구체적 도구
② 메지로우(Mezirow)의 전환학습(Transformative Learning) : 지식을 습득, 축적하는 전통적 학습과는 달리 개인이 가진 많은 기본적인 가치와 가정들이 학습을 통해 변화하는 하나의 과정(관점의 전환) → 성인 학습에서 가장 중요한 것이 비판적 성찰을 통한 관점의 전환이며, 해방학적 지식을 획득하는 것은 전환적인 것
③ 무크(MOOC, Massive Open Online Course) : 언제 어디서든 마음대로 자신이 원하는 수준 높은 강의를 무료로 들을 수 있는 온라인 무료 수업, 대형 온라인 공개 강좌 → 운영원칙 : 개방성, 참여성, 분포성

(4) 우리나라 평생교육제도
① 평생학습도시 : 주민이 언제, 어디서나, 누구나 원하는 유비쿼터스 학습을 할 수 있는 학습공동체 건설을 도모하는 도시를 재구성화 운동(시·군 및 자치구를 대상으로 지정)
② 학점은행제 : 학교 안팎에서 이루어지는 다양한 형태의 학습경험과 자격을 학점으로 인정하여, 학점이 누적되어 일정 기준을 충족하면 학위취득을 가능하게 하는 제도
③ 문화생 학점·학력인정제도 : 국가무형문화재의 보유자로 인정된 사람과 그 전수교육을 받은 사람으로서 대통령령으로 정하는 사람에게 그에 상당하는 학점·학력을 인정해 주는 제도
④ 독학에 의한 학위취득제도 : 대학에 진학하지 못한 학습자가 스스로 학습한 후 국가기관에서 실시하는 절차에 따라 시험을 거쳐 학사학위를 취득할 수 있도록 한 제도
⑤ 평생교육 이용권(바우처) : 학습자가 본인의 학습 요구에 따라 자율적으로 학습 활동을 결정하고 참여할 수 있도록 정부가 제공하는 평생교육 이용권
⑥ 평생교육사 : 평생교육 프로그램의 기획, 진행, 분석, 평가 및 교수업무 등을 수행하는 평생교육 현장전문가
⑦ 학습계좌제 : 국민의 다양한 학습경험을 공식적인 이력부(학습이력관리시스템)에 종합적으로 누적·관리하고, 그 결과를 학력이나 자격 인정과 연계하거나 고용 정보로 활용하는 제도
⑧ 학습휴가제 : 직장인·공무원이 계속교육 및 재교육을 위해 일정기간 유·무급 휴가를 실시하는 제도
⑨ 직업능력인증제 : 모든 직종에 필요한 공통기초능력(직무수행능력+기초직업능력)을 측정하여 인정하는 제도
⑩ 전문인력정보은행제 : 각급학교나 평생교육기관 등에서 필요한 인적자원을 활용할 수 있도록 하기 위하여 강사에 관한 정보를 수집하여 제공·관리하는 제도

THEME 74 다문화교육

(1) 개요
① 다문화교육 : 각기 다른 인종과 성, 언어, 계층 등을 이해하고 존중하도록 유도하여 삶을 긍정적으로 변화시킴으로써 다양한 문화의 세계에서 공동의 목표를 지향하며 의사소통할 수 있는 지식, 태도, 기술을 준비하는 교육
② 다문화가족 -「다문화가족지원법」: ㉠ 결혼이민자, ㉡ 출생 시부터 대한민국 국적을 취득한 자, ㉢ 귀화허가를 받거나 ㉣ 인지에 의해 대한민국 국적을 취득한 자로 이루어진 가족
③ 목적 : 다양한 인종·민족·계층·문화 집단의 학생들에게 균등한 교육적 기회를 보장하는 것

(2) 다문화교육의 관점

1) 문화실조론(자문화중심주의, 동화주의)
① 문화실조론은 우수문화(백인, 도시 문화), 열등문화(흑인, 농·어촌 문화) 등 문화에 위계가 있음을 전제
② 즉, 열등문화에게는 우수문화가 '결핍'되어 문화의 실조현상이 나타난다고 봄
③ 그래서 교육정책적 차원에서 문화실조를 보상해 주는 보상교육의 정책이 등장
④ 이 입장에서의 교육평등관은 보상적 평등관

2) 문화다원론(문화상대주의)
① 문화다원론은 여러 집단의 문화를 대등한 자격을 가지는 것으로 취급
② 우수문화·열등문화가 없고, 학교에서 취급하는 과정으로서의 문화는 여러 문화 중 단지 선택 되어진 것
③ 선택되어지지 않은 문화집단의 자녀들은 학교교육에서 소외되고 낮은 평가를 받음
④ 따라서 학교교육이 사회이동과 사회평등화를 촉진시키는 것이 아니라 기존 계층질서를 유지하고 있다고 비판

(3) 다문화정책의 분석 틀
① 용광로이론(동화주의) : 한 국가의 주류집단인 다수 인종이나 민족의 문화와 소수 인종이나 민족의 문화를 용광로에 모두 녹여서 새로운 문화를 만들어냄으로써 사회를 통합하려는 정책
② 모자이크이론(문화적 다원주의) : 주류집단의 문화뿐만 아니라 소수 인종과 민족이 자신의 문화를 유지하도록 허용함으로써 다양한 소수집단의 문화들이 공존하는 것을 인정하는 정책
  → 한계 : 문화의 다양성이 충분히 보장되는 것처럼 보이나, 다수 인종과 민족의 문화를 주류집단의 문화로 인정한 상태에서 부수적으로 소수 인종과 민족의 문화(주변문화로 전락)를 허용함
③ 샐러드접시이론(다문화주의) : 여러 인종, 민족, 집단의 문화를 결합하지만 각 집단의 고유성과 정체성을 유지하면서 전체사회의 통합을 유지하는 것 → 특정 집단의 주류문화 인정하지 않음

(4) 다문화교육의 방법

1) 뱅크스(Banks)의 다문화교육
① 다문화적 수업방법 : 교육과정 유지(기여적, 부가적 접근), 교육과정 변화(변환적, 의사결정·사회적 행동 접근)
  ㉠ 공헌적 접근(기여적 접근) : 한 사회를 구성하는 데 인종적으로 공헌한 여러 지역에서 나온 작품, 민족적 영웅이나 공휴일·기념일 등에 관련된 주제를 수업교육과정에 사용

- ⓒ 부가적 접근(첨가적 접근) : 기존 교육과정의 구조를 변환시키지는 않은 채 다른 문화의 개념이나 자료를 부가적으로 포함시키는 것
- ⓒ 변환적 접근(개혁적 접근) : 학생들로 하여금 여러 민족적 관점에서 사건들이나 개념, 주제, 문제들을 볼 수 있도록 교육과정의 구조를 변형시키는 것
- ⓔ 의사결정·사회적 행동 접근(실행적 접근) : 이론적인 것에서 벗어나, 의사결정과 행동으로 나아갈 수 있도록 문화상대주의적인 다문화적 탐구가 가능한 활동에 초점을 두는 것

② 다문화교육의 5가지 차원
- ㉠ 지식의 통합 : 교사가 교과목과 단원주제와 관련된 핵심개념, 원리, 일반화와 이론들을 설명하기 위해서 다양한 문화 및 집단에서 온 사례, 자료, 정보를 가져와 활용하는 것
- ㉡ 지식의 구성 : 교사가 학생들로 하여금 각 교과목과 단원주제에 잠재되어 특정한 방향으로 지식을 구성하는 데 영향을 미치는 묵시적인 문화적 가정들, 참조체제, 관점과 편견들을 이해하고, 탐구하며, 판단할 수 있도록 돕는 것
- ㉢ 편견감소 : 학생들의 편견에 초점을 맞추는 차원, 학생들이 보다 긍정적인 인종적–종족적 태도를 습득하도록 하는데 활용할 수 있는 전략(교수방법이나 교구 및 교재 등)을 다루는 것
- ㉣ 평등교수법 : 교사가 다양한 인종 및 문화적 배경, 성, 사회계층집단에 속하는 학생들의 학업성취를 향상시키기 위하여 수업을 수정하는 것 → 다문화교육의 핵심
- ㉤ 학교문화와 구조의 다문화 역량 강화 : 다양한 인종, 민족, 언어, 사회계층 집단에서 온 학생들이 장차 교육적 평등과 권한 부여를 경험 하도록 학교 문화와 구조를 재구성하는 것

2) **빌링스(Billings)** - 문화적으로 적절한 교육(culturally relevant instruction)

① 문화적으로 적절한 교육 : 인종적·문화적으로 다양한 학생들이 지닌 독특한 문화적 지식, 이전 경험, 준거체제, 관점, 학습 유형, 수행 양식 등을 적극적으로 활용하여 그들의 학습 경험을 보다 효과적이게끔 만들려는 교수방식

② 문화적으로 적절한 교육이 갖추어야 할 세 측면
- ㉠ 학업에 있어서 학생들의 성공을 강조함(높은 학업성취에 대한 기대와 이를 위한 교사의 노력)
- ㉡ 소수 학생들의 문화적 역량(소수자로서의 정체성과 성공적인 학교생활을 동시에 수용할 수 있는 통합적 역량)을 길러주기 위해 노력함
- ㉢ 인종적·문화적으로 불평등한 사회구조에 대한 학생들의 비판의식을 길러주기 위해 노력함

교 육 학 논 술   K T X

Chapter 07

교육행정

THEME 75	교육행정의 개념과 원리
THEME 76	교육행정학의 발달과정
THEME 77	동기론① - 내용이론
THEME 78	동기론② - 과정이론
THEME 79	상황적 지도성론
THEME 80	새로운 지도성론
THEME 81	교육조직의 기초
THEME 82	조직유형론
THEME 83	교육조직구조
THEME 84	학교조직의 특성
THEME 85	학교풍토론
THEME 86	조직문화론
THEME 87	조직갈등론
THEME 88	의사소통론
THEME 89	교육기획론
THEME 90	교육정책의 기초
THEME 91	교육정책 결정모형
THEME 92	참여적 의사결정 모형
THEME 93	장학의 기초
THEME 94	장학의 유형
THEME 95	교육재정의 기초
THEME 96	교육예산 관리기법
THEME 97	학교운영위원회
THEME 98	학교경영기법

THEME 75 교육행정의 개념과 원리

(1) 교육행정의 개념

① 분류체계론(국가통치권론) : 교육행정은 일반행정의 한 부분, 교육행정을 총체적인 국가행정의 관점에서 파악하려는 관점 → '교육에 관한 행정'
② 조건정비론 : 교육행정은 교육목표를 효율적으로 달성하기 위해 필요한 인적·물적 제 조건을 정비·확립하는 수단적·봉사적 활동 → '교육을 위한 행정'
   cf 캠벨(Campbell)이 제시한 '교육행정의 특수성' : 중요성, 공개성, 복잡성, 친밀성, 전문성, 평가의 난이성
③ '교육에 관한 행정'과 '교육을 위한 행정'의 비교

교육에 관한 행정	교육을 위한 행정
• 법규 해석적인 관점을 중시 • 행정의 종합성, 관료성과 획일성을 강조 • 공법학적인 교육행정의 개념 • 행정을 내무, 외무, 군무, 재무, 법무행정으로 구분	• 교육의 자주성을 중시하는 입장 • 교육의 전문성과 특수성 중시 • 교육의 봉사성과 수단성을 중시 • 교육행정은 교수 및 학습목표를 달성하기 위한 공동의 노력을 기하는 것

(2) 교육행정의 원리

1) 법제면에서 본 원리

① 합법성의 원리 : 교육행정의 모든 활동이 합법적으로 제정된 법령, 규칙, 조례 등에 따라야 한다는 것
② 기회균등의 원리 : 민주주의의 기본원리, 교육의 기회를 실질적으로 보장하려는 것
③ 자주성의 원리 : 교육행정이 일반행정으로부터 분리·독립되고, 정치나 종교로부터 중립성을 유지해야 한다는 것
④ 지방분권의 원리 : 교육에 관한 권한과 책임을 중앙에 집중시키지 않고 지방 교육행정기관에 분산시키는 것
⑤ 적도집권의 원리 : 집권주의(행정의 능률↑)와 분권주의(민주주의적 권한의 이양과 참여의 기회↑) 사이의 알맞은 균형점을 발견하여 가장 이상적인 행정체계를 이룩하려는 것

2) 운영면에서 본 원리

① 민주성의 원리 : 국민의 의사를 행정에 반영하고 국민을 위한 행정을 해야 한다는 것(교육행정에의 시민참여, 행정의 공개성과 공익성, 행정과정의 민주화 등) → 합법성의 원리보다 훨씬 적극적인 개념
② 효율성의 원리 : 교육활동에 최소한의 인적·물적·재정적 자원과 시간을 투입하여 최대의 성과를 가져오려는 것
③ 적응성의 원리 : 교육행정은 현대의 급변하는 행정 상황을 반영할 수 있어야 한다는 것
④ 안정성의 원리 : 국민적 합의 과정을 거쳐 수립·시행되는 교육정책이나 프로그램은 장기적인 안목에서 계속성과 일관성을 유지해야 한다는 것
⑤ 균형성의 원리 : 상충하기 쉬운 민주성과 효율성, 적응성과 안정성의 원리가 적절히 균형을 이루어야 한다는 것
⑥ 전문성의 원리 : 교육행정은 교육활동의 본질을 이해하고 교육의 특수성을 스스로 체험하고, 교육행정에 관한 이론과 기술을 습득한 전문가가 담당해야 한다는 것

THEME 76 교육행정학의 발달과정

(1) 고전이론(1900~1930년대)

1) 과학적 관리론(Taylorism) – 개별 작업자의 직무에 초점
① 기본입장 : 물리적 환경에 초점, 인간을 수단 시, 경제·물질적 측면 강조
② 주요 원리(Taylor) : 최대의 일일 작업량, 표준화된 조건, 성공에 대한 높은 보상, 실패에 대한 책임, 과업의 전문화
③ 보빗(Bobbitt)의 입장 - 과학적 관리론을 교육행정의 연구와 실제에 도입
  ㉠ 가능한 한 모든 시간에 교육시설을 활용
  ㉡ 교직원 수를 최소화하되 교직원의 능률을 최대로 신장시킴
  ㉢ 교육행정에서의 낭비를 최대한 제거
  ㉣ 교원들에게는 학교행정을 맡기지 않고 학생을 가르치는 일에만 전념하도록 하게 함

2) 행정과정론 - 전체 조직의 행정관리에 초점
① 일반행정의 과정
  ㉠ 페이욜(Fayol) : 기획(Planning) - 조직(Organizing) - 명령(Commanding) - 조정(Coordinating) - 통제(Controlling)
  ㉡ 귤릭과 어윅(Gulick & Urwick)의 POSDCoRB : 기획(Planning) - 조직(Organizing) - 인사(Staffing) - 지휘(Directing) - 조정(Coordinating) - 보고(Reporting) - 예산편성(Budgeting)
② 교육행정과정
  ㉠ 시어즈(Sears) : 최초로 교육행정 분야에 행정과학을 적용 → 기획, 조직, 지휘, 조정, 통제
  ㉡ 그레그(Gregg) : 의사결정, 기획, 조직, 의사소통, 영향, 조정, 평가

3) 관료제론 - 베버(Weber)
① 개념 : 계층제의 형태를 지니고 합법적 지배가 제도화되어 있는 대규모조직의 집단관리현상
② 권위가 정당화되는 방법에 따른 권위의 유형 : 전통적 권위, 카리스마적 권위, 합법적 권위(이상적 형태)
③ 관료제의 특징

	특징	역기능	순기능
분업과 전문화	조직의 목적달성을 위한 과업이 구성원의 책무로서 공식적으로 배분됨	권태감의 누적	전문성 향상
몰인정성	조직의 분위기가 감정과 인정에 지배되지 않고 엄정한 공적 정신에 의해 규제됨	사기의 저하	합리성 증진
권위의 체계	부서가 수직적으로 배치되고 하위부서는 상위부서의 통제와 감독을 받음	의사소통 장애	순응과 원활한 조절
규칙과 규정	의도적으로 확립된 규정과 규칙체계를 통해 활동이 일관성 있게 규제됨	경직과 목표전도	계속성과 통일성 확보
경력지향성	연공이나 업적 혹은 양자를 조합한 승진제도를 갖추고 있으며 경력이 많은 자가 우대됨	실적과 연공의 갈등	동기의 유발

(2) 인간관계론(1930~1950년대)

1) 기본입장 - 인간을 관리하는 방법에 관한 이론·관리체계

① 사회심리적 요인, 비합리적·감정적 요소의 중시
② 사회인관 : 합리적·경제적 존재가 아니라 비합리적·사회적 존재로 간주
③ 비공식집단의 중시, 조직관리의 민주화·인간화 강조

2) 메이요(Mayo)의 호손실험의 의의 - 조명실험, 전화계전기 조립실험, 면접 프로그램, 건반배선조립 관찰실험

① 생산수준은 생리적 능력보다는 비공식조직의 사회적 규범에 의해 더 영향을 받음
② 근로자들은 관리자들의 독단적인 결정으로부터 자신을 보호하기 위해서 비공식조직을 이용함
③ 비공식적 사회조직은 경영층과 상호작용함
④ 사람은 기계와 같이 수동적인 존재가 아니라 능동적인 존재

3) 과학적 관리론과 인간관계론의 비교

구 분	과학적 관리론	인간관계론
이 념	기계적 능률	사회적 능률(인간관계, 사기)
인간관	경제적 인간	사회적인 인간
조직에 대한 관점	조직의 공식적 측면	조직의 비공식적 측면
원리에 대한 관점	조직관리의 일반적 원리 발견	조직관리의 일반적 원리 비판
영 향	정치·행정 이원론, 행정의 과학화에 기여, 조직운영의 능률성 강조	과학적 관리론 보완, 인간의 사회적 측면 부각, 조직의 인간화에 기여
비 판	조직의 목적만을 강조, 비공식 집단 경시	조직의 공식적 측면 무시, 공식적 집단에 대한 고려 부족
공통점	• 조직 외부 환경과의 상호작용보다 조직 내부 문제에 관심 → 폐쇄체제적 접근 • 조직의 목표는 외부에서 누군가에 의해 주어진다고 보며, 조직 구성원들 스스로 조직의 목표를 설정하는 과정에 대한 관심은 소홀함 • 조직은 항상 조화롭게 돌아가야 한다고 믿고, 조직 안에서의 갈등은 일탈 현상(과학적 관리론) 또는 병리현상(인간관계론)으로 간주함 • 인간을 조직목적 달성을 위한 수단적 존재로 인식 → 효율적 목표 달성이 최상의 관심	

(3) 행동과학론(1950년대~현재)

① 과학적 관리과 인간관계론의 문제(인간을 목적달성 수단으로 간주, 행정을 조직 내 문제로만 파악)를 해결하기 위해 등장
② 개념, 원리, 모형, 연구설계 등을 이용하여 이론적 가설을 경험적으로 검증하고, 유용한 이론을 개발·확산시켜 행정관리에 대한 학문적 발전을 주도
③ 바너드(Barnard)의 「행정가의 기능」 : 최대한의 목표 달성을 위해서는 '효과성(조직 목표달성에 우선을 두는 입장)'과 '능률성(구성원들의 만족과 사기를 강조하는 입장)'이 균형을 이루어야 한다고 주장
④ 사이먼(Simon)의 「행정행위론」 : 효과적인 의사결정을 위해서는 '행정적 인간형(만족스러운 범위 내에서 제한된 합리성을 추구)'이 필요하다고 주장
⑤ 이론화운동(신운동, New Movement) : 교육행정학을 실제적 기술의 상태로부터 이론적 학문의 수준으로 전환시키는 데 공헌 → 체제론, 동기론, 지도성론, 조직론

(4) 체제이론(1960년대~현재)

1) 배경 : 교육행정의 이론화를 주도한 행동과학적 접근의 한계를 극복하기 위해 등장 → 행동과학론은 조직구성원의 행동을 설명하고 예측하는 데는 기여하였으나 복잡하게 얽힌 조직의 동태를 설명하는 데는 한계가 있음

2) 개방체제론

① 개방체제의 기본모형

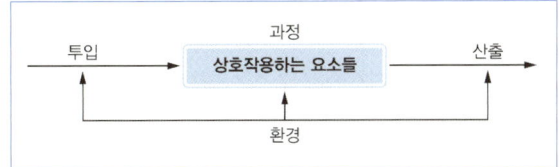

▶ 기본 요소 : 투입, 과정, 산출, 환경
▶ 특징 : 투입과 산출, 안정성, 자기통제력, 이인동과성, 환류, 역동적인 상호작용, 발전적 분화, 점진적 기계화, 부정적 엔트로피 등

② 학교를 개방체제의 대표적인 것으로 파악 예 조직화된 무질서 조직, 이완조직

3) 카우프만(Kaufman)의 체제접근 모형 - 목표달성을 위해 밟아야 할 5단계

문제규명	해결요건 결정 및 해결대안 탐색	해결전략 선택	실행	실행효과 확인
필요사정	MBO(행동목표)	PPBS(투입산출 분석)	PERT/CPM(망분석기법)	검사성과 평가

4) 사회체제이론

① 사회현상을 체제적 관점에서 분석하려는 접근, 사회 속에서 인간이 어떻게 행동하는가를 연구(사회과정이론)
② 겟젤스(Getzels)와 구바(Guba)의 사회과정 모형 : 사회에서 개인의 행동에 영향을 미치는 요인을 '규범적 차원'과 '개인적 차원'으로 제시
③ 겟젤스와 셀렌(Thelen)의 사회체제 모형 : 겟젤스와 구바의 모형에 '인류학적·조직풍토·생물학적 차원'을 추가

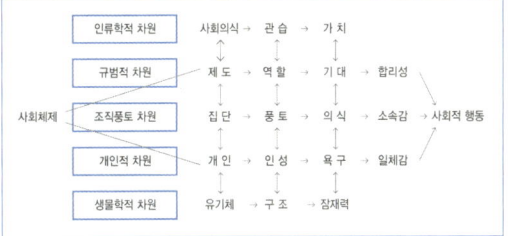

▶ 사회적 행동의 발생조건
- 합리성 : 조직이 개인에게 요구하는 역할이 사회적 가치와 일치할 때
- 소속감 : 개인과 집단의 풍토 조화를 이루어 조직의 일에 적극적으로 동참할 때
- 일체감 : 조직의 목표가 개인의 욕구성향을 충족시켜 줄 때

④ 교육적 시사점 : 교사들의 역할이 자신들의 성격과 얼마나 일치할 수 있느냐에 따라 교사들의 갈등수준과 직무만족도에 영향을 미칠 수 있음 → 개개인들의 욕구성향에 맞는 직무 배정, 장학, 평가 및 보상체계 등 필요

(5) 대안적 접근

① 해석적 관점 : 합리적이고 과학적인 접근방법에 대한 비판으로 제기된 이론, 합리적인 사고와 간주관적인 해석을 통해 현상의 이해하는 것이 근본 목적 → 그린필드(Greenfield)
② 비판적 접근 : 조직의 비합리적이고 특수한 측면, 주변적이고 소외된 측면에 초점을 맞추어 조직문제를 탐구 → 앤더슨(Anderson), 베이츠(Bates)
③ 철학적 접근 : '대상으로서의 교육행정' + '방법으로서의 철학', 철학적 사유는 교육행정이 추구해야 할 바람직한 가치의 실천에 대한 반성적 사고를 가능케 함 → 핫킨슨(Hodgkinson), 스타렛(Starratt)

THEME 77 동기론① – 내용이론

(1) 매슬로우(Maslow) 욕구계층이론 – '개인 내부의 욕구 에너지'에 초점

① 매슬로우 욕구계층이론의 핵심은 일단 하위수준의 욕구가 만족된 후에 보다 상위수준의 욕구를 추구하게 된다는 것 → '만족진행 접근법'

> **cf** 알더퍼의 ERG이론 : 좌절퇴행요소가 있어서 상위수준의 욕구가 충족되지 않을 때 혹은 좌절될 때 그보다 낮은 하위수준의 욕구의 중요성이 커짐(역진행과정), 한 가지 이상의 욕구가 동시에 작용될 수 있음

② 욕구계층 모형

	일반적 요소들	욕구의 계층		ERG이론
고수준 욕구 ↑	성숙, 자율, 성취, 진보	자아실현의 욕구(5수준)	→ 성장욕구	성장의 욕구 (Growth)
	자기존중	존경의 욕구(4수준)		관계의 욕구 (Relatedness)
	타인으로부터의 승인/인정		결핍욕구	
	애정, 수용, 소속	사회적 욕구(3수준)		
	안전, 신체적 견고, 생리적 견고	안전욕구(2수준)		생존의 욕구 (Existence)
저수준 욕구 ↓	음식, 거주지, 성욕	생리적 욕구(1수준)		

(2) 허즈버그(Herzberg)의 동기-위생이론 – '작업환경'에 초점, 개인의 '직무수행태도'에 중점

① 만족요인이 존재할 경우에는 만족하겠지만 부재상태라고 해서 불만족하지 않으며, 불만족요인이 존재할 경우에는 불만을 갖게 되지만 부재한다고 해서 만족에 크게 기여하지 못함 → 직무만족요인과 불만족요인은 별개로 존재

② 동기요인과 위생요인

동기요인(만족요인)	위생요인(불만족요인)
• 작업 자체로부터 도출된 내용적·내적 혹은 심리적인 것 예 성취, 인정, 작업 자체, 책임, 발전, 성장가능성 등	• 작업환경으로부터 도출된 맥락적·외적 혹은 물리적인 것 예 보수, 인간관계, 지위, 근무조건, 작업안정, 개인생활 등

③ 학교조직에 대한 시사점
  ㉠ 학교행정가는 '인정(동기요인)'의 문제를 항상 염두에 두어야 함
  ㉡ 교사에게 중요한 여러 결정 및 업무에 참가하여 '성취감(동기요인)'을 맛보게 해야 함 → 의사결정 권한, 자율성 부여
  ㉢ 교육적 적용 : 직무재설계(직무풍요화), 수석교사제

(3) 맥그리거(McGregor)의 X·Y이론

① 맥그리거는 매슬로우의 욕구단계이론을 바탕으로 하여 인간관을 두 가지 범주로 구분

X이론(≒ Argyris의 미성숙)	Y이론(≒ Argyris의 성숙)
• 전통적 관리체제를 정당화시켜 주는 인간관 • 인간은 본래 태만, 가능한 한 적게 일을 하려고 함 • 사람은 보통 대망이 없고, 책임을 싫어하며, 지도받기를 원함 • 사람은 선천적으로 이기적, 조직의 필요에는 무관심함 • 사람은 본래 변화에 대하여 저항적으로 대응함 • 사람은 속기 쉬우며 현명하지 못하고, 남의 허풍이라든가 선동에 넘어가기 쉬움	• 인간적 측면의 새로운 관리체제를 뒷받침해 주는 인간관 • 동기, 발전 잠재력, 책임 능력, 자신의 행동을 조직목적의 방향으로 이끌려는 태도 등은 사람들의 내부에 간직되어 있음 • 사람이란 원래 조직의 필요에 대하여 수동적이거나 저항적인 성향을 지니고 있지 않음 • 사람들은 적절히 동기유발만 되면 일에 대하여 자제·자율·창의를 가지고 임함

② 그는 관리자가 인간에 대한 가정에서 X이론과 Y이론 중 어떤 철학을 가지고 있느냐에 따라서 조직구성원들에 대한 동기유발의 방법이 달라질 것이라고 주장
  ㉠ X이론에 의해 지배되는 조직 : 지도자는 강제, 명령, 통제, 금전에 의한 유인, 위협, 벌칙과 같은 극단적이고 강제적인 수단을 활용하는 관리전략을 선택함
  ㉡ Y이론에 의해 지배되는 조직 : 관리자들은 명령·통제는 줄이고 구성원의 잠재력 계발, 조직 내 장애 요인의 제거, 구성원의 성장 발전 촉진 등을 우선시함

(4) 아지리스(Argyris)의 미성숙-성숙이론 - '조직풍토' 측면에 중점

① 아지리스는 조직의 관리방법이 구성원의 행동과 성장에 어떠한 영향을 미치는가를 연구
② 그는 어떤 조직은 구성원의 성장을 억제하면서 계속 미성숙한 상태로 묶어놓으려고 하고, 어떤 조직은 구성원들을 계속 성장하도록 격려하고 있음을 규명
  ㉠ 미성숙단계 : 인간을 본래 미숙한 존재보고, 자율을 최소한 제한하고 수동적, 의존적, 종속적인 행동을 강조함
  ㉡ 성숙단계 : 조직 구성원들에게 성장·성숙할 수 있는 기회를 제공함으로써 자아실현 욕구를 충족시켜주는 동시에 그들의 자질을 향상시켜 조직의 목표달성에 이바지하도록 강조함
③ 학교조직에 대한 시사점
  ㉠ 인간관계론적 관리방법은 구성원을 성숙하게 하며 이러한 조직은 효과성을 증진시키나, 과학적 관리론의 관리방법은 구성원을 미성숙에 머물게 하여 조직의 효과성을 증진시키지 못함
  ㉡ 조직구성원들에게 책임의 폭을 넓혀 주고 믿음으로 대해주며, 성장·성숙할 수 있는 기회를 부여하게 되면, 구성원의 자아실현욕구가 충족됨과 동시에 조직의 욕구도 충족되며 조직의 목표가 쉽게 달성됨
    → 방법 : 조직 내 인간 상호간의 대인능력을 증가시킴, 직무 확대 전략 활용, 참여적 또는 근로자 중심의 지도성을 발휘

THEME 78 동기론② - 과정이론

(1) 브룸(Vroom)의 기대이론

① 기본가정
- ㉠ 인간은 그들의 욕구, 동기, 과거의 경험에 대한 기대를 가지고 조직에 들어오게 됨. 이러한 것들이 조직에 대하여 개인이 어떻게 반응하느냐에 영향을 미침
- ㉡ 개인의 행동은 의식적인 선택의 결과, 사람들은 자신의 기대치 계산에 의하여 제시된 행동들을 자유롭게 선택함
- ㉢ 사람들은 조직에 대하여 각각 다른 것을 원함 ❹ 높은 수준의 보수, 직업안정, 승진 등
- ㉣ 사람들은 자신을 위한 산출을 극대화할 수 있도록 선택적인 대안들 가운데서 선택하게 됨

② 기대이론의 4가지 기본 요소

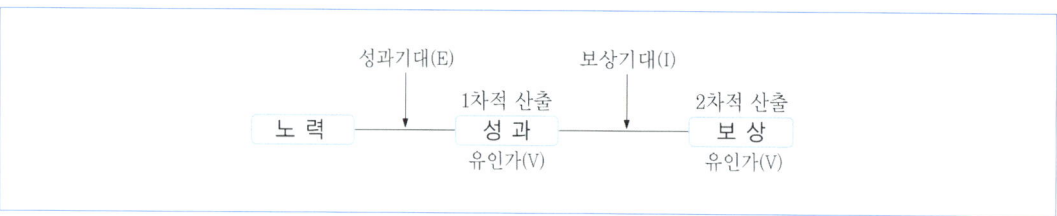

- ㉠ 유인가(valence, 목표 매력성) : 특별한 산출이나 보상을 바라는 욕구의 강도
- ㉡ 성과기대(expectancy, 노력과 성과의 연계) : 과업에 관련된 노력이 어떤 수준의 성과를 가져올 것이라는 신념의 강도, 행동-산출의 관계
- ㉢ 보상기대(instrumentality, 성과와 보상의 연계) : 과업수행의 1차적 산출의 결과로서 받게 될 특별한 보상에 대한 지각된 확률, 산출-산출의 관계
- ㉣ 산출(outcomes) : 어떤 작업행동의 최종결과이며, 1차적 산출(성과의 한 부분으로서 일에 대하여 노력을 경주한 직접적 결과)과 2차적 산출(1차적 산출이 가져올 것으로 기대되는 결과)로 분류됨

③ 특징
- ㉠ 동기과정에서 개인의 지각이 중요한 역할을 함
- ㉡ 사람은 자신이 어떠한 행동을 했을 때 나타날 결과에 대한 가치 또는 개인적 이해득실을 주관적으로 평가한 후에 어떻게 행동할 것인가를 선택함
- ㉢ 보상기대치(I)가 높고, 그 보상에 대한 유인가(V)가 높으며, 성과기대치(E)가 높다고 지각한 경우 어떤 행동에 대한 강력한 동기가 유발됨

(2) 아담스(Adams)의 공정성이론

① 어느 개인이든 자기가 직무수행을 위해서 투입한 것과 그로부터 얻어진 결과의 비율을 다른 사람의 그것과 비교하여 공평성의 정도를 지각하게 됨
- ㉠ 비율이 동등할 때 : 고용자와 공정한 거래를 하고 있다고 느끼게 되며, 직무에 대한 만족을 느끼게 됨
- ㉡ 불공정하다고 느낄 때 : 직무에 대하여 불만을 갖거나 불안을 느끼게 되어, 이때 긴장을 감소시키고 공정성을 회복하도록 동기화 됨

② 투입과 산출의 주요 변인

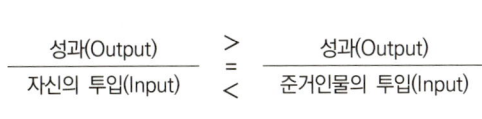

▶ 투입요인 : 교육, 경험, 능력, 훈련, 개인적 특성, 노력, 태도 등
▶ 산출(결과)요인 : 보수, 승진, 직업안정, 부가적 혜택, 근무조건, 인정 등

③ 균형상태를 위한 행동형태 : 투입조정, 성과조정, 투입과 성과에 대한 인지적 왜곡, 비교하는 타인의 투입과 성과의 변경, 비교대상의 변경, 조직이탈(퇴직)
④ 공정성이론의 특징
　㉠ 지각된 불균형은 개인에게 긴장을 유발함
　㉡ 긴장의 양은 불균형의 정도에 비례함
　㉢ 개인에게서 나타나게 된 긴장은 그로 하여금 이를 감소시키도록 동기화함
　㉣ 불균형을 감소시키려는 동기부여의 강도는 지각된 불균형에 비례함
⑤ 한계점(Hoy & Miskel)
　㉠ 공정성에 대한 판단은 주관적
　㉡ 사람들은 마땅히 받아야 할 것 이상을 받는 것보다는 더 적게 받는 것에 민감함
　㉢ 공평성을 높이는 방향으로만 행동이 집중되고 불공정 문제의 개선에는 소홀할 수 있음

(3) 로크(Locke)의 목표설정이론

① 대부분의 인간 행동은 유목적적이며, 행위는 목표와 의도에 의하여 통제되고 유지된다는 것
② 목표가 성과를 결정하는 요인(Steers)
　㉠ 목표의 구체성 : 막연한 목표보다는 구체적인 목표가 성과를 높일 수 있는 행동을 불러일으킴
　㉡ 목표의 곤란성 : 쉬운 목표보다는 다소 어려운 목표가 동기를 유발시킴
　㉢ 목표설정에의 참여 : 구성원들이 목표설정과정에 참여함으로써 성과가 향상될 수 있음
　㉣ 노력에 대한 피드백 : 노력에 대하여 피드백이 주어질 때 성과가 올라감
　㉤ 목표달성에 대한 동료들 간의 경쟁 : 동료들 간의 경쟁이 성과를 높일 수 있음
　㉥ 목표의 수용성 : 일방적으로 강요된 목표보다는 자발적으로 수용한 목표가 더 큰 동기를 유발시킬 수 있음

THEME 79 상황적 지도성론

(1) 피들러(Fiedler)의 상황적합론

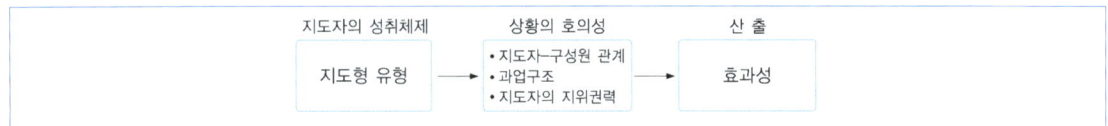

① 상황의 호의성 : 상황이 지도자로 하여금 집단에 대하여 영향력을 발휘할 수 있도록 하는 정도
  ㉠ 지도자-구성원관계 : 지도자와 구성원 간 관계의 질(부하직원에 대한 지도자의 신뢰, 지도자에 대한 구성원의 존경 등)
  ㉡ 과업구조 : 부하들의 과업 특성(목표의 명료도, 목표 달성의 복잡성, 수행평가의 용이도, 해결책의 다양성)
  ㉢ 지도자의 지위권력 : 합법적·보상적·강압적 권력을 가지고 부하의 행위에 영향을 줄 수 있는 능력을 소유한 정도
② 지도자의 효과적인 리더십은 상황의 호의성에 따라 달라짐
  ㉠ 호의적인 상황에서는 과업지향적 지도자가 인화지향형 지도자보다 더 효과적
  ㉡ 보통 정도의 호의적인 상황에서는 인화지향적 지도자가 과업지향적 지도자보다 더 효과적
  ㉢ 비호의적인 상황에서는 과업지향적 지도자가 인화지향적 지도자보다 더 효과적

(2) 허쉬와 블랜차드(Hersey & Blanchard)의 상황적 지도성론

① 지도자의 과업행동, 지도자의 관계행동, 조직 구성원들의 성숙수준 등 3요소 간의 상호작용으로 효과적인 지도성 유형을 설명 → '구성원의 성숙도'가 중요한 상황요인
  ▶ 구성원의 성숙수준 : 직무성숙도(직무수행능력) + 심리적 성숙도(동기수준)
② 지도성 유형

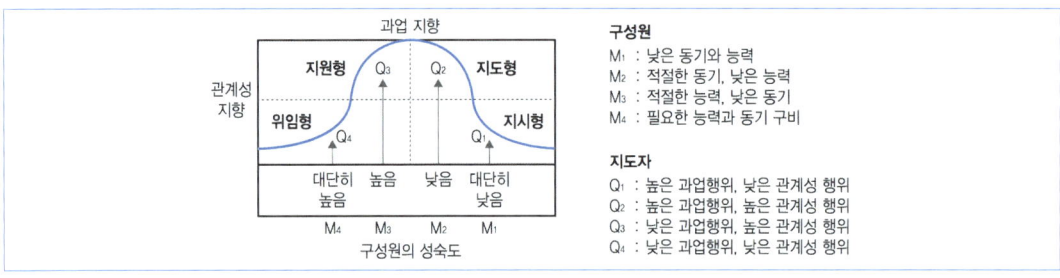

  ㉠ 지시형(설명형, telling) : 구성원이 낮은 동기와 능력을 가지고 있을 때(M1), 지도자는 집단구성원의 역할을 규정하고, 행동을 지시해야 함(Q1)
  ㉡ 지도형(설득형, selling) : 구성원이 능력은 낮으나 적절하게 높은 동기를 가지고 있을 때(M2), 지도자는 약간의 방향을 제시하되 구성원들이 지도자의 결정과 방향을 수용토록 지도해야 함(Q2)
  ㉢ 지원형(참여형, participating) : 구성원들이 적절하게 높은 능력은 가지고 있으나 낮은 동기를 갖고 있을 때(M3), 지도자 주도의 방향 제시는 불필요하되 집단구성원들이 동기화될 수 있도록 의사결정에 참여시켜야 함(Q3)
  ㉣ 위임형(delegating) : 구성원들이 높은 능력과 동기를 가지고 있을 때(M4), 지도자는 집단구성원들에게 과업을 위임함으로써 집단에 대한 신뢰를 나타내야 함(Q4)

THEME 80 새로운 지도성론

(1) 리더십 대용 상황이론 - 커와 저마이어(Kerr & Jermier)
① 리더십이 상황에 의존하기는 하지만 여전히 공식적 리더십이 필요하다는 상황적 리더십이론의 가정에 의문을 제기
② 지도자의 리더십을 대체하거나 억제하는 리더십 대용 상황을 제안
  ㉠ 대용상황 : 구성원의 태도, 지각, 행동에 영향을 미치는 지도자의 능력을 대신하거나 감소시키는 상황적 측면
    예) 우수한 교사를 보상할 수 있는 권력을 가지고 있지 못한 것은 학교장의 지도자 행동을 제약함
  ㉡ 억제상황 : 지도자가 특정한 방식으로 행동하지 못하게 하거나 지도자 행동의 영향력을 무력화시키는 상황적 측면
    예) 학교장이 제공하는 인센티브에 대해 교사들이 무관심한 것은 학교장의 행동을 무력화함
③ 과업수행은 지도자가 가지고 있는 그 어떤 것에 의존하지 않고 '구성원, 과업, 조직 특성' 등에 달려있음

(2) 변혁적 지도성이론 - 번즈와 배스(Burns & Bass)
① 구성원으로 하여금 조직목적에 헌신하도록 하고, 의식과 능력 향상을 격려함으로써 자신과 타인의 발전에 보다 큰 책임감을 갖고 조직을 변화시키고 높은 성취를 이루도록 유도하는 지도성
  cf) 거래적(교환적) 지도성 : 지도자가 부하에게 순종을 요구하고 그 대가로 보상을 제공
② 변혁적 지도성의 4가지 주요개념(4I)
  ㉠ 이상적인 완전한 영향력(Idealized influence) : 지도자가 높은 기준의 윤리적·도덕적 행위를 보이고, 목표수행 과정에서 발생하는 위험을 구성원과 함께 분담하며, 자신보다는 타인의 욕구를 배려하고, 개인의 이익이 아니라 조직의 이익을 위해 행동하는 것을 토대로 구성원의 존경과 신뢰를 받고 칭송을 얻는 것
  ㉡ 감화력(Inspirational motivation) : 조직의 미래와 비전을 창출하는 데 사람들을 참여시키고, 구성원이 바라는 기대를 분명하게 전달함으로써 조직의 문제를 해결할 수 있고, 조직이 발전할 수 있다고 믿도록 구성원의 동기를 변화시켜 단체정신, 낙관주의, 열성과 헌신 등을 이끌어 내는 것
  ㉢ 지적인 자극(Intellectual stimulation) : 일상적인 생각에 대해 의문을 제기하고 문제들을 재구조화하며 종래의 상황을 새로운 방식으로 접근함으로써 구성원들이 혁신적이고 창의적이 되도록 유도하는 것
  ㉣ 개별적 배려(Individualized consideration) : 성취하고 성장하려는 개개인의 욕구에 특별한 관심을 보임으로써 새로운 학습기회를 만들어 구성원이 잠재력을 계발하고 개인적 발전을 모색하며, 그에 책임을 지도록 하는 것

(3) 카리스마적 지도성이론 - 하우스(House)
① 탁월한 비전, 가능성 있는 해결책, 압도하는 인간적 매력을 소유한 지도자가 구성원의 헌신적인 복종과 충성을 이끌어내게 하는 지도성
② 리더십 행위 : 미래 비전의 제시, 인상관리, 자기희생, 개인적인 모험 감수, 구성원들이 모방할 행동모형의 제시, 탈인습적인 행동, 권력의 분담 등

(4) 초우량(super) 지도성이론 – 만즈와 심즈(Mans & Sims)

① 조직의 전통적 관리방식(공식적인 권력과 권위, 간섭과 통제)이 비효율적이라는 전제하에 구성원들의 자발적인 리더십을 개발하여 활용하는 새로운 방식의 조직관리 방식
② 지도자가 조직구성원 개개인을 지도자로 성장시킴으로써 지도자가 '추종자들의 지도자'가 아니라 '지도자들의 지도자'가 되게 하여 추종자를 지도자로 변혁시키는 지도성(구성원들이 자율적 리더십을 발휘하도록 만드는 리더의 능력)
③ 초우량 지도성의 구성요인
  ㉠ 모델링 : 지도자는 자기 자신이 먼저 자율적 리더가 되어 본보기가 되어야 함
  ㉡ 목표설정 : 조직구성원의 독립성, 책임의식, 자율적인 동기부여를 지향하는 목표설정
  ㉢ 격려와 지도 : 조직구성원들의 독창성과 자율성을 격려, 구성원들이 자율적 리더십 기술을 발전시키도록 지도
    ▶ 자율적 리더십 전략 : 행태중심 전략(자기관찰, 자발적인 목표설정, 단서 관리, 연습, 자기보상, 자기처벌), 인지중심 전략(과업의 내재적 보상 및 효과적인 사고방식 확립)
  ㉣ 보상과 질책 : 리더는 보상과 질책을 적절하게 사용하여 조직구성원들의 자율적 리더십을 유도

(5) 분산적 지도성이론 – 그론과 레이스우드(Gronn & Leithwood)

① 학교장과 학교구성원 모두가 공동의 지도성을 실행하며, 그에 대한 공동의 책임을 수행하면서 조직의 효과성을 극대화하는 것을 목표로 하는 지도성 → 지도성에 대한 중앙집권적 사고를 부정
② 분산적 리더십은 지도자와 구성원 요소가 통합된 지도자확대, 구성원들의 상호의존, 신뢰와 협력에 바탕을 둔 긍정적인 조직문화 등을 핵심요소로 함

(6) 감성 지도성이론 – 골만(Goleman)

① 지도자 스스로 자신에 대한 이해와 자기관리를 토대로 구성원들의 감정을 분명하고 정확하게 파악하고 구성원들과의 인간적 관계를 효율적으로 조율해 가는 능력
② 지도자의 4가지 감성역량
  ㉠ 자기인식 능력 : 자신의 감성, 기질, 한계치, 우선시 하는 가치, 성취하고자 하는 목표에 대해 깊이 이해하는 능력
  ㉡ 자기관리 능력 : 자기 자신의 감정을 효율적으로 조절하는 능력
  ㉢ 사회적 인식능력 : 감정이입 능력, 집단을 하나로 뭉칠 수 있게 끌어가는 능력의 원동력
  ㉣ 관계관리 능력 : 타인의 느낌과 기분을 적절하게 다룰 수 있는 능력(자기인식, 자기관리, 사회적 인식능력의 조화)

(7) 문화적 지도성이론 – 서지오바니(Sergiovanni)

① 조직문화에 관심을 가지고 조직문화에 변화를 꾀하며 조직의 효과성을 개선해 나가려는 지도성 → 조직의 구조나 제도가 아닌 '문화'를 바꾸고 형성하려는 지도력
② 문화적 리더십을 가진 지도자는 학교로 하여금 독특한 정체성을 갖게 만드는 가치와 믿음, 관점을 창조하고 강화·유지하는 것을 중요시함(독특한 학교문화의 창출)

(8) 서번트 지도성이론 – 그린리프(Greenleaf)

① 남을 섬기고 봉사하는 헌신적 리더십 : 부하의 성장을 도우며, 팀워크와 공동체를 형성하는 리더십
② 리더의 역할 : 방향 제시자(조직의 비전 제시), 파트너(의견조율), 지원자(업무수행, 삶과 업무의 균형 지원)

THEME 81 교육조직의 기초

(1) 조직의 원리

① 계층의 원리 : 권한과 책임의 정도에 따라 직위가 수직적으로 서열화·등급화되어 있는 것
② 기능적 분업의 원리 : 업무를 직능 또는 성질별로 구분하여 한 사람에게 동일한 업무를 분담(전문화의 원리)
③ 조정의 원리 : 업무수행을 조절하고 조화로운 인간관계를 유지함으로써 협동의 효과를 최대한 거두려는 것
④ 적도집권의 원리 : 중앙집권제와 분권제 사이에 적정한 균형을 도모하려는 원리
⑤ 명령통일의 원리 : 부하는 한 지도자로부터 명령과 지시를 받고 그에게만 보고하도록 해야 한다는 원리
⑥ 통솔범위의 원리 : 한 지도자가 직접 통솔할 수 있는 부하의 수에는 한계가 있다는 것

(2) 일반적 조직유형 분류

1) 공식적 조직과 비공식적 조직

① 공식적 조직 : 공식적인 조직표나 기구표상에 나타난 조직
② 비공식적 조직 : 공식조직 내의 내면적·감정적·비합리적 측면에서 자연발생적으로 생기는 조직(자생조직)
③ 비공식조직의 순기능과 역기능

순기능	역기능
• 조직구성원의 지위와 소속 욕구 충족 • 신속한 정보 공유수단 • 경험과 정보 공유(원활한 업무 협력 유도) • 정서적 문제에 대한 배출구 • 공식적인 조직의 기능을 보완	• 조직 내 파벌집단 조성(대립, 갈등, 분열) • 공식조직의 목표가 비공식 조직의 이해관계와 상충하면 개개인의 욕구와 이해에 더 집착 • 사전 정보 누설이나 조작전달(업무수행 방해) • 근거 없는 소문이나 거짓 정보로 혼란 초래

2) 계선조직과 참모(막료)조직

① 계선조직 : 조직의 목적달성을 직접적으로 수행하는 조직의 중추적·본질적·핵심적 기관
　예) 행정관료조직의 장관 → 실·국장 → 과장 → 계장 → 계원
② 참모조직 : 조직의 목표달성에 간접적으로 기여하는 조직의 부수적·부차적·보완적 기관 → 계선조직의 기능이 원활하게 수행되도록 조력
③ 계선조직과 참모조직의 장점 비교

계선조직	참모조직
• 명확한 권한 및 책임의 한계 • 신속한 결정 가능 • 능률적인 업무수행 • 강력한 통솔력을 행사 • 조직의 안정화에 기여 • 경비 절약	• 기관장의 통솔범위 확대 • 전문적인 지식·경험의 활용 　(보다 합리적인 결정·명령 가능) • 조직에 신축성 부여 • 원활한 조직운영의 조정

THEME 82 조직유형론

(1) 칼슨(Carlson)의 조직유형 - 봉사조직을 고객선발권과 참여선택권 여부에 따라 보다 세분화

> **cf** 블라우와 스콧(Blau & Scott)의 봉사조직 : 조직과 직접적으로 접촉하는 일반대중이 1차적 수혜자인 조직(학교, 병원 등)

		고객의 참여선택권	
		유	무
조직의 고객선발권	유	유형 I 야생조직 (사립학교, 개인병원, 공공복지기관 등)	유형 III (이론적으로는 가능하나 실제는 없음)
	무	유형 II (주립대학)	유형 IV 사육조직/온상조직 (공립학교, 정신병원, 형무소 등)

(2) 에치오니(Etzioni)의 조직유형 - 지배·복종관계를 기준으로 한 분류

		관여		
		소외적	타산적	헌신적
권력	강제적	1. 강제적 조직 (형무소, 정신병원 등)	2	3
	보상적	4	5. 공리적 조직 (공장, 일반회사, 농협 등)	6
	규범적	7	8	9. 규범적 조직 (종교단체, 종합병원, 전문직 단체, 공립학교 등)

▶ 행사권력
- 강제적 권력 : 통제의 수단으로 물리적 제재와 위협을 사용하는 것
- 보상적 권력 : 돈이나 그 밖의 물질적 보상을 사용하는 것
- 규범적 권력 : 애정, 인격 존중, 신망, 사명 등 상징적·도덕적 가치를 사용하는 것

▶ 참여수준
- 소외적 참여 : 심리적으로는 소외되어 조직에서 이탈할 의사가 있지만, 조직에 남아 있는 형태
- 타산적 참여 : 경제적 보상이 적절하다고 생각하는 경우에만 해당 권력에 응하는 형태
- 헌신적(도덕적) 참여 : 조직의 임무와 나의 일이 가치있는 것이라고 스스로 생각하는 참여

THEME 83 교육조직구조

(1) 교육조직 구조의 결정요소 - 직무전문화
① 조직이 수행해야 할 전체 과업을 구체화된 과업으로 나누고, 그것을 어떤 단위 또는 개인에게 부여하는 것
② 수평적 전문화 : 조직구성원이 책임을 지고 수행해야 할 과업의 '범위'
　㉠ 높은 수평적 분업화(과업의 세분화)로 인해 생기는 문제 : 직무에 대한 권태, 집중력의 약화, 노동의 질 저하 등
　㉡ 대안적 방법 : 직무순환(job rotation), 직무확장(job enlargement) 등
③ 수직적 전문화 : 수행방식에 대한 결정의 재량권과 책임의 정도 - 과업의 '깊이'에 초점
　㉠ 높은 수직적 전문화(재량권과 책임 X)로 인해 생기는 문제 : 행정적 책임감의 상실 등
　㉡ 대안적 방법 : 직무충실(job enrichment)

(2) 민츠버그(Mintzberg)의 교육조직구조 유형
① 민츠버그는 구성성분과 조정기제에 따라 조직의 다섯 가지 유형을 제시

조직 유형	주 구성성분	주 조정기제	예
단순 구조	최고관리층	직접적 감독	신설된 행정조직, 작은 대학
기계적 관료구조	기술구조층	직무 과정의 표준화	대량생산업체, 항공회사, 교도소
전문적 관료구조	핵심작업층	직무 기술의 표준화	종합대학교, 공예품 생산조직, 종합병원
사업부제 구조	중간계선층	산출의 표준화	대규모 기업체, 캠퍼스가 여러 곳에 있는 대학교
임시구조	지원인사층	상호 조절	첨단조사연구기관, 새로운 예술단체, 광고 회사

② 호이와 미스켈(Hoy & Miskel) - 민츠버그의 기본 유형에 근거, 학교조직의 구조를 크게 다섯 가지로 제시

조직 유형	주 구성성분	주 조정기제	특 징
단순 구조	중간계선층이 거의 없는 몇몇의 작은 최고관리층	높은 수준의 직접적 감독	• 고도로 집권화된 구조 • 작은 규모의 초등학교 조직
기계적 관료 구조	기술구조층	직무과정의 표준화	• 작업과정이 관례화되고 표준화된 구조, 규모가 큰 교육청 • 규칙과 규정, 공식적인 의사소통, 권한의 위계질서에 따른 의사결정
전문적 관료 구조	핵심작업층	직무기술의 표준화	• 분권화와 표준화가 동시에 인정되는 구조 • 집권화되지 않는 관료구조 • 작업을 스스로 통제하고, 의사결정에 집단적 통제를 추구하는 고도로 능력 있고 잘 훈련된 교사들에 의해 구성된 학교조직구조
단순 관료 구조	• 수업, 교육과정 • 교사	표준화 직접적 감독(교장)	• 단순구조 + 기계적 관료구조, 대부분의 초등학교 • 고도로 집권화되어 있고 관료적이지만, 비교적 수평적 행정 구조
정치적 조직	없음	없음	• 권력이 비합법적인 방식으로 행사 • 비공식적 권력과 정치에 의해 좌우되는 조직

THEME 84 학교조직의 특성

(1) 이완조직 - 와익(Weick)
① 연결된 각 사건이 서로 대응되는 동시에 각각 자체의 정체성을 보존하면서 물리적·논리적 독립성을 갖는 경우
② 와익(Weik) : 학교조직은 학교의 부서와 교사들이 서로 연결은 되어 있으나 각자의 독자성을 유지(전문적 자율성 인정)하는 느슨하게 결합된 이완조직 예 상담실, 보건실
  → 특징 : 교사에 대한 감독과 평가의 제한성, 교사의 전문직으로서의 자율성, 교육목표의 불명료성, 교사의 행동에 대한 행정가의 통제의 제한성, 넓은 통솔의 범위 등
③ 메이어(Meyer)와 로완(Rowan) : 학교는 이완조직의 측면에서 '신뢰의 논리(logic of confidence)'에 의해 운영되어야 함

(2) 이중조직 - 오웬즈(Owens)
① 이완조직의 개념만으로는 학교조직을 설명하기 어려움을 지적
② 학교조직은 '느슨한 결합구조(수업에서의 교사의 자율성) + 엄격한 결합구조(행정관리 측면)'의 구조를 가짐

(3) 조직화된 무정부로서 학교조직 - 코헨, 마치, 올센(Cohen, March, Olsen)
① 학교조직은 목표의 모호성, 불분명한 과학적 기법, 유동적 참여 등의 특징을 가지는 조직
  ㉠ 불분명한 목표 : 교육조직의 목적은 구체적이지 못하고 분명하지 않음
  ㉡ 불확실한 기술 : 교육조직의 기술이 불명확하고 구성원들에게 잘 알려져 있지 않음
  ㉢ 유동적 참여 : 교육조직에서의 참여는 유동적(학생의 입학과 졸업, 교사의 전보 등)
② 이러한 학교조직의 의사결정은 구조화되어 있지 않음(불확실한 선택으로 이루어짐) → '쓰레기통 모형'

(4) 학습조직으로서의 학교조직 - 센지(Senge)
① 모든 조직구성원들의 학습활동을 촉진시킴으로써 조직 전체에 대한 변화를 지속적으로 촉진시키는 조직
② 학습조직이 되기 위한 다섯 가지 훈련
  ㉠ 개인적 숙련 : 개인적 역량을 계속적으로 넓혀 가고 심화시켜 나가는 것
  ㉡ 체제사고 : 전체를 인지. 부분들 사이의 순환적 인간관계 또는 역동적 관계를 이해할 수 있게 하는 사고의 틀
  ㉢ 정신 모델 : 자기 자신뿐만 아니라 세상의 제반 측면에서 발생하는 현상들에 대해 갖고 있는 이미지나 가정 그리고 신념 등과 같은 인식체계
  ㉣ 공유비전 : 구성원 개개인의 비전과 리더의 비전 간에 계속적인 대화를 통해 얻어지고, 모든 구성원이 공감대를 형성할 수 있는 공동의 비전
  ㉤ 팀학습 : 구성원들끼리 상호작용하여 개인학습으로는 형성하기 힘든 학습의 질을 이끌어내는 집단적 학습과정

THEME 85 학교풍토론

(1) 조직풍토의 개념
① 조직구성원이 경험하는 조직 내의 총체적 환경의 질
② 학교 간의 구분을 지어 주고 그 조직 내에 있는 사람들의 행위에 영향을 주는 내적 특성
③ 학교집단의 구성원인 학생, 교사, 행정가들이 공유한 가치관, 사회적 신념, 사회적 표준을 포함하는 최종의 산물

(2) 핼핀과 크로프트(Halpin & Croft)의 개방적-폐쇄적 조직풍토
① 핼핀과 크로프트는 조직풍토기술척도(OCDQ)를 개발하여 조직풍토 연구에 사용, 8개의 하위검사 점수에 기초하여 6가지 학교풍토를 제시 → 개방적, 자율적, 통제적, 친교적, 간섭적, 폐쇄적 풍토
  ▶ OCDQ는 교사집단의 특징과 교장의 행동에 대한 교사들의 지각을 통하여 학교풍토를 기술한 것 → 구성요인 : 교사의 행동특성(장애, 친밀, 방임/이탈, 사기), 교장의 행동특성(과업, 냉담, 인화, 추진)
② 수정된 조직풍토기술척도(OCDQ-RE)를 활용하여 학교풍토를 4가지로 분류 - 호이와 미스켈(Hoy & Miskel)
  ▶ OCDQ-RE의 하위변인 : 교장 행동특성(지원적, 지시적, 제한적), 교사 행동특성(단체적, 친밀한, 일탈적)

		학교장의 행동	
		개 방	폐 쇄
교사의 행동	개 방	개방풍토	몰입풍토
	폐 쇄	일탈풍토	폐쇄풍토

㉠ 개방풍토 : 교직원 사이 그리고 교직원과 학교장 사이에 협동·존경·신뢰함으로써 학교장은 교사의 제안을 경청하고 전문성을 존중하며, 교사는 일에 대하여 헌신적인 풍토
㉡ 몰입풍토 : 한쪽에서는 학교장의 통제가 비효과적으로 시도되고, 다른 한쪽에서는 교사들의 높은 전문적 업무수행이 이루어지는 풍토
㉢ 일탈풍토 : 학교장은 개방적이고 관심이 많으며 지원적인 데 반하여, 교사는 학교장을 무시하거나 최악의 경우 태업하거나 무력화하려 하고, 교사 간에도 불화하고 편협하며, 헌신적이지 않은 풍토
㉣ 폐쇄풍토 : 학교장은 일상적이거나 불필요한 잡무만을 강조하는 비효과적인 지도성을 엄격하고 통제적으로 나타내는 데 반하여, 교사는 교장과 불화하고, 업무에 대한 관심 및 책임감이 없고, 헌신적이지 않은 풍토

THEME 86 조직문화론

(1) 조직문화의 개념 : 조직구성원들이 공유하고 있는 철학, 신념, 이데올로기, 감정, 가정, 기대, 태도, 기준, 가치관 등
- cf 조직풍토가 심리학적 개념인 반면, 조직문화는 사회학과 문화인류학적 개념

(2) 세티아와 글리노우(Sethia & Glinow)의 문화유형론

	성과에 대한 관심 낮음	성과에 대한 관심 높음
인간에 대한 관심 높음	보호문화	통합문화
인간에 대한 관심 낮음	냉담문화	실적문화

▶ 인간에 대한 관심 : 조직이 구성원의 만족과 복지를 위해 노력하는 것
▶ 성과에 대한 관심 : 구성원이 최선을 다해 직무를 수행하도록 하려는 조직의 기대

① 보호문화 : 조직의 설립자나 관리자의 온정주의적 철학 - 팀워크와 협동, 동조와 상사에 대한 복종 등
② 냉담문화 : 사기저하와 냉소주의가 퍼져 있고, 이는 관리자의 방임적인 지도성에 의해 확산됨
③ 실적문화 : 성공추구 문화 – 성공, 경쟁, 모험, 혁신, 적극성 등
④ 통합문화 : 인간의 존엄성을 바탕으로 한 진지한 관심 - 협동, 창의성, 모험, 자율 등

(3) 슈타인호프와 오웬스(Steinhoff & Owens)의 학교문화 유형론

① 가족문화 : 교장이 부모나 코치로 묘사, 관계가 애정어리고 우정적이며 때로는 협동적이고 보호적
② 기계문화 : 학교는 목표달성을 위해 교사들을 이용하는 하나의 기계
③ 공연문화 : 훌륭한 교장(단장, 공연의 사회자, 연기주임 등)의 지도아래 탁월하고 멋진 가르침을 추구
④ 공포문화 : 학교는 전쟁터. 교사들은 고립된 생활을 하고, 사회적 활동이 거의 없으며, 냉랭하고 적대적

(4) 하그리브스(Hargreaves)의 학교문화 유형

표현적 차원 (사회적 응집)		도구적 차원(사회적 통제) 높음	도구적 차원(사회적 통제) 낮음
	높음	온실	복지주의자
	낮음	형식적	생존주의자

(효과적은 중앙)

① 형식적 학교문화 : 학생들에게 학습목적을 달성하도록 과도한 압력을 가함, 교직원과 학생 간의 응집이 약함
② 복지주의자 학교문화 : 관대, 태평, 편안한 분위기 - 비형식적이고 친구 같은 교사와 학생 관계가 강조됨
③ 온실 학교문화 : 일과 개인의 개발 모두에 대한 기대가 높은 학교, 친밀함 속에서도 감시와 통제하에 있음
④ 생존주의자 학교문화 : 교사와 학생 간의 사회적 관계는 형편없으며, 교사들은 학생들의 잘못된 행동에 대해 속박하지 않는 대가로 학업을 면제받을 수 있도록 허락함(붕괴의 처지)
⑤ 효과적 학교문화 : 학교구성원 모두는 기대에 대해 충족하고자 노력, 이에 대해 지원적인 학교기풍을 가짐

THEME 87 조직갈등론

(1) 개요
① 조직 내의 갈등 : 행동주체 간의 대립적 내지 적대적 상호관계
② 갈등의 순기능 : 창조와 성장, 민주주의의 다양성, 자기실현을 반영하는 것
③ 갈등의 역기능 : 조직의 목표를 성취하는 데 필요한 협동적 노력을 좌절시키고, 조직구성원의 사기를 떨어뜨리며, 이런 갈등이 극심해지는 경우 조직이 와해될 수도 있음

(2) 토마스(Thomas)의 갈등관리 유형

① 조직 내의 갈등을 처리하는 방식을 협조성과 독단성의 두 차원으로 구분, 5가지 해결책 제시
　㉠ 협조성 : 갈등 상대의 만족을 추구하는 정도
　㉡ 독단성 : 자신의 만족을 추구하는 정도

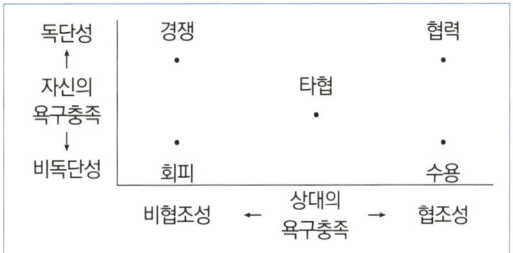

② 갈등관리 유형

유형	특징	상황
경쟁형	• 상대방을 희생시키고 자신의 갈등을 해소 • 한쪽이 이익을 얻는 반면, 다른 한쪽이 손해를 보게 되는 접근	• 신속한 결정이 요구되는 긴급한 상황 • 중요한 사항이지만 인기없는 조치가 요구되는 경우 • 조직의 성장에 매우 중요한 문제일 때
회피형	갈등이 없었던 것처럼 행동하여 이를 의도적으로 피하는 방법	• 쟁점이 사소한 것일 때 • 해결에 들어가는 비용이 효과보다 클 때 • 다른 문제가 해결되면 자연스럽게 해결될 수 있는 하위갈등일 때 • 사태를 진정시키고자 할 때
수용형	자신의 욕구충족은 포기하더라도 상대방의 갈등이 해소되도록 노력하는 방법	• 자기가 잘못한 것을 알았을 때 • 보다 중요한 문제를 위해 좋은 관계를 유지해야 할 때 • 조화와 안정이 특히 중요할 때 • 패배가 불가피하여 손실을 극소화할 때
타협형	• 양자가 조금씩 양보하여 절충안을 찾는 방법 • 이 방법은 양쪽이 다 손해를 보기 때문에 앙금이 남아 다른 갈등의 원인이 될 수 있음	• 복잡한 문제에 대한 일시적인 해결책을 얻고자 할 때 • 당사자들의 주장이 서로 대치되어 있을 때 • 목표달성에 따른 잠재적인 문제가 클 때
협력형	• 양쪽이 다 만족할 수 있는 갈등해소책을 적극적으로 찾는 방법 • 양자에게 모두 이익을 주는 최선의 방법	• 합의와 헌신이 필요할 때 • 양자의 관심사가 매우 중요하여 통합적인 해결책만이 수용될 수 있을 때 • 관계증진에 장애가 되는 감정을 다루어야 할 때 • 목표가 학습하는 것일 때

THEME 88 의사소통론

(1) **의사소통의 원리** - 레드필드(Redfield)
① 명료성의 원리 : 의사전달 내용이 분명하고 정확하게 이해될 수 있도록 표시되어야 함 → 간결한 문장, 쉬운 용어
② 일관성의 원리 : 의사소통의 내용은 전후가 일치되어야 함 → 지시와 명령에 있어서 모순은 있을 수 없음
③ 적절성의 원리 : 의사소통시 전달하고자 하는 양이 적절해야 함
④ 적시성의 원리 : 의사소통이 효율적으로 이루어지기 위해서는 적정한 시기를 놓쳐서는 안 됨
⑤ 분포성(배포성)의 원리 : 의사전달 내용은 전달자로부터 의사소통의 모든 대상에게 바르게 골고루 전달되어야 함
⑥ 적응성(융통성)의 원리 : 의사소통 내용이 환경에 적절히 적응해야 함 → 현실 적합성
⑦ 통일성의 원리 : 의사소통이 조직 전체에서 동일하게 수용된 표현이어야 함
⑧ 관심과 수용의 원리 : 의사전달은 피전달자가 관심을 갖고 있고, 그것을 받아들일 수 있을 가능성이 있을 때 능률적으로 이루어질 수 있음

(2) **의사소통의 기법** - 조해리의 창(Johari Window)
① 의사소통 영역 및 유형

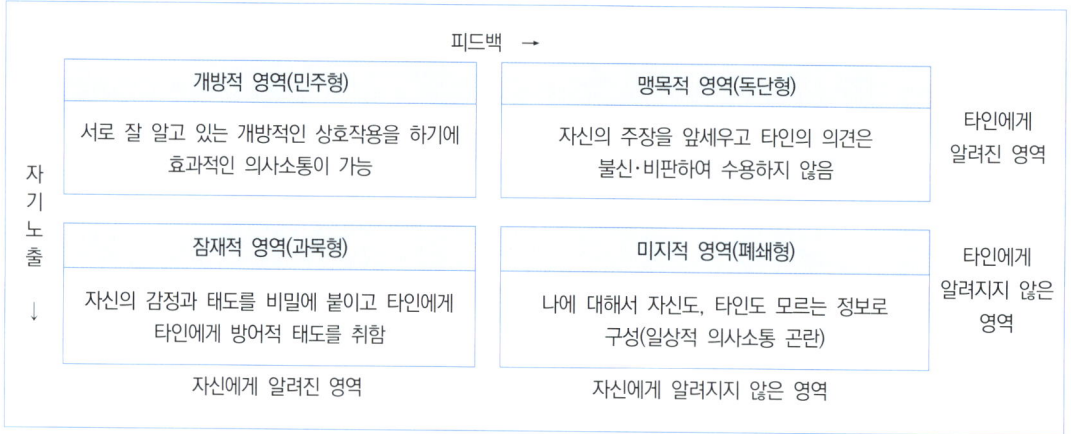

② 교육적 시사점
㉠ 개방적 영역 : 상황과 관계에 따른 맥락을 잘 인식하여 자신의 경험 노출 정도를 적정 수위로 조절하고, 자연스러운 관계 형성을 위하여 상대방과 적정 거리를 유지할 필요가 있음
㉡ 맹목적 영역 : 자아에 대한 탐색을 통해 의미를 부여할 수 있도록 교육되어야 하며, 타인의 조언이나 생각을 진지하게 받아들이는 자세가 필요함
㉢ 잠재적 영역 : 자신의 경험을 투명하게 노출할 필요가 있으며 내면의 생각이나 은밀한 감정도 공유할 필요가 있음(의미 있는 타인의 역할이 중요)
㉣ 미지적 영역 : 자신의 경험과 정서를 표현할 수 있는 기회를 부여하는 것이 중요하며, 상대방이 의미있는 타자가 되기 위해서 적극적으로 외연적 질문과 반응을 시도할 필요가 있음

THEME 89 교육기획론

(1) 개요

① 교육기획의 개념 : 교육목표 달성을 위한 효과적인 수단과 방법을 제시함으로써 교육정책 결정의 효율성과 안정성을 보장해 주는 지적이고 합리적인 과정 → 미래의 교육활동에 대한 사전의 지적·정의적 준비과정
② 교육기획의 원리 : 타당성, 효율성, 민주성, 전문성, 적응성(탄력성), 중립성, 안정성, 균형성, 통합성, 계속성
③ 효용성 : 교육정책 수행과 교육행정의 안정화에 기여, 교육행정 혹은 교육경영의 효율성과 타당성 제고, 합리적인 자원 배분, 교육개혁과 변화를 촉진
④ 한계 : 미래예측의 어려움, 정보 및 자료 부족, 전제 설정에 있어서의 불확실성, 시간과 비용 및 노력의 제약, 정치적·사회적 압력, 목표 계량화의 곤란성, 교육 운영의 경직성(개인의 창의성 위축)

(2) 교육기획의 접근방법

1) 사회수요 접근방법

① 정의 : 교육을 받고자 하는 모든 사람에게 교육의 기회를 부여해야 한다는 원칙하에 이루어지는 교육기획방법
② 장점
  ㉠ 교육적 필요에 부응함으로써 적어도 단기적으로는 사회적·정치적 안정에 기여할 수 있음
  ㉡ 기획의 과정이 비교적 단순하여 손쉽게 교육계획을 세울 수 있음
③ 단점
  ㉠ 사회수요라는 개개인의 심리적 욕구충족에 주안점을 두기 때문에 교육에 대한 사회적 필요와는 동떨어진 교육계획을 수립할 가능성이 있음
  ㉡ 모든 교육수요를 충족시킬 만큼 자원의 여유가 없을 때, 어느 분야에 집중적으로 자원을 투입해야 하는지에 대해 알려주는 바가 없음(우선순위를 결정하는 데 도움 X)

2) 인력수요 접근방법

① 정의 : 경제성장을 뒷받침하는 인력수요를 예측하고 그에 기초하여 인력수요를 충족시킬 수 있도록 교육면의 공급을 조절해 나가는 방법
② 장점
  ㉠ 교육과 취업, 나아가 교육과 경제성장을 보다 긴밀하게 연결시켜 교육에 대한 계획을 수립할 수 있음
  ㉡ 교육운영면에서 낭비를 줄여 효율성을 높일 수 있음
③ 단점
  ㉠ 교육과 취업이 반드시 1대 1의 대응관계를 갖지 않음
  ㉡ 산업의 발전이 급격하고 새로운 직업이 계속 생겨나고 있으며, 직업에 대한 교육적 자격 등에 있어 급격한 변천을 겪고 있는 현대사회에서는 인력수요에 의한 교육수요의 추정이 매우 어려움
  ㉢ 교육의 본래 목표와는 다른 경제성장을 위한 인력공급이라는 외적 목적에 초점을 맞춤으로써 기본적으로 교육의 본질을 훼손할 수 있음

3) 수익률 분석방법

① 정의 : 교육투자에 대한 경제적 효과를 분석하는 한 방법으로, 비교수익률이 높은 부문이나 방식을 채택하는 접근방법(비용-수익의 접근)

② 장점
　㉠ 교육운영의 경제적 효율성을 제고시킬 수 있음
　㉡ 비용-수익의 분석을 통해 교육투자의 합리성을 추구할 수 있음
③ 단점
　㉠ 교육투입과 교육산출을 계산하는 방식이 너무 다양하고 합의된 것이 없기에, 그 측정이 용이하지 않음
　㉡ 과거의 소득을 가지고 미래의 소득을 추정하는 기법 자체의 문제 등 기술적 한계가 있음

4) 국제 비교 접근방법
① 정의 : 선진국이나 경제 및 교육발전이 유사한 국가의 경험을 비교연구함으로써 자국의 교육발전을 위한 방향과 전략 등을 수립하려는 접근방법
② 장점 : 유사한 외국의 경험을 모방하여 교육에 관한 기획을 수립하기 때문에 일차적으로 그 과정을 단순화할 수 있음(계획수립, 문제예측이나 처치 등의 효율성 제고)
③ 단점 : 나라마다 교육의 제도나 운영방식이 다르기 때문에 어떤 계획이 한 나라에서 효과적인 방법이었다 하더라도 다른 나라에서는 비효과적인 것이 될 수도 있음

5) 미래예측기법
① 시계열분석 : 관측된 정보에 입각하여 변화의 모습을 분석하고 미래의 경향을 예측하려는 분석방법
② 델파이(Delphi)기법
　㉠ 정의 : 예측하려는 문제에 대하여 선행 참고자료가 없을 때 관계전문가들로부터 그들의 견해를 유도하고 이를 종합하여 집단적인 판단을 내리는 방법
　㉡ 장점
　　ⓐ 외부적인 영향력으로 결론이 왜곡되는 것을 방지할 수 있음(응답자들의 익명성 보장)
　　ⓑ 통제된 환류과정을 반복함으로써 주제에 대한 관심을 제고할 수 있음
　　ⓒ 응답의 결과가 통계적으로 처리됨으로써 비교적 객관적인 결론을 도출할 수 있음
　㉢ 단점
　　ⓐ 동원된 전문가들의 자질과 역량이 문제될 수 있음
　　ⓑ 델파이과정에서 응답이 불성실하거나 조작될 가능성이 있음

THEME 90 교육정책의 기초

(1) 개요
① 교육정책의 개념 : 사회적·공공적·조직적 교육활동에 관하여 국민의 동의를 바탕으로 하고 국가의 공권력을 배경으로 하여 강제성을 가지고 추진되는 국가의 기본방침 내지 기본지침
② 교육정책 결정의 원칙 : 민주성, 중립성, 효율성, 합리성의 원칙

(2) 교육정책 유형 분류 - 로위(Lowi)
① 배분정책 : 국민에게 권리나 금전적 이익 등을 배분하는 것을 주된 내용으로 하는 정책 예 BK 21 사업
② 규제정책 : 개인이나 일부 집단에 대해 재산권 행사나 행동의 자유를 구속, 억제하여 반사적으로 다른 사람들을 보호하려는 정책 → 보호적 규제정책(예 심야학원 교습 규제), 경쟁적 규제정책(예 사립학교 설립 인가)
③ 재분배정책 : 고소득층으로부터 저소득층으로의 부의 재분배를 목적으로 하는 정책 예 취약 지역에 기숙형 공립 고등학교 집중 설립, 저소득층 학생들에게 무상급식 제공
④ 구성정책 : 정부의 새로운 기구나 조직을 설립하거나, 공직자 보수·연금정책 등 정치체제의 구조와 운영에 관련된 정책 예 정부조직법 및 관련 직제와 교육공무원 보수 및 연금과 관련한 법령 정비

(3) 의사결정을 보는 4가지 관점

구분	합리적 관점	참여적 관점	정치적 관점	우연적 관점
중심개념	목표달성을 극대화	합의에 의한 선택	협상에 의한 선택	선택은 우연적 결과
의사결정 목적	조직목표 달성	조직목표 달성	이해집단의 목표달성	상징적 의미
적합한 조직형태	관료제 중앙집권적 조직	전문적 조직	대립된 이해가 존재하고 협상이 용이한 조직	달성할 목표가 분명하지 않은 조직
조직환경	폐쇄체제	폐쇄체제	개방체제	개방체제
특징	규범적	규범적	기술적	기술적

(4) 교육정책 평가의 기준(Dunn)
① 효과성 : 정책평가의 기본이 되는 기준으로서 정책의 목표를 얼마나 달성했느냐를 문제삼는 것
② 능률성 : 정책목표를 달성하기 위해 투입한 노력의 정도를 문제 삼는 것
③ 충족성(적정성) : 정책목표의 달성이 문제해결에 어느 정도 공헌하고 있는가에 대한 것
④ 형평성 : 한 정책의 집행에 따르는 비용과 혜택이 여러 집단에 평등하게 배분되고 있는가에 대한 것
⑤ 대응성 : 정책의 결과가 특정 집단의 요구·선호·가치 등에 어느 정도 부합하느냐에 대한 것
⑥ 적합성(적절성) : 정책의 목표가 과연 바람직한 것인가를 따지는 것

THEME 91 교육정책 결정모형

(1) 합리모형
① 개념 : 정책결정자가 문제의 성격과 필요를 완벽하게 파악할 수 있고, 이를 해결하기 위한 가장 합리적이고 최선인 대안을 찾을 수 있다는 인간의 이성과 합리적 행동에 대한 믿음을 기초로 한 모형
② 특징 : 정책결정자의 전지전능함, 최적 대안의 합리적 선택, 목표의 극대화, 이상적·낙관적 모형
③ 한계
　㉠ 인간을 너무 합리적인 동물로만 파악한 나머지 인간이 감정을 가진 심리적·사회적 동물이라는 점을 간과
　㉡ 인간은 전지전능하지 못하며, 문제분석능력에 한계를 가질 수밖에 없음
　㉢ 대안의 과학적인 비교평가를 위해 필요한 정보를 충분히 구하지 못하는 경우가 많음
　㉣ 합리모형에 따라 정책 결정을 하는 데 꼭 필요한 인적·물적 자원을 조달하지 못하는 경우가 많음
　㉤ 합리모형은 가치와 사실을 구분할 것을 요구하지만, 실제에서는 이 양자가 불가분의 관계에 있음

(2) 만족모형 – 마치와 사이먼(March & Simon)
① 개념 : 최선의 결정은 절대적 의미에서 최고가 아니라 만족스러운 상태의 것이라는 생각을 반영하는 이론 모형
② 특징 : 제한된 합리성을 전제, 객관적인 상황 조건보다 정책결정자의 행동을 더 중시, 현실적·실증적 모형
③ 한계
　㉠ 정책결정자의 개인적 차원을 강조함으로써 개인의 의사결정을 설명하는 데에는 상당한 설득력을 가지고 있지만, 조직 차원의 거시적 정책결정의 문제를 설명하는 데는 상당한 무리가 있음
　㉡ 실제로 정책결정을 해나가야 하는 공무원들에게는 크게 도움이 되는 처방적인 역할을 해주지 못함
　㉢ 만족할 만한 수준이라는 것이 정책결정자마다 다를 수 있고 유동적임

(3) 점증모형 – 린드블롬(Lindblom)
① 개념 : 정책결정 과정에서 선택되는 대안은 대체로 기존 정책의 문제점을 개선해 나가는 것이라는 전제의 모형
② 특징 : 현 정책보다 약간 향상된 정책(점진적 개선), 제한된 수의 대안만을 검토, 정책 실현 가능성 고려, 안정적인 정책 결정과 집행 가능(첨예한 갈등이나 문제 X), 기술적·규범적·처방적 모형
③ 한계
　㉠ 적극적 선의 추구보다 소극적인 악의 제거에 중점 : 선택된 대안이 얼마나 폭넓은 동의를 얻을 수 있느냐에만 관심이 많고, 새로운 목표의 적극적인 추구보다는 드러난 문제나 불만의 해소에만 주력함
　㉡ 지나치게 보수적이고 대증적 : 계획적인 변화를 거부하고 적당히 되는대로 해 나가는 점진적인 개선을 도모하기 때문에 보수주의에 빠지기 쉬움

(4) 혼합모형 – 에치오니(Etzioni)
① 개념 : 합리모형의 이상주의와 점증모형의 보수주의를 비판하고, 이 두 모형의 장점을 결합시킨 이론 모형
　→ 기본 방향의 설정에는 합리모형을, 특정 문제해결은 점증모형을 적용

② 특징 : 전반적인 국면과 세부적인 국면을 함께 고려, 급격한 환경변화에 적응
   ▶ 합리모형은 전체주의체제에, 점증모형은 다원적이고 합의지향적인 민주주의 체제에, 그리고 혼합모형은 활동적인 사회체제에 적합하다는 전략적 원칙을 제시함
③ 한계
   ㉠ 새로울 것이 없는 모형, 특히 합리성 모형의 변형에 불과함
   ㉡ 기본적 결정과 세부 결정 사이의 기준이 애매함

(5) 최적모형 - 드로우(Dror)

① 개념 : 정책결정이 합리성으로만 이루어지는 것이 아니며, 때때로 초합리적인 것, 즉 직관, 판단, 창의 등과 같은 잠재적 의식이 개입되어 이루어진다는 것
   cf 합리모형과 점증모형의 절충을 시도하고 있다는 점에서 혼합모형과 유사하나, 양자의 단순 합계적 혼합이 아니라 합리성과 초합리성을 동시에 고려하는 최적치를 추구하는 규범적인 모형이라는 점에서 혼합모형과 다름
② 특징 : 그동안 비합리성으로 배제해 왔던 요인들도 최적의 정책결정을 위한 핵심 요소가 될 수 있음을 확인(창의적·혁신적인 정책결정을 정당화할 수 있는 이론적 근거 마련), 초합리성 개념의 도입으로 합리모형을 체계적으로 발전시킴
③ 한계 : 달성방법도 명확하지 않고 개념도 불명료한 초합리성이라는 개념에 의존하고 있어 다소간 비현실적이고 이상적인 모형이라는 비판을 받음

(6) 쓰레기통모형 - 코헨(Cohen), 마치(March), 올센(Olsen)

① 개념 : 조직화된 무질서 상태를 전제로 하는 모형으로, 정책결정은 합리성에 기반을 두고 있는 것이 아니라 다분히 우발성에 기초하고 함
② 특징 : 네 가지의 구성요소(문제, 해결책, 선택기회, 참여자)의 흐름이 우연히 한곳에서 모두 모여지게 될 때 비로소 결정이 이루어짐, 문제 제기가 반드시 해결책보다 먼저 이루어질 필요가 없음
③ 한계 : 일부 교육조직, 공공조직, 불법조직 등에서 부분적으로 일시적으로 적용될 수는 있으나 모든 조직에 적용될 수 있는 처방적 모형은 될 수 없음

THEME 92 참여적 의사결정 모형

(1) 브리지스(Bridges)의 참여적 의사결정
① 조직구성원들이 의사결정의 수용영역 범위 안에 있느냐 아니면 밖에 있느냐에 따라 참여 여부 검토
② 수용영역 : 구성원이 상급자의 어떤 의사결정에 대해서 의심할 여지없이 기꺼이 받아들이는 영역
③ 수용영역 안에 분명히 속하는 문제를 증명하기 위한 두 가지 검증
　㉠ 적절성(관련성) 검토 : 의사결정에 구성원이 개인적 '이해관계'를 가지고 있는가
　㉡ 전문성 검토 : 의사결정과정에서 구성원이 유용한 공헌을 할 수 있는 '전문성'을 가지고 있는가
④ 네 가지 상황에 따른 참여적 의사결정의 형태
　㉠ 상황 Ⅰ : 개인적 이해관계와 전문적 지식을 모두 가지고 있는 경우 → 수용영역 밖 : 구성원을 의사결정 과정에 자주 참여시키고, 문제의 인지 및 정의(초기단계)부터 적극적으로 참여시킴
　㉡ 상황 Ⅱ : 이해관계는 가지고 있으나 전문적 지식이 없는 경우 → 수용영역의 한계조건 내 : 구성원을 최종대안을 선택할 때 제한적으로 참여시킴(이해를 구하거나 설득·합의를 도출하여 저항을 최소화하기 위함)
　㉢ 상황 Ⅲ : 이해관계는 가지고 있지 않고 반대로 전문성이 있는 경우 → 수용영역의 한계조건 내 : 대안의 제시나 결과의 평가단계에서 제한적으로 참여시킴(의사결정의 질을 높일 수 있는 아이디어나 정보를 얻기 위함)
　㉣ 상황 Ⅳ : 전문성도 없고 이해관계도 가지고 있지 않은 경우 → 수용영역 내부 : 참여시킬 필요가 없음

(2) 호이와 타터(Hoy & Tarter)의 의사결정모형

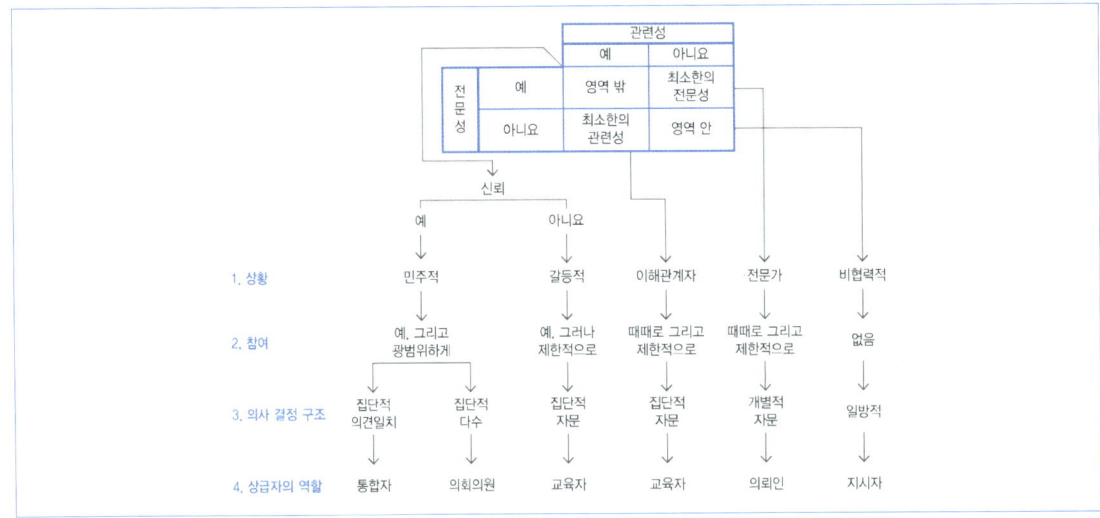

▶ 브리지스가 제안한 관련성과 전문성 검토 이외에 의사결정에 참여하는 구성원에 대한 신뢰성을 중요한 상황으로 제시. 신뢰성이란 의사결정에 참여하는 구성원이 조직의 사명에 헌신하고, 조직의 이익에 최선을 다할 수 있는 상황에 놓여 있는가에 관한 문제

THEME 93 장학의 기초

(1) 장학의 개념

① 법규면 : 교육활동의 전반적인 기획, 조사, 연구, 관리, 지도, 감독을 통하여 중앙의 행정업무를 보좌하는 참모활동(행정활동)
② 기능면 : 교사와 학생 간의 교육작용을 개선하기 위하여 지도 조언하는 전문적 봉사활동(교사의 전문적 성장, 교육운영 합리화, 학습환경 개설)
③ 이념면 : 학생의 학습기회를 향상시키기 위해서 교사의 교수행위에 직접적으로 영향을 주는 학교 내의 제반 지도활동(지도·조언활동)

(2) 장학의 발달과정

장학형태	장학방법	관련이론
관리장학 (~1930년)	• 과학적 관리론의 영향 : 능률성과 생산성 강화, 분업과 기술적 전문화, 조직 규율 강조 • 권위주의적이고 강제적인 시학활동, 관료제적 특성을 활성화	과학적 관리론
협동장학 (1930~1955년)	• 인간관계론의 영향 : 인간적이고 민주적인 장학으로 변화(아동중심 교육) • 장학활동의 핵심 : 장학담당자에서 교사로 전환 • 최소한의 장학이 최선의 장학이라고 간주	인간관계론
수업장학 (1955~1970년)	• 교육과정의 개발과 수업효과 증진에 중점(학문중심 교육) → 주로 초임, 저경력교사 대상 • 유형 : 임상장학, 마이크로티칭 기법(연습수업)	행동과학론
발달장학 (1970년~)	• 과학적 관리론의 조직 생산성 강조와 인간관계론의 직무 만족이라는 장점 절충 • 경영으로서 장학 : 교사 개인에 대한 관심보다 학교경영에 더 큰 관심 • 인간자원 장학 : 인간의 가능성을 신봉하며, 학교 과업의 성취를 통한 직무만족에 초점을 두는 인본주의적 특징 • 지도성으로서 장학 : 자발적 참여를 통한 학교 효과성과 직무만족 증대를 동시에 이끌어낼 수 있는 지도성 강조	일반체제론 인간자원론 지도성론

▶ 마이크로티칭 : 4~5명의 학생을 대상으로 5~15분간 한 가지 내용을 가르치는 축소된 수업에서 장학담당자가 교사들에게 실제적인 수업사태를 기술하고 분석하여 교수기술을 제공해 주는 기회를 가지는 절차('수업-장학지도-재수업'의 순환과정에서 교수방법, 수업절차 등을 수정해 나감)

▶ 인간관계장학과 인간자원장학의 비교
  - 인간관계장학(협동장학시대) : 교사의 직무만족을 학교의 운영과 조직의 효과성 확보를 위한 수단으로 보고 있고, 교사의 의사결정에의 참여는 교사의 직무만족을 증가시키는 계기가 됨(의사결정에의 참여·채택 → 교사의 직무만족도 증가 → 학교의 효과성 증대)
  - 인간자원장학(발달장학시대) : 교사의 직무만족을 교사가 일하게 되는 바람직한 목적으로 보고, 교사들은 학교의 효과성을 증대시킬 수 있는 잠재력을 지니고 있다고 보고 의사결정에 참여시킴(의사결정에의 참여·채택 → 학교의 효과성 증대 → 교사의 직무만족도 증가)

THEME 94 장학의 유형

(1) 교내자율장학 - 교사의 수업기술을 개선

1) 임상장학 - 코간(Cogan) : 수업중심, 현장중심, 가르치고 배우는 자의 상호 대등한 관계
- ① 개념 : 장학담당자가 실제 교수상황을 직접 관찰하고 거기서 얻은 자료를 토대로 하여 교사와의 대면적 상호작용을 통해 교사와 교수활동을 분석하여, 교사의 전문적 자질과 수업의 질을 향상하려는 수업장학의 한 형태
- ② 특징
  - ㉠ 교사의 수업기술 향상이 주된 목적
  - ㉡ 교사와 장학담당자의 쌍방적 동료 관계 지향
  - ㉢ 교실 내에서의 교사의 수업 행동에 초점
  - ㉣ 일련의 체계적이고 집중적인 지도·조언 과정
- ③ 단계 : 계획협의회 → 수업관찰 → 관찰결과의 분석과 장학협의회 계획 → 장학협의회
- ④ 이점
  - ㉠ 교수-학습에 있어서의 문제를 진단, 해결하고 교사들이 수업전략을 수립, 사용할 수 있도록 도와줌
  - ㉡ 교사들이 계속적인 전문적 신장에 대해 긍정적인 태도를 가질 수 있도록 도와줌
- ⑤ 유의점
  - ㉠ 교사에 대한 평가의 성격에서 벗어나야 하고, 교사와 상호신뢰하며 동료적인 인간관계가 형성되었을 때 그 효과를 높일 수 있음
  - ㉡ 수업관찰을 통해 정확하고 객관적인 자료를 제공해야 함
  - ㉢ 장학담당자는 임상장학의 실제를 이끌어 나갈 수 있는 적절한 과정과 기술 등을 구비하고 있어야 함

2) 동료장학
- ① 개념 : 둘 이상의 교사가 서로 수업을 관찰하고, 관찰사항에 대하여 상호 조언하며, 서로의 전문적 관심사에 대하여 토의함으로써 자신들의 전문적 성장을 위해 함께 연구하는 장학형태(공식적, 비공식적 행위 모두 포함)
  - 예 동학년 또는 동교과 단위의 수업연구
- ② 형태 : 수업연구중심, 협의중심, 연수중심의 동료장학
- ③ 이점
  - ㉠ 장학활동을 위해 학교의 인적자원을 최대한 활용할 수 있음
  - ㉡ 교사들로 하여금 수업개선에 크게 기여할 수 있다는 인정감과 성취감을 갖게 해 학교교육의 개선에 긍정적인 효과를 가져오게 함
  - ㉢ 적극적인 동료관계를 증진할 수 있음
- ④ 활성화 방안
  - ㉠ 비공식 조직을 지원하고 권장해주어야 함
  - ㉡ 동료장학에 대한 교사들의 적극적인 수용자세와 동료 교사들 간의 친밀한 인간관계, 학교관리자의 민주적이고 개방적인 학교풍토 조성이 필요함
  - ㉢ 수업개선을 위한 행·재정적 지원이 필요
  - ㉣ 과중한 수업부담을 해결해야 함

3) 약식장학

① 개념 : 단위학교의 교장이나 교감이 간헐적으로 짧은 시간 동안 학급순시나 수업참관을 통하여 교사들의 수업 및 학급경영활동을 관찰하고, 이에 대하여 교사들에게 지도·조언을 제공하는 방법(일상장학)
② 특징
  ㉠ 원칙적으로 학교행정가인 교장이나 교감의 계획과 주도하에 전개
  ㉡ 간헐적이고 짧은 시간 동안의 학급순시나 수업참찰 중심
  ㉢ 미리 준비한 수업활동이나 학급경영활동이 아닌 평상시의 자연스러운 수업활동을 관찰할 수 있으므로 교장이나 교감이 학교교육 전반의 정보를 파악하는 데 도움을 줌
  ㉣ 다른 장학형태에 대한 보완적이고 대안적인 성격

(2) 자기장학

① 개념 : 외부의 강요나 지도에 의해서가 아니라 교사 스스로가 자신의 전문성 신장을 위해 스스로 계획을 수립하고 실천해 나가는 것
② 특징
  ㉠ 교사 자신의 자율성과 자기발전 의지 및 능력을 기초로 함
  ㉡ 제반 전문적 영역에서의 교사 자신의 성장 발달을 도모함
  ㉢ 원칙적으로 교사 자신이 스스로 계획·실천·자기반성을 하는 활동

(3) 컨설팅 장학

① 개념 : 학교교육을 개선하기 위해서 일정한 전문성을 갖춘 사람들이 학교와 학교 구성원의 요청에 따라 제공하는 독립적인 자문활동
② 컨설팅 장학의 목표
  ㉠ 교사의 수업개선
  ㉡ 학교현장의 현안 과제에 대한 종합적·예방적 지도
  ㉢ 단위학교 및 학교현장의 현안 과제 해결방안 모색
  ㉣ 현안 문제 해결지원을 통한 신뢰받는 교육풍토 조성
③ 컨설팅장학의 원리
  ㉠ 자발성의 원리 : 컨설팅은 의뢰인이 자발적으로 나서서 컨설턴트의 도움을 요구함으로써 시작되어야 함
  ㉡ 전문성의 원리 : 컨설턴트는 실제적으로 학교의 문제를 해결할 수 있는 전문성을 갖추어야 함(자격증이나 형식적인 전문성 X)
  ㉢ 교육성(학습성)의 원리 : 컨설팅은 의뢰인에게는 물론이고 컨설턴트에게도 학습의 과정이 되어야 함, 즉 의뢰인과 컨설턴트 모두에게 전문성 함양의 경험이 되어야 함
  ㉣ 자문성의 원리 : 학교컨설팅은 의뢰인으로 하여금 자신의 문제과제를 해결하는 방법을 습득하도록 도와주는 자문 활동이 되어야 함(변화에 대해 결정을 내리거나 집행할 권한 X)
  ㉤ 독립성의 원리 : 컨설턴트가 의뢰인은 상급자-하급자 관계가 아닌, 수평적 관계가 되어야 함
  ㉥ 일시성(한시성)의 원리 : 의뢰한 문제가 해결되면 컨설팅 관계는 종료되어야 함

THEME 95 교육재정의 기초

(1) 교육재정의 원리

영역		원리
확보	충족성	교육활동을 운영하는 데 필요한 재원이 충분히 마련되어야 한다는 것(적정교육재정 확보의 원리)
	자구성	중앙으로부터 지원되는 기본 교육경비 이외의 필요 재정을 지방자치단체가 스스로 확보할 수 있는 제도적 장치가 마련되어야 함
집행	배분 - 효율성	최소의 노력과 비용으로 최대의 효과를 거두는 것으로, 최소한의 재정으로 최대의 교육 효과를 얻어야 함
	배분 - 공정성	• 특정 기준에 의하여 재정 규모, 재정 배분 등에 있어서 차이가 나는 것을 정당하다고 보는 것 • 개인의 능력, 교육환경의 차이, 학교 단계, 교육프로그램, 정책 목표의 우선순위 등에 따라 교육재정이 달리 운영되는 것은 정당할 수 있다는 것
	지출 - 자율성	외부적 통제나 규율이 없이 재정에 관한 결정을 내리고 집행한다는 것
	지출 - 적정성	표준화된 성과를 산출할 수 있는 자원의 배분 그리고 교육대상자의 필요를 충족시킬 수 있는 교육 프로그램의 양과 질 보장을 강조하는 것
평가	효과성	투입된 재원이 교육의 질적 향상을 가져오도록 해야 한다는 것
	책무성	사용된 경비에 대해서 납득할 만한 명분을 제시할 수 있고 책임을 져야 함

▶ 교육재정의 특성 : 강제적 성격, 공익추구, 영속성, 양출제입의 원칙, 장기적 투자

(2) 교육비의 분류

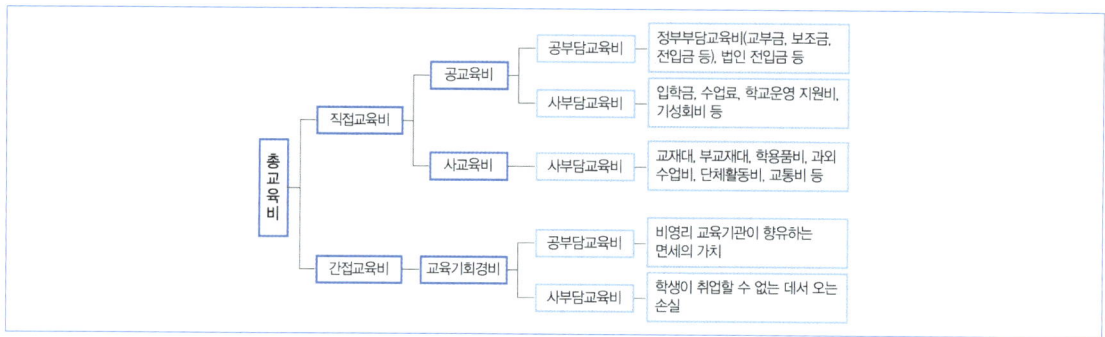

① 직접교육비 : 교육목적을 달성하기 위하여 교육활동에 직접적으로 투입되는 경비
  ㉠ 공교육비 : 공공회계절차를 거쳐 교육활동에 지출되는 경비 → 공부담 공교육비(국민의 세금에 의해 충당) + 사부담교육비(학생이 지출하는 것이지만 개개인보다 전체를 위해 쓰임)
  ㉡ 사교육비 : 공공 회계절차를 거치지 않고 학부모 내지 학생이 직접 지출하는 경비
② 간접교육비 : 교육을 받음으로 인하여 교육기간 동안 취업할 수 없는 데서 오는 손실인 유실소득(사부담 교육기회비)과 비영리 교육기관이 향유하는 면세의 가치(공부담 교육기회비)

THEME 96 교육예산 관리기법

(1) 품목별 예산제도(LIBS : Line-Item Budgeting System) - 통제지향적
- ① 개념 : 지출대상을 인건비, 시설비, 운영비 등과 같이 품목별로 세분화하여 지출대상과 그 한계를 명확히 규정하는 예산제도
- ② 장점 : 세출예산에 대한 엄격한 사전·사후통제 가능, 분명한 회계책임, 예산에 대한 공무원의 자유재량행위 제한
- ③ 단점 : 예상치 못한 사태에 신축성 있게 대응하기 어려움, 정부사업의 전체적인 개요 파악이 어려움, 정책이나 사업의 우선순위를 등한시할 수 있음

(2) 성과주의 예산제도(PBS : Performance Budgeting System) - 관리지향적
- ① 개념 : 예산을 기능, 사업계획 및 활동을 바탕으로 분류·편성함으로써 업무수행의 성과를 명백히 하려는 예산제도
- ② 장점
  - ㉠ 예산이 기능별, 기관별, 사업계획별로 분류되고 업무 측정단위와 업무량까지도 표시되기 때문에 일반인들이 그 기관이 어떤 사업을 어떻게 추진하고 있는지 이해하기 용이함
  - ㉡ 정책이나 계획수립이 용이하며, 예산심의가 편리함
  - ㉢ 예산집행에 있어서 융통성을 기할 수 있음
  - ㉣ 예산집행의 결과를 다음 회계연도에 반영함으로써 효율적인 예산편성에 기여
- ③ 단점 : 업무측정단위 선정의 어려움, 단위원가 계산 및 성과측정의 어려움, 예산통제가 어렵고 회계책임이 불분명

(3) 기획예산제도(PPBS : Planing-Programming Budgeting System) - 계획지향적
- ① 개념 : 합리적인 조직목표를 설정하고 그를 성취하기 위한 계획과 행동 과정, 그리고 자원배분을 과학적으로 수립·설계함으로써 조직목표 달성의 효율성과 효과성을 향상하려는 체제적 기법(장기적인 계획 수립 + 단기적인 예산편성의 유기적 통합·연결, 5년짜리 연동예산)
- ② 장점
  - ㉠ 사업계획의 목적, 대안, 효용 및 소요 자원이 잘 연결되어 있어 상부의 의사결정이 용이함
  - ㉡ 모든 것을 중앙집권적으로 처리할 수 있기 때문에 의사결정 과정을 일원화할 수 있음
  - ㉢ 사업계획과 예산편성을 유기적으로 연결하여 주기 때문에 자원배분이 합리적으로 이루어질 수 있음
  - ㉣ 장기사업계획에 대한 신뢰성을 높일 수 있음
- ③ 단점
  - ㉠ 정보가 최고의사결정자에게 집중됨으로써 지나치게 중앙집권화될 가능성이 있음
  - ㉡ 명확한 목표설정이 어려운 부문의 경우에는 도입하기 곤란
  - ㉢ 사업별 예산을 하위예산별로 구분하고 자원을 재배분하는 환산작업이 어려워 예산편성과 집행이 어려움
  - ㉣ 목표달성 정도를 계량화하기 어렵고, 계량적인 분석기법의 도입에도 한계가 있음

(4) 영기준 예산제도(ZBBS : Zero-Base Budgeting System) - 의사결정지향적

① 개념 : 예산편성시 전년도 예산에 구애받지 않고 모든 사업이나 활동에 대해 새롭게 검토하여 우선순위를 설정한 후 이에 따라 자원을 배분하는 방식(계속사업도 신규사업과 같이 새로 분석·평가됨)
② 장점
　㉠ 우선순위가 낮은 사업에서 우선순위가 높은 사업으로 재원을 전환함으로써 합리적인 예산배분이 가능
　㉡ 전년도 예산을 그대로 답습하지 않기 때문에 재정의 경직성을 극복할 수 있음
　㉢ 예산편성 과정에서 계층 간 의사소통이 원활하고 참여의 폭이 확대됨
③ 단점
　㉠ 모든 사업과 활동을 영(zero)의 상태에서 분석해야 하므로 시간과 노력의 부담이 과중됨
　㉡ 우선순위를 결정하는 데 어려움이 있음
　㉢ 현행 경비 수준에서 재평가하기 때문에 새로운 프로그램의 개발 및 사업효과 측정이 어려움

(5) 일몰(sunset) 예산제도

① 개념 : 일몰법의 정신을 반영하는 예산제도, 일몰법이란 어떤 행정기관이나 정부의 사업이 일정기간이 지나면 자동적으로 폐지되도록 규정한 법률을 의미(자동적 종결 + 주기적 재심)
② 장점 : 불필요한 예산 낭비 방지, 보다 사회적 타당성이 높은 신규사업의 시도 가능
③ 단점 : 정치성을 배제하기 어려움, 정부의 각종 활동을 억제하는 역기능이 있을 수 있음

THEME 97 교육제도

(1) 지방교육자치제도

1) 지방교육자치제도의 개념
① 일정한 지역의 주민들이 지방공공단체를 구성하여 국가의 일정한 감독하에 그 지역안의 공동문제를 자기 부담에 의하여 스스로 혹은 공동으로 선출한 대표에 의하여 처리하는 것
② 국가에 종속되어 있는 법적 능력을 가진 공공단체가 그의 피선된 기관에 의하여 국가의 감시하에 자기의 이름으로 지방공공의 과업을 독자적으로 수행하는 것

2) 지방교육자치제도의 성격
① 시행단위가 국가가 아닌 지방단위임
② 교육과 학예에 관한 사무는 주민의 의견을 존중하는 민주성과 자주성이 포함되어 있음
③ 교육활동이라는 특수한 사무임을 감안하여 전문성이 있음
④ 정치적 중립성을 바탕으로 한 자율적인 통치로 교육의 질적 향상을 꾀함

3) 교육자치제도의 원리
① 지방분권의 원리 : 중앙정부로부터 권한을 위양받아 지방교육행정기관이 독자적·창의적·자율적으로 의사결정권을 가지고 지역의 특성과 실정에 맞는 교육을 해야 함(교육행정의 민주화) ↔ 중앙집권의 원리
② 주민통제의 원리(주민자치의 원리) : 일정지역의 교육사업은 그 지역의 실정과 특수성을 고려하여 그 지역주민의 공정한 의사에 따라 자율적으로 실시되어야 함 예 학교운영위원회
③ 자주성의 원리(분리·독립의 원리) : 교육행정이 일반행정으로부터 분리·독립되어야 하며, 교육의 정치적·종교적 중립이 보장되어야 함 → 외부의 지나친 간섭과 통제를 거부
④ 전문적 관리의 원리 : 교육에 대한 깊은 이해와 고도의 교육행정 식견을 갖춘 요원들에 의해서 교육활동이 효율적으로 관리·운영될 수 있어야 함 예 교육감은 교육경력 3년 이상을 자격요건으로 함

(2) 학교운영위원회

1) 학교운영위원회의 설치 - 「초·중등교육법」 제31조
① 학교운영의 자율성을 높이고 지역의 실정과 특성에 맞는 다양하고도 창의적인 교육을 할 수 있도록 초등학교·중학교·고등학교·특수학교 및 각종학교에 학교운영위원회를 구성·운영하여야 함
② 위원의 구성 : 교원 대표, 학부모 대표 및 지역사회 인사
   cf 학생은 학교운영위원회의 법적 구성 위원으로 포함되지 않음. 그러나 일부 사항에 대하여 필요하다고 인정하는 경우 학생대표 등을 회의에 참석하게 하여 의견을 들을 수 있음 - 「초·중등교육법 시행령」 제59조의4(의견 수렴 등)
③ 위원의 정수 : 5명 이상 15명 이하의 범위에서 학교의 규모 등을 고려하여 당해 학교의 학교운영위원회규정으로 정함

2) 학교운영위원회의 성격
① 단위학교 차원의 교육자치기구
② 학교 내외의 구성원이 함께하는 학교 공동체
③ 개성 있고 다양한 교육을 꽃 피울 수 있는 제도적 장치

3) 학교운영위원회의 기능 - 「초·중등교육법」 제32조
    ① 학교운영위원회의 '심의'사항
        ㉠ 학교헌장과 학칙의 제정 또는 개정
        ㉡ 학교의 예산안과 결산
        ㉢ 학교교육과정의 운영방법
        ㉣ 교과용 도서와 교육 자료의 선정
        ㉤ 교복·체육복·졸업앨범 등 학부모 경비 부담 사항
        ㉥ 정규학습시간 종료 후 또는 방학기간 중의 교육활동 및 수련활동
        ㉦ 공모 교장의 공모 방법, 임용, 평가 등
        ㉧ 초빙교사의 추천
        ㉨ 학교운영지원비의 조성·운용 및 사용
        ㉩ 학교급식
        ㉪ 대학입학 특별전형 중 학교장 추천
        ㉫ 학교운동부의 구성·운영
        ㉬ 학교운영에 대한 제안 및 건의 사항
        ㉭ 그 밖에 대통령령이나 시·도의 조례로 정하는 사항
        ▶ 다만, 사립학교에 두는 학교운영위원회의 경우 제㉦호 및 제㉧호의 사항은 제외, 제㉠호의 사항에 대하여는 자문함
    ② 학교운영위원회는 학교발전기금의 조성·운용 및 사용에 관한 사항을 '심의·의결'함

THEME 98 학교경영기법

(1) 과업평가검토기법(PERT : Program Evaluation and Review Technique)
① 개요 : 과업의 수행과정을 도표화하여 과업을 합리적이고 체계적으로 수행
② 절차 : 플로우 차트(flow chart) 작성 → 활동 소요시간의 추정단계 → 총 수행시간의 추정단계
③ 장점 : 사전에 문제점·예측 가능, 실정에 맞는 계획수립, 계획의 입안자·집행자·감독자 모두 참여, 계획을 수시로 보안·조정·수정 가능, 시간과 비용 절감
④ 단점 : 계획에 필요한 모든 자료를 세밀히 검토, 관계자 전원이 참가하고 같이 책임져야 함, 효과적인 계획이 이루어지려면 고도의 훈련을 쌓아야 함

(2) 목표관리기법(MBO : Management By Objectives)
① 개요 : 목표관리의 참여를 통해서 활동목표를 명료화·체계화하여 관리의 효율성을 높이는 관리기법
② 목표관리 과정 : 목표설정 → 과정관리(참여관리) → 성과측정과 평가(중간 + 최종평가, 환류가 가장 중요한 과정)
③ 효과 : 교육의 효율성을 제고, 교직원의 참여의식 고취, 의사소통 활성화, 상하 간의 인화 도모, 목표와 책임에 대한 명료한 설정(교직원들의 역할 갈등 해소), 학교의 관료화 및 교직의 전문성 신장
④ 한계점 : 단기적이고 구체적인 목표를 강조하여 장기적이고 전인적인 목표를 내세우는 학교에 부적합, 업무부담 가중

(3) 조직개발기법(OD : Organization Development)
① 개요 : 행동과학적인 지식과 기술을 활용하여 조직의 목적과 개인의 욕구를 결부시켜서 조직전체의 변화와 발전을 도모하려는 노력, 집단 간의 역동적 상호작용 중시하는 기법
② 조직개발의 기법(방법) : 감수성훈련, 관리망훈련
③ 제약 및 문제점
　　㉠ 구조적 측면과 기술적 측면의 쇄신을 과소평가　㉡ 유능한 OD전문가 확보 곤란, 많은 시간과 비용 소요
　　㉢ 형태의 변화는 어렵고 장기적 지속이 불확실　㉣ 경쟁·권력요인을 경시하고 협동·상호신뢰만 중시

(4) 총체적 품질관리(TQM : Total Quality Management)
① 개요 : 학교조직의 부분적인 질 개선이 아니라 총체적으로 질 개선을 지향하고 교육의 결과와 함께 과정을 강조
② 원리
　　㉠ 과정과 체제의 중시　　　　　　　　　　　㉡ 팀 구성 및 팀워크의 중요성 강조
　　㉢ 질 높은 교육서비스와 산출　　　　　　　㉣ 사실, 과정, 인식에 의한 질의 측정
　　㉤ 광범위한 자료에 의한 의사결정　　　　　㉥ 교육과정과 체제의 복잡성
　　㉦ 변화와 다양성의 강조
③ 의의 : 학교의 교육계획수립 및 실행과정이 종합적이고 체계적으로 이루어져야 함

교 육 학 논 술   K T X

Chapter 08

교수학습

THEME 99	토의법
THEME 100	협동학습
THEME 101	개별화 수업
THEME 102	자기주도학습과 자기조절학습
THEME 103	글레이저(Glaser)의 교수과정 모형
THEME 104	완전학습모형
THEME 105	브루너(Bruner)의 발견학습
THEME 106	오수벨(Ausubel)의 유의미 수용학습이론
THEME 107	가네(Gagné)의 목표별 수업이론
THEME 108	구성주의 개요
THEME 109	구성주의 교수이론
THEME 110	라이겔루스(Reigeluth)의 정교화 이론
THEME 111	메릴(Merrill)의 내용요소제시이론
THEME 112	켈러(Keller)의 학습동기이론(ARCS)

THEME 99 토의법

(1) 개념

① 학습자의 역할과 활동을 중요시하며, 집단 구성원간의 지식 경험을 교환하여 학습의 사회화를 도모하는, 공동학습의 형태
② 즉, 교사와 학습자, 학습자와 학습자간의 언어적인 상호작용에 의해 의견을 교환하는 교수-학습방법

(2) 토의법의 유형

1) 원탁토의

① 정의 : 10명 정도의 인원이 둘러앉아 고정적인 규칙에 구속되지 않고 자유로이 의견이나 태도를 표명하고 지식이나 정보를 상호 제공·교환함으로써, 집단으로서의 의견을 요약해 나가는 방법
② 장점 : 참가자의 발언이 활발하게 진행되고, 참가자 모두 토의에서 합의된 결과에 대한 책임을 똑같이 공유한다는 점에서 매우 민주적인 토론기법
③ 단점 : 시간이 많이 걸림, 무책임한 태도나 의견으로 토의결과의 질이 저하되기 쉬움, 발언이 특정인에게만 편중되는 현상이 일어나기 쉬움
④ 유의점 : 참가자 전원이 발언할 수 있는 기회를 적절히 제공해야 함, 충분한 경험을 지닌 사회자 필요

2) 배심토의(Panel)

① 정의 : 사회자의 진행에 의해 특정 주제에 대한 지식과 경험이 풍부한 전문가 4~6명이 청중 앞에서 하는 자유토의
② 장점 : 청중과 발표자 사이의 자발적 의사교환 가능, 빠르게 진행되고 흥미로움
③ 단점 : 비공식적인 대화를 중심으로 이루어져 논리적이고 체계적인 정보의 제시는 어려움, 발표자 개개인의 의견을 발표하는 데 소요되는 시간을 통제하기 어려움
④ 유의점 : 논리적이고 체계적인 정보의 제시가 어려우므로 지식이나 정보의 전달이 아닌 주제에 대한 관심이나 동기유발, 다양한 의견을 수용하고 합리적인 결론에 도달하는 과정 등을 학습목적으로 설정해야 함

3) 단상토의(Symposium) - 배심토의와 흡사하나 좀 더 형식적

① 정의 : 동일한 문제에 대해 상이한 의견을 가진 4~5명이 각기 다른 입장에서 10~15분 정도 강연 후 일반 참가자들의 진술 등을 종합하여 의견을 집약하는 방법
② 장점 : 다양한 지식과 경험 제시 가능(한 주제에 관한 다양한 측면에서의 논의 가능), 발표자가 계속 바뀌기에 계속적인 집중 가능, 발표된 주제에 논쟁의 여지가 있으면 더욱 흥미로움
③ 단점 : 한 가지 주제만을 다룸, 발표자의 사전준비가 미비할 경우 단지 의견만 제시될 뿐임
④ 유의점 : 발표자, 청중학습자 모두 그 주제에 대해 다양한 지식이나 경험 등을 가지고 있어야 함

4) 공개토의(Forum)

① 정의 : 1~3인 정도의 전문가가 10~20분간 공개연설을 한 후에 이 내용을 중심으로 참가자들과 질의·응답하는 방식의 토의법
② 장점 : 강의나 보고처럼 일방적인 의사소통이 아닌 청중의 직접적인 참여를 중요시한다는 점에서 직접적이고 합리적인 효과를 얻어낼 수 있음

③ 단점 : 공개토의 형식만으로는 지식 주입식이 되기 쉬우므로, 분단토의 등을 함께 사용하는 것이 바람직함

5) 버즈토의(Buzz Discussion)
① 정의 : 시간적 제약이나 다수인에서 오는 압박감으로 인해 일부 인원은 발언할 수가 없을 때, 여러 사람을 토의에 참가시키기 위하여 참가자들을 소집단으로 편성하여 특수한 주제나 문제점에 대하여 토론하도록 하는 교수법 → 필립스(Philips)가 고안한 6분단·6분간 토의법(필립스의6·6법)
② 장점 : 소수 인원으로 집단을 구성함으로써, 참가자들이 서로 친근감을 갖게 하고, 각자가 자유롭게 발언하는 기회를 가진다는 점에서 적극적인 토의를 유도하게 됨
③ 단점 : 복잡한 토의를 할 수 없으므로 토의 의제가 제한됨, 각 그룹마다 적절한 지도가 어려움, 소란스럽고 집중이 잘 안될 수 있음
④ 유의점 : 의제는 참가자가 경험이 있거나 관심이 있는 것이 좋고, 되도록 구체적인 것이 바람직함

6) 대화식 토의(Colloquy)
① 정의 : 주제에 대해 그 분야에 대한 전문가를 초청하거나 현장에 직접 가서 그 주제에 대한 의견을 질의응답하는 형식(반은 청중, 반은 전문가로 구성)
② 장점 : 학습자집단, 전문가집단에 의해서 이루어짐
③ 단점 : 일반청중이 토의과정에 참여한다는 데 한계가 있음
④ 유의점 : 토의를 진행시 전문가와 일반청중이 동등하게 참여하도록 함

THEME 100 협동학습

(1) 개요

1) 개념

① 슬래빈(Slavin) : 협동학습이란 학습능력이 각기 다른 학생들이 동일한 학습목표를 향하여 소집단 내에서 함께 활동하는 수업방법 → 전체는 개인을 위하여(all-for-one), 개인은 전체를 위하여(one-for-all)

② 전통적인 소집단학습에서 야기되는 부익부현상, 무임승객효과, 봉효과 같은 단점을 보완하고 협력적인 상호작용을 촉진하기 위해 집단보상과 협동기술을 추가한 것

- ㉠ 부익부현상 : 학습능력이 높은 학생이 다른 학생들보다 도움을 주고받으며, 긍정적이든 부정적이든 많은 반응을 보임으로써 학업성취가 향상될 뿐만 아니라 소집단을 장악하는 현상
- ㉡ 무임승객효과 : 학습능력이 낮은 학습자가 적극적으로 학습에 참여하지 않아도 학습능력이 높은 학습자의 노력으로 성과를 공유하게 되는 것
- ㉢ 봉효과 : 학습능력이 높은 학습자가 자기의 노력이 다른 학습자들에게 돌아가기 때문에 학습참여에 소극적이게 되는 부정적인 효과

2) 협동학습의 원리

① 긍정적 상호의존성 : 집단 구성원들이 모두 하나의 배를 타고 있다는 느낌과 태도(all-for-one, one-for-all)
   ▶ 상호의존성의 분류 : 목적 상호의존성, 자원 상호의존성, 보상 상호의존성, 역할 상호의존성
② 개별 책무성 : 모든 구성원들이 집단 전체의 성취와 학습에 기여해야 할 책임의식
   ▶ 개별 책무성을 높이기 위한 방안 : ㉠ 집단의 성과물에 모든 개인의 개별 성과물을 포함, ㉡ 수행하지 않으면 집단 전체에 해가 되는 역할을 모두에게 개별적으로 부여, ㉢ 집단 구성원들의 모든 점수를 임의로 선택된 한 명의 점수로 결정
③ 동시적 상호작용 : 모든 학생이 수업활동에 참여할 수 있도록 동시다발적인 구조로 수업을 진행해야 한다는 것
   ▶ 상호작용의 유형 : 계열적 상호작용, 동시적 상호작용
④ 지도력 공유 : 능력이 뛰어난 일부 학생에게 지도력이 주어지는 것이 아니라 집단이 공유하도록 해야 함
⑤ 교사의 적극적 개입 : 교사가 학습활동을 관찰하고 적극적으로 개입하여 피드백 해야 함

3) 협동학습의 장·단점

장점	단점
• 교과에 대한 지식 증대 • 과제도전에 필요한 적절한 기질, 성향, 태도의 개발 • 구성원을 통한 학습 • 역할분담의 학습 • 자신과 타인에 대한 이해 • 자신의 자원관리	• 일의 과정보다 결과를 중시하는 버릇이 생길 우려 • 집단구성원 전체가 잘못 이해하고 있는 내용이 옳은 것인 양 그대로 굳어질 수 있음 • 학습보다 집단의 응집성이 더 강조될 수 있음 • 소집단 내에서 능력이 다소 떨어지는 학생의 경우 자아존중감의 손상을 입을 수 있음

4) 협동학습의 단점 해소방안

① 부익부현상 → 각본(script)을 통한 역할분담, 집단보상 강조, 협동기술 증진
② 무임승객효과와 봉효과 → 집단보상과 개별보상을 병행(직소Ⅱ, STAD 등)
③ 집단 간 편파 문제 → 주기적인 소집단 재편성, 과목별로 소집단을 다르게 편성
④ 자아존중감 손상 → 자아 존중감 손상이 우려되는 학습자에게 협동학습기술을 습득시킴

▶ 협동기술 훈련 : 청취기술 훈련(말바꾸어 진술하기, 3단계 면담, 라운드 로빈), 번갈아하기 훈련(라운드 테이블, 발언 막대기), 도움 주고받기 훈련(또래끼리 점검하기, 플래시카드, 함께 생각하기)

(2) 협동학습 수업모형

학습팀 학습유형	협동적 프로젝트 유형
• 집단 내 협동, 집단 간 경쟁 • STAD, TGT, TAI, Jigsaw Ⅱ, Jigsaw Ⅲ	• 집단 내, 집단 간 모두 협동학습 강조 • Jigsaw Ⅰ, Co-op Co-op, GI, LT

1) Jigsaw Ⅰ - 아론슨(Aronson)

① 개요 : 학업성취뿐만 아니라 교우관계 형성과 같은 정의적 특성의 형성에 관심을 둠
② 전개절차 : 과제분담 활동(5~6명의 이질집단 구성, 모집단) → 전문가 활동(전문가 집단 형성 및 협동학습) → 원소속집단의 협동학습 → 개별평가(개별보상)
③ 특징 : 과제해결력의 상호의존성은 높으나, 집단보상이 없어 보상에 대한 상호의존성이 낮음

2) Jigsaw Ⅱ - 슬래빈(Slavin)

① 개요 : 직소Ⅰ을 수정, 개념중심의 학습내용을 가르치는 데 목적을 둠
② 직소Ⅰ과의 차이

Jigsaw Ⅰ	Jigsaw Ⅱ
• 교사가 학습과제를 일방적으로 부과 • 개인의 점수만 산출	• 학습자의 흥미를 고려하여 부과하거나 학생들이 스스로 분담 • 향상점수와 팀점수를 산출

③ 전개절차 : 과제분담 활동(모집단) → 전문가 활동(전문가 집단) → 동료 교수 및 질문 응답(모집단) → STAD식 평가(향상점수와 팀점수를 산출, 개별보상 & 집단보상)

    cf JigsawⅢ : 직소Ⅱ가 모집단 학습을 마친 후 곧바로 시험을 보기 때문에 공부할 시간이 부족하다는 문제점이 지적되면서 '시험에 대비할 학습시간 및 기회'를 평가 전 단계에 추가한 모형

④ 특징
   ⊙ 'Jigsaw Ⅰ + 집단보상'의 모형 : 과제 상호의존성과 보상 상호의존성을 모두 포함
   ⓒ 모든 학생들에게 전체 학습자료를 읽을 수 있는 기회 제공함으로써 학생들 간의 상호의존성이 다소 약화되지만, 기존의 교육과정 자료를 그대로 사용할 수 있어 실용적이고 경제적임

    cf 직소Ⅰ은 집단구성원 중 하나라도 자신의 책임을 완수하지 못하면, 그 집단 전체의 학습을 완성할 수 없도록 계획됨

3) 성취과제 분담학습(STAD : Student Team Achievement Division) - 슬래빈(Slavin)

① 개요
   ⊙ 기본기능의 습득이나 지식의 이해를 촉진시키기 위해 고안된 것
   ⓒ 모든 교과목에서 전통적 수업보다 효과적이며, 초·중·고등학교 수학 과목에 주로 활용됨
   ⓒ '집단보상, 개별적 책무성, 성취결과의 균등분배'라는 협동전략을 택함

② 전개절차 : 수업목표 제시 → 팀 내 개별학습 및 협동학습(4~5명) → 개별평가(향상점수 산출) → 팀점수 산출 → 최고득점자 및 우수 팀 보상(능력이 낮은 학습자에게 동기를 부여)

③ STAD의 점수 계산방법
   ⊙ 기본점수 : 이전에 치른 여러 번의 퀴즈 점수의 평균
   ⓒ 향상점수 : 기본점수와 비교하여 이번 수업의 퀴즈 점수가 어느 정도 향상되었는가에 따라서 부여 되는 점수
   ⓒ 팀 점수 : 구성원들의 향상점수의 합을 산술 평균한 값

4) 팀경쟁학습(TGT : Teams Games Tournaments) - 디브라이즈와 에드워즈(Devries & Edwards)

① 개요 : STAD와 동일한 팀, 수업방법, 연습문제지를 이용한 협동학습
   - cf STAD에서는 매주 집단보상을 위해 시험을 실시, 팀경쟁학습에서는 게임을 이용하여 각 팀 간의 경쟁을 유도
② 전개절차 : 수업목표 제시 → 팀 내 개별학습 및 협동학습 → 토너먼트 게임(개별학습 성취를 나타내는 게임) → 팀점수 산출 및 우수 팀 보상
③ 특징 : 공동작업구조, 집단 내 협동-집단 간 경쟁구조의 보상구조

5) 집단조사학습(GI : Group Investigation)

① 개요 : 집단 프로젝트의 수행을 통하여 고차적 인지기능을 습득시키려는 데 초점
② 전개절차 : 주제선택 및 집단구성(2~6명) → 협동학습 계획 수립 → 실행 → 분석과 종합 → 최종 산출물 발표 → 평가
③ 학습과제는 집단구성원들이 공동으로 협의하여 선정, 이와 관련된 하위주제들을 학생들의 흥미에 따라 선정하고 개인별로 하위주제를 하나씩 맡아서 해결
④ 특징 : 자발성을 강조하는 개방적 협동학습 모형, 개별보상 혹은 집단보상을 자유롭게 선택

6) 자율적 협동학습 모형(Co-op Co-op) - 케이건(Kagan)

① 개요 : 학생들로 하여금 그들 자신이 학습과제를 선택하도록 하고 자신과 동료들의 평가에 참여하도록 함
② 전개절차 : 학습주제 소개 → 학생중심 학급토론 → 모둠구성을 위한 소주제 선택 → 소주제별 모둠 구성 및 모둠워크 형성 → 소주제 정교화 → 미니 주제의 선택과 분업 → 개별학습 및 준비 → 모둠 내 미니주제 발표 → 모둠별 발표준비 → 모둠별 학급발표 → 평가와 반성(개별 미니주제에 대한 모둠구성원들의 평가, 모둠 발표에 대한 학급 동료들의 평가, 소주제 및 보고서에 대한 교사의 평가)
③ 특징
   ㉠ 집단탐구 모형(GI)을 보완하기 위한 것 : GI 모형의 정교하지 못한 절차와 활동을 보완
   ㉡ 학급 전체의 협동 : 각 모둠이 전체 주제와 관련된 소주제를 학습하여 전체 학급에 공헌
   ㉢ 협동을 위한 협동 : STAD와 Jigsaw에서 학습자가 자신의 팀을 위해 협동학습을 하는 반면, Co-op Co-op에서는 자신의 호기심을 만족하고 공부한 내용을 학급 동료들과 공유하기 위해 학습

THEME 101 개별화 수업

(1) 개요

① 개별화 수업이란 가급적 모든 학생이 교수목표에 도달할 수 있도록 개인의 능력·학습속도·요구 등을 고려하여 교수방법 및 절차, 자료의 선택, 평가 등을 변별적으로 실천하는 수업
② 즉, 개별성과 공평성에 입각하여 학생들이 갖고 있는 잠재력을 최대한 발현할 수 있도록 하는 교수방법을 의미
  ㉠ 개별성 : 학생마다 다른 요구와 교육방법과 특성을 갖고 있다는 것
  ㉡ 공평성 : 개인의 요구, 특성에 맞는 교육방법을 적용해야 한다는 것
  ▶ 학습자 개인차 요인 : 능력적 특성(적성, 수업이해력, 선수학습 능력 등), 비능력적 특성(인지양식, 지구력, 교과목에 대한 흥미, 자아 개념, 급우에 대한 태도 등)

(2) 개별화 수업의 유형

1) 적성처치 상호작용 모형(ATI : Aptitude Treatment Interaction) - 크론박(Cronbach)과 스노우(Snow)

① 개요
  ㉠ 학습자의 적성(지능, 사전지식, 성격, 인지양식 등과)과 교수방법 간에는 상호작용이 있음
  ㉡ 학습의 효과를 낼 수 있는 수업방식이 학습자의 적성에 따라 다름. 즉 일반적으로 우수한 수업방식이 모든 학습자에게 최선의 방법이 되지 못함
② ATI의 이상적 형태와 현실적 형태

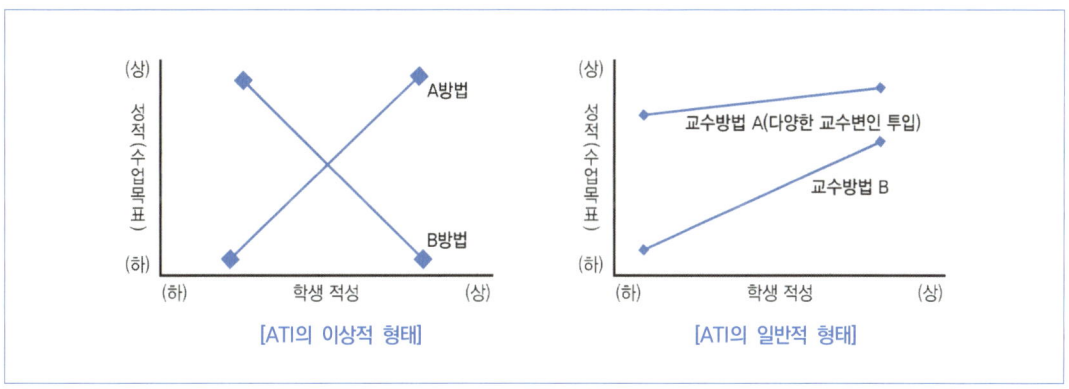

[ATI의 이상적 형태]   [ATI의 일반적 형태]

  ㉠ 이상적인 형태 : 적성수준이 낮은 학습자에게는 교수방법 B가, 적성수준이 높은 학습자에게는 교수방법 A가 유리
  ㉡ 현실적 형태 : 학습적성이 낮은 학생에게 효과가 있는 교수방법이 적성이 높은 학생에게 효과가 없다는 것은 실제적으로는 현실성이 없음. 따라서 오른쪽 그림의 교수방법 A처럼 다양한 교수변인을 투입하여 학생들 간의 개인차를 줄인 교수방법이 보다 현실적일 것

2) 개별화 교수체제(PSI : Personalized System of Instruction) - 켈러(F. Keller)

① 개요
  ㉠ 스키너의 조작적 조건형성의 원리에 기초한 프로그램학습법을 발전시킨 것
  ㉡ PSI에는 학습보조원이 학습자의 개별학습을 도와주며, 학습자의 동기강화와 개별학습을 위해 강의도 실시함
    cf 프로그램학습법은 교수기계(학습지)를 가지고 자율적으로 학습

② 교수절차
- ㉠ 모든 학습자에게 각기 스스로 공부할 수 있는 프로그램 학습자료와 그것에 따른 학습안내서가 배부
- ㉡ 학습자는 자기의 속도에 맞추어서 자율적으로 학습자료를 공부
- ㉢ 모든 학습자들은 각 단원의 일정 요구수준을 완전히 성취해야 다음 단원으로 넘어감
- ㉣ 학습보조원이 학습자의 개별학습을 도와주고, 채점도 하고, 토의에도 응해 주어 그 결과를 교수에게 환류
- ㉤ 학습자들의 동기를 강화시켜 주고 학습자들의 개별학습을 풍요롭게 하기 위한 강의도 실시

③ 특징 : 완전학습 지향, 자기진도대로 학습, 보조관리자 활용(동료학습자 중 우수한 학습자나 지원자를 활용)

3) 개별처방 교수법(IPI : Individually Prescribed Instruction) - 글레이저(Glaser)

① 개요
- ㉠ '처방'을 매우 중시 : 학습자마다 자기의 속도와 수준에 따라 다르게 학습할 수 있도록 개인차 변인을 충분히 고려
- ㉡ 전체 학습을 학습과제별로 '진단 → 처방 → 평가'로 구성

② 교수절차 : 배치검사(정치검사) → 사전검사(정착검사) → 개별학습 → 진도확인검사(통과하지 못한 학습자는 다시 이전의 학습을 하거나 또 다른 처방을 받게 됨) → 사후검사(85% 이상의 성취수준이면 새로운 학습에 도전)

③ PSI와 IPI의 비교

개별화 교수체제(PSI)	개별처방 교수법(IPI)
• 학습자들의 학습출발점과 학습목표가 같음 • 학습보조원이 있으며 강의를 하기도 함	• 학습목표는 모두 같으나, 정치검사를 통해 출발점을 달리함 • 개별적인 자율학습을 실시함

4) 개별지도 교수법(IGE : Individually Guided Education)

① 개요 : 교과영역별로 무학년제를 실시 + 팀티칭
- cf) 교육과정상의 변화뿐만 아니라 행정적 또는 조직적 차원에서의 변화를 추구한다는 점은 IGE를 IPI나 PSI와 구별시킬 수 있는 가장 큰 특징

② 교수절차 : 학생전집에 의해 습득되어야 할 교육목표 진술 → 학생전집의 하위집단에 의해 습득가능한 목표 범위 추정 → 각 학생의 성취수준, 학습양식 및 동기수준 평가 → 각 학생별 수업목표 설정 → 각 학생에 적합한 수업 프로그램의 계획 및 실행 → 학생별 초기 목표의 습득 여부 평가

③ IGE와 IPI의 비교

개별지도 교수법(IGE)	개별처방 교수법(IPI)
• 진단평가를 통해 개개인에 맞는 목표 설정 • 무학년제와 팀티칭제를 이용	• 공통의 학습목표 부과, 진단평가를 통해 출발수준 결정 • 기본적으로 자율학습 실시

THEME 102 자기주도학습과 자기조절학습

(1) 자기주도학습(SDL : Self-Directed Learning) - 노울즈(Knowles)
① 개념 : 개인이 스스로의 학습욕구를 진단하고, 학습목표를 설정하며, 목표를 달성하기 위하여 필요한 물적·인적 자원을 탐색하고, 적절한 학습전략을 시행하며, 스스로 학습의 성과를 평가하는 과정
② 특징
   ㉠ 자기주도적 학습은 학습을 고립화시키는 것이 아니라 교사, 개인교사, 자원인사, 동료, 교재, 교육기관 등 다양한 형태의 조력자들과의 협력하에 이루어지는 학습활동임
   ㉡ 자기주도적 학습은 학습자 자신이 자신의 학습 전체의 기획, 실행 및 평가 등에 일차원적인 책임을 지는 것을 특징으로 함 → 학습결과에 대한 학습자의 자기평가가 중시
③ 자기주도적 학습과 교사주도적 학습의 비교

자기주도적 학습	교사주도적 학습
• 학습자는 자기주도적이고자 하는 요구를 가짐 • 학습자들의 다양한 경험은 학습을 위한 풍부한 자원이 됨 • 각 개인은 다른 사람과 다소 다른 학습준비도 유형을 가짐 • 학생들의 자연적인 성향은 과업중심적 혹은 문제중심적이므로 학습경험은 과업수행 또는 문제해결 학습과제로 조직되어야 함 • 학생들은 존경, 성취에 대한 갈망, 성장에 대한 충동, 호기심과 같은 내적자극에 의해 동기부여 됨	• 학습자는 본질적으로 의존적 존재, 교사는 학습자가 배워야 할 내용과 방법을 결정할 책임이 있음 • 학습자의 경험은 교사의 경험보다 덜 가치로움 • 성숙수준이 동일한 학습자는 동일한 내용을 학습할 준비가 되어있어야 함 • 학생들은 교과중심적 성향을 가지고 교육에 임하므로 학습경험은 내용의 단위에 따라 조직해야 함 • 학생들은 외적 보상, 처벌에 대한 두려움에 의해 동기부여됨

(2) 자기조절학습(SRL : Self-Regulated Learning) - 짐머맨(Zimmerman)
① 개념 : 자기조절학습은 학습자가 과제 수행을 위한 계획을 세우고, 수행을 모니터링하며, 수행 결과에 대해 성찰하고 이 성찰의 결과를 차기 과제 수행을 위해 적용하는 일련의 순환적 과정
   ▶ ㉠ 학습의 주체자가 되려고 하는 학습자의 의도적인 노력, ㉡ 독립적인 학습자로 성숙해 가는 과정, ㉢ 메타인지(인지에 대한 지식, 인지에 대한 조절), ㉣ 계획적·전략적인 학습자 행동 등 네 가지를 포함하는 개념
② 자기조절학습 능력의 구성요소
   ㉠ 인지변인 : 인지전략(학습 내용의 이해와 기억 - 시연·정교화·조직화전략), 메타인지전략(인지과정의 조절·통제 - 자기의문, 자기점검, 자기모니터링, 분석)
   ㉡ 동기변인 : 숙달목적 지향성, 자기효능감, 과제가치
   ㉢ 활동변인 : 행동통제(어떤 어려움에 부딪혀서도 포기하지 않고 계속해 나아가는 능력), 도움구하기, 학업시간의 관리

③ 자기조절학습의 단계별 활동

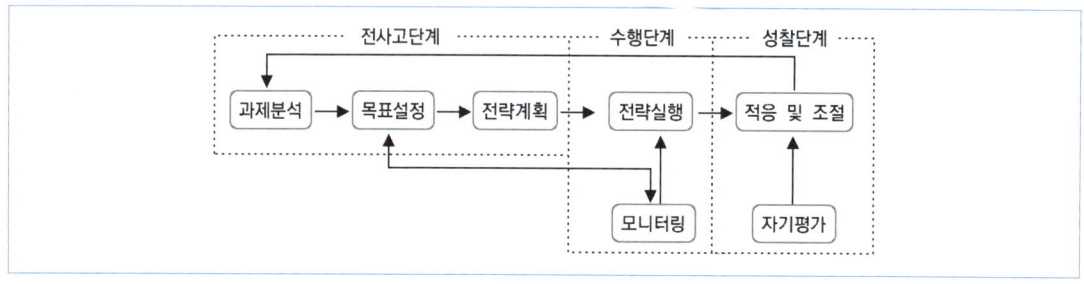

전사고단계	• 실제적인 과제수행에 들어가기 이전에 앞으로의 수행단계에 영향을 미치는 단계 • 과제분석 및 계획단계(과제분석, 목표설정, 전략계획) + 동기적 요인(자기효능감, 목표지향성, 과제가치 등)
수행 단계	• 자기조절학습의 실행과정, 자기조절학습전략 요인(다양한 전략적 활동 + 지속적인 모니터링) • 인지전략(시연, 정교화, 조직화 등), 동기/감정조절전략, 메타인지전략(조절, 모니터링 등), 행동조절전략(자기관찰, 노력관리, 시간관리 등) 및 환경조절전략 등
성찰 단계	• 학습활동 이후에 자신의 학습과정과 그 결과에 대한 평가와 그에 따른 반응을 형성하는 시기(평가와 반응)있음 • 평가(자신의 지식/기술, 학습과정이나 학습결과의 자기평가) + 반응(인지적 판단, 귀인, 정서적 반응, 전략적 적용등)

④ SDL과 SRL의 비교

자기주도학습(SDL)	자기조절학습(SRL)
• 성인교육에서 유래한 개념 • 통상적으로 전통적인 학교 환경 밖에서 행해짐 • 학습자가 과제를 설정하고 학습환경을 디자인할 자율성을 가짐 • 자기조절학습을 포함하는 더 넓은 개념	• 교육심리학, 인지심리학에서 유래한 개념 • 주로 학교 환경에서 사용됨 • 교사가 학습과제를 설정함 • 자기주도학습을 포함하지 않는 상대적으로 좁은 개념

THEME 103 글레이저(Glaser)의 교수과정 모형

(1) 개요 : 교수목표를 구체화하여 학생이 성취해야 할 목표를 분명히 밝히며 계속적인 의사결정과 수정을 요구하는 모형 → 교수과정 전체를 안내해 주는 틀

(2) 교수과정 모형

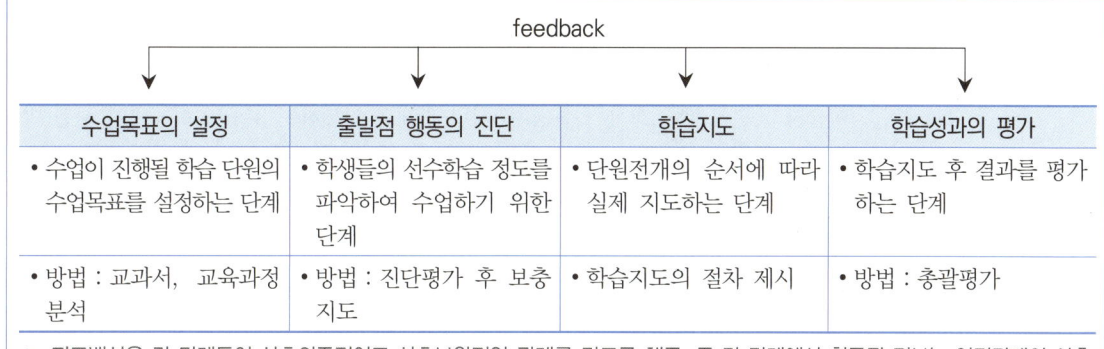

수업목표의 설정	출발점 행동의 진단	학습지도	학습성과의 평가
• 수업이 진행될 학습 단원의 수업목표를 설정하는 단계	• 학생들의 선수학습 정도를 파악하여 수업하기 위한 단계	• 단원전개의 순서에 따라 실제 지도하는 단계	• 학습지도 후 결과를 평가하는 단계
• 방법 : 교과서, 교육과정 분석	• 방법 : 진단평가 후 보충지도	• 학습지도의 절차 제시	• 방법 : 총괄평가

▶ 피드백선은 각 단계들이 상호의존적이고 상호보완적인 관계를 갖도록 해줌. 즉 각 단계에서 획득된 정보는 이전단계의 산출을 점검하거나 교정하는데 유용한 자료가 됨

① 수업목표의 설정
  ㉠ 교과서 분석 : 교과서를 분석하여 내용을 확인
  ㉡ 교육과정 분석 : 교육과정을 분석하여 행동요소를 확인한 후 이들을 결합하여 내용 + 행동으로 수업목표를 설정
② 출발점행동의 진단
  ㉠ 진단평가 : 선수학습의 결손을 파악하기 위하여 실시하는 평가(성적에 반영되지 않음)
  ㉡ 출발점행동 : 수업을 성공적으로 진행하기 위하여 필요한 선수학습의 정도
  ㉢ 보충지도 : 출발점행동과 진단평가를 통하여 알 수 있는 '실제의 선수학습 정도'를 비교, 차이가 있을 경우 보충지도를 실시
③ 학습지도
  ㉠ 도입단계 : 학생들에게 수업목표를 인식시키고 동기유발을 해주는 단계
  ㉡ 전개단계 : 수업목표 달성을 위하여 실제로 수업을 전개하는 단계
  ㉢ 정착단계 : 배운 내용을 정리하고 다시 한번 복습하며 적용해 보는 수업을 마무리단계
  ㉣ 형성평가 : 한 단원이 끝나기 전, 단원에 대한 수업 중간중간에 그 시간에 배운 내용을 평가해 보는 과정을 거칠 필요가 있음(목표달성도를 알아보는 절대평가, 평가결과는 성적에 반영되지 않음)
④ 학습성과의 평가
  ㉠ 총괄평가 : 학습단원이 완전히 끝난 후, 처음에 설정된 수업목표를 어느 정도 달성하였는지의 여부를 알아보기 위하여 수업결과를 일괄적으로 평가
  ㉡ 총괄평가는 목표달성도를 알아볼 뿐만 아니라 학생들의 상대적인 순위를 정하기도 함

THEME 104 완전학습모형

(1) **캐롤(Carroll)의 학교학습 모형** - 학습 정도를 시간의 함수로 파악

① 학교학습의 5가지 변인

$$학습의 \ 정도 = f \frac{학습에 \ 사용한 \ 시간}{학습에 \ 필요한 \ 시간} = f \frac{(학습기회, \ 학습지구력)}{(적성, \ 수업이해력, \ 수업의 \ 질)}$$

▶ 학생변인(개인차변인) : 수업이해력, 지구력, 적성
▶ 교사변인(수업변인) : 수업의 질, 학습기회

㉠ 적성 : 최적의 수업조건하에서 주어진 과제를 완전히 학습하는 데 필요한 시간
㉡ 수업이해력 : 학습자가 수업내용, 교사의 설명, 제시된 과제를 이해하는 정도(언어능력이 주된 변인, 일반지능과 선행학습의 질과 양도 중요)
㉢ 수업의 질 : 주어진 학습과제를 가장 효율적으로 학습할 수 있도록 제시하는 적절성
㉣ 학습기회 : 외부로부터 주어지는 시간, 학습을 위해 실제로 허용되는 총 시간량
㉤ 학습지구력 : 주어진 시간을 활용하려는 시간, 일종의 학습동기

② 시사점
㉠ 학습에 필요한 시간을 최소화하고 학습에 사용한 시간을 최대화하면 학업 성취도를 높일 수 있음
㉡ 상대평가에서 절대평가로의 전환 촉진
㉢ 교사 변인의 중요성 강조 : 수업의 질을 높이면 학생의 수업이해력이 상승하므로 학습에 필요한 시간을 줄일 수 있으며, 여기에 학습기회를 충분히 제공하면 완전학습에 이를 수 있음
㉣ 주의집중력 강조 : 필요한 시간만큼 투입했으나 학습 정도가 낮은 것은 주의집중 하지 않았기 때문

(2) **블룸(Bloom)의 완전학습 모형** - 캐롤의 모형에 기초

① 완전학습 : 최적의 학습조건이 마련되고 학습시간이 충분히 주어진다면 학급의 95% 이상의 학생이 90%이상의 점수를 획득하는 학습
② 특징
㉠ 부적편포 기대, 절대기준 평가 지향
㉡ 개별학습 또는 개별수업의 원리를 전제로 함
㉢ 학생의 개인차 존중, 교사의 노력 중시(학습실패의 책임도 교사에게 있음)
㉣ 학생들에게 충분한 시간과 적절한 학습자료, 훌륭한 수업이 진행되면 학생들이 학습목표에 도달
③ 완전학습을 위한 수업전개 : 수업 전 단계(학습결손 진단, 학습결손 보충) - 본 수업 단계(수업목적 제시, 수업, 수업보조활동, 형성평가, 보충학습과정, 심화학습과정, 2차 학습기회/자율적 협력학습의 기회) - 수업 후 단계(종합평가)

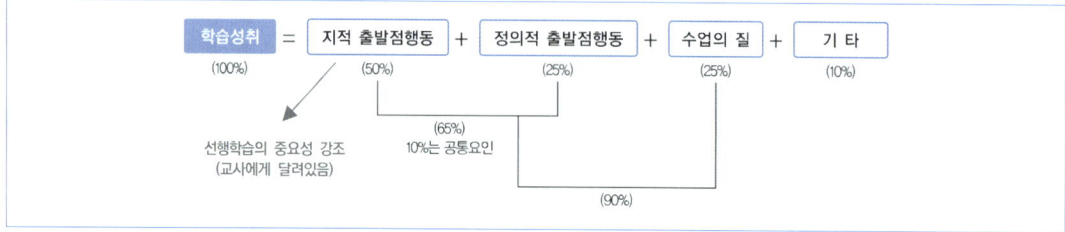

THEME 105 브루너(Bruner)의 발견학습

(1) 개요
① 발견학습의 의미
  ㉠ 학습자가 내용을 스스로 귀납적인 방법으로 발견한 후에 내면화시키는 학습방법
  ㉡ 교사의 지시를 최소한으로 줄이고 학생 스스로 자발적인 학습을 통해 학습목표를 달성하도록 하는 교수 학습과정의 한 형태
② 특징 : 탐구능력과 태도 촉진, 문화적 맥락 내에서의 인지를 강조, 인지적 접근방법에 기초, 능동적인 참여자 성격의 학습자, 인간의 내적 과정(지각과정과 개념화)에 관심
③ 발견학습의 조건
  ㉠ 학습자 스스로 발견할 수 있는 기회를 충분히 제공
  ㉡ 학습자 동기는 보통 수준이 효과적
  ㉢ 학습자가 관련된 구체적 정보를 많이 가지고 있을수록 좋음 - 정교화능력 생성
  ㉣ 정보에 접촉하는 사태가 다양할수록 분류체계의 개발에 용이
④ 발견학습의 단계 : 문제 파악 → 가설설정 → 가설검증 → 원리 적용(적용·확장·일반화)

(2) 구성요소
① 학습의 경향성(= 준비성, 출발점행동) : 학습자들이 스스로 가능성을 추구할 수 있도록 조절해 줄 수 있어야 함
  ㉠ 가능성 탐색을 자극하는 것 : 적절한 수준의 불확실성
  ㉡ 가능성 탐색을 계속 유지하는 것 : 실패에 대한 불안감 제거
  ㉢ 가능성 탐색에 방향감을 주는 것 : 학습과제와 수업목표 인식
② 지식의 구조 : 어떤 교과의 기본개념, 일반적 아이디어
  ㉠ 지식의 구조 이점 : 이해↑, 경제성(기억이 오래감), 생성력(전이가 잘됨), 고등지식과 초보지식 사이의 간격↓
  ㉡ 핵심적 확신 : 어떤 교과든지 그 지적 성격에 충실한 형태로 표현된다면 어떤 발달단계에 있는 어떤 아동에게도 효과적으로 가르칠 수 있음
  ㉢ 지식의 표상방법(EIS) : 행동적 표상(enactive) - 영상적 표상(iconic) - 상징적 표상(symbolic)
③ 학습계열 : 'E - I - S'의 순서를 따라야 함, 학습의 계열성을 이용한 나선형 교육과정
④ 강화 : 내적 보상이 더 중요(발견의 기쁨)

(3) 발견적 학습의 극대화를 위한 교수원리 - '비계설정'의 개념 도입
① 학습자가 기꺼이 배울 수 있는 경험과 사회적 맥락을 만들어내야 함
② 학습자가 학습 내용을 쉽게 포착할 수 있도록 지식을 구조화해야 함
③ 학습자가 주어진 정보 이상의 것을 채워 넣어 스스로 지식을 구조화 할 수 있도록 탐색을 촉진할 수 있는 방법을 찾아내야 함

THEME 106 오수벨(Ausubel)의 유의미 수용학습이론

(1) 개요

① 유의미 학습 : 사전지식을 유의미한 정보로 활용하면서 새로 배울 지식과 관련지어 의미를 도출해 내는 학습과정 → 포섭의 원리를 통해 기존지식을 확장·재조직

② 오수벨은 학습은 학생 스스로 발견하는 것(발견학습)이 아니라 교사가 내용을 요약·정리하여 제시하며, 학생들은 그것을 과거의 학습과제와 연관시켜 기억하는 '유의미 수용학습법'이 가장 효과적이라고 주장

③ 포섭의 종류

종류		예
종속적 포섭	포괄성이 낮은 과제가 포괄성이 높은 인지구조 속으로 포섭되는 것 • 파생적 포섭 : 앞서 학습한 명제나 개념에 대해 구체적 예를 들어주면서, 새로운 예나 사례를 포섭/학습하는 것 • 상관적 포섭 : 새로운 아이디어의 포섭을 통해 이전 학습 개념이나 명제를 정교화·확장·수정하는 것	• 파생적 포섭 : 지중해성 과일의 종류에 대해 배우고 난 후, 지중해성 과일의 예를 학습하는 것 • 상관적 포섭 : 지중해성 과일의 종류에 대해 배우고 난 후, 지중해성 과일의 특징에 대해 배우는 것
상위적 포섭	이미 세워진 아이디어를 종합하면서 새롭고 포괄적인 명제나 개념을 학습하는 것	지중해성 과일의 종류와 특징을 배운 후, 이 둘을 종합하여 지중해성 과일에 대한 종합적인 개념을 형성하는 것
병렬적 포섭	새로운 과제와 인지구조 속에 이와 관련된 정착개념이 특별한 의미적 연관이 없지만, 이들이 갖는 광범위한 배경이 서로 연관되었을 때 일어나는 학습	새로 학습한 지중해성 과일의 특징과 이전에 학습한 열대성 과일의 특징이 동일한 수준에서 의미 있게 연결되는 경우

(2) 유의미 학습의 과정

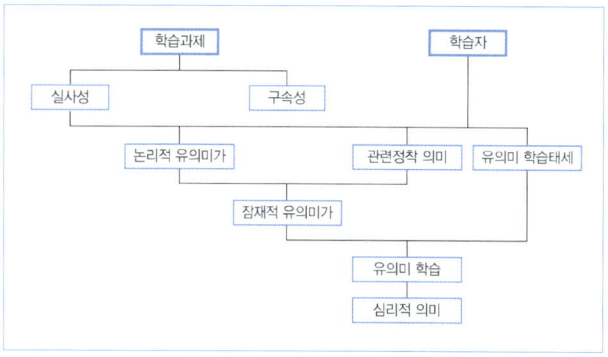

▶ 유의미 학습과제 : 실사성과 구속성을 지닌 과제
- 실사성 : 어떻게 표현하더라도 그 명제의 의미가 변하지 않음
- 구속성 : 관습적으로 굳어져 임의로 변경할 수 없음

① 논리적 유의미가 : 학습과제가 실사성과 구속성을 가지고 있을 때, 학습자는 이를 자신의 인지구조와 의미 있게 관련지을 수 있는 가능성을 가짐
② 관련정착 의미 : 학습과제를 유의미하게 학습하기 위해 학습자가 그 과제와 관련을 맺을 수 있는 정착지식
③ 잠재적 유의미가 : 유의미학습의 기초
④ 유의미 학습태세 : 학습자가 자신의 인지구조 속에 실사적이고 구속적인 학습과제를 유의미하게 관련시키고자 하는 성향

⑤ 심리적 의미 : 새로운 학습과제가 기존의 인지구조에 포섭되어 기존의 지식과 어떤 관련이 있는가를 구분할 수 있는 것

(3) 유의미 수용학습의 수업원리
① 선행조직자의 원리 : 선행조직자란 새로운 학습과제를 제시하기에 앞서 먼저 제시하는 것으로, 새로운 학습과제보다 추상적 형태로 제시되고 내용이 일반적이며 포괄성의 정도가 높은 자료 예 핵심 문장, 중요 개념, 비유, 시각적 자료, 개념도, 체계적인 순서에 따른 질문 등
　㉠ 선행조직자의 효과
　　ⓐ 앞으로 제시하는 자료에서 중요한 부분에 주의를 기울이게 함(수업주제에 초점을 맞추는 역할자)
　　ⓑ 수업내용이 전혀 생소한 것으로 보이는 것을 막아주며, 앞으로 제시될 개념들 간의 관계를 부각시킴
　　ⓒ 나중에 더 실제적인 단원 학습목표가 될 더욱더 큰 패턴과 추상화 속으로 관련 개념을 통합시킴
　㉡ 선행조직자의 이용이 효과적인 경우
　　ⓐ 새로운 학습을 관련시킬 적절한 정보가 학습자에게 없을 때
　　ⓑ 적절한 정보가 있지만 학습자에게서 적절하게 재생되지 못하고 있을 때
　㉢ 선행조직자의 종류
　　ⓐ 설명 선행조직자 : 새로 학습할 내용이 기존의 학습내용에 비해 생소한 정보인 경우 - 점진적 분화의 원리
　　ⓑ 비교 선행조직자 : 새로 학습할 내용이 비교적 친숙한 경우 - 통합적 조정의 원리
② 점진적 분화의 원리 : 포괄적인 의미에서부터 시작하여 점차 이를 세분화, 특수한 의미로 분화시켜 제시
③ 통합적 조정의 원리 : 새로운 개념이나 의미는 이미 학습된 내용과 일치되고 통합되어야 함
④ 그 외 : 선행학습의 요약·정리의 원리, 내용의 체계적 조직의 원리, 학습준비도의 원리

(4) 선행조직자 수업모형

[1단계] 선행조직자 제시	[2단계] 학습과제 및 자료 제시	[3단계] 인지적 조직화의 강화
① 수업의 목적 명료화 ② 선행조직자 제시 ③ 학습과제와 학습자의 경험과 지식을 연관시킴	① 자료를 제시 ② 관심을 유지시킴 ③ 조직화를 분명히 함 ④ 학습과제를 논리적 순서로 제시	① 통합원리를 사용 ② 능동적인 수용학습을 고무함 ③ 주제에 대한 비판적인 접근을 취함 ④ 명료화시킴
선행조직자의 원리	점진적 분화의 원리	통합적 조정의 원리

(5) 교육적 시사점
① 학습자의 인지구조에 적합한 학습과제를 조직·구성하여 제시하는 일이 중요함
② 학습과제의 제시에 앞서 그 과제 자체보다 포괄적 수준의 자료(선행조직자)를 조직하여 제시하는 것이 효과적
③ 선행학습의 중요성에 대한 이론적 근거를 제공함

THEME 107 가네(Gagné)의 목표별 수업이론

(1) 개요
① 학습자의 외적 조건(강화, 접근, 연습)과 내적 조건(선행학습, 학습동기, 자아개념, 주의력)은 과제의 종류에 따라 달라지고, 과제를 통해 학습하려는 목표가 달라짐
② 즉, 목표에 따라 학습조건이 상이하게 된다는 것을 전제하는 수업모형
③ 정보처리적 학습이론의 영향을 많이 받음(인지주의적 성격이 강함)

(2) 학습된 능력(학습결과) - 블룸(Bloom)의 학습분류체계를 발전시켜 인간학습을 다섯 가지 범주로 분류

언어정보	• 명제적(선언적) 지식, 사물의 이름이나 단순한 사실, 원리, 일반화, 조직된 정보 속함 • 학교교과내용의 대부분을 차지 • 하위기능 분석방법 : 군집 분석
지적기능	• 방법적(절차적)지식 : 무엇을 할 수 있다는 것 • 상징이나 기호를 이용하여 환경과 상호작용할 줄 아는 능력 • 변별, 개념, 원리, 복합원리로 구성. 복합원리의 학습(문제해결)을 위해서는 구체적 원리의 선행학습이 요청되고, 원리학습을 위해 개념학습이, 개념학습을 위해 변별학습력의 소유가 선행학습으로 요청됨 • 하위기능 분석방법 : 위계적 분석
인지전략	• 개인의 학습이나 기억·사고를 통제하는 기능, 개념과 규칙의 활용을 조정하고 점검 • 훈련이 중요한 학습원리
운동기능	• 어떤 일을 수행하기 위한 신체적 움직임과 관련 • 장기간의 반복적 연습을 통해 학습 • 하위기능 분석방법 : 절차적 분석
태도	• 개인적 행동의 선택에 영향을 미치는 내재적 상태(반응경향성) • 직접적으로 보상을 제공하는 방법과 대리적 강화에 의해서도 학습 • 하위기능 분석방법 : 위계적, 절차적, 그리고 군집 분석방법의 통합적 적용

(3) 9가지 교수사태 : 다양한 학습상황에서 학습의 외적 조건을 제공하는 일련의 절차 → 학습정보를 처리하는 학습자의 내적 인지과정에 기초한 외적 조건을 제공

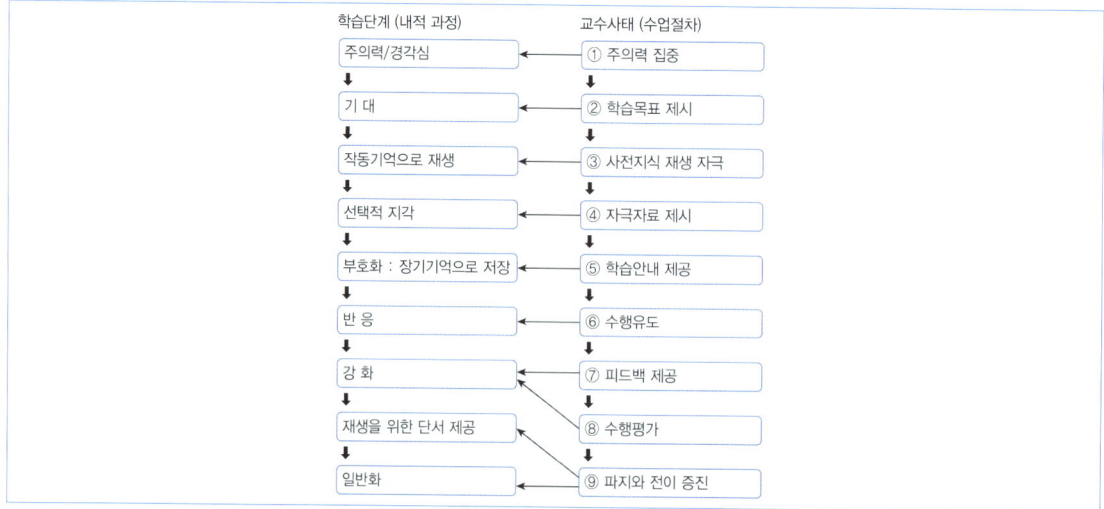

1. 주의획득	• 주의 집중과 통제 : 학생들의 호기심을 끄는 단계 • "이것은 중요하다."와 같이 말이나 시청각적 자극과 같은 주의력 획득 도구를 사용할 수 있음 • 단순한 자극의 변화를 넘어서 학습자의 흥미를 알려줌으로써 학생들로 하여금 기대감을 갖게 하는 것	
2. 학습목표 제시	• 학습자에게 수업목표 알려주기 : 학습의 방향제공, 강화의 기능 • 학습이 끝났을 때 무엇을 할 수 있게 되는지를 알려줌으로써 학생들로 하여금 기대감을 갖게 하는 단계 • "이 단원이 끝나면 여러분은 다음과 같은 것을 알 수 있을 것입니다."와 같이 수업의 목표를 말해 주는 것	
3. 선수지식의 회상	• 선수학습의 회상을 자극하기 : 접근의 원리, 재인법(단순한 상기)과 재진술 • 새로운 학습의 성공은 필요한 선수학습이 이미 완료되어 있는지에 달려있음	
4. 자극의 제시	• 선택적 자극제시 : 비슷한 것끼리 짝지어 제시, 자극사태에 내재된 자극이나 대상은 학습목표에 따라 상이 • 학습과제 자료 또는 교재를 제시하는 것으로 여기서 중요한 것은 성취하려고 하는 학습목표에 적절한 자극자료를 적절한 형태로 제시하는 것	
5. 학습안내 제공	• 학습안내 제시 : 부호화·정교화를 위한 연습의 제공 • 학습할 과제의 모든 요소들을 통합시키는 데 필요한 방법을 제시하는 단계 → "통합교수" • 이전 정보와 새로운 정보를 적절히 통합시키고, 그 결과를 장기기억에 저장할 수 있도록 학생들은 도움이나 지도를 받아야 하며 이러한 도움은 통합된 정보가 유의미하게 부호화되는 데 초점을 두 어야 함	
6. 수행 유도	• 수행 유도하기 : 통합된 학습의 요소들이 실제로 학습자에 의해 실행되는 단계(재생과 반응) • 이전의 단계들은 학습자가 학습을 하고, 새로운 정보나 기능이 장기기억에 저장되는 것을 확신시 켜주는 데 비해, 이 단계에서는 학습자가 실제로 새로운 학습을 했는지를 증명하는 기회를 제공 • 수행은 학습자들이 연습문제를 작성하거나, 숙제를 하거나, 수업시간의 질문에 대답하거나, 실험 을 완료하거나, 그들이 배운 것을 실습할 수 있는 기회를 제공함으로써 유발될 수 있음	
7. 피드백 제공	• 피드백 제공하기 : 즉각적 강화, 조언 또는 조력하기 • 수행이 얼마나 성공적이었고 정확했는지에 대한 결과를 알려주는 단계로, 학습결과에 대한 정보 로서 피드백의 제공은 교수사태로서 꼭 필요함 - 가장 효과적인 것은 정보적인 피드백	
8. 수행의 평가	• 수행을 평가하기 : 학습진전 확인 • 이 단계에서는 다음 단계의 학습이 가능한지를 결정하기 위한 평가를 실시(학습한 것을 시연하도 록 함) • 시험상황은 단순 암기가 아니라 이해가 이루어졌는지를 점검하기 위해서 이전 상황과 유사한 문 제사태를 제공	
9. 전이와 파지 증진	• 파지와 전이를 증진시키기 : 연습의 기회를 계속적으로 제공 • 새로운 학습이 다른 상황으로 일반화되거나 적용할 수 있는 경험을 제공해야 하는 단계(반복과 적용)	

THEME 108 구성주의의 개요

(1) 개요

① 개념 : 지식은 단순히 전달되는 것이 아니라 개인의 인지구조 속에 이미 획득한 지식과 경험에 의해 항상 재창조된다는 이론(지식은 객관적으로 존재하는 것이 아닌, 학습자 내부에서 만들어지는 것)

② 관점
  ㉠ 인지적 구성주의 관점 : 학습자가 주변 세계와의 상호작용을 통해 스스로 지식을 구성 → 피아제(Piaget)
  ㉡ 사회적 구성주의 관점 : 사회적 상호작용과 협상의 중요성을 강조 → 비고츠키(Vygotsky)

③ 객관주의와 구성주의 비교

요소	객관주의	구성주의
실재(지식)	인식주체와 독립되어 외부에 존재	마음의 산물로 인식주체에 의해 결정
학습	외부의 객관적 실재를 수용	개인적 의미의 구성
교육내용	학문적 지식, 체계적인 지식	비판적 사고, 문제해결력, 수행력
교사	지식의 전달자, 교육과정 실행자	학습의 촉진자, 교육과정의 재구성자
학습자	수동적 학습자	능동적인 지식구성자
교육방법	강의식 수업	정착수업, 문제중심학습
평가	양적 평가, 총괄평가 강조	질적 평가, 형성평가 강조

(2) 구성주의 교수설계에의 시사점

① 학습자중심의 학습환경 강조 : 설계자들의 역할은 내용과 계열을 조직하는 것으로부터 이해를 도모하고 촉진할 수 있는 환경을 설계하는 것으로 바뀌어야 함

② 실제적 과제와 맥락 강조 : 맥락에서 분리된 사실적 정보 대신에 지식이 사용되는 실제적인 과제와 맥락을 강조(복잡하고, 비구조화된 상황과 과제)

③ 문제해결중심의 학습 : 실생활에서 접할 수 있는 실제적인 지식은 대부분 문제의 해결을 통해서 이루어짐

④ 교사 역할의 변화 : 교사의 역할은 지식의 전수자에서 학습자의 이해를 촉진시키는 코치나 촉진자로 바뀌어야 함(학습자의 흥미 유발, 질문 유도, 지속적인 피드백과 도움을 제공)

⑤ 협동학습 강조 : 비고츠키의 원리를 강조하는 사회적 구성주의에 의하면 학습에 있어서 사회적 상호작용은 중요한 요소가 되므로 협동학습이 강조됨

⑥ 평가의 개념 및 원리 변화 : 평가는 학습과정에서 이루어져야 하며, 학습자가 문제를 해결하고 지식과 기능을 새로운 상황에 전이할 수 있는 능력에 초점을 둠

THEME 109 구성주의 교수이론

(1) 인지적 도제교수법 – 콜린스(Collins)

1) 개념
① 도제방법의 장점을 살려 학습자들이 현실과 동떨어지지 않은 실제적 상황에서 전문가의 과제수행과정을 관찰하고, 실제로 과제를 수행해 보는 가운데 자신의 지식상태의 변화를 경험할 수 있도록 하는 것
② 즉, 개념적·사실적 지식을 전달하는 것이 아니라 사고의 과정을 보여주는 것(사고의 시각화)을 강조하는 교수-학습방법

2) 교수법의 전개
① 모델링 : 전문가인 교사가 시범을 보이면 학습자는 전문가가 과제를 수행하는 과정을 관찰
② 코칭 : 학습자가 과제를 수행하면 교사는 학습자에게 코멘트를 해주고, 잊어버렸던 것, 잘못된 것 등을 일깨워 주고, 격려해 주고, 환류를 시켜 줌 → 학습자의 '수행'에 초점
③ 비계설정 : 교사는 학습자와 공동으로 과제를 수행하며 학습에 도움을 주는 디딤돌 역할을 함. 학습자가 학습한 지식과 기능을 통합적으로 활용할 수 있도록 모델링과 피드백을 통한 구체적인 도움을 제공 → 학습자가 수행하는 '과제'에 초점
④ 점진적 제거 : 학습자가 스스로 문제를 해결할 수 있도록 학습과정의 통제를 점진적으로 학생들에게 이양하면서 교수적 지원을 점차 줄여 가는 단계
⑤ 명료화 : 학습자가 자신이 구성한 지식과 수행기능을 시범을 보이거나 설명하도록 하여 자신이 습득한 지식, 기능, 이해, 사고 등을 종합적으로 연계하도록 함
⑥ 반성적 사고 : 학습자는 자신이 수행하고 있는 문제해결과정을 전문가인 교사의 것과 비교하여 반성적으로 검토
⑦ 탐구 : 학습자는 자신의 지식과 기능, 태도를 자유자재로 사용할 수 있는 나름대로의 방략을 탐색

3) 교사의 역할
① 안내자로서의 교사 : 교사는 전문가 혹은 그 학습상황의 중심인물로서, 문제해결의 기본 인지적 틀을 제시해 주는 사람으로서의 안내자 역할을 함
② 조력자로서의 교사 : 학습자의 발달수준을 고려하여 적절한 시범과 도움을 제공하고 학습자 스스로 문제를 해결할 수 있도록 학습환경을 조성하는 조력자의 역할을 함

(2) 문제기반(중심)학습(PBL : Problem Based Learning) – 배로우와 세이버리(Barrow & Savery)

1) 개념
① 복잡한 실제세계의 맥락 속에서 비구조화된 문제를 제시하여 의미 있는 해결방법을 찾아내게 함으로써 교과 지식과 기술뿐만 아니라 문제해결전략을 동시에 가르치는 교육과정이며 교수전략
② 학습 구조 : 팀 학습 + 자기주도적 학습
③ 수업단계 : 문제 제시 → 문제확인(소그룹별 문제 검토) → 개별 학습 → 문제 재확인 및 문제해결안 도출(다시 팀별로 모여 학습결과 종합) → 문제해결안 발표(전체학생 앞) → 학습결과 정리 및 평가(자기평가, 동료평가)

2) 문제중심학습 설계 시 고려사항 – PBL 문제의 특징

① 비구조화 : 다양한 해결책들이 존재할 수 있으며, 최선의 해결책은 있을 수 있으나 정답은 있을 수 없음(정형화된 답을 찾기 어려움)
② 실제성 : 학습자의 흥미와 동기를 유발해서 학습내용에 대한 더 깊은 이해를 촉진해야 함
③ 관련성 : 학습자가 관련성을 느끼게 해야 함, 즉 자신이 체험했거나 체험할 수 있는 문제라고 느끼게 해야 하는 것
④ 복잡성 : 문제가 충분히 길고 복잡하여 학습자들로 하여금 혼자서 하거나 단순한 역할분담만으로는 문제를 효과적으로 풀 수 없다는 것을 깨달을 수 있도록 해야 함

3) 교육적 시사점

① 문제중심학습은 학습자의 창의력 발달을 촉진시킴
② 문제중심학습은 기억과 전이를 촉진시킴
③ 문제중심학습은 학습자의 흥미를 이끌어 내는 데에 효과적
④ 문제중심학습은 자기주도적인 학습능력을 발달시킴
⑤ 문제중심학습은 사회 및 학습공동체 구성원과의 협동심을 강화시킴
⑥ 교사의 역할 : 문제중심학습은 교사의 역할을 '지식 전달자'에서 '학습 진행자 또는 촉진자'로 전환시킴 → 학생들의 학습을 설계, 보조, 촉진

(3) 인지적 유연성 이론 – 스피로(Spiro)

1) 개요

① 인지적 유연성 : 여러 지식의 범주를 넘나들고 연결지으면서 다양한 방법으로, 급격하게 변화해 가는 상황적 요구에 대하여 적응력 있게 대처를 하는 능력
② 지식은 단순한 일차원적 개념으로 표현될 수 있는 것이 아니고 복잡하고 다원적 개념으로 형성되어 있으며, 이를 제대로 재현할 수 있도록 하기 위해서는 '상황 의존적인 스키마(지식구조)의 연합체'를 형성해야 한다고 전제함
③ 따라서 비정형화된 성격의 지식을 습득하여 복잡성과 비규칙성의 특성을 지닌 고급지식단계에서도 순조로운 학습이 이루어지도록 특정 학문 분야의 가장 초보적 단계에서부터 지식의 '복잡성과 비규칙성'을 포함시킨 과제와 학습환경이 제공되어야 함

2) 학습환경 설계원리

① 다양한 지식의 표상 : 단순화 및 위계적으로 구조화된 지식은 다른 맥락에서 그 지식을 활용하는 데 한계가 있으며 지식에 대한 왜곡된 시각 및 편견을 갖게 함
② 재학습 : 동일한 학습과제를 여러 번 반복하여 탐색·수행하는 것
③ 임의접근 교수법(조망교차, 십자형 접근) : 어떤 특정 과제를 다양한 맥락과 관점에서, 서로서로 다른 방향에서 바라보는 것 또는 해석하는 것
④ 상호관련성 : 개념과 사례는 서로 분리되어 있지 않고 동일한 내용의 테두리 안에서 조직되어야 함
⑤ 사례와 소사례 : 지식이 실제 맥락에서 적용되는 방식을 알기 위해서는 추상적이고 일반적인 원리를 학습하는 것보다 많은 사례를 경험하는 것이 필요
⑥ 보조적 탐색도구 : 핵심적 개념에 주석을 달거나 학습자의 하이퍼텍스트 환경 내의 탐색경로를 표시해 주는 방법, 학습하고자 하는 주제에 대한 전체 목록, 사이트 맵과 같은 탐색지도 등

3) 교육적 시사점
   ① 인지적 유연성이론은 학습자가 어려운 주제를 학습하도록 도움
   ② 인지적 유연성이론은 지식을 실제 상황들에 융통성 있게 적용할 수 있도록 도움
   ③ 인지적 유연성이론은 사고방식을 본질적으로 변화시킴
   ④ 인지적 유연성이론은 복잡한 학습과 융통성 있는 지식 적용을 증진시키는 데 필요한 하이퍼미디어 환경을 개발하는 이론적 기저가 됨

(4) 앵커드 수업이론 – 브랜스포드(Bransford)
1) 개요
   ① 개념 : 테크놀로지를 이용하여 실제 상황에 가까운 학습환경을 학습자에게 제공해 주고, 그중에 중다맥락적 문제를 학습자에게 해결하도록 하여 학습자로 하여금 다양한 문제를 발견하고 해결할 수 있는 유용한 지식을 습득하게 하는 방법
   ② 목적 : 학습자들로 하여금 문제상황에서 꼭 짚고 넘어가야 할 중요한 점을 앵커를 통해 인식하게 하고, 그들이 문제상황을 다양한 측면에서 보았을 때, 앵커에 대해 다양하게 인식할 수 있도록 하는 것
   ③ 대표 사례 : 재스퍼 시리즈(Jasper Woodbury Problem Solving Series)

2) 학습환경 설계원리
   ① 상호작용적 비디오디스크와 같은 공학에 기초하여 구성함
   ② 강의가 아니라 현실적 문제를 중심으로 이야기식 표현을 사용함
   ③ 생성적인 구성이 이루어지도록 함(미리 정해진 정답을 찾는 과정이 아니라 다양한 문제해결 방법을 생성해 내는 학습)
   ④ 문제해결을 위한 모든 자료가 비디오 안에 내재되도록 설계함
   ⑤ 복잡성을 가진 문제를 사용함
   ⑥ 문제상황은 쌍으로 제공되어야 함(반복적인 학습을 통해 전이 증진, 핵심적인 학습 내용에 대해서는 별도의 연습활동을 제공, 비슷한 상황을 통해 유추적 사고 촉진)
   ⑦ 통합교육과정의 형태로 설계함

THEME 110 라이겔루스(Reigeluth)의 정교화 이론

(1) 개요
① 교수내용의 '조직전략'에 초점을 둔 거시적 수준의 교수설계 이론
② 교수내용을 선정, 계열화, 종합, 요약하기 위한 적절한 방법 제공
③ 교수내용의 계열화 방법으로 정수화와 정교화의 방법을 제시
  ㉠ 정수화 : 교과내용을 대표하는 가장 일반적이고 포괄적인 아이디어(정수)를 구체적이고 의미 있는 수준까지 제공하는 것
    cf 요약 : 추상적이고 암기 위주의 수준에서 주요 아이디어나 원리를 제시하는 것
  ㉡ 정교화 : 단순한 것에서 복잡한 것으로 학습내용을 전개하는 것
    ▶ 정교화 과정 : 정수 제시→ 제1수준 정교화 제시→제2수준 정교화 제시→추가적 정교화 제시

(2) 일곱 가지 전략요소
① 정교화된 계열 : 학습내용의 구조화에 있어서 단순-복잡의 순서로 학습내용을 조직하는 것
  ㉠ 학습내용의 구조화에 따라 : 단순-복잡계열, 일반-세부계열, 추상-구체계열
  ㉡ 줌 렌즈기법(단순-복잡계열) : 전체 구성요소들 간의 관계를 개괄적으로(개요)으로 본 후에 렌즈를 줌-인(zoom in)하여 각각의 구성요소에 초점을 맞추어서 상세히 살펴보고, 줌-아웃(zoom out)하여 전체를 봄으로써 전체와 세부 구성요소를 반복적으로 살펴보는 교수전략
  ㉢ 교과내용의 특성에 따라 : 개념적 정교화, 절차적 정교화, 이론적 정교화
② 선수학습 요소의 계열화 : 어떤 학습에 앞서 학습자가 배워야 할 내용을 학습자에게 맞게 순서화해서 제시하는 것
③ 요약자 : 학습한 것을 망각하지 않도록 하기 위해서 체계적으로 정리해서 복습하는 데 사용되는 전략요소
④ 종합자 : 학습한 개개의 내용들을 주기적으로 서로 연결시키고 통합시키기 위해 사용되는 전략 요소
⑤ 비유 : 새로운 정보를 학습자가 친숙한 아이디어에 연결시켜 좀 더 쉽게 이해할 수 있도록 도와주는 전략요소
⑥ 인지전략 활성자 : 학습자가 사용하는 학습기능과 사고기능(심상을 만들어 내는 능력, 비유를 생각해 내는 능력 등)
⑦ 학습자 통제 : 학습자가 학습내용, 학습속도, 교수전략 요소와 그 전략 요소가 사용되는 순서, 학습자가 수업을 받을 때 사용하는 특정의 인지전략 등을 선택하고 계열화할 수 있도록 함

(3) 교육적 시사점
① 기존의 위계적 접근방법은 하위의 선수학습내용을 모두 습득한 후에 상위의 지식을 학습해야 하기에 동기부여 측면과 종합하고 파지하는 면에서 효과적이지 못함
② 단순-복잡 계열은 적절 수준의 의미 있는 내용을 제공하기에 지식을 활용하는 맥락을 늘 염두에 두게 됨
③ 학습자는 너무 어렵거나 복잡한 선수지식에 처음부터 너무 얽매일 필요가 없고, 동기부여 측면과 종합하고 기억하는 데에 효과적이라고 할 수 있음

THEME 111 메릴(Merrill)의 내용요소제시이론

(1) 개요
① 학습내용의 유형과 수행이라는 두 개의 차원에서 교육목표를 분류
② 수행-내용 매트릭스 : 학습 내용을 사실·개념·절차·원리의 네 가지 범주로 나누고, 학습자가 이들 내용을 습득하는 수준을 기억·활용·발견의 세 가지로 분류
③ '어떻게 가르칠 것인가'에 대한 미시적 수준의 교수설계 이론
  ㉠ 여러 가지 학습의 대상이 되는 아이디어들을 몇 개의 종류로 구분해 내고, 그 각각을 교수하기 위한 방법들을 구체적으로 제시
  ㉡ 학습의 대상이 되는 하나의 아이디어를 학습자가 습득하고자 할 때, 그 아이디어의 수준에 따라 교수하는 방법을 달리 제시

(2) 수행-내용 매트릭스 - 10개의 학습범주 제시

(수행수준)	사실	개념	절차	원리
발견	※ 사실이 일반성과 추상성을 지니고 있지 않기 때문에 사실에 대한 활용과 발견은 존재하지 않음	개념×발견 예 능력, 성별, 사회 경제적 배경에 따라 교실에 있는 학생들을 몇 개의 집단으로 나누는 방법을 고안하시오.	절차×발견 예 색인을 만들고 그 색인을 재생시킬 수 있는 컴퓨터 프로그램을 작성하시오.	원리×발견 예 담배연기가 식물의 성장에 미치는 효과를 분석하기 위한 실험을 하고 그 결과를 보고하시오.
활용		개념×활용 예 이 사진에 나타난 산 중 단층으로 된 산의 모습을 고르시오.	절차×활용 예 과일나무에 접붙이기를 하시오.	원리×활용 예 생태계에서 설치류 동물의 숫자가 증가하고 있다. 이러한 현상을 설명할 수 있는 가설을 설정하시오.
기억	사실×기억 예 π(파이)의 값은 얼마인가?	개념×기억 예 정제강화의 정의를 제시한다.	절차×기억 예 암실에서 흑백사진을 인화하는 단계를 기술하라.	원리×기억 예 물이 기화할 때 발생하는 현상을 분자운동과 열의 관계에 비해 설명하시오.

(내용수준)

① 발견 : 새로운 개념·절차·원리를 찾아내는 것 → 가네의 인지전략의 수준
② 활용 : 개념·절차·원리를 실제로 이용할 수 있는 정도까지 익히는 것 → 가네의 지적기능의 수준
③ 기억 : 사실·개념·절차·원리를 그대로 기억했다가 재생하여 내는 것 → 가네의 언어정보의 습득수준

(3) 제시형 - 수업을 위한 구체적 처방

1) 일차적 자료제시형태

구 분	말로 알려주기 또는 설명시(E)	질문하기 또는 탐구식(I)
일반성(G)	설명식 일반화(EG) 예 규칙 법칙 등을 통해 일반성을 설명해주는 것	탐구식 일반화(IG) 예 회상 회상을 통해 일반성에 대한 질문 또는 탐구를 하게 하는 것
사례(eg)	설명식 사례(Eeg) 예 예 예를 들어 사례로 설명하는 것	탐구식 사례(Ieg) 예 연습 사례 등을 통해 연습을 하며 탐구하는 것

① 목표로 설정한 학습이 일어날 수 있기 위해 필요한 가장 최소한의(반드시 필요한) 기본적인 자료를 제시하는 방식
② 일반성과 사례를 한 차원으로, 설명식과 질문식을 또 다른 차원으로 2차원화한 4개의 범주를 사용
 ㉠ 일반성(G) : 정의, 절차, 원리를 추상적으로 진술한 것
 ㉡ 사례(eg) : 정의, 절차, 원리의 특정한 예들을 일컫는 것으로서 구체적 상황에서 나타남
 ㉢ 설명식 제시형(E) : 내용을 진술하거나 보여주거나 또는 해설해주는 것
 ㉣ 질문식 제시형(I) : 질문을 완성형으로 한다거나, 일반성을 특정 사례에 적용하는 문제 제시

2) 이차적 자료제시형태

① 일차적 자료제시형태만으로는 수업에서 발생하는 모든 상황을 표현하기에 충분하지 않다고 생각하여, 이를 보완하고 정교화시킬 수 있는 방안으로 이차적 자료제시형태를 제시
② 학습자 정보처리과정을 촉진시키거나, 맥락-배경-흥미 요소 등을 제공해 주기 위한 방법으로서 맥락(c), 선수학습(p), 암기법(mn), 도움말(h), 표현법(r), 피드백(FB) 등의 6가지 구체적 형태가 있음
 예 어떠한 일반적 사실에 대한 정교화가 맥락적 혹은 역사적 배경을 추가 설명하는 것으로 이루어졌다면, 맥락적 정교화(EG'c)이고, 암기를 촉진하는 정교화라면 기억술 정교화(EG'mn)라고 함

(4) 일관성과 적절성의 원리

① 일관성의 원리 : 수행-내용 매트릭스와 제시형을 연결시켜 주는 것(내용요소 제시이론의 궁극적 지향점)
 → "이러이러한 교과내용을 이러이러한 수준에서 학습자가 수행하도록 하려면 이러이러한 1차 제시형을 제시하여야 한다."라는 처방
② 적절성의 원리 : 학습을 촉진하기 위하여 각각의 일차제시형에 포함되어야 할 이차제시형이 얼마나 적절하게 포함되었는가를 의미

(5) 교육적 시사점

① 수업목표를 수행과 내용의 행렬식으로 제시함으로써 체제적 수업 설계에 효과적으로 활용할 수 있음
② 또한 학습 활동을 설계하고 개발할 때 고려해야 할 구체적인 제시형(presentation form)을 제시하고 있기에 교수설계를 비교적 쉽게 할 수 있음

THEME 112 켈러(Keller)의 학습동기이론(ARCS)

(1) 이론적 배경

① 학습동기 설계 및 개발의 구체적 전략들을 밝혀내기 위한 기본적 틀을 제공, 학습 동기의 중요성을 체계적으로 제시 → 학습을 유발하고 유지시키기 위한 동기설계전략들을 제공(ARCS)

② 노력, 수행, 결과의 구분
  ㉠ 노력 : 개인이 과제를 달성하기 위한 활동에 참석하는지의 여부, 학습동기의 직접적인 지표
  ㉡ 수행 : 외적으로 나타나는 실제적인 성취, 동기를 측정하는 데 간접적인 관련
  ㉢ 결과 : 개인에게 귀속되는 내적·외적인 산물, 동기에 영향을 미치는 요소

③ $B = f(P \times E)$: 개인적 특성과 환경이 노력, 수행, 결과에 미치는 영향을 설명

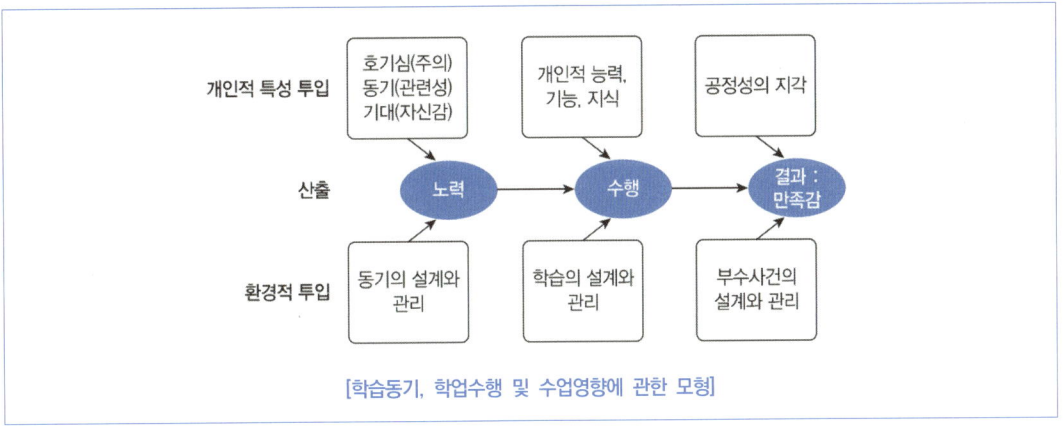

[학습동기, 학업수행 및 수업영향에 관한 모형]

(2) 학습동기 설계이론(ARCS)의 요소

ARCS 요소	하위요소	구체적인 동기유발 방법
A 주의환기 및 집중을 위한 전략 (Attention)	(1) 지각적 주의환기 – "학습자의 관심을 끌기 위해서 무엇을 해야 하는가?	① 시청각 효과의 사용 ② 비일상적인 내용이나 사건 제시 ③ 주의 분산의 자극 지양
	(2) 탐구적 주의환기 – "어떻게 호기심을 자극할 수 있을까?"	① 능동적 반응 유도 ② 문제해결활동의 구상 장려 ③ 신비감의 제공
	(3) 다양성 – "어떻게 학습자들의 주의를 유지할 수 있을까?"	① 간결하고 다양한 교수형태 사용 ② 일방적 교수와 상호작용적 교수의 혼합 ③ 교수자료의 변화 추구 ④ 목표 – 내용 – 방법이 기능적으로 통합

R 관련성 증진을 위한 전략 (Relevance)	(1) 친밀성 – "수업을 학습자의 경험과 어떻게 연결할 수 있을까?"	① 친밀한 인물 혹은 사건 활용 ② 구체적이고 친숙한 그림 활용 ③ 친밀한 예문 및 배경지식 활용
	(2) 목표지향성 – "어떻게 하면 학습자들의 요구를 최대한 충족시킬 수 있을까?"	① 실용성에 중점을 둔 목표 제시 ② 목적지향적인 학습형태 활용 ③ 목적의 선택가능성 부여
	(3) 필요나 동기와의 부합성 – "언제, 어떻게 수업을 학습자들의 학습유형이나 개인적 관심과 연결시킬 수 있을 것인가?"	① 다양한 수준의 목적 제시 ② 학업성취 여부의 기록체제 활용 ③ 비경쟁적 학습상황의 선택 가능 ④ 협동적 상호학습상황 제시
C 자신감 수립을 위한 전략 (Confidence)	(1) 학습의 필요조건 제시 – "학습자들이 성공에 대한 긍정적인 기대감을 갖도록 하기 위해 어떤 도움을 줄 수 있을까?"	① 수업의 목표와 구조의 제시 ② 평가기준 및 피드백의 제시 ③ 선수학습능력의 판단 ④ 시험의 조건 확인
	(2) 성공의 기회 제시 – "학생들이 자신의 능력에 대한 확신을 갖도록 도와주기 위해서 어떤 학습경험을 제공할 것인가?"	① 쉬운 것에서 어려운 것으로 과제 제시 ② 적정수준의 난이도 유지 ③ 다양한 수준의 시작점 제공 ④ 무작위의 다양한 사건 제시 ⑤ 다양한 수준의 난이도 제공
	(3) 개인적 조절감(통제감) 증대 – "자신의 성공이 노력과 능력에 기초한다는 것을 어떻게 확신하게 할 것인가?"	① 학습의 끝을 조절할 수 있는 기회 제시 ② 학습속도의 조절 가능 ③ 원하는 부분에로의 재빠른 회귀 가능 ④ 선택 가능하고 다양한 과제의 난이도 제공 ⑤ 노력이나 능력에 성공 귀착
S 만족감 증대를 위한 전략 (Satisfaction)	(1) 자연적 결과 – "학생들의 학습경험을 통한 내적 만족도를 어떻게 하면 격려하고 보조할 수 있을 것인가?"	① 연습문제를 통한 적용기회 제공 ② 후속학습상황을 통한 적용기회 제공 ③ 모의상황을 통한 적용기회 제공
	(2) 긍정적 결과(외적 보상) – "학습자의 성공에 대하여 어떤 보상을 제공할 것인가?"	① 적절한 강화계획을 활용 ② 의미 있는 강화의 강조 ③ 정답을 위한 보상 강조 ④ 외적 보상의 사려 깊은 사용 ⑤ 선택적 보상체제 활용
	(3) 공정성 – "어떻게 하면 학습자들이 결과가 공정했다고 생각하게 할 수 있는가?"	① 수업목표와 내용의 일관성 유지 ② 연습과 시험내용의 일치

▶ '만족감(S)'은 학습의 초기에 학습자의 동기를 유발시키는 요소라기보다는 일단 유발된 동기를 계속 유지시키는 역할을 함

교 육 학 논 술   K T X

Chapter 09

교육공학

THEME 113	교육공학의 발달과정
THEME 114	라이겔루스의 교수설계의 요소
THEME 115	교수설계 모형
THEME 116	교수매체연구
THEME 117	교수매체의 효과성 논쟁
THEME 118	교수매체 선정모형
THEME 119	컴퓨터 교육
THEME 120	원격교육
THEME 121	교수-학습방법의 혁신

THEME 113 교육공학의 발달과정

(1) **시각교육** - 호반(Hoban)의 교육과정 시각화이론

　① 시각자료와 교육과정의 통합 : 추상적 개념을 구체화하기 위해 시각자료를 보조물로 사용 → '경험의 일반화'
　② 학습지도는 구체적인 것에서 추상적인 것으로 갈 때 효과적, 언어를 동반한 시각자료에 의해서 추상적인 개념을 구체적으로 경험할 수 있음

(2) **시청각교육**

　① 시각교육 + 청각적인 요소 : 시청각매체를 이용하여 학습자의 감각기관(특히, 눈과 귀)을 통해 학습내용을 전달할 경우 학습효과가 극대화
　② 데일(Dale)의 경험의 원추 - 호반의 개념 확장
　　㉠ '직접경험'과 '언어적 경험'을 연결해주는 '관찰에 의한 경험' 강조
　　㉡ 매체의 구체성과 추상성에 따른 난이도는 학습자 지적 능력이나 경험에 따라 달라짐 → 브루너의 지식의 표현양식(행동적·영상적·상징적)
　　㉢ 경험의 원추가 학교교육에 주는 시사점
　　　ⓐ 성공적인 학습 : 원추의 하단에 있는 매체를 사용할 때
　　　ⓑ 학습시간의 절약 : 원추의 상단에 있는 매체를 사용할 때
　　　ⓒ 발달단계가 낮은 학습자 : 직접적 경험에 가까운 방법으로 학습
　　　ⓓ 발단단계가 높은 학습자 : 고등학생 또는 대학생은 상징적 언어에 의한 학습

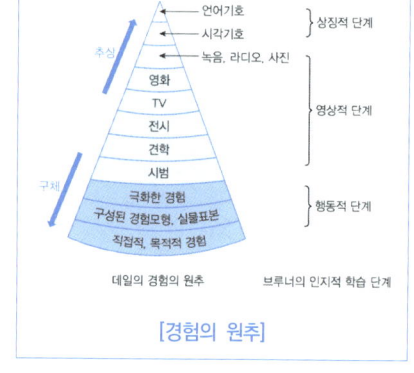
[경험의 원추]

(3) **시청각교육통신**

　① 교수-학습과정을 통신과정으로 보려는 통신이론과 교육에 전체적으로 접근하려는 체제이론이 결합하여 '시청각교육통신'이라는 새로운 개념이 등장
　② 벌로(Berlo)의 S-M-C-R 모형 : 송신자-수신자의 커뮤니케이션은 특정 채널을 통해 메시지가 교환되는 과정 → 쌍방의 상호관계
　③ 쉐논과 슈람(Shannon & Schramm) 모형 : 송신자-수신자의 쌍방적 통신과정을 강조, 서로의 경험에 대한 이해의 중요성과 피드백 요소를 부각

[벌로의 SMCR 모형]

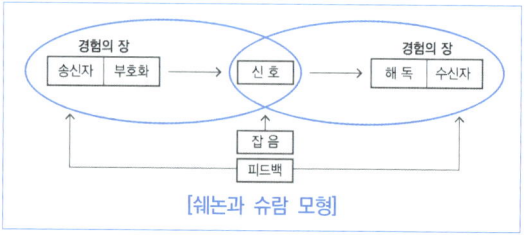
[쉐논과 슈람 모형]

THEME 114 라이겔루스(Reigeluth)의 교수설계의 요소

(1) 교수설계의 개요
① 개념 : 학습자 개개인에게 특정한 학습성과가 나타나는 것을 뒷받침하고 촉진하기 위하여, 학습의 원리와 이론, 그리고 공학적 원리와 기법을 수업과정에 적용하여 수업절차·자료·방법을 체계적으로 계획하고 개발하는 과정
② 교수설계의 체계적 접근과 체제적 접근

구분	체계적 접근	체제적 접근
의미	순서, 절차, 간격	조직화된 전체(모든 요소를 다 강조)
설계절차	단계적, 선형적	역동적, 비선형적, 순환적
설계방법	사전에 명세화된 절차에 의함	상황적 맥락 변인을 동시에 고려함
설계목적	목표의 효과적, 효율적 달성을 위해 수업활동을 설계	상황적인 특성을 고려하여 융통성 있게 설계

▶ 교수설계의 체제적 접근의 이점 : 효과성, 효율성, 매력성, 관련성, 일관성

(2) 라이겔루스(Reigeluth)의 교수설계의 요소 - 교수조건, 학습성과, 교수방법

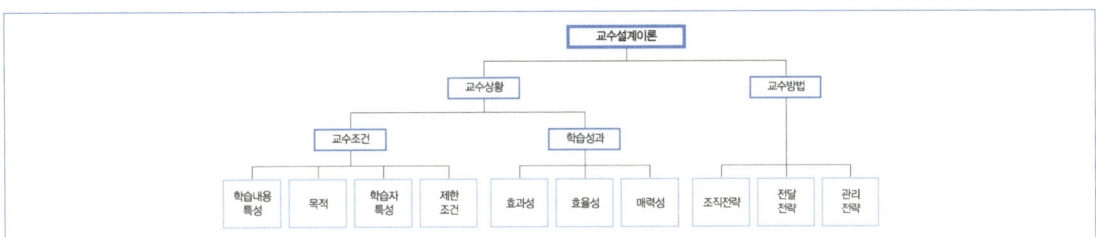

1) 교수상황
① 교수조건 : 학습내용·학습자·학습환경의 특성, 제한조건에 따라 가르치는 방법이 서로 다르게 처방되어야 함
  ㉠ 학습내용 특성 : 정보의 기억능력, 관계의 이해, 적용능력, 일반적 적용능력 등
  ㉡ 목적 : 인지적 영역, 정의적 영역, 운동기능 영역과 지식이나 기능의 적절한 수준과 정도 등
  ㉢ 학습자 특성 : 선행지식, 학습전략, 학습동기 등
  ㉣ 제한조건 : 사용 가능한 학습매체, 학습자료 구비 정도, 수업개발에 소요되는 인력, 시간, 비용 등
② 학습성과 : 기대되는 구체적인 학습이 아닌 수업에서 원하거나 요구하는 효과성, 효율성, 매력성의 수준
  ㉠ 효과성 : 교수활동이 얼마나 잘 진행되었으며, 학습목표가 얼마나 잘 달성이 되었는가
  ㉡ 효율성 : 효과성의 수준에 도달하는 데 학생들이 얼마나 많은 시간과 비용을 필요로 하는가
  ㉢ 매력성 : 학습자가 그 수업을 자신에게 얼마나 유의미한 것으로 인식하는가

2) 교수방법(교사가 필요에 따라 조정할 수 있으며, 교사 간의 역량 차이를 드러나게 하는 요인)
① 조직전략 : 수업내용을 어떤 순서로 어떻게 상호 연결하여 제시할 것인가에 관한 전략 → 미시적 조직전략(메릴의 내용요소 제시이론), 거시적 조직전략(브루너의 나선형 교육과정, 라이겔루스의 정교화이론)
② 전달전략 : 조직된 학습내용을 학생들에게 제시하고, 학생들의 학습수행을 이끌어가는 방법 → 교수매체, 학습자료, 상호작용과정 등
③ 관리전략 : 수업의 진행과정에서 언제, 어떻게 조직 및 전달전략의 요소를 사용할 것인가에 관한 전략 → 수업지도계획, 성적관리 등

THEME 115 교수설계 모형

(1) 실즈와 리치(Seels & Richey)의 ADDIE 모형

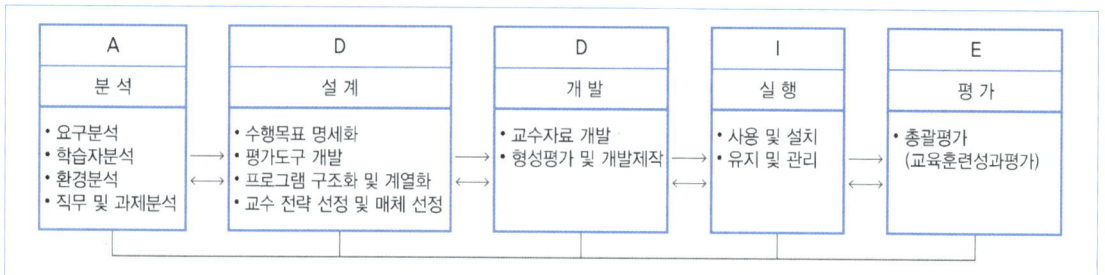

1) **분석단계(Analysis)** : 교수체제설계 과정에서 절대적인 중요성을 지닌 요소들을 분석하는 단계
   ① 요구분석 : 학습자들이 습득해야 하는 지식과 기능에 대하여 학습자들이 현재 어느 수준에 있는지, 무엇을 모르고, 무엇을 못하는지를 파악하는 것
      ▶ 요구 : 바람직한 상태 또는 기대되는 상태와 현재 상태 간의 격차
   ② 학습자분석 : 학습자의 지능, 선수학습능력, 적성, 인지양식이나 학습양식, 학습 동기나 태도 등을 분석
   ③ 환경분석 : 교수설계 과정에 참여할 인적자원, 교수매체·기자재·시설 등과 같은 물적자원, 그리고 교실·도서실·실험실 등과 같은 교수학습이 발생하는 학습 공간 및 교수매체의 분석
   ④ 직무 및 과제분석 : 교수목표 달성을 위하여 필요한 지식, 기능, 태도 등을 파악하고 이들 간의 관계와 계열성을 밝히는 작업

2) **설계단계(Design)** : 앞 단계의 분석결과를 토대로 구체적인 청사진을 개발하는 단계
   ① 행동목표 명세화 : 학습자들이 수업이 끝난 후에 수행해야 할 성취행동 또는 학습 성과를 행동적 용어로 기술하는 것 → 목표에는 그 행동이 나타날 수 있는 조건과 그 행동을 판단할 준거를 포함해야 함
   ② 평가도구 설계 : 행동목표 도출 후 그 목표의 달성 여부와 달성 정도를 판단하기 위한 평가문항을 작성
   ③ 학습과제 계열화 : 학습내용이나 활동을 어떤 방식으로 조직할 것인지, 학습자에게 어떤 순서로 제시할 것인지를 결정
   ④ 교수전략 및 매체선정 : 목표를 달성하기 위한 방법으로서 가장 효과적이고 효율적이며 매력적이고 안정적인 교수 전략을 선정하고 그 전략들의 수행을 지원해 주는 매체를 선정

3) **개발단계(Development)** : 수업에 사용될 교수자료를 실제로 개발하고 제작하는 단계 → 교수자료의 초안 또는 시제품을 개발하여 형성평가를 실시하고 프로그램을 수정한 뒤에 마지막으로 최종산출물(완제품)을 제작함

4) **실행단계(Implementation)** : 개발과정에서 설계되고 개발된 교육훈련 프로그램을 실제의 현장에 사용하고, 이를 교육과정에 설치하여 계속적으로 유지하고 관리하는 단계

5) **평가단계(Evaluation)** : 교수설계 과정의 효율성을 평가하고 교수 내용이 효과적으로 전달되느냐를 평가하기 위해서 총괄평가를 실시하는 단계 → 일반적으로 '외부 전문가'가 평가

(2) 딕과 캐리(Dick & Carey) 모형

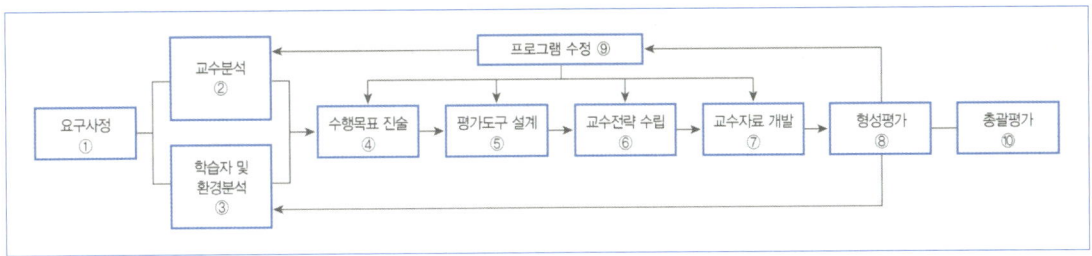

1) **요구사정(교수목적 확인)** : 학습을 마친 후에 학습자가 무엇을 할 수 있게 되기를 원하는가를 결정하는 것

2) **교수분석(과제분석＋하위기능분석)** : 최종 학습목을 성취하기 위해 학습자가 배워야 할 학습의 유형, 학습자가 그 학습과제를 학습하기 위해서 필요한 하위기능 및 그 학습을 하는 데 필요한 학습절차 등을 분석·결정

3) **학습자 및 환경분석** : 수업이 시작될 때 그 특정 학습을 하기 위해 학습자가 반드시 갖추고 있어야 할 선수지식, 즉 출발점행동과 교수활동을 설계하는 데 중요하게 고려해야 될 학습자의 특성을 규명

4) **수행목표 진술** : 학습자들이 수업이 끝났을 때 성취해야 할 수행목표들을 구체적으로 진술 → 성취행동, 성취행동이 실행될 조건, 수행이 성공적인지 아닌지를 판단하는 준거 등

5) **평가도구 개발** : 앞 단계에서 설정된 학습목표들에 대응하는 평가문항을 개발함으로써 학습자의 성취수준 또는 학습결과를 측정할 수 있도록 준비

6) **교수전략 개발** : 수업을 전개할 방법과 절차를 개발하고 교수매체의 활용에 대한 계획을 세우는 단계

   ① 교수 전 활동 : 동기유발, 목표 제시, 출발점 행동 확인 활동 등
   ② 정보제시활동 : 교수계열화, 교수단위의 크기 결정, 정보와 예 제시활동 등
   ③ 학습자 참여활동 : 연습 수행과 피드백 활동
   ④ 검사활동 : 사전검사, 학습증진검사, 사후검사 등
   ⑤ 사후활동 : 교정학습과 심화학습 등

7) **교수자료 개발** : 전 단계의 교수전략에 근거하여 교수자료를 제작·선정하는 단계 → 학습자지침서, 교수 프로그램, 검사지, 교사지침서 등

8) **형성평가** : 개발이 완료된 교수 프로그램은 형성평가를 통해서 그 결과를 검토하고 필요한 곳을 수정·보완

   ① 일대일 평가 : 교수자료를 사용할 학습 대상자 중 가장 전형적인 학습자를 선정하여 교수 자료를 평가
   ② 소집단 평가 : 일대일 평가 후, 수정된 교수 프로그램 8~20명 내외 학습자들에게 실시하여 정보를 수집
   ③ 현장평가 : 소집단평가 후 교수 프로그램이 실제로 활용될 상황에서 정보를 수집

9) **프로그램 수정** : 형성평가 결과에 의하여 학습목표를 달성하는 데 있어서 학습자가 곤란을 겪은 점을 확인하여 수업 상의 잘못된 곳을 수정

10) **총괄평가** : 형성평가에 의해 충분히 수정·보완된 교수 프로그램의 효과를 검증하기 위한 총괄평가를 실시 → 외부평가자에 의해서 실시됨(총괄평가는 교수설계 전 과정 밖에 있음)

(3) 조나센(Jonassen)의 구성주의 학습환경 설계모형

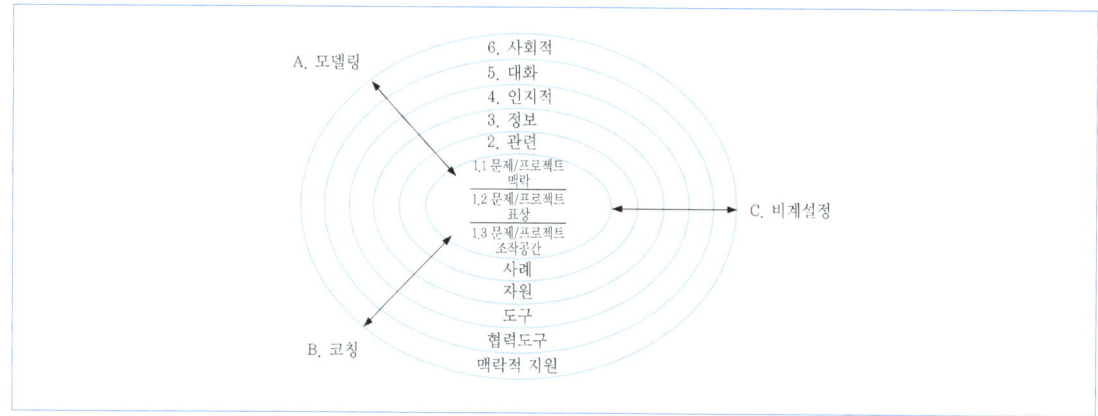

① 조나센의 모형은 '문제/프로젝트 배경'을 중심에 두고, 구성주의 학습환경을 이루는 핵심요소들을 동심원으로 표현 → 관련 사례, 정보자원, 인지적 도구, 대화/협력 도구, 사회적/맥락적 지원
② 교수자의 교수활동은 '모형 제시하기(모델링)', '안내하기(코칭)', '발판 제공하기(비계설정)'라는 화살표로 제시

학습활동	교수활동	활동 내용
탐색	모형 제시하기 (모델링)	• 학습자는 학습대상의 목적을 분명히 하기 위해 다양한 탐색활동을 함 • 주로 원인과 결과에 대한 가설설정, 자료수집, 잠정적인 결론 도출 등 • 모형 제시하기 → "전문가의 수행"에 초점 　- 학습자에게 기대되는 수행의 사례를 보여주는 것 　- 각 문제해결 활동에서 학습자가 보여주는 인지적 추론과정을 분명히 하는 것
명료화	지도하기 (코칭)	• 명료화는 자신이 이미 알고 있는 것이나 알게 된 것을 분명히 하는 것을 의미 • 지도하기 → "학습자의 수행"에 초점 　- 학습자의 동기를 유발, 학습자의 수행수준을 분석, 그에 대한 피드백을 제공, 학습한 내용에 대하여 반추할 것을 요구
반추	발판 제공하기 (스캐폴딩)	• 수행과정에서 학습자가 자신의 활동을 명확히 이해한 후(명료화), 이를 반추함으로써 수행을 발전시킴 • 발판 제공하기 → 학습자가 수행하는 "과제"에 초점 　- 학습자의 현재 상태의 지적 수준을 넘어서는 학습과제를 지원하기 위한 임시 지지대 역할을 하는 것 　- 발판 제공하기 유형 : 문제 난이도 조절, 과제 재구조화, 대안적인 평가실시

THEME 116 교수매체연구

(1) 매체비교연구 - 행동주의 패러다임에 근거

① 학습결과로서 학업성취도에 대한 특정 매체유형의 효과를 탐색하는 연구
② 새로운 매체가 등장할 때마다 그 매체의 효과성을 검증하려는 데 중점
③ 교수매체의 효과가 모든 학습자와 교과목에 동일하게 영향을 줄 것이라고 가정
④ 비판점
  ㉠ 매체비교 연구결과들 사이에 일관성이 결여됨
  ㉡ 실험상에서 교수방법 혹은 내용변인의 영향을 통제하지 못함으로 인해, 교수매체 자체로 인한 효과가 아니라 교수방법이나 다른 변인에 의해 처치그룹의 결과가 초래됨
  ㉢ 새로운 매체의 사용으로 인한 신기효과(novelty effect)를 통제하지 못함 → 새로운 매체의 사용은 학습자들의 학습동기를 유발시킬 수 있으며, 주의를 기울여 학습과정에 임하도록 만듦

(2) 매체속성연구 - 인지주의 패러다임에 근거

① 상이한 매체유형보다는 매체가 지닌 속성 자체가 학습자의 인지과정 혹은 학업성취에 어떤 영향을 미치는가에 초점
② 각기 다른 학습자 특성과 학습과제가 주어진 교수상황에서 학습자의 인지적 과정에 영향을 미치는 매체 속성이 무엇인지 밝히는 데 관심
③ 각 매체가 특정 상징을 통하여 메시지를 표현하고, 매체가 전달하는 상징체제가 학습자의 인지적 표상과 처리과정에 영향을 줄 것이라고 가정

(3) 매체선호연구 - 매체활용에 대한 태도에 관한 연구

① 교수매체에 대한 학습자의 태도·가치·신념들을 독립변인으로 삼고, 이런 정의적 특성 변인들이 학습에 미치는 효과들을 탐색하는 연구들이 여기에 해당
② 학습자의 신념이나 가치, 태도들이 학습동기에 영향을 주고, 이러한 학습동기는 학습자로 하여금 더 많은 노력을 학습에 기울이도록 함으로써 학습결과에 긍정적인 영향을 준다는 것

(4) 매체활용의 경제성에 관한 연구 - 교수매체의 비용효과에 관한 연구

① 특정 조건하에서 매체의 활용이 경제적인 효과를 산출할 수 있음. 교수매체를 활용하여 수업을 진행할 경우, 관리적·조직적인 요인들이 매체활용의 비용에 영향을 미치는 것으로 밝혀짐
② 여기서 비용은 학습자가 성취수준을 도달하는 데 걸리는 시간의 양, 개발팀이 교수 프로그램을 개발하고 수정하는 데 소요되는 시간의 양, 소요되는 자원의 비용 등 여러 가지 방식으로 규정됨

THEME 117 교수매체의 효과성 논쟁

(1) 1차 논쟁 : 컴퓨터 보조 수업의 효과성

1) 쿨릭(Kulic)
① 연구 결과, 컴퓨터 보조 수업은 학업성취도와 파지, 학습자 태도, 학습에 소요된 시간 등에서 전통적 수업에 비해 더 효과적·효율적인 것으로 확인됨
② 이를 바탕으로 컴퓨터 보조 수업이 전통적인 수업에 비해 더 효과적이며, 이러한 효과는 컴퓨터라는 매체가 갖고 있는 고유한 속성 때문에 발생한 것이라는 결론을 내림

2) 클라크(Clark)
① 컴퓨터 보조 수업이 전통적 교수방법보다 효과적이라는 연구들의 독립변인 내에는 컴퓨터라는 매체의 속성뿐만 아니라 많은 다른 변인(교수방법, 내용 제시방식, 신기성 효과 등)이 혼재되어 있다고 지적
② 따라서 컴퓨터 보조 수업의 결과로 나타난 학습자의 학습과 수행에서의 변화는 컴퓨터 자체의 어떤 속성에 따른 것이라고 단정 지을 수 없다고 강조

(2) 2차 논쟁 : 매체와 방법, 그리고 학습

1) 코즈마(Kozma)
① 매체-학습 관계의 긍정적 재개념화의 필요성을 주장
② 발달된 최신 교수매체가 학습에 실질적으로 영향을 미칠 수 있으므로, 매체가 학습에 미치는 조건이나 환경을 탐색하는 것이 매우 중요하다는 점을 강조

2) 클라크(Clark)
① "매체는 결코 학습에 영향을 미치지 않을 것", 코즈마는 교수'매체'와 교수'방법'을 혼동하고 있음
② 학습의 효과가 나타는 것은 단지 주어진 매체에 노출되었기 때문이 아니라 그 매체를 통한 제시방법 속에 내재되어 있는 교수방법 및 교수내용, 전략 때문이라고 주장
③ 교수매체를 '식품 운송용 트럭'에 비유 : 교수매체는 단지 교수내용을 전달하는 기능만을 수행할 뿐, 궁극적으로는 교육효과 및 학업성취에 영향을 미치지 못함

3) 코즈마(Kozma)
① 클라크의 비유가 교수매체의 효과를 잘못 이해하게 할 수 있음을 지적
② 교수매체를 '사무실 건물'에 비유 : 교수매체는 건물처럼 하나의 공간, 즉 인지적·사회적 환경으로 이해되어야 하며, 각각의 매체들은 마치 체육관이나 사무실, 혹은 식당 건물이 각각의 구조와 기능, 서비스 영역이 다르듯이 각각 상이한 형태로 학습에 영향을 미칠 수밖에 없음

THEME 118 교수매체 선정모형

(1) 하이니히(Heinich)의 ASSURE 모형

1) 학습자 특성 분석(Analyze learners)
① 일반적 특성 분석 : 연령, 학년, 직업이나 지위, 문화적·사회경제적 요인 등을 확인
② 출발점 능력 분석 : 매체와 관련하여 학습자가 가지고 있거나, 부족한 지식과 기능이 무엇인지 확인
③ 학습양식 분석 : 학습자의 불안수준, 적성, 시각적 혹은 청각적 선호도, 동기 등을 분석(지각적 선호와 강점, 정보처리 습관, 동기적 요소, 심리적 요소)
④ 생리적 요인 : 성차, 건강, 환경조건과 관련된 요인

2) 목표진술(State objectives)
① 수업목표는 학습자가 '학습을 마친 후'에 무엇을 할 수 있는가에 대한 것을 행동 용어로 가능한 자세하게 진술해야 하며, 모든 목표는 개별학습자의 능력에 맞아야 함
② 대체로 메이거(Mager)의 교수목표 진술의 방법을 적용 - 도착점 행동, 조건, 기준

3) 교수방법, 매체, 자료의 선정(Select, methods, media, and materials)
① 어떤 수업방법을 실행하며 어떠한 매체와 교재들을 활용할 것인지를 결정하는 단계
② 선정 방법 : 이용 가능한 자료를 선정, 기존 자료를 수정, 새로운 자료를 설계-개발 등

4) 교수 매체의 활용(Utilize materials)
① 자료에 대한 사전 검토 : 수업자료의 선택과정에서 자신의 수업에 적합한지를 지속적으로 검토
② 자료 준비하기 : 수업활동을 위한 매체와 자료를 준비
③ 환경 준비하기 : 학습이 일어날 수 있는 모든 곳에 학생이 매체와 자료를 활용하기에 알맞은 시설을 준비
④ 학습자 준비시키기 : 교사가 학습경험을 제공할 때 학습자를 미리 준비시키는 것이 중요
⑤ 학습경험 제공하기 : 교사중심 수업이라면 교사는 전문가로서 학습경험을 제공, 학습자중심 수업이라면 학생들이 자유롭게 경험할 수 있도록 안내자·촉진자로서의 역할을 수행

5) 학습자 반응유도(Require learner participation)
① 수업 중 학습자들이 지식이나 기능을 처리하고 그들의 노력에 대한 적절한 피드백을 받을 수 있는 기회가 주어져야 함 → "피드백과 연습"의 중요성
② 능동적 참여방법 : 즉각적인 필기나 구두의 반응을 요구하는 질문 제시, 필기활동 지시, 보거나 들은 것으로부터 선택·판단·결정을 하고 관련된 수행을 하도록 요구

6) 평가(Evaluation and revise)
① 학업성취에 대한 평가, 매체와 방법에 대한 평가, 교수학습과정에 대한 평가를 실시
② 수정하기 : 수업의 질을 향상시키기 위하여 평가자료 수집의 결과를 환류하는 것

(2) 베이츠(Bates)의 ACTIONS & SECTIONS 모형

① ACTIONS 모형 : 새로운 테크놀로지를 적용하고자 할 때 고려해야 할 사항들을 총괄적으로 제시하고 있으며, 질문형식으로 되어 있어 매체와 테크놀로지 선정을 결정하는 데 도움이 됨

② SECTIONS 모형 - ACTIONS 모형의 두 가지 요소를 수정
  ㉠ 접근성(Access)을 학습자(Students)로 수정 : ACTIONS 모형은 전통적인 캠퍼스 기반의 대학생들을 고려한 것이어서 프로그램의 모든 대상자(캠퍼스 학습자, 원격교육 학습자, 학습자의 학업현황 등)를 고려하지 못함
  ㉡ 사용의 용이성(Ease of use)을 추가 : 아무리 좋은 내용과 테크놀로지일지라도 이용하기 힘들다면 학습의 효과를 기대하기 힘듦

③ ACTIONS & SECTIONS 모형의 분류

분류		구성요소	질문
A		접근성(Access)	• 학습자가 특정 테크놀로지를 얼마나 이용하기 쉬운가? • 대상자들이 얼마나 유연성 있게 사용할 수 있는가?
	S	학습자(Students)	• 학습자에 대해 무엇을 알아야 하고 특정 그룹에 어떤 테크놀로지가 적합한가?
	E	사용의 용이성 (Ease of use and reliability)	• 교사와 학생 모두 얼마나 쉽게 사용할 수 있는가? • 얼마나 믿을 수 있고 검증되었는가?
C		비용(Costs)	• 테크놀로지의 비용은 얼마인가? • 학습자당 개별비용은 얼마인가?
T		교수와 학습 (Teaching & learning)	• 어떤 종류의 학습에 필요한가? • 어떤 교수적 접근이 이런 요구를 필요로 할까? • 하고자 하는 교수와 학습을 지원하는 최적의 테크놀로지는 무엇인가?
I		상호작용과 사용자 친화성 (Interactivity)	• 사용하고자 하는 테크놀로지는 어떤 종류의 상호작용을 할 수 있을까? • 사용하기는 얼마나 쉬운가?
O		조직에서의 고려사항 (Organizational issues)	• 테크놀로지가 성공적으로 사용될 수 있기 전에 제거되어야 하는 장벽과 조직적인 요구는 무엇인가?
N		새로움(Novelty)	• 사용하고자 하는 테크놀로지는 얼마나 새로운 것인가?
	S	속도(Speed)	• 얼마나 빨리 이 테크놀로지를 가지고 과정을 완료할 수 있을까? • 얼마나 빨리 자료들이 바뀔 수 있을까?

THEME 119 컴퓨터 교육

(1) 컴퓨터보조수업(CAI : Computer Assisted Instruction)
① 컴퓨터를 직접 수업매체로 활용하여 지식, 태도, 기능의 교과내용을 학습자에게 가르치는 수업방법
② 학습자 개개인에게 맞는 수준과 속도로 학습을 진행, 학습자-프로그램 간의 충분한 상호작용 기회 제공
③ CAI의 기원 : 교수기계와 프로그램 학습(분지된 처방, Fading 기법 등)에서 시작

(2) 컴퓨터관리수업(CMI : Computer Managed Instruction)
① 컴퓨터가 직접 수업매체로 사용되지는 않으나 수업과 관련되는 제반 정보나 자료를 기록·분석·종합·평가하는 것
② 개별화 수업을 처방하고 관리하려는 체제
③ 적용영역 : 성적관리, 시험출제, 개인차를 고려한 수업안 작성, 교재의 목록관리·검색, 교과과정 개선을 위한 분석, 각종 평가에 대한 관리

(3) 컴퓨터화 검사(Computerized Testing)

1) 컴퓨터 이용검사(CBT : Computer Based Testing) : 전통적인 지필검사를 단순히 컴퓨터를 이용하여 실시하는 검사

2) 컴퓨터 능력적응검사(CAT : Computer Adaptive Testing)
① 빠른 시간 내에 적은 수를 가지고 학습자의 능력을 정확하게 측정하기 위해서 개발된 평가용 프로그램
② 피험자 개인의 능력 수준에 부합하는 문항을 제시하여, 문항을 맞혔을 경우보다 어려운 수준의 문항이 제시되고 그렇지 않을 경우보다 쉬운 문항이 제시됨으로써 피험자의 능력에 적응하여 실시되는 검사

CBT	CAT
• 지필식 시험에서 불가능한 다양한 종류의 문항으로 검사를 구성 - 타당도 높은 검사 실시 가능 • 시험을 본 후에 바로 채점결과를 알 수 있음 • 부정행위 불가능(증진된 보안성)	
• 모든 피험자에게 동일문항이 제시 • 문항의 생략이나 응답 결과를 수정 가능	• 피험자의 능력 수준에 적절한 문제를 개별적으로 제시 • 문항의 생략이나 응답 결과의 수정 불가능 • 측정의 효율성(적은 문항 수로 정확한 능력 측정 가능)

(4) 컴퓨터 매개통신(CMC : Computer Mediated Communication)
① 사용자 간의 정보공유와 교환, 의사소통 등을 가능하게 하는 시스템
② 정보는 문자, 그래픽, 영상, 음성, 음향 등 거의 모든 상징체계로 확산되며 시·공간을 초월하여 다른 사람과 공유할 수 있음
③ 개별학습과 협동학습 촉진, 원격교육을 더욱 발전시킴

THEME 120 원격교육

(1) 개요
① 개념 : 언제 어디서나 누구든지 교육의 기회를 제공하는 학습자 중심의 쌍방향 의사소통을 지향하는 교수학습체제로 일정한 교육목표와 의도를 갖는 계획적인 활동
② 특징
  ㉠ 교수자와 학습자 간의 물리적 격리 ㉡ 교수매체의 필수적 활용
  ㉢ 쌍방향 의사소통 지향 ㉣ 다수 대상의 개별학습
  ㉤ 학습자의 책임감 ㉥ 물리적·인적 지원조직 필요

(2) 원격교육과정에서의 상호작용 유형(온라인 상호작용)

교수자-학습자 간 상호작용	• 교수자가 수업내용 및 학습 진행에 대한 질의응답, 과제에 대한 피드백을 제공하면서 지식과 정보를 공유하는 활동 • 해당 과목에 대한 학습자의 관심과 학습하고자 하는 동기를 자극하고 유지 시킬 수 있음
학습자-학습자 간 상호작용	• 학습자와 학습자가 온라인상에서 학습 내용에 대한 의견교환, 토론, 협동학습, 문제해결 등을 공동으로 수행하며 교류하는 활동 • 학습자들의 학습에 대한 흥미와 만족도 및 학업성취 등 수업의 질적 향상에 많은 영향을 미침
학습자-학습 내용(자료) 간 상호작용	• 학습자가 온라인수업에서 콘텐츠로 제시되는 자료를 통해 학습하는 과정에서 콘텐츠의 요구에 반응하거나 콘텐츠에 몰입하며 지식을 확장하고 이해하도록 학습하는 활동 • 학습자 스스로 내용을 구조화하고, 구조화된 내용을 자신의 지식으로 내면화하게 됨

(3) 원격교육의 장·단점

1) 장점
① 학습자가 원하는 시간, 원하는 장소에서 가능한 방법으로 학습할 수 있음
② 자신이 원하는 장소에서 학습이 가능하기 때문에 이동에 들어가는 비용과 시간이 절약되어 학습자에게 경제적
③ 학습자가 최신정보와 교재를 쉽고 빠르게 구할 수 있어서 학습자료 확보에 효율적
④ 학습자가 원거리에 있는 교수자나 전문가와 직접 대화할 수 있는 기회를 가짐
⑤ 다른 지역에 있는 학습자와 협력학습이 가능하며, 그 지역의 학습자원이나 학습경험을 공유할 수 있음

2) 단점
① 원격교육시스템 구축, 콘텐츠 개발을 위한 초기비용이 많이 들어감
② 학습의 질을 유지하기 위해 콘텐츠 개발과 업그레이드, 다양한 서비스 제공 등 많은 노력이 필요
③ 준비가 철저하지 않으면 학습자가 자신의 학습에 대해 확신하지 못하게 되어 피상적인 학습만을 초래할 수 있음
④ 원격교육시스템만의 평가가 어려워서 면대면 평가를 병행해야 함
⑤ 원격교육시스템이 제대로 작동하지 않을 경우 학습자는 심리적인 소외감이나 고립감을 가질 수 있음
 → 상호작용과 피드백을 감소시킴

THEME 121 교수-학습방법의 혁신

(1) 이러닝(E-learning)
① 교실 내외에서 이루어지는 인터넷 등 첨단 테크놀로지를 기반으로 한 학습
② 기존의 수업을 인터넷을 비롯한 여러 테크놀로지의 지원을 받아 보다 다양하고 효과적으로 가르치는 것
③ 교실 밖에서 테크놀로지와 교육자료에 의존해 학습자 혼자 학습하는 것
④ 특징 : 연결성, 학습자 중심, 탈경계, 공동체, 탐구, 공유된 지식, 다각적 경험, 현실 유사성

(2) 모바일 러닝(M-learning)
① 노트북, 태블릿, 핸드폰 등의 장비들을 이용하여 언제 어디서나 쉽고 저렴하게 무선으로 인터넷에 접속하여 다양한 형태의 정보를 획득하고 활용하여 학습하는 것
② 모바일 기기의 4C 기능을 활용하여 교수·학습을 촉진할 수 있음 → 콘텐츠 접근, 정보수집, 계산, 의사소통 (Content, Capture, Compute, Communicate)

(3) 유러닝(U-learning)
① 유비쿼터스 : '언제 어디서나 존재한다'는 의미의 라틴어에서 유래된 것으로, 모든 곳에 존재하는 네트워크라는 의미
② 유러닝(유비쿼터스 러닝) : 언제, 어디서나, 누구나, 편리한 방식으로 원하는 학습을 할 수 있는 이상적인 학습체제, 즉 에듀토피아(education utopia) – 교육부
③ 특징 : 영구적인 학습 자원관리, 접근성, 즉시성, 상호작용성, 학습활동 맥락성

(4) 블렌디드 러닝(Blended learning = Mixed mode learning ≒ 'hybrid learning')

1) 배경
① 이러닝의 확대와 함께 그 한계성을 인식하며 대두된 학습형태
▶ 이러닝의 한계 : 교수자와 학습자 간의 면대면 부재로 인한 암묵적 지식전달과 학습자의 정의적 측면에 대한 피드백의 어려움, 학습자의 높은 중도탈락자 비율, 시간적·기술적·비용적 부담 등
② 블렌디드 러닝은 전통적인 면대면 교육방식이 지니는 시간적·공간적인 제약, 상호작용의 한계를 이러닝을 통해 극복하려던 노력에서 한 걸음 더 나아가 이러닝 교육방식에 전통적인 면대면 교육방식이 지닌 장점을 결합하여 활용함으로써 학습 효과를 극대화하기 위한 설계 전략(=혼합형 학습, 하이브리드 학습)

2) 개념
① 두 가지 이상의 교수-학습방법을 조합하는 혼합형 수업
② 온라인과 오프라인의 결합, 자기주도학습과 협동학습의 결합, 구조화된 학습과 비구조화된 학습의 결합, 개별화로 맞추는 것과 기존에 있는 것의 결합, 일과 학습의 결합
③ 단순히 온라인, 오프라인 매체를 결합하여 사용하는 범주를 넘어서서 학습전략이나 학습유형 등 학습과 관련한 다양한 요소들을 결합하는 것

3) 특징

① 수업상황, 교과와 교사, 학생의 특성 등에 따라 다양한 형태로 변용이 가능
② 시공간의 제약을 넘어 수업 설계가 가능하므로 학습공간과 학습의 기회가 확대될 수 있음
③ 온라인과 오프라인 양쪽의 장점을 결합하여 학습 효과가 극대화 됨
  ㉠ 온라인 수업 : 물리적인 시공간의 제약 극복, 자신의 속도에 맞는 개별학습이 가능, 동영상 강의나 멀티미디어 자료 등 다양한 학습방법과 자원들을 학습자에 맞게 활용 가능 등 적절하게 조합
  ㉡ 오프라인 수업 : 직접적인 경험을 통한 학습이 가능, 상호작용도 동시적으로 지체없이 이루어질 수 있음
④ 시간과 비용을 최적화하여 비용 효과성 면에서 이점이 있음
  ㉠ 온라인 방식 : 초기개발 비용이 많이 소모될지언정 실행 비용을 최소화할 수 있음
  ㉡ 오프라인 방식 : 집중적인 시간 활용의 장점이 있으나, 실행 비용이 비교적 높은 편

(5) 플립드 러닝(Flipped learning)

1) 개념

① 기존의 블렌디드 러닝의 수업형태에 선행학습의 개념을 도입한 것으로 학습의 효과를 높이기 위한 전략
② '교실-밖 사전수업'은 학습자들이 스스로 공부할 수 있는 강의 동영상을 온라인으로 학습자들에게 제공하고, '교실-안 수업'은 학습자들이 동료학습자들과의 토론이나 조교 및 교수자의 도움을 통하여 심화된 학습 활동을 수행하도록 고안된 학습

2) 특징 – 수업방식, 교수자 및 학습자 역할의 변화

전통적 수업	플립드 러닝
• 오프라인 수업이 주가 되고 과제는 방과 후 집에 가서 하는 활동이 주를 이룸 • 수업 내용의 전달에 초점	• 교실 수업에서 진행되던 오프라인 강의를 온라인 강의로 대체, 학교 수업에서는 학습자 중심의 활동이 주를 이룸 • 개개인에게 적절한 도움 제공, 사회적 상호작용 활발
교사는 수업내용을 효과적·효율적으로 전달하는 '지식전달자'	교사는 심화 보충학습을 유도하는 '퍼실리테이터(facilitator)'
강의 내용을 전달받는 소극적인 학습자	능동적이며 활발한 학습자

3) 플립드 러닝의 설계 시 고려사항 : 유연한 환경, 학습 문화의 변화, 의도된 내용, 전문성을 갖춘 교사

4) 교사의 역할

① '교실-밖' 사전수업 : 어떤 부분을 온라인 수업에 배정할 것인지를 결정하는 과정을 통하여 가르쳐야 할 핵심적 이해를 확인하고 그 이해와 연계를 고려하여 수업내용을 재구성하는 성찰적이고 전문적인 역할
② '교실-안' 수업 : 내용 이해에서 겪는 학생의 곤란이 교사에게 드러날 수 있는 통로를 마련하고, 수업이 목표로 삼는 사고의 시범을 보이는 역할

교 육 학 논 술 K T X

Chapter 10

교육과정

THEME 122	교육목표
THEME 123	교육목표 분류학
THEME 124	교육내용
THEME 125	교육과정의 유형
THEME 126	잠재적 교육과정과 영 교육과정
THEME 127	교육과정 연구의 패러다임
THEME 128	타일러(Tyler)의 합리적 모형
THEME 129	타바(Taba)의 귀납적 모형
THEME 130	워커(Walker)의 숙의모형
THEME 131	스킬벡의 학교중심 교육과정 개발모형
THEME 132	위긴스와 맥타이의 백워드 교육과정
THEME 133	스나이더의 교육과정 실행 관점
THEME 134	홀과 호드의 관심확인채택 모형

THEME 122 교육목표

(1) 행동적(명세적) 수업목표

① 수업목표가 관찰할 수 있는 구체적이고 명세적인 행동으로 표현, 그 행동은 학생이 수업의 결과로 하게 된 도착점 행동으로 진술 - 구체적인 동사(정의한다, 구별한다, 계산한다, 결합하다 등)로 표현
   - **cf** 일반적 수업목표 : 수업목표의 진술내용과 표현이 추상적이고 포괄적인 경우 – 막연하고 암시적인 동사(안다, 이해한다, 추정한다 등)로 표현

② 명세적 진술의 장·단점

장점	단점
• 수업 조직 및 전개에 도움을 줌 • 교수자와 학습자간의 분명한 의사소통이 가능 • 수업의 질과 학생평가의 방향을 쉽게 알 수 있음	• 구체적인 수업과정이 무시되기 쉽고, 정서적 영역 진술이 어려움 • 고차적 정신과정의 목표나 정의적인 목표를 세분화하기 곤란 • 교과의 성격에 따라서는 세분화가 불가능하거나 오히려 바람직하지 못한 것도 있음

③ 수업목표 진술원칙
   ㉠ 교사의 행동이 아닌 아동·학생의 행동으로 진술되어야 함
   ㉡ 학습내용과 기대되는 아동·학생의 행동을 동시에 진술하여야 함
   ㉢ 수업시간 중이나 그 단원학습 도중에 나타나는 아동·학생의 행동을 강조하기보다는 그 수업시간이나 학습단원이 끝났을 때 나타날 수 있는 아동·학생의 변화된 행동과 관련지어 진술하여야 함

④ 교육목표 진술의 대표적 학자
   ㉠ 타일러(Tyler) : 내용 + 행동 **예** 삼각형의 합동조건을 열거 할 수 있다.
   ㉡ 메이거(Mager) : 도달점 행동 + 조건 + 수락기준
      예 10개의 2차 방정식 문제가 주어졌을 때(조건), 학생은 참고서의 도움 없이 그중 8개(수락기준)를 풀 수 있다(도달점행동).
   ㉢ 그론룬트(Gronlund) : 두 단계의 과정으로 진술 - 일반적인 목표 + 구체적 수업목표(특수 학습과제 열거)
      예 1. 단원에 속해 있는 기본용어들의 의미를 안다. (일반)
         1-1. 용어의 정의를 쓴다. (명세)
         1-2. 뜻이 비슷한 용어들을 구별한다.

(2) 행동적 목표설정에 대한 대안 - 아이즈너(Eisner)

① 행동목표 비판
   ㉠ 수업은 아주 복잡하고 역동적인 과정을 거치면서 진행되는 것이므로, 이 수업이 끝난 후 학생들에게 나타날 수 있는 '모든' 것을 수업을 시작하기 전에 미리 행동목표의 형태로 구체화하여 진술하는 것은 불가능
   ㉡ '행동목표' 진술 운동은 과목의 특성을 전혀 고려하지 않고 있음. 수학, 언어, 과학 등의 과목은 학생들이 수업 후에 나타내 보여야 할 행동이나 조작을 아주 상세하게 구체화할 수 있을지 모르지만, 예술영역에서는 이러한 구체화가 가능하지도 않고 바람직하지도 않음
   ㉢ 행동목표를 주장하는 사람들은 행동목표가 학생들의 성취도를 측정할 때 필요한 측정의 기준으로 사용

　　　　될 수 있다고 말하는데, 이는 '기준을 적용하는 일'과 '판단하는 일'을 구분하지 못한 소치
　　ⓔ 행동목표를 중요시하는 학자들은 교육목표를 세분화할 것과 이 교육목표가 교육내용을 선정하기 전에 확정되어야만 할 것을 강조하는데 이는 옳지 않음
② 행동목표의 대안 - 전통적인 '행동목표' 외에 두 가지 형태의 교육목표를 제시
　　㉠ 문제해결목표 : 행동목표의 경우처럼, 미리 정해진 해결책을 학생이 찾아내도록 요구하는 것이 아니라 정해지지 않은 수많은 해결책들 중 하나 또는 그 이상을 학생 각자가 찾아내도록 유도하는 것
　　㉡ 표현적 결과 : 개인의 경험을 풍부하게 하고 학습자의 삶을 다채롭게 할 것이라고 여겨지는 장소나 여건 및 활동을 의도적으로 제공하여 학습자가 얻는 교육과정의 결과
③ 교육목표의 세 가지 형태의 비교

종류	특징	평가방식
행동목표 (behavioral objectives)	• 학생의 입장에서 진술 • 행동용어 사용 • 정답이 미리 정해져있음	• 양적 평가 • 결과의 평가 • 준거지향 검사 사용
문제해결 목표 (problem-solving objectives)	• 일정한 조건 내에서 문제의 해결책을 발견 • 정답이 정해져 있지 않음	• 질적 평가 • 결과 및 과정의 평가 • 교육적 감식안 사용
표현적 결과 (expressive outcomes)	• 조건 없음 • 정답 없음 • 활동의 목표가 사전에 정해지지 않고 활동하는 도중 형성가능	• 질적 평가 • 결과 및 과정의 평가 • 교육적 감식안 사용

THEME 123 교육목표 분류학

(1) 교육목표 분류학의 필요성
① 교육활동을 체계적이고 유기적으로 계획하고, 실행하고, 발전시키기 위함 → 지식을 어떻게 분류하는가에 따라 교사는 학습경험을 다르게 선정하고 조직하게 되며, 학습자의 수행 또한 다른 형태를 띠게 됨
② 지역 내의 수많은 학교, 교사, 학생, 연구자, 학부모 등 교육에 관계되는 모든 이들 간의 의사소통을 위함

(2) 블룸(Bloom)의 교육목표 분류학
① 블룸은 타일러의 내용+행동의 교육목표 진술방안과 이원분류표 작성방식을 그대로 계승
② 타일러가 다소 애매하게 사용하였던 '행동의 유형'을 지적 영역, 정의적 영역, 운동기능적 영역으로 구분하고, 각 영역을 위계적으로 분류하여 교육 현장에서 교육목표를 체계화하고 평가분야에서 실제 활용할 수 있도록 하였음
③ 교육목표 분류학의 세 가지 영역
  ㉠ 지적 영역(Bloom) - '복잡성'의 원칙

지식	과거에 학습된 내용을 기억해 내는 것
이해	과거에 학습된 자료의 내용을 이해하고 다른 수준의 내용으로 바꾸거나 추론하는 능력
적용	과거에 학습된 자료를 새로운 문제에 적용하는 능력
분석	자료가 주어질 때 주어진 자료의 의미를 명확히 이해하기 위하여 그 자료를 여러 가지 구성요소로 분해하는 것
종합	한 자료의 구성요소나 부분을 결합하여 어떤 새로운 지식을 만들어 내는 것
평가	특정한 자료를 주었을 때 그 자료를 일정한 기준에 의하여 평가하는 것

  ㉡ 정의적 영역(Krathwohl, Bloom, Masia) - '내면화'의 원칙

감수	어떤 현상이나 자극에 대하여 주의를 기울이는 단계(수용과 관계있음)
반응	어떤 현상이나 자극에 대하여 적극적인 행동을 나타내는 단계(흥미와 관계있음)
가치화	어떤 현상이나 자극에 대하여 의의와 가치를 부여하는 행동
조직화	여러 가지 다른 수준의 가치를 종합하고 그들 간의 갈등을 해결하여 나름대로 일관성 있는 가치체계를 형성
인격화	조직화에 의한 일관된 가치체계가 내면화되어 인격화하는 단계

  ㉢ 운동기능적 영역(Harrow) - '기능의 일상화'의 원칙
   ▶ 반사운동 – 기본적 기초동작 – 지각능력 – 신체능력 – 숙련동작 – 동작적 의사소통
④ 블룸의 교육목표 분류학의 한계점
  ㉠ 유목의 구인 타당도, 모호성, 위계의 비타당성 : 블룸은 각 유목의 독립성·계열성을 전제하지만, 주요 구인들에 대한 심리측정학적인 타당도에 관한 연구는 거의 찾아보기 어려움. 유목의 구분이 명확하지 않으며, 유목의 구분이 매우 임의적인 수준에서 이루어짐
  ㉡ 일차원적 단일성 : 블룸의 분류학은 내용이나 행동 차원만으로 제시, 즉 행동을 의미하는 유목들이 어떠한 처리수준과 지적 조작과정을 거치는지는 제시되지 못하고 있음
  ㉢ 원리의 중립성 문제 : 블룸의 분류학은 의도된 행동만을 분류하는 체계라는 점에서 완전한 중립성을 유

지할 수 없으며, 관찰할 수 있는 진술이나 반응만이 교육목표로 선정될 수 있고 중요한 교육목표가 될 수 있는 사고와 감정의 변화는 교육목표에서 제외될 수밖에 없음

(3) 앤더슨과 크래쓰월(Anderson & Krathwohl)의 신교육목표 분류학

① 앤더슨과 크래쓰월은 「교육과정 수업 평가를 위한 새로운 분류학 : Bloom 교육목표분류학 개정판」에서 지적 영역의 행동위계를 종전과는 조금 다르게 제시함

② 블룸의 인지적 영역에서 '지식' 유목을 명사적 측면과 동사적 측면으로 구분 → 전자를 지식 차원, 후자를 인지과정 차원으로 명명

  ㉠ 지식 차원(명사적 측면) - '지식의 추상성'에 따른 연속성을 지님

사실적 지식	교과나 교과의 문제를 해결하기 위해 숙지해야 할 기본적 요소
개념적 지식	요소들이 통합적으로 기능하도록 하는 상위구조 내에서 기본 요소들 사이의 상호관계
절차적 지식	어떤 것을 수행하는 방법, 탐구방법, 기능을 활용하기 위한 준거, 알고리즘, 기법, 방법
메타인지 지식	지식의 인지에 대한 인식 및 지식과 인지 전반에 대한 지식

  ㉡ 인지과정 차원(동사적 측면) - '인지적 복잡성'에 따른 연속성을 지님

기억하다(remember)	장기기억으로부터 관련된 지식을 인출
이해하다(understand)	구두, 문자, 그래픽을 포함한 수업 메시지로부터 의미를 구성
적용하다(apply)	특정한 상황에 어떤 절차들을 사용하거나 시행
분석하다(analyze)	자료를 구성부분으로 나누고, 그 부분들 간의 관계와 부분과 전체 구조나 목적과의 관계가 어떻게 되어 있는가를 결정
평가하다(evaluate)	준거나 기준에 따라 판단
창안하다(create)	요소들을 일관되거나 기능적인 전체로 형성하기 위해 종합, 새로운 유형이나 구조로 재조직

③ 종전의 이해(comprehension)가 이해(understand)로, 종합이 창안(create)으로 바뀌고, 그 위계도 종합과 평가가 뒤바뀜

THEME 124 교육내용

(1) 교육내용 선정원리

① 기회의 원리 : 목표가 의도하는 행동을 학습자 스스로 경험해 볼 수 있는 기회가 학습경험 속에 내포되어야 함
② 만족의 원리 : 주어진 교육목표가 시사하는 행동을 학생이 수행하는 과정에서 만족감을 느낄 수 있어야 함
③ 가능성의 원리 : 학습경험에서 요구하는 학생의 반응이 현재 그 학생의 능력 범위 안에 있는 것이어야 함
④ 다경험의 원리 : 같은 목표를 달성하는 데에 수많은 학습경험을 사용할 수 있음
⑤ 다성과의 원리 : 하나가 아닌 여러 가지 교육목표를 달성하는 데 도움이 되는 행동을 선택함
⑥ 협동의 원리 : 학생들이 함께 활동할 수 있는 기회를 주는 것이 좋음

(2) 교육내용 조직원리

① 범위(scope) : 특정한 시점에서 학생들이 배우게 될 내용의 폭과 깊이
② 계속성(continuity)
  ㉠ 이전에 배운 내용과 앞으로 배울 내용의 관계에 초점을 둔 것으로, 특정한 학습의 종결점이 다음 학습의 출발점과 잘 맞물리도록 교육내용을 조직하는 것
  ㉡ 중요한 개념, 원리, 사실 등의 학습을 어느 정도 계속해서 반복학습을 할 수 있도록 하기 위함(반복의 원리)
③ 계열성(sequence)
  ㉠ 교육내용을 가르치는 순서, 어떤 내용을 먼저 가르치고 어떤 내용을 나중에 가르칠 것인가를 결정
  ㉡ 동일한 내용이 단순히 반복되는 수준을 넘어서서, 계속적인 줄기는 있으되 동시에 그 줄기에 좀 넓고 깊은 의미가 심화될 수 있게 조직되는 것(단순 반복이 아닌 전후 내용 간의 관계가 확대·심화)
  ㉢ 계열성의 일반적인 원칙 : 단순한 내용에서 복잡한 내용으로, 친숙한 내용에서 미친숙한 내용으로, 부분에서 전체적 내용으로(전체에서 부분으로), 선수학습에 기초해서 그 다음 학습으로, 사상의 역사적 발생 순서대로, 현재에서 과거로(과거에서 현재로), 구체적인 개념에서 추상적인 개념으로
④ 통합성(integration) : 교육과정 계획 내에 포함된 모든 형태의 지식과 경험을 연결하는 것
⑤ 연계성(articulation)
  ㉠ 수직적 연계성 : 어떤 교육과정의 측면이 해당 프로그램의 계열상 나중에 나타나는 과제, 주제, 코스와 맺는 관계 → 한 학년수준에서 다른 학년수준으로 내용을 계열화하는 것
  ㉡ 수평적 연계성 : 동시적으로 일어나고 있는 양자 요소 간 혹은 여러 요소 간의 관련성과 연합
⑥ 균형성(balance) : 교육과정의 각 부분이 적절하게 다루어져서 전체적 균형을 유지해야 함(비중을 골고루)
▶ 수평적(공간적, 횡적) 측면에서 '범위와 통합성', 수직적(시간적, 종적) 측면에서 '계속성과 계열성' 그리고 전체적 측면에서 '연계성, 균형성'으로 분류할 수 있음

THEME 125 교육과정의 유형

(1) 교과중심 교육과정

1) 개념

① 교수목적을 위해 인류 문화유산의 핵심적인 것을 체계적으로 조직해 놓은 것
② 철학적 배경 : 본질주의, 전통주의, 주지주의, 이성주의 등

2) 특징

① 철저한 사전계획과 조직
② 일률적 교과 제시
③ 지식의 기능 신장에 중점
④ 문화유산의 전달
⑤ 설명위주의 수업
⑥ 교사중심의 수업

3) 유형

① 분과형 : 각 교과 또는 과목들이 다른 교과 또는 과목과 횡적인 연관이 전혀 없이 분명한 체계를 가지고 조직
② 상관형 : 교과내용을 무너뜨리지 않으면서 두 개 또는 그 이상의 교과나 과목을 서로 관련시켜 내용을 조직
③ 융합형 : 각 교과목의 성질을 유지하면서 그 사이에 내용이나 성질면에서 다소의 공통요인을 추출하여 교과를 재조직한 것(서로 다른 교과 간에 관련되는 요소를 새로운 교과로 조직하여 융합) 예 식물학 + 동물학 → 생물학
④ 광역형 : 교과목 간의 구분을 해소하고 보다 넓은 영역에서 사실이나 개념 또는 원리들을 조직
　　예 사회과는 역사, 지리, 정치, 경제, 사회, 문화, 인류학 등을 어떤 주제나 원리 아래 통합하여 이루어진 교과

4) 장·단점

장점	단점
• 학생들이 학습하기에 용이 • 지식과 기능의 신장에 유리 • 평가의 용이 • 중앙집권적 통제의 용이 • 문화유산을 전달하는 데 적합	• 학생의 흥미와 욕구가 무시됨 • 고등정신기능의 배양이 안 됨 • 비현실적 지식 획득, 과거중심적 내용 • 분과주의에 빠질 우려 • 학생들의 수동적인 학습태도 • 지식의 기능적 활용에 토대를 두지 않음

(2) 경험중심 교육과정

1) 개념

① 학교의 '지도하에' 학생이 가지게 되는 모든 경험과 활동
② 교육의 내용을 경험으로 보되, 그 경험을 아동·학생의 필요와 흥미로 보는 아동중심 교육과정, 사회의 필요와 흥미로 보는 생활중심 교육과정으로 구분
③ 철학적 배경 : 루소의 자연주의, 듀이의 진보주의 등

2) 특징
　① 학생의 필요와 흥미
　② 학생의 개성과 자발성 중시
　③ 생활문제 해결
　④ 민주시민의 태도 육성
　⑤ 과외활동 중시
　⑥ 전인교육 중시

3) 유형
　① 활동형 : 학습자들의 흥미와 욕구에 기초하여 학습경험 선정·조직
　② 생성형(현성형) : 사전에 계획을 세우지 않고, 교사와 학생들이 학습현장에서 함께 학습주제를 정하고 내용을 계획
　③ 중핵형 : 주로 생활이나 욕구와 관련된 내용이나 경험들이 중심을 이루고, 주변과정은 중핵과정을 둘러싸고 있으면서 계통학습을 하되 몇몇의 영역으로 구분하여 조직(교과의 선을 없앰) → 교과중심, 개인중심, 사회중심의 중핵형

4) 장·단점

장점	단점
• 아동의 흥미유발과 자발적 학습촉진 • 고등정신기능 배양 • 생활문제 해결 • 민주사회의 시민양성에 유리	• 학교 교육기능 약화(아동의 필요나 흥미만 중시) • 행정적 통제 곤란 • 평가 곤란 : 아동의 필요나 흥미가 계속하여 변화 • 교사의 능력부족으로 인한 실패 확률

(3) 학문중심 교육과정

1) 개념
　① 구조화된 일련의 의도된 학습결과로서 각 학문에 내재해 있는 지식의 탐구과정의 조직
　② 철학적 배경 : 항존주의, 신본질주의, 피아제(Piaget)의 인지발달심리학 등
　③ 사회적 배경 : 과학기술의 급속한 발전, 지식의 폭발적인 증가, 소련의 Sputnik의 발사, 우즈홀(Woodhole) 회의

2) 특징
　① 교육의 목적 : 급변하는 사회에 적극적으로 대처하고 발전의 흐름을 주도하기 위해 지적 수준을 높이는 것
　② 교육내용 : 지식의 구조 - 학문의 '기본개념, 일반적 원리, 핵심적 아이디어'
　③ 교육과정 조직방법 : 나선형
　④ 교육방법 : 탐구학습을 중시함으로써 발견의 기쁨을 통해 내적 동기를 유발

3) 유형
　① 나선형 : 기본개념이나 핵심 아이디어를 조직함에 있어서 질적으로 향상하면서 양적으로 취급범위가 넓어지는 입체적인 나선형 조직(학습내용 조직의 계열성 반영, 연속성과 차이 고려)
　② 간학문적 : 두 가지 이상의 학문 분야가 '서로 공존하면서' 연결 또는 합쳐지는 것 예 교육심리학
　③ 다학문적 교육과정 : 인간의 생활에서 나타나는 문제 또는 주제와 관련하여 그 해결책을 탐색하는 과정에서 여러 가지 학문이 다양하게 동원됨으로써 이루어지는 통합방법(2가지 방식)

㉠ 같은 문제 또는 주제가 축의 구실을 하여 둘 이상의 학문 또는 교과의 개념, 방법, 절차에 적용되지만 교육내용의 선정·조직 및 교수·학습은 각 학문 또는 교과별로 따로 이루어지는 방식
㉡ 같은 문제나 주제에 몇 개 학문의 개념, 방법, 절차를 동시에 적용함으로써 통합이 이루어지는 방식

④ 탈학문적 통합 : 아동중심적 입장에서 자유로운 표현활동이나 문제해결의 과정을 초점으로 개별 학문 내지 교과의 틀을 허물고 학습내용을 통합하는 방법 → 흥미중심, 표현중심, 경험중심의 통합

4) 장·단점

장점	단점
• 학습의 능률성 • 생성력(전이가 잘됨) • 학습방법의 학습(결과보다 과정 중시) • 학문의 전체적 구조파악에 용이 • 내적 동기유발에 의한 학습효과 상승	• 학습이 힘듦 • 지식의 구조는 실생활과 유리 • 학습부진아 고려 안 됨 • 정의적 영역의 학습 적용 어려움 • 교과 간에 통합성 상실 가능성

(4) 인간중심 교육과정

1) 개념
① 학교에서 학생들이 갖게 되는 '모든 경험의 총체'로, 경험중심 교육과정보다 교육과정을 좀 더 폭넓게 정의
② 대두배경 : 교육의 본질 중시(자아실현 강조), 인간성 매몰과 비인간화 경향에 대처, 지식중심의 문제점 보완

2) 특징
① 잠재적 교육과정 중시 : 지적 탐구능력의 신장과 정의적 영역의 발달 강조
② 학교환경의 인간화를 위하여 노력
③ 교육의 궁극적인 목적 : 자아실현
④ 학생과 인간다운 관계를 맺는 존재로서 인간주의적 교사 필요
⑤ 교육의 본질을 인간 삶의 충실과 자기충족감 넘치는 인간의 육성에 둠
⑥ 교과·경험·학문중심 교육과정의 개념을 모두 포괄하는 개념

3) 유형
① 정의형 : 교육과정은 지식편중 교육과정이 정의적인 면과 사회적인 면을 소홀히 한다는 데 대한 반발로 나타난 것으로, 지력의 발달과 함께 정의의 발달도 교육의 핵심이 되어야 한다는 것을 내용으로 함
② 개방형 : 학습자 개개인에게 최대의 그리고 최선의 선택 가능성을 부여하려는 교육과정
③ 관련형 : 교육내용이 학습자의 심리적 특성 및 생활과 관련을 맺도록 하는 데 초점을 두고 구성
  cf 정의형 교육과정은 지적인 것과 정의적인 것의 균형에 강조를 두고 정의적인 속성을 중심으로 내용을 구성해야 한다는 것이고, 개방형 교육과정은 학습자의 흥미와 능력에 따른 개별성을 강조하는 방법적인 측면의 것

4) 장·단점

장점	단점
• 전인교육을 통해 성장가능성 발전 • 학습자의 개별적인 자기성장 조장 • 학습자의 자아개념 긍정적으로 형성 • 교수-학습과정에서 개방적, 자율적 분위기 형성	• 논지의 모호성 : 개념사용의 불일치, 방법이 모호 • 교육 본질에 대한 일방적 주장 • 현실적인 적용상의 한계 : 개인의 성장 자체를 지나치게 강조, 교육과 사회의 관계를 경시

(5) 통합 교육과정

1) 개념

① 교육과정 통합은 시간과 공간적으로 달리한 학습 경험들이 상호 관련되어 의미 있게 모아져서 하나의 전체로서 학습이 이루어지게 하고, 나아가서 학습자의 인격이 성숙되는 결과를 가져오도록 하는 모든 과정을 의미
→ 유관 교과목의 통합, 학습경험의 통합, 인격의 통합, 유관 학문 간의 통합 등

② 배경 : 진보주의 시대에 현실문제를 해결하기 위해 여러 가지 경험과 이론이 서로 연결되어야 할 필요성에 의해 '중핵형'으로 시작하여 이후에 교과 통합(상관, 융합, 광역)이 등장

2) 특징

① 교과 경계선이 없음
② 실생활 문제를 중시
③ 학습과제, 프로젝트, 주제 등의 선정·개발에 학생들이 직접 참여
④ 아동의 성장과정 그 자체에 초점을 둔 평가

3) 운영원칙

① 중요성 : 학생의 흥미, 관심 뿐만 아니라 교과의 중요한 내용도 반영하여 지적능력 개발에도 초점을 맞추어야 함
② 일관성 : 통합단원의 목표, 내용 및 활동, 수업전략의 일관성을 유지해야 함
③ 적합성 : 통합단원이 학습자의 개성과 수준에 맞으며, 학습자의 전인격적 성장을 목표로 해야 함. 궁극적으로 교과통합은 학생의 과거-현재-미래를 연결할 수 있는 교육과정이어야 함

4) 유형 - 드레이크와 번즈(Drake & Burns)의 교육과정 통합의 유형 분류

① 다학문적 접근 : 하나의 주제를 중심으로 다양한 학문으로부터 내용을 선정하고 조직하는 방식
② 간학문적 접근 : 몇 가지 학문분야에 걸친 공통학습 주제나 개념을 중심으로 교육과정을 조직하는 것
③ 탈학문적 접근 : 교사들이 학생들의 질문이나 관심사를 중심으로 조직하는 방식(범 교과적 접근, 초 학문적 접근)

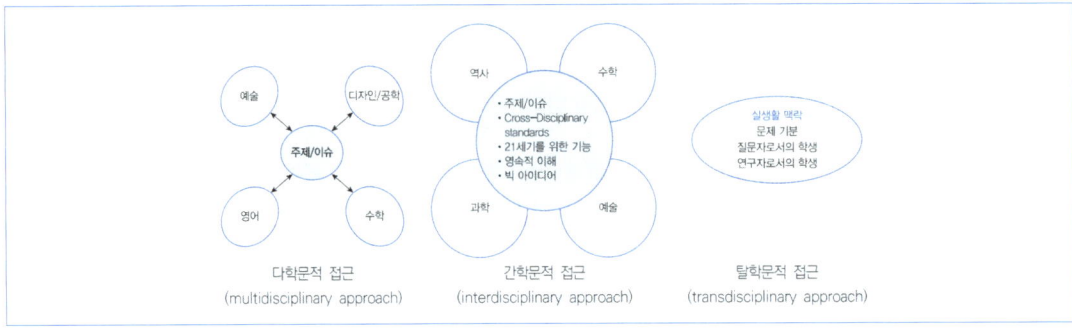

5) 장·단점

장점	단점
• 통합된 내용 학습으로 지식의 팽창에 대비 • 교육과정의 효율적인 운영(중복 내용 제거) • 지식의 유용성 향상, 문제해결력 신장, 교과와 사회 간 연계성 • 학습자 흥미 반영, 전인격적 성장을 도모	• 구성의 어려움 • 교사들에게 모든 내용에 대한 충분한 이해와 전문적 식견 요구(현실적 어려움) • 교사의 부담 가중, 교육의 질 저하 위험 • 학생들의 혼란 가능성

THEME 126 잠재적 교육과정과 영 교육과정

(1) 잠재적 교육과정

1) 개념 : 교육실천과 환경이 학생들에게 '은연중에' 미치는 지속적인 영향력과 결과

① 잠재적 교육과정의 보수적 관점(사회화 기능) - '의식을 하지 못했기 때문에 숨어 있는(latent)'
  ㉠ 교사가 계획하지 않았거나 또는 교사가 의식하지 않는 가운데 학생들의 지식, 태도, 행동에 영향을 미치는 '교육실천 및 환경'과 '그 결과'
  ㉡ 잭슨(Jackson) : 학생들은 학교생활을 통하여 군집, 상찬, 권력 속에서 살아가는 적응스타일을 배우게 됨
    ⓐ 군집 : 다른 사람들과 어울려 생활하는 방식
    ⓑ 상찬 : 여러 가지 형태의 평가 속에서 살아가는 방식
    ⓒ 권력 : 조직의 권위관계를 인정하면서 살아가는 방식

② 잠재적 교육과정의 급진적 관점(이데올로기 기능) - '의도적으로 숨긴(hidden)'
교육과정을 결정하는 권력자나 집단이 의도 또는 관행에 의하여 계획을 하였는데, 교사들이 이를 수용하여 동조하거나 아니면 의도나 관행을 간파하지 못하는 가운데 학생들의 지식, 태도, 행동에 영향을 미치는 '학교의 교육실천 및 환경'과 '그 결과'

2) 잠재적 교육과정의 특징 - 공식적 교육과정과의 비교

비교 기준	공식적(표면적) 교육과정	잠재적 교육과정
교육방법	학교의 의도적 계획 및 조직, 지도에 의해 이루어짐	학교에서 의도하지 않았으나 학교 자체가 갖는 성격으로 인해 은연중에 학습함
학습영역	주로 지적인 것과 관련됨	주로 정의적 영역(가치관, 태도, 흥미)과 관련됨
학습경험	교과와 관련됨	학교의 문화풍토와 관련됨
학습시간	단기적으로 배우며 어느 정도 일시적인 경향	장기적, 반복적으로 배우며 보다 항구성을 지님
학습내용	주로 바람직한 내용을 포함함	바람직한 내용뿐만 아니라 바람직하지 못한 내용도 포함됨
교사역할	교사의 지적, 기능적인 영향을 받음	교사의 인격적 감화(학생의 동일시 대상)

3) 잠재적 교육과정의 공헌

① 교육과정과 교육평가의 개념 확장에 기여 : 교육과정의 '의도와 계획'에서 '결과와 산출'에로 관심이 옮겨 감에 따라 '탈목표평가'가 등장
② 교육과정 이해 패러다임의 강조 : 문화기술적 연구를 중심으로 한 질적 연구방법 확산
③ 학교교육과 교육과정의 효율성 제고 : 잠재적 교육과정이 학생에게 더 강력한 영향력을 미침

(2) 영 교육과정

1) **개념** : 소홀히 하거나 의도적으로 가르치지 않은 교과나 지식, 사고양식
   ① 교육과정 개발 측면 : 배울만한 가치가 있는데도 불구하고 법적인 구속력이 있는 공적인 문서에서 빠진 내용
      - '법적인 구속력이 없는(독일어로 null은 zero이다.)'
   ② 학습자 측면 : 어떤 내용이 공식적 교육과정에 포함되어 있다 하더라도 학습할 기회가 없는 경우 - '학습할 기회가 없는(zero에 가까운)'
   ③ 즉, 영 교육과정은 공식적 교육과정에 포함되어 있는가 하는 것과 관계없이 교육적으로 가치 있는 내용 중에서 학생들이 학습할 기회를 갖지 못한 모든 내용을 가리킴

2) 「교육적 상상력」에 소개된 영 교육과정
   ① 겉으로는 확인할 수 있는 방법이 아닌 무형의 형태로 존재하는 교육과정
   ② 가르치는 교사의 마음속에 계획되어 있는 교육과정
   ③ 교육과정은 가르치기 복잡한 교수목표를 제외하고 가르치기 쉬운 것으로 구성하는 것
   ④ 예로부터 가르쳐 왔던 내용, 소수 이익집단의 압력에 의하여 특정교과가 설정되는 교육과정
   ⑤ 표면적 교육과정이 소홀히 하는 상상력이나 직관력 등과도 관련
   ⑥ Eisner, Hass 등이 주도 : 학습자들의 개성이나 자아실현에 중점을 두어 전개한 교육과정
   ⑦ 인본주의적·심미적인 관점에서 접근

3) 잠재적 교육과정과 영 교육과정의 비교

잠재적 교육과정	영 교육과정
의도되지 않은 경험의 총체를 지칭	적극적으로 가르치지 않은 내용에 대해 관심
어떤 점에서는 통제가 불가능하여 교육의 자연적 결과로서 존재	사회의 지배적 이데올로기나 교육과정 입안자들의 가치에 의해 적극적으로 제외되는 교육과정 → 인위적 성격
교육과정이 명시화되고 표면화된 내용 외에도 은연중에 작용하여 학생들에게 영향을 미칠 수 있음	

4) 영 교육과정의 의의
   ① 영 교육과정은 공식적인 교육과정 문서에 담긴 교육목적과 교육내용의 가치를 되묻고, 더욱 중요한 것이 빠지지 않았는가를 살펴보도록 함
   ② 또한, 학교교육의 부주의로 인해 빠뜨린 영역이 없는지를 살펴보게 하며, 더 나아가 학교교육의 내용이 풍부해지고 학생들에게 더 많은 교육적 결과를 기대할 수 있게 함
   ③ 따라서 그동안 무엇이 강조되어 가르쳐져 왔고 무엇이 소외되어 가르쳐지지 않았는지에 대한 진지한 검토가 필요하며, 보다 폭넓고 다양한 교육내용을 반영하여 다양하고 균형화된 교육이 이루어질 수 있도록 해야 함

THEME 127 교육과정 연구의 패러다임

(1) 전통주의 – 교육과정 "개발"

1) 특징

① 타일러(Tyler)의 개념 모형을 계승 : 교육과정에 관한 사고의 출발점을 교육목표에 두고 그 이하의 절차와 활동은 목표를 효과적으로 달성하도록 돕는 수단으로 취급
② 교육과정 탐구의 가치를 교육과정 개발과 같은 실제적 업무에 유용한 지침이나 방법을 찾는 데 둠
③ 과학적 경영관리론에 기초 : 모든 조직의 목적은 효율성을 최대화해야 하며, 이를 위해 통제의 필요성을 내세움(투입과 산출의 관료지향적 체제)
④ 대표학자 : 타일러 모형을 계승한 타바(Taba), 스미스(Smith), 스탠리(Stanley), 쇼어즈(Shores), 맥닐(McNeil), 타너(Taner), 글래이저(Glaser) 등

2) 비판점

① 전통주의 모형이 너무 무비판적으로 수용되어 왔음
② 교육과정 탐구에 있어서 탈역사·탈정치·탈윤리적이었다는 점
③ 즉각적인 필요성을 중시하여 목적과 수단을 연결하는 생산성과 효율성만을 강조(기업의 논리, 관료적 모형)
④ 교육의 본질성을 상실하고 비인간화와 가치 중립성을 추구

(2) 개념-경험주의

1) 특징

① 전통주의와 마찬가지로 교육과정의 실제문제에 관심을 가지고 있으나, 교육과정에 관한 연구에 있어 자연과학적 방법에 기초한 논리와 탐구방법을 옹호
② 대표학자 : 슈왑(Schwab), 워커(Walker) 등

2) 비판점

① 문화적 유산인 학교지식을 보다 효과적이고 과학적으로 가르치는 방법에만 관심을 둠
② 교육과정 내용 자체나 교육과정과 사회의 관계를 규명하지 못함 – 전통주의자들의 견해와 별 차이가 없음

(3) 재개념주의 – 교육과정 "이해"

1) 특징

① 역사·종교·철학·문학 등 인문과학을 숭상하는 연성학문의 전통을 중시
② 교육과정을 보다 넓은 사회구조와 질서 속에 놓고 거시적으로 파악
③ 학교에서 가르쳐지는 교육내용이 특정사회나 계층의 입장을 반영하므로 이를 재구성·재개념화시켜야 한다고 주장
④ 개인의 독특성을 인정하고 해방에의 가능성을 열어 놓음
⑤ 현상학, 실존주의, 정신분석학, 신마르크스주의 등을 배경으로 하여 질적 연구방법을 사용
⑥ 지난 50여년 동안 교육과정 연구를 압도해 왔던 탈정치적·탈역사적·기술공학적 접근에서 벗어나 교육과정 탐구의 개념적 지평을 확대
⑦ 대표학자 : 파이너(Pinar), 애플(Apple), 아이즈너(Eisner)

2) 파이너(Pinar) : 교육과정학 탐구의 실존적 재개념화
   ① 교육과정은 기술적이고 처방적인 이론 자체보다는 이론화, 즉 계속적인 반성의 사고과정으로서의 접근이 필요하다고 강조
   ② 기본적인 주제 : 인간의 실존적 해방
   ③ 쿠레레(currere) : 교육과정의 탐구
      ㉠ 교육과정의 의미가 curriculum(명사, 분배되어야 할 산출물)보다는 currere(동사, '경험한다'라는 행위)를 강조하는 쪽으로 재개념화될 필요가 있다고 주장
      ㉡ 학습자의 주관성을 인정하는 진행과정을 부각, 개인의 진행경험, 살아온 경험 자체
      ㉢ 교육경험을 분석하는 반성적 과정, 현상학에 기초를 둔 지식추구의 과정
      ㉣ 쿠레레의 방법(자서전적 모형)
         ⓐ 회귀 : 학생들의 경험에서 학습 자료를 이끌어 내는 것으로 과거의 경험을 떠올림으로써 주제와 관련된 경험을 추출하는 것, 즉 과거를 현재화하는 단계
         ⓑ 전진 : 과거로부터 미래를 연상하는 단계로, 미래는 현재에 영향을 미치므로 조용히 눈을 감고 자신의 미래의 모습에 대해 상상하고 묘사해 보도록 함
         ⓒ 분석 : 과거·현재·미래를 놓고 그 연관성과 향후에 미칠 영향을 생각하는 단계로, 앞의 두 단계를 통해서 자유 연상적으로 회상한 것에 대해 비평적으로 반성함
         ⓓ 종합 : 생생한 현실로 돌아가 내면의 목소리에 귀를 기울이고 자기에게 주어진 현재의 의미를 자문하는 반성적 사고의 단계
3) 애플(Apple) : 교육과정학 탐구의 구조적 재개념화
   ① 기본적인 주제 : 인간의 정치적 해방
   ② 학교교육과 교육과정에 대한 비판 : 사회의 지배적인 경제 세력이 갖는 문화자본을 유지·계승시키는 학교교육을 비판(예술이나 공예보다는 과학이나 직업교육 교과 중시, 갈등 상황보다는 조화와 합의 강조)
   ③ 기술공학적 논리의 비판 : 갈등과 모순의 원칙에 입각한 비판적 교육과정 탐구만이 사회현실 속에서 인간에게 주어지는 억압의 굴레를 벗어날 수 있는 길
   ④ 컴퓨터교육에 대한 비판 : 학교에서 컴퓨터를 가르쳐야 한다는 생각(컴퓨터에 관한 교육)과 교사의 수업의 질을 향상시키기 위한 수단으로 컴퓨터를 이용하려는 시도(컴퓨터를 이용한 교육)를 비판 → 탈숙련화
4) 아이즈너(Eisner) : 교육과정학 탐구의 미학적 재개념화
   ① 예술교과의 중요성 : '미학적 문해력'이야말로 '언어적 문해력'의 본질적인 것이므로 학교에서는 예술교과를 더욱 강조하여야 한다고 주장
   ② 행동목표 비판 : 문제해결목표와 표현적 결과 주장
   ③ 질적 연구의 강조 : 교육적 감식안과 교육비평이라는 방법 제안
5) 전통주의와 재개념주의의 비교

구 분	전통주의	재개념주의
대표자	타일러, 타바, 타너	파이너, 애플, 아이즈너
가치성	가치중립성	가치 추구
교육과정 접근	탈역사·탈윤리적 접근	역사적·윤리적 접근
교육과정 개발	교육과정 개발과 같은 실제적 업무에 유용한 지침 중시	교육적 경험에 대한 관념적·목적론적·본질적·비판적 이해에 관심
철학적 추구	실용주의 노선	교육경험의 내면적·실제적 본질 이해(인문과학 탐구)

THEME 128 타일러(Tyler)의 합리적 모형

(1) 개발모형

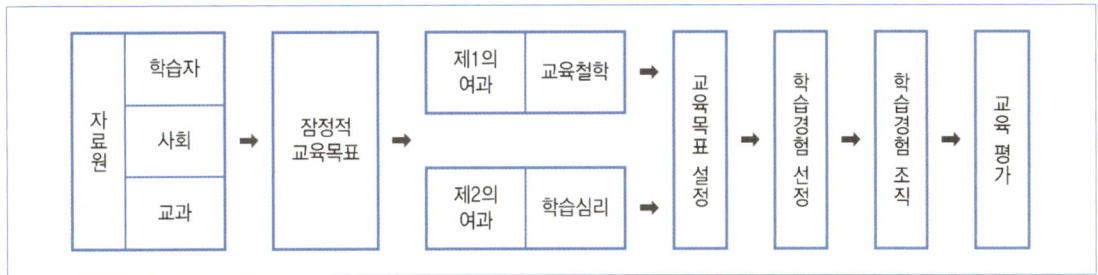

① 교육목표의 설정
  ㉠ 교육목표 설정의 원천 : 학습자에 대한 연구, 현대사회의 요구, 교과전문가의 제언, 교육철학, 학습심리학
  ㉡ 잠정적 교육목표의 기준 : 합의된 가치와 기능과의 합치성, 포괄성, 일관성, 달성가능성
② 학습경험의 선정 : 기회의 원리, 만족의 원리, 학습 가능성의 원리, 다경험의 원리, 다성과의 원리
③ 학습경험의 조직 : 계속성과 계열성(수직적 조직), 통합성(수평적 조직)
④ 학습경험의 평가 : 교육과정이나 수업 프로그램이 시행됨으로써 본래 의도한 교육목표가 어느 정도나 실현되었는지를 재어 보고 판단 → '교육목표의 달성도'

(2) 타일러 모형의 장·단점

1) 장점
① 어떤 교과, 어떤 수업수준에도 활용·적용할 수 있는 폭넓은 유용성
② 논리적이고 합리적인 일련의 절차를 제시하고 있어 교육과정개발자나 수업계획자에게 유용
③ 학생의 행동과 학습경험을 강조함으로써 평가에 매우 광범위한 지침을 제공

2) 단점
① 목표의 원천은 제시하고 있으나 무엇이 교육목표이고, 그것은 왜 다른 목표를 제치고 선정되어야 하는지 그 이유를 분명하게 밝혀 주지 못함
② 목표를 분명히 미리 설정한다는 것은 수업 진행과정 중에 새롭게 생겨나는 부수적·확산적 목표의 중요성을 간과한 것
③ 목표를 내용보다 우위에 두고, 내용을 목표 달성을 위한 수단으로 전락시킴

THEME 129 타바(Taba)의 귀납적 모형

(1) 개발과정 – 타일러의 단계를 하위구분하여 정교화

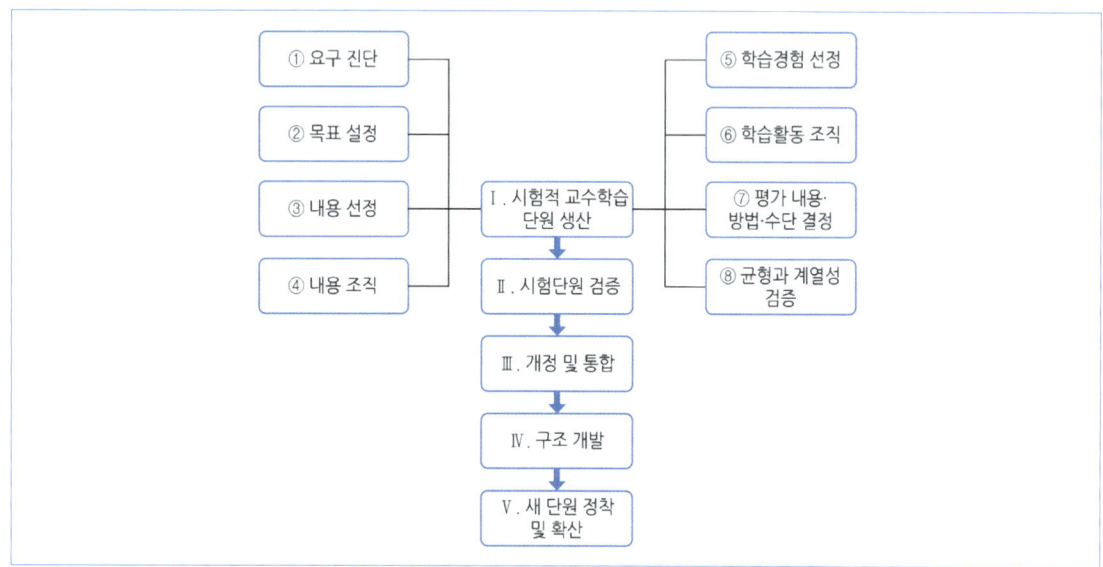

① 요구의 진단 : 교사(교육과정설계자)는 계획될 교육과정의 대상인 학생들의 요구를 확인
② 목표의 공식화 : 성취되어야 할 목표들을 구체화
③ 내용의 선정 : 진술된 목표에 따라 교과 혹은 교육과정의 내용을 선정. 목표와 내용은 조화를 이루어야 하며, 선정된 내용의 타당성과 중요성도 고려함
④ 내용의 조직 : 교사는 내용을 선정하는 것만이 아니라, 그것을 학습자들의 성숙과 그들의 학문적 성취와 흥미를 고려하면서 계열화해야 함
⑤ 학습경험의 선정 : 내용이 학생들에게 제시되고 학생들은 내용과 상호작용함. 이 시점에서 교사는 학생들과 내용을 함께 고려할 수 있는 수업방법을 선정
⑥ 학습활동의 조직 : 내용이 계열화되고 조직화 되듯이 학습활동도 계열화되고 조직화 되어야 함
⑦ 평가와 평가의 방법 : 교육과정 계획자는 목표가 성취되었는지를 평가해야 함

(2) 타일러와 비교한 타바 모형의 특징

타일러	타바
상의하달식의 개발방식 : 중앙에서 개발된 교육과정이 교사에게 전달되는 방식	하의상달식의 개발방식 : 교육과정의 개발과정에 교사를 참여시킴
연역적 모형 : 전체적이고 일반적인 설계에서 구체적인 것으로 나아감	귀납적 모형 : 교실 수업의 구체적인 계획에서 시작하여 점차 전체적인 설계를 만들어감
교육과정 개발은 교수와는 분리된 것	이론과 실제의 결합 : 교육과정과 수업을 함께 고려

THEME 130 워커(Walker)의 숙의모형

(1) 개발모형

① 토대 다지기(강령, platform) : 교육과정개발위원회 참석자들이 참석 전에 이미 지니고 있는 교육적 신념과 가치, 각종 교육이론, 교육목적, 교육과정 구상, 자신의 숨은 의도 및 선호 등을 통틀어 가리키는 말
② 숙의(deliberation) : 교육과정을 개발하기 위하여 참여자들이 탐구하고, 판단하며, 의사결정을 내리는 지적 과정에서 볼 수 있는 논쟁
   ㉠ 숙의의 목적 : 대안들 간의 충돌 제거
   ㉡ 숙의의 과정 : 교육과정 개발을 위한 목적과 수단에는 어떠한 것이 필요한지 고려 → 대안들을 마련하고 이전의 여건이 어떠하였는지 고려 → 대안으로부터 야기된 결과를 검토 → 대안에 필요한 비용과 이 대안들의 결과 간에 비중이 어떠한지 검토 → 최선의 대안이 무엇인지 선정
   ㉢ 전통적인 목표 모형에서처럼 사전에 정해진 일련의 직선적인 단계나 절차를 거치는 것이 아니라 참여자들 간의 불규칙적인 다양한 상호작용을 통하여 대안을 탐색함
③ 설계(design) : 숙의의 결과를 구체화하, 교육과정을 구체적으로 적용하고 실행할 수 있는 조치를 취하는 단계 → 교육과정 개발에 따른 교과의 선정, 수업방법이나 자료의 확정, 효과적 실행을 위한 행정·재정적인 지원과 절차 등

(2) 워커모형의 장·단점

1) 장점
① 타일러 모형과 달리, 교육과정 계획이 합의를 이루지 못했을 경우에 어떻게 진행될 수 있는가를 잘 진술해 주고 있음
② 교육과정 계획 측면을 상세히 제시하며, 교육과정을 계획하는 동안 실지로 일어나는 것을 아주 정확하게 묘사해 줌
③ 현실적, 높은 실행가능성 : 교육과정 개발자들은 목표를 진술하는데 있어서, 소위 행동목표를 진술해야 한다는 강박관념으로부터 벗어남으로써 보다 창의적으로 활동할 수 있음
④ 높은 융동성 : 개발자들의 요구에 따라 개발과정 어느 시점에라도 시작할 수 있으며, 개발과정 내에서 융통성 있는 이동을 허용함

2) 단점
① 교육과정 계획에만 초점이 맞추어져 있음(교육과정 설계가 완성된 뒤의 상황에 대한 언급 부족)
② 대규모 교육과정 프로젝트에는 적절하지만, 소규모 또는 학교중심 교육과정 계획에는 적절하지 않음
③ 교육과정 플랫폼을 설정하고 숙의과정을 거치는 데 상당한 시간이 소요되며 자칫 비생산적인 논쟁과 협의에 그칠 우려가 있음

THEME 131 스킬벡(Skilbeck)의 학교중심 교육과정 개발모형

(1) 개요
① 타일러 모형과의 차이점
  ㉠ 교육과정의 계획에서 '상황분석' 단계를 추가
  ㉡ 교육과정개발자가 지각한 요구에 적절하다고 생각하는 단계에서 모형을 시작하라고 권고
② 절차적 성격을 띠고 있으나, 어느 단계에서나 개발자의 의도에 따라 다시 시작 가능
③ 교육과정 개발자는 개발과정을 유기적 과정으로 보고, 서로 다른 요소와 측면을 동시에 고려

(2) 개발모형

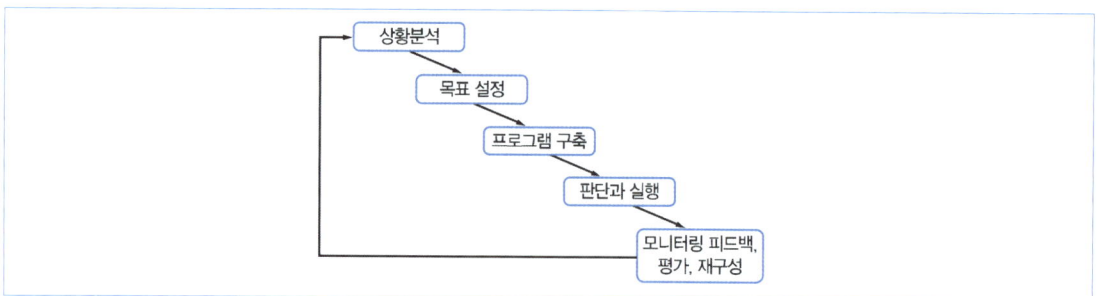

① 상황분석 : 상황을 구성하는 외적·내적 요인을 분석
  ㉠ 외적 요인 : 학부모의 기대감, 지역사회의 가치, 변화하는 인간관계, 이데올로기 등과 같은 사회문화적 변화, 교육체제의 요구, 변화하는 교과의 성격, 교사지원체제 등
  ㉡ 내적 요인 : 학생의 적성·능력·교육적 요구, 교사의 가치관·태도·기능·경험, 학교의 환경과 정치적 구조, 공작실·실험실 등과 같은 시설, 교육과정 내에 존재하는 문제점 등
② 목표설정 : 예견되는 학습결과를 진술, 교사와 학생의 행동을 강화할 수 있는 목표를 설정(상황분석에 기초)
③ 프로그램 구축 : 교수·학습활동의 내용·구조·방법·범위·계열성 등의 설계, 수단-자료의 구비, 적절한 시설환경의 설계, 인적 구성과 역할 부여, 시간표 짜기 등
④ 판단과 실행 : 교육과정의 변화를 일으키는 문제를 판단하고 실행
⑤ 모니터링, 피드백, 평가, 재구성 : 모니터링과 의사소통체계의 설계, 평가절차의 준비, '지속적인' 평가 문제, 연속적인 과정의 재구성이나 확정 등

(3) 의의와 한계

1) 의의
① 이 모형은 교육과정 개발과제에 접근할 때, 개발자들에게 상당한 융통성을 마련해 주고 있으며, 개발자들에게 심한 제약을 가하지 않는다는 점에서 매우 높이 평가됨
② 또한, 교육과정 개발의 실제를 잘 반영해 줌, 특히 학교 교육의 상황을 잘 반영해 주므로 역기능이 적음
③ 그러나 혼돈스럽게 보이며 방향감이 부족다는 단점이 있음, 즉 비체계적인 접근방식을 취하고 있으므로, 운영실제에 있어 분명히 혼란스럽게 될 것이고 전체를 고려하지 못할 위험성이 있음

2) 한계 : 혼돈스럽게 보이며 방향감이 부족함. 즉, 비체계적인 접근방식을 취하고 있으므로, 운영실제에 있어 분명히 혼란스럽게 될 것이고 전체를 고려하지 못할 위험성이 있음

THEME 132 위긴스와 맥타이(Wiggins & McTighe)의 백워드 교육과정

(1) 개요
① 백워드 설계 : 목표를 마음속에 품고 시작하여 그것을 향해 나아가는 모양으로 설계하는 교육과정 혹은 단원 설계의 접근방식
② 이론적 틀 : 타일러의 목표 모형 + 브루너의 학문중심 교육과정, 평가의 지위와 역할의 향상
  ㉠ 백워드 모형은 타일러 논리를 발전적으로 계승 : 타일러의 기본 논리는 목표-경험-평가라는 틀을 가지고 있으나, 여기서 목표가 곧 성취기준이며 평가의 기준이 바로 목표가 된다는 점에서 백워드 설계 모형은 엄밀하게 보면 동일한 것으로 볼 수 있음
  ㉡ 위긴스와 맥타이는 브루너의 지식의 구조 이론을 '영속한 이해'란 용어로 집약하여 교수학습의 궁극적 목적으로 삼음
  ㉢ 과거에는 '목적 설정-구체적인 수업 계획-평가 절차 수립'이 일반적인 절차였지만, 백워드 모형에서는 그 순서를 과감하게 바꾸어 학습경험과 내용의 선정에 앞서 구체적인 평가계획안이 마련됨(목표-평가-경험)

(2) 단원 설계 및 구성요소

1) 제1단계 : 바라는 결과 확인하기
① 1단계는 목표를 설정하는 단계로, 국가 수준에서 제시하는 성취기준을 바탕으로 목표분석 과정을 거쳐 주요 아이디어를 선정한 후, 이해의 측면을 고려하고 본질적 질문을 도출하게 됨
② 위긴스와 맥타이는 목표의 다른 표현인 이해를 여섯 가지 측면으로 나누어 구체적으로 제시

이해의 수준		정의
저 ↓ 고	설명	왜 그리고 어떻게를 중심으로 사건과 아이디어들을 서술하는 능력 예 독립전쟁이 왜, 어떻게 발발하였는가?
	해석	의미를 제공하는 해석, 내러티브, 번역 등 숨겨진 의미를 도출하는 능력 예 11학년 학생들은 「걸리버 여행기」가 영국 지성인들의 삶에 대한 풍자의 의미를 제공하는 것으로 해석할 수 있다.
	적용	지식을 새로운 상황이나 다양한 맥락에 효과적으로 사용하는 능력 예 7학년 학생은 자신의 통계적 지식을 활용하여 학생 자치로 운영하는 문구사의 내년 예산을 정확히 산출한다.
	관점	비판적이고 통찰이 있는 시각으로 바라보는 능력 예 학생은 가자 지구의 새로운 협의안에 대한 이스라엘과 팔레스타인의 관점을 비교·설명한다.
	공감	타인의 세계관과 감정을 수용할 수 있는 능력 예 자신을 줄리엣으로 상정하여 왜 그러한 행위를 할 수밖에 없었는지를 설명한다.
	자기지식	자신의 무지를 알고 자신의 사고와 행위를 반성할 수 있는 능력 예 나는 누구인가? 나는 어떻게 나의 관점을 결정하는가?

2) **제2단계** : 수용 가능한 증거 결정하기

① 2단계는 1단계에서 설정한 목표의 성취 정도를 확인하는 평가를 계획하는 단계
② 2단계에서는 교사가 평가자의 입장이 되어 목표와 이해를 고려하여 수행과제를 결정하고 평가방법을 선택, 평가준거를 마련해야 함 → 1단계에서 설정한 목표와 이해의 여섯 가지 측면과의 일치도 고려

3) **제3단계** : 학습경험 계획하기

① 3단계는 이해의 여부를 확인할 수 있는 증거를 가지고 학습경험과 수업을 계획하는 단계로, 수업방법이나 수업자료, 학습경험 등 구체적인 사항을 설계
② 여기에서 개발하는 것은 단원 수준이며, 단시수업 수준이 아니므로 주로 핵심적 아이디어와 단계들을 열거해 놓은 내용 개요와 유사
③ 학습경험과 수업 계획의 수립은 WHERE TO의 절차적 원리를 따름

W(where and why)	학생들에게 단원이 어디로 나아가고 있고, 왜 그런지를 이해시켜라.
H(hook and hold)	도입에서 학생들의 동기를 유발하고 관심을 계속 유지시켜라.
E(explore and equip)	학생들이 중요한 개념을 경험하고 주제를 탐구하도록 준비하라.
R(rethink, reflect, revise)	학생들에게 주요 아이디어를 재고하고, 과정 속에서 반성하고 활동을 교정하기 위한 많은 기회를 제공하라.
E(evaluate)	학생들에게 과정과 자기평가의 기회를 제공하라.
T(tailor)	개인적인 재능, 흥미, 필요를 반영할 수 있도록 설계하라.
O(organize)	진정한 이해를 최적화하기 위하여 조직하라.

(3) 의의와 한계

1) **의의**

① 성취기준 중심의 교육개혁운동이 '바람과 이상(vision)'으로 현장실천가들에 비쳐지고 있는 동안, '백워드'란 상징어는 미션(mission), 즉 '무엇을 해야만 하는가'와 같은 구체적 실천성의 가능성을 인지하고 발견하게 하는 데 직접적인 도움을 주었음
② 전통적 모형들이 대체로 목표 확인 다음에 학습경험이나 내용의 선정과 조직을 절차상의 흐름으로 삼았던 것과는 달리, 백워드 설계는 목표 확인과 동시에 평가를 고려하는 일원적이고 통합적인 시각을 제시하였음

2) **한계**

① 이 모형은 목표의 우위론, 목표의 사전 명세화, 목표-수단의 이원론 등을 강조함으로써 교육내용을 목표 달성의 수단으로 축소해 버렸다는 비판을 받음
② 또한 목표의 중요성과 기능만을 강조하였을 뿐 목표 자체의 정당성은 비교적 가벼이 다루고 있다는 지적도 있음

THEME 133 스나이더(Snyder)의 교육과정 실행 관점

(1) 충실도 관점 – '외부'에서 주어짐
① 충실도 관점에서 교육과정이란 외부 전문가 집단에 의해 개발되는 것으로, 전문가가 개발한 교육과정을 전문가의 의도대로 교사가 실행하면 교육과정 개정의 취지를 실현할 수 있는 것
② 즉, 학교교육과정에서 제공된 지식이 교사에 의하여 의도한 바대로 잘 시행된 경우에 교육과정의 변화는 올바르게 이루어진 것으로 평가함
③ 교사는 개발자의 의도대로 충실하게 교육과정을 실행해야 할 존재(교육과정 수용, 피동적 존재)로, 새로운 교육과정이 개발되면 이를 실행하는데 필요한 연수를 받아야 함
④ 이 관점은 교육 현장의 특수한 현실을 반영하기 어렵고, 교사의 능동적 관여를 경시하고 있다는 비판을 받음 → '교사 배제 교육과정'

(2) 상호적응 관점 – '외부'에서 주어짐
① 상호적응의 교육과정 실행은 교육과정 개발자와 사용자 간에 일종의 재구성 행위를 합의하는 것으로서, 교육과정 개발자와 교사 간에 합리적이고 지적인 거래행위가 성립되는 것
② 미리 계획된 교육과정의 일방적 보급보다 개발자와 실행자 간의 상호작용에 기초한 조정과 변화의 과정을 중시
③ 즉, 교육과정이 계획대로 실행되기보다는 상황에 적응하여 변형되어 실행되기 때문에 교육과정이 실행되는 실제 상황에 많은 관심을 가짐 → 교육 현장의 특수성, 다양성 및 고유성에 초점

(3) 형성(생성) 관점 – '내부'에서 주어짐
① 생성적 관점은 학교에서 실재하는 교육과정은 교사와 학생에 의해 공동으로 만들어지는 교육경험으로 봄
② 개발된 교육과정의 실행보다는 교사와 학습자가 교육과정을 만들어가는 과정에 주된 관심
③ 교사는 교육과정 개발자로서 학생과 함께 바람직한 교육적 경험을 구성하고 창조하는 능동적인 역할을 함

[스나이더(Snyder)의 교육과정 실행 관점의 비교]

관점	교육과적 실행의 의미	교육과정 개발 주체	교사의 역할	평가 영역
충실도 관점	계획된 교육과정의 충실한 실행 정도	학교 외부 전문가	수동적 수용	계획과 결과간의 일치 정도
상호적응적 관점	학교와 교실 상황에 맞게 조정된 교육과정의 융통성 있는 실행	외부 전문가와 교육과정 실행자간의 상호작용	교사 자신의 관점 반영하여 교육과정을 조정	상호작용의 변화과정
생성적 관점	교실수업에서 교사와 학생의 교육적 경험에 의해 창조된 교육과정	교사와 학생	교육과정 개발자로서 교육적 경험을 능동적으로 창출	교사의 이해와 해석 수준

THEME 134 홀과 호드(Hall & Hord)의 관심확인채택 모형

(1) 교육과정 운영의 개요

① 교육과정 운영은 교육과정 관리의 측면, 즉 학교에서 교육목표를 달성하기 위하여, 학교 교육과정을 효과적으로 편성·운영하기 위하여 제 조건을 정비하고 조정하는 일을 의미 cf 실행은 개발과 활용의 측면

② 홀과 호드가 제안한 교육과정 운영의 지원모형은 교육과정의 충실도적 관점과 관련됨 → 관심단계, 이행수준, 이행형태라는 3가지 도구를 사용하여 교육과정 이행에 대한 교사의 관심과 수준 및 형태를 진단하고, 그 결과에 따라 지원책을 개발하여 변화를 촉진하는 데 목적을 둠

(2) 관심확인채택 모형(Hall & Hord)

① 관심단계 : 교사들이 교육과정을 이행하면서 가지는 느낌에 초점을 둠

관심별 단계		관심수준의 표현정도
자신에 대한 관심	[1단계] 지각적 관심	새로운 교육과정에 대해 관심이 없거나 관여하지 않음
	[2단계] 정보적 관심	• 새로운 교육과정에 대해 대체적인 것을 알고 있고, 좀 더 알고 싶어함 • 새 교육과정의 특징, 효과, 실천을 위해 반드시 해야 할 사항 등을 알고 싶어함
	[3단계] 개인적 관심	• 새로운 교육과정을 실행하는 것이 자신의 주변에 어떤 영향을 끼치는지 알고 싶어함 • 새로운 교육과정 실행에 있어 자신의 역할, 필요한 의사결정, 기존 조직에 야기할 갈등, 재정적 소요 등을 알고 싶어함
업무에 대한 관심	[4단계] 운영적 관심	• 새로운 교육과정의 운영과 관리에 관심이 있으며, 정보와 자원의 활용에 관심이 높음 • 효율성, 조직화, 관리방안, 시간계획, 이를 구현하기 위한 교재를 준비하는 데 관심이 있음
결과에 대한 관심	[5단계] 결과적 관심	• 새로운 교육과정을 실행하는 것이 학생들에게 어떤 영향을 끼치는지에 관심이 있음 • 새로운 교육과정의 학생에 대한 적절성, 학생들의 성취에 대한 평가, 학생의 성취를 향상시키기 위한 방안 등에 관심이 있음
	[6단계] 협동적 관심	새로운 교육과정을 실행하는 데 있어 다른 교사들과 협동하고 조정하는 데 관심이 있음
	[7단계] 강화적 관심	새로운 교육과정을 수정하고 보완하여 더욱 좋은 결과를 가져올 방법에 대해 관심이 있음

② 이행수준 : 새 교육과정을 이행하는 동안 교사가 실제로 하는 행동을 나타내는 데 사용됨

	실행 수준	주요 특징
비실행 수준	[0단계] 비운영	새 교육과정에 대해 거의 혹은 전혀 알지 못하고 실행도 하지 않음
	[1단계] 오리엔테이션	• 새 교육과정에 대해 알고 있거나 정보를 얻고 있음 • 새 교육과정이 지향하는 바와 실행에 필요한 조건들을 탐색하고 있음
	[2단계] 준비	새 교육과정의 실행을 위한 준비를 하고 있음
실행 수준	[3단계] 기계적 운영	새 교육과정을 단기적으로 운영함, 대체로 체계적이지 못하고 피상적
	[4a단계] 일상화	새 교육과정을 처방된 대로 실행함
	[4b단계] 정교화	새 교육과정이 학생에게 미치는 장단기적 효과를 높이기 위해 학생에게 적합한 형태로 교육과정을 변형시켜 실행함
	[5단계] 통합화	학생에게 미치는 효과를 극대화하기 위하여 교육과정 실행 과정에서 동료 교사들과 협동함
	[6단계] 갱신	교육과정을 재평가하고, 학생에게 미치는 효과를 강화하기 위해 미비점을 보완하고, 근본적인 개정 방향을 탐색함

③ 이행형태 : 교육과정의 이행이 교육과정 개발의 의도와 어느 정도 일치하는가를 알아보기 위하여 이행형태를 조사 → 구성요소(차원) : 자료(교재, 보충자료, 교사 제작 자료, 다른 자료들), 수업에 할애하는 시간(매일, 주별), 학생 집단(차원: 소집단, 개별적으로, 대집단)

교 육 학 논 술   K T X

Chapter 11

교육평가

THEME 135 교육평가관
THEME 136 타일러(Tyler)의 목표중심적 접근
THEME 137 스터플빔(Stufflebeam)의 경영적 접근
THEME 138 스크리븐(Scriven)의 탈목표평가
THEME 139 아이즈너의 교육적 감식안과 교육비평
THEME 140 교육평가의 유형 ① - 평가기준에 따른 분류
THEME 141 교육평가의 유형 ② - 평가기능에 따른 분류
THEME 142 수행평가
THEME 143 평가도구의 조건

THEME 135 교육평가관

(1) 교육관

① 선발적 교육관 : 인간의 능력은 타고나는 것, 소수의 우수자 변별에 평가의 목적이 있음(상대평가)
② 발달적 교육관 : 적절한 교수-학습방법만 제공한다면 누구나 교육목표에 도달할 수 있음, 개별학생에 맞는 학습방법의 제공을 위한 진단 및 수업목표 달성도 판단에 평가의 목적을 둠(목표지향평가)
③ 인본주의적 교육관 : 교육은 자아실현의 과정, 자아실현의 가능성 개발에 평가의 목표를 둠
④ 세 교육관의 비교

구 분	선발적 교육관	발달적 교육관	인본주의적 교육관
관련된 '검사관'	'측정관'과 밀접	'평가관'과 밀접	'총평관'과 밀접
교육에 대한 1차 책임	학습자	교사	학습자 및 교사
강조되는 평가대상	학습자의 개별특성	교육방법	전인적 특성
연관된 평가유형	규준지향평가 (상대평가)	목표지향평가 (절대평가)	목표지향평가 (절대평가 – 평가무용론)

(2) 교육평가관

구 분	측정관	평가관	총평관
환경관	• 환경의 불변성 신념 • 환경변인을 무시 및 통제 • 환경을 오차요인으로 간주	• 환경의 변화성 신념 • 환경요인을 이용 • 환경을 행동변화의 자원으로 간주	• 환경의 변화성 신념 • 환경-개인의 역동성 이용 • 환경을 행동변화를 강요하는 압력으로 간주
인간행동 특성을 보는 시각	• 항구적이고 불변적인 것 • 개인의 정적 특성	• 안정성이 없고 가변적인 것 • 개인의 변화하는 특성	• 환경과의 상호작용에 의한 가변적인 것 • 환경과 개인의 역동적 관계에서 변화하는 특성
검사의 강조점	• 규준집단에 비추어 본 개인의 양적 기술 • 객관도와 신뢰도 중시	• 교육목적에 비추어 본 양적 및 질적 기술 • 내용타당도 중시	• 전인적인 기능 혹은 전체 적합도에 비추어 본질적 기술 • 구인타당도 중시
기본적 증거수집 방법	• 간접증거 • 필답고사(표준화검사) • 객관적 방법(양적)	• 적절한 증거를 얻을 수 있는 모든 방법 • 주관적, 객관적 방법 (양적, 질적)	• 적절한 증거를 얻을 수 있는 모든 방법 • 주관적 방법(질적)
검사결과 이용	• 예언, 분류, 자격부여, 실험 • 진단에는 관심 없음	• 예언, 자격부여, 프로그램 효과 판정 • 교육목표 달성도의 진단	• 예언, 자격부여, 분류, 실험, 선발 • 준거나 상황이나 역할에 비추어 본 진단

THEME 136 타일러(Tyler)의 목표중심적 접근

(1) 기본입장
① 미리 설정하여 놓은 목표를 평가의 기준으로 삼아 그 목표가 실현된 정도를 판단하는 데 초점
② 타일러는 최초로 교육평가라는 용어를 사용 → 교육평가란 '설정된 교육목표에 따라 적합한 교육내용이 교수되고, 이러한 교육과정을 통해 실제로 교육목표가 실현된 정도를 가늠하는 과정'
③ 목표중심적 접근에서의 교육목표는 실제로 실현된 정도가 파악될 수 있어야 함(내용+행동)

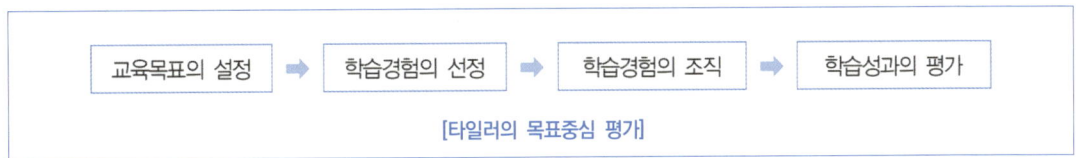

[타일러의 목표중심 평가]

(2) 평가의 기능
① 교육평가는 교육목표의 선정과 세분화에 이바지
② 교육평가는 학습경험의 선정 및 조직에 기여
③ 교육평가는 교수-학습과정에 공헌

(3) 목표중심적 접근의 장·단점

1) 장점
① 교육목표, 교육내용, 교육평가간의 논리적인 일관성을 유지
② 명확한 평가기준에 근거하여 평가를 실시
③ 평가를 통해 목표의 실현정도를 파악
④ 특히 인지적 영역에 있어서 그 활용도가 큼

2) 단점
① 행동 용어로 진술하기 어려운 교육목표에 대한 평가 곤란
② 목표로 설정되지 않은 교육의 부수적인 결과에 대해서는 평가가 이루어지지 않음
③ 지나치게 결과에 대한 평가만을 강조하는 경향

THEME 137 스터플빔(Stufflebeam)의 경영적 접근

(1) 기본입장
① 교육평가의 목적 : 교육적 의사결정자의 의사결정을 돕는 것
② 평가 : 의사결정에 필요하고 유용한 정보를 기술하고 수집하여, 잘 정리된 상태로 의사결정자에게 제공하는 것

(2) CIPP 모형 (의사결정 유형 – 평가의 유형)

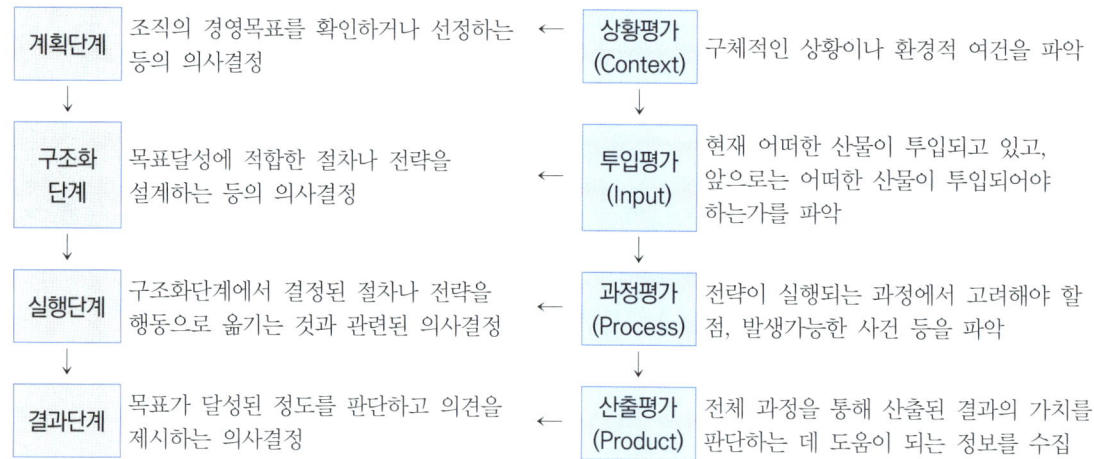

(3) 특징 – 목표중심평가와의 비교

구분	목표중심평가	경영중심평가
평가실행	목표가 실현된 정도 파악에 초점	목표설정에서부터 설계, 실행, 결과에 이르기까지 전체 과정의 각 단계에 적절한 평가 수행
평가자의 임무	교육의 효과에 대해 신뢰할 만한 증거 제공	의사 결정자에게 도움을 주는 것으로까지 확대
공통점	투입과 산출을 기준으로 목표와 결과 간에 논리적 일관성 유지	

(4) 경영적 접근의 장·단점

1) 장점
① 평가는 프로그램 관리에 필요한 정보를 제공해 줄 수 있음
② 교육프로그램의 모든 요인들을 평가의 대상으로 부각시켜 주었고, 평가의 유형을 구분하여 평가의 초점을 명료화함
③ 교육 프로그램이 완결되기 이전에 감독하는 역할을 수행함으로써, 실패와 오류를 최소화할 수가 있게 됨

2) 단점
① 정보를 수집 분석하여 결정권자에게 제공하는 것으로 평가의 기능을 한정함으로써 평가의 역할을 축소
② 자칫 중요한 평가의 측면이 의사결정권자의 관심사가 아니어서 제외되는 경우가 생길 수 있음

THEME 138 스크리븐(Scriven)의 탈목표평가

(1) 개요
① 목표를 전혀 인식하지 않은 상태에서 프로그램의 효과를 포괄적으로 검토하려는 접근
② 교육의 과정에서 발생하는 부수적인 결과의 가치까지도 판단해야 함을 주장(잠재적 교육과정 중시)
③ 프로그램의 가치와 장점을 프로그램이 목표를 달성한 정도를 기준으로 하여 판단하는 것이 아니라 표적집단의 요구를 어느 정도 충족시키는가를 기준으로 하여 판단함 → 요구기준평가
④ 어떤 기준에 근거하여 판단을 내리느냐를 결정하는 것이 평가의 타당성을 확보하는 가장 중요한 과제 → 전문가로서의 평가자의 역할 강조

(2) 특징(전문가로서의 평가자의 역할)
1) 내재적 준거와 외재적 준거 구별: 기존의 내재적 준거 위주에서 탈피하여 외재적 준거에도 관심을 기울여야 함
  ① 내재적 준거 : 평가도구와 방법의 신뢰도와 객관도, 평가도구의 제작, 문항의 작성, 통계처리 등
  ② 외재적 준거 : 평가 자체의 효과, 평가에 의한 변화, 평가의 부작용과 역작용, 부작용에 대한 대안 등

2) 형성평가와 총합평가 구분: 개발이나 진행 중에 있는 수업의 개선을 위해 형성적으로 실시하는 평가와 이미 마무리되었거나 완성된 수업의 가치를 총합적으로 판단하려는 평가가 구별되어야 함

3) 목표의 질에 관한 평가개념을 제안: 평가자는 목표 성취 정도뿐만 아니라 목표 자체의 가치에도 관심을 기울여야 함

4) 비교평가와 비비교평가를 구별: 교육평가자는 여러 교육프로그램, 교육목표 등의 대안들 중 어느 것이 보다 우수하며, 어떤 장점이 있는지, 그 효과는 무엇인지를 비교해서 제시해 줌으로써 의사결정에 도움을 주어야 함

5) 탈목표평가와 목표기준평가의 차이를 제안
  ① 사전에 목표에 대한 지식과 정보를 가지고 프로그램의 효과나 가치를 평가하게 되면, 의식적이든 무의식적이든 모든 평가의 결과를 그 목표에 근거해서 판단하게 됨
  ② 이에 대해 목표에 대한 정보 없이 여러 가지 정보와 증거만을 수집해서 그 프로그램의 목표가 무엇이고 제대로 성취되어가고 있는지, 그 가치는 무엇인가를 판단하는 평가를 제안함

(3) 의의 및 한계
① 탈목표평가는 목표에 대한 정보가 전혀 없는 상황에서도 평가를 수행할 수 있다는 것을 입증했고, 프로그램의 모든 효과를 포괄적인 입장에서 검토할 필요성을 역설했으며, 목표기준평가를 실시할 때도 목표 자체의 가치를 판단할 필요성을 강조함으로써 평가의 이론과 실제에 큰 영향을 미침
② 이 모형의 영향을 받아 평가자들은 프로그램의 부수효과를 탐색하는 데도 관심을 기울이게 되었음
③ 그러나 평가자의 전문성이 전제되지 않는 한 평가결과를 신뢰하기 어렵다는 한계를 가짐

THEME 139 아이즈너(Eisner)의 교육적 감식안과 교육비평

(1) 개요
① 평가자의 주관적인 전문성에 입각해서 프로그램, 조직, 성과, 활동을 판단하고자 하는 접근
② 아이즈너는 공학적 접근(목표중심평가나 경영적 평가)은 교육평가에서 직관, 감상, 유추와 같은 예술적 기교가 개입될 여지를 말살함으로써 교육평가를 교육을 측정·진단·통제하기 위한 수단으로 전락시켰다고 주장

(2) 교육적 감식안과 교육비평

1) 교육적 감식안 : 학생들의 성취 형태를 평가하는 일을 오랫동안 주의 깊게 경험한 사람이 학생들의 성취 형태들 사이의 미묘한 차이를 감지할 수 있게 되는 것

① 의도적 차원 : 학교나 학급에서 달성하고자 하는 목표와 관련된 차원
② 구조적 차원 : 학교가 조직되는 방식과 관련된 차원 - 가르칠 내용을 조절하는 방식, 수업시간을 조직하는 방식, 학교의 주요 구성원인 학생과 교직원을 조직하는 방식 등
③ 교육과정 차원 : 학교에서 가르쳐지고 있는 교육과정의 내용과 목표가 질적으로 얼마나 우수한지에 초점
④ 수업 차원 : 교육과정을 학생들에게 전달하기 위하여 교사가 사용하는 모든 활동
⑤ 평가 차원 : 학생들이 치루는 시험문제의 질에 초점 - 시험문제가 제대로 제작되었는지, 내용타당도를 충분히 확보하고 있는지, 수업시간에 가르친 것을 제대로 반영하고 있는지 등

2) 교육비평 : 감식가가 자신이 느끼는 미묘한 질의 차이를 일반인들, 예컨대 학생들과 학부모들도 볼 수 있도록 '언어로 표현'하는 것

① 기술(묘사) : 교육평가가 학교나 교실에 대하여 말하고자 하는 것을 독자들도 그대로 볼 수 있도록 도와주는 것
② 해석 : 설명하는 일, 어떤 현상이나 경험으로부터 의미를 이끌어내고자 하는 것
   cf 기술 : 묘사하는 일, 어떤 현상이나 경험을 생생하게 그려내고자 하는 것
③ 평가 : 기술(묘사)하고 해석한 것의 교육적 중요성을 따져보는 것
④ 주제화 : 현재 비평의 대상으로 삼고 있는 것으로부터 주된 아이디어나 결론을 이끌어내는 것

(3) 의의 및 한계

1) 의의
① 이 모형은 평가의 새로운 조망을 제공하며, 평가과정에서 전문가의 자질과 통찰력을 충분히 활용함
② 또한 단순히 학업 성취결과를 판정하거나 목표에 비추어 평가하기보다는 거기에 내재된 다양한 의미를 탐구하고 분석하며, 외현적으로 표출되지 않은 의미들을 끌어내고 해석하고자 함

2) 한계
① 평가활동을 어떻게 수행해야 하는가에 대한 구체적인 지침을 제공하지 못함
② 평가의 주관성, 편견과 부정이 개입될 개연성 등이 문제가 될 수 있고, 평가과정이 전문가의 자질에 전적으로 좌우되므로 엘리트주의에 빠질 소지가 있음

THEME 140 교육평가의 유형 ① – 평가기준에 따른 분류

(1) 규준지향평가(상대평가)

① 개념 : 한 학생이 받은 점수가 다른 학생들이 받은 점수에 의해 상대적으로 결정되는 평가방식
② 특징 : 개인차 인정, 선발적 교육관에 기초, 우수자 선발, 평가도구의 신뢰도에 관심, 정상분포를 기대
③ 장·단점

장점	단점
• 개인차 변별 가능 • 교사의 편견 배제 • 경쟁을 통한 외발적 동기유발이 가능 • 특정 학교, 학급 내에서의 객관적인 평가가 가능 • 정상분포를 전제하고 있어 통계적으로 건전	• 타 집단 간의 비교가 불가능 • 참다운 학력의 평가가 불가능 • 학생들 간의 지나친 경쟁의식 조장할 염려 • 학습목표달성의 실패원인을 밝혀내기 어려움 • 항상 일정한 비율의 실패자가 나오게 됨 • 상대적 정보만 주므로 개인의 학습결손을 확인하고, 교정·보충학습을 실시할 수 없음

(2) 준거지향평가(목표지향평가, 절대평가)

① 개념 : 학생들이 성취해야 할 교육목표에의 도달 여부와 그 정도를 확인하고자 하는 평가
② 특징 : 발달적 교육관에 근거, 교육목표에 도달할 수 있도록 도와주는 데 관심, 평가도구의 타당도에 관심, 부적분포에 기대
③ 장·단점

장점	단점
• 목표달성도에 대한 정보 제공 • 평가와 교수-학습과정의 연결 • 완전학습의 기능 • 건전한 학습분위기 조성 • 긍정적 자아개념 형성	• 합의된 평가기준을 설정하기가 어려움 • 개인차를 변별할 수 없음 • 경쟁을 통한 외발적 동기가 어려움 • 정상분포를 부정하므로 절대평가의 점수를 통계적으로 활용할 수 없음

(3) 능력지향평가

① 개념 : 학생이 지니고 있는 능력에 비추어 얼마나 최선을 다하였느냐에 초점을 두는 평가방법
② 특징 : 각 학생의 능력과 노력에 의하여 평가됨
　예 우수한 능력을 지녔음에도 불구하고 최선을 다하지 않은 학생과 능력이 낮더라도 최선을 다한 학생이 있을 때 후자의 성취수준이 낮더라도 더 좋은 평가결과를 얻을 수 있음
③ 개인의 능력 정도와 수행 결과를 비교하는 평가에서 고려되는 질문 - 오스터호프(Oosterhof)
　㉠ 이것이 그 학생이 지니고 있는 능력을 최대한 발휘한 것인가
　㉡ 충분한 시간이 부여되었을 때 더 잘할 수 있었는가
④ 장·단점
　㉠ 개인을 위주로 각자의 고유한 기준을 참조함으로써 학생 개개인에게 보다 의미 있는 개별화 평가가 가능함
　㉡ 또한, 능력을 얼마나 발휘하였느냐에 관심을 두는 능력지향평가는 표준화 적성검사에서도 사용될 수 있음

ⓒ 그러나 적성검사 점수의 경우 이는 다른 변인들과 합성되어 있으므로 해석하기가 곤란한 경우가 있으며, 학생이 지니고 있는 능력에 대한 정확한 정보가 없을 경우 능력지향평가의 어려움이 있음
　　ⓓ 능력지향평가는 특정 기능과 관련된 능력의 정확한 측정치에 의존하게 되므로 해당 능력에 제한하여 학습자의 수행을 해석하게 되는 한계도 지님

(4) 성장지향평가

① 개념 : 최종 성취수준에 대한 관심보다는 초기 능력수준에 비추어 얼마만큼 능력의 향상을 보였느냐를 강조하는 평가 → 사전 능력수준과 관찰시점에 측정된 능력수준 간의 차이에 관심
② 특징 : 학업 증진의 기회 부여와 평가의 개별화를 강조함
③ 성장지향평가 결과가 타당하기 위한 세 가지 조건 - 오스터호프(Oosterhof)
　　㉠ 사전에 측정한 점수가 신뢰로워야 함
　　㉡ 현재 측정한 측정치가 신뢰로워야 함
　　㉢ 사전 측정치와 현재의 측정치의 '상관이 낮아야' 함
④ 장·단점
　　㉠ 능력지향평가나 성장지향평가가 대학진학이나 자격증 취득을 위한 행정적 기능이 강조되는 고부담검사와 같은 평가환경에서는 평가결과에 대한 공정성 문제가 제기될 수 있음
　　㉡ 그러나 평가의 교수적 기능이나 상담적 기능이 강조되는 평가환경이라면 이 두 평가방법이 보다 교육적이므로 교육의 선진화에 이바지할 수 있음
　　㉢ 그러므로 개별화학습을 촉진시킬 수 있는 성장지향평가는 초등교육이나 유아교육에 적극적으로 적용할 필요가 있으며, 상대비교에 치중하지 않는 평가라면 성장지향평가를 실시하는 것도 바람직

(5) 노력지향평가

① 개념 : 학생이 기울인 노력의 정도를 기준으로 성적을 주는 평가방식
② 장·단점
　　㉠ 점수에 관계없이 열심히 노력한 학생이 높은 성적을 받게 됨
　　㉡ 그런데 노력지향평가로 부여한 성적은 노력의 정도만 나타낼 뿐 성취도를 나타내지 못하므로 성적의 의미를 왜곡시킬 소지가 있음
　　㉢ 따라서 노력을 기준으로 성적을 줄 때는 그 의미를 분명히 해야 하며 성취수준과 노력에 대해 별도로 성적을 주는 것이 합리적

THEME 141 교육평가의 유형 ② - 평가기능에 따른 분류

(1) 진단평가
① 개념 : 학습자에게 교수·학습을 투입하기 전에 학습자의 특성을 파악하기 위한 평가
② 목적 : 학습의 극대화, 적절한 수업전략 투입
③ 평가요소 : 지적 출발행동, 정의적 출발행동(학습동기, 흥미, 성격, 태도 등), 학습외적 요인(가정환경, 친구관계 등)
④ 실시 시기별 진단평가의 기능
　㉠ 수업시작 전 : 출발점행동의 진단과 정치(定置)
　　ⓐ 학습결손의 보충 : 학습하는 데 필요한 선수학습요소 파악, 보충학습을 통해 학습결손 방지
　　ⓑ 정치 : 선수학습정도, 학습결손 유무, 제반 특성(지능, 적성, 흥미, 동기 등)을 파악하여 개별화 수업 극대화
　㉡ 수업과정 중 : 학습결손의 학습 외적 요인의 진단
　　cf 형성평가와의 차이 : 수업과정 중 실시하는 진단평가는 학습결손의 수업 외적인 원인을 찾아 이를 교정하기 위해 실시하는 반면, 형성평가는 교과내용과 직접적으로 관련된 수업 내적 행동을 평가하여 이를 보충·심화하기 위해 실시

(2) 형성평가
① 개념 : 교수·학습이 진행되고 있는 도중에 학생에게 송환효과를 주고 교육과정 및 수업방법을 개선시키기 위한 평가
② 특징 : 학습정보의 피드백과 교정, 교수·학습과정 중 실시하는 평가, 형성평가는 교사가 제작하는 것, 목표지향 평가
③ 기능 : 학습보조의 개별화, 피드백의 효과, 학습곤란의 진단, 학습동기의 촉진, 교수전략에의 활용
④ 형성평가시 유의사항
　㉠ 평가를 실시하는 것 자체만으로 피드백 효과가 생기는 것이 아님(교정이라는 후속조치 필요)
　㉡ 시험만이 아니라, 구두질문, 미소, 고개의 끄덕임, 칭찬, 눈빛 등도 같은 역할을 할 수 있음
　㉢ 학습을 제대로 성취시키기 위해 실시되는 평가이므로, 학습단원 중 중요한 학습요소를 모두 포함시켜야 함
　㉣ 형성평가가 학생에게 피드백의 효과를 주기 위해서는 평가결과가 최종 평가에 영향을 미치지 않아야 함
　㉤ 학습초기에 과하는 형성평가는 후기에 과하는 형성평가보다 중요(초기에 학습과제를 실패하면 그 결손이 계속 누적됨)

(3) 총괄평가(총합평가)
① 개념 : 교수·학습의 효과와 관련해서 학습이 끝난 다음에 교육목표의 달성 여부를 종합적으로 판정하는 평가
② 특징 : 교수·학습이 끝난 뒤에 의사결정을 위한 평가, 교사보다는 평가전문가에 의해서 제작됨 검사도구 사용, 준거참조검사와 규준참조검사를 혼용
③ 기능 : 학업성적의 판정, 장래성적의 예측, 집단 간의 성적 비교, 자격의 인정, 교수방법에의 활용

THEME 142 수행평가

(1) 개요

1) 개념
① 학습자가 해당 영역의 학습에 의해 습득한 기술이나 기능을 발휘하고 실연하는 과정을 통해 밖으로 드러난 학습자의 기술과 기능을 직접적으로 평가하는 방법
② 수행평가의 유사용어 : 대안적 평가, 실제상황평가, 직접적 평가, 포트폴리오 평가

2) 특징
① 선택된 답지에 반응하는 것이 아니라 개방형의 과제에 대해 학생들이 반응을 구성하거나 활동을 수행함
② 학생에게 문제를 제기하고 해결하며 분석하고 연구하는 등의 다양한 활동을 허용하며, 학생의 활동은 복합적인 기술을 포함함
③ 학생이 풍부한 반응을 구성하고 산출 할 수 있도록 충분한 시간을 필요로 함
④ 학생 개인뿐 아니라 집단의 활동에 의해 수행하도록 설계되기도 함
⑤ 학생 수행에 대한 평가자의 판단에 의해 점수화되기 때문에 점수 부여기준과 채점자 훈련이 중요함
⑥ 학생들의 고등정신 능력을 함양할 수 있는 장점이 있으나, 평가도구 개발, 채점, 소요시간, 비용 등 시행상의 어려움이 적지 않음

3) 방법 : 서술형 및 논술형 검사, 구술시험, 토론법, 실기시험, 실험・실습법, 면접법, 관찰법, 자기평가 및 동료평가, 연구보고서법, 개념지도 작성법, 포트폴리오법, 수월성 평가와 루브릭 등

(2) 수행평가의 방법

1) 서술형 및 논술형 검사
① 개념 : 학생으로 하여금 출제자가 제시한 답을 '선택'하도록 하는 것이 아니라, 학생이 답이라고 생각하는 지식이나 의견 등을 직접 '서술'하도록 하는 평가방식
② 특징 : 학생의 창의성, 문제 해결력, 비판력, 판단력, 통합력, 정보 수집력 및 분석력 등 고등 사고 기능을 쉽게 평가할 수 있음
③ 제작 시 유의사항
  ㉠ 가능한 한 학생이 자신의 생각이나 의견을 드러낼 수 있도록 작성해야 함
  ㉡ 구체적인 교육목적을 평가할 수 있도록 평가 문항을 구조화시키고 제한성을 갖도록 출제해야 함
  ㉢ 출제하는 과정에서 사전에 모범답안을 작성한 후 채점 기준표를 작성 해야 함
  ㉣ 선발을 위한 시험에서는 여러 문항 중 일부만 선택하여 응답하게 하는 일이 없도록 해야 함
  ㉤ 가능한 한 2명 이상의 채점자가 채점하는 것이 바람직(채점자의 주관성이 개입 가능성 때문)
  ㉥ 문항에 대해 출제자가 작성한 모범답안 및 채점기준, 그리고 학생들이 제출한 답안지와 그 답안에 대한 교사의 채점 사례 등을 모두 공개하는 것이 바람직

2) 자기평가 보고서법
① 개념 : 개별 학생 스스로가 특정 주제나 교수-학습영역에 대하여 자기 스스로 학습과정이나 학습결과에 대한 자세한 평가보고서를 작성・제출하도록 한 다음, 그것을 이용하여 교사가 평가하는 것

② 실행방안
  ㉠ 교사의 채점 기준과 동일한 채점 기준을 적용시켜 학생들로 하여금 스스로의 학습을 평가하게 함
  ㉡ 학생들로 하여금 학습일지를 작성하게 함 → 학습의 결과나 성과물보다는 학습 과정 그 자체에 대해 성찰하고, 자신의 수행에 대한 정확성과 적절성에 대해 판단하게 함
  ㉢ 총합평가보다는 형성평가의 목적을 위해 사용하는 것이 바람직

3) 동료평가 보고서법
① 개념 : 동료 학생들이 상대방을 서로 평가하도록 하여 동료평가 보고서를 작성·제출하도록 한 다음, 그것을 이용하여 교사가 평가하는 것
② 실행방안
  ㉠ 최고점과 최하점을 뺀 점수를 평균한 것과 교사 자신이 직접 평가한 점수를 적정 비율로 하여 학생의 최종 성적으로 사용한다면 교사의 주관성을 배제할 수 있을 뿐만 아니라, 성적처리 방식에 대해서도 학생들이 매우 공정하다고 인식할 것
  ㉡ 학생들이 상호 경쟁적인 입장에서 서로를 평가하는 것이 아니라, 서로 부족한 부분을 채워주고 잘된 것을 더욱 촉진시키는 상호 협력적인 관계 속에서 평가가 이루어져야 함

4) 포트폴리오법
① 개념 : 하나 이상의 분야에서 학습자의 관심, 능력, 진도, 성취, 성장 등의 증거를 보여 주는 학생들의 작품을 의도적으로 모아 둔 작품집 혹은 모음집
② 구성요소 : 작업 표본, 자기 평가, 관찰기록
③ 특징 : 개별화된 수업 목적에 쉽게 적응, 학생의 작업을 대표하는 산출물을 평가, 학생의 취약점보다는 강점을 확인, 평가과정에 학생을 적극 개입시킴, 성취에 관해 다른 사람들과 의사소통할 수 있도록 격려
④ 포트폴리오의 장점
  ㉠ 학생들은 포트폴리오를 제작함으로써 학습활동에 참여할 수 있고, 학습에 대하여 책임감을 갖게 됨
  ㉡ 학생으로 하여금 평가과정에 적극 참여하도록 하고, 그 결과를 통하여 자신의 학습행동의 장점과 약점을 파악할 수 있도록 함
  ㉢ 학생 개개인의 학습방법을 개발하도록 함으로써 학습의 개별화에 기여할 수 있음
⑤ 포트폴리오의 단점
  ㉠ 학생들이 과제를 선정하고, 수행하고, 평가하는 데 많은 시간이 소요됨
  ㉡ 많은 숫자의 포트폴리오를 전시하고 저장하는 일은 어려운 일
  ㉢ 포트폴리오에 대한 평가의 일치도가 낮으며, 실제 포트폴리오 평가의 신뢰도에 관해서는 별로 알려진 점이 없음

(3) 수행평가의 장·단점

장점	단점
• 인지, 정의, 심동적 특성을 모두 평가(총체적 접근) • 다양한 사고 능력 함양 • 검사결과뿐 아니라 문제해결과정도 분석 • 학습동기와 흥미 유발(어떠한 답도 수용될 수 있음) • 검사불안이 적은 편	• 수행평가도구 개발의 어려움 → 평가도구가 잘 제작되지 않을 경우 타당도와 신뢰도에 문제가 생길 수 있음 • 채점기준 설정이 용이하지 않음 • 채점자 내 신뢰도와 채점자 간 신뢰도 확보의 어려움 • 많은 시간과 비용이 소요됨 • 점수결과 활용의 어려움

THEME 143 평가도구의 조건

(1) 타당도

1) 개념 : 그 검사가 무엇을 측정하는가와 그 검사를 사용하여 측정하고자 하는 속성을 얼마만큼 '제대로', '충실히' 측정하고 있는가의 정도

2) 내용타당도
① 개념 : 실제 측정하고 있는 문항과 이러한 문항 제작의 근거가 되는 내용을 판단하여 이 둘이 어느 정도 서로 합치하느냐의 정도
② 출제자의 '안목과 지식'에 의해 확보되어야 하는 타당도
③ 기본 관심 : 문항의 대표성(문항들이 문항전집을 제대로 대표하고 있는가) + 문항의 적절성(하나하나의 문항이 필수적인 목표 혹은 내용과 부합되는가)
④ 주의점 : 문항이 특정 내용에 편중되지 않도록 해야 함, 측정 영역이나 구인을 명확하게 정의해야 함
⑤ 확보방안 : 목표와 합치되도록 문항을 작성하고 이원분류표를 활용함

3) 준거타당도
① 예언타당도 : 주어진 측정의 결과가 장래 어떤 특성이나 행동을 얼마나 잘 예언할 수 있느냐의 정도를 실증적 자료를 가지고 통계적으로 밝히는 방법 예 지능검사가 학업성적을 예언하는 정도
② 공인타당도 : 새로 실시한 검사와 이미 공인된 검사 사이의 유사도, 즉 상관관계를 구하여 타당도를 측정하는 방법 예 토플검사와 새로 개발한 유학영어검사점수 간의 상관계수

4) 구인타당도
① 개념 : 조작적으로 정의되지 않은 인간의 심리적 특성이나 성질을 심리적 구인으로 분석하여 조작적 정의를 부여한 후, 검사점수가 조작적 정의에서 규명한 심리적 구인들을 제대로 측정하 였는가를 검정하는 방법
② 구인타당도를 검토하는 방법
  ㉠ 요인분석 : 복잡하고 정의되지 않은 많은 변수들 간의 상호관계를 분석하여, 상관이 높은 변수들을 모아 요인으로 규명하고 그 요인의 의미를 부여하는 통계적 방법
  ㉡ 상관계수법 : 각 구인들에 의하여 얻어진 점수와 심리특성을 측정하는 총점과의 상관계수에 의하여 타당도를 검증하는 방법

5) 결과타당도 - 검사결과에 기초한 근거
① 개념 : 검사결과가 검사의 목적과 얼마나 부합하는가, 즉 의도한 결과를 얼마나 달성하였으며 의도하지 않은 어떤 결과가 나타났는지에 대한 검증(검사결과에 대한 가치판단)
  → 평가결과의 평가목적과의 부합성, 평가결과를 이용할 때의 목적도달, 평가결과가 사회에 주는 영향, 평가결과를 이용할 때 사회의 변화들
② 검사결과에 기초한 근거의 분석을 위한 질문 - 린(Linn)과 그론룬드(Gronlund)
  ㉠ 검사가 측정하고자 하는 것이 원래 의도한 것인가
  ㉡ 학생이 평가를 준비하기 위하여 더 열심히 공부한다고 믿는 이유가 있는가
  ㉢ 평가가 인위적으로 학생들의 공부를 제한하지 않는가
  ㉣ 평가가 학생들의 창의적 표현이나 탐구정신을 격려 혹은 좌절시키는가

(2) 신뢰도

① 개념 : 한 검사가 동일 대상자에 대하여 반복 실시되었을 때 또는 동형의 검사를 동일 대상자에게 실시하였을 때 그 점수들이 일관성 있게 나오는 정도 → '얼마나 정확하게', '얼마나 오차 없이' 측정하고 있느냐
   cf 타당도 : 측정하고자 의도하는 것을 어느 정도 '충실하게' 측정하고 있느냐

② 타당도와 신뢰도의 관계
   ⊙ 타당도는 없으나 적어도 신뢰도만은 높게 나올 수 있음
   ⓒ 신뢰도는 없어도 타당도만 있는 경우는 없음
   ⓒ 한 검사가 측정하는 전체 영역에서 많든 적든 오차가 차지하는 영역이 있음
   ② 신뢰도는 타당도의 '필요조건' : 신뢰도↓ → 타당도↓, 신뢰도↑ → 타당도↑ or ↓

③ 신뢰도의 종류
   ⊙ 검사-재검사 신뢰도 : 동일한 집단에게 동일한 검사를 일정 간격을 두고 실시하여 두 점수 간의 일관성 정도를 추정하는 방법 → 문제점 : 기억효과, 망각이나 새로운 학습 등
   ⓒ 동형검사 신뢰도 : 동일한 집단에게 검사의 특성이 거의 같은 두 개의 검사를 실시하여 두 점수들 간의 상관계수를 계산하는 방법 → 문제점 : 동형검사를 두 가지 만들고 두 번 실행하는 데 어려움이 있음
   ⓒ 반분신뢰도 : 실시한 하나의 검사를 두 부분으로 나누어 각 부분의 측정결과 간의 유사도를 구하는 방법 → 문제점 : 검사를 반으로 나누는 방법의 수만큼 많은 신뢰도계수가 나옴
   ② 문항 내적 일관성 신뢰도 : 문항 하나하나를 독립적으로 보고 문항들이 일관되게 동일한 능력을 측정하고 있는 정도를 수치화하는 방법

④ 신뢰도에 영향을 주는 요인
   ⊙ 검사에 관련된 요인 : 문항 수가 많을수록 신뢰도↑, 동일한 내용으로 측정할수록 신뢰도↑, 문항의 변별도가 높을 때 신뢰도↑, 적절한 문항의 난이도일 때 신뢰도↑, 가능점수의 범위가 클수록 신뢰도↑ (진위형보다 4지 선다형)
   ⓒ 치르는 집단에 관련된 요인 : 집단의 동질성(재고자 하는 능력에서 동일할수록 신뢰도↓), 검사요령의 차이(검사요령에 익숙해지면 신뢰도↓), 동기유발의 차이(관심을 갖지 않고 검사를 치르면 신뢰도↓)
   ⓒ 시험조건과 관련된 요인 : 시간제한이 있을수록 신뢰도↑, 부정행위는 신뢰도↓

(3) 객관도

① 개념 : 평정자의 주관적인 편견을 얼마나 배제하였느냐의 문제
   ⊙ 평정자 내 신뢰도 : 동일한 평정자가 같은 대상을 여러 번 평정했을 때 점수들이 어느 정도 일치하는가
   ⓒ 평정자 간 신뢰도 : 여러 평정자가 부여한 점수들의 일치도
   ⓒ 채점자 내 신뢰도인 개인의 일관성이 전제되지 않는다면, 채점자 개인의 채점 기준이 변화됨 → 채점자 내 신뢰도는 채점자 간 신뢰도 추정의 기본 전제조건

② 객관도의 종류
   ⊙ 상관계수법 : 채점결과가 점수로 부여될 때, 각기 다른 채점자가 동일한 집단의 피험자에게 얼마나 유사하게 점수를 부여하였나를 분석하는 것
   ⓒ 일반화가능도 : 오차요인들(검사상황, 검사형태, 분위기, 일시적 감정 등)을 분석하여 측정결과에 반영
   ⓒ 일치도 통계 : 어떤 범주로 분류할 때 채점자 간의 분류일치도를 추정하는 방법
   ② Kappa 계수 : 평가자 혹은 관찰자에 의해서 관찰·평가된 결과가 우연히 일치되는 확률을 제거하는 방법

③ 객관도의 고려사항
   ⊙ 평가도구를 객관화시켜야 함
   ⓒ 검사자의 평가에 대한 소양을 높여야 함

ⓒ 평가의 기준이 구체화되어야 함
ⓔ 가능하면 비객관적 평가도구는 여러 사람이 공통으로 평가해서 그 결과를 종합함
ⓜ 오류의 제거(평정의 오류)

집중경향의 오류	• 평가 결과가 중간 부분에 지나치게 모이는 오류로, 훈련이 부족한 평정자가 잘 저지르는 착오 • 제거 방법 : 중간에 선택할 수 있는 평정점이 여러 개가 되도록 간격을 넓게 잡는 것이 좋음 　예 3단계 척도보다는 7단계 척도 활용
표준의 오류	• 평정자 간 표준이 달라서 생기는 오류, 평정자가 표준을 어디에 두느냐에 따라 생기는 오류 • 제거 방법 : 척도에 관한 개념을 서로 정립시키고 평정항목에 관한 오차를 줄임
인상의 오류 (Thorndike)	• 피험자에 대한 선입견이 작용해서 생기는 오류(후광효과) • 보다 좋게 하는 경우를 관대의 착오, 보다 나쁘게 평정하는 경우를 엄격의 착오라 함 • 제거 방법 : 한 번에 한 가지 특성만 평정, 강제선택법을 사용
근접의 오류	• 시간적·공간적으로 가깝게 평정하는 특성 사이에 상관이 높아지는 현상 • 제거 방법 : 비슷한 성질을 띤 측정은 시간적·공간적으로 멀리 떨어지게 함 예 학생별로 채점하기보다 문항별로 채점, 한 문항이 끝나면 가급적 답안지의 채점 순서를 바꿈
논리적 오류 (Newcomb)	• 전혀 다른 두 가지 행동 특성을 비슷한 것으로 생각해서 평정하는 현상 • 제거 방법 : 객관적인 자료 및 관찰을 통하여 평가함, 특성의 의미론적 변별을 정확히 함
대비의 오류 (Murray)	• 평정자가 가지고 있는 것이 피평정자에게 있으면 사실보다 과소평가하고, 자신에게 없는 것이 피평정자에게 있으면 사실보다 과대평가하는 현상 • 정신분석에서의 반동형성 혹은 투사현상과 비슷 • 제거 방법 : 채점 기준을 명확히 확립해야 함

교 육 학 논 술   K T X

Chapter 12

교육통계 및 연구

THEME 144   척도
THEME 145   집중경향치
THEME 146   규준점수
THEME 147   고전검사이론
THEME 148   문항반응이론
THEME 149   표집방법
THEME 150   교육연구의 분류
THEME 151   실험연구
THEME 152   사례연구와 문화기술지법
THEME 153   자료수집방법

THEME 144 척도

(1) 척도의 종류

1) 명명척도 ⓔ 운동선수의 백넘버, 주민등록번호, 전화번호 등
  ① 사물을 구분, 분류하기 위하여 사용되는 척도
  ② 단순히 '분류' 정보만을 가짐, 같고 다름을 구분하기 위해서 부여하는 척
  ③ 가·감·승·제 불가능, 질적 척도

2) 서열척도 ⓔ 키순서, 석차, 경제적 계층, 선호하는 정도, 우수한 순서 등
  ① 사물이나 사람의 속성에 대하여 상대적 서열을 표시하는 척도
  ② '분류+순서'의 정보를 가짐
  ③ 서열을 결정해 줄 수는 있으나, 동간성이 유지되지 않으므로 가·감·승·제 불가능

3) 동간척도 ⓔ 온도, IQ점수, 학업점수 등
  ① 임의 영점과 가상적 단위를 지니고 있으며 동일한 특정 단위 간격에 동일한 수적 차이를 부여하는 척도
  ② '분류+순서+동간성' 정보를 가짐
  ③ 동간성을 가지므로 가·감이 가능, 절대영점이 없으므로 승·제는 불가능

4) 비율척도 ⓔ 키, 몸무게, 나이, 시간, 길이, 넓이 등
  ① 절대영점과 가상적 단위를 지니고 있으며 동일한 간격에 동일한 수적 차이를 부여하는 척도
  ② '분류+순서+동간성+비율' 정보를 가짐
  ③ 절대영점이 있으며, 비율관계가 성립하므로 가·감·승·제가 가능

5) 절대척도 ⓔ 사람 수, 자동차 수 등
  ① 절대영점과 절대단위를 지니는 척도
  ② 이 척도에서 0은 한 사람도 없음을 의미하며 단위는 한 사람, 두 사람으로 명확히 규명되는 절대단위임

(2) 척도의 구성

1) 서스톤(Thurstone)의 유사동간법
  ① 개념 : 개인의 태도를 부정과 긍정 사이에 놓여 있는 심리적 연속체로 보고, 이들 연속체의 길이를 척도화시켜 측정하는 방법
  ② 방법 : 자신의 의견이나 생각와 일치하는 진술문을 모두 선택하거나, 자신의 의견이나 생각과 가장 가까운 몇 개의 진술문을 선택하도록 함
  ③ 태도점수 : 자신의 생각이나 느낌과 일치한다고 표시한 진술문의 척도치를 모두 합한 다음 선택한 진술문의 수로 나눈 값
  ④ 장점 : 인간의 태도를 체계적으로 측정하는 데 기여
  ⑤ 단점 : 평정자의 태도와 판단이 독립적이어야 한다는 비현실적인 가정에 기초, 동간성을 지닌 척도를 구성하기 어려움, 많은 시간·비용·노력이 요구됨

2) 리커트(Likert)의 총합평정법

① 개념 : 특정 대상에 관해 작성된 모든 진술문에 대해 동의하는 정도를 표시하도록 한 다음, 진술문들의 평정 점수를 합산하여 나타내는 척도(총합평정법)

② 구성 : 긍정적-부정적 태도를 나타내는 진술문(중립적 진술문은 제외), 선택지의 수는 5개(매우 찬성, 찬성, 보통, 반대, 매우 반대로 하는 것이 원칙이지만 적절하게 조정 가능) → 각 항목은 상대적 중요성에 대한 정보를 가짐(서열척도), 각 항목 간 차이는 거의 비슷(동간척도)

③ 유의점 : 채점과정에서 부정적으로 진술된 진술문은 역순으로 채점해야 함, 하나의 척도에 포함되는 문항들은 반드시 단일차원을 설명하는 개념이 되도록 구성해야 함

④ 장점 : 서스톤척도와 거트만척도에 비해 제작이 용이, 다양한 대상·장면·상황에 융통성 있게 적용될 수 있음, 제작과 자료처리가 쉬움, 응답자가 이해하기 쉬움

⑤ 단점 : 사람들마다 각 단계를 인식하는 정도가 다름, 응답자의 반응경향이 작용할 개연성이 높음(기계적으로 '3' 선택)

3) 거트만(Guttman)의 척도분석법

① 진술문들이 특정 대상에 대해서 긍정적인 태도를 '상이한 정도'로 나타낸다고 가정
  - cf Likert 척도 : 모든 진술문이 특정 대상에 대해 '동일한' 정도의 태도를 나타낸다고 가정

② 개별 문항 자체에 미리 서열성이 부여되었다는 것을 전제로 함 → 문항을 배열할 때도 어떤 질문에 우호적으로 응답한 사람은 그 질문에 대하여 비우호적으로 응답한 사람보다 등위가 높도록 배열 예 쓰레기 처리장 설치에 대한 인식조사

③ 태도점수 : 학생이 선택한 진술문의 수, 각 진술문에 대해 찬성하는지 아니면 반대하는지를 표시하도록 함

④ 장점 : 응답자가 몇 문항에 응답했는지, 즉 몇 점인지를 알게 되면 응답자가 어느 정도 긍정적인지를 파악할 수 있음

⑤ 단점 : 제작과정에서 재생가능성계수 및 척도화계수의 계산 등과 같은 복잡한 절차를 거쳐야 함

4) 오스굿(Osgood)의 의미분석법

① 개념 : 양극적인 의미를 갖는 형용사군으로 측정한 개념(사람, 사물, 사상 등)의 의미를 의미공간 속에서 측정하려는 방법

② 구성 : 평가차원(예 좋은-나쁜, 불쾌한-유쾌한), 능력차원(예 약한-강한, 가벼운-무거운), 활동차원(예 느린-빠른, 수동적인-능동적인)

③ 장점 : 제작과 실시하기가 쉽기에, 개념, 사물, 사람 등에 대한 태도를 측정하기 위한 방법으로 널리 활용되고 있음

④ 단점 : 다양한 문제에 적용하기 어려움

THEME 145 집중경향치

(1) 집중경향치 : 한 분포에 들어 있는 여러 수치를 종합적으로 대표하는 수치를 말하며, 한 분포가 어떤 대표적인 경향으로 집중되어 있는가를 간편하게 기술·파악케 해줌

종류	개념	용도
최빈치 (Mo : Mode)	• 한 분포에서 가장 빈도가 많은 점수 • 표집을 어떻게 잡느냐에 따라서 변동이 심하므로 가장 신뢰성이 낮음 • 표본에 따라 하나 이상이 있을 수 있음	• 집단의 중심적 경향을 대강 짐작하고 싶을 때 • 다른 집중경향을 계산할 만한 시간적 여유가 없을 때 • 주로 명명변인을 대상으로 사용하는 대표치
중앙치 (Mdn : Median)	• 한 분포의 수치들을 낮은 데서부터 높은 순서로 배열했을 때 중간에 위치한 수치 • 한 분포의 맨 중앙에 오는 수치라는 점에서 그 분포를 대표함	• 서열·동간비율측정치의 자료일 때 • 분포가 중심점에서 얼마나 떨어져 있는가에는 관심이 없으나 분포의 상반부와 하반부에 관심이 있을 때 • 평균을 구할 만한 시간적 여유가 없고 분포가 심하게 편중될 때 • 양극단의 점수를 배제하고 싶을 때
평균치 (M : Mean)	• 가장 자주 사용되고 또 가장 신뢰 있는 집중경향치 • 한 분포의 모든 점수의 합을 사례수로 나눈 값	• 평균치는 동간비율측정치에서 계산 • 가장 신뢰로운 집중경향치를 알고 싶을 때 • 분포가 좌우대칭이 되어 정상분포에 가까울 때 • 다른 통계치의 기초자료로 삼고 싶을 때

(2) 집중경향치들 간의 비교

① 일반적 특징 비교
   ㉠ 통계적 정밀도 수준 : 평균치 > 중앙치 > 최빈치
   ㉡ 안정성의 정도 : 평균치 > 중앙치 > 최빈치
   ㉢ 대표치를 빨리 알고 싶을 때(계산의 간편성) : 최빈치 > 중앙치 > 평균치
   ㉣ 표집이 비교적 클 때에는 평균치, 중앙치, 최빈치가 거의 일정하게 되므로 대표치로서 최빈치 사용 가능
   ㉤ 명변인인 경우 최빈치를, 서열변인인 경우 중앙치를, 동간변인과 비율변인인 경우 평균을 활용
   ㉥ 양극단의 급간이 개방 급간일 때, 즉 급간의 상한계·하한계가 정해져 있지 않을 때, 평균을 구할 수 없음
② 분포상의 대표치 비교 : M(평균)−Mdn(중앙치)의 값이 '+'이면 정적편포, '−'이면 부적편포, '0'이면 정상분포

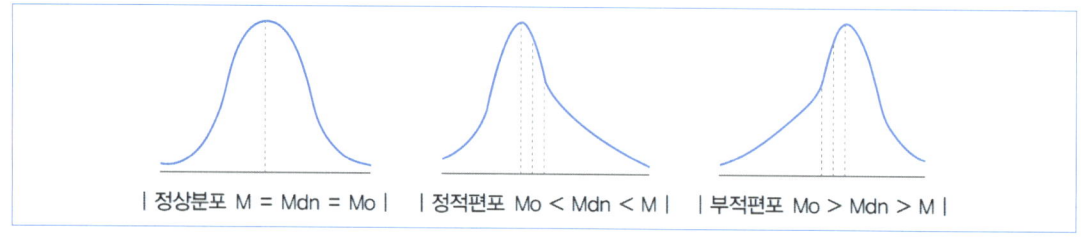

| 정상분포 M = Mdn = Mo | | 정적편포 Mo < Mdn < M | | 부적편포 Mo > Mdn > M |

THEME 146 규준점수

(1) 표준점수 : 통계적 절차를 통하여 원점수를 표준편차 단위로 일괄적으로 변화시킨 것

종류	공식 및 특징
Z 점수	• $Z = \dfrac{\text{원점수} - \text{평균}}{\text{표준편차}}$ (평균 0, 표준편차 1) • 표준점수의 가장 대표적이고 기본적인 점수 • +값, -값, 소수점의 값이 나올 수도 있음 • 점수의 부호는 평균(M=0)을 중심으로 한 상대적 위치를 나타냄 • Z점수의 단위는 표준편차임 • Z점수의 분포형태는 원점수의 분포형태와 일치
T 점수	• T=50+10Z(평균 50, 표준편차 10) • Z점수와 같이 (-)부호나 소수점이 나오지 않아 계산이 편리(Z점수 보완) • 신뢰성 있는 점수이며 널리 사용 • 점수의 분포 : 20~80
C(Stannine) 점수	• C=5+2Z(평균 5, 표준편차 2) • 신뢰도가 부족할 시 대략적인 표준점수 계산에 유리 • 원점수 분포를 9개로 나누고 최고점이 9, 최하점이 1, 중간이 5 • T점수의 단위가 너무 자세하고 엄밀 → 측정방법의 신뢰도가 부족할 때에는 자세한 척도인 T점수보다는 좀 더 대략적인 척도가 필요
H 점수	• H=50+14Z(평균 50, 표준편차 14) • 표준점수의 범위를 0~100에 근접하도록 넓혀놓은 점수 • 점수의 분포 : 8~92
편차 IQ	편차IQ=100+15Z(평균 100, 표준편차 15)

(2) 백분위점수

① 백분위점수는 학생수 전체를 100으로 생각했을 때 한 점수가 분포상에서 서열로 따져 몇 %에 위치하고 있는가를 의미(아래서부터 누적) → 학생 상호 간의 비교는 가능하지만 동간척도가 아니기 때문에 가·감·승·제가 안 됨
② 백분율 : 백분율은 한 분포에서 어떤 점수 아래에 있는 누계 사례수가 전체 사례수에서 차지하는 비율
③ 백분위(점수) : 백분율에서 %를 없앤 것
④ 백분점수 : 백분위에 해당하는 원점수

THEME 147 고전검사이론

(1) 문항곤란도(P)

1) 개념
① 문항의 어렵고 쉬움의 정도를 나타내는 지수(0~100% 범위)
② 전체반응자 중 정답자의 비율을 백분율로 나타낸 것
③ 따라서 정답자가 많으면 문항곤란도가 높아지고 정답자가 적으면 곤란도 지수가 낮아짐
④ 문항곤란도 계산공식(정답자중심의 산정방법)

$$P = \frac{R}{N} \times 100$$

P : 문항난이도
R : 당해 문항의 정답자수
N : 전체 반응자수

2) 문항곤란도의 이용
① 규준지향평가 : 학생들의 개인차를 자세하게 변별하는 것이 주된 목적 → 대개 20~80% 범위 사이의 문항곤란도를 가진 문항을 배열하여 평균곤란도가 50% 정도에 머무르도록 하는 것이 바람직
② 목표지향평가 : 문항곤란도가 100이면 교수-학습 성공한 증거로 보고, 0이면 목표달성을 위해 교수-학습 과정을 개선해야 할 증거로 파악

(2) 문항변별도(D.I)

1) 개념
① 어떤 문항이 측정하고자 하는 능력의 상하를 예리하게 구분하는 정도
② 측정하고자 하는 능력의 상하를 정확히 변별한다는 것은 측정하고자 하는 능력을 충실히 재는 것이므로 문항변별도는 문항타당도의 일종

2) 문항변별도 지수의 산출

$$변별도(D.I) = \frac{상위자\ 중\ 정답자수\ -\ 하위자\ 중\ 정답자수}{\frac{총\ 응시자}{2}}$$

① 변별도 지수(D.I)는 상관계수와 마찬가지로 −1.00~+1.00 사이에 분포
② 변별도 지수가 (−)이면, 하위자 정답자수가 상위자 정답자수보다 많은 경우
③ 0 또는 0에 가까우면, 상위자 정답자수와 하위자 정답자수가 비슷한 경우
④ 양호한 변별도는 +0.30 ~ +0.70로, +부호를 가지면서 그 값이 크게 나오는 것일수록 바람직

변별도 지수(DI)	문항의 평가
.40 이상	대단히 좋은 문항
.30 ~ .39	좋은 문항(더 고칠 수 있을지 모른다)
.20 ~ .29	경계선 문항(많이 더 고쳐야 한다)
.19 이하	좋지 못한 문항(버리거나 수정해야 한다)

3) 문항변별도의 이용

① 규준지향평가 : 성적이 높은 학생과 낮은 학생을 분명히 가려낼 수 있는 문항으로 구성되어 있는 것이 필수
→ 0.30~0.70 이하일 때가 바람직하고, 0.70 이상일 경우 상위자와 하위자 간에서 변별할 수 없음, 문항변별도는 문항난이도가 50%일 때 최고가 될 가능성 큼

② 목표지향평가 : 학습과제에서 성공한 학생은 각 문항에서 성공할 확률이 높고 학습 과제에 실패한 학생은 각 문항에서 성공할 확률 낮음, 문항변별도는 목표지향평가에서 학습 성공자와 실패자를 구별해 주는 역할을 할 뿐

(3) 문항곤란도와 문항변별도의 관계 - 문항변별도는 문항곤란도와 밀접한 관계가 있음

문항곤란도	최대변별도	최소변별도
0	.00	.00
.10	.20	-.20
.20	.40	-.40
.30	.60	-.60
.40	.80	-.80
.50	1.00	-1.00
.60	.80	-.80
.70	.60	-.60
.80	.40	-.40
.90	.20	-.20
1.00	.00	.00

① 이론적으로는 문항곤란도가 .50일 때 문항변별도가 가장 높기 때문에 규준지향검사에서 가장 적절한 문항곤란도는 .50
② 이론적으로 문항변별도는 문항곤란도가 .50일 때 최대 혹은 최소가 됨 : 상위집단에서 모두 정답을 하고 하위집단에서 모두 오답을 할 경우 +1.0으로 최대, 반대로 상위집단에서 모두 오답을 하고 하위집단에서 모두 정답을 할 경우 -1.0으로 최소
③ 전체 집단에서 모두 정답을 했거나 모두 오답을 했을 경우 문항변별도는 0이 됨

THEME 148 문항반응이론

(1) 등장배경 : 고전검사이론의 문제점을 해결하기 위해 문항반응이론이 등장
① 고전검사이론에서는 '총점'에 근거하므로 정확성이 결여됨 **예** 동일한 3점이면, 능력이 같다고 해석
② 문항난이도, 문항변별도와 같은 문항의 고유한 특성이 피험자집단의 특성에 의하여 변화됨
③ 피험자의 능력이 검사도구의 특성에 따라 달리 추정됨

(2) 의미 및 기본가정
① 고전검사이론이 총점에 의하여 문항을 분석하고 피험자 능력을 추정하는 검사이론이라면, 문항반응이론은 '문항 하나하나'에 근거하여 분석하는 이론
② 각 문항마다 고유한 문항특성곡선에 의하여 문항을 분석
  ㉠ 문항특성 불변성 : 문항특성인 문항난이도, 문항변별도, 문항추측도가 피험자 집단이 달라짐에 따라 변하지 않음
  ㉡ 피험자 능력 불변성 개념 : 피험자의 능력은 어려운 검사를 택하든 쉬운 검사를 택하든 고유한 능력수준이 있어 측정치가 같음
③ 문항반응이론의 기본가정
  ㉠ 일차원성 : 검사가 측정하는 내용은 하나의 특성이어야 한다는 가정 **예** 수리력 측정검사에서 어휘력이 영향을 주어서는 안 됨
  ㉡ 지역독립성 : 어떤 능력을 가진 피험자의 하나의 문항에 대한 응답은 다른 문항의 응답에 영향을 주지 않음

(3) 문항특성곡선에 근거한 문항분석

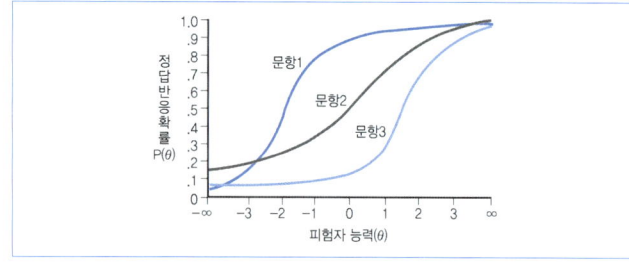

▶ 문항난이도 : 문항3 〉 문항2 〉 문항1
▶ 문항변별도 : 문항1 〉 문항3 〉 문항2
▶ 문항추측도 : 문항2 〉 문항3 〉 문항1

① 문항난이도 : 문항의 어려운 정도를 나타내는 지수, 문항의 답을 맞힐 확률이 .5에 해당되는 점
② 문항변별도 : 문항난이도를 나타내는 피험자능력수준보다 낮은 능력의 피험자와 높은 능력의 피험자를 변별하는 정도, 문항난이도를 나타내는 점에서의 문항특성곡선의 기울기
③ 문항추측도 : 능력이 전혀 없는 학생이 추측에 의하여 문항이 답을 맞히는 정도, 문항특성곡선에서 $-\infty$에 있는 피험자가 문항의 답을 맞힐 확률

THEME 149 표집방법

(1) 확률적 표집

1) 단순무선표집(단순무작위표집)

① 의미 : 제비를 뽑을 때처럼 특별한 선정기준을 마련하지 않고 추첨식으로 표집하는 기법
② 조건 : 전집의 각 개체는 선택될 확률이 동등해야 하고, 표집시 전집의 특성이 변화되지 말아야 함
③ 장점 : 다른 확률적 표집방법에 비하여 적용하기가 용이하며 자료분석이나 오차계산이 쉬움
④ 단점 : 모집단의 표본수가 클 때에는 사용하기 어렵고, 모집단이 작을 경우에는 오차가 커짐

2) 체계적 표집(동간격표집법)

① 의미 : 일정한 간격이 정해지면 제비뽑기로 출발점을 결정하고 출발점에서 일정한 간격으로 표본을 추출하는 방법
   예) 모집단의 수가 100명일 때 10명을 표본으로 만들 경우, 표집간격을 10으로 정하고, 난수표에서 4가 나왔다면 4, 14, 24, 34, ……, 94까지 10명을 만듦
② 장점 : 단순무선표집보다 표집을 구성하기가 쉽고, 전집의 특정부분이 다른 부분에 비해서 높은 비율로 선발될 가능성을 배제시켜 줌
③ 단점 : 모집단의 표집틀이 무선적으로 배열되어 있지 않을 경우 특정 집단이 상대적으로 많이 추출되어 모집단을 대표하지 못함 - 단순무선 표집보다 신뢰도가 떨어짐

3) 유층표집(층화표집)

① 의미 : 전집을 몇 개의 하위집단으로 나누어, 그 하위집단의 내부는 균일하게 하고 하위집단 간은 불균일하게 하여 하위집단에서 표본을 추출하는 방법(하위집단 내부는 동질적, 하위집단 간은 이질적)
② 특징 : 모집단을 특성별로 하위집단을 구성, 하위집단에서 무선표집
③ 종류 : 비례유층표집, 비비례유층표집
④ 장점 : 전집의 중요 특성을 사전에 고려하여 표집하게 되므로 대표적인 표집이 될 가능성이 높음
⑤ 단점 : 대상 전체의 중요 특성과 하위집단의 구성 비율에 대해 선행지식이 필요

4) 군집표집(집략표집)

① 의미 : 모집단을 집단 내의 특질이 다른 몇 개의 하위집단으로 나누고, 이 하위집단을 표집하여 추출된 집단을 모두 조사하는 방법(집단 내부는 이질적, 집단 간에는 동질적)
② 특징 : 집단은 인위적으로 형성된 것이 아니라 자연적으로 형성된 집단
③ 장점 : 몇 개의 선정된 군집만을 대상으로 자료를 수집하므로 비교적 간단하게 작업할 수 있음
④ 단점 : 군집의 수가 작을수록 표집오차가 커져서 전집을 대표하는 표집이 되기 어려움

5) 단계적 표집(다단계표집)

① 의미 : 군집표집의 일종으로 최종단위의 표집을 위하여 몇 개의 단계를 거쳐서 표집하는 방법
② 특징 : 집단이 너무 클 때 단계별로 나누어서 표집

6) 매트릭스 표집(행렬표집)

① 의미 : 전집의 크기가 크고 전집의 여러 가지 특성에 관심을 가질 경우 각 특성별로 서로 다르게 표집단위들을 표집하는 방법

② 장점 : 이러한 표집은 한 학생에게 비교적 짧은 시간 안에 적은 수의 문항들에 응답하게 함으로써, 표집된 학생들에게 많은 부담을 주지 않고도 전체 학생들의 국어교과 학업성취도를 추정할 수 있음

(2) 비확률적 표집

1) **의도적 표집** : 연구자의 주관적 판단에 의해서 전체 대상을 잘 대표하리라고 믿는 사례, 대상들을 의도적으로 표집하는 방법, 그러나 연구자의 주관적 판단이 잘못되었을 경우 발생하는 오류가 치명적

2) **할당표집** : 연구에 필요한 집단의 대상자를 얻기 위해 할당된 수만큼 임의로 대상을 뽑아서 연구하는 방법

3) **편의표집(우연적 표집)** : 특별한 표집계획 없이 연구자가 임의로 쉽게 구할 수 있는 대상자들 중에 표집하는 방법

4) **스노우볼 표집(연쇄표집)** : 눈덩이를 굴리는 것과 같이 최초의 작은 표본을 선택한 후 소개의 소개를 받아 원하는 표본수를 얻을 때까지 계속적으로 표본을 확대해 가는 방법 예 가출청소년, 약물중독자

THEME 150 교육연구의 분류

(1) 양적연구와 질적연구

구분	양적 연구	질적 연구
실재의 본질	객관적 실재를 형성하는 인간의 특성과 본질이 존재한다고 가정. 따라서 복잡한 패러다임에 관계된 변인들에 대한 연구가 가능	객관적 실재라고 일반화시킬 수 있는 인간의 속성과 본성은 없다고 가정
인과관계	결과에 시간적으로 선행하거나 동시에 일어나는 원인이 실재	원인과 결과의 구분이 불가능
연구목적	일반적 원리와 법칙 발견. 인과관계 혹은 상관관계 파악	특정 현상에 대한 이해. 특정 현상에 대한 해석이나 의미의 차이 이해
연구대상	대표성을 갖는 많은 수의 표본. 확률적 표집방법을 주로 사용	적은 수의 표본. 비확률적 표집방법을 주로 사용
연구자-연구대상 관계	연구자와 연구대상의 관계가 밀접하게 되면 연구자료가 왜곡될 수 있어 거리 유지 : 가치중립적	연구자와 연구대상은 서로 밀접한 관계를 유지 : 가치개입적
자료수집	다양한 측정도구 사용. 구조화된 양적 자료 수집	연구자가 중요한 연구도구. 비구조화된 질적 자료 수집
자료분석	통계적 분석(기술통계, 추리통계방법 활용)	질적 분석(내용분석) 혹은 기술통계 분석
연구방법의 예	설문지를 활용한 조사연구, 실험연구 등	관찰법, 면접법을 활용한 사례연구, 문화기술적 연구 등
일반화	일반화 가능	연구 자체가 독특하므로 일반화시킬 수 없음

(2) 종단연구와 횡단연구

비교	종단연구	횡단연구
장점	• 소수의 대상을 일정기간 지속적으로 관찰 • 특정주제, 즉 아동기의 신체발달과 성인기의 건강 간의 관계를 밝히는 식의 초기와 후기의 인과관계를 밝히는 주제에 용이	• 종단적 연구에 비해 경비와 시간, 노력이 절약 • 각 연령에 따른 대푯값을 구해서 그 값들을 연결하여 일반적 성장의 곡선을 밝힘 • 연구대상의 선정과 관리가 비교적 용이
단점	• 긴 시간과 많은 노력, 경비가 소요 • 중도에 탈락하거나 오랜 시간의 흐름에 따라 비교집단 간의 특성이 크게 달라질 수 있음 • 한 대상에게 반복적으로 같은 검사도구를 이용한 측정을 해야 하므로 신뢰성이 약해짐	• 성장의 일반적 경향을 알 수 있을 뿐 개인적 변화상을 알 수 없음 • 표집된 대상의 대표성을 확인하기 어려움 • 행동의 초기와 후기의 인과관계에 관한 주제를 다루기 어려움

THEME 151 실험연구

(1) 개요
① 실험연구 : 통제된 상황에서 독립변인을 조작하여 종속변인에 어떠한 영향을 미치는가를 객관적인 방법으로 관찰 또는 측정하여 변인들 간의 관계를 발견, 실증적 연구법
② 목적 : 어떤 현상의 확인 내지 현상의 존재를 증명하는 것, 어느 두 이론적 변인 간의 인과관계를 확립하는 것

(2) 실험설계시 고려사항

1) 가외변인의 통제 : 실험과정에 끼어들어서 종속 변인에 부작용을 미치는 여러 가지 바람직하지 못한 변인들에 대한 통제를 의미

① 주로 외적 환경 변인으로서의 가외 변인을 통제하는 방법 : 소거법(제거법), 조건고정화법, 상쇄법, 격상법
② 피험자변인이 가외변인으로 작용할 때, 이러한 작용을 통제하는 방법 : 무선화법, 결합무선배치법

2) 실험연구의 타당도

① 내적 타당도 : 종속변수, 즉 연구결과에서 나타나는 변화가 독립변수의 변화에 의한 것임을 확신할 수 있는 정도

→ 내적 타당도를 저해하는 요인

역사(시간효과)	사전검사와 사후검사 사이에 있었던 갖가지 특수한 사건들
성숙 (피험자 내부의 변화)	• 시간의 흐름에 따라 나타나는 피험자의 내적 변화가 피험자의 반응에 영향 • 연령이 증가하거나 검사 도중 피곤해지거나 흥미가 변하거나 하는 생물학적·심리학적인 변화를 의미
검사	사전검사를 받은 경험이 사후검사에 주는 영향(검사받는 데 익숙해지는 경우)
측정도구	사전검사와 사후검사에서 측정도구의 변화, 관찰자나 채점자의 변화로 인하여 실험에서 얻은 측정치에 변화가 생기는 것
통계적 회귀	피험자의 선정을 아주 극단적인 점수를 토대로 해서 결정할 경우 일어나기 쉬운 통계적 현상
피험자의 선발	실험집단과 비교집단의 피험자들을 선발할 때 동질성이 결여되어 나타나는 현상
피험자의 탈락	피험자들이 실험과정에서 중도 탈락함으로써 실험결과에 영향을 미침
피험자의 선발과 성숙간의 상호작용	• '성숙'요인과 '피험자의 선발'요인의 상호작용에 의하여 실험의 결과가 달라지는 것 • 실험집단과 비교집단의 피험자들이 어떤 기준이 되는 특성에서는 동질적이라고 하더라도 다른 특성에서는 이질적일 수 있는바, 이러한 차이가 실험결과에 큰 영향을 미칠 수 있음

▶ 내적 타당도를 저해하는 요인으로 위 요소들(역사~피험자의 탈락) 간의 상호작용도 포함됨. 예컨대, 역사와 성숙 간에 상호작용이 일어나는 경우

② 외적 타당도 : 표본에서 얻어진 연구의 결과를 다른 집단 혹은 다른 환경에 확대 해석 또는 일반화할 수 있는 정도
  → 외적 타당도를 저해하는 요인

검사실시와 실험처치 간의 상호작용효과	사전검사의 실시로 인하여 실험처치에 대한 피검사자의 관심이 증가 또는 감소됨으로써 실험결과에 영향을 미치는 것
피험자의 선발과 실험처치 간의 상호작용효과	• 피험자의 유형에 따라 실험처치의 영향이 서로 다르게 나타나는 현상 • 같은 실험이라고 해도 피험자가 달라지거나 실험시기가 달라지거나 실험도구가 달라진다면 실험결과 역시 달라질 수 있음
실험상황에 대한 반동효과	• 일상적인 생활과 실험상황이 서로 다르기 때문에 실험의 결과를 그대로 일반화하기 어렵게 되는 것 • 피험자가 자신이 실험의 대상이 되고 있다고 느낄 때, 그들은 평소와 다른 행동을 하게 될 수 있음
중다처치에 의한 간섭효과	한 피험자가 여러 가지 실험처치를 받는 경우에 이전의 처치에 의한 경험이 이후의 처치를 받을 때까지 계속 남아 있음으로써 일어나는 영향
표집상의 오류	전집을 제대로 대표할 수 없는 집단을 연구 대상으로 표집했을 경우
변인에 대한 애매한 정의	독립변인이나 종속변인에 대한 정의가 애매모호하여 다른 상황에서 동일한 연구를 수행하기 어려운 경우
저질의 검사(측정)도구	검사(측정)도구의 질이 낮아서 측정 결과 자체를 믿기 어려운 경우
연구의 낮은 내적 타당도	연구의 내적 타당도가 낮아서 연구결과 자체를 믿기 어려운 경우
호손효과	연구자가 피험자들에게 특별한 관심을 보이거나 은연중에 피험자들의 행동을 부추기는 경우, 피험자의 행동이 위축되거나 긴장되어 자연스러운 처치 결과가 나타나지 못하는 현상

▶ 존 헨리 효과 : 호손효과와 반대되는 현상, 통제집단에 있는 연구대상들이 실험집단에 있는 연구대상들보다 더 나은 결과가 나타나도록 노력하는 현상
▶ 연구자효과 : 연구자가 연구결과에 영향을 미치는 말이나 행동을 함으로써 연구대상이 평상시와 다르게 행동하는 것

③ 두 가지 형태의 타당도는 상충하는 면이 있어, 어느 하나가 높아지면 다른 하나는 상대적으로 낮아지는 경향을 보임

(3) 실험설계

① 준실험설계 : 집단을 임의적으로 선정해서 이질적으로 구성하는 것, 피험자들을 무선적으로 표본하여 배치하기 어려운 경우 사용되는 방법 → 타당도가 낮아질 우려가 있음
② 진실험설계 : 진실험설계는 실험집단과 통제집단을 갖추고 있으며, 피험자들을 각 집단에 무선적으로 배치하는 것이 특징 → 실험변인 외의 모든 변인들을 통제할 수 있기 때문에, 준실험설계에 비해 실험의 타당성이 훨씬 높음

THEME 152 사례연구와 문화기술지법

구분	사례연구	문화기술지법
개념	사례에 대한 심층적인 관찰과 분석을 지향하는 질적 연구의 한 방법 → '맥락 속에서 현상을 이해'	거시적 혹은 미시적 관점에서 어떤 특정 집단 구성원들의 행동, 삶의 방식, 신념, 가치 등을 현지인의 관점에서 이해하고 자세히 기술하기 위한 연구방법 → '한 문화를 이해하는 과정의 기록'
연구 초점	어떤 프로그램이나 중심적인 인물, 과정, 기관 혹은 사회단체와 같은 하나의 특정 사상이나 현상에 관점을 둠	인간사회와 문화에 관심, 특정 집단구성원들의 '가치, 태도, 신념'을 밝히는데 초점
목적	기술, 설명, 평가	기술, 분석, 해석
특성	• 개별적 : 개별적인 특수한 상황이나 사건, 프로그램 또는 어떤 현상을 중핵적인 연구대상으로 삼음 • 기술적 : 연구대상이 되고 있는 현상에 대한 심층적인 기술을 연구업적으로 삼음 • 발견적 : 연구하고 있는 현상에 대한 독자의 이해를 밝혀 주는 역할을 함 • 귀납적 : 주어진 맥락 속에서 자료를 검토하여 일반화 혹은 개념 또는 가설을 생성함	• 문화적 주제를 다룸 • 자연적 장면에서 수행하는 비실험적 연구 • 현상학적 입장에서 연구를 수행 • 맥락의존적 • 총체적 관점을 지향 • 병행적, 반복적, 순환적 연구절차
연구 기법	사례연구는 보다 단편적인 문화적 맥락으로 관심사를 한정지음 → 다차원적이며 다면적인 자료를 축적	사례연구보다 더 오랜 기간 현장에서 시간을 보내며 세밀한 관찰증거를 요구 → 참여관찰, 심층면담
장점	• 다양한 자료출처로 심층적이고 종합적인 연구를 함으로써 풍부하고 의미있는 정보제공 • 특정대상의 문제해결 외에도 교육에 있어 유익한 자료제공 • 현상과 맥락을 통합적으로 이해함으로써 생태학적 접근 가능	• 문화현상에 대해 생동감 있는 정보를 제공 • 여타 연구 방법들에 비해 가장 심층적인 정보를 제공 • 당연시되던 행위 양식·규범·가치·신념 이면에 기저하고 있는 문화적 주제로 드러냄
단점	• 시간과 노력이 많이 투입 • 연구결과의 일반화가 어려움(특수사례에 관한 것이므로 신뢰도와 타당도에 약점) • 연구대상의 외면적 사실에 치중하여 내면적이고 본질적인 문제를 간과할 우려가 있음	• 다른 연구에 비해 가장 오랜 연구 기간이 소요 • 연구 범위가 심층적이지만 협소함 → 하나의 문화기술지로 일반화된 모형의 개발은 불가능 • 자료의 기술·해석이 연구자의 추관적 판단에 의존

THEME 153 자료수집방법

(1) 질문지법
  ① 개념 : 어떤 문제에 관해서 작성된 일련의 질문에 대하여 피험자가 대답을 작성하도록 하여 자료를 수집하는 방법
  ② 용도 : 학생의 생활배경에 관한 사실을 수집, 개인이 가지고 있는 심층적인 심리(의견, 태도, 가치관 등)를 파악
  ③ 유형 : 구조적 질문지(폐쇄형 질문지), 비구조적 질문지(자유반응형 질문지)
  ④ 종류 : 자유반응형, 선택형, 체크리스트, 평정척도법, 순위형
  ⑤ 장점 : 단시간에 많은 양의 정보를 신속하게 수집 가능(효율성이 높음), 보통 익명으로 실시(솔직한 반응), 응답자에 대한 연구자의 영향력 최소화, 통계처리 용이
  ⑥ 단점 : 언어능력에 의존하는 바가 크기 때문에 적용상에 제한, 응답 내용의 진위 확인이 어려움, 질문을 확실히 통제하지 못함, 질문지의 회답률이 낮을 가능성이 높음

(2) 관찰법
  ① 개념 : 학생의 행동에 대한 정보를 관찰을 통해 수집하는 방법
  ② 종류 : 참여/준참여(일정시간 동안만 관찰)/비참여관찰, 비통제적/통제적 관찰
  ③ 관찰결과의 기록 : 일화기록법, 표본기록법, 시간표집법, 사건표집법(장면표집법)
  ④ 장점 : 연구대상이 자신의 행위를 계속적으로 할 수 있음, 심화된 자료와 부수적인 자료까지 수집 가능, 대상의 행동을 바로 기록할 수 있어 자료의 실제성 보장, 간접조사보다 신뢰도가 높음
  ⑤ 단점 : 관찰결과의 해석에 주관성이 개입될 수 있음, 전체 장면의 관찰이 어려움, 예상 밖의 변수로 인한 돌발 상황 발생 가능, 정서와 관련된 장면은 관찰이 어려움, 관찰자를 피관찰자가 인식하게 되면 행동이 달라질 수 있음

(3) 면접법
  ① 개념 : 면대면의 접촉을 통해서 타인으로부터 직접 자료를 수집하는 방법
  ② 유형 : 구조화된 면접, 비구조화된 면접, 반구조화된 면접(사전의 계획 + 면접 상황에서의 융통성 있는 진행)
  ③ 장점 : 심도 있는 정보수집 가능, 부차적인 자료 또한 수집 가능, 문맹자에게도 실시 가능, 피험자 표정과 태도 등을 통해 반응의 진실성 여부를 알 수 있음, 상황에 따라 융통성을 지님
  ④ 단점 : 많은 시간과 비용이 소요됨, 면접기술이 미숙할 경우 편견이 작용하여 자료의 정확성이나 객관성을 잃기 쉬움, 응답 내용이 면접자에 따라서 달라질 가능성이 있음, 익명을 요하는 질문에는 사용 불가

(4) 사회성 측정법
  ① 개념 : 한 학급이나 소집단 내의 역동적 사회관계를 이해하거나 어떤 특정한 소집단을 구성하는 데 학생 간의 사회적 관계에 관한 자료를 얻기 위해 사용되는 방법(수용성 조사, 교우관계조사법)
  ② 유형 : 동료지명법, 동료평정방법, 추인법, 교우도방법

③ 검사 작성 시 고려해야 할 점
　㉠ 대상자에게 어떤 기준에 따라 선택할 것인지, 몇 명을 할 것인지를 분명히 제시해야 함
　㉡ 부정적 기준의 사용은 가능한 한 피하고 신중을 기해야 함
　㉢ 질문은 대상자가 충분히 이해하도록 제작되어야 함
　㉣ 선택 집단의 범위가 명확해야 하고, 한정된 집단의 전원이 조사대상이 되어야 함
④ 사회성 측정결과 해석상의 유의점
　㉠ 사회성 측정결과는 구성원들이 소망하는 잠재적인 사회적 연합의 형태이므로 현실적인 관계와 반드시 일치한다고 볼 수는 없음
　㉡ 사회성 측정결과는 질문의 성질, 선택허용수, 실시의 절차에 따라서 달라질 수 있음
⑤ 의의 : 개인의 사회적 적응 개선, 집단의 사회구조 개선, 집단을 조직하는 데 도움, 특수한 교육문제 해결에 적용

(5) 투사법

① 개념 : 구조화되지 않는 모호한 도형이나 그림을 제시하여 정신(심리) 내부의 상태를 파악하는 방법
② 특징 : 무의식적 욕구와 성격의 특성을 밝히는 데 쓰임, 주로 임상적 진단에 쓰임, 인성을 전체로 보고 그 요소 간의 관련성을 유기적으로 해석함
③ 종류 : 로르샤흐(Rorschach) 잉크반점검사, 주제통각검사(TAT), 문장완성검사(SCT), 집 – 나무 – 사람검사 (HTP)
④ 장점 : 반응의 독특성(개인을 이해하는 데 매우 유용), 방어의 어려움, 반응의 풍부함, 무의식적 내용의 반응
⑤ 단점 : 검사의 신뢰도와 타당도가 낮음, 여러 상황적 요인에 의한 강한 영향을 받음, 고도의 기술과 많은 훈련 요구되므로 학교 장면에서 사용 곤란

(6) Q방법론 – 스티븐슨(Stephenson)

① 개념 : 다원적 기호, 인상 등을 측정하고 기록하는 심리측정 및 통계적 절차를 지칭하는 말로서, 이 중 특히 다원적 결과를 분류하는 것에 강조점을 둘 때 그것을 Q분류라고 함
② 목적 : '사람 간의 상관' 혹은 '사람 간의 요인'을 탐색함으로써 사람 간의 유형을 찾아보기 위함
③ 적용 : 여러 사람의 분류에서 어떤 공통성, 차이가 있는가를 밝힐 때 혹은 한 개인의 두 장면(예 치료 전, 후)에서의 차이를 비교할 때 사용될 수 있음

(7) 표준화검사

① 개념 : 표준화된 제작절차, 검사내용, 검사의 실시조건, 채점과정 및 해석에 의해 객관적으로 행동을 측정하는 검사방법
　　cf 교사제작검사 : 교사가 제작하여 수업 진행 중 학생들의 학업성취와 행동 특성을 측정하는 방법
② 기능 : 예측의 기능(인간행동 특성 예측), 진단의 기능(아동의 능력과 문제점 진단), 조사적 기능(어떤 집단의 일반적 경향 조사)
③ 장점 : 시행과 채점·해석의 표준화, 객관성 보장, 간편성과 짧은 시행기간, 객관적인 개인의 비교가 가능, 신뢰도와 타당도가 높음
④ 한계점 : 모든 교육목표에 대한 포괄적인 측정 곤란(대표 문항만 출제), 학력고사 자체가 교육내용을 결정, 한 번의 검사로 정확하게 알 수 없음

참고문헌

강경석 외, 「중등교직실무」, 교육과학사, 2011
강기수, 「인간학적 교사론」, 세종출판사, 2002
강명희 외, 「미래를 생각하는 e-러닝 콘텐츠 설계」, 서현사, 2009
강봉규, 「교육심리학」, 형설출판사, 1998
강선보, 「마르틴 부버의 만남의 교육」, 양서원, 1992
강승호 외, 「현대교육평가의 이론과 실제」, 양서원, 2001
강원근 외, 「초등교육행정론」, 교육과학사, 2008
강이철, 「교육공학의 이론과 실제」, 학지사, 2001
강이철, 「교육방법 및 공학의 이론과 적용」, 학지사, 2009
강준만외, 「논쟁과 논술」, 인물과사상사, 2007
강진령·유형근, 「학교상담 프로그램Ⅰ」, 학지사, 2004
강현석, 「교과교육학의 새로운 패러다임」, 아카데미프레스, 2006
강현석, 「현대교육과정탐구」, 학지사, 2011
고려대학교교육문제연구소, 「알기 쉬운 교육학 용어사전」, 원미사, 2007
고려대학교교육사철학 연구모임, 「교육사상의 역사」, 집문당, 2009
고재희, 「통합적 접근의 교육방법 및 교육공학」, 교육과학사, 2008
공석영, 「생활지도와 상담」, 동문사, 2001
교육법전편찬회, 「교육법전」, 교학사, 2001
구병두·김범준, 「교육과정 및 교육평가」, 공동체 2007
금장태, 「한국유교의 과제」, 서울대학교출판부, 2004
권건일, 「교육학개론」, 양서원, 2000
권기욱 외, 「교육행정의 이해」, 원미사, 2000
권낙원·민용성·최미정, 「학교교육과정 개발론」, 학지사, 2008
권낙원·김민환·한승록·추광재, 「교사를 위한 교육과정론」, 공동체, 2011
권대훈, 「교육평가」, 학지사, 2008
권순달, 「교육연구의 이해」, 양서원, 2000
권순희 외 4명, 「다문화 사회와 다문화 교육」, 교육과학사, 2010
권이종, 「신교육사회학탐구」, 교육과학사, 1998
권태환·홍두승·설동훈, 「사회학의 이해」, 다산출판사, 2010
기순신, 「교사론」, 학지사, 2002
길병휘 외, 「교사교육 : 반성과 실제」, 교육과학사, 2004
길병휘 외, 「교육연구의 질적 접근」, 교육과학사, 2001
길형석·손충기, 「교육과정과 교육평가」, 동문사, 2001
김경식·곽성기·박혜신, 「교육방법공학」, 교육과학사, 2001
김경이 외, 「교직의 이해」, 문음사, 2001
김계현 외, 「학교상담과 생활지도」, 학지사, 2009

김계현,「상담심리학」, 학지사, 1995
김광기,「논술의 전략과 실제」, 도서출판AJ, 2011
김귀성 외,「교육학개론」, 형설출판사, 2001
김기태·조평호,「미래지향적 교사론」, 교육과학사, 2003
김남순,「교육행정과 교육경영」, 교육과학사, 2002
김대현 외,「교육과 교육학」, 학지사, 2008
김대현·김석우,「교육과정 및 교육평가」, 2001
김동위,「교육사회학 신강」, 교육과학사, 2001
김동환·권낙원,「교육과정과 평가」, 상조사, 2002
김병성,「교육과 사회」, 학지사, 1995
김병성,「교육연구방법」, 학지사, 2001
김병희 외,「교육사회학」, 공동체, 2009
김병희,「교육철학 및 교육사」, 공동체, 2007
김봉환 외,「진로상담이론」, 학지사, 2010
김봉환 외,「학교진로상담」, 학지사, 2007
김석우,「교육연구법」, 학지사, 2002
김석우·김대현,「교육과정 및 교육평가」, 학지사, 2001
김석우·최태진,「교육연구방법론」, 학지사, 2008
김수천,「교육과정과 교과」, 교육과학사, 1999
김순택,「현대수업원론」, 교육과학사, 1999
김신일,「교육사회학」, 교육과학사, 2010
김신일·박부권,「학습사회의 교육학」, 학지사, 2006
김신일·한숭희, 평생교육학 : 동향과 과제, 교육과학사, 2001
김신자·이돈희·황정규,「교육학개론」, 교육과학사, 1998
김신자·이인숙·양영선,「교육공학의 이론과 실제」, 문음사, 2001
김아영 외,「교육심리학」, 학문사, 2001
김억환,「신교육사회학입문」, 박영사, 1988
김언주·구광현,「신교육심리학」, 문음사, 1999
김영천,「현장교사를 위한 교육평가」, 문음사, 2007
김영화,「교육사회학」, 교육과학사, 2010
김윤섭,「교육행정학의 기초」, 양서원, 2001
김윤태,「교육행정·경영 및 정책의 탐구」, 동문사, 2000
김인식·정찬기오·권요한,「교육과정 및 교육평가」, 교육과학사, 1999
김인식·최호성,「최신 교육과정 및 평가」, 교육과학사, 2001
김인회,「교육사·교육철학 신강」, 문음사, 1985
김재춘 외,「교육과정과 교육평가」, 교육과학사, 2000
김재춘,「수준별 교육과정의 이해」, 교육과학사, 1999
김재춘·부재율·소경희·채선희,「교육과정과 교육평가」, 교육과학사, 2002
김정한,「장학론」, 학지사, 2004
김정한,「장학론—이론·연구·실제」, 학지사, 2004
김정환·강선보,「교육학개론」, 박영사, 1998

김정환·강선보, 「교육철학」, 박영사, 1988
김제진, 「교육심리학」, 양서원, 1999
김종미 외, 「교육심리학」, 학지사, 2007
김종서 외, 「평생교육개론」, 교육과학사, 2002
김종서·김신일·한숭희·강대중, 「평생교육개론」, 교육과학사, 2009
김종서·이영덕·황정규·이홍우, 「교육과정과 교육평가」, 교육과학사, 2000
김종화, 「교육행정과 경영이론」, 형설출판사, 2000
김진규, 「교육과정과 교육평가」, 동문사, 2002
김진호·최철용·강병제·박혜경, 「교육방법의 기초」, 문음사, 2002
김창걸, 「교육행정 및 교육경영의 이론과 실제의 탐구」, 형설출판사, 2003
김창환, 「인본주의 교육사상」, 학지사, 2008
김천기, 「교육의 사회학적 이해」, 학지사, 2008
김충기, 「생활지도·상담·진로지도」, 교육과학사, 2001
김충기·김현옥, 「진로교육과 진로상담」, 건국대학교 출판부, 2000
김호권, 「현대교수이론」, 교육출판사, 1995
김흥규, 「최신교육사회학」, 형설출판사, 2003
권대훈, 「교육심리학의 이론과 실제」, 학지사, 2006
나동진, 「교육심리학」, 학지사, 2008
나일주·정인성, 「교육공학의 이해」, 학지사, 2000
노안영, 「상담심리학의 이론과 실제」, 학지사, 2005
노종희, 「교육행정학 이론과 연구」, 문음사, 2002
목영해, 「현대교육사상」, 문음사, 2009
문선모, 「생활상담 이론과 실제」, 양서원, 2003
문은식·박선환·정미경, 「교육심리학」, 공동체, 2008
민디 L 몬하버 외 공저, 신화식 역, 「다중지능 학교사례」, 교문사, 2008
민영순, 「교육심리학」, 문음사, 1998
박도순 외, 「신교육학개론」, 문음사, 2002
박도순, 「교육연구방법론」, 문음사, 2002
박도순, 「교육평가-이해와 적용」, 교육과학사, 2008
박도순·홍후조, 「교육과정과 교육평가」, 문음사, 2000
박성수·김창대·이숙영, 「상담심리학」, 한국방송통신대학교출판부, 2008
박성식, 「교육행정 관리론」, 학지사, 1998
박성익 외, 「교육공학탐구의 새 지평」, 교육과학사, 2006
박성익 외, 「교육방법의 교육공학적 이해」, 교육과학사, 2018
박성익·임청일·이재경·최정임, 「교육방법의 교육공학적 이해」, 교육과학사, 2007
박세훈 외, 「교육행정 및 교육경영」, 학지사, 2007
박숙희·염명숙·이경희, 「교육방법 및 교육공학」, 학지사, 2001
박승배, 「교육과정학의 이해」, 학지사, 2009
박승배, 「교육비평-엘리어트 아이즈너의 질적연구방법론」, 교육과학사, 2006
박연호, 「논문으로 읽는 교육사」, 문음사, 2006
박영숙, 「심리평가의 실제」, 하나의학사, 1994

박원희·장진섭·하미경, 「교육연구방법과 통계분석」, 양서원, 2002
박의수·강승규·정영수·강선보, 「교육의 역사와 철학」, 공문사, 1995
박준영, 「교육의 철학적 이해」, 교육과학사, 2009
박천환, 「교육심리학의 통계적 방법」, 원미사, 2000
박해용, 「청소년을 위한 서양철학사」, 두리미디어, 2002
박현주, 「교육과정 개발의 모형과 실제」, 교육과학사, 2005
배석영 외, 「평생교육개론」, 양서원, 2007
백순근, 「교육연구 및 통계분석」, 교육과학사, 2005
백영균 외, 「교육방법 및 교육공학」, 학지사, 2004
백영균 외, 「유비쿼터스 시대의 교육방법 및 교육공학」, 학지사, 2006
변영계, 「교수-학습이론의 이해」, 학지사, 2000
변영계·김영환·손미, 「교육방법 및 교육공학」, 학지사, 2001
변영계·김영환·손미, 「교육방법 및 교육공학 3판」, 학지사, 2009
변창진·최진승·문수백·김진규·권대훈, 「교육평가」, 학지사, 2001
서봉연 역, 「발달이론」, 중앙적성출판사, 1999
서울대학교교육연구소편, 「교육학 용어사전」, 하우동설, 2002
서울대학교교육연구소편, 「교육학 대백과사전1, 2, 3」, 하우동설, 1999
서정혁, 「논술교육, 읽기가 열쇠다」, 커뮤니케이션북스, 2008
성태제, 「교육연구방법의 이해」, 학지사, 2002
성태제, 「현대교육평가」, 학지사, 2003
성태제·시기자, 「연구방법론」, 학지사, 2009
성태제·강대중·강이철 외, 「최신 교육학개론」, 학지사, 2018
손준종, 「교육사회학」, 문음사, 2008
송병순 외, 「교육사회학」, 문음사, 2005
송인섭 외, 「교육과정 및 교육평가」, 양서원, 2001
신경림, 조명옥, 양진향 외, 「질적 연구 방법론」, 이화여자대학교출판부, 2008
신군자, 「새로운 교육사회학」, 집문당, 2001
신동로, 「교육과정과 교육평가」, 교육과학사, 2001
신득렬, 「교육사상사」, 학지사, 2006
신득렬, 「현대교육철학」, 학지사, 2004
신득렬·이병승·우영효·김희용, 「교육철학 및 교육사」, 양서원, 2008
신명희 외, 「교육심리학의 이해」, 학지사, 1998
신종호, 「연구로 본 교육심리학」, 학지사, 2008
신중식·강영삼, 「교육행정·경영론」, 교육출판사, 2001
신차균·안경식·유재봉, 「교육철학 및 교육사의 이해」, 학지사, 2006
신철순, 「교육행정 및 경영」, 교육과학사, 1998
신현석, 안선회 외, 「학습사회의 교육행정 및 교육경영」, 학지사, 2015
심우엽, 「교육심리학」, 교육과학사, 2000
안병환 외, 「교육행정 및 교육경영」, 공동체, 2008
안창선·남경헌·이욱범, 「교사론」, 교육과학사, 2000
연세대학교교육철학연구회 편, 「위대한 교육사상가들 Ⅰ, Ⅱ, Ⅲ, Ⅳ, Ⅴ, Ⅵ, Ⅶ」, 교육과학사, 2008

오성삼·구병두, 「교육과성 및 평가의 이해」, 학지사, 2002
오성삼·권순달, 「교육평가」, 쿠북, 2010
오욱환, 「교육사회학의 이해와 탐구」, 교육과학사, 2006
오은경 외, 「교육행정 및 교육경영」, 학지사, 2005
오인탁·최종욱 외, 「해석학과 정신과학적 교육학」, 사회평론, 1996
오인탁 외 5명, 「대안교육의 뿌리를 찾아서 – 새로운 학교교육문화운동」, 학지사, 2006
오천석, 「스승」, 교육과학사, 1999
유광찬, 「교육과정의 이해」, 교육과정사, 2006
유구종, 「교육통계」, 창지사, 2000
유현옥·정민승, 「여성교육개론」, 한국방송통신대학출판부, 2012
윤가현 외, 「심리학의 이해」, 학지사, 2009
윤여각, 「원격대학교육의 이해」, 한국방송통신대학교출판부, 2012
윤여각, 정민승, 오혁진, 평생교육론, 한국방송통신대학교 출판부, 2012
윤운성·김홍운, 「생활지도와 상담」, 양서원, 2001
윤정일 외, 「교육의 이해」, 학지사, 1997
윤정일·송기창·조동섭·김병주, 「교육행정학원론」, 학지사, 2008
윤정일·신득렬·이성호·이용남·허형, 「교육의 이해」, 학지사, 2000
이강무, 「청소년을 위한 세계사」, 두리미디어, 2003
이군현, 「교육행정 및 경영」, 형설출판사, 2001
이동주·임철일·임정훈, 「원격교육론」, 한국방송통신대학교출판부, 2012
이병래, 「유아교사론 강의」, 학지사, 2008
이병창, 「현대사상사」, 먼빛으로, 2009
이복희·김종표·김지환, 「청소년 교육론」, 학지사, 2008
이성은, 「학교변화와 열린행정」, 교육과학사, 2008
이성진, 「교육심리학 서설」, 교육과학사, 2001
이성진 외, 「교육심리학 서설」, 교육과학사, 2009
이성진, 「행동수정」, 교육과학사, 2005
이성호, 「교육과정 개발과 평가」, 양서원, 2006
이성호, 「교육과정론」, 양서원, 2009
이영만, 「통합교육과정」, 학지사, 2001
이용남 외, 「신교육심리학」, 학지사, 1999
이원호, 「그림과 사진으로 보는 교육의 역사」, 문음사, 2003
이원희 외, 「교육과정과 수업」, 교육과학사, 2008
이유기, 「교육공학」, 교육출판사, 2000
이윤식 외, 「교직과 교사」, 학지사, 2008
이인숙·한승연·임병노, 「교육공학·교육방법」, 문음사, 2010
이인학 외, 「최신 교육의 이해」, 학지사, 2008
이장호, 「상담심리학」, 박영사, 1996
이지헌 외, 「교육학의 이해」, 학지사, 2005
이찬교·김재웅, 「교육행정」, 한국방송대학교출판부, 2000
이칭찬, 「교사론」, 동문사, 2001

이칭찬·이의길, 「교육방법 및 교육공학」, 태영출판사, 2008
이칭찬·신민희, 「신 교육방법 및 교육공학」, 동문사, 2002
이해명, 「교육과정이론」, 교육과학사, 2000
이해주·최운실·권두승, 「평생교육프로그램 개발」, 한국방송통신대학교출판부, 2008
이형행·권영성, 「교육학개론」, 공동체, 2010
이형행·고훈, 「교육행정론」, 양서원, 2001
이홍우, 「교육의 개념」, 문음사, 2004
이홍우, 「교육의 목적과 난점」, 교육과학사, 2001
이홍우·유한구·장성모, 「교육과정 이론」, 교육과학사, 2004
이화여자대학교교육공학과, 「21세기 교육방법 및 교육공학」, 교육과학사, 2001
임규혁, 「학교학습효과를 위한 교육심리학」, 학지사, 1996
임규혁·임웅, 「학교학습효과를 위한 교육심리학」, 학지사, 2010
임연기·최준렬, 「교육행정 및 경영 탐구」, 공동체, 2010
임인재·김신영·박현정, 「심리측정의 원리」, 학연사, 2006
임재윤, 「교육의 역사와 사상」, 문음사, 2004
임정훈·한기순·이지연, 「교육심리학」, 양서원, 2008
임정훈·한기순·이지연, 「교육심리학」, 양서원, 2008
임태평, 「루소와 칸트 교육에 관하여」, 교육과학사, 2008
장혁표, 「생활지도의 이론과 실제」, 형설출판사, 2000
전성연 외 공저, 「현대 교수학습의 이해」, 학지사, 2007
전성연, 「교수-학습이론의 이론적 탐색」, 원미사, 2001
전성연·이흔정, 「교육과정의 이해」, 학지사, 2002
전성연·김수동 역, 「교수-학습 이론」, 학지사, 2000
정민승·임진영·이지혜, 「생애발달과 교육」, 한국방송통신대학교출판부, 2008
정영근 외, 「교육의 역사와 철학」, 문음사, 2002
정영근·임상록·김미환·최종인, 「서양교육사」, 문음사, 2005
정영수 외, 「교육의 역사와 철학」, 동문사, 1998
정옥분, 「전생애 인간발달이론」, 학지사, 2007
정우현, 「교육사회학연구」, 교육과학사, 1997
정원석, 「논술의 정답」, 행복한미래, 2011
정종진, 「교육평가의 원리」, 교육출판사, 2002
정종진, 「교육평가의 이해」, 양서원, 1999
정찬기오 외, 「실기교육방법론」, 공동체, 2010
정찬기오·문승한, 「교육과정 및 교육평가 특론」, 교육과학사, 1997
정찬기오·백영균·한승록, 「교육방법 및 교육공학」, 양서원 2000
정태범, 「교원교육의 방향과 과제」, 양서원, 2002
정태범, 「교육행정의 발전방향」, 양서원, 2002
정태범, 「교육행정학 기초와 발전」, 양서원, 2000
정태수·안기성·윤정일·윤용식, 「교육행정 재정사」, 한국교육사학회, 2000
조경원 외, 「서양교육의 이해」, 교육과학사, 2005
조규락·김선연, 「교육방법 및 교육공학-교육공학의 3차원적 이해」, 학지사, 2008

조성일·김숙의·신재흡·최혜영·김희인, 「교육방법과 교육공학」, 동문사, 2002
조승제, 「교육과정과 평가」, 교육과학사, 2002
조연순·성진숙·이혜주, 「창의성 교육」, 이화여자대학교출판부, 2009
조현규, 「동양윤리사상의 이해」, 새문사, 2003
조화태·유현옥, 「교육고전의 이해」, 한국방송통신대학교출판부, 2012
조화태·윤여각·김재웅·강태중, 「평생교육개론」, 한국방송통신대학교출판부, 2008
조화태·정재걸, 「교육사」, 한국방송통신대학교출판부, 2001
주삼환 외, 「교육행정 및 교육경영」, 학지사, 2003
주영흠·이승원·심승환 공저, 「교육철학 및 교육사」, 신정, 2010
진동섭·이윤식·김재웅, 「교육행정 및 학교경영의 이해」, 교육과학사, 2018
진동섭·홍창남·김도기, 「학교경영컨설팅과 수업컨설팅」, 교육과학사, 2009
진영은, 「교육과정-이론과 실제」, 학지사, 2003
차경수·최충옥·이미나, 「교육사회학의 이해」, 양서원, 2000
차석기, 「교육사 교육철학」, 집문당, 1994
채석용, 「논증하는 글쓰기의 기술」, 소울메이트, 2011
최동근·양용칠·박인우, 「교육방법의 공학적 접근」, 교육과학사, 2001
최명선, 「해석학과 교육-교육과정사회학 탐구」, 교육과학사, 2006
최호성, 「교육과정 및 평가-이해와 응용」, 교육과학사, 2008
표시열, 「교육법-이론·정책·판례」, 박영사, 2008
한국교원단체총연합회 편저, 「예비교원을 위한 교사론」, 교육과학사, 2000
한국교육과정학회 편, 「교육과정 : 이론과 실제」, 교육과학사, 2002
한국진로교육학회 편, 「진로교육의 이론과 실제」, 교육과학사, 1999
한국초등상담교육학회, 「초등학교 생활지도와 상담」, 학지사, 2006
한명희·고진호, 「교육의 철학적 이해」, 문음사, 2005
한상길 외, 「교육학개론」, 공동체, 2007
한상길, 「평생교육론」, 공동체, 2009
한숭희, 「평생교육론」, 학지사, 2008
한숭희, 학습사회를 위한 평생교육론, 학지사, 2009
한정선 외, 「교육공학」, 교육과학사, 2004
한정선 외, 「교육방법 및 교육공학」, 교육과학사, 2008
허숙·유혜령, 「교육현상의 재개념화」, 교육과학사, 2007
허재욱, 「신교육법요론」, 형설출판사, 2003
황정규, 「학교학습과 교육평가」, 교육과학사, 2001
황정규·이돈희·김신일, 「교육학개론」, 교육과학사, 2004
Alan Januszewski·Michael Molenda 저, 한정선 외 공역, 「교육공학-정의와 논평」, 교육과학사, 2009
Albert Revle 저, 정영근 외 3인 공역, 「서양교육사」, 문음사, 2005
Allan C. Ornstein·Francis P. Hunkins 저, 장인실 외 공역, 「교육과정-기초, 원리, 쟁점」, 학지사, 2007
Antia E. Woolfolk 저, 김아영 외 5인 공역, 「교육심리학」, 학문사, 1997
Charles M. Reigeluth 저, 최욱 외 공저, 「교수설계 이론과 모형」, 아카데미프레스, 2010
Cornel M. Hamm 저, 김기수·조무남 역, 「교육철학탐구」, 교육과학사, 2003
D. Jean Clandinin·F. Michael Connelly 저, 소경희 외 공역, 「내러티브 탐구」, 교육과학사, 2007

David A. Lieberman 저, 이관용·김기중 역, 「학습심리학」, 교육과학사, 1998
Earl Babbie 저, 고성호 외 10인 공역, 「사회조사방법론」, 도서출판 그린, 2011
George E. Vaillant 저, 한성열 역, 「성공적인 삶의 심리학」, 나남출판, 1997
George J. Posner 저, 최호성 외 역, 「교육과정 설계의 이론과 실제」, 시그마프레스, 2007
George Ritzer 저, 한국이론사회학회 역, 「현대 사회학 이론과 그 고전적 뿌리」, 박영사, 2006
Gerald Corey 저, 김충기·김형옥 역, 「상담과 심리치료의 원리와 실제」, 성원사, 1993
Gerald Corey 저, 조현춘·조현재 역, 「심리상담과 치료의 이론과 실제」, 시그마프레스, 2004
Gerald Corey 저, 현명호·유제민·이정아·박지선 역, 「통합적 상담 사례중심의 접근」, 시그마프레스, 2006
H. A. Giroux 저, 한중상 외 역. 「교육과정 논쟁」, 집문당, 1991
Helmut Danner 저, 조상식 역, 「독일교육학의 이해」, 문음사, 2004
Howard H. Kendler 저, 「심리학사」, 학문사, 2000
Jean Jacques Rousseau 저, 이환 역, 「에밀」, 돋을새김, 2008
John D. McNeil 저, 전성연·이흔정 공역, 「교육과정의 이해」, 학지사, 2002
John Dewey 저, 이홍우 역, 「민주주의와 교육」, 교육과학사, 2008
John W. Creswell 저, 조홍식 외 공역, 「질적 연구방법론」, 학지사, 2010
Judith S. Beck 저, 최영희·이정흠 역, 「인지치료의 이론과 실제」, 하나의학사, 1997
Lorin W. Anderson·David R. Krathwohl 외 공저, 강현석 외 공역, 「교육과정 수업평가를 위한 새로운 분류학」, 아카데미프레스, 2005
Margaret E. Gredler 저, 이경화 외 공역, 「교수-학습의 이론과 실제」, 아카데미프레스, 2006
Mary Alice Gunter 외 공저, 권낙원 역, 「수업모형」, 아카데미프레스, 2010
Mindy·Edward·Shirley 공저, 신화식·김명희, 「다중지능 학교사례」, 교문사, 2008
Murray Print 저, 강현석 외 공역, 「교육과정 개발과 설계」, 교육과학사, 2006
Paul A. Alberto·Anne C. Troutman 공저, 이효신 역, 「교사를 위한 응용행동분석」, 학지사, 2009
Paul Eggen·Don Kauchak 공저, 신종호 외 공역, 「교육심리학」, 학지사, 2009
Paul Ricoeur, 윤철호 역, 「해석학과 인문사회과학」, 서광사, 2003
R. J. Sternberg 저, 임웅 역, 「창의성, 그 잠재력의 실현을 위하여」, 학지사, 2009
R. L. Nettleship 저, 김안중·홍윤경 역, 「플라톤의 국가론 강의」, 교육과학사, 2010
Richard E. Palmer 저, 이한우 역, 「해석학이란 무엇인가」, 문예출판사, 2011
Rob Moore 저, 손준종 역, 「교육사회학의 쟁점-교육과 사회」, 학지사, 2010
Rober E. Slavin 저, 강갑원 외 5인 공역, 「교육심리학」, 시그마프레스, 2004
Robert B. McCall 저, 김기중 역, 「기초 심리 통계학」, 법문사, 1998
Robert J. Sternberg 저, 김정희 역, 「지혜, 지능 그리고 창의성의 종합」, 시그마프레스, 2004
Samuel Enoch Stumpf·James Fieser 공저, 이광래 역, 「소크라테스에서 포스트모더니즘까지」, 열린책들, 2011
T. J. Newby 외 공저, 노석준 외 공역, 「교수·학습을 위한 교육공학」, 학지사, 2008
Thomas J. Sergiovanni·Robert J. Starratt 공저, 오은경 외 공역, 「장학론」, 아카데미프레스, 2008
Uwe Flick 저, 임은미 외 5인 공역, 「질적연구방법」, 한울아카데미, 2009
William Boyd 저, 이홍우·박재문·유한구 역, 「서양교육사」, 2008

이경범

고려대학교 대학원 졸업(교육심리 전공)
서울대, 한국교원대, 부산대 외 다수 대학교 초빙교수
2011 EBS 교육학 대표 교수
전) 이그잼, 아이티칭 교육학 교수
전) 박문각 임용고시학원, 티치스파 교육학 교수
전) 임용단기 교육학 논술 대표 교수
현) 공단기 교육학 대표 강사
현) 윌비스임용고시학원 교육학 교수

교육학 논술 KTX(X-file ver.)

발행일·2024년 1월 5일 초판 1쇄
저 자·이경범 | 발행인·이경범 | ISBN 979-11-982585-7-1(14370) 979-11-982585-6-4(세트)
발행처·씨엘웍스 | 주소·서울시 영등포구 국회대로54길 2, 1202호
주문 및 배본처 | Tel·02) 785-3088 | Fax·02) 786-3088

본서의 無斷轉載·複製를 禁함 | 본서의 무단 전재·복제행위는 저작권법 제136조에 의거 5년 이하의 징역 또는 5,000만 원 이하의 벌금에 처하거나 이를 병과할 수 있습니다. | 파본은 구입처에서 교환하시기 바랍니다.

정가 35,000원

교육학 논술

이경범 편저

- 체계적으로 정리된 교육학 핵심이론
- 효율적인 학습에 최적화된 구성
- 이론과 기출을 한번에 정리해주는 족보 제공(X-file)

X-file ver.

KTX

교 육 학 논 술 K T X

CONTENTS

교육학 논술 KTX

01. 교육사상가 및 교육철학 — 4
02. 교육심리 — 8
03. 생활지도 및 상담 — 18
04. 교육사회 — 24
05. 교육행정 — 32
06. 교수학습이론 — 42
07. 교육공학 — 48
08. 교육과정 — 52
09. 교육평가 — 58
10. 교육통계 및 연구 — 62
11. 교사론 — 66
12. 2022개정 교육과정 총론 — 68

01 교육사상가 및 교육철학

● 전통적 교육철학

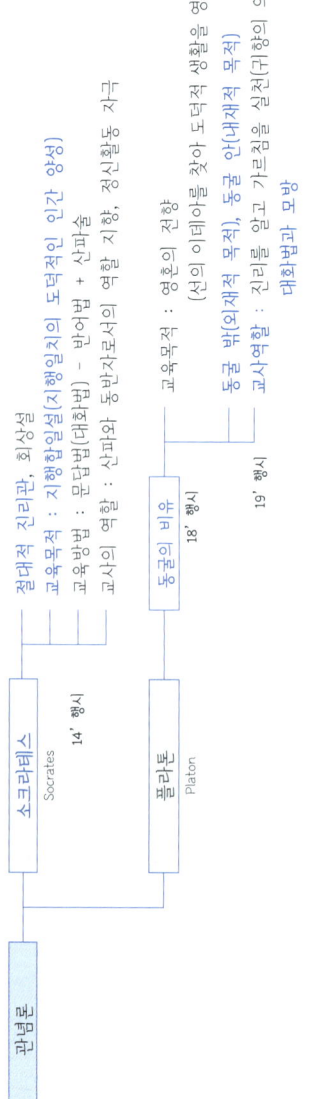

학습내용 인출하기

[2014 행시] 기원전 5세기경 아테네에서는 소크라테스를 비롯한 소피스트들에 의한 교육이 활발하였다. 하지만 소크라테스의 교육은 다른 소피스트들의 교육과는 여러 가지 면에서 차이를 보였다. 이와 관련하여 1) 소크라테스와 다른 소피스트들의 차이를교육의 동기와 목적 측면에서 서술하고, 2) 소크라테스와 다른 소피스트들의 차이가 오늘날 우리 교육의 현실에 어떤 시사점을 주는지 논의의 강화 측면에서 서술하시오.

[2019 행시] 다음 제시문의 입장을 가정하고 있는 교사의 역할을 설명하시오.

교육이란 진리를 동경하게 하는 작용이다. 다시 말해, 교육이란 가볍게(可輕者, 인간 개개인)가 불멸자(不滅者, 완성된 인류)가 되기 위한 덕의 이데아로 가르치고 할 수 있다. 부부가 육체적 교섭에 의해 자녀를 낳듯이, 교사와 학생은 서로 교섭하여 진리를 낳는다.

[2018 행시] 다음은 플라톤이 『국가』에서 말씀한 '동굴의 비유'에 대한 인용문이다. (가)~(다) 각각 어떠한 교육적 상황을 나타내는지 구체적으로 설명하시오.

(가) 땅 밑에 동굴과 비슷한 거처가 있고, 거기서 사람들은 살고 있다고 하세. 이 거처는 빛이 들어오도록 열려 있는 동굴의 입구에서 가장 멀리 떨어져 있네. 여기서 사람들은 어려서부터 다리와 목이 묶여 있어서 같은 자리에만 머물러 있으며, 쇠사슬 때문에 머리를 뒤로 돌릴 수가 없이 오직 앞만 볼 수 있을 뿐이네. 그러나 그들 뒤쪽 멀리에서는 불빛이 타오르고 있네, 불과 죄수들 사이에는 길이 하나 있는데 그 길을 따라 담장이 세워져 있는 걸 상상해 보게.

(나) 가장 이들 중에서 누군가가 풀려나서는 갑자기 일어서서 목을 돌리고 걸어가 그 불빛 쪽으로 쳐다보도록 강요받을 경우에, 그는 이 모든 걸 하면서 고통스러워할 것이고, 또한 눈부심 때문에 그 그림자들만 봤을 때에는 실물들을 볼 수가 없을 것이네. ⋯⋯(중략)⋯⋯ 만약에 그 그래도 그 불빛 자체를 보도록 강요한다면, 그는 눈이 아파서, 자신이 바라볼 수 있는 것들을 향해 달아나며 할 걸세.

(다) 자연에는 그림자들을 제일 쉽게 볼 것이고, 그 다음으로는 물속에 비친 사람들이나 또는 다른 것들의 상(像)을 보게 될 것이네. 실물들은 그런 뒤에야 보게 될 걸세. 또한 이것들에서 더 나아가, 하늘에 있는 것들과 하늘 자체를 밤에 별빛과 달빛을 봄으로써 더 쉽게 관찰하게 될 걸세. 낮에 해와 햇빛을 봄으로써 그것들을 관찰하는 것보다도 말일세.

[2017 행시] 그리스어로 국가(schole)는 학교(school)의 어원이 되는 용어이다. 아리스토텔레스가 말하는 '여가' 개념을 학교에서 가르치는 지식의 성격과 관련지어 설명하시오.

[2015 중등] 교육의 목적을 자유교육(liberal education)의 관점에서 논하시오.

[2019 행시] 다음 제시문이 1) 교육의 역할과 2) 한국 교육의 문제점을 논하시오.

교육의 목적은 자연 설리의 한 부분인 자연과 인간 본성에 의존해야 한다. 자연은 감각기관을 통해 이해할 수 있다. 따라서 감각은 실제에 대한 지식의 근본이 된다. 자연의 과정을 느끼고 점진적이며 진보적으로 발전하기에, 교육 또한 서두르지 않아야 한다.

[2019 행시] 19세기 신인문주의는 지나치게 이성만 강조했던 18세기 계몽사상에 반기를 들고 인간의 정서와 감정을 바탕으로 인간의 조화로운 발달을 추구하였다. 이 시기의 교육사상가인 페스탈로치(Pestalozzi)도 교육의 목적을 '인간성 개발'로 보았다. 1) 그가 교육을 통해 개발하고자 했던 인간성의 구성요소를 설명하고, 2) 그의 입장에서 우리 교육의 현실을 비판적으로 논하시오.

[2012 행시] 헤르바르트(J. F. Herbart)는 수업과 '교육적이지 못한 수업'으로 구분하면서, 수업에서 흥미를 강조한다. 그에 의하면 흥미는 수업의 수단이 아니라 목적이다. 헤르바르트가 주창한 교육적 수업의 다면적 흥미의 개념을 설명하고, 교육적 시사점을 논하시오.

학습내용 인출하기

[2017 행시] 프래그머티즘(pragmatism)을 교육에 적용한 존 듀이(J.Dewey)의 교육사상을 '도구주의'라고 한다. 듀이가 말하는 도구주의 의미, 그리고 지식을 습득하는 원리를 제시하고 설명하시오.

[2014 행시] 현재 우리나라의 학령인구는 점차 감소하여 2018년을 기준으로 대학의 입학정원과 고등학교 졸업생의 숫자가 같아지며, 그 이후에는 대학 입학정원이 고등학교 졸업생수를 초과하게 될 전망이다. 이에 정부는 최근 대학교육의 실태를 평가하여 정원 조정, 학과 통폐합 등 구조 개혁을 추진하고 있다. 그런데 대학에 대한 평가기준으로 취업률 등 주요 지표로 강조되면서 대학교육의 목적 및 성격에 대한 논의가 활발하게 이루어지고 있다. 이와 관련하여 본질주의 입장에서 고등교육의 목적 및 성격에 대하여 설명하고, 우리나라 고등교육 구조 개혁의 방향에 대해 시사점을 제시하시오.

● 미국의 4대 교육철학

진보주의
- 자연주의 + 프래그머티즘 : 아동의 흥미중심, 경험중심 교육과정, 현재 생활에 적응, 전인평가
- 교육목적 : 현재 생활에 적응
- 교육내용 : 경험중심 교육과정
- 교육방법 : 듀이의 문제해결학습법, 킬패트릭의 구안법 → 흥미 중시, 자율학습

  듀이 (Dewey)
  - 성장으로서의 교육, 소형사회로서의 학교, 반성적 사고,
    경험의 연속으로서의 교육, 사회성 함양의 도덕교육

14' 행시
본질주의
흥미보다 노력 중시, 교사 주도성 강조, 아동의 흥미뿐 아니라 사회적 요구에도 중점
- 교육목적 : 본질적 문화유산의 전달(보편성, 불변적, 근본적, 객관적, 전통적인 것이 전달)
  진보주의 '흥부' 비판
- 교육내용 : 고전, 3R's의 철저한 훈련 – 역사·과학·문학·예술 훈련
- 교육방법 : 교사의 지시·명령·감독에 의한 교육

항존주의
- 교육목적 : 절대적이고 영원한 이성·영혼의 훈련
- 교육내용 : 위대한 고전들
- 교육방법 : 교사의 훈련과 지시·강압
- 허친스(Hutchins) : 고전독서운동
- 아들러(J. Adler) : 「파이데이아제안」 – '모든 학생을 위한 동일한 교육과정'
  진보주의 '진면' 비판

재건주의
- 미래목표지향적, 다수(민중)의 참여, 교육은 사회개조의 가장 큰 수단
- 기존사상들의 한계를 비판 ┬ 진보주의의 개인적 차이실현을 비판
                          ├ 본질주의의 교육내용은 과거 지향적이라고 비판
                          └ 항존주의의 엘리트교육을 비민주적이라고 비판
- 교육목적 : 사회적 자아실현
- 교육내용과 방법은 매우 다양함
진보, 본질, 항존 모두 비판

교육학 논술 KTX (X-file ver.)

학습내용 인출하기

[2018 행시] 다음 인용문을 읽고, 1) 아래 제시된 실존적 만남이 구체적 사례를 들어 설명하고, 2) 아래 나타난 관점에 비추어, 오늘날 학교교육 현실에서 교사와 학생, 학생과 학생 간의 관계에서 발생될 수 있는 문제점과 그 개선방안에 대하여 논하시오.

- '만남'은 인간의 내면적 해석에 접근하는 것을 이해한다. 이러한 '만남'을 통하여 때로 일정한 계몽과 기대를 가지고 싶던 나의 실제가 뒤집히고, 전혀 새로운 출발을 하게 될 수도 있다. '만남'은 단순한 마주침과 구별된다. 마주침은 교사가 미리 예측되고 계획된 것이며 반면에, '만남'은 전혀 돌발적인 것이다. 이 같은 '만남'의 사전에 심지어 한 인간을 그때까지의 순조적인 삶의 여정에도 탐파하도록 할 정도로 새로운 출발점으로 몰아가는 매우 불확정적인 사건이다.
  — O.F. Bollnow, 『실존철학과 교육학』 중에서

- 근본적인 개념인 '나-너'는 오직 '존재'를 기술하기 위해서만 말해질 수 있다. 존재로 모아지고 녹아지는 것은 결코 나의 힘으로 되는 것이 아니다. 그러나 '나' 없이는 결코 이루어질 수 없다. '나'는 '너'로 인하여 '나'가 된다. '나'가 되면서 '너'라고 말한다. 참된 삶은 '만남'이다.
  — M. Buber, 『나와 너』 중에서

[2016 행시] 다음 인용문은 지식교육의 난점을 지적하고 있다. 그 난점이 무엇인지 구체적인 사례를 들어 설명하고, 이를 극복할 수 있는 교육적 방안을 제시하시오.

- '사고의 형식' 내지 '사물을 보는 틀'에는 어느 것이나 반드시 그 자체의 사정 기준이 있다. 그 사고의 형식 안에 들어와 있다는 것은 그 기준을 이해하고 소중히 여긴다는 뜻이다. 이러한 헌신이 없을 때, 사고의 형식이 가진 거의 무의미해진다. 우리는 헌신이나 소중히 여기는 태도를 결정했다는 점에서 외적인 지식이 가진 사람을 '교육받은' 사람이라고 부르지 않을 것이다. — R. S. Peters, 『Ethics and Education』 중에서

[2015 행시] 제2차 세계대전 직전의 이른바 프랑크푸르트 학파로 함께 지칭된 일군의 사회이론가들에 의해 시작된 '비판이론(Kritische Theorie, Critical Theory)'은 오늘날의 한국 교육을 바라보는 데도 중요한 시사점을 제공한다. 비판이론의 관점을 초기 프랑크푸르트 학파 이론가들이 전개한 이성 비판을 중심으로 설명하고, 이를 근거로 현대 한국교육의 문제점을 분석하고 그 개선 방향을 제시하시오.

현대의 교육철학

실존주의
"주체성이 진리이다"
"실존은 본질을 앞선다"
18' 행시

판념론, 실증주의에 대한 비판, 비인간화에 대한 반항으로 등장

사르트르 (Sartre) — 실존은 순정성 (자유의지-선택-책임)

부버 (Buber)
- 교육내용: 개개인의 개성을 존중을 다양한 교과목을 통한 전인교육, 삶의 어두운 측면까지 포함하는 진솔한 교육
- 교육방법: 교사와 학생 간의 진도 관계, 인격적 만남과 대화
- 나-너 관계의 특성: 상호성, 직접성, 현재성, 강렬성, 표현불가능성
- 교사-학생의 바람직한 만남(실존적 만남)
  : 상호 인격적 만남, 상호 주체적 만남, 상호 개성의 조화적 관계, 대화적 만남, 상호 포용적 만남, 구도적 동반자로서 만남

볼노우 (Bollnow) — 비연속적 교육

분석적 교육철학
"의미의 철학"

사고의 명확성, 추리의 일관성 강화됨, 일반적인 결과와, 지식의 사실적 타당성 확립, 지식의 개념화, 규범무사상

피터스 (Peters) 16' 행시
- 교육의 준거
  - 규범적 준거
  - 인지적 준거
  - 과정적 준거
- 교육목적
- 교육내용
- 교육방법 — 선험적 정당화, 내재적 교육목적

비판이론
"소외로부터 해방 추구"

실증주의 또는 과학주의 비판, 인간의 능동성 강조

하버마스 (Habermas) 15' 행시
- 교육목적: 의사소통적 합리성 ↔ 도구적 합리성(목적보다는 수단, 방법/능률성에 치중)
- 교육내용: 비판적 이성능력, 합리성 개발
- 교육방법: 자신과 연관된 삶과 담화하는 문제들, 사회적 감등상황들
  — 이상적 담화상황을 만들어주는 것

프레이리 (Freire)
- 침묵의 문화, 은행식(은행적금식) 교육 비판
- 의식의 발전 단계: 본능적 의식 → 반 본능적 의식
  → 반 자각적 의식 → 비판적 의식
- 교육목적: 의식화를 통한 인간 해방의 실현
- 교육내용: 비판적 현실 속의 현실적인 삶의 문제들
- 교육방법: 문제제기식 교육
  (사회현실에 대한 문제 제기 + 자유로운 대화)
- 교사의 역할: 가르치는 자인 동시에 학습자로서 '수평적 교수' 지향

학습내용 인출하기

[2016 행시] 정부는 국가경쟁력 강화를 목표로 여러 가지 고등교육 개혁 정책을 시행하고 있다. 고등교육 구조 개혁의 일환으로 추진되고 있는 대학 하위분야의 재구조화, 대학교육의 산학연계 강화, 대학평가를 통한 재정 적 예산지원 등 신자유주의 고등교육 정책의 성과와 한계점에 대해 논하시오.

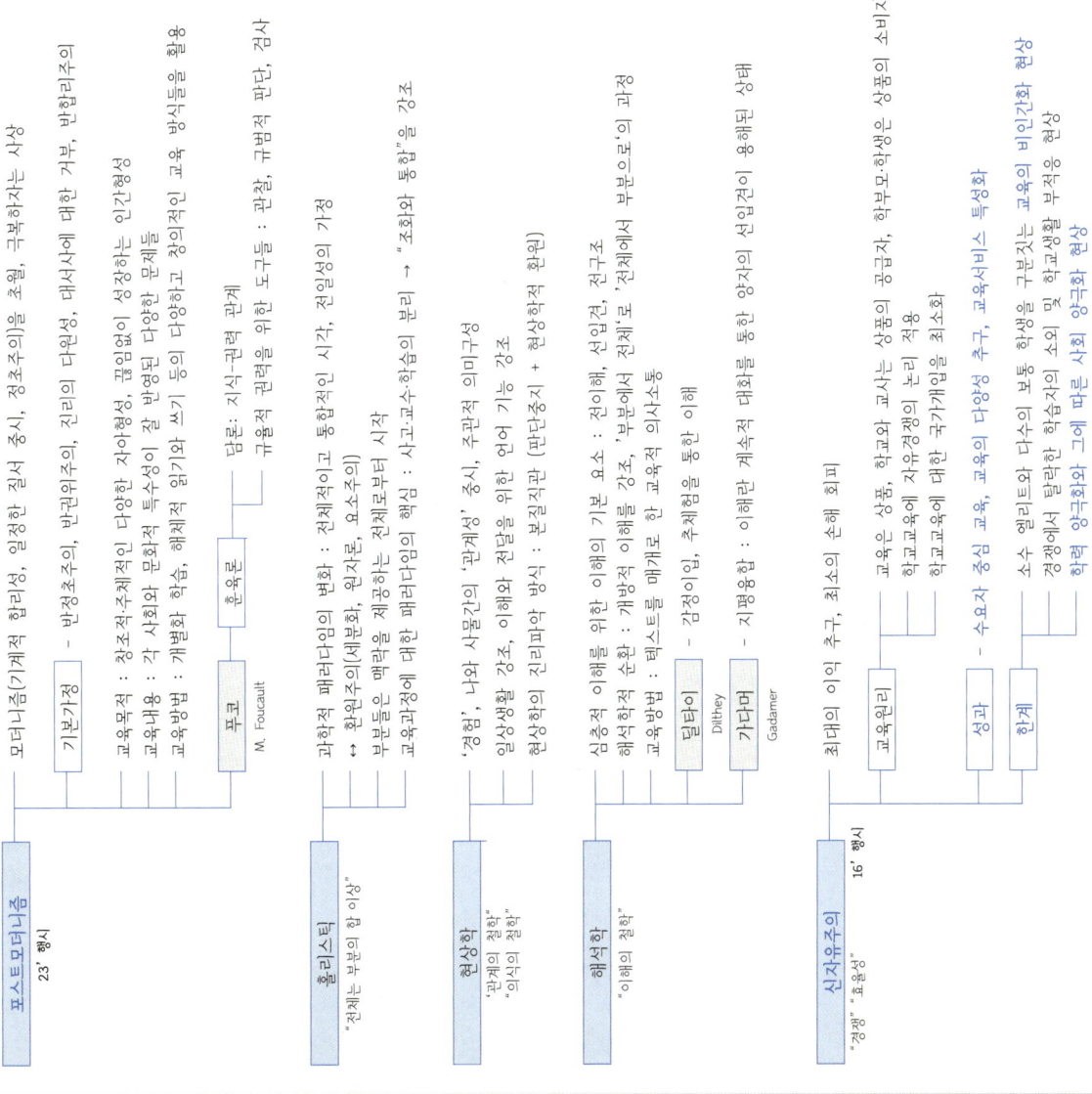

교육학 논술 KTX (X-file ver.)

● 학습내용 인출하기

[2016 행시] OECD 회원국 34개국을 대상으로 10대 청소년의 주관적 행복지수에 대한 조사에서, 한국 청소년의 주관적 행복지수는 회원국 중 최하위로 나타났다. 다음은 대표적인 조사 결과이다. 한국 청소년의 주관적 행복지수에 대한 조사 결과를 브론펜브레너(Bronfenbrener)의 생태학적 체계이론에 근거하여 설명하시오.

- 국가의 GDP 수준, 다중매체, 부모-자녀 관계 중 한국 청소년의 행복지수에 가장 큰 영향을 미치는 것은 부모-자녀 관계로 나타났다.
- 한국 부모의 공교육에 대한 만족도는 낮으며, 아동교육에 관련된 정치적 영향을 미쳤다.
- 종단연구 결과, 아동기에 경험한 불행한 사건은 청소년기의 주관적 행복감에 영향을 미쳤다.

[2012 행시] 학습과 발달의 관계에 대한 다음의 세 관점을 읽고, 1) 행동주의, 피아제(piaget), 비고츠키(vygotsky) 이론의 다음 중 각각 어느 관점과 관련되는지를 밝히고, 2) 세 이론이 교육현장에 주는 일반적인 시사점, 3) 위의 세 관점에 부합되는 각각의 교수방법에 대해 논하시오.

〈관점1〉 학습과 발달은 분리된 것이다.
• 특징: 발달이 학습에 선행한다. 학습은 발달에 뒤따르며, 이미 발전된 구조를 증명하는 것이다. 학습자와 사회적 환경 간의 관계에 관련해 능동적인 학습자를 가정하고, 사회적 환경은 발달에 전적으로 책임이 있다. 가는 데 중심적인 역할을 하지 않는다.

〈관점2〉 학습과 발달은 동일하다.
• 특징: 발달은 전적으로 학습의 결과이다. 학습자들은 수동적인 학습자를 가정하고, 사회적 환경은 발달에 중심적인 관계이다.

〈관점3〉 학습이 발달을 주도한다.
• 특징: 학습은 발달에서 중요한 역할을 하며, 학습자들이 근접발달 영역 내에서 과제를 교사 혹은 유능한 또래로부터 교수받는 것처럼 능동적인 학습을 발달로 이끈다. 또한 능동적인 학습자와 능동적인 사회적 환경을 발달에서 협력적인 관계이다.

[2020 중등] A 교사가 언급한 비고츠키 지식론의 명칭, 이 지식론에서 보는 지식의 성격 1가지와 교사와 학생의 역할을 각각 1가지씩 논하시오.

- 토의식 수업을 활성화 하려면 먼저 지식을 보는 관점이 변화가 필요함
- 교과서에 주어진 지식이 진리라는 생각에서 벗어나야 한다는 것이다. 지식은 개인이 속한 사회에서 만드는 많은 사람들이 공유하고 있다
- 이 중요하다. 이와 관련하여 비고츠키(L. Vygotsky)의 지식론 같은 사례를 들 수 있다
- 이 지식론의 관점에서 교사와 학생이 수업의 기준의 강의식 수업에서의 역할과는 달라져야 할 필요가 있음

---

02 발달이론

● 발달이론

생물생태학적 접근
- 브론펜브레너 (Bronfenbrenner) 16' 행시
  - 미시체계 : 아동에게 직접적인 영향을 미치는 환경 (e.g. 가정, 학교, 또래친구, 놀이터 등)
  - 중간체계 : 미시체계들 간의 상호작용 (e.g. 가정과 학교, 가정과 이웃 등)
  - 외체계 : 아동이 직접 접촉하지는 않지만, 아동에게 영향을 주는 환경 (e.g. 부모의 직장, 부모의 친목단체, 보건소, 보건복지부 등)
  - 거시체계 : 하위체계들이 형태와 내용에서 일관성 있게 나타나는 체계 (e.g. 사회제도, 사회의 관습, 신념체계, 지식체계, 문화 등)
  - 시간체계 : 아동의 환경에서 발생하는 아동 생애에서 전환점이 되는 사건 (e.g. 사춘기의 시작, 부모의 이혼 등)

인지발달
- 피아제 Piaget 12' 행시 21' 행시
  - 발달이 학습을 선행함(인지발달은 연속적이며 단계적으로 이루어짐)
  - 아동의 사고와 성인의 사고와는 질적으로 다름
  - 아동은 환경과 상호작용을 통해 인지구조를 구성하는 능동적 존재
  - 또래와 중요성을 강조 (또래는 대등한 인지, 상호작용 과정에서 인지적 갈등유발)
  - 인지발달단계
    - 조직화(구조, 중조, 평형화)
    - 적응(동화, 조절, 평형화)
  - 발달단계
    ① 감각운동기 : 반사작용, 모방능력, 대상영속성
    ② 전조작기 : 상징적 사고, 자아중심성, 중심화, 물활론, 변환적 추리
    ③ 구체적조작기 : 보존개념 획득, 탈중심화, 가역성, 유목-서열화능력, 연역적 추리
    ④ 형식적조작기 : 추상성/가설연역적/조합적/청소년기의 자아중심성사고

- 비고츠키 Vygotsky 20' 중등 23' 행시
  - 사회문화적 환경(맥락)의 중요성 강조, 사회적 구성주의
  - 문제해결에 있어 '성인이나 뛰어난 동료와의 대화' 로부터 영향을 받음
  - 학습과 발달의 상호작용 : '행동'을 생각으로 결정(학습이 발달을 주도)

  - 기본개념
    - 근접발달영역(ZPD), 비계설정(Scaffolding), 역동적 평가(vs 고정적 평가)

- 피아제 vs 비고츠키
  - 학습과 발달의 관계, 언어의 역할, 인지발달과정, 아동-성인의 관계 등

성격 및 사회성 발달
- 프로이드 Freud
  - 인생의 초기 경험 강조 → 유아교육의 중요성
  - 인간행동의 무의식적 결정요인 강조
  - 자아 방어기제
    - 동일시, 대치, 승화, 억압, 투사, 합리화, 반동형성, 교체, 퇴행
  - 성격발달단계
    - 구강기 → 항문기 → 남근기 → 잠복기 → 생식기

학습내용 인출하기

[2013 행시] 다음 글을 읽고 에릭슨(E. Erikson)의 심리사회적 발달이론에 근거하여 진수의 성격형성과 관련된 문제의 원인에 대해 설명하시오.

진수는 세 살 무렵부터 분지레가 잦아 부모님의 걱정이 되었다. 부모님은 진수가 다치거나 행동 결과에서 모든 일을 대신해 주었으며 이러한 행동은 진수가 초등학교 입학한 후에도 계속되었다. 학교 숙제도 진수가 스스로 하는 대신에 일들도 모두 부모님의 도움을 받아 해결하고 있는 실정이다. 초등학교 3학년이 된 진수는 지금은 친구들과 어울려서도 아무것도 하지 않고 살아 하지 않고 특별히 무엇을 하고자 하는 의욕도 없다.

[2016 중등] 에릭슨(E. Erikson)의 정체성발달이론에서 제시된 개념 1가지를 제시하시오.
- 진로를 결정하지 못한 학생의 경우 성급한 진로 선택을 유보하게 할 것
- 학생에게 다양한 진로를 경험할 수 있는 충분한 탐색 기회를 제공할 것

[2014 행시] 다음은 정체감 형성과 관련된 두 학생의 사례 내용이다. 마르샤(Marcia)의 정체성 지위 이론에서 정체감 지위를 구분하는 두 가지 기준을 제시하시오, 마르샤의 이론에 입각하여 두 학생에게 해당하는 각 지위 유형에 대해 설명하시오.

정체감 형성이라는 청소년기의 주요과업을 적절히 수행하지 못하는 경우 학생들은 정체감 혼란에 문제가 나타날 수 있다. 기호생활수급 대상자의 자녀인 동우의 지능은 보통 수준이지만, 학교성적은 하위권에 속한다. 동우는 자신의 미래에 대해 진지하게 고민하지도 않으며 어떤 수준에도 별 영향이 없다. 한편 도현도 초등학교 시절부터 부모의 관심에도 공부를 열심히 않고 해도 자신이 되었다고 늘 생각할 만큼 면면이, 주변에서는 도현이의 정체감이 확고하게 확립되었다고 평가하였다. 그러나 도현은 자신의 의사와는 상관없이 전적으로 부모님에 의해서 결정되어서는 전부하지 않다.

[2018 행시] 다음 대화를 읽고, 1) 김 교사의 이론적 관점에서 박 교사의 주장을 비판하고, 2) 각 교사의 이론에 따라 학생들의 도덕성 발달을 촉진하기 위한 구체적인 방법을 2가지씩(총 6가지) 각각의 이론적 근거와 함께 제시하시오.

김 교사: 내 경험으로는 원칙을 정해 놓고 잘했을 때는 칭찬하고, 잘못했을 때는 꾸중하는 것이 좋을 것 같아요. 물론 김 선생님이 강조에 따라 답라지서는 안 되겠죠. 그렇게 하면 본인이 직접 경험하지 않더라도 다른 학생이 칭찬을 받거나 꾸중 또는 모습을 보는 것으로도 효과가 있어요.

박 교사: 김 선생님이 말씀처럼 하는 것도 효과가 있겠지만, 제 의견으로는 학생들을 사고방식이 중요한 것 같아요. 직면하는 다양한 갈등 상황 속에서 어떻게 행동할 것인지를 지지 학생들이 개인이 판단에 따라 달라질 것 같거든요. 그래서 두 분 선생님이 말씀과 달리 저는 도덕성은 타인에 대한 동정과 배려에 의해 좌우된다고 생각해요. 다른 사람의 필요와 요구를 읽고 도움 주는 것이 중요하지 않을까요?

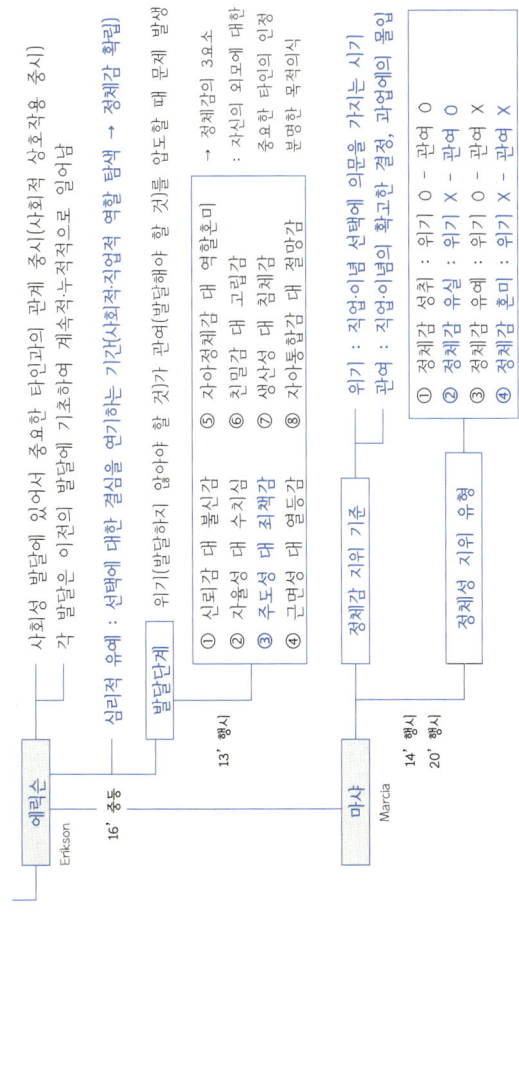
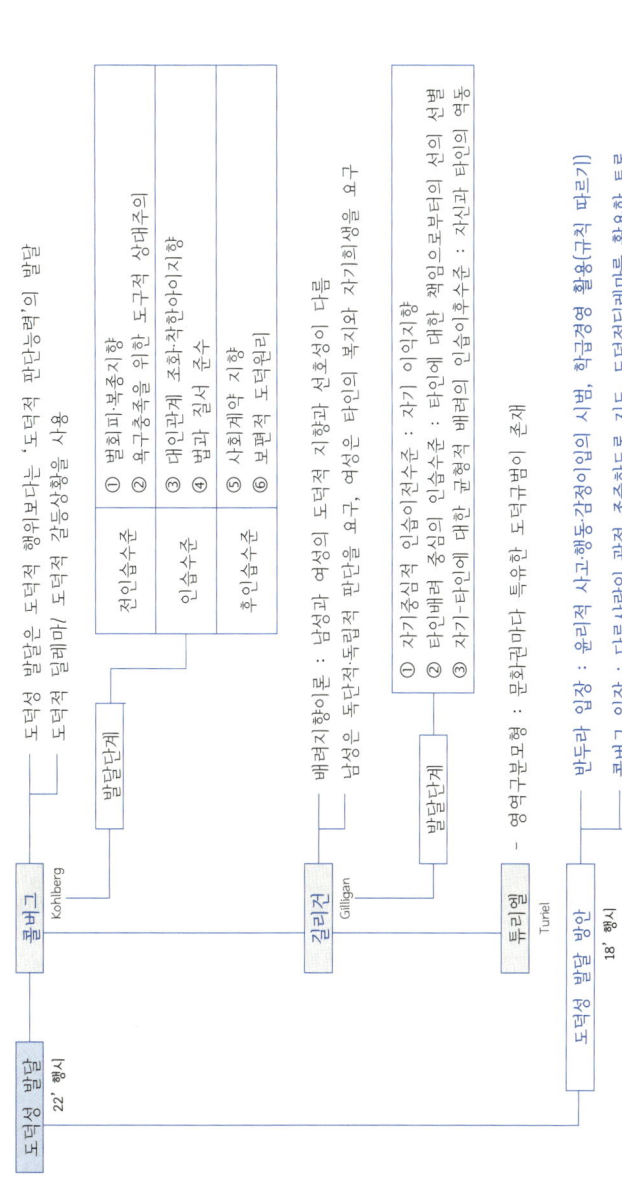

교육학 논술 KTX (X-file ver.)

학습내용 인출하기

고등학교 2학년인 미영이는 소위 말하는 수포자(수학포기자)이다. 중학교 1학년 때 기말고사를 망치고 부모님께 심하게 혼난 이후로 수포자의 길을 걷고 있다. 중학교 2학년 때에는 부모님께 혼날까봐 기말고사를 망치지 않기 위해 다른 시험 준비까지 제대로 못할 정도였다. 수학시험 시간에는 너무 떨리고 긴장해서 과목 수가 허해진 적이 한 두 번이 아니다. 자주 있에서 푼 문제가 신경이 쓰여 몇 번씩 다시 확인하다 보니 모자라 후반부의 문제는 손도 대지 못했었다. 그러다보니 공부한 것에 비해 매우 낮은 수학점수를 받았다. 고등학교에 올라와서는 미영이가 더 악화되었는데, 수학 수업과 숙제, 시험의 내용이 한층 어려워졌기 때문에 '내 머리는 수학과 안 맞아서 될 해도 안될거야'라고 생각하며 수학시간에는 잠을 자거나 다른 공부를 하게 되었다.

[2016 행시]

[2016 중등]
반두라(A.Bandura)의 사회인지학습이론에서 제시된 개념 1가지를 제시하시오.
- 선배들의 진로 체험담을 들려줌으로써의 간접 경험 기회를 제공할 것
- 롤모델의 성공 혹은 실패 사례를 제공할 것

[2016 초등]
다음 대화를 읽고, 1) 수업 상황에서 학생 행동 관리의 필요성을 논하시오. 신 교사와 김 교사가 각각 학생 행동관리에서 기본원리로 채택하고 있는 이론으로 그 근거를 논하시오. 3) 신 교사와 김 교사의 학생 행동 관리 방법이 성공하기 위한 조건을 17가지씩 논하시오. 4) 정 교사 의견이 신 교사와 김 교사의 학생 행동 관리에 시사하는 바를 17가지씩 제시하시오.

신 교사: 수업을 잘 하려면 평소 구체적 학습이론에 기반하여 학생들의 필요성을 논하시오. 신 교사와 김 교사 고 생각해요. 그래서 저는 학기 초에 주의 행동을 관리하는 것이 중요하다 지키라고 노력해요. 이를 위하여 생활 기준을 명확히 제시하고 일관성 있게 적용하고 있어요. 규칙을 지킨 아이에게는 스티커를 주 10개를 모을 때마다 구슬을 주는 등 아이에게는 별점을 주고 일정 점수를 넘으면 정해진 벌점을 적용합니다.

김 교사: 저는 좀 생각이 달라요. 무엇보다 교사의 지가 솔선수범한다 보면 아이들이 저절로 실천한다 그래서 저는 수업 중에 지각이 할 행동을 실천하고 아이들을 이야기 나누고 실천한, 예를 들면, 수업 시작 전에 먼저 인사를 보인 후, 가만히 수업 중에 학생을 발표하거나 적극적으로 노력해요. 예를 들면, 수업 시작 전에 먼저 인사를 보인 후, 가만히 수업 중에 학생을 찾아서 '모범' 어린이로 정해요.

정 교사: 지도 신 선생님이나 김 선생님처럼 해 보았는데 수업 중 학생 행동 관리가 향상 잘 되는 것 아니더라고요. 그래서 저는 아이들과 함께 수업하면서 내 자신이 행동하고 무엇을 느끼는지 교단 일지를 쓰면서 자주 되돌아보고 공부하는 것이 무엇인지 생각해 보고 그들이 힘들어하는 것이 무엇인지 잘 이해하고 수업도 더 재미있어 하는 것 같아요.

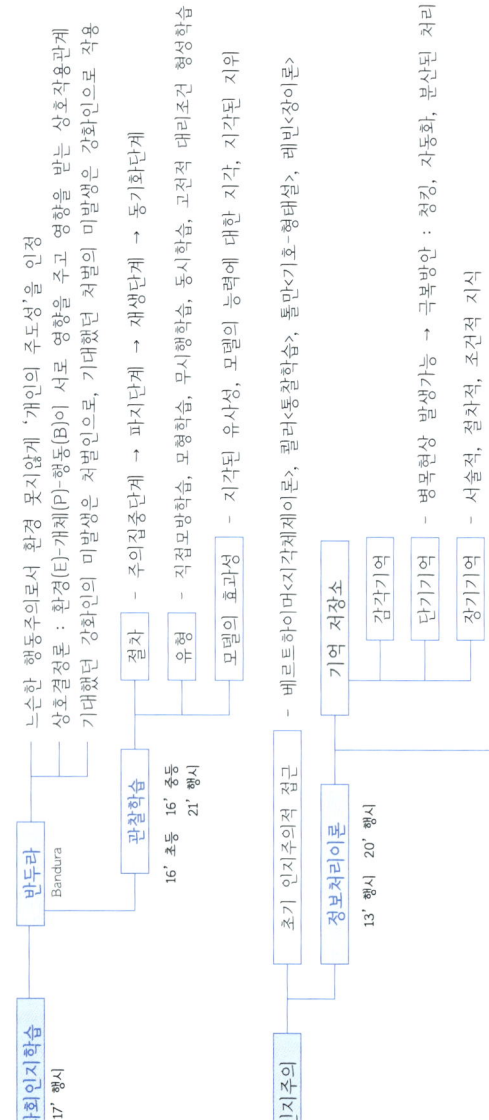

- **학습이론**
  - **행동주의** 12' 행시
    - 학습은 경험이나 연습을 통한 행동의 변화, 인간의 행동은 환경과 과거에 의해 통제됨(결정론적 관점)
    - **고전적 조건화** 파블로프(Pavlov) 16' 행시
      - S(자극) - R(반응) / 무조건자극 + 조건자극의 결합
      - 소거, 자극 일반화, 자극 변별, 자발적 회복, 고차적 조건화
      - 학습원리
        - 시간의 원리, 강도의 원리, 일관성의 원리, 계속성의 원리
      - 응용
        - 역조건 형성, 홍수법, 혐오요법, 체계적 둔감법
    - **조작적 조건화** 스키너(Skinner) 16' 초등
      - R(반응) - S(자극), 정적강화 부적강화, 정적 부적 벌
      - 처벌보다 강화 사용
      - 강화계획
        - 간격(시간)
          - 고정간격 강화: 일정한 시간간격마다 강화물 주어짐 (월급)
          - 변동간격 강화: 강화를 주는 시간간격을 변화시킴 (낚시)
        - 비율(횟수)
          - 고정비율 강화: 일정한 횟수의 반응을 할 때마다 강화 (쿠폰)
          - 변동비율 강화: 강화를 받을 수 있는 반응횟수를 변동 (도박)
          - 반응 속도는 "통제정도"에 달려있음
          - 반응지속성은 "예측가능성"에 달려있음
      - 행동수정기법
        - 프리맥의 원리, 토큰기법, 행동 형성(Shapping), 용암법(fading), 자극통제, 자극변별
        - 소거, 차별강화, 상반행동강화, 타임아웃 등
    - **시행착오학습** 손다이크(Thorndike)
      - 학습의 3법칙
        - 연습의 법칙(반복의 법칙)
        - 효과의 법칙(만족의 법칙)
        - 준비성의 법칙
  - **사회인지학습** 17' 행시
    - **반두라** Bandura
      - 느슨한 행동주의로서 환경 못지않게 '개인의 주도성'을 인정
      - 상호결정론: 환경인(E=개체)(P)-행동(B)이 서로 영향을 주고 받는 상호작용관계
        기대했던 강화인이 미발생으로 파지인으로, 기대했던 처벌이 미발생시 동기화인으로 작용
    - **관찰학습** 16' 초등 16' 중등 21' 행시
      - 절차
        - 주의집중단계 → 파지단계 → 재생단계 → 동기화단계
      - 유형
        - 직접모방학습, 모방학습, 무시행학습, 고전적 대리조건 형성학습
      - 모델의 효과성
        - 지각된 유사성, 필러동등성장의 능력에 대한 지각, 지각된 지위
  - **인지주의**
    - 초기 인지주의적 접근
      - 베르트하이머<게슈탈트제이론>, 쾰러<통찰학습>, 톨만<기호-형태설>, 레빈<장이론>
    - **정보처리이론** 13' 행시 20' 행시
      - 반복현상 발생가능 → 극복안: 정교화, 자동화, 조직적 지식
      - 기억 저장소
        - 감각기억
        - 단기기억
        - 장기기억 - 서술적, 절차적, 본산적 처리

학습내용 인출하기

[2012 행시] 메타인지(metacognition)적 특성을 많이 보이는 학생들이 그렇지 않은 학생들보다 더 높은 학업성취 수준을 나타낸다고 한다. 메타인지적 특성이 더 높은 학업성취 수준을 가져다주게 되는 이유에 대해 논하시오.

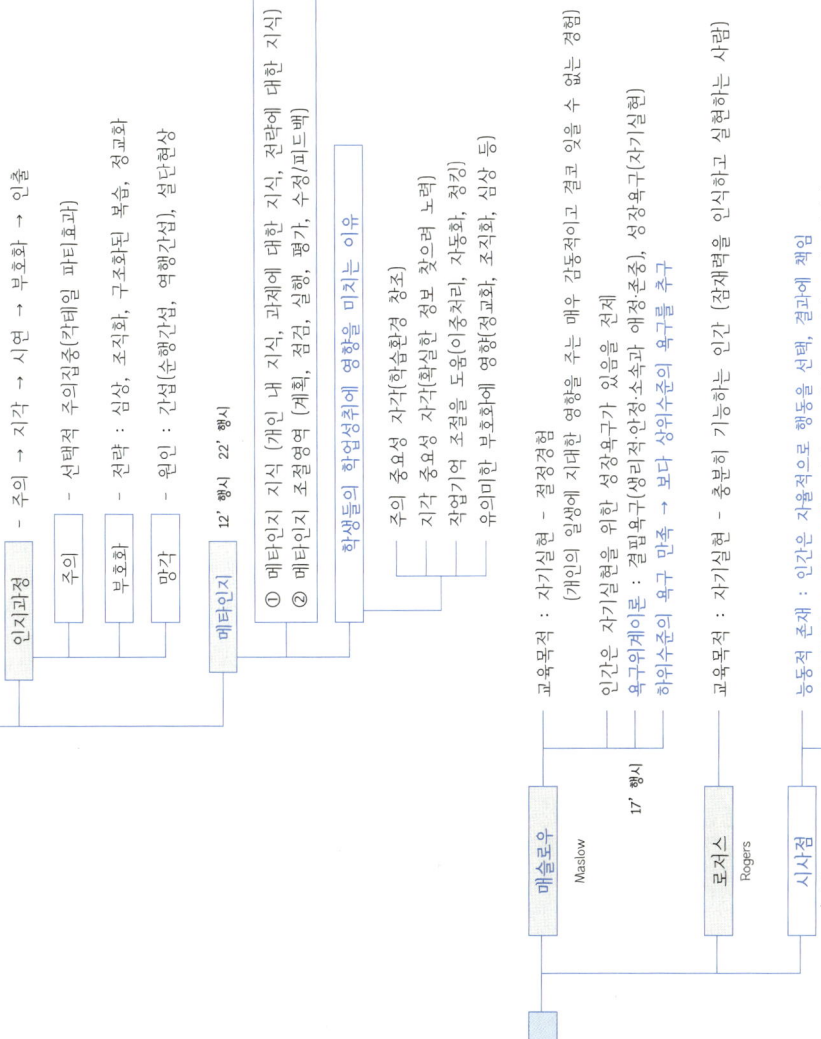

교육학 논술 KTX (X-file ver.)

학습내용 인출하기

[2019 중등] 가드너(H.Gardner)의 다중지능이론 관점에서 A, B 학생의 공통적 강점으로 파악된 지능의 명칭과 개념, 김 교사가 C 학생에게 제공할 수 있는 개별 과제와 그 과제가 적절한 이유를 각 1가지씩 논하시오.

평소에 A 학생은 언어 능력이 뛰어나고 B 학생은 수리 능력이 우수하다고 생각했는데, 오늘 모둠활동에서 보니 다른 학생을 이해하고 도와주면서 상호작용을 잘 하는 두 학생의 모습이 비슷했어요. 이 학생들의 특성을 잘 살려서 모둠을 이끌도록 하면 앞으로 도움이 될 거야. 그런데 C 학생은 모둠활동에 참여하는 것을 좋아하지 않았지만 자신의 감정과 장단점을 잘 이해하는 편이야. C 학생을 위해서는 자신의 강점을 살릴 수 있는 개별 과제를 먼저 생각해 보자.

[2017 행시] 스탠버그의 삼원지능 이론을 설명하고, 학교교육에 주는 시사점을 논하시오. 2) 정서지능에서는 자신과 타인의 정서를 인식하고 조절하는 것이 핵심적인 능력이라고 볼 수 있다. 학교현장에서 정서조절이 필요한 배움을 개인학습 차원과 관계적 차원으로 나누어 설명하고, 학교교육을 통해 학생들의 정서조절 능력을 어떻게 향상시킬 수 있는지 논하시오.

[2023 초등] 1) 학생들의 대인관계 능력을 함양하기 위한 학교장, 학부모, 지역사회 전문 상담사에게 각각 1가지씩 제시하시오. 2) 영수와 진서의 강점을 각각 1가지씩 제시하시오.

서 교사: 근로나19가 지속되면서 대인관계 문제를 형성할 기회가 부족해서 그런지 우리 학교에서도 학생들 간에 대인관계 문제가 많이 발생되고 있어요. 우리 학생들의 대인관계 능력을 함양하기 위한 계획을 생각해야 할 것 같아요.

김 교사: 좋습니다. 학교에서는 협동 지원 체계를 적극 가동하고, 저는 담임교사로서 우리 반 학생들의 대인관계 문제부터 살펴보려고요. 우리 반에도 사소한 문제로 대인관계가 나빠진 학생들이 있던데요. 영우는 전기에 수업 끝나고 집에 가자 같이 놀자고 했는데 진서가 안 된다 싶이 설명 없이 바로 싫다고 거절해서 영우가 상처를 많이 받는 것 같아요. 평소 영우는 친구들과 어울리기를 좋아하는 아이지만 자기 마음을 표현하는 방법을 잘 모르는 것 같고요. 진서는 다른 친구들을 수영을 가르치거나 약속되어 있어서 어쩔 수 없었다고 하는데, 사실 진서는 평소에 친구의 임장을 고려해서 태도는 부족하긴 해요.

[2014 행시] 수민이는 학교에서 실시한 지능검사에서 자신의 IQ가 116이라는 결과를 알게된 후, 수민이는 크게 낙담하여 자신의 꿈을 포기하려 한다. 1) 아래 그림에 나타난 지능지수(IQ) 116이 의미하는 바를 설명하시오. 2) IQ로 대표되는 전통적인 지능이론의 한계로 인해 제안되고 있는 다양한 대안적 지능이론 중 가드너의 다중지능이론을 중심으로 전통적인 IQ 중심 지능이론의 한계를 밝히고, 이를 바탕으로 수민이에게 어떤 조언을 해줄 수 있을지 설명하시오.

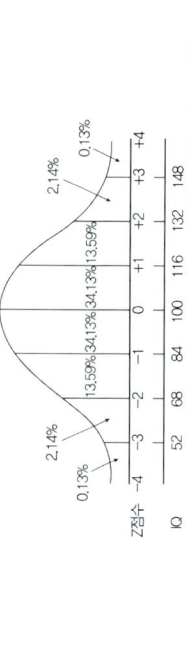

● 인지적 특성과 교육

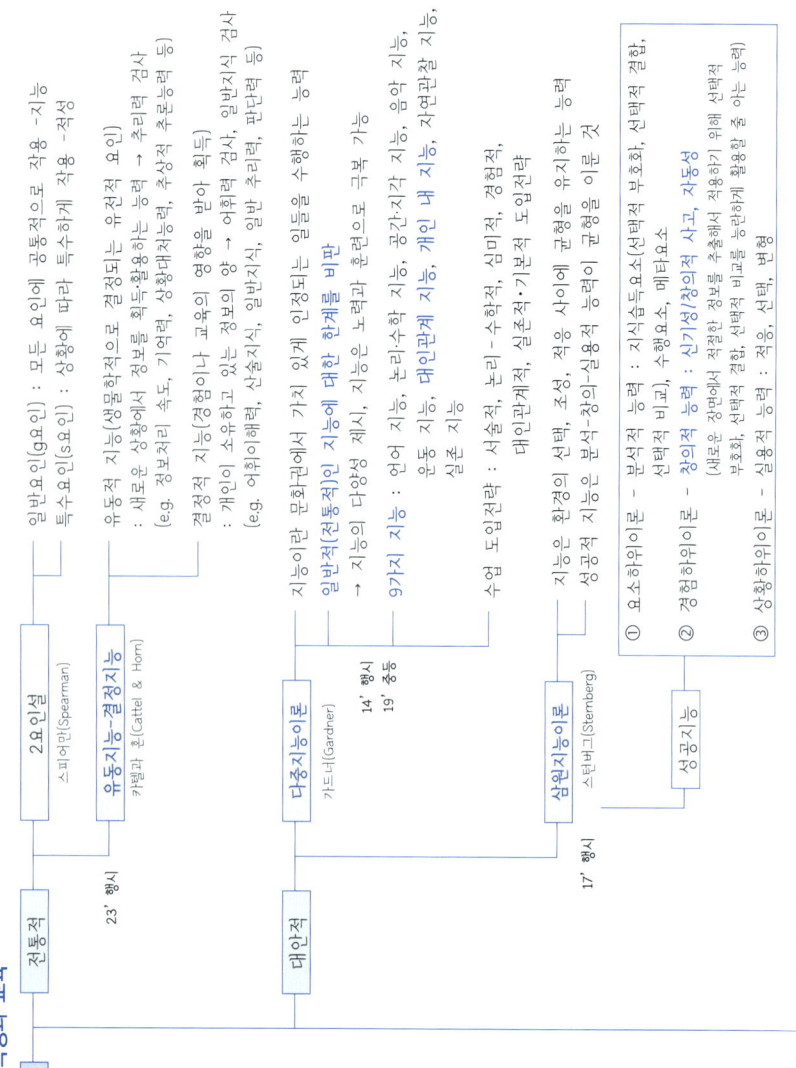

[학습내용 인출하기]

[2013 특수(중등)] 박 교사가 ⊙에서 말했을 법한 영희의 IQ에 대한 올바른 해석을 논하시오.

어머니: 선생님, 얼마 전에 외부 상담기관에서 받은 종합적성 검사 결과에 대해 상의하고 싶어서 왔어요. 철수는 IQ가 130이라고 나왔는데 자기가 생각한 것보다 IQ가 높지 않다며 시무룩해 있어요. 영희는 IQ가 99로 나왔는데 자신의 IQ가 두 자리라고 속상해하고, 심지어 초등학교 때부터 늘 가지고 있던 간호사의 꿈을 포기한다면서 그동안 학교 공부는 철수보다 오히려 성실했던 아이가 더 이상 공부도 안 한다고 해요.
...(중략)...
박 교사: 10부터 99까지가 다 두 자리인데, IQ가 두 자리라고 무조건 문제가 있는 것은 아닙니다.
어머니: 그럼, 영희의 IQ는 대체 어느 정도인가요?
박 교사: ⊙

[2017 행시] 최근에 창의성이 중요한 학습자의 특성으로 부각되고 있다. 심리학자 스턴버그(Sternberg)는 성인지능분석·설계, 창의적 지능) 이론을 제시하면서 창의성을 강조하고 있다. 1) 창의성 교육을 통해 양성하고자 하는 창의적인 사람의 특성을 스턴버그(Sternberg)의 관점에서 기술하시오. 2) 학교에서 창의성을 향상시키기 위한 여러 가지 전략 중 하나인 브레인스토밍(brainstorming)을 활용하는 기본 원칙(또는 고려해야 할 점)을 교사와 학생의 측면에서 각각 기술하시오.

[2012 행시] 여러 선행연구들은 교사가 학습자의 인지양식에 맞게 가르친다면 2명의 학습자가 있다. 1) 인지양식의 개념과 능력을 보여준다고 보고하였다. 다음과 같은 인지양식을 가진 2명의 학습자가 있다. 1) 인지양식의 개념과 아래에 제시한 2가지 학습자의 인지양식 특성에 대해 설명하시오. 2) 교사가 학습자의 인지양식을 고려하여 '사회'과목을 수업한다고 가정할 때, 교사의 수업 관점에서 이들 학습자들에 대한 효과적인 수업접근방식을 설명하시오.

학습자의 인지양식	교사의 수업방식
장독립적	?
장의존적	?

[2018 행시] 위트킨(H. A. Witkin)의 인지양식이론을 설명하면서, 밑줄 친 ⊙에 나타난 민지의 인지양식에 적합한 학습지도 방법이 무엇인지 답변하게 학습지도 방법이라고 생각한다. 김 교사는 학생의 학습 중 안 믿지는 ⊙ 정보를 전체적으로 지각하고 관련 있는 정보 사이의 관련성을 잘 파악하는 사항을 선별적으로 변별하는 데 어려움을 겪느다.

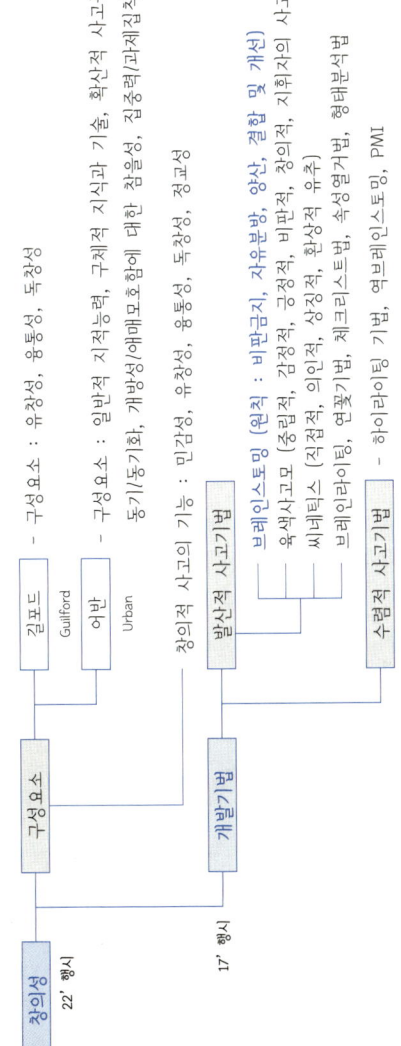

교육학 논술 KTX (X-file ver.)

학습내용 인출하기

[2019 행시] 1) 전이(transfer) 이론 중 형식도야설, 동일요소설, 일반화설의 기본 개념을 기술하고, 위의 사례에서 학생들의 지난주에 배운 것과 다른 예시로 제시된 문제를 해결하는 데 어려움을 겪은 원인을 각각의 전이 이론의 관점에서 설명하시오. 2) 정 교사 학급의 학생 모두가 지난 주 수학 시간에 배운 내용에서 힌트를 얻어 문제를 해결하였다. 먼저 지난번에 케이크를 나눈 것처럼 서울에서 부산까지를 5등분하고, 그 중 대구까지가 세 조각이 된다고 생각하여 3/5라고 응답하였다. 이때 민수가 정답에 도달하게 되는 과정을 유창하게 따라 구분한다면 어떤 유형에 해당하며 네 가지를 제시하고, 각각 그 이유를 설명하시오.

초등학교 3학년이를 맡고 있는 정 교사는 지난 주 수학 시간에 학생들에게 분수에 대해 설명했다. 그날 학생들은 케이크를 4등분 하였을 때, 세 조각이 자치하는 비율을 분수 '3/4'이라고 나타낸다는 것을 모두 성공적으로 학습하였다. 정 교사는 이번 주 과학 수업에서 "서울에서 출발한 기차가 동일한 속도로 달려 대구까지는 3시간 걸렸고 부산까지는 5시간 걸렸을 때, 서울-대구 간 거리는 서울-부산 간 거리의 몇 분의 몇인가?"라는 문제를 제시했고, 당황스럽게도 많은 학생들이 어려워하는 것을 확인하였다.

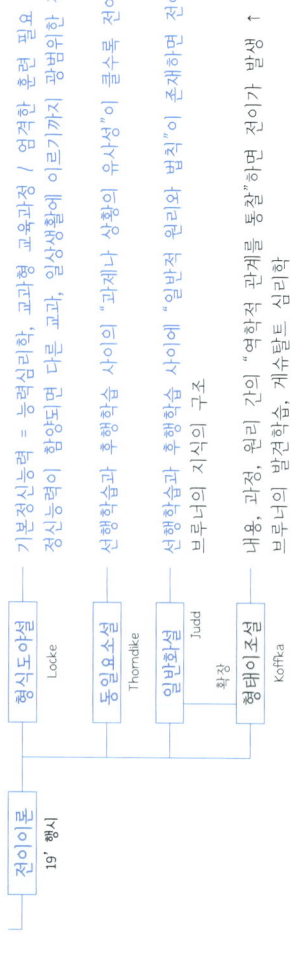
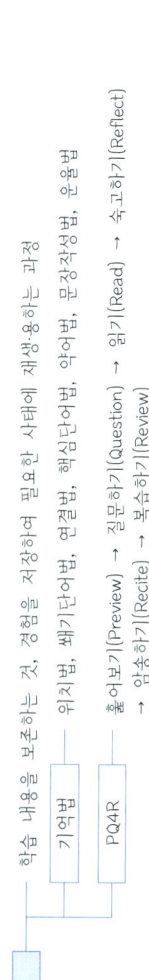
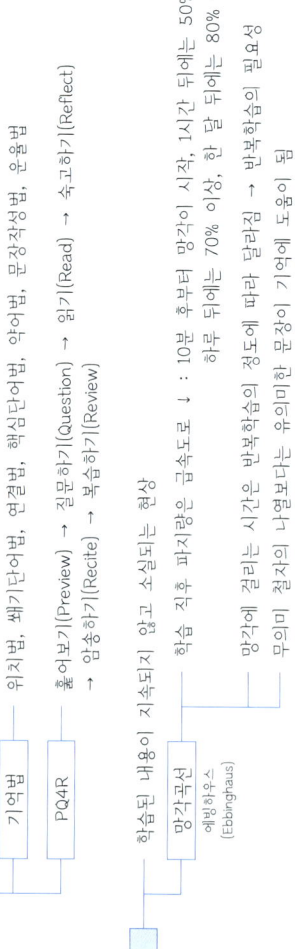

전이이론 (19' 행시)
- **형식도야설** (Locke): 기본정신능력 = 능력심리학, 교과형 교육과정 / 엄격한 훈련 필요 → 정신능력이 향상되면 다른 교과, 일상생활에 이르기까지 광범위한 전이
- **동일요소설** (Thorndike): 선행학습과 후행학습 사이의 "과제나 상황의 유사성"이 클수록 전이 ↑
- **일반화설** (Judd) 확장: 선행학습과 후행학습 사이에 "일반적 원리와 법칙"이 존재하면 전이 ↑
- **형태이조설** (Koffka): 내용, 과정, 원리 간의 "역학적 관계를 통찰"하면 전이가 발생 ↑ 부분의 발견보다 발견학습, 게슈탈트 심리학

기억
- 학습된 내용을 보존하는 것, 경험을 저장하여 필요한 사태에 재생·응용하는 과정
- **기억법**: 위치법, 쐐기단어법, 연결법, 핵심단어법, 문장작성법, 운율법
- **PQ4R**: 훑어보기(Preview) → 질문하기(Question) → 읽기(Read) → 암송하기(Recite) → 복습하기(Review) → 숙고하기(Reflect)

망각: 학습된 내용이 지속되지 않고 소실되는 현상
- **망각곡선** (에빙하우스, Ebbinghaus): 학습 직후 망각량은 급속도로 ↓ : 10분 후부터 망각이 시작, 1시간 뒤에는 50% 이상, 하루 뒤에는 70% 이상, 한 달 뒤에는 80% 이상 망각
  - 망각에 걸리는 시간은 반복학습의 정도에 따라 달라짐 → 반복학습의 필요성
  - 무의미 철자의 나열보다는 유의미한 문장이 기억에 도움이 됨

02. 교육심리

● 정의적 특성과 교육

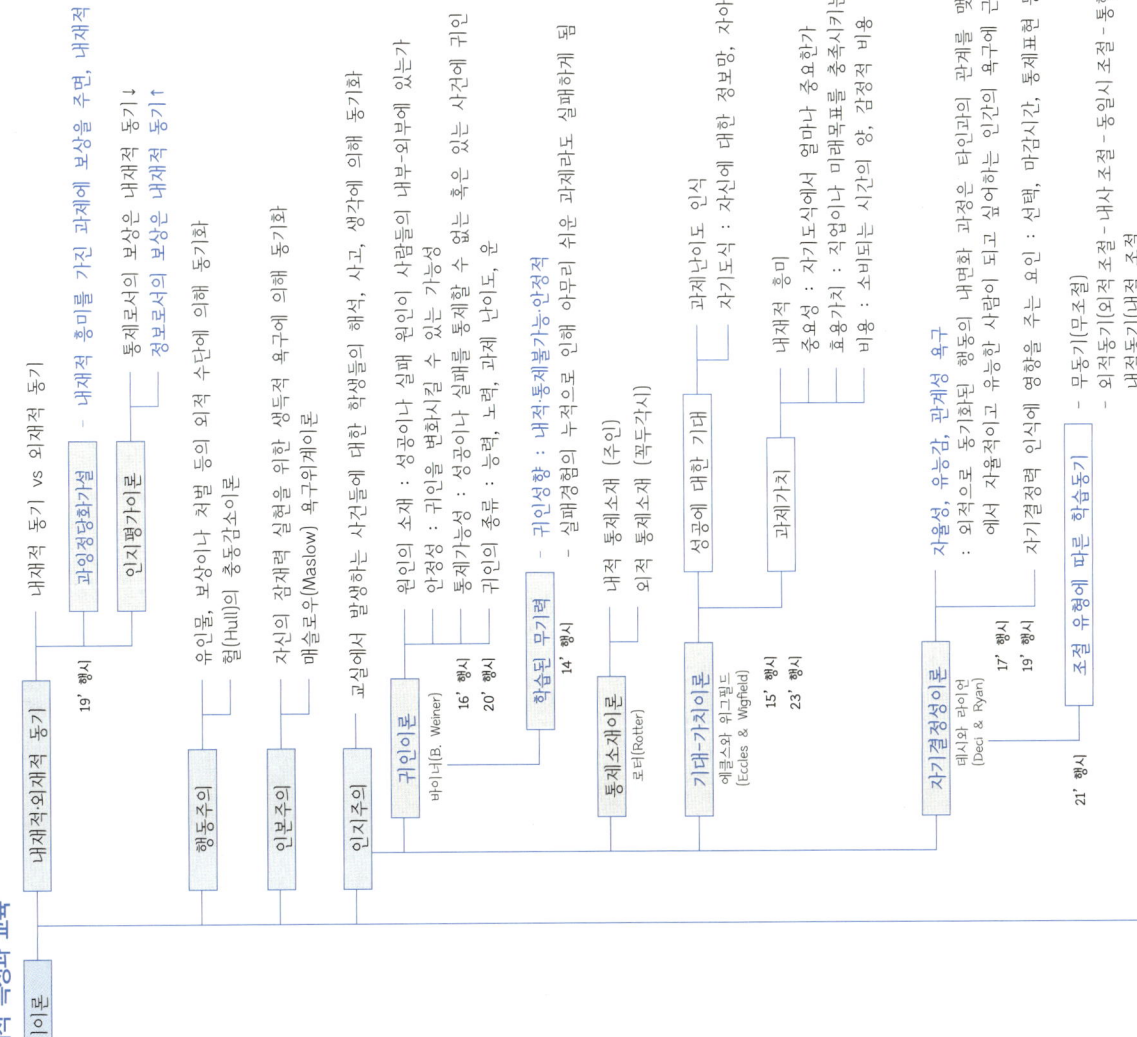

학습내용 인출하기

[2019 행시] 교실에서 학생들의 동기를 높이기 위해 교사들은 다양한 전략을 사용한다. 수학 시간에 학생들이 문제를 맞히면 김 교사는 학습지를 나중에 사용할 수 있는 스티커를 주고, 박 교사는 '똑똑하구나', '대답을 잘했구나'와 같은 칭찬을 한다. 1) 김 교사가 학습의 영인이는 원래 스티커를 받지 못할 수도 있는 문제를 풀고 자신을 칭찬해 준다. 김 교사는 학습의 몇몇 때문에 수학 문제를 풀게 되었다. 김 교사가 문제를 얇게 내어서 스티커를 제공하게 되자 그 강의에 문제를 풀지 않게 되었다. 그 이유를 과정당화(overjustification) 가설에 비추어 설명하시오. 2) 박 교사가 학생들이 가진 동기를 해치지 않을 수 있는 전략을 두 가지 제시하고 그 이유를 설명하시오. 2) 박 교사와 같은 칭찬을 받은 경우 부정적인 효과를 설명하고, 그 대안이 될 수 있는 칭찬을 구체적인 예시를 들어 설명하시오.

[2014 행시] 학습에서 실패를 자주 경험한 학생들은 학습된 무기력(learned helplessness)을 갖게 된다. 와이너(Weiner)의 귀인이론에 기초하여, 실패에 대한 이들의 귀인 성향을 설명하고, 바람직하고 건강한 학습 동기를 갖게 하는 방안을 제시하시오.

[2015 행시] 다음 표는 PISA(Programme for International Student Assessment) 평가 중 수학 영역 결과의 일부이다. PISA는 OECD 국가를 대상으로 학업 성취 및 정의적 특성을 조사하는 국제비교 연구이다. 이에 따르면 한국 학생들의 수학 성취수준은 세계 최상위권인 것으로 나타난 반면 수학적 자아개념과 관련해서 다음과 같은 결과가 나타났다. 1) 한국 학생들의 수학적 자아개념이 낮은 현상을 기대-가치이론 (Expectancy-Value Theory) 측면에서 설명하시오. 2) 수학적 자아개념에서 남학생과 여학생 간에 차이가 나타나는 이유를 이론에 비추어 설명하고 이러한 성차를 줄이기 위한 실질적인 방안을 제시하시오.

수학적 자아개념	주요 결과
수학을 잘하는지, 수학 성적을 잘 받는지 혹은 수학을 빨리 배우고 어려운 내용까지 이해하고 있는지의 여부 (출처 : PISA)	○ 한국 학생들의 수학적 자아개념이 OECD 평균보다 매우 낮음
	○ 성별적으로 남학생의 자아개념이 여학생보다 더 높음

[2017 행시] 1) 자기결정성 이론에 김 선생이 학생들에게 볼 때, 위의 세 가지 사례에서 큰 종이 위에 작은 종이가 불여진 도화지와 휴지를 나누어 주고, 학생들이 준비해온 수채물감과 붓을 사용하여 각자가 살고 있는 동네를 그리라고 시키면서 다음과 같은 지시를 하였다.
- 붓감은 반드시 깨끗이 사용한다.
- 큰 종이에는 풍경을 본뜨지 않고 작은 종이에만 그림을 그린다.
- 한 번 사용한 붓은 물을 깨끗이 셋어내고 후수로 물기를 제거한 다음 다른 세 물감을 사용한다.
- 고등학교 수학교사인 박 영수에게 선생님 수입시간에 학생들에게 연립(x)동사성 정수 문제를 풀이 하였는데, 문제 풀이를 어려워하는 영수에게 박 선생이 다음과 같이 말하였다. "내가 보기에 이 문제는 너무 어려운 것 같아. 좀 더 쉬운 문제를 풀어보도록 하자."
- 철호 어머니는 초등학생 시기에 공부의 기초를 다지는 것이 매우 중요하고, 학습습관을 체계로 갑라야 한다고 생각한다. 그래서 어머니는 철호에게 공부를 철저하게 친구들과 노는 시간을 줄이라고 요구하였다.

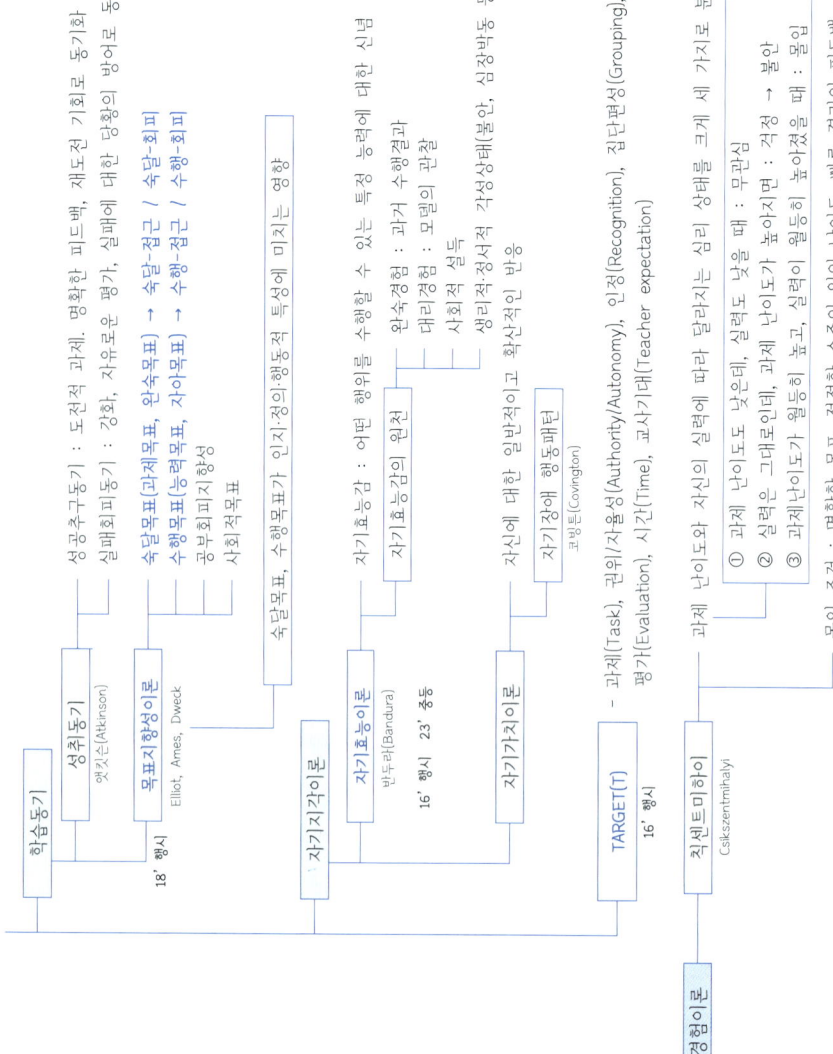

MEMO

03 생활지도 및 상담

생활지도의 이해

생활지도의 기초

[2014 중등] 학교 부적응 행동을 원인을 청소년 비행동이론 중 2가지로 설명하시오.

일지 #1 2014년 4월 ○○일 ○요일

우리 반 철수가 의외로 반 아이들과 잘 지내지 못하는 것 같아 마음이 쓰인다. 철수와 1학년 때부터 친하게 지냈다는 학급 회장을 불러서 아이들과 이야기를 해 보니 그렇지 않아도 철수가 요즘 걱정이 보이는 동네 친구들과 어울려 다니는 모습을 자주 보게 되어 학급 회장도 적잖이 걱정을 하던 중이라고 했다. 그런데다 철수가 반 아이들에게 괜히 시비를 걸어 싸움이 나게 되면, 그럴 때마다 아이들이 철수를 문제아라고 하니까 그 말을 듣은 철수가 더욱더 아이들과 멀어지고 제멋대로 행동한다고 한다. 오늘도 아이들과 사소한 일로 다투다가 갑자기 소리를 지르고 물건을 던진 일이 교실에서 나가 버렸다고 한다. 행동도 좋지 않은 친구들과 몰려다니며 그 아이들의 행동을 따라 하면서 철수의 행동이 더 거칠어진 걸까? 1학년 때 담임 선생님 말로는 가정 형편이 그리 넉넉하지 않고 부모님이 철수에게 신경을 쓰지 못해서 행동이 불량하다고 하던데, 철수에게 점점 변해가는 걸까? 아무래도 중간고사 이후에 진행하려고 했던 개별 상담을 당장 시작해야겠다.

그런데 철수를 어떻게 상담하면 좋을까?

생활지도의 이해

- **실천원리**
  - 개속성: 입학으로부터 졸업 후 추수지도에 이르기까지
  - 균등성: 모든 학생들을 대상으로 (교육의 평등성)
  - 과학성: 구체적이고 객관적인 자료를 수집 활용
  - 전인성: 지덕체의 조화로운 발달 도모
  - 적극성: 치료보다는 "예방" 차원에 중점
  - 협동성: 학교, 가정, 지역사회가 상호 유기적 관계를 맺고서 아동을 도움
  - 조직성: 전문상담교사를 중심으로 구체적 조직

- **주요활동**
  - 학생조사활동, 정보제공활동, 상담활동, 정치활동, 추수활동

비행이론

- **생물학적 관점**
- **심리학적 관점** (프로이드의 정신분석학적 관점, 에릭슨의 정체감 혼란 관점)

- **개인적 특성**
  - **아노미이론** Merton
    - 원인 - 사회구조가 특정 사람들에게는 정당한 방법으로 규정된 목표를 달성할 수 없게 되어있기 때문
  - **사회통제이론** Hirschi `21' 행시`
    - 비행을 하지 않는 이유 - 가정에서 사회기관에 이르기까지 개인이 갖는 유대가 통제력이 되어 벗어나지 못하게 지키게 함
  - **사회에 대한 유대 요인** - 애착, 관여, 참여, 신념

- **사회환경적 특성**
  - **중화이론** Matza&Sykes
    - 원인 - 합법적이고 바람직한 규범을 알고 있음에도, 비행행위에 대한 정당화 기술을 통해 준법의식을 마비시키고 비행행위를 함
  - **중화술(정당화기술)** - 자기책임부정, 가해부정, 피해자 부정, 비난자 비난, 고도의 충성심 호소

- **상호작용적 접근**
  - **의사결정론** (자유의지론)
    - 원인 - 대부분의 비행은 아동의 자유의지에 의해 수행된 결과
  - **하위문화이론**
    - 원인 - 비행은 자신이 속한 하위집단 문화를 자연스럽게 학습한 결과
  - **사회학습이론**
    - 원인 - 비행은 관찰이나 모방에 의해 학습된 결과
  - **차별접촉이론** Sutherland `14' 중등`
    - 원인 - 비행은 다른 사람, 특히 친밀한 친구와의 접촉을 통해 학습되며 접촉의 빈도, 기간, 강도에 따라 비행의 정도가 달라짐
  - **낙인이론** Lemert&Becker `14' 중등, 21' 행시`
    - 원인 - 권력 영향력자이나 편견들이 있는 사람들이 비행행동을 비행자라고 낙인찍었기 때문에 비행행동이 지속되고 강화됨
  - **낙인의 과정** - 모색(추측) → 명료화(정교화) → 공고화(고정화)

학습내용 인출하기

[2016 전문상담] 다음은 홀랜드(J. Holland) 검사결과이다. 1) 세 학생 중, 일관성(consistency) 수준이 가장 높은 학생은 누구이며, 그 이유가 무엇인지 서술하시오. 2) 세 학생 중, 일치성(congruence) 수준이 가장 높은 학생은 누구이며, 그 이유가 무엇인지 희망 직업과 진로코드를 비교하여 서술하시오.

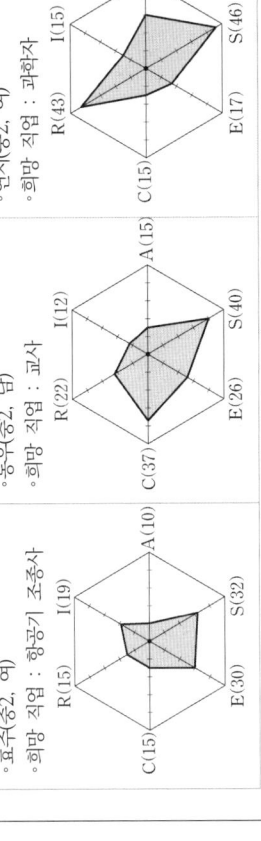

[2014 전문상담] 다음은 전문상담교사가 사회학습 진로이론(Learning Theory of Career Counseling: LTCC)을 적용하여 진로선택을 고민하고 있는 민기(중2, 남)를 상담한 축어록의 일부이다. 상담 내용에 근거하여 민기의 진로결정에 영향을 준 요인을 3가지 서술하시오.

민 기 : 선생님, 예배는 자료고 공부를 열심히 해서 작은 아버지처럼 공무원이 되라고 하시는데 저는 공무원 보다는 사업가가 되고 싶어요.
상담교사 : 그렇구나. 그럼 최근에 사업가에 관심을 갖게 된 계기가 있어?
민 기 : 며칠 전 TV에서 성공한 기업인의 방송을 보고 나서부터는 매기라기 CEO가 된 매력 내 모습을 상상하면 막 가슴이 뛰고 즐거워져요. 그래서 성공할 수 있는 사업 아이템을 인터넷에서 찾아보기도 했어요. 또 Wee센터에서 실시한 여름 방학 직업 체험 프로그램에 참여해 보기도 했어요.
상담교사 : 민기가 성공한 기업인의 대한 방송을 보고 가슴이 뛰고 즐거웠고 직업체험 프로그램에도 참여했다고 했느네, 예전에도 그런 일이 있었을까?
민 기 : 글쎄, 부모님이 바쁠 때는 가끔 도와드리느라 가게에 손님이 들어와서 제 상품을 듣고 물건을 사면 '나는 결할 수 있어'하는 생각이 드니까 뿌듯했어요.
상담교사 : 민기는 사람들에게 서비스를 하는 것에 흥미가 있고 손님들이 물건을 사 가게 되면 더 자신감이 생기는구나.

진로교육

- **특성-요인이론** (파슨스, Parsons)
  - "나를 알고, 직업을 알고, 의사결정 하도록 돕는 것"
  - 자신에 대한 명확한 이해 – 직업에 대한 지식 – 위의 두 요인의 합리적 연결

- **직업인성유형이론** (홀랜드, Holland)
  - 5가지 주요개념
    - 일관성, 일치성, 차별성(변별성), 정체성, 계측성
    - 일관성 : 첫 두 개의 문자가 비슷한 유형에서 인접할 일함 때
    - 일치성 : 자신의 유형과 비슷한 환경에서 일함 때
  - 6가지 성격유형 – R 실재적(현실적), I 탐구적, A 예술적, S 사회적, E 설득적(진취적), C 관습적

- **욕구이론** (로우, Roe)
  - 12세 이전의 부모의 양육방식 → 욕구충족 방식이 결정됨 → 직업선택
    - 부모의 태도 유형에 따라 사람지향, 사람회피 태도가 형성
  - 직업분류체계 (직업군 8개 × 직업군 6) – 직업군 관련도와 책무성
  - 사람지향직업 : 서비스직, 비즈니스직, 행정직, 보편적 문화직, 예술직
  - 사람회피직업 : 기술직, 옥외활동직, 과학직

- **진로발달이론** (수퍼, Super)
  - 진로발달은 타협을 타협의 과정으로 본 긴즈버그(Ginzberg) 이론 보완
  - 자아개념 – 자신에 대한 상/이미지, 아치헤이이 모형
    (생애학생지리적 기반 아래 개인 심리적·사회적 요인의 상호작용 속에서 발달)
  - 진로발달단계 – 성장기 → 탐색기 → 확립기 → 유지기 → 쇠퇴기
  - 진로성숙도 – 진로발달이 연속선상에서의 개인이 도달한 위치
  - 하위요인 – 진로계획, 진로탐색, 직업세계에 대한 지식, 선호하는 직업군에 대한 지식, 의사결정
  - 진로적응 – 진로발달을 이끄는 요인들 간의 상호작용을 말함

- **사회학습이론** (크롬볼츠, Krumboltz)
  - 진로의사 결정에 영향을 미치는 요인 : 유전요인 – 선천적으로 타고나는 능력
  - 환경요인 – 환경적 상황과 여러 가지
  - 심리요인 – 학습경험(도구적, 연합적), 과제접근기술
  - 진로결정 요인들의 결과 – 자기관찰 일반화, 세계관 일반화
  - 진로신념검사
  - 계획된 우연모형

교육학 논술 KTX (X-file ver.)

학습내용 인출하기

[2023 초등] 박 교사의 이전대로 상담 목표 설정에서 고려해야 할 사항을 3가지 제시하고, 상담 목표를 적절하게 설정함으로써 상담 과정이나 성과에서 기대할 수 있는 효과를 2가지 논하시오.

박 교사: 영우와 진서 모두 대인관계 능력을 기르기 위한 상담이 필요한 것 같아.
김 교사: 맞아요. 영우와 진서의 부모님께서도 제가 구조에서 개별 상담을 진행하고 있으시다고요. 이에 대해 좋은 의견 부탁드려요.
서 교사: 상담을 할 때 영우와 진서의 강점을 찾아 활용하실 필요가 있을 것 같아요. 영우와 진서에게 자신의 강점을 알게 해 주고 상담을 진행하면 대인관계 문제를 해결하는 데 도움이 될 거예요.
박 교사: 저는 상담 목표를 설정하실 것을 제안합니다. 상담 목표를 설정할 때는 고려해야 할 사항이 많지만 상담 목표를 적절하게 설정하면 상담 과정이나 성과에 도움이 돼요.

[2019 초등] 박 교사의 제안에서 상담 초기에 필요한 관계 형성 방법 3가지, 김 교사가 그 방법들을 진영이에게 어떻게 적용할지 언어적 표현으로 예시 3가지를 제시하시오.

김 교사: 우리 반 진영이가 평소에는 학교생활을 하고 싶어하지 못해 어려움이 없는 듯한데, 발표할 때 긴장하고 있어요. 평소 실력을 발휘하지 못해 너무 속상하다고 합니다. 그래서 저는 진영이를 정말 도와주고 싶어요.
박 교사: 저런, 진영이 입장에서는 정말 속상할 것 같네요. 우선 진영이 감정부터 공감해 주세요.
김 교사: 네, 그래야겠요. 진영이는 발표 시간에 자기 생각과 감정을 제대로 표현하지 못해요. 남의 말을 경청하지 못하고, 남의 의견을 존중하지 않아요. 또 한 가지는 진영이가 자신감도 떨어지고, 선남과 친구들에게 자주 의존하고 자기가 주도적으로 하지 않아요.
박 교사: 그렇군요. 선생님도 염려되시겠어요. 그렇지만 진영이와 이야기 하면서 선생님을 믿고 편안하게 이야기할 수 있도록 해 줄 필요가 있어요.
김 교사: 네, 그렇게 생각합니다. 그런데 진영이가 저에게 의지하려고만 하는 것을 어떻게 하는 것이 좋을까요?
박 교사: 저도 진영이가 남에게 의지만 하다가 자기가 능력을 기를 수 있는 기회를 놓칠까 걱정이 됩니다. 저는 진영이가 남에게 말씀하신 그 마음을 그대로 진솔하게 표현하시면 좋을 것 같아요.
박 교사: 지금 선생님이 말씀하신 그 마음을 그대로 진솔하게 표현하시면 좋을 것 같아요.
...(하략)...

상담기법 및 이론

상담기법

상담기법

상담에서의 구조화 (23' 초등)
- 상담을 통해 기대할 수 있는 것을 내담자에게 알려 주고, 함의를 이루는 과정
- (상담의 목표·특수·한계조건, 비밀보장 문제, 상담기간과 횟수, 내담자와 상담자의 의미, 앞으로 기대되는 결과 등을 언급)

로저스의 상담기법 (14' 중등, 19' 초등)

상담자의 태도 "매포현성"
- 솔직성 : 감정이나 경험을 진솔하게 진술하면서 인정, 개방
- 무조건적 긍정적 존중 : 가치의 조건화 없이 내담자를 수용
- 공감적 이해 : 내담자의 감정을 자기 것으로 느끼면서 공감

상담 대화기법
"정도와 깊이 차이에 따라 구분"
- 반영 — 정서 되돌려주기
- 재진술 — 내용 되돌려주기
- 명료화 — 메시지의 전후 문맥을 분명하게 하기 위함
- 구체화 — 사용하는 언어 내용을 정밀하게 확인
- 직면 — 말과 행동의 불일치에 대한 언급, 지적
- 즉시성 — 지금-여기서의 즉각적인 상호작용
- 해석 — 상담자가 자신의 판단을 섞어 반응
- 재구조화 — 문제나 상황에 대한 내담자의 관점을 수정

I-message / Do-message
- 상대에게 위임감을 주는 You-message 대신, 나를 주어로 한 메시지
  [e.g. 너 숙제 또 안해왔어! → 내가 숙제를 인해와서 선생님은 걱정이란다.]
- 상대의 행동을 평가하는 형용사를 사용 대신, 행동을 있는 그대로 표현
  [e.g. 너 참 게으르다! → 오늘도 30분이나 지각했구나!]

상담이론

정신분석적 상담 — 프로이드(Freud)
- 문제원인 — 무의식적 갈등
- 상담목표 — 무의식적 감정들의 의식화를 통한 내부갈등의 해결 및 정신건강의 회복
- 주요개념 — 무의식 양상, 꿈의 의식, 정화, 전이와 역전이의 해석, 저항의 해석, 해석
- 상담기법 — 자유연상, 꿈 분석, 생활양식, 인생과제, 자기모습 파악, 역설적 의도, 심상 만들기

개인심리학적 상담 — 아들러(A. Adler)
- 문제원인 — 사회적 관심의 결여, 상식의 결여, 용기의 결여
- 상담목표 — 열등감과 생활양식의 탐색과정 이해를 통한 생활목표와 생활양식의 재구성
- 주요개념 — 사회적 관심, 생활양식, 우월성 추구, 열등감, 가족구도/출생순위
- 상담기법 — 격려, '마치~처럼' 행동하기, 자기모습 파악, 역설적 의도, 심상 피하기, 수프에 침 뱉기, 질문 단추누르기 기법, 악동 피하기, 역설적 의도, 심상 만들기

학습내용 인출하기

[2014 중등] 1) 철수의 학교생활 적응을 향상시키기 위한 행동중심 상담에서의 상담기법 2가지, 2) 인간중심 상담에서의 상담기법 2가지를 제시하시오.

일지 #1 2014년 4월 ○○일 ○요일
우리 반 철수가 의외로 잘 지내지 못하는 것 같아 마음이 쓰인다. 철수와 1학기 때부터 친하게 지냈다는 학급 회장을 불러서 아이들과 잘 지내기를 해 보니 그렇지 않아도 철수가 요즘 거슬려 보이는 동네 친구들과 어울려 다니는 모습을 자주 보게 되어 하급 회장도 걱정을 하던 중이라고 했다. 그런데다 철수가 반 아이들에게 괜히 시비를 걸어 싸움이 많이 나게 되면, 그럴 때마다 아이들이 철수를 피하여 하니까 그 일을 듣고 철수가 더욱더 아이들과 멀어지고 제멋대로 행동한다고 한다. 오늘도 아이들과 사소한 일로 다투다가 감자기 소리를 지르고 물통을 던지고는 교실에서 나가 버렸다가 돌아오지 않는 친구들과 몰려다니며 그 아이들의 행동을 따라 해서 철수의 행동이 더 거슬어진 걸까? 1학년 때 담인 선생님 말로는 가정 형편이 넉넉하지 않고 부모님이 철수에게 신경을 쓰지 못함에도 불구하고 행실이 바른 아이였다고 하던데, 철수가 왜 점점 변하는 걸까? 아무래도 중간고사 이후에 진행했던 상담을 당장 개별 상담으로 시작해야 겠다. 그런데 철수를 어떻게 상담하면 좋을까?

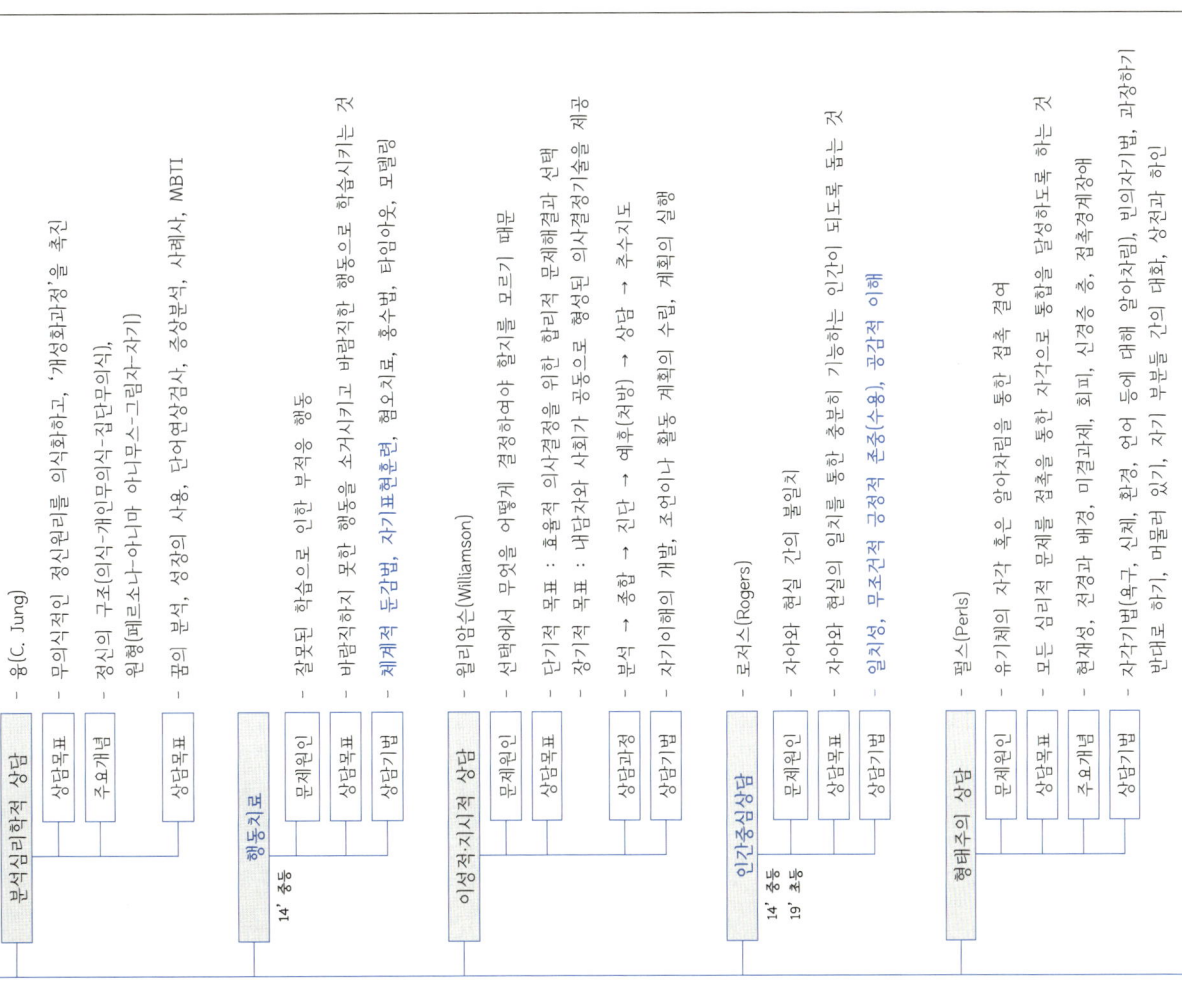

- 분석심리학적 상담
  - 문제원인 — 융(C. Jung)
  - 상담목표 — 무의식적 정신원리를 의식화하고, '개성화과정'을 촉진
  - 주요개념 — 정신의 구조(의식-개인무의식-집단무의식), 원형(페르소나-아니마-아니무스-그림자-자기)
  - 상담기법 — 꿈의 분석, 성장이 상황, 사용, 단어연상검사, 증상분석, 사례사, MBTI

- 행동치료 14' 중등
  - 문제원인 — 잘못된 학습으로 인한 부적응 행동
  - 상담목표 — 바람직하지 못한 행동을 소거시키고 바람직한 행동으로 학습시키는 것
  - 상담기법 — **체계적 둔감법, 자기표현훈련**, 혐오치료, 홍수법, 타임아웃, 모델링

- 이성적지시적 상담
  - 문제원인 — 윌리암슨(Williamson)
  - 상담목표 — 선택에서 무엇을 어떻게 결정하여야 하지를 모르기 때문
  - 단기적 목표 : 효율적 의사결정을 위한 합리적 문제해결과 선택
  - 장기적 목표 : 내담자와 사회가 공동으로 향상된 의사결정기술을 제고
  - 상담과정 — 분석 → 종합 → 진단 → 예후(처방) → 상담 → 추수지도
  - 상담기법 — 자기이해의 개발, 조언이나 활동 계획의 수립, 계획의 실행

- 인간중심상담 14' 중등 19' 초등
  - 문제원인 — 로저스(Rogers)
  - 상담목표 — 자아와 현실 간의 불일치
  - 자아와 현실의 일치를 통한 충분히 기능하는 인간이 되도록 돕는 것
  - 상담기법 — **일치성, 무조건적 긍정적 존중(수용), 공감적 이해**

- 형태주의 상담
  - 문제원인 — 펄스(Perls)
  - 유기체의 자각 혹은 알아차림을 통한 접촉 경험
  - 상담목표 — 모든 심리적 문제를 접촉을 통한 자각으로 달성하도록 하는 것
  - 주요개념 — 현재성, 전경과 배경, 미결과제, 회피, 언어 등에 대해 알아차림, 신경증 층, 접촉경계장애
  - 상담기법 — 자기개념(육구, 신체, 환경, 언어 등 자기 부분들 간의 대화), 빈의자기법, 과장하기, 반대로 하기, 머물러 있기, 성전과 하인

03. 생활지도 및 상담

교육학 논술 KTX (X-file ver.)

학습내용 인출하기

[2012 전문상담] 1) 글라서(W. Glasser)의 선택이론의 심리적 기본욕구를 모두 제시한 후, 장수의 문제 행동 원인을 지문에서 찾아 각자의 욕구와 연결하여 서술하시오. 2) 현실치료 상담과정 4단계에 따라 각 단계에서 활용할 수 있는 질문 2가지씩을 사례와 연결지어 제시하시오.

장수는 중학교 2학년 남학생으로 교우와의 지각을 좋아한다가 발각되었다. 이 문제로 선생님의 권유로 부모님과 장수를 Wee센터 상담실로 데리고 왔다. 상담자는 장수에게 다음의 정보를 얻을 수 있었다. 창수는 독특적이고 어릴적부터 장수에게는 관심이 없다. 아버지와 장수에게 불만이 많다. 아버지는 외향적이며 보험회사 직원으로 일하면서 가족의 생계를 책임지고 있다. 장수는 방과 후 자유롭게 마음껏 생활하면서 많이 바빈 아들로 가려 한다. 하지만 아빠는 가도 재미가 없고 친구도 없다. 초등학교 때 성적은 상위권이었고 좋은 대학에 진학할 수 있을 것이라는 희망도 있었다. 그런데 그리기를 좋아하던 친구가 만화가가 되고 싶다고 했다. 함께 누는 친구도 많았다. 중학교에 들어오면서 나름대로 열심히 공부했으나 성적이 점차 하위권으로 내려가기 시작했다. 담임선생님의 관심도 떨어졌다. 담임선생님이 종종 성적 하락하는 문제의 주공을 하셔서 학교에 가기 재미가 없다. 그러다가 주변에 친구들도 줄고 재미가 없다. PC방에서 도네이트 내용로 선생님께 따끔한 혼이 나는데 힘들어 앉수 느낌이 잘 없다. 하반, 동잉에 대해 공부를 어머니로부터 자주 받는다.

[2019 초등] 김 교사와 박 교사의 이견에 근거하여 그 신념들이 비합리적인 이유 2가지 및 함리적 신념으로 변화시키는 방법 1가지를 구체적으로 제시하시오.

김 교사: 정말 감사합니다. 마지막으로 고민이 하나 더 있어요. 학생들에게 관심을 가질수록 더 도와주고 싶어요. 그런데 저에는 항상 실수 없이 잘해야만 하는 신념과 모든 사람에게 인정받아야만 한다는 신념이 너무 강해서 요즘에서 오히려 실수를 많이 하는 거 같아요.

박 교사: 그럴 수도 있겠네요. 진영에게 그런 신념들은 현실적이지도 않고 도움도 안 되잖아요. 그래서 제가 추천해드리고 싶은 것은 진영이의 비합리적 신념을 합리적 신념으로 변화시키는 거예요.

……(상략)……

[2010 전문상담] 전문상담교사는 준서를 인지·행동적 관점에서 상담하려고 한다. 엘리스(A. Ellis)의 접근으로 준서의 문제를 분석하고 해결 과정을 제시하시오.

준서의 누나들은 공부도 잘하고 사교성도 좋아 친구들과 비교당하면서 자신의 열등함을 많이 한 편이다. 반면에 준서는 이성을 때부터 부모의 기대만큼 몸에 받았으나 누나들과 인부주의적 특성이 자신에게 정해 좋은 것이 안 하는 것을 볼 때면 더욱 이 아버지에게 강력한 인부주의의 특성이 자신이 내재돼 버렸다 살 사가지 않이 못하는 동 중에 사실 이기 여러했다. 이러한 특성을 준서가 친구들로부터 정작 자신의 어려움을 얻다 상상하게 되는 아이라고 비관하면서 친구들과 점점 더 멀어져 갔다. 또한 학교에서 우 부모를 외면하게 당하는 것 같아 마음속에 알 수 없는 분노가 일고 해했다. 준서는 아무리 애를 쓰이도 한 번도 낸 적이 없다. 준서는 아무리 애를 쓰이도 한 번도 낸 적이 없다 해도 아무리 용양되자면 아빠지의 강요가 내면화 되어 분노를 느끼는 사실을 알려 받은 사람이 이어저이다. 친구들 사이에서도 준서는 절대로 화를 내지 않는 아이로 알려져 있다. 준서는 자신에 대해 비하는 생각과 학습의무에 떨어지고 공부에만 집중할 수 없다.

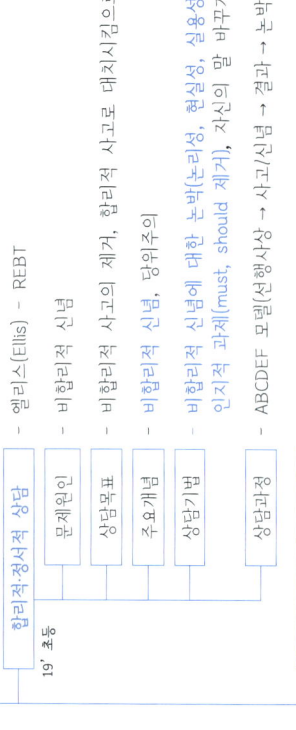

- **실존주의 상담**
  - 문제원인 — 프랭클(Frankle)
  - 상담목표 — 순수성을 잃었기 때문, 삶의 의미 결여
  - 상담기법 — 진실한 만남을 통해 순수성 회복
  - 상담기법 — 의미요법, 역설적 의도, 반성제거법(사고중단법), 소크라테스식 대화법

- **현실치료 상담**
  - 문제원인 — 글래써(Glasser)
  - 상담목표 — 현재 행동의 문제
  - 주요개념 — 소속감, 힘, 자유, 즐기고 싶은 욕구중족을 위한 효율적 방법을 찾게 하는 것
  - 주요개념 — 기본욕구(생존적, 소속, 힘, 자유, 즐기고 싶은 욕구), 선택이론, 정체감, 3R(책임, 현실, 옳고 그름)
  - 상담기법 — 상담자의 태도 질문하기, 역설적 기법, 유머 사용하기
  - 상담과정 — 우불딩의 'WDEP'(바람파악 → 현재 행동파악 → 평가하기 → 계획하기)

- **상호교류분석상담**
  - 문제원인 — 에릭 번(Eric Berne)
  - 상담목표 — 의사소통교류의 문제
  - 주요개념 — 교류분석 해결(자아의 균형, 게임의 중단, 각본 재결정)
  - 주요개념 — 생활자세[I'm OK-You're OK], 금지명령과 초기결정, 어루만짐, 각본
  - 주요개념 — 구조분석(오염-배타), 교류분석(상보적-교차적-이면적 교류), 게임·각본분석

- **합리적·정서적 상담** (19' 초등)
  - 문제원인 — 엘리스(Ellis) - REBT
  - 상담목표 — 비합리적 신념
  - 주요개념 — 비합리적 사고의 제거, 합리적 사고로 대치시킴으로써 정신건강을 유지
  - 주요개념 — 비합리적 신념, 당위주의
  - 주요개념 — 비합리적 신념에 대한 논박(논리성, 현실성, 실용성에 대한 논박) 인지적 과제(must, should 제거), 자신의 말 바꾸기
  - 상담과정 — ABCDEF 모델(선행사상 → 사고/신념 → 결과 → 상담 효과 → 느낌)

- **인지상담**
  - 문제원인 — 벡(Beck)
  - 상담목표 — 과장되고 왜곡된 자동적 사고
  - 상담목표 — 효과적인 사고를 위한 인지왜곡의 제거
  - 주요개념 — 자동적 사고, 인지적 왜곡 (흑백논리, 재앙화, 터널시야, 감정적 추론, 낙인 찍기, 과잉 일반화, 당위적 사고, 바논리적 사고, 등)
  - 상담기법 — 재귀인 기법, 인지 왜곡 축소 명명하기, 파국에서 벗어나기, 인지 예행연습

학습내용 인출하기

[2023 초등] 영우와 진서의 강점을 각각 1가지씩 제시하고, 학생에게 자신의 강점을 알게 해 주는 것이 대인관계 능력 함양에 미치는 긍정적인 영향을 알게 해 주는 것이 대인관계 능력 함양에 미치는 긍정적인 영향을 2가지 논하시오.

(상략)......

김 교사: 좋습니다. 학교에서는 협력 지원 체계 가동을 각 가정에서도 가동하고, 저는 담임교사로서 우리 반 학생들의 대인관계 문제부터 살펴보려고요. 우리 반에도 대인관계로 어려워하는 학생들이 있거든요. 영우가 진서에게 수업 끝나고 자기 집에 같이 가서 놀자고 했는데 진서가 앞뒤 설명 없이 바로 싫다고 거절해 버려서 영우가 상처를 많이 받은 것 같아요. 평소 영우는 친구들과 어울리기를 좋아하는 아이지만 자기 마음을 표현하는 방법을 잘 모르는 것 같아요. 진서는 다른 친구랑 수업을 가기로 약속되어 있어서 어쩔 수 없었다고 하는데, 사실 진서는 평소에 입장을 고려해서 말하는 태도가 부족하긴 해요.
박 교사: 영우와 진서 모두 대인관계 능력을 기르기 위한 상담이 필요한 것 같아요.
김 교사: 맞아요, 영우와 진서의 부모님께서도 요구하셔서 제가 우선 영우와 진서에게 개별 상담을 진행하고 있어요, 이에 대해 좋은 의견 부탁드려요.
서 교사: 상담을 할 때 영우와 진서의 강점을 찾아 활용하심이 필요할 것 같아요. 영우와 진서에게 자신의 강점을 알게 해 주고 상담을 진행하며 대인관계 문제를 해결하는 데 도움이 될 거예요.
박 교사: 저는 상담 목표를 설정하시는 것을 제안합니다. 상담 목표를 설정하는 과정이나 성과에 많지만 상담 목표를 적정하게 설정하면 상담 과정이나 성과에 고려해야 할 사항이 많지만 상담 목표를 적정하게 설정하면 상담 과정이나 성과에 도움이 많지요.

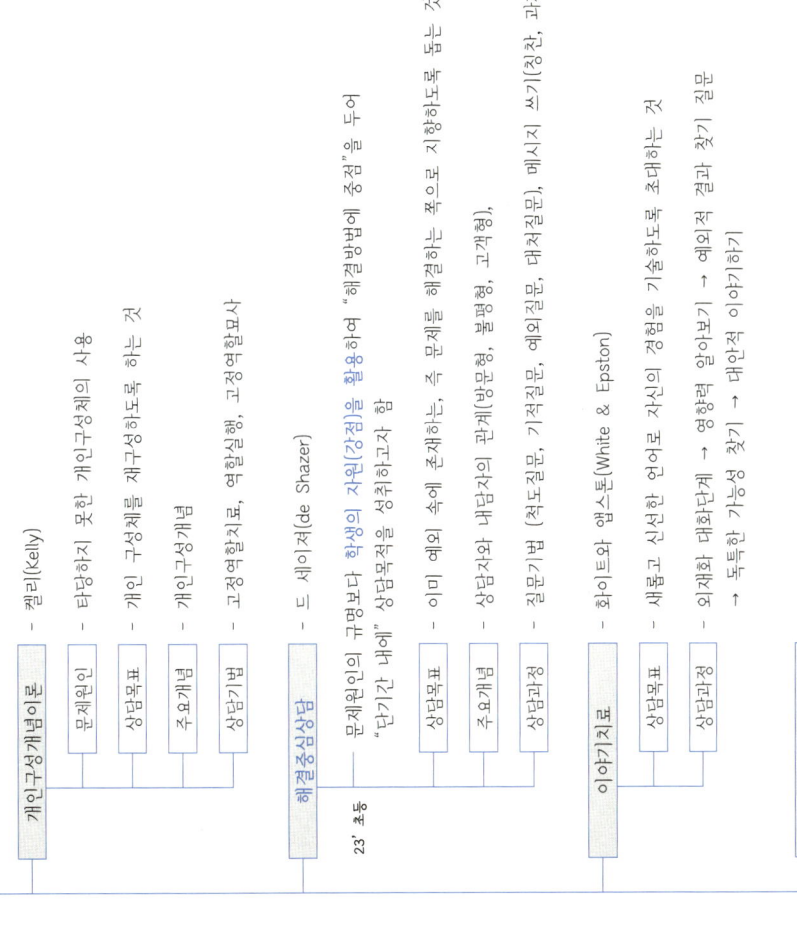

- 개인구성개념이론 — 켈리(Kelly)
  - 문제원인 — 타당하지 못한 개인구성체의 사용
  - 상담목표 — 개인 구성체를 재구성하도록 하는 것
  - 주요개념 — 개인구성개념
  - 상담기법 — 고정역할치료, 역할실행, 고정역할묘사

- 해결중심상담 — 드 세이저(de Shazer)
  - 23′ 초등 문제원인보다 구명보다 학생의 자원(강점)을 활용하여 "해결방법에 중점"을 두어 "단기간 내에" 상담목적을 성취하고자 함
  - 상담목표 — 이미 예외 속에 존재하는, 즉 문제를 해결하는 쪽으로 지향하도록 돕는 것
  - 주요개념 — 상담자와 내담자의 관계(방문형, 불평형, 고객형),
  - 상담과정 — 질문기법 (척도질문, 기적질문, 예외질문, 대처질문, 메시지 쓰기(칭찬, 과제)

- 이야기치료 — 화이트와 엡스톤(White & Epston)
  - 상담목표 — 새롭고 신선한 언어로 자신의 경험을 기술하도록 초래하는 것
  - 상담과정 — 외재화 대화단계 → 영향력 알아보기 → 예외적 결과 찾기 → 질문 → 독특한 가능성 찾기 → 대안적 이야기하기

- 집단상담
  - 기법 — 집단원의 적극적 참여유도, 구조화, 소극적 참여, 습관적 불평, 집단, 연결, 차단, 피드백, 보편화 등
  - 집단원 문제행동 — 대화독점, 일시적 구원, 질문공세, 감정화, 충고나 조언 일삼기, 의존적 자세, 우월한 태도, 소집단 형성 등

04 교육사회

교육학 논술 KTX (X-file ver.)

학습내용 인출하기

[2015 중등 주시] 기능론적 관점에서 최근 우리 사회는 학교가 다양한 역할을 수행하도록 요구하고 있습니다. 이에 대부분들도 잘 아시겠지만 최근 우리 사회는 학교가 다양한 역할을 수행하도록 요구하고 있습니다. 이에 따라 선생님들께서는 교육내용 및 교수방법 및 수업에 대한 기본적인 이해가 필요하다고 생각합니다. 먼저 교직자로서 우리는 학교 교육의 기능을 이해해야 합니다. 지금까지 학교는 학생들이 사회 구성원으로서 올바로 성장할 수 있는 보편적 규범을 가르쳐 왔습니다. 그러나 최근 사회는 학교 교육에 다양한 요구를 하게 되면서 학교가 세분화된 직업 집단의 교육 요구를 충족시켜 주기를 원하고 있고, 학교 교육의 선발·배치 기능에 다시 주목하고 있습니다. 그러므로 여러분은 학교 교육의 선발·배치 기능을 이해하는 한편, 이것이 어떤 한계를 갖는지도 생각해야 할 것입니다.

교육사회학 연구의 관점

기능론

교육에 대한 입장 `15' 중등`
- 학교의 사회적 기능 : 사회화, 선발 및 배치
- 능력주의(업적주의) : 개인의 능력에 따라 학생을 선발하고 사회적 지위를 제공
- 교육문제의 원인 : 교육내부 조건과정에서 일어나는 일시적 병리현상
- 교육개혁 : 사회변화에 따라 사회유지와 안정에 기여하기 위한 교육체제의 대응
- input : 교육의 기회균등 → output : 사회평등 보장 (거시적 관점)

사회화 이론

도덕사회화론 뒤르켐(Durkheim)
- 사회적 유대, 도덕적 개인주의
- 교육의 기능 : 사회화(한 사회의 공통적 감성과 신념)
  - 보편적 사회화(한 사회의 공통적 감성과 신념)
  - 특수사회화(개인이 속한 직업 집단의 규범과 전문지식의 학습)

사회화기능론 파슨스(Parsons)
- 사회체제의 자기유지를 위한 4가지 기능 (AGIL이론)
  ① 역할(role) - 적응(Adaptation)
  ② 집합체(collectivity) - 목표달성(Goal attainment)
  ③ 규범(norm) - 통합(Integration)
  ④ 가치(value) - 잠재성의 유형유지(Latent pattern maintenance)

학교규범론 드리븐(Dreeben)
- 사회화의 의미 : 산업사회에서 중요시되는 4가지의 규범을 가르치는 것
  ① 독립의 규범 : 과제를 스스로 처리하고 자신의 행동에 책임을 지게 함
  ② 성취의 규범 : 성취결과에 따라 사회적 희소가치가 배분됨을 인식
  ③ 보편의 규범 : 동일 연령의 학생들이 같은 학습내용과 과제를 공유함
  ④ 특정(예외)의 규범 : 한년이나 학교의 수준이 높아지면서 흥미와 적성에 맞는 분야에 한정하여 그 분야의 교육을 집중 수행함

하이어이론

기술기능이론 클라크와 커 (Clark & Kerr)
- 학교교육 → 높은 직업기술수준 → 지위와 소득의 상승
- 직업세계의 기술수준과 학교의 교육수준이 일치함
- 학교의 기능 : 산업사회가 요구하는 기술과 전문가를 양성하여 배출함으로써 사회유지에 공헌 기여
- 비판 : 지위경쟁이론

인간자본론 슐츠(Schultz)
- 학교교육 → 생산성의 향상 → 소득증대
- 교육은 인간자본에의 투자로, 소득분배 평등화의 중요장치
- 인간자본 : 미래 금전적 소득을 창출하는 기술과 지식이 앞날에 기여 활용할 수 있는 자산
- 비판 : 선별가설이론, 이중노동시장이론, 급진적 관점, 인문주의적 접근

지위획득론 `14' 행시`
- 학교교육 → 인간자본에의 투자로, 소득분배 평등화, 개방사회로 규정
- 교육은 사회적 불평등을 계층화, 공동화 기회와 공정한 경쟁 노동시장을 가정, 사회적 지위가 능력에 의해 이루어지기에 정당함
- 블라우와 던컨(Blau & Duncan)의 지위획득모형, 위트콘신 모형

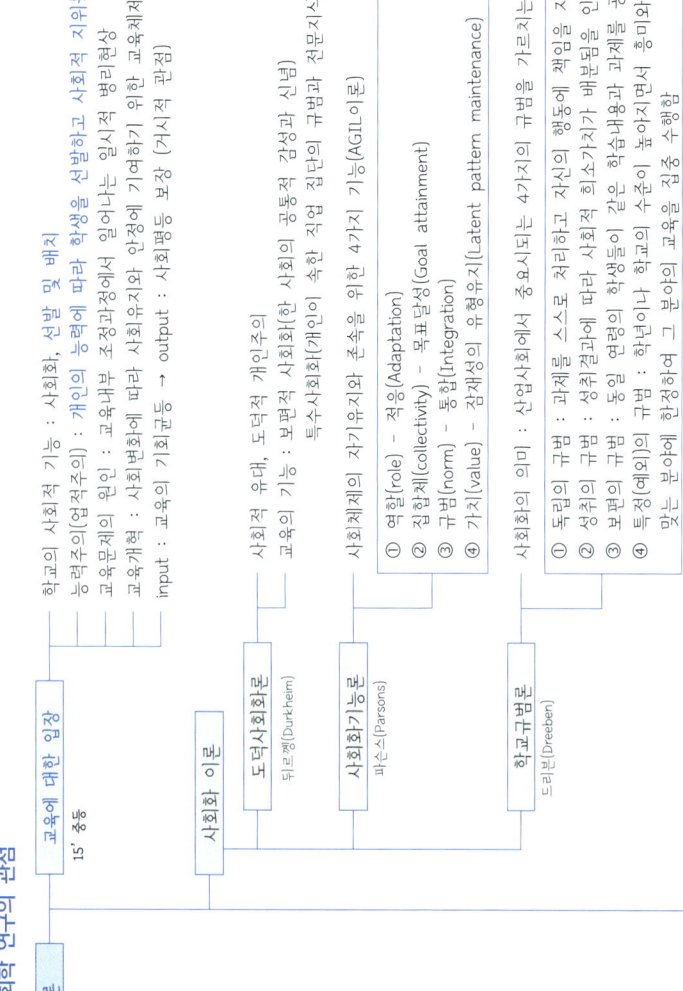

학습내용 인출하기

[2016 행시] 우리사회의 경우 이전보다 교육을 통한 계층이동이 훨씬 더 어렵다는 논의들이 확산되어 가고 있다. 이러한 사회집단들 파에도 부르디외(P.Bourdieu)의 이론과 연결해보자면 우리사회는 개인이 자역의 문화자본에 의해 사회계층구조가 고착될 가능성이 상당히 높음을 볼 수 있다. 다음 물음에 답하시오.

1) '아비투스(habitus)'의 개념과 특성을 설명하고, 아비투스가 어떻게 문화 재생산에 기여하는지에 대해 설명하시오.

2) 문화자본의 재생산 및 불평등 문제는 개인 문제도 뿐만 아니라 지역의 문제로도 인식될 수 있다. 우리나라는 문화자본이 서울 및 수도권에 생산부문 집중되어 있어 이를 개선하는 것이 시급한 교육적 과제이다. 이러한 문제를 해소할 수 있는 방안을 평생교육적 차원에서 제시하시오.

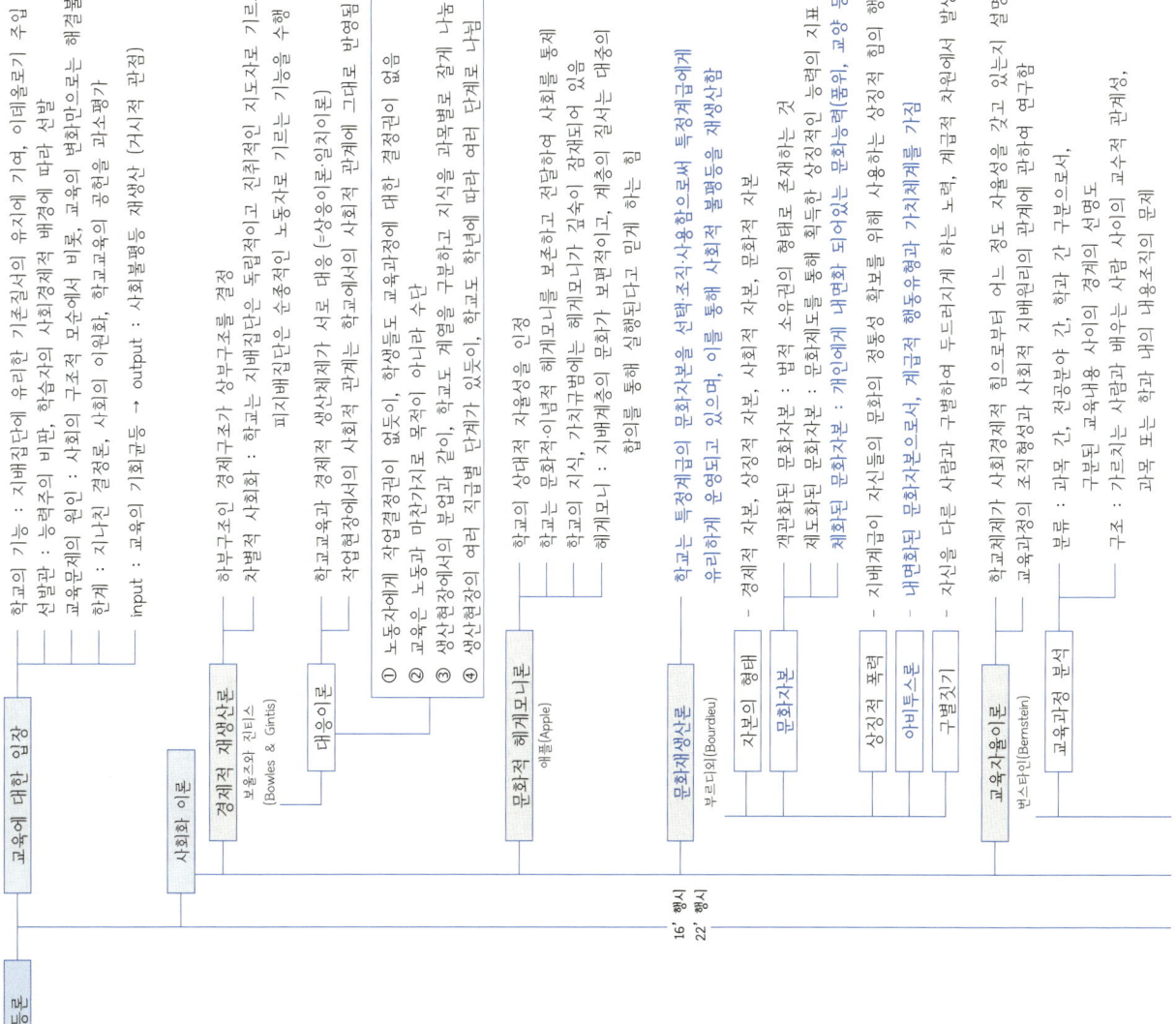

04. 교육사회학

신교육사회학

- **선발이론과 지위경쟁이론의 차이점**
  - 선발이론은 고용주가, 지위경쟁이론은 상위계층이 교육을 이용
  - 선발이론은 거시적 이론(기능론·갈등론)을 비판, 학교 내부의 교육현상에 초점
  - 선발이론은 일차적 비판은 인적자본론, 지위경쟁이론은 지위획득론
  - 선발이론은 교등교육에 관심, 지위경쟁이론은 고등교육에 보다 관심

- **연구주제**
  - input : 교육의 기회균등 → process : 학교 내부 → output : 사회불평등 재생산
  - 미시적 관점 : 거시적 이론(기능론·갈등론)을 비판, '교육과정'을 중시
  - 지식과 사회성에 관심

- **「지식과 통제」 영(Youn)**

- **언어실조론 번스타인(Bernstein)**
  - 계층의 언어사용 형태가 학업성취의 차이를 가져옴

- **대중어와 공식어**
  - 대중어(제한된 용법) : 하류층이 사용하는 언어
    낮은 수준의 개념만 인과적 사고에 적합
  - 공식어(정련된 어법) : 중류집단이 사용하며, 교실에서 사용
    인지적·정의적 활동을 조장

- **해석적 접근**

- **상징적 상호작용론**
  - 학교에서 발생하는 교장, 교사, 학생들 사이의 상호작용을 분석

- **교사-학생 유형 하그리브스(Hargreaves)**
  - 교사의 자기개념과 유형 : 맹수조련사형, 연예인형, 낭만가형

- **교사의 생존전략 우즈(Woods)**
  - 학생의 적응양식 : 낙관적 순응형, 도구적 순응형, 식민화형, 도피형, 비타협형, 반역형
  - 사회화, 지배, 친목, 결근과 자리이동, 치료요법, 관습적 전략(반쯤 웃기)

- **방어적 수업 맥닐(McNeil)**
  - 교수방식은 학생들의 반응을 줄이는 방식으로 진행
  ① 단편화 : 수업 내용을 단편들 혹은 목록으로 환원시키기
  ② 신비화 : 복잡하거나 논의의 여지가 있는 주제에 관한
     운을 막기 위해 읽기 힘든 것처럼 보이게 함
  ③ 생략 : 학생들이 몰라도 된다고 생각하는 부분, 단원을 생략
  ④ 방어적 단순화 : 학생들을 이해시키기 위해 다양한 방법과
     많은 시간이 드는 주제를 간단히 언급만 함

- **낙인과 상호작용**
  - 일탈행위 원인은 일탈자와 이에 영향을 주는 사람간의 상호작용

- **교육과정사회학**

- **교과서 분석 애니언(Anyon)**
  - 교과서는 특정집단의 이익에 봉사하는 이데올로기 반영

- **경제체제이론 골드맨(Goldan)**
  - 교육과정의 성격은 일반 교육과정과 전문과정의 비중,
    그 비중은 과학기술이 발전과 사회변화로 형성되는 사회의 요구를 반영

- **정치적성격 월라스(Wallace)**
  - 교육과정 변화(혁명가-보수가-복고가)

교육학 논술 KTX (X-file ver.)

학습내용 인출하기

[2017 행시] 1) 사회적 양극화는 사회 통합과 사회적 역동성을 저해하여 한 사회의 지속가능한 발전을 위협할 수 있다. 아래 한국노동패널조사 결과에 나타난 교육 양극화 축면에서 논하시오. 2) 사회적 양극화 문제를 해결하기 위해서는 교육기회의 행복성을 높일 필요가 있다. 이를 위한 정책을 추진할 때 지켜야 할 기본 원칙과 우선해야 할 구체적인 정책 과제에 대해 논하시오.

2003년 한국노동연구원의 한국노동패널조사 6년차년도 보고서를 분석한 결과, 가구주(부모)의 학력이 중졸 이하인 경우 자녀에 대한 미진학 비율은 40%가 넘는 반면, 서울 소재 4년제에 대한 진학률은 3~4%에 그쳤다. 이에 비해 대학원 석사 이상인 경우 자녀에 대한 미 진학 비율은 0.7%에 그쳤고, 서울소재 4년제 대학 진학률은 41.4%에 달했다.

[2014 중등] 다음 대화 내용을 바탕으로 학생들이 수업에서 소극적으로 행동하는 문제를 문화실조 관점에서의 진단하시오.

박 교사: 선생님께서는 교직 생활을 오래 하셨으니 학교의 일상적인 업무뿐만 아니라 가르치는 일에서도 큰 어려움이 없으시지요? 저는 새내기 교사라 교직과 그런지 아직 수업이 힘들고 학교 일도 낯설어서요.
최 교사: 지도 처음에는 선생님과 마찬가지로 교직 생활이 힘들었지요. 특히 수업시간에 반응을 잘 보이지 않으면서 무석석한 많이 있는 학생이 어떤 맥을 때는 어떻게 해야 할지 모르겠더라고요.
박 교사: 네, 맞아요. 어떤 학급에서는 제가 열심히 수업을 해도, 또 학생들에게 질문을 만져도 일체하기도 하고, 고개를 속인 채 조용히 있기도 합니다. 심지어 어떤 학생이 수업시간에 아예 점목으로 일관하기도 하고, 눈도 마주치지 않으려고 해요. 또한 가정환경이 좋지 않은 몇몇 학생이 그런지 수업에 적극적으로 참여하지도 않는 것 같아 기회가 상대적으로 부족해서 그런지 수업에 적극적으로 참여하지도 않는 것 같아요.

● 교육의 사회적 기능

교육의 기회균등
- 12' 행시
- 17' 행시
- 22' 행시 주관식

교육기회균등 관점
- 기회의 평등
  - 허용적 평등
  - 보장적 평등
- 내용의 평등
  - 과정적 평등
  - 결과적 평등

- 허용적 평등 : 모든 사람에게 교육받을 기회를 고르게 허용
- 보장적 평등 : 취학을 가로막는 경제적·지리적·사회적 "제반장애 제거"
- 과정적 평등 : 교사, 교육과정, 교육목표, 교육시설 등의 차별을 없앰
- 결과적 평등 : 사회적·경제적 지역 "격차를 축소" 시켜보자는 의도

콜맨보고서
- 결과적 평등의 등장 배경, 학생들의 학업성취 불평등은 학교들 간의 격차에 원인이 있는 것이 아니라 그들이 처한 가정배경이나 동료집단에 원인이 있음

롤스의 '정의론'
- 결과적 평등의 이론적 근거
- 최소의 조건을 가진 사람에게 최대한의 이익을 보장도록 함

교육적 기능
① 학업성취의 확신과 미래학습의 예언
② 선발기능 : 상급학교 진학 결정
③ 경쟁촉진 기능
④ 목표와 유인 기능
⑤ 교육과정 선발적 기능 : 시험에 출제되는 것을 학습, 교과목을 중심·주변교과로 분류

사회적 기능
① 사회적 선발 기능
② 지식의 공식화와 위계화
  : 시험에 출제되고 정답으로 규정되는 지식은 사회가 공식적으로 인정하는 지식
③ 사회통제 기능
④ 기존 질서의 정당화와 재생산 : 지배계급의 이해에 이르기까지 주입
⑤ 문화의 형성과 변화

시험의 기능

교육선발
14' 행시

엘리트주의 vs 평등주의

- 터너(Turner)
  - 경쟁적 이동 : 단선형 학교
  - 후원적 이동 : 복선형 학교, 조기선발, 엘리트주의 선발관

- 호퍼(Hopper)
  - 선발방식에 따른 분류 : 중앙집권화적(표준화) vs 지방분권화(비표준화)
  - 선발시기에 따른 분류 : 조기선발 vs 만기선발
  - 선발대상에 따른 분류 : 보편주의 vs 특권주의
  - 선발기준에 따른 분류 : 집단주의 vs 개인주의

교육격차 인과론
- 한국 교육불평등의 특성 : 입학단계에서의 선발, 집중선발, 상대적 경쟁선발, 상급학교에 의한 선발

교육격차 결정요인

- 지능결핍론
  - 학업성취도의 차이는 생득적인 지능의 차이로 발생
  - 젠센(Jensen), 아이젠크(Eysenck)

- 가정환경결핍론
  - 문화적 환경의 풍부와 결핍에 따라 교육적 자극이 충분하거나 않으면서 학업성취의 격차가 발생
  - 문화실조론 vs 문화다원론
  14' 중등
  14' 행시

- 교사결핍론
  - 교장의 지도력, 교사의 수업태도와 학생에 대한 기대, 학교풍토가 성적에 영향을 줌

학습내용 인출하기

[2020 초등] (가)에서 언급하고 있는 학교효과의 상대적으로 덜 노출되어 있고 가정배경이 학교에 연계되는 요인을 (나)와 (다)에 근거하여 3가지 제시하시오.

(가) 이 학교에 다니는 학생들은 사회경제적 상대적으로 덜 노출되어 있고 가정배경이 보통 수준이다. 이 학교가 자체적으로 조사한 지난 수년 간의 자료를 분석해 본 결과, 현재 이 학교는 성취기준 도달 정도에서 그다지 뚜렷한 향상을 보여주지 못하고 있다. 성취기준을 달성하는 데 영향을 미치는 요인으로 학생의 선천적 능력이나 가정배경 및 사교육이 언급되지만 학교교육 자체도 중요한 요인들이 있다. 따라서 이 학교는 학교효과의 요인들을 찾아 학생들의 성취기준을 달성할 수 있도록 노력할 필요가 있다.

(나) 이 학교의 의사결정 방식은 비교적 민주적으로 이루어지고 있다. 학교장은 학께 배우고 성장하는 '학교'라는 확고한 학교경영 목표를 세우고 자신의 권한에서 많은 부분을 교사들에게 위임하고 있다. 하지만 교사들 간의 역량 차이로 인해 사안별로 참여와 관심에서 편차를 보이고 있다. 어떤 교사들은 회의에 관행적으로 참여하거나 선배 교사의 의견을 건성으로 따르면서도 그냥 따르기만 하는 경우가 있다. 또 어떤 교사들은 동료 교사와의 협업보다 경쟁과 학교 행정 업무가 자신의 수업 방법 개선에만 몰두한다. 따라서 이 학교의 교사들은 동료 교사에 대해 지도성을 발휘할 수 있는 역량을 개발할 필요가 있다.

(다) 이 학교는 상대적으로 작은 규모의 학교이다. 소규모 학교이기에 교사들과 학생들 사이에 친밀도가 높은 반면에, 교사 개인별로 수행해야 할 업무량은 대규모 학교에 비해 많은 편이다. 교사들은 수업의 재구성과 같은 교육과정 개선에 관심이 많지만, 여러 가지 업무로 인해 교육 활동에 전념하는 데 어려움이 있다. 최근 교육청이 실시하고 있는 '공문 없는 날'이 이 학교에도 적용되지만, 행정 업무 경감이 체감되기는 낮날 실질적인 교감이 되지 않다. 또 학교장의 주도 아래 '학교무장업위원회'도 운영해 보았지만, 행정 업무 경감에 대한 교사들의 만족도는 그다지 높지 않다. 따라서 이 학교의 교사들은 협업 체제 내에서 교사들과의 협의 과정을 통해 학교 행정 업무 경감을 위한 구체적인 방안 마련이 요구된다.

[2017 행시] 1) 다음 글에서 논의하고 있는 사회적 자본의 개념과 특성을 설명하시오. 2) 초・중등 학교교육에서 사회적 자본을 확충할 수 있는 방안을 제시하시오.

중등 교육체계의 특징은 변화 방향으로 이해하려 시민사회의 보편적 합리성을 기대 줄 수 있는 교육체계의 구축이 필요하다. 탈산업사회의 특징은 기간에 보편적 합리성의 확장과 정치적 참여하는 민주주의적 정치체제의 유지와 확산을 위해 반드시 필요하다. 또한 보편적 합리성에 근거한 (선거는) 사회 전체의 신뢰와 통합을 통해 사회적 갈등을 감소시켜 사회적 비용을 줄이는 효과가 있다. 사회적 자본(social capital)은 인적자본(human capital)과 함께 인적자원의 범주에서 그 중요성이 점차 커지고 있으며, 사회적 자본 확충이 가장 중요한 역할을 하는 것이 교육이라 하겠다. 그러므로 학교교육의 내용에서는 초・중등 단계까지의 교육을 통해 사회적 자본의 확충이 가능하다.

[2018 행시] 다음 글을 읽고 우리나라에서 높은 학력이 경제적 수입 향상과 직업지위 획득에 어떻게 영향을 주고 있는지 지위경쟁이론을 중심으로 설명하시오.

학교팽창과 학력상승을 설명하는 '지위경쟁이론'은 학력이 경제적 지위를 획득하는 수단이기 때문에 사람들이 더 경쟁적으로 높은 학력을 취득하려 하고, 그 결과 학력이 계속 높아진다고 본다. 남보다 한 단계라도 높은 학력을 가지고, 것이 사회경제적 지위 경쟁에서 결정적으로 유리하기 때문에 모든 사람이 높은 학력, 즉 상급학교 졸업장을 받기 위해 온갖 노력을 기울인다.

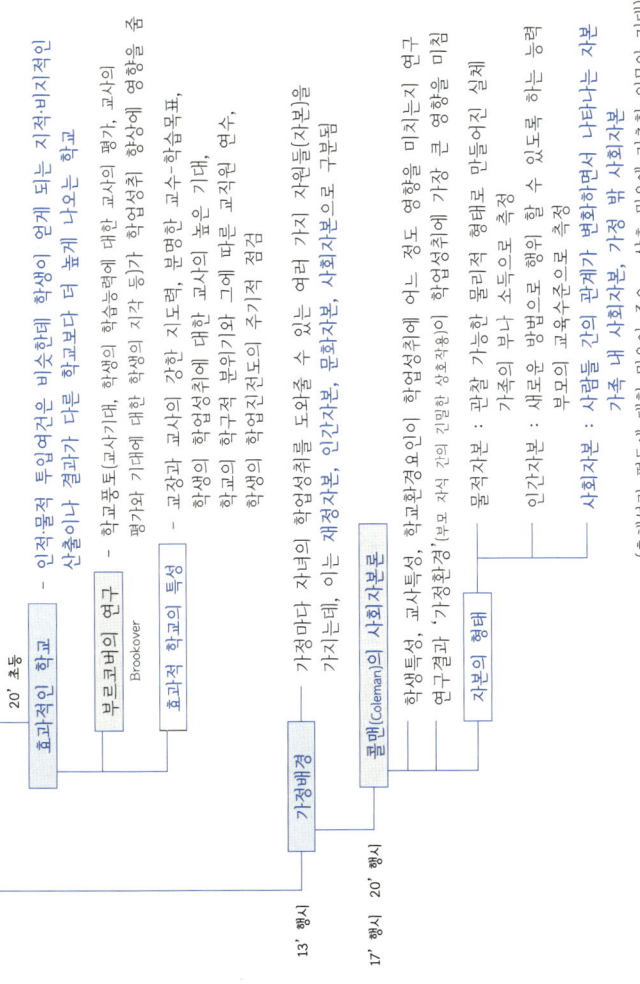

- 효과적인 학교 — 인적 물적 투입요건은 비슷한데 학생의 학업성계와 연계되는 지적・비지적인 산출이나 결과가 다른 학교보다 더 높게 나오는 학교
- 브루코버의 연구 (Brookover) — 학교풍토(교사기대, 학생이 학습능력에 대한 교사의 평가, 교사의 학구적 규범, 학생의 학습지향성 향상됨) 평가가 기대에 높은 학업성취 향상에 영향을 줌
- 효과적 학교의 특성 — 교장의 강한 지도력, 분명한 학습목표, 학생의 학업성취에 대한 교사의 높은 기대, 학교의 학구적 분위기와 그에 따른 교사의 노력, 학교의 학업진전도의 주기적 점검

가정배경 13' 행시
— 가정마다 지니고 있는 사회경제적 자본
— 가정배경은 학생성취를 도와줄 수 있는 여러 가지 자본들(자본)을 가지는데, 이는 재정자본, 인간자본, 문화자본, 사회자본으로 구분

콜맨(Coleman)의 사회자본론 17' 20' 행시

자본의 형태
- 물적자본 : 관찰 가능한 물리적 형태로 측정 — 가족의 부나 소득으로 측정
- 인간자본 : 새로운 방법으로 행동할 수 있도록 하는 능력 — 부모의 교육수준으로 측정
- 사회자본 : 사람들 간의 관계가 변화하면서 나타나는 자본 — 가족 내 사회자본, 가족 밖 사회자본
  (콜레만은 평등등에 대한 믿음에 기초한 상호・상호작용이 중요. 부모 자식 간의 긴밀한 상호작용임)

학력상승과 교육개혁

학교팽창이론 14' 행시

학습욕구론
— 학습욕구를 충족하기 위해 교육을 받기 → 매슬로우의 존재욕구와 관련
— 인구의 증가와 경제 발전으로 인해 경제적 여유로 인해 중등에 따라 학교가 팽창함

기술기능이론 (Clark & Kerr)
— 학교교육 → 높은 직업기술수준 → 지위와 소득의 상승
— 고학력사회는 고도산업사회의 결과(직업세계 기술수준과 학교 교육수준이 일치)
— 한계 : 과잉학력현상을 설명하지 못함 → 지위경쟁론의 등장

신마르크스이론
— 자본가의 이익을 위하여 학교가 자본가계급에 의해 통제됨

지위경쟁이론 (Collins) 18' 행시
— 학력은 사회적 지위획득의 수단으로, 특정집단의 일원임을 밝혀주는 신분증
— 경쟁적으로 높은 학력을 취득하여 학력이 계속 상승함
— 한계 : 학교교육을 받은 경위이나 이해, 학교교육 종사자의, 학교교육 외적인 영향을 줌
— 졸업장병 · 도어(Dore) : 보다 높은 학력을 취득하기 위해 학력세계의 기술수준과 관계없이 경쟁함
  교육인플레이션 : 학력의 직업세계의 기술수준과 관계없이 발생
  → 학력의 평가절하현상 발생
  → 학력(學歷)의 학력(學力) : 경제적 소득과 개인지위에 영향을 줌

국민통합이론
— 국가의 형성과 발전에 따른 국민 육성 필요성을 통해 교육이 팽창

04. 교육사회

교육학 논술 KTX (X-file ver.)

학습내용 인출하기

[2019 행시] 행정안전부 통계에 따르면 2016년 현재 한국에 거주하는 외국인 주민이 176만 명을 넘어서고 있다. 이렇듯 최근 한국사회는 '단일족', '단일민족'이라는 말이 무색하리만큼 다문화 사회적 관심이 높아지고, 다문화교육의 중요성도 대두되고 있다. 현재 우리나라 다문화교육 정책 방향은 용광로 이론(theory of melting pot)과 샐러드볼 이론(theory of salad bowl)이론 중 어디에 더 가까운지 설명하시오. 2) 다문화교육의 성공적 실행을 위해 학교교사 역할의 중요성이 강조되고 있다. 학교 다문화교육이 잘 이루어지기 위한 교사 역할의 중요성을 교사지대, 교실환경 조성 및 교수학습에서의 선택 측면에서 설명하시오.

[2018 행시] 다음은 대한의 평생교육과 MOOC와 관련된 설명이다. 이 글을 읽고 물음에 답하시오. 1) 성인학습자를 대상으로 한 평생교육의 필요성을 설명하고, 대안적 교육형태로서 MOOC가 대학의 평생교육에 주는 시사점을 제시하시오. 2) 대학에서 성인학습자를 대상으로 성공적인 평생교육을 실행하기 위한 MOOC 기반 운영전략과 활성화 방안을 제시하시오.

인생 이모작을 위한 성인학습자의 평생교육 활성화를 위해 대한이 평생교육기관으로 발돋음하는 MOOC(Massive Open Online Course, 대중 온라인 공개 강좌) 등 성인학습자를 위한 대안 평생교육 정책을 실시하고 있다. 국내 주요 대학들도 한국형 MOOC를 구축하여 일반 국민들에게 무료로 제공하고 있다. 그러나 성인학습자들을 대상으로 한 MOOC 수료율이 10%로 매우 저조한 현상이 나타나고 있으며, 여전히 성인학습자들을 끌고 있는 학습자인의 어려움과 학습지속 형태도 해결되지 않고 있다.

[2017 행시] 다음 글은 우리나라 공교육 대안교육 위기와 대안교육에 대한 내용이다. 이 글을 읽고 대안교육이 등장한 배경과 그 의미를 교육론적 입장에서 설명하시오.

우리나라에서는 1980년대까지 대안교육이라는 대안교육 기기와 무관하게 공교육 정상화가 교육계의 중심이었다. 그러나 공교육 정상화 시도가 추진되면서 기존의 공교육체제에 대한 회의가 가중되었다. 한편, 가상세계에 다른 문화적 환경에서 자란 아이들이 획일적이고 억압적인 학교문화기에 적응하지 못해 학업을 중도에 그만두는 사례가 점차 증가하게 되었다. 이러한 상황은 1990년대 중후반 총제적 교육위기론을 낳았고, 교육체에 대한 근본적인 대안적 사고와 요구가 필요성이 대두되었다. 이 과정에서 대안교육이 주인되고 한편으로 교육학계에도 대두되었다. 아울러 대안교육이 같은 시기에 주인되고 있던 학교교육 중단(학업중단)학생들의 문제에 대한 해결방안으로 제시되었다. 이에 따라 1998년에는 특성화학교로 등 대안학교를 비롯한 비인가학교들이 빠르게 늘어나게 되었고, 2000년대 들어서는 조등·중등교육법에 대안학교 조항이 신설되기에 이르렀다. 그리 2005년에는 조등·중등교육법에 대안학교 조항이 신설되었다.

학교교육의 위기

탈학교론 (Illich)
- 학교교육 패러문자 : "학교는 가르치는 것을 배우는 것으로, 상급학교 진학할 교육으로, 줄업장을 능력으로, 언어능력을 의사소통능력으로 오해하고 있다."
- 새로운 '학습망(learning web)' 제시 : 교육자료, 학습동료, 교육자들의 인명록, 기능교환

학교사망론 (Reimer)
- 국가에 의하여 운영되고 국가이념을 주입하는 '학교는 죽었다.', 본래의 사명을 다하지 X
- 건강한 학교의 소생을 기대, 학교 자체를 거부하는 것은 X

학급위기론 (Silberman)
- 단편적인 암기와 지능, 피동성의 성장가능성을 저해하는 현대의 교육은 '학급의 위기'
- '인간교육으로의 방향전환'을 제시

사회변동과 교육

다문화교육
13' 행시
19' 행시
23' 행시

- 각기 다른 인종과 성, 언어, 계층 등을 이해하고 존중하도록 유도하여 삶을 공유적으로 변화시킴으로써 다양한 문화의 세계에서 의사소통을 지향하며 목표를 지향하는 교육
- 동화주의 vs 문화다원주의
- 용광로 정책, 모자이크 이론, 샐러드 접시 이론

빌링스(Billings)의 문화적으로 적합한 교육 — 수월성의 확보, 문화적 전통의 활용, 비판의식의 함양

뱅크스(Banks)의 다문화 교육
① 지식의 통합 : 교과내용 설명을 위해서 다양한 문화 및 집단에서 온 사례·자료·정보를 활용
② 지식의 구성 : 교과 속의 문화적 가정, 관점, 편견 등이 해당 학문의 지식형성과정에 어떠한 영향을 미치는가를 학생들이 이해, 탐구, 판단할 수 있도록 도움
③ 편견 감소 : 학생들이 보다 긍정적인 인종적 종족적 태도를 습득할 수 있도록 하는 것
④ 평등교수법 : 다양한 문화집단에 속하는 학생들의 학업성취를 향상시키기 위하여 수업을 수정
⑤ 학교문화와 구조의 다문화 역량 강화

평생교육
18' 행시
23' 행시

- 요람에서 무덤까지 한 개인의 일생을 통한 '수직적 교육' + '가정·학교·사회'에서 이루어지는 '수평적 교육'
- UNESCO「평생교육의 내 기둥」, 포르(Faure)의「존재를 위한 학습」,
- 들로어(Delor)의「학습: 그 안에 숨겨진 보물」, OECD의「모든 이를 위한 평생학습」
- 노울즈(Knowles)의 성인학습이론(안드라고지), 자기주도학습, 메지로우(Mezirow)의 전환학습이론
- MOOC — 운영입칙: 개방성, 참여성, 공유성(Massive Open Online Course)
           — 활성화 방안: 강의 참여 정보를 주기적 점검, 자바반전 시스템, 교육 빅데이터(개별화↑)

학습사회
11' 행시

허친스(Hutchins) : 학습사회란 노동으로부터 해방된 여가를 창출하고 그 여가를 통해 모든 시민이 삶의 질을 향상시킬 수 있는 자유공공학습이 정진하는 사회

대안교육
17' 행시

- 등장배경 : 획일적 학교교육과 비인간화 문제를 비판하며 등장(중앙집권적, 획일적, 입시 위주 교육 등)
- 인간성 회복의 목적, 생태주의, 진보주의, 홀리스틱 교육이념을 지향
- 영국의 섬머힐 학교, 독일의 자유 학교, 제도교육 안, 제도교육 밖
- 대안교육의 형태 : 제도교육 안, 제도교육 밖

MEMO

05 교육행정

교육학 논술 KTX (X-file ver.)

● 교육행정학의 발달과정

교육행정학

학습내용 인출하기

[2023 중등] 판단제 전반에 대한 교사의 만족도가 전년도에 비해 상승했다. 학교의 외부 환경 변화와 함께 구성원의 변동이 있었음에도 불구하고 함께 이루어낸 성과였다. 이는 교사의 서술식 응답에서 볼 수 있듯이 기본에 충실한 학교 문화가 형성되었고, 학교 구성원 간 공동의 약속이 준수된 결과라 할 수 있다. 즉, 베버(M. Weber)가 제시한 관료제 이론의 특징 중 하나인 '규칙과 규정'이 학교 조직에 잘 작동된 것으로 판단된다. 앞으로도 이러한 점들이 유지될 수 있도록 '규칙과 규정'의 순기능을 강화하고 역기능을 줄여야 할 것이다.

학습내용 인출하기
- 교육학 이론의 특징 중 '규칙과 규정'이 학교조직에 미치는 순기능 2가지, 역기능 1가지

교육행정학

교육행정관
- 개념
  - 조건정비론('교육을 위한' 행정), 행정과정론, 사회과정론, 협동행위론, 분류체계론('교육에 관한' 행정)
- 기본원리
  - 합법성, 기회균등, 자주성, 지방분권, 전문성, 민주성, 효율성, 적응성, 안정성
  - 경영성(민주성–능률성, 적응성–안정성 원리의 균형), 전문성의 원리

발달과정

고전이론 — 경제적·물질적 측면의 욕구 강조
- **과학적 관리론** / 테일러(Taylor)
  - 개별 작업자의 직무에 초점, 물리적 환경과 조정, 인간을 수단시
  - 주요원리: 최대 일일 작업량, 표준화된 조건, 성공에 대한 높은 보상, 실패에 대한 책임, 과업의 전문화
- **보비트(Bobbit)**
  - 과학적 관리론을 학교교육에 적용
- **행정과정론**
  - 전체 조직의 행정과정에 관심
  - 일반행정과정 – 페이욜(Fayol)의 '계획–조직–지시–조정–통제'
  - 굴릭 & 어윅(Gulick & Urwick) 행정과정학 적용 'POSDCORB'
    (기획–조직–인사–지시–조정–통제)
  - 시어즈(Sears) - 최초로 교육행정에 적용

15' 중등
23' 중등
- **관료제론** / 베버(Weber)
  - 판매감 누적 → 분업과 전문화 → 전문성 향상
  - 사기의 저하 → 몰인정성 → 합리성 증진
  - 의사소통 장애 → 권위의 체계 → 순응과 원활한 조정
  - 경직과 목표전도 → 규칙과 규정 → 안정성, 계속성과 통일성 확보
  - 실적과 연공의 갈등 → 경력지향성 → 동기의 유발

인간관계론
- 사회적·심리적 측면 강조
- 조직심리연구 – 행정의 본질은 민주화에 있음, 개인과 집단을 조화시키는 협력, 순조심의 제기
- 폴렛(Follet)
- 호손실험 – 교육행정 = 민주화에 공헌, 실험(조명, 전화, 면접, 건반배선조립관찰), 집단역학 조직의 중요성
  메이요와 뢰슬리스버거(Mayo&Roethlisberger) ↳ 비공식 조직성
- 과학적 관리론 vs 인간관계론
- 행정가의 기능 – 조직 관리에서 의사소통 과정을 최초로 강조,
  바나드(Barnard) - 효과성·능률성의 균형

행동과학론
- 조직과 환경의 상호작용에 관심
- 행정행위론 – 제한된 합리성을 도대로 결정하는 행정이 인간행 필요성을 주장
- 사이먼(Simon) – 동기론, 지도성론, 조직론, 의사소통론

이론화 운동으로 발전 →

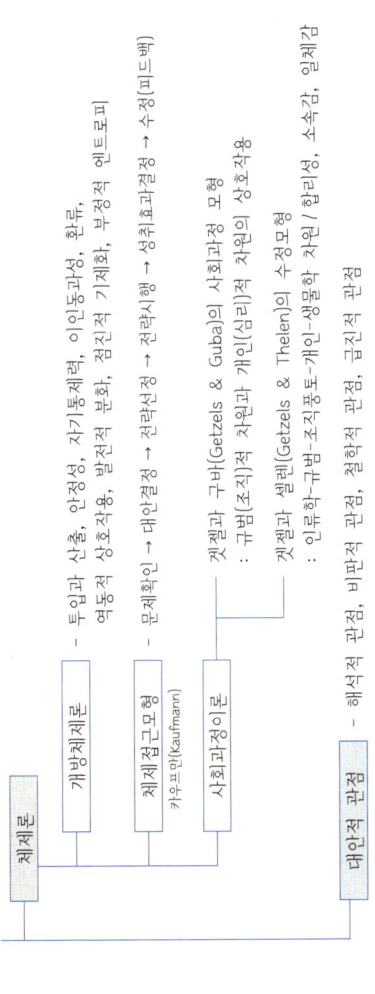
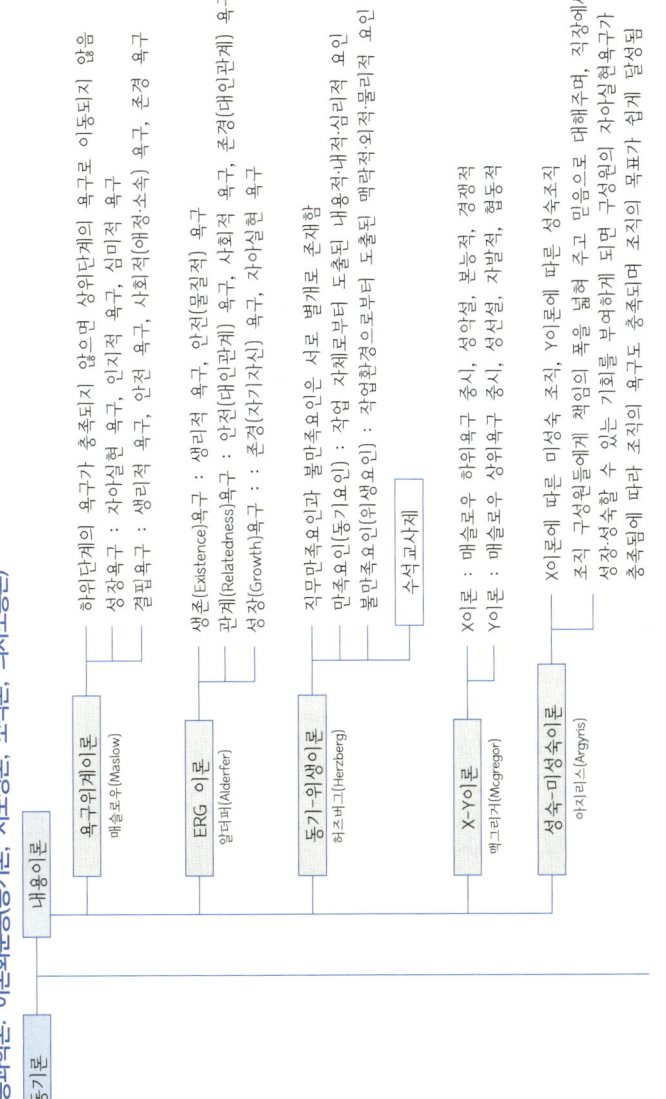

교육학 논술 KTX (X-file ver.)

학습내용 인출하기

[2014 중등] 다음은 A 중학교 초임 교사인 박 교사와 경력 교사인 최 교사의 대화 내용을 바탕으로 박 교사와 최 교사의 행동 측면에서 서로 다른 것을 소극적인 학생들의 학습 동기를 유발하기 위한 방안을 교사지도성 행동 측면에서 서로 다른 것 2가지를 논하시오.

…(상략)…

박 교사: 그렇군요. 그런데 제가 그걸 보기에는 학생들의 수업 참여 정도가 교사의 지도성에 따라서도 다른 것 같아요.
최 교사: 그렇죠. 교사의 지도성 행동에 따라 달라질 수 있죠. 그래서 교사는 지도자로서 학급의 상황을 고려하여 학생들의 학습 동기를 불러일으킬 수 있는 지도성을 발휘해야 됩니다.
박 교사: 선생님 말씀을 듣고 보니 교사로서 더 고민하고 노력해야겠다는 생각이 듭니다.
최 교사: 그래요. 선생님은 열정이 많으니 잘하실 거예요.

[2019 중등] #4에 언급된 바스(B.Bass)의 지도성의 명칭. 김 교사가 학교 내에서 동료교사와 함께 이 지도성을 신장할 수 있는 방안 2가지

#4 더 나은 수업을 위해서 새로운 지도성이 필요했어. 내 윤리성·도덕적 기준을 높이고 새로운 방식으로 학생들을 대해야겠어. 학생들의 현신적 참여와 창의적 사고력이 자극제가 될 수 있을 거야. 학생들을 작극 참여시켜 동기와 자신감을 높이고 학생 개개인의 욕구에 특별한 관심을 가지며 잠재력을 계발시켜야지. 독서가 이 지도성의 개인적 신장 방안이 될 수 있겠지만, 동료교사와 함께 하는 방법도 찾아보면 좋겠어.

[2020 초등] 제시문에 근거하여 이 학교 교사들이 교사지도성을 발휘하는 데 요구되는 역량 3가지, 그 이유를 각각 논하시오.

이 학교의 의사결정 방식은 비교적 민주적으로 이루어지고 있다. 학교장은 함께 배우고 성장하는 학교라는 학교의 학교경영 목표를 세우고 사안별로 자신의 권한과 책임 일부를 교사들에게 위임하고 있다. 하지만 교사들 간의 역할 차이로 인해 일부 교사들은 많은 관심사에와 많은 편차를 보이고 있다. 어떤 교사들은 회의에 관행적으로 참여하거나 선배 교사의 의견을 여기가면서 그냥 따르기만 하는 경우가 있다. 또 어떤 교사들은 동료 교사와의 협업보다 혼자서 학교 행정 업무를 감당하는 것을 선호하고 자신의 수업 방법 개선에만 몰두한다. 따라서 이 학교 교사들에 대해 지도성을 효과적으로 발휘할 수 있는 역할을 개발할 필요가 있다.

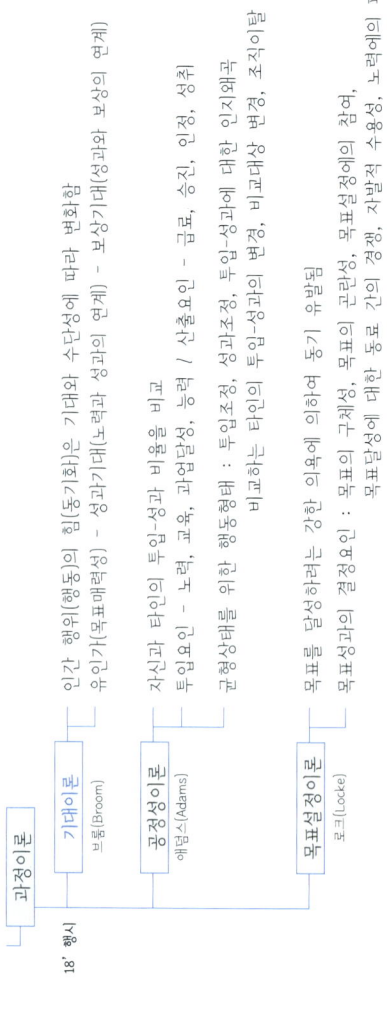

과정이론

18' 행시

기대이론 (브롬 Vroom)
- 인간 행위(행동)의 힘(동기화)은 기대와 수단성에 따라 변화함
- 유인가(목표매력성) - 성과기대(노력과 성과의 연계) - 보상기대(성과와 보상의 연계)

공정성이론 (애덤스 Adams)
- 자신과 타인의 투입·성과 비율을 비교
- 투입요인 - 노력, 교육, 과업당량, 능력 / 산출요인 - 급료, 승진, 인정, 성취
- 불형평상태를 위한 행동형태 : 투입조건, 성과조건, 투입·성과에 대한 인지왜곡, 준거대상을 다른 타인으로 변경, 비교대상 변경, 조직이탈

목표설정이론 (로크 Locke)
- 목표를 달성하려는 의욕에 의하여 동기 유발됨
- 목표를 달성하려는 강한 의욕의 결정요인 : 목표의 구체성, 목표의 곤란성, 목표설정에의 참여, 목표달성에 대한 동료 간의 경쟁, 차별적 수용성, 노력에의 피드백, 목표달성과의 결정성

지도성론

특성론
- 지도자는 선천적인 지도자적 특성을 지님
- 성공적인 지도자는 어떻게 행동하는가를 알기 위해 효과적·비효과적 지도자의 행동을 비교 연구

행위론

상황론

상황적합론 (피들러 Fiedler)
- 상황의 호의성에 따른 효과적인 지도성 유형 : 과업지향 – 관계지향 / 지도자 지도성 형태

상황적지도성론 (허쉬와 블랜차드 Hersey&Blanchard)
- 상황의 호의성 : 지도자-구성원 관계, 과업구조, 지도자의 지위권력
- 조직 구성원의 성숙수준에 따른 효과적인 지도성 유형 제시
- 구성원들의 성숙수준 : 직무 성숙도(직무수행능력), 심리적 성숙도(동기수준)
- 지도자 유형 : 지시형, 설득형, 참여형, 위임형

새로운 지도성론

변혁적 리더십 (번즈와 배스 Burns&Bass)
- 지도자가 부하의 잠재능력을 개발하도록 도움을 주고 내재적 자극을 갖게 함
- 4I : 이상적이고 완전한 영향력, 감화력, 지적인 자극, 개별적 배려

카리스마적 리더십 (베버 Weber에 기반)
- 탁월한 비전, 가능성 있는 해결책, 압도하는 인간적인 매력을 소유한 지도자가 구성원의 현신적 복종과 충성을 바탕으로 강력한 영향력 행사

초우량 지도성 (만즈와 심즈 Manz&Sims)
- '지도자들의 지도자' : 학교조직 내의 모든 교원을 각자 자율적 지도자로 성장시킴 (구성원들이 스스로 리더십 개발)
- 지도성 : 교원들이 자신을 스스로 이끌 수 있는 능력을 개발하도록 함
- 전략 : 자율적인 팀 활동, 협력적인 직무 수행을 창출하는 조직문화 구축

문화적 리더십 (서지오바니 Sergiovanni)
- 높은 성직자로서의 역할, 독특한 학교 문화에서 나오는 리더십

05. 교육행정

학습내용 인출하기

[2016 중등] '학교 내 조직 활동'에 나타난 조직 형태가 학교조직과 구성원에 미치는 순기능 및 역기능 각각 2가지씩 논하시오.

학교 내 조직 활동	• 학교 내 공식 조직 안에서 소집단 형태로 운영되는 다양한 조직 활동을 파악할 것 • 학교 구성원들의 욕구 충족을 위한 자발적 모임에 적극 참여할 것 • 활기찬 학교생활을 위해 학습조직 외에도 나와 관심이 같은 동료 교사들과의 모임 활동에 참여할 것

[2015 중등 추시] 학교조직의 관료제적 특성과 이완결합체제적 특성 각각 2가지만 제시하시오.

여러분도 잘 아시겠지만 최근 우리 사회는 학교가 다양한 역할을 수행하도록 요구하고 있습니다. 이에 따라 선생님들께서는 학교 운영 및 수업에 대한 기본적인 이해가 필요하다고 생각합니다. 이와 함께 학교에 대한 사회의 요구에 효율적으로 대응하기 위해서 학교조직의 특성을 먼저 파악해야만 합니다. 학교라는 조직을 합리성의 측면에서 이해해야 합니다. 이를 위해서 학교조직이 가지는 모든 구성원이 지시와 행동의 일반적인 준거로 삼아야 하며 구성원에 부여된 권위의 위계, 규정과 규칙, 몰인정성, 경력 지향성이 일반적인 학교 조직에 대해 설명할 수 있습니다. 그러나 교사들의 전문성이 강조되는 학습의 측면에서 보면 학교 조직은 질서 정연하게 구조화되거나 기능적으로 분명하게 연결되어 있지 않은 이완결합체(loosely coupled system)의 특성을 지닙니다. 따라서 우리는 관료제 관점과 이완결합체제의 관점으로 학교 조직의 특성을 이해할 필요가 있습니다.

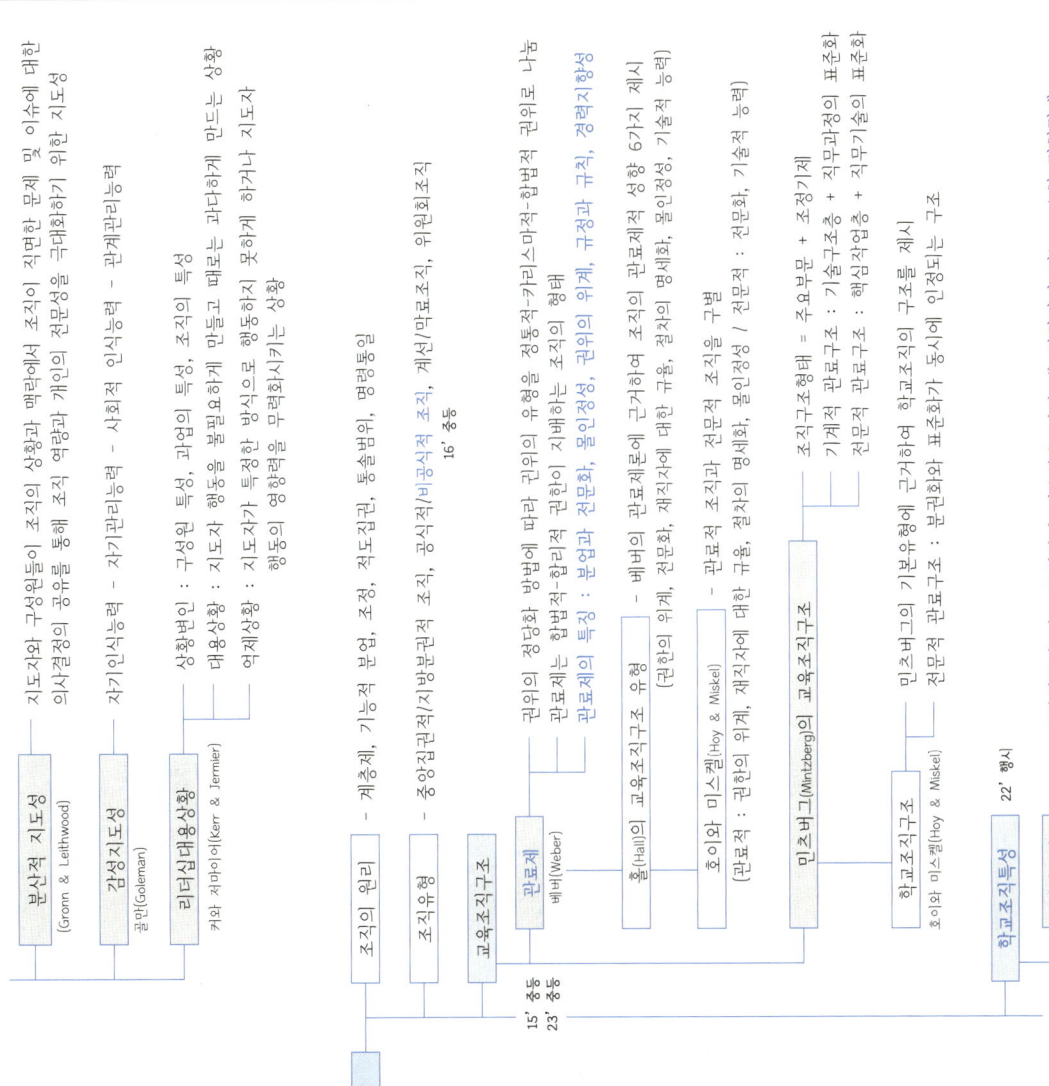

학습내용 인출하기

[2015 중등] A중학교가 내년에 중점을 두고자 하는 학습조직의 구축 원리를 각각 3가지씩 설명하시오.

내년에 우리 학교는 교육 개념에 중점을 둔 지식 교육을 향상하는 데 중점을 두어야 할 것입니다. 학생들의 학업 성취와 학습 동기를 향상하는 데 좀 더 세심한 관심을 가져야 할 것입니다. 이 일의 성공 여부는 교사가 변화의 주체로서 자발적인 노력을 얼마나 기울이느냐에 달려 있습니다. 그래서 우리 학교는 교사 모두가 교육 활동에 능동적으로 참여하여, 지식과 학습 정보를 서로 공유하면서 지속적으로 변화해 가는 학습 조직(learning organization)을 구축하고자 합니다.

.....(상략).....

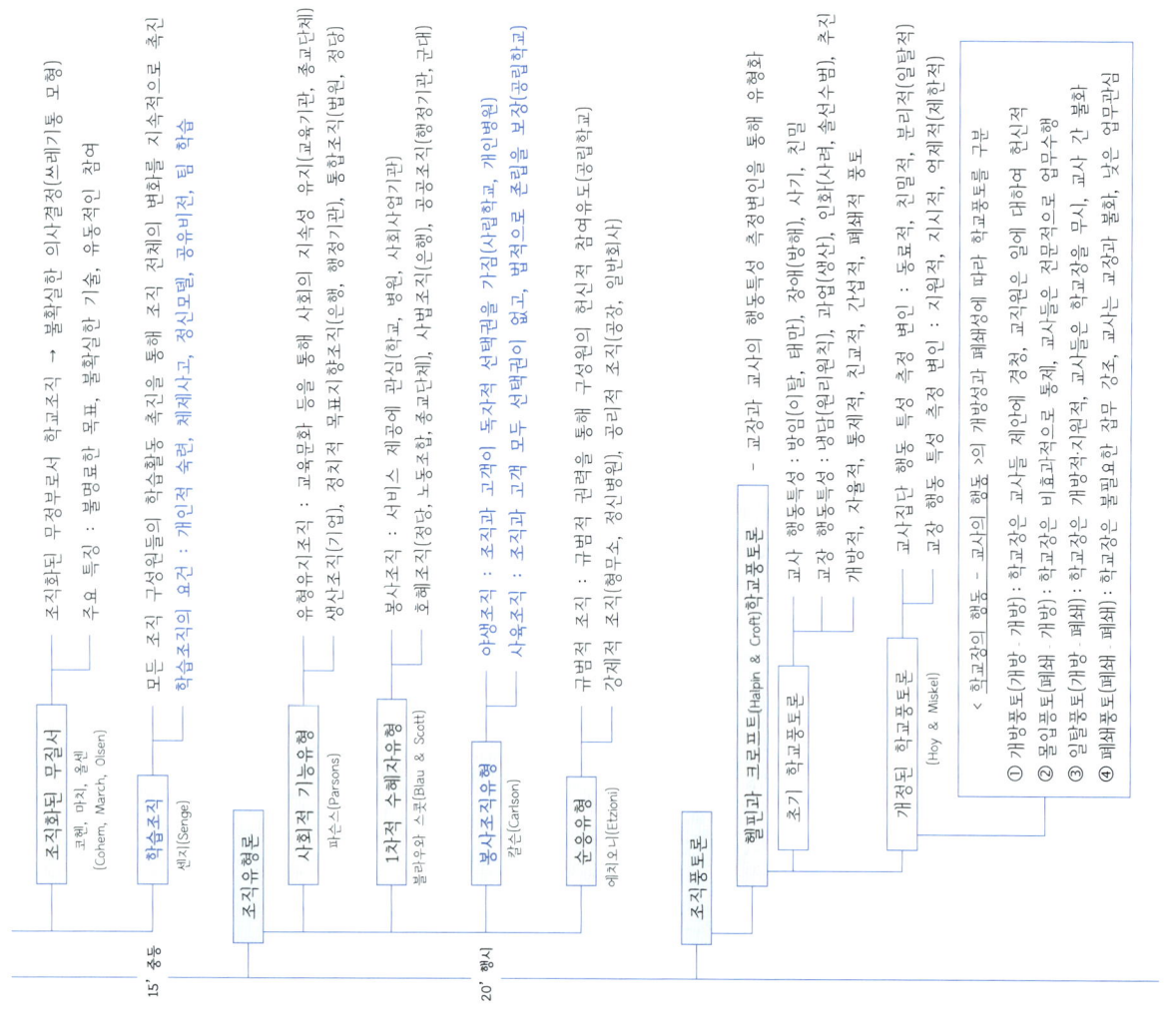

학습내용 인출하기

[2020 중등] '스타인호프와 오웬스(C. Steinhoff & R. Owens)가 분류한 학교문화 유형'에 따를 때 D 교사가 우려하는 학교문화 유형의 명칭과 학교 차원에서 그러한 학교문화를 개선하는 방안 2가지를 제시하시오.

D 교사
• 학교문화 개선은 도움이 되지 수업 활성화를 위한 토대가 됨 • 우리 학교의 경우, 교사가 학생의 명문대학 합격이라는 목표 달성에 필요한 수단으로 간주되는 학교문화가 형성되어 있어 우려스러움 • 이런 학교문화에서는 활발한 토의식 수업을 기대하기 어려움

조직문화론

세티아와 글리노우(Sethia & Glinow)의 문화유형론
― 조직의 관심이 인간 혹은 성과에 있느냐에 따라 분류
① 보호문화(인간에 대한 관심↑, 성과에 대한 관심↓) : 팀워크, 협조, 상사에 대한 복종 등이 중요
② 냉담문화(인간에 대한 관심↓, 성과에 대한 관심↓) : 음모와 분열이 만연하고, 불신·혼돈이 조직문화를 조장
③ 실적문화(인간에 대한 관심↓, 성과에 대한 관심↑) : 성공, 경쟁, 모험, 혁신, 적극성 등이 조직의 기본적 가치
④ 통합문화(인간에 대한 관심↑, 성과에 대한 관심↑) : 협동, 창의성, 모험, 자율 등이 기본적 가치

슈타인호프와 오웬스(Steinhoff & Owens)의 학교문화유형론
― 학교문화 특징을 비유를 사용하여 설명
① 가족문화 : 가정과 오두와 같이 애정어리고 우정적이며, 때로는 협동적이고 보호적
② 기계문화 : 학교는 목표달성을 위해 교사들을 이용하는 하나의 기계 ← 20'
③ 공연문화 : 명지휘자와 같이 훌륭한 교장의 지도 아래 탁월하고 멋진 가르침을 추구
④ 공포문화 : 학교는 전쟁터와 같은, 구성원들이 서로를 비난하고 냉행하고 적대적

하그리브스(Hargreaves)의 학교문화 유형
― 도구적 차원(사회적 통제, 표현적 차원(사회적 응집)의 높고 낮음을 통해 분류
① 형식적 학교문화 (도구차원↑, 표현차원↓) : 교사-학생의 응집이 약하고, 과하게 학습목적 달성을 강요
② 복지주의 학교문화 (도구차원↓, 표현차원↑) : 비행적이이고 친구 같은 교사-학생 관계가 강조
③ 온실 학교문화 (도구차원↑, 표현차원↑) : 친밀한 속에서도 모든 구성원들은 감시와 통제 하에 있음
④ 생존주의 학교문화 (도구차원↓, 표현차원↓) : 불안·냉담·사기저하를 보이고, 학교붕괴 처지에 놓임
⑤ 효과적 학교문화 (적절한 도구표현차원) : 구성원들 간에 일과 행동에 대한 기대감이 높지만, 이 기준이 비합리적인 것으로 여기지 않음

조직갈등론
토마스(Thomas)

― 조직 내 갈등처리 방식을 협조성과 독단성의 두 차원으로 구분·결합하여 갈등관리유형을 제시
(협조성 : 갈등상대의 만족을 추구하는 정도 / 독단성 : 자신의 만족을 추구하는 정도)

① 경쟁형 : 상대를 희생시키고 자신의 갈등 해소
② 회피형 : 갈등이 없었던 것처럼 행동하여 이를 의도적으로 갈등을 피함
③ 수용형 : 자신의 욕구를 포기하더라도 상대의 갈등을 해소하도록 노력
④ 타협형 : 양자가 조금씩 양보하여 절충안을 찾으려는 방법
⑤ 협력형 : 양쪽이 다 만족할 수 있는 갈등해소책을 적극적으로 찾는 방법

교육학 논술 KTX (X-file ver.)

학습내용 인출하기

[2017 중등] A교장이 강조하고 있는 교육기획의 개념과 그 효용성 2가지를 제시하시오.

◆ **교육기획의 중요성 부각**: A 교장은 단위 학교에서 새 교육과정이 체계적으로 운영되도록 하는 교육기획(educational planning)을 강조하였다

"새 교육과정은 교육의 핵심인 교수·학습 활동의 중심을 교사에서 학생으로 이동시키는 근본적인 전환을 강조하고 있습니다. 저는 실질적 의미에서 학생 중심 교육이 우리 학교에 정착할 수 있도록 모든 교육활동에 앞서 철저하게 준비할 생각입니다."

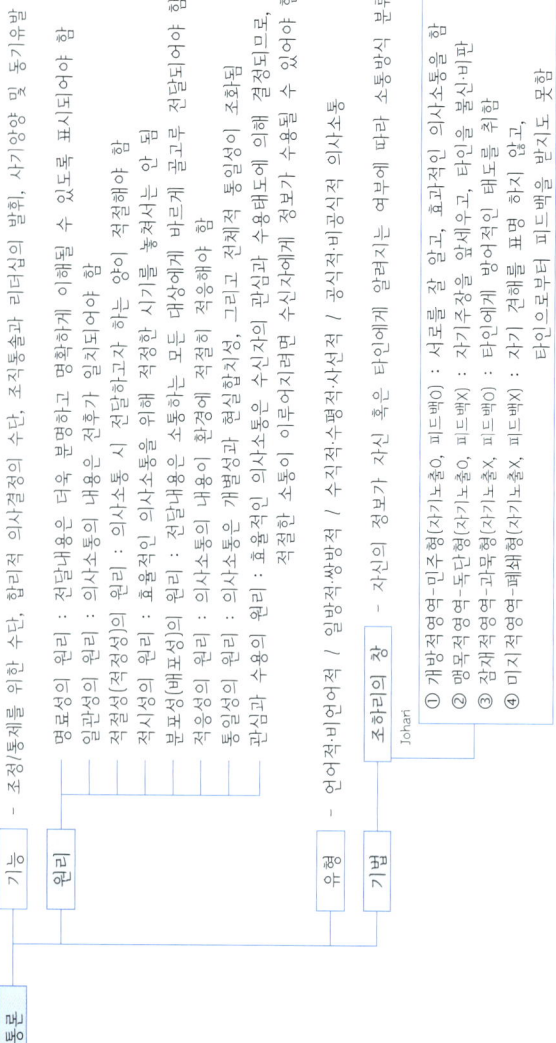

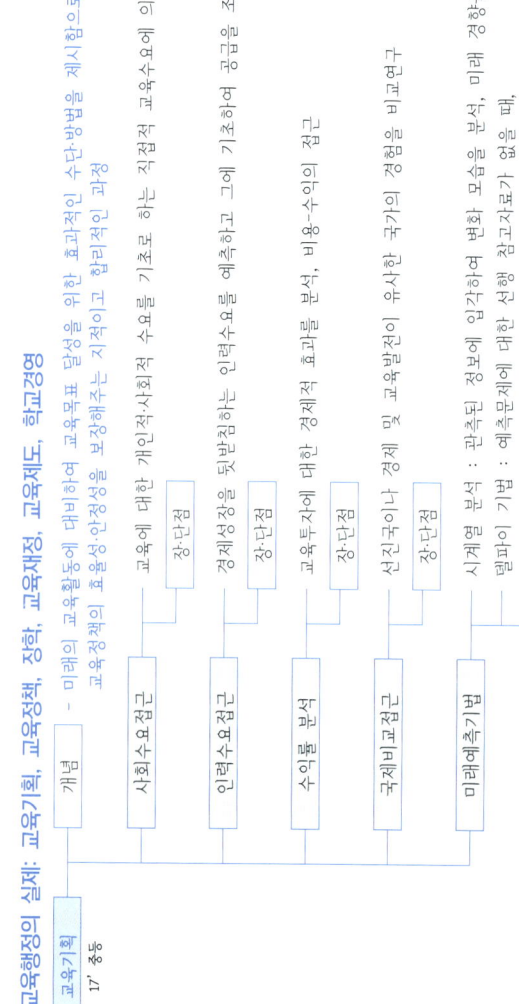

학습내용 인출하기

[2021 중등] A 안과 B 안에 해당하는 의사결정 모형의 단점을 각각 1가지, 김 교사가 B 안의 요구를 반영하기 위해 제안할 수 있는 구체적인 방안 1가지를 제시하시오.

> 보고 싶은 친구에게
>
> 교사 협의회에서는 학교 운영에 학생들의 요구를 반영하는 방안에 대해 논의했어. 다양한 의사결정 방식들이 제안되었는데 그중 A 안은 문제를 확인한 후에 목표와 세부 목표를 설정하고, 가능한 대안들을 모두 탐색하고, 각 대안에 따른 결과를 예측하고 비교해서 최적의 방안을 찾는 방식이었어. B 안은 현실적인 소수의 대안을 검토하고 부분적으로 수정해서 현재의 문제 상황을 조금씩 개선해 나가는 방식이야. 많은 논의를 가진 끝에 B 안으로 결정했어. 나는 B 안에 따른 구체적인 방안을 다음 협의회 때 제안하기로 했어.
>
> ... (하략) ...

교육학 논술 KTX (X-file ver.)

학습내용 인출하기

[2014 중등] 최 교사가 수업 효과성을 높이기 위하여 선행한 장학 활동에 대하여 논하시오.

> 중간고사 성적이 나왔는데 몇 명의 점수가 매우 많이 떨어져서 당인는 매우 놀랐다. OMR 카드에는 답이 전혀 기입되어 있지 않거나 한 번호에만 일괄 기입되어 있었다. 아이들이 시험 자체를 무성의하게 본 것이다. 점심시간에 그 아이들을 불러 이야기를 해 보니 학교에서 배우는 내용에 대한 흥미를 갖지 않고 수업을 대충 보인듯에는 전혀 쓸모가 없다고 생각한다고 했다. 특히 오늘 내 수업시간에 주제와도 관련없이 보였다. "저는 예전 마음가짐이 되려고요. 생물학적 지식 같은 걸 배워서 뭐 해요? 대신 관리를 해 주는 아이들조차 어디 세워야고 모두는 개념을 외우 기엔 하니까 지겹다고 하더라고요. "다고 말하는 것이었다. 학교에서 배우는 것을 왜 아이들이 깨닫게 배우고 기초 지식이나 원리수 복습하는 중에, 오후에 있었던 교과 협의회에서 수업 전문성 개념을 위한 장학 활동을 몇 가지 소개받았다. 이제 내 수업에 대해 차근차근 점검해 보아졌다.

[2018 중등] 김 교사가 언급하는 교내장학의 유형의 명칭과 개념, 그 활성화 방안 2가지를 논하시오.

> 박 교사: 선생님, 우리 학교 학생의 학업 특성을 보면 학습동기와 수업참여 수준이 전반적으로 낮아요. 그리고 학업 성취, 학습동기, 수업참여의 개인차가 크다는 것이 눈에 띄네요.
> 김 교사: 학생의 개별화된 특성이죠. 그런데 다양한다는 것을 의미하죠. 우리 학교 교육과정도 이를 반영해야 하지 않을까요? 그런데 저 혼자서 학생의 다양한 특성을 고려해서 교육과정을 개발하고 수업을 설계하고 평가하는 것은 힘들어요. 선생님과 차제에 이 문제에 공동제 관심사이나, 여러 선생님과 경험을 공유하고 협력해서 피드백을 주고받는 것이 좋겠어요.

[2018 중등] 항 교사가 언급한 교사문화와 관련된 이를 개선하는 데 필요한 교사상 2가지를 각각 제시한 다음, 이러한 교사상의 정립을 위해 활용할 수 있는 동료장학의 방법 2가지를 논하시오.

> 박 교사: 「인성교육진흥법」에서 인급하듯이 인성교육을 정의해 주는 것을 보면 인성은 자신의 내면을 바르고 건전하게 가꾸는 타인·공동체·자연과 더불어 살아가는 데 필요한 인간다운 성품과 역량이라고 할 수 있는데, 인성의 이러한 의미는 인성교육에서 왜 선생님들의 협력이 필요한지를 잘 보여주는 것 같아요.
> 김 교사: 그런데 통합과 연계를 위해서는 선생님들을 모아서 기반함의 과정이 필요한데, 그게 보통 어려운 문제가 아니에요.
> 김 교사: 그렇죠. 선생님들 중에는 자기 경험에 근해 나머지 자각의 의견을 허심탄회하게 드러내며 함께 검토하는 것 자체를 불편해한 간단하여 여기 기피하는 분들이 있어요. 문제에 부딪혔을 때 스스로 구도에 새로운 해결 방안을 찾기보다 과거의 경험이나 전통을 방식만을 답습하려는 경향도 없지 않고요.

[2022 중등] 김 교사가 언급한 학교 중심 연수의 종류 1가지, 학교 중심 연수를 활성화하기 위해 학교 차원에서 지원할 수 있는 구체적인 방안 2가지를 논하시오.

> 김 교사: 우리 학교도 온라인 수업을 해야 할 상황이 생길 수도 있고, 제가 온라인 수업을 해 보니 일부 학생들이 고립감을 느끼더군요. 선생님들이 온라인 수업을 공유하는 학교 차원의 지원이 있어, 자기에 필요한 정보를 가꾸는 학교 학습 활동도 정하였면 좋겠어요.
> 송 교사: 네, 온라인 수업을 하게 되면 활용할게요. 선생님의 고민 덕분에 선생님들 간에 공유가 기회가 더 많아질 것 같아요.
> 김 교사: 네, 앞으로는 정보 공유뿐만 아니라 교사들 간 실질적인 협력도 있으면 해요. 이를 위해 학교 중심 연수가 활성화되면 좋겠어요.

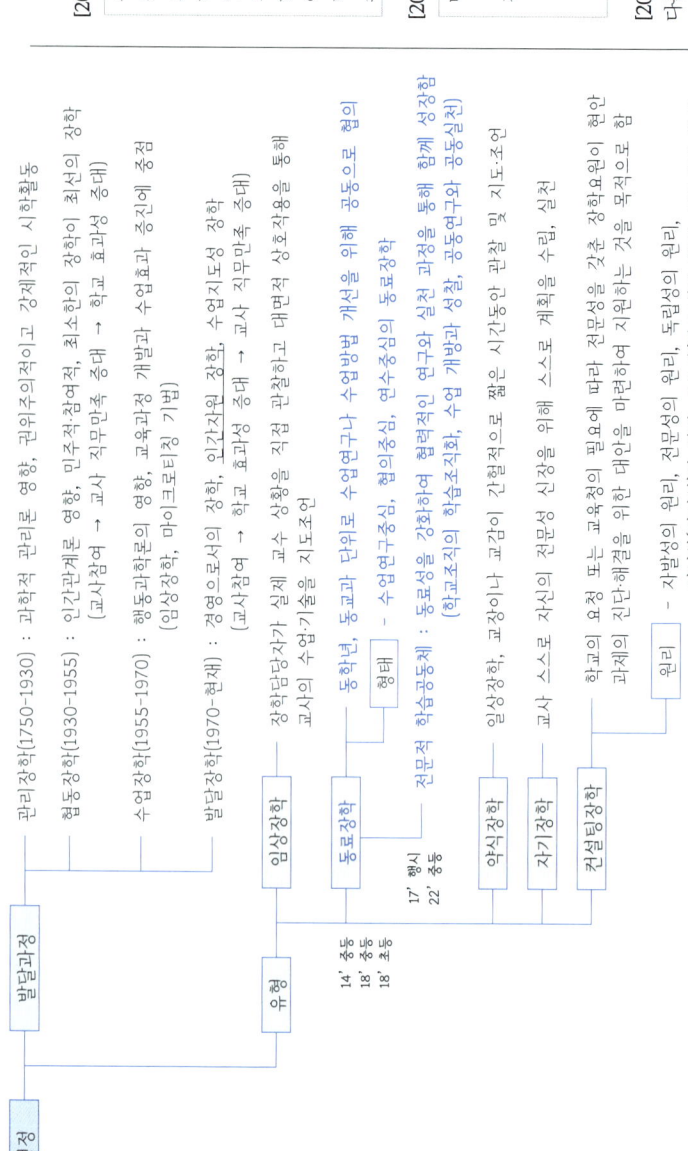

학습내용 인출하기

[2020 초등] 제시문의 권고를 바탕으로 이 학교 교사들의 교육활동을 지원하기 위해 필요한 학교 차원의 구체적인 지원 방안 3가지를 제시하고, 그 이유를 각각 논하시오.

이 학교는 상대적으로 작은 규모의 학교이다. 소규모 학교이기에 교사들과 학생들 사이의 친밀도가 높은 반면에, 교사 개인별로 수행해야 할 업무량은 대규모 학교에 비해 많은 편이다. 교사들은 수업의 재구성과 같은 교육과정 개선에 관심이 많지만, 여러 가지 잡무로 인해 교육 활동에 전념하는 데 어려움이 있다. 최근 교육청이 실시하고 있는 '공문 없는 날'을 학교 차원에서 맞추어 날을 실시한 바 있고 학교장이 주도 하에 학교업무정상화위원회도 운영해 보았지만, 행정 업무 경감을 만족스러울 만큼 높지 않다. 따라서 이 학교는 현행 제도 내에서 교사들과의 협의 과정을 통해 행정 업무 경감을 위한 구체적인 방안 마련이 요구된다.

[2024 중등] 전문가 G가 언급한 학교운영위원회의 법적 구성 위원 3주체, 이러한 3주체 위원으로 학생 참여의 순기능과 역기능 각 1가지

교사 F: 그렇네요. 학습자 맞춤형 교육의 구체적 내용을 학교 교육과정 반영하려면 학교 내에서 어떠한 논의 과정을 가져야 하나요?
전문가 G: 여러 과정이 있습니다만, 학교 교육과정 운영 방법에 대해 명시에 따라 구성한 대로 학교운영위원회의 심의나 자문을 거쳐야 합니다. 이를 위해서는 먼저 학생과 교사의 의견 수렴 과정을 거치는 것이 좋겠습니다.

[2016 행시] 다음 글을 읽고, 물음에 답하시오. 1) 교육행정의 관점에서 '교육의 책무성'이 무엇인지 설명하고, 교육행정과 교육 책무성의 관계를 논하시오. 2) 교육 책무성을 확보하기 위한 구체적인 교육행정 활동의 사례를 교육부 차원의 활동과 단위학교 차원의 활동으로 나누어 제시하고, 그의 역할에 대해 설명하시오.

교육행정이란 현장에서 교육 활동이 잘 이루어지도록 지원하며, 궁극적으로 교육의 목표한 바를 잘 달성하도록 하기 위한 제반 활동을 의미한다. 이는 교육이 잘 이루어지고 있는지를 확인하는 것만이 아니라 관련하여 '교육 책무성'을 확보하려는 용어가 널리 쓰이고 있다.

06 교수학습

교육학 논술 KTX (X-file ver.)

■ 학습내용 인출하기

[2024 초등] 최 교사가 사용한 피드백의 문제점 3가지를 제시하고, 이에 대한 개선 방안을 각각 1가지씩 논하시오.

최 교사: 포트폴리오의 피드백에 대해 생각하고 싶어요. 4주간에 걸쳐 매주 8차시씩 총 32차시 분량으로 '우리 동네의 환경을 살리자'란 교과별 통합 실천가 이해에서 실행하여 조모둠 활동과 삶에 대한 이해와 실천이 성장 과정을 살펴보기 위하여 매 차시 학습한 결과물을 모아서 포트폴리오를 만들었어요. 그리고 16차시가 끝나고 한 번, 24차시가 끝나고 한 번, 총 2회에 걸쳐서 포트폴리오를 '참 잘했어요!', '창의적이에요!'라는 도장으로 피드백을 제공했어요. 그런데 생각만큼 학생들이 제출한 포트폴리오의 최종 결과물의 질이 개선되지 않았어요.

[2014 중등] 다음 대화 내용을 바탕으로 수업에 소극적인 학생들의 학습 동기를 유발하기 위한 방안을 협동학습 실행 측면에서 2가지 논하시오.

최 교사: 선생님의 고충은 충분히 공감해요. 교육적으로 해서 수업시간에 학생들을 그대로 방치해서는 안 됩니다. 그럼 수업에 소극적인 학생들을 적극적으로 참여시킬 수 있는 동기유발 방안을 고민해 보아야겠죠.

박 교사: 그럼 수업에 소극적인 학생들을 적극적으로 참여시킬 수 있는 동기유발 방안을 고민해 보아야겠네요. 그, 이름테면 수업방법 차원에서 학생들끼리 학습하기까지 서로 도와가며 학습하는 형태로 수업을 진행하면 어떨까요?

최 교사: 그거 좋은 생각이네요. 다만 학생들끼리 함께 학습을 하도록 할 때는 무엇보다 서로 도와주고 이끌어주도록 하는 구조가 중요하다는 점을 유의해야겠죠. 그런 구조가 없는 경우에는 수업협동에 열심히 참여하지 않는 학생들이 많아진다는 문제가 발생할 수 있어요.

...(상략)...

교수학습

● 교수-학습이론의 기초

교수이론
- 처방적 교수이론: "B라는 조건하에서 C라는 결과를 얻으려면 A라는 교수방식을 사용해야 한다."
- 서술적 교수이론: "A일 A라는 교수방식이 B라는 조건하에서 실행되었다면 C라는 결과가 나타날 것이다."

교수-학습지도
- 원리 - 자율성, 개별화, 사회화, 통합, 직관, 과목성, 목적, 흥미 원리
- 효과적 피드백 - 즉시, 구체적으로, 정확한 정보를 제공, 긍정적으로 색조를 가져야 함
- 24' 초등
- 효과적 질문 - 질문 빈도↑, 금고무 질문(금고문능분배), 대답 기다리기(생각할 시간) 등

● 교수-학습방법

교수-학습방법 유형

수업방법
- 강의법 - 주로 언어를 매개로, 해설과 설명에 의해 진행되는 교사주도수업
- 문답법 - 질문과 대답에 의해 학습활동이 전개되는 형태
- 토의법
  - 원탁토의: 10명 정도로 인원이 둘러앉아 자유롭게 의견 표명, 지식 제공·교환
  - 공개토의(Forum): 전문가(1~3인)가 10~20분간 공개연설 후 질의·응답
  - 단상토의(Symposium): 전문가(4~5인)가 지식, 의견을 공식발표하고 토론
  - 배심토의(panel): 전문이 풍부한 전문가(4~6명)가 청중 앞에서 자유서식 → Philips 6.6 방식
  - 버즈토의: 여러 사람들을 도의에 참가시키고자 소집단 편성 → 학습지집단
  - 대화식토의(Colloquy): 구안법은 사실적 자료를 이용하여 실지적 결과를 도출

- 구안법 - 반성적 사고 중시, 유목적적 활동
  킬패트릭(Kilpatrick)

협동학습
14' 중등 14' 행시

의미
- 학습능력이 각기 다른 학생들이 동일한 학습목표를 향하여 소집단 내에서 함께 활동하는 수업 → "all for one, one for all"

전통적 소집단의 부정적 측면
- 부익부 현상, 무임승객 효과, 봉효과 발생

협동학습의 장점
① 교과에 대한 지식 증가
② 학습자들의 과제도전적 기강, 성향, 태도 개발
③ 구성원의 학습방법을 관찰학습
④ 역할분담을 통한 자신과 타인에 대한 이해력 향상
⑤ 사회에 적응하거나 문제 해결하는데 도움을 줌

협동학습의 단점
① 시간장소소가 한정적
② 수업자료 준비 시간비용↑
③ 리더임, 외향적 사람 유리
④ 부익부 현상

협동학습 단점의 보완방안
① 집단 간 편파 → 주기적인 소집단 재편성, 과목별로 소집단을 다르게 편성
② 자아존중감 손상 → 협동학습 기술을 습득시킴으로써 학습장애를 극복시키기
③ 부익부 현상 → 각본을 통한 역할분담, 집단보상 강조, 지도적 공유, 협동기술 증진

원리
- 긍정적 상호의존성, 개별 책무성, 동시적 상호작용, 참가의 동등성

협동기술
- 정취기술 - 정취하기, 변강하기, 도움 주고받기, 칭찬하기, 기다리기

학습내용 인출하기

[2017 초등] 다음 대화에 근거하여 모둠성취분담(STAD) 모형의 보상 방식을 구체적으로 설명한 후, 그것이 협동학습의 측면에서 어떻게 기여하는지 논하시오.

> 김 교사: 맞아요. 진도를 나가야 한다는 부담감에 단편적 지식의 암기에 치중하거나, 학생의 수준을 고려하지 않은 채 교과서 내용을 가르치는 데 기계적으로 가드는 것을 지양해야 할 것 같아요.
> 박 교사: 이런 측면에서 협동학습의 중요성도 강조된 것 같은데, 김 선생님 반에서는 예전부터 협동학습을 자주 하시죠?
> 김 교사: 네, 저는 주로 과제분담학습(Jigsaw, 직소) 모형을 활용했어요. 처음에는 이른바 '직소 I ' 모형을 활용했는데, 개별 보상만 하다 보니까 협동학습의 취지가 이해되지더라고요. 그래서 모둠성취분담(STAD) 모형의 보상 방식을 적용해 보았더니 협동학습이 훨씬 잘 이루어졌어요.

[2023 중등] 자기조절 과제의 수준에 설정의 변화는 없었지만, 학생들의 만족도가 높아졌다. 이는 사회인지이론에서 제시한 자기효능감과 자기조절을 증진하기 위해 노력한 결과로 분석된다. 특히 자기효능감 향상에 영향을 미치는 수업 경험과 대리 경험을 학생들에게 제공하고, 자기조절을 촉진하기 위해 학생 스스로 목표 설정 및 계획 단계를 실행하도록 한 것이 효과적이었다. 향후 학생들의 자기효능감 향상을 위해 적절한 교수전략을 지속적으로 모색하고, 자기조절 과정에서 목표 설정 및 계획 단계를 지원할 수 있도록 학습 결과나 학습과정에서 자기평가를 할 수 있다.

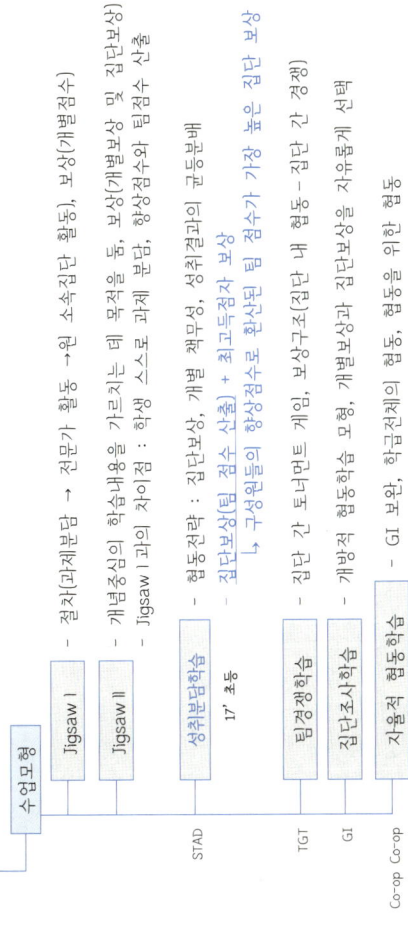

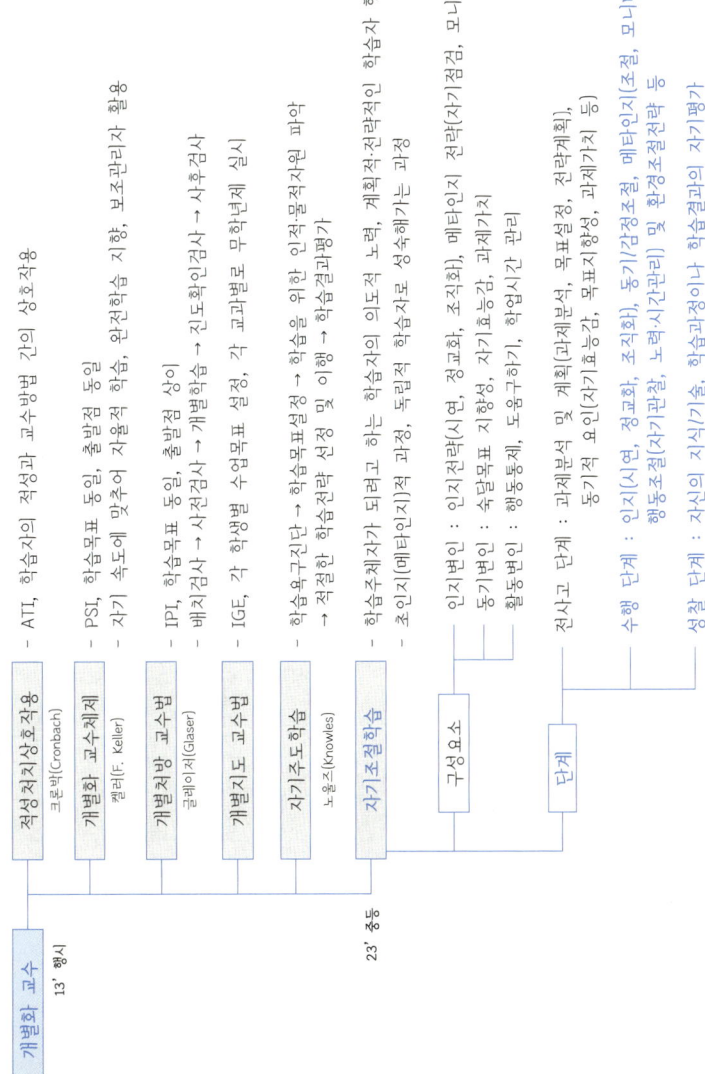

교육학 논술 KTX (X-file ver.)

학습내용 인출하기

교수-학습이론

교수학습이론

학습내용을 인출하기 위하여 선택한 방안을 학문중심 교육과정에 근거하여 논하시오.

[2014 중등] 최 교사가 수업 효과성을 높이기 위하여 선택한 방안을 학문중심 교육과정에 근거하여 논하시오.

일지 #2 2014년 5월 ○○일 ○요일
중간고사 성적이 나왔는데 영향을 포함하여 몇 명이 점수가 매우 낮아서 답안지를 확인해 보았다. OMR 카드에는 답이 전혀 기입되어 있지 않거나 한 번호에만 일괄 기입되어 있었다. 아이들이 시험 자체를 무성의하게 본 것이다. 점심시간에 그 아이들을 불러 이야기를 해 보니 하교에서 배우는 내용에 대해 진학을 하지 않고 취업할 보이들에게는 전혀 쓸모없이 느껴진다고 했다. "저는 오늘 내 수업시간에 휴대전화만 보고 있어서 주의를 받았던 보이들에게도 영향이 많이 아직도 귀에 생생하다. "저는 예전 미용사가 되려고 하는데, 생물학적 지식 같은 걸 배워서 뭐 해요? 대신 관리를 해야 하는 아이들조차 어디 써먹을지도 모르는 개념을 외우기만 하느니라 지정했다고 하는데, 저도 얼마나 더 지정했어요." 라고 말하는 것이었다. 학교에서 배우는 기초 지식이나 원리가 직업 활동의 근간이 되기도 한다는 것을 어떻게 아이들이 깨닫게 할 수 있을까? 이런 생각들로 마음수이 복잡하던 중에, 오후에 협의회였던 교과 협의회에서 수업 전문성 개발을 위한 장학 활동을 몇 가지 소개받았다. 이제 내 수업에 대해 차근차근 점검해 보아야겠다.

수업모형

교수학습이론 ─ **수업모형**
- **교수과정모형** (글레이저Glaser)
  - 수업 목표설정 → 출발점 행동진단 → 학습진도 → 학습성과 평가
    (진단평가) (형성평가) (총괄평가)

- **완전학습모형** (블룸Bloom)
  - 부적편포 기대, 절대기준 평가 지향
  - 학생 개인차 존중, 교사의 노력 중시, 학습실패 책임은 교사에게 있음
  - 학습성취 = (지적 출발점행동 + 정의적 출발점행동 − 공통요인) + 수업 질 + 기타
  - (100%)   50%   25%   10%   25%   10%

- **학교학습모형** (캐롤Carroll)
  - 교사변인과 학생변인의 중요성 강조, 주의집중력 강조
  - 학생변인
    ① 적성 : 최적의 수업조건에서 주어진 과제를 완전히 학습하는데 걸리는 시간
    ② 수업이해력 : 언어능력 주의 변인, 일반지능과 선행학습의 질과 양도 중요
    ③ 학습지구력 : 주어진 시간을 활용하는 시간
  - 교사변인
    ④ 학습기회 : 주어진 학습과제 학습을 위해 실제로 허용되는 시간량
    ⑤ 수업의 질 : 학습과제 제시 방법의 적절성

- **프로그램학습** (스키너Skinner)
  - 학습내용을 세분화하여 학습자에게 제공하고 학습자 스스로 주어진 과제를 단계적으로 수행하면서 학습목표에 도달할 수 있도록 하는 자동화습 방법

- **발견학습** (브루너Bruner)
  - 학습자가 학습내용을 스스로 규명적인 방식으로 발견하고 내면화시키는 방법
  - **지식의 구조 : 어떤 교과의 기본개념, 일반적 아이디어**
  - 지식 표상방법 : 작동적, 영상적, 상징적 표상

- **유의미수용학습** (오수벨Ausubel)
  - 유의미학습 : 새로운 학습내용을 기존 인지구조와 이미 있게 연결짓는 과정
    (유의미적 학습과제 제시 + 학습자의 관련정착 아이디어 + 유의미 학습태세)
  - 유의미 학습과제
    - 실사성 : 새로운 학습과제 이어디어가 이미 존재하는 포괄적 표현적 인지구조로 특수한 의미로 점차 세분화
    - 구속성 : 관습으로 군어져 임의로 변경할 수 없음
  - 인지과정 포섭
    - 새로운 표섭의 원리 : 일반적 포섭적 의미한 자료에 새로운 내용을 인지할 수 있게 통합
    - 점증적 분화의 원리 : 일반적 표현적 재시에 앞서, 새로운 학습과제보다
    - 선행조직자의 원리 : 새로운 학습과성의 포괄성의 정도가 높은 자료를 먼저 제시
      일반성과 포괄성의 정도가 높은 자료를 먼저 제시
      (설명 선행조직자, 비교 선행조직자)
    ④ 선행학습 요약정리의 원리
    ⑤ 내용의 체계적 조직의 원리
    ⑥ 학습준비도의 원리

- **수업모형**
  - 선행조직자 제시 → 학습과제 및 자료제시 → 인지적 조직화 강화

학습내용 인출하기

[2018 중등] 박 교사가 언급하는 PBL(문제중심학습)에서 학습자의 역할 2가지, PBL에 적합한 문제의 특성과 그 특성이 주는 학습효과 1가지를 논하시오.

김 교사: 학생의 다양한 특성을 반영하기 위한 수업 방법으로 어떤 것이 있을까요?
박 교사: 우리 학교 학생에게는 학습흥미와 수업참여를 높이는 수업이 필요할 것 같아요. 제가 지난번 연구 수업에서 문제를 활용한 수업을 했는데, 수업 중에 학생들이 무엇을 해야 하는지 모르는 것 같았어요. 게다가 제가 수업을 잘 구성하지 못했는지 별로 흥미를 보이지 않더라고요. 문제를 활용하는 수업에서는 학생의 역할을 안내하고 좋은 문제를 개발하는 것이 중요하다는 것을 알게 되었어요.

[2020 중등] C 교사의 의견에서 제시된 토의식 수업을 설계할 때 활용할 수 있는 정보수업의 원리 2가지, 워키를 활용할 때 발생할 수 있는 문제점 2가지를 논하시오.

- 토의식 수업이 활발하게 이루어지기 위해서는 수업방법과 함께 다양한 학습도구가 필요하지요.
- 수업방법 측면에서는 학생이 함께 다양한 관점에서 문제를 탐색하며 해답을 찾아가는 데 있어서 정착수업(Anchored Instruction)을 활용할 수 있음
- 학습도구 측면에서는 학생이 상호 협동하여 지식을 생성하기 위해 인터넷에서 수집한 정보를 공유하고, 공동으로 수정, 추가, 편집하는 데 워키(Wiki)를 이용할 수 있음(예: 위키피디아 등)
- 단, 워키를 활용할 때 발생할 수 있는 문제점에 유의해야 함

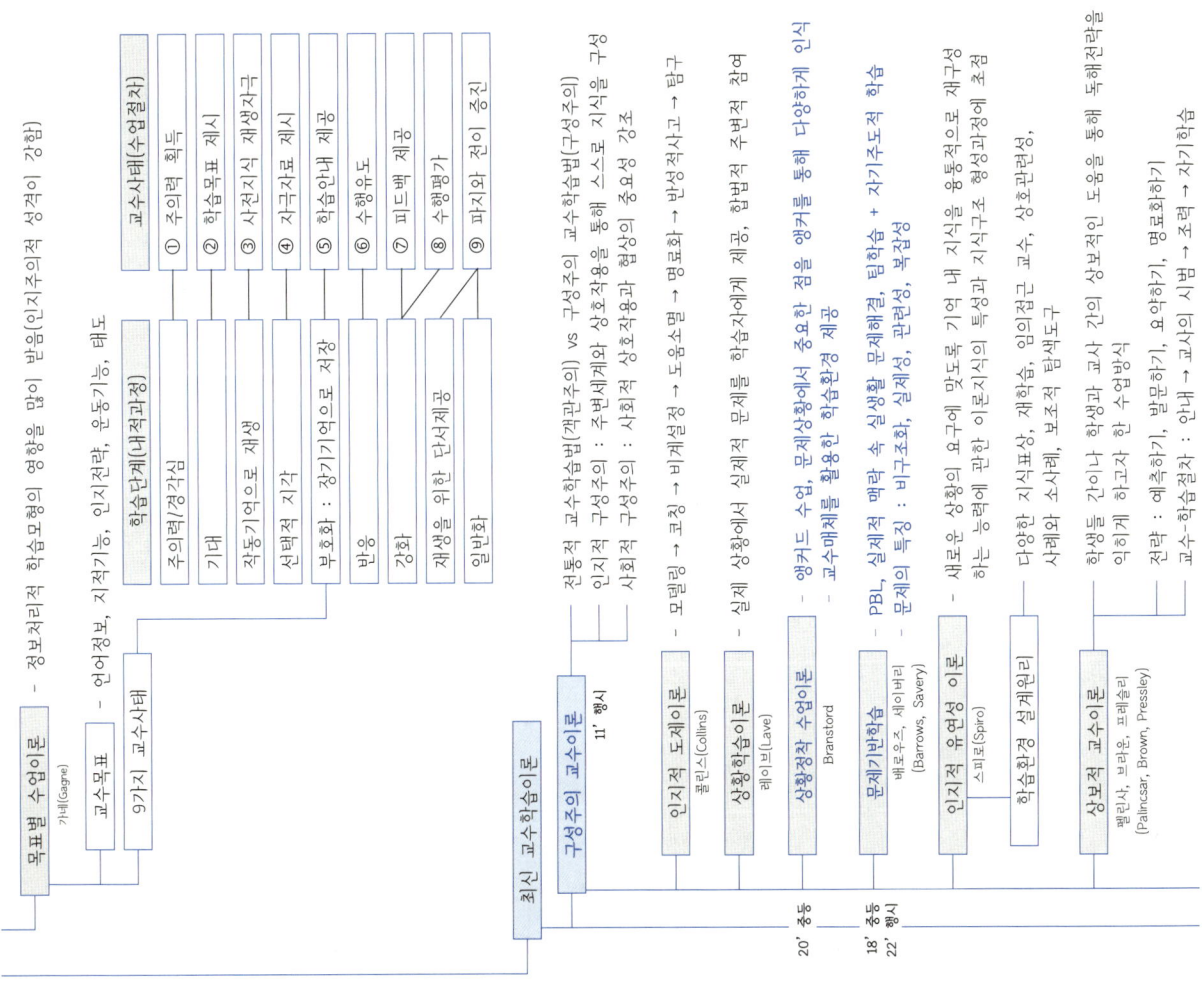

06. 교수학습

045

자원기반학습
- 특별히 설계된 학습자원과 상호작용적 매체와 공학기술을 통합함으로써 매체와 교육상황에서 학습자중심의 학습의 증진을 위한 일련의 통합된 전략

Big6 정보리터러시 모델
과제정의 → 정보탐색전략 → 소재파악과 접근 → 정보활용 → 통합·정리 → 평가

목표기반 시나리오
- 시나리오 속에 담긴 역할을 수행해 나가는 과정에서 자신도 모르게 정해진 목표를 성취하도록 하는 모형

주요요소
① 목표 : 다른 요소들을 항상 목표를 중심으로 구성·배치
② 임무 : 목표성취를 위해 수행해야 하는 과제
③ 표지이야기 : 수행할 임무와 관련된 맥락을 이야기방식으로 설명
④ 역할 : 학습자들이 표지이야기 속에서 맡게 되는 인물
⑤ 시나리오 운영 : 임무를 수행하는 구체적인 활동
⑥ 자원 : 임무를 수행할 때 필요하거나 참고해야 할 내용
⑦ 피드백 : 임무 수행 과정에서의 어려움 해결을 위한 교수자의 도움

정교화이론
라이겔루스(Reigeluth)

교수내용 조직전략에 초점을 둔 거시적 적 수준의 교수설계 이론
정수화 : 교과내용을 대표하는 가장 일반적이고 포괄적인 아이디어를 구체적이고 의미 있는 수준까지 제공
정교화 : 단순한 것에서 복잡한 것으로 학습내용을 전개

교수전략 요소
① 정교화된 계열 : 단순-복잡 순서로 학습내용 조직 → 줌렌즈 기법
② 선수학습요소의 계열화
③ 요약자 : 학습한 것을 망각하지 않도록 체계적으로 복습
④ 종합자 : 개개의 아이디어들을 서로 연결·통합시키기 위한 요소
⑤ 비유 : 새로운 정보와 친숙한 아이디어를 연결시켜 이해를 돕는 요소
⑥ 인지전략 활성자 : 학습한 내용을 활용하는 과정을 자극을 주기 위한 도움
⑦ 학습자 통제 : 학습자 스스로 교수전략인지 전략을 선택하고 계열화

구인전시이론
메릴(Merrill)
- 내용요소제시 이론, 미시적 접근이론(어떻게 가르칠 것인가)

수행-내용 매트릭스
학업수행의 수준 : 기억, 활용, 발견
학습내용의 형태 : 사실, 개념, 절차, 원리

	설명문(E)	탐구문(I)
일반성(G)	법칙(EG)	회상(IG)
사례성(eg)	예(Eeg)	연습(Ieg)

1차 제시형
"일관성의 원리"

2차 제시형
"적절성의 원리"

맥락(c), 선수학습(p), 암기법(mn), 도움말(h), 표현법(r), 피드백(FB) 등

09. 교수학습

학습동기이론
켈러(Keller) ARCS

- 학습자의 학습능력은 그들의 동기 수준과 밀접한 관련이 있으며, 학습 결과는 다시 동기 수준에 영향을 미침

'동기유발' 요소 : ARC
'동기유지' 요소 : S

13' 초등
15' 중등

A 주의집중	① 지각적 주의환기 - 시청각 효과의 사용 - 비일상적인 내용이나 사건 제시 - 주의 분산의 자극 지양 ② 탐구(인지)적 주의환기 - 능동적 반응 유도 - 문제해결활동의 구상 장려 - 신비감의 제공 ③ 다양성 - 간결하고 다양한 교수형태 사용 - 일방적 교수와 상호작용적 교수의 혼합 - 교수자료의 변화 추구 - 목표-내용-방법의 기능적으로 통합	**C 자신감**	① 학습의 필요요건 제시 - 수업의 목표와 구조의 제시 - 평가기준 및 피드백의 제시 - 선수학습능력의 판단 - 시험의 조건 확인 ② 성공의 기회 제시 - 쉬운 것에서 어려운 것으로 과제 제시 - 적정수준의 난이도 유지 - 다양한 수준의 시작점 제시 - 무작위의 다양한 사건 제시 - 다양한 수준의 난이도 제공 ③ 개인적 통제감(조절감) 증대 - 학습의 끝을 조절할 수 있는 기회 제시 - 학습속도의 조절 가능 - 원하는 부분에의 재빠른 회귀 가능 - 선택 가능한, 다양한 과제 내에도 넘어가기 가능 - 노력이나 능력에 성공 귀착
R 관련성	① 친밀성 - 친밀한 인물 혹은 사건 활용 - 구체적이고 친숙한 그림 활용 - 친밀한 예문 및 배경지식 활용 ② 목표지향성 - 실용성에 중점을 둔 목표 제시 - 목적지향적인 학습형태 활용 - 목적의 선택 가능성 부여 ③ 필요나 동기와의 부합성 - 다양한 수준의 목적 제시 - 학업성취 여부의 기록체제 - 비경쟁적 학습상황의 선택 가능 - 협동적 상호학습상황 제시	**S 만족감**	① 자연적 결과 - 연습문제를 통한 적용기회 제공 - 후속학습상황을 통한 적용기회 제공 - 모의상황을 통한 적용기회 제공 ② 긍정적 결과 - 적절한 강화계획의 활용 - 의미 있는 강화의 강조 - 정답을 위한 보상 강조 - 외적 보상의 사례 사용 - 선택적 보상체계 활용 ③ 공정성 - 수업목표와 내용의 일관성 유지 - 연습과 시험내용의 일치

학습내용 인출하기

[2013 초등] 1) 교실 수업에서 교사가 학생들의 학습동기를 유발시켜야 하는 이유 2가지를 논하시오. 2) 민아가 작정 수준의 학습동기를 갖지 못하는 원인 4가지를 김 교사의 수업을 토대로 논하고, 각각의 원인으로 발생한 민아의 문제를 해결하기 위해 김 교사가 활용할 수 있는 수업 방안 4가지를 논하시오.

다음은 6학년 단원인 김 교사의 수업 장면과 그 수업이 끝난 후 학생인 두 학생이 주고받은 대화 내용의 일부이다.
(김 교사의 수업 장면)

김 교사: 오늘은 선생님이 여러분을 위해서 활동지를 준비했어요. 각 모둠에서 한 명씩 나와서 받아 가세요.
민 아: (활동지를 받아 보고는 중얼거린다.) 아주, 전부 글자만 빼곡히 있네. 정말 재미없어 보여!
김 교사: 자, 그럼 우리 열심히 공부해 볼까요?
                      ·······(중략)·······
김 교사: 계속해서 이번에는 문제를 한번 풀어 볼까요? 하연아, 네가 한번 풀래?
하 연: (고민하면서) 처음 보는 문제인데, 너무 어려운 것 같아. 전혀 모르겠어요.
김 교사: 어려워? 그렇게 어려워 보이는데, 민아가 풀어 주신 문제가 어려우신가요? 어제 주신 문제지는 너무 쉽다니, 오늘 문제지는 너무 어려워!
민 아: (중얼거리면서) 오늘 문제는 왜 이렇게 어려운 거야? 어제 주신 문제지는 그다지 만족스럽지 않다. 단지 점수를 잘 받은 것 뿐이잖아.

(일주일 후, 하연과 민아가 주고받은 대화 내용)
하 연: 아, 슬프다. 다 끝났다! 민아, 너는 시험 어떻게 봤어?
민 아: 글쎄… 지난번과 비슷하겠지 뭐. 그게 그 거야.
민 아: 예도 더 나쁘다는 공부 잘하잖아? 넌 내가 부러워.
민 아: 아예 그래? 하지만 솔직히 말해도 성적이 잘 나온다면도 그다지 만족스럽지 않아. 단지 점수를 잘 받은 것 뿐이잖아.
하연: 아, 그래?
민 아: 음… 그리고 사실 난 수업시간에 공부하는 내용이 도대체 나와 무슨 관련이 있는지 정말 모르겠어.
그냥 무조건 공부해.

[2015 중등] 제시문을 바탕으로 A중학교가 직면하고 있는 학습 동기 향상을 위한 학습 과제 제시 방안을 3가지 설명하시오.

교육과정 수립 전반에 관한 문제점과 개선 방안입니다. 수업 전반 측면에서 볼 때, 수업에 흥미를 없어 가는 학생들이 있음에도 불구하고 교사는 학생들의 학습 동기를 높일 수 있는 전략을 적극적으로 사용하는 데 소홀했습니다. 수업 상황에서 배워야 할 학습 과제가 학생들에게 흥미로울 수도 있고 그렇지 않을 수도 있습니다. 교사가 수업에 흥미를 잃은 학생들에게 학습 과제를 어떻게 제시하는냐에 따라 학습 동기를 높일 수 있습니다. 따라서 이들의 학습 동기를 향상할 수 있는 학습 과제 제시 방안을 마련하는 데 관심을 기울이고자 합니다.

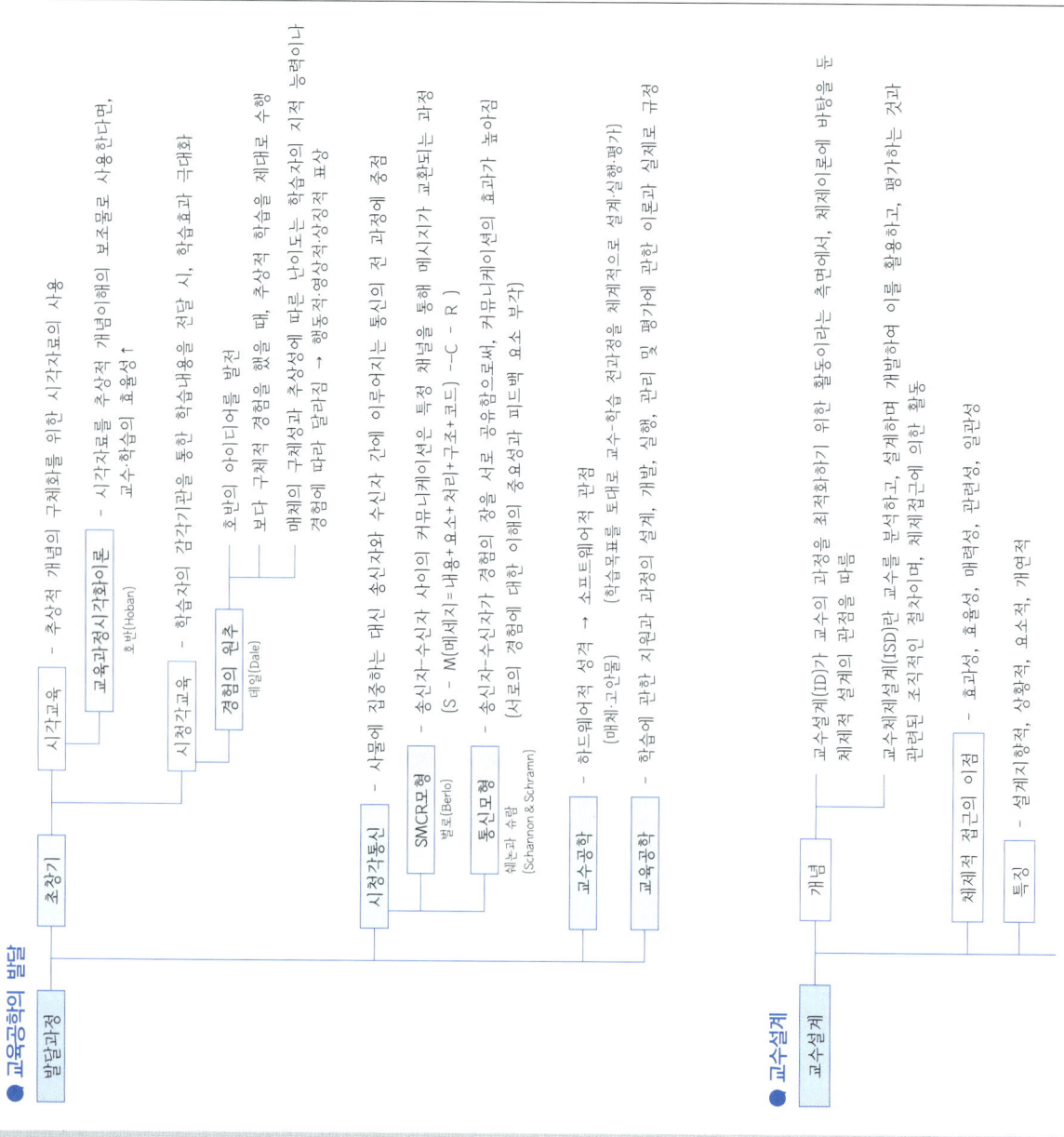

학습내용 인출하기

[2015 중등 추시] 일반적 교수체제설계에서 분석 및 설계 과정의 주요 활동 각각 2가지만 제시하시오.

여러분도 잘 아시겠지만 최근 우리 사회는 학교가 다양한 역할을 수행하도록 요구하고 있습니다. 이에 따라 선생님들께서도 학교 및 교실에 대한 기본적인 이해가 필요하다고 생각합니다. 한편, 사회가 학생들에게 새로운 역할을 요구하듯이, 이들 각각이 수업 현장에서 새로운 시도를 실행할 수 있어야 합니다. 제가 경험했던 많은 교사들도 다양한 수업을 시도해 보고자 하는 열정은 높았지만 수업 변화에 모형이나 방법을 활용하여 수업을 설계하거나 수업 상황에 맞게 기존의 교수·학습모형을 적용하는 데 어려움을 느꼈습니다. 다양한 교수체제설계 이론과 모형이 있지만 체제적 분석, 설계, 개발, 실행, 평가의 일반적이라고 생각합니다. 이 중 분석과 설계는 다른 과정의 기초가 되기 때문에 수업 설계 과정에서 특히 중요합니다. 수업 요소들이 있는지 파악하여 여러분의 수업에 적용해 보시기 바랍니다.

[2022 중등] 송 교사가 교실 수업을 위해 개발해야 할 교수전략 2가지 제시하시오.

송 교사: 네, 알겠습니다. 이제 교실 수업에서 사용할 교수전략을 개발해야 하는데 딕과 캐리(W. Dick & L. Carey)의 체계적 교수설계모형을 적용하려고 해요. 이 모형의 교수전략개발 단계에서 개발해야 할 교수전략이 무엇인지 생각 중이에요.

...(상략)...

송 교사: 네, 좋은 전략을 찾으시면 제도 알려 주세요. 제가 온라인 수업을 해 보니 학생들이 수업을 해야 할 상황이 생길 수도 있어요. 제가 온라인 수업을 해 보니 일부 학생들이 고립감을 느끼더군요. 선생님들이 생각할 수도 있어요. 그리고 제가 오늘 제도 알려 주시면 필요한 정보를 공유하는 학교 게시판이 있어요. 거기에 학생의 고립감을 해소하는 수업을 하는 데 필요한 정보를 공유하는 기반의 교수·학습 활동을 정리해 올려 두었어요.

[2017 중등] C교사가 실행하려는 구성주의 학습 활동을 위한 학습 지원 도구·자원과 교수 활동 각각 2가지 제시하시오.

◆ 학생 참여 중심 수업 운영 : C 교사는 학생 참여 중심의 교수·학습을 준비하기 위해서 교사 연수 프로그램에 참여하고 있다고 말했다.

"저는 구성주의 학습환경 설계에 관한 연수에 참여하고 있습니다. 문제 중심이나 프로젝트 중심의 학습 활동을 실행하기 위해서는 적합한 학습 지원 도구나 자원을 학생들에게 제공해야 한다는 것을 알게 되었고, 학습 활동 중에 교사가 수행해야 할 역할에 대해서도 이해하게 되었습니다."

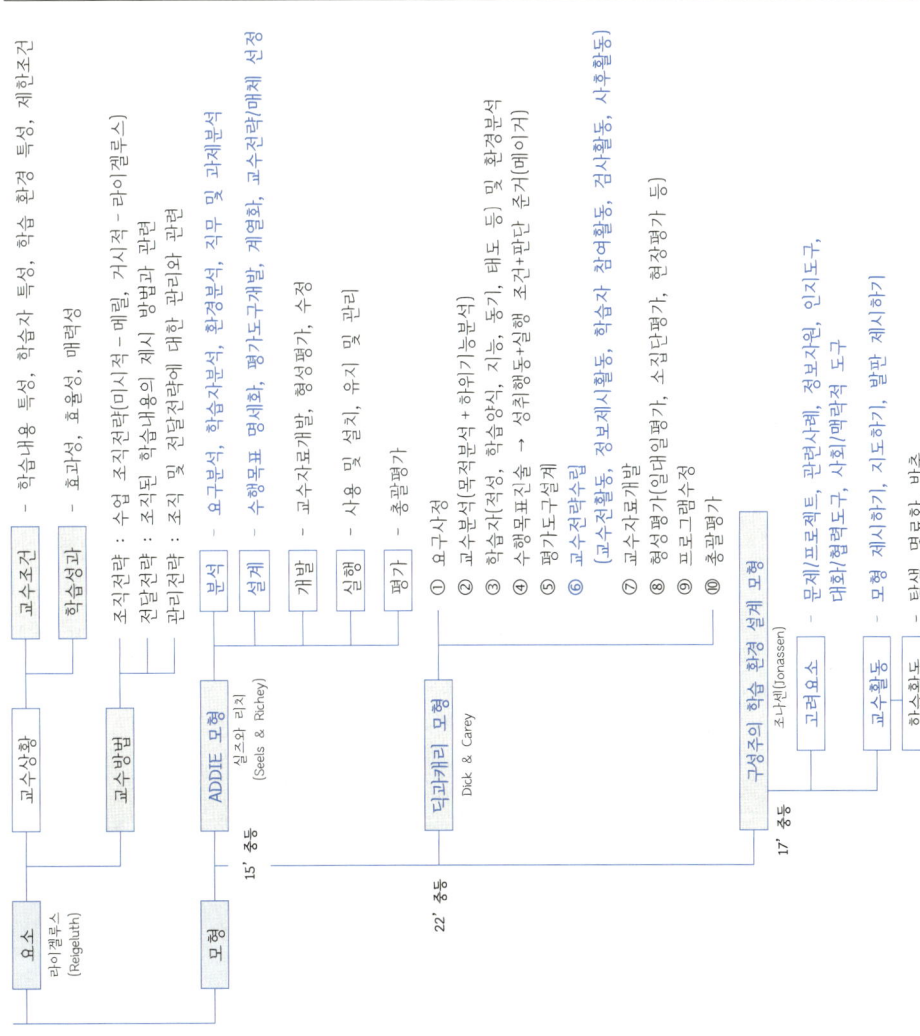

● 교수매체

- 교수매체
  - 개념 — 교수자가 설정한 수업목표를 효과적·효율적·매력적이며 안전한 방법으로 달성할 수 있도록 하기 위해 사용하는 다양한 형태의 매개수단 또는 제반체제
  - 기능 — 매개적 보조, 정보전달, 학습경험 구성, 교수
  - 특성 — 수업적(교사의 대리자격), 수업의 보조물, 기능적(고정성, 조작성, 확충성)
  - 관점 — 교수도구(보조자료)로서의 교수매체, 학습도구(인지도구 또는 마음도구)로서의 교수매체

교육학 논술 KTX (X-file ver.)

학습내용 인출하기

[2021 중등] 김 교사가 온라인 수업을 위해 추가로 파악하고자 하는 학생 특성과 학습 환경의 구체적인 예 각각 1가지를 제시하시오.

보고 싶은 친구에게

학생의 선택과 결정의 기회를 확대하기 위해 우리 학교와 학교 운영 계획을 전체적으로 다시 세우고 있어. 그 과정에서 나는 온라인 수업설계 등을 고민했고 교사 협의회에도 참여했어.

… (중략) …

요즘 온라인 수업을 하게 되었어. 학기 중에 학생의 일반적인 특성과 상황은 조사를 했는데 온라인 수업과 관련된 학생의 특성과 학습 환경에 대해서도 추가로 파악해야겠어. 그리고 학생이 자신의 학습 목표를 설정하고 학습의 주체가 되는 수업을 어떻게 온라인에서 지원할 수 있을지 고민하다가, 학습 과정 중에 나와 학생뿐만 아니라 학생들 간에도 소통이 이루어지도록 토론 게시판을 활용하려고 해.

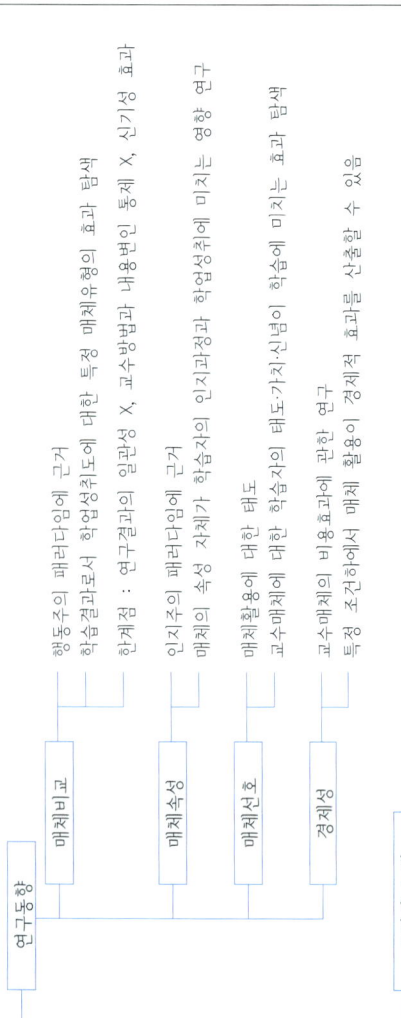

학습내용 인출하기

[2021 중등] 김 교사가 하고자 하는 수업에서 토론 게시판을 활용하여 학생을 지원할 수 있는 구체적인 방안 2가지를 논하시오.

요즘 온라인 수업을 하게 되었어. 학기 초에 학생의 일반적인 특성과 성향은 조사를 했는데 온라인 수업과 관련된 학생의 특성과 학습 환경에 대해서도 추가로 파악해야겠어. 그리고 학생이 자신만의 학습 목표를 설정하고 학습의 주체가 되는 온라인 환경에서 지원할 수 있으니, 학습 과정 중에 나와 학생뿐만 아니라 학생들 간에도 학습 소통이 이루어지도록 토론 게시판을 활용하려고 해.

[2022 중등] 송 교사가 온라인 수업에서 학생의 고립감 해소를 위해 활용할 수 있는 구체적인 교수·학습 활동 2가지를 각각 그에 적합한 테크놀로지와 함께 제시하시오.

김 교사: 송 선생님, 좋은 전략을 찾으시면 제게도 알려 주세요. 그런데 우리 학교는 그런데 온라인 수업을 해야 될 상황이 생길 수도 있어요. 제가 온라인 수업을 해 보니 일부 학생들이 고립감을 느끼더군요. 선생님들이 온라인 수업을 하는 데 필요한 정보를 공유하는 학습공동체를 자기에 학생이 많이 있어요. 해소하는 데 효과를 본 테크놀로지 기반의 교수·학습 활동을 정리해 올려 두었어요.

송 교사: 네, 온라인 수업을 하게 되면 활용할게요. 선생님 덕분에 좋은 정보를 많이 얻을 수 있어요. 선생님들 간 활발한 정보 공유가 더 많아지길 바랍니다.

[2024 중등] 1) 전문가 C가 언급한 온라인 수업에서 학습자 상호작용의 어려운 점 1가지, 온라인 수업에서 학습자 상호작용의 유형 3가지와 유형별로 유의할 점로 다른 각 1가지, 2) 전문가 E가 언급한 단순히 컴퓨터를 이용하는 검사 방법과 구별되는 컴퓨터 능력적응검사(Computer Adaptive Testing)의 특징 2가지

교사 D: 강연을 듣고 맞춤형 교육에서 평가가 중요하다는 것을 잘 이해할 수 있었습니다. 추가적으로, 학생의 능력 수준을 고려한 평가 유형과 검사 방법을 소개해 주실 수 있을까요?
전문가 E: 네, 예를 들어, 평가 유형으로는 능력적응평가를, 검사 방법에서는 컴퓨터적응검사 (Computer Adaptive Testing: CAT)를 고려해 볼 수 있습니다. 특히, 컴퓨터 능력적응검사는 단순히 컴퓨터를 이용하여 검사를 실시하고 채점하는 방법에서 더 발전된 특성이 있습니다. 교육 현장 변화에 따라 학습자 맞춤형 교육이 강조되는 추세이므로 오늘 소개한 평가 유형과 검사 방법에 관심을 가지시면 좋을 것 같습니다.

[2015 행시] 블룸(Bloom)의 '교육목표분류학'에서는 인지적 영역의 교육목표를 지식, 이해, 적용, 분석, 종합, 평가로 구분하고 있다. 블룸도 라나의 관점에서는 수업 전 활동과 수업 활동들에서 다루어야 할 교육목표들이 각 블룸의 인지적 영역 중 주로 어느 단계에 해당하는 것이 적절한지 설명하시오.

- **활용교육** — 교육방송, 멀티미디어교육, 인터넷교육, 원격난학습(WBI, 웹퀘스트), 지펌검사로 컴퓨터, EPSS와 ELSS, 에듀테인먼트 등
  - 21' 중등, 22' 중등

  - **컴퓨터교육** (CAI, CMI, CBT, CAT, CMC, ILS)
    - **CBT** — 컴퓨터 이용검사(Computer Based Testing), 지펌검사로 컴퓨터로 구현
    - **CAT** — 컴퓨터 능력적응검사(Computer Adaptive Testing)
      - 피험자의 능력에 적응하여 실시되는 검사
      - (피험자 능력 수준에 맞는 문항을 제시, 정답 여부에 따라 새로운 문항 제시)
      - 빠른 시간 내에 적은 수의 문항으로 학습자 능력을 정확히 측정할 수 있음(효율성↑)
  - 24' 중등

  - **ICT교육**
    - ICT 소양교육 : 정보통신기술에 대한 기초적인 기능이나 지식을 교육
    - ICT 활용교육 : 정보통신기술을 도구나 매체로 활용한 교육

  - **원격교육** — 인쇄 미디어나 누구든지 교육의 기회를 제공하는 학습자 중심의 쌍방향 의사소통을 지향하는 교수 – 학습 체제(시간적·공간적 격리성 전제)
    - 24' 중등 — 상호작용 유형 : 학습자-교수자 간, 학습자-학습자 간, 학습자-교육내용(자료) 간

  - **e-러닝** — 교실 내외에서 이루어지는 인터넷 등 첨단 테크놀로지를 기반으로 한 학습

  - **m-러닝** — 노트북, 태블릿, 핸드폰 등의 모바일 기기 사용

  - **u-러닝** — 무선으로 인터넷에 접속하여 다양한 방식으로 편리한 정보 획득, 활용해 학습함

  - **블렌디드 러닝** — 인제, 어디서나, 누구나, 편리한 방식으로 원하는 학습을 할 수 있는 이상적인 학습체계
    - 두 가지 이상의 교수-학습방법을 조합하는 혼합형 수업
    - 교수-밖 선행수업 : 스스로 공부할 수 있는 강의영상을 온라인으로 제공

  - **플립드 러닝**
    - 15' 행시
    - 교수-안 수업 : 활발한 상호작용을 하는 다양한 활동, 심화학습활동
    - 교수-밖 / 교수-안 수업에서의 교사의 역할

08 교육과정

교육학 논술 KTX (X-file ver.)

● 교육과정의 기초

개념
- 쿠레레(Currere), 교육과정이란 교육이 진행되는 과정에서 그 목표를 달성하기 위하여 '무엇을' 내용으로 선정해서 '어떻게' 조직하여 가르칠 것인지 종합적으로 짜는 '교육의 전체 계획'

어원

학습내용 인출하기

[2022 초등] 교육과정 편성·운영의 주제에 따른 세 수준에서 교육과정을 개발하는 것이 필요한 이유를 각각 1가지씩 논하시오.

분류
- 국가 수준 교육과정, 지역 수준 교육과정, 학교 수준 교육과정 ²²'초등

기본모형
- 목표모형(가치중립적), 내용모형(내재적 가치 중시), 과정모형

구성요소

[2014 초등] 1) 교사가 수업 분석 능력을 갖추도록 하는 이유를 2가지 제시하시오. 2) 학습목표 진술 방식에 의거하여 김 교사의 수업 행동이 나타난 문제점과 이에 따른 합리적 설명을 거쳐 다음 수업 사례를 들어 구체적으로 각각 1가지씩 논하시오.

김 교사: 바다는 넓고 깊어서 육지만큼 많은 동물들이 살고 있어요. 어떤 것이 있는지 함께 생각해 봐요.
중 민: (대다보지도 않고 만화 캐릭터만 그리고 있다.)
연 주: 고등어, 참치, 고래, 돌꽃게.
민 시: (숨을 들이) 상어, 오징어, 옥돔, 가오리, 그리고 전복과 조개요.
김 교사: 그럼, 오늘은 바다에 사는 동물의 특징에 대해 살펴볼 거예요. 오늘의 학습목표는 "바다에 사는 동물의 특징을 알아봅시다."입니다.
중 민: (못 듣은 척 계속 만화 캐릭터를 그린다.)
지 민: (중민이를 툭 건드리면서) 야는 만화 캐릭터만 그려.
김 교사: 자, 바다에 사는 동물들은 어떤 특징이 있는지 않아볼까요? 모둠 별로 여기에 제시된 동물들을 자세히 관찰하고 바다에 사는 동물의 특징을 찾아보세요.

[2019 중등] #2와 관련하여 타일러(R.Tyler)의 학습경험 선정 원리 중 기회의 원리로 첫째 물음을 설명하고 만족의 원리로 둘째 물음을 설명하시오.

#2 모둠활동에 적극적으로 참여하지 못한 학생들이 몇 명 있지요. 이 학생들을 제대로 된 학습경험을 갖지 못했던 것 아닐까? 자신의 학습경험에 대하여 어떻게 느꼈을까? 예전에 모둠활동에 대해서는 좀 더 깊이 고민해 봐야겠어. 생각하지 못했던 결과가 학생들에게 나타날 수도 있고 ⋯

[2017 중등] B교사가 채택하고자 하는 원리 1가지, 그 외 내용 조직의 원리 2가지(연계성 제외) 제시하시오.

"교사는 내용 조직의 원리를 제대로 파악해야 할 필요가 있다. 자는 몇 개의 교과를 결합해 교육과정을 편성·운영해 보려고 한다. 각 교과의 내용이 구조화되어 한다는 교과화하여 양쪽의 교과를 서로 간 협력을 강화하고자 합니다. 이러한 시도는 교육과정 설계에서 교과 내 단원의 범위와 단원들 간의 단순한 연계성 이상을 의미합니다."

[2022 중등] 송 교사가 언급한 교육과정의 수직적 연계성이 학습자 측면에서 갖는 의의 2가지, 송 교사가 제안하는 교육과정 재구성의 구체적인 방법 2가지

송 교사: 고등학교 교과 간 통합할 주요 관심을 가져왔는데, 김 선생님의 특강을 들어보니 이전 학습 내용과 다음 학습 내용을 자연스럽게 연결되어야 한다는 수직적 연계성도 중요성도 중요함 것 같더군요. 그래서 이번 학기에는 교과 내 단원의 범위와 계열을 조정할 계획입니다. 선생님께서는 교육과정을 어떻게 재구성하시는지 함께 이야기할 수 있을까요?

교육과정

- 목표 수준 교육과정, 지역 수준 교육과정, 학교 수준 교육과정
- 목표모형(가치중립적), 내용모형(내재적 가치 중시), 과정모형

교육목표

행동적 목표 14'초등

타일러(Tyler)의 목표진술 : 내용 + 행동

교육목표분류학 15'행시
- 타일러의 "행동"의 유형을 영역별로 구분·위계화
- 복잡성의 인지
- 지식 → 이해 → 적용 → 분석 → 종합 → 평가

지적 영역 불름(Bloom)
- 내면화의 인지
- 감수 → 반응 → 가치화 → 조직화 → 인격화

정의적 영역 크래쓰월(Krathwohl)
- 임상화의 인지
- 반사운동 → 기본적 기초운동 → 지각능력 → 신체능력 → 숙련운동 → 동작적 의사소통

운동기능적 영역 해로우(Harrow)

이차원 모형
- 마자노(Marzano)
- 정보, 인지절차, 심동적 절차
- 지식차원 + 인출 → 이해 → 분석 → 활용 → 메타인지 → 자기체계
- 처리수준 - 볼름과의 차이: 적용(활용)=분석 vs 앤더슨과 크래쓰월(Anderson & Krathwohl)

신교육목표분류학
- 지식차원 - 사실적, 개념적, 절차적, 메타인지 지식
- 인지과정 차원 - 기억 → 이해 → 적용 → 분석 → 평가 → 창안
                  종합→창안, 종합→평가: 불름과의 차이 ↵

목표진술

행동목표 대안

메이거(Mager) - 조건 + 목표성취기준 + 도달행동
아이즈너(Eisner) - 행동적 교육목표의 기능을 비판
                - 표현적 목표: 조건 없음, 정답 없음, 정해진 해결책 없음, 정해진 것
                - 문제해결 목표: 조건 내에서의 해결책 발견, 정답 없음, 활동 목표가 활동을 협상 가능

교육내용

- 선정원리: 기회의 원리, 만족의 원리, 일목표 다경험의 원리, 일경험 다성과의 원리, 가능성의 원리
- 조직원리: 범위, 계열, 계속성, 통합성, 연계성(수직, 수평), 균형성

17' 중등, 19' 중등, 22' 중등
18' 초등

교육과정
- 단원의 구성 (교재단원과 경험단원, 자료단원과 학습단원)

평가

교육과정 연구의 이론

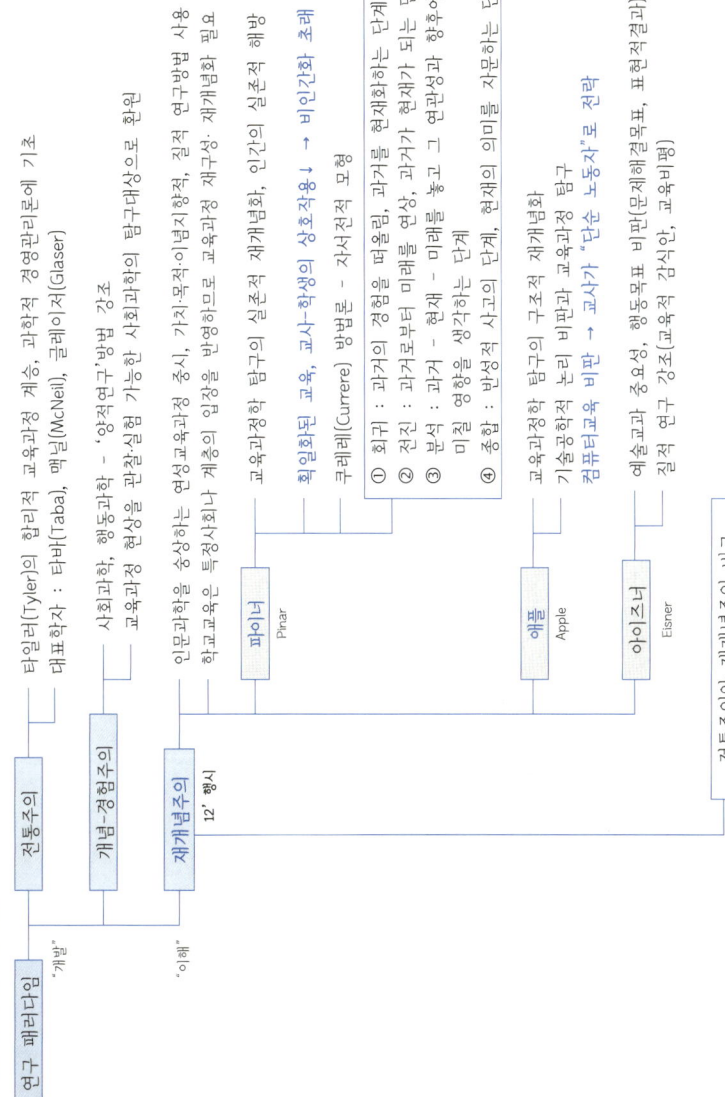

학습내용 인출하기

[2018 중등] 박 교사의 말에 나타난 인성의 의미에 근거하여, 인성교육을 위한 학교 교육과정 편성·운영 시 김 교사가 말하는 '통합'과 '연계'가 필요한 이유를 각각 1가지씩 논하시오.

박 교사: 요즘 인성교육의 중요성이 더 커지고 있죠. 2015 개정 교육과정에서도 인성 교육 중론에는 범교과 학습 주제 중 하나로 제시되어 있고요.

김 교사: 맞아요. 그런데 단위 인성교육을 포함한 범교과 학습주제에는 교과와 창의적 체험활동 등 교육 활동 전반에 걸쳐 통합적으로 다루도록 하고, 지역사회 및 가정과 연계하여 지도해야 한다는 점에 유의할 필요가 있어요.

박 교사: 좋은 지적이에요. 「인성교육진흥법」에서 인성교육을 정의한 것을 보면, 인성은 '자신의 내면을 바르고 건전하게 가꾸고 타인·공동체·자연과 더불어 살아가는 데 필요한 인간다운 성품과 역량'이라고 할 수 있는데, 인성이 이러한 의미이므로 인성교육에서 왜 통합과 연계가 필요한지를 잘 보여주는 것 같아요.

김 교사: 그런데 통합과 연계를 위해서는 선생님들이 모여서 인입한데 협의하고 조정하는 과정이 필요한데, 그게 보통 어려운 문제가 아니에요.

[2016 중등] '수업 구성'에 나타난 교육과정 유형의 장점 및 문제점 각각 2가지씩 논하시오.

- 학생의 경험을 중시하는 교육과정을 실행할 것
- 학생의 흥미, 요구, 능력을 토대로 한 활동을 증진할 것
- 학생의 관심을 가지는 수업 내용을 찾고, 그것을 조직하여 학생이 직접 경험하게 할 것
- 일방적 전달 위주의 수업을 지양할 것

[2020 중등] B 교사가 언급한 교육내용 조직방식의 명칭과 이 조직방식이 교육에서 가지는 장점과 단점 각각 1가지를 제시하시오.

- 교육과정 문서에는 교육내용의 선정과 조직방식에 대한 교사의 전문성이 강화될 필요가 있음
- 교육내용 선정과 관련해서는 '앎' 교육과정에 관심을 가지는 것이 도움이 됨
- 교육내용 조직과 관련해서는 생활에 필요한 문제를 토의의 중심부에 놓고 여러 교과를 주변부에 결합하는 방식을 활용할 필요가 있음

[2023 중등] 평가 보고서에서 두(J. Dewey)의 경험중심 교육과정 이론에 근거하여 학습자의 과목을 다양화하고 경험을 통한 학습이 가능하도록 하였다. 이 점이 하부모의 기대에 미치는 영향을 내 교과를 다양하게 주었을 것으로 분석되다. 한편, 학생들이 지식에 더 중점을 두고 학습하기를 희망하는 학부모의 이견이 있었다. 이들 반영하여 학생들이 교과 학습에 도움을 줄 수 있도록 교육과정의 내용 체계를 보완할 필요가 있다. 다음 학년도에는 학문적 지식을 강조한 브루너(J. Bruner)의 교육과정 이론을 바탕으로 교육내용을 선정·조직하는 방향을 보다 체계화하여 균형 잡힌 교육과정을 편성·운영 해야 할 것이다.

우리 학교에서는 듀이(J. Dewey)의 경험중심 교육과정을 보완하기 위해 제안한 학교 교육과정을 2가지, 학교 교육과정을 보완하기 위한 교육내용 선정·조직 방안 2가지.

- 학문중심 교육과정 (23' 중등)
  - 구조화된 일련의 의도된 학습결과로서 각 학문에 내재된 지식의 탐구과정 조직
  - 철학적 배경 : 항존주의, 지식의 구조 강조
  - 이성의 계발, 지식의 구조 중시, 발견학습과 탐구학습 중시, 나선형 조직
  - 나선형 교육과정, 간학문적, 다학문적, 탈학문적 교육과정
  - 장·단점
- 인간중심 교육과정
  - 학생이 학교생활을 하는 동안에 가지는 모든 경험
  - 배경 : 교육의 본질중시, 비인간화 경향에 대처, 지식중심의 문제점 보완
  - 잠재적 교육과정 중시, 자아실현이 목표, 인간주의적 교사 필요
  - 장·단점
- 통합 교육과정 (24' 초등)
  - 학습경험의 통합, 교과나 학문들 간의 통합
  - 운영원칙 : 중요성, 일관성, 적합성의 원리
  - 장점 : 필수적인 내용선정에 도움, 교과들의 중복 내용 제거, 실생활 연관성↑ 등
- 체제적 교육과정
  - 교육과정의 방향(완전학습, 개별화 수업체제)
  - 심리학적 기초(행동주의, 인지심리학, 정보처리이론, 구성주의 심리학)
- 잠재적 교육과정 (14' 중등, 19' 중등, 24' 중등)
  - (latent)'의식하지 못했기 때문에 숨어 있는'→ 교사가 계획 X, 의식·의도 X
  - (hidden)'의도적으로 숨긴'→ 권력자(집단)가 의도·관행에 의해 계획, 교사가 수용·동조

	표면적 교육과정	vs	잠재적 교육과정
(학습영역)	지적인 것과 관련		정의적 영역(가치관, 태도, 흥미)과 관련
(학습내용)	바람직한 내용 포함		바람직+바람직하지 못한 내용 포함
(학습경험)	교과와 관련		학교의 문화풍토와 관련
(교육평가)	목표 평가 관점		평가 영역 확장(탈목표 평가)

- 영 교육과정 (18' 초등, 20' 중등) 아이즈너(Eisner)
  - (null) '법적인 구속력이 없는' : 공식적 문서에 X
  - (zero) '학습할 기회가 없는'
  - 그동안의 교육내용에 대한 검토 필요, 다양한 범교과 내용들의 학습기회 부여
- 내러티브 교육과정
  - 패러다임 사고와 내러티브 사고의 비교, 내러티브로서의 자아, 인식론적 관점
  - 지식의 생성적 본질, '있음직함'을 만들어 내는 것 → 상상력과 창의력 강조

개발모형

- 합리적 교육과정 타일러(Tyler)
  - 목표중심, 상의하달식 개발방식 (국가수준 교육과정에 적합)
  - 단계 : 교육목표설정 → 학습경험 선정 → 학습경험 조직 → 교육평가
  - 장점 : 폭넓은 유용성, 논리적이고 합리적인 일련의 절차를 제시
  - 한계 : 탈가치지향적, 부수적·확산적 목표의 중요성을 간과, 내용을 목표달성을 위한 수단으로 전락시킴
- 귀납적 모형 타바(Taba)
  - 교사참여, 하의상달식 개발방식
  - 단계 : 요구진단 → 목표설정 → 학습내용선정 → 학습내용조직 → 학습경험선정 → 학습경험조직 → 평가

학습내용 인출하기

[2024 초등] 1) 이 교사의 통합 단원 설계 방식의 장점 3가지를 논하시오. 2) 홍 교사가 통합 단원의 운영 과정에서 겪은 어려움 2가지를 제시하고, 이에 대한 개선 방안을 각각 1가지씩 논하시오.

> 이교사: 저는 설계 방식에 대하여 말씀드리겠습니다. 교과 교육과정을 분석하여 '조화'라는 공통된 개념을 추출해서 통합 단원을 만들었잖아요. 이러한 설계 방식은 학생들이 교과에서 학습한 지식과 기능을 실제 생활의 맥락에서 적용하는 데 도움을 주었고, 학생들은 조화 개념을 중심으로 심층적인 이해를 할 수 있었어요. 또한 통합 단원을 통해서 여러 교과들의 내용이 연결될 수 있다는 것을 이해하게 되었어요.
> 홍교사: 조화라는 공통된 개념을 중심으로 '우리 동네의 환경을 살리자' 통합 단원을 운영하는 것이 쉬운 것은 아니었어요. 동네의 생태 체험장에서 생태 활동을 진행했는데 선생님들과 협력이 잘되지 않아서 활동을 제대로 못 했어요. 그리고 계획된 것보다 수업 시간이 오래 걸리기도 했어요.

[2014 중등] 학생들이 수업에서 소극적으로 행동하는 문제를 잠재적 교육과정 관점에서의 진단하시오.

> 박 교사: 네, 맞아요. 어떤 학급에서는 제가 열심히 수업을 해도, 또 학생들에게 질문을 던져도 몇몇은 그냥 고개를 숙인 채 조용히 있습니다. 심지어 어떤 학생은 수업시간에 아예 침묵으로 일관하기도 하고, 저와 눈도 마주치지 않으려고 해요. 또한 가정환경이 좋지 않은 몇몇 학생은 다양한 문화적 경험을 가질 기회가 상대적으로 부족해서 그런지 수업에 관심도 적고 적극적으로 참여하지도 않는 것 같아요.

[2019 중등] 잭슨(P.Jackson)의 잠재적 교육과정의 개념을 쓰고 그 개념에 근거하여 김 교사가 말하는 '생각하지 못했던 결과'의 예 제시하시오.

> 모둠활동에 적극적으로 참여하지 못한 학생들이 몇 명 있었지. 이 학생들은 제대로 된 학습경험을 갖지 못한것이 아닐까? 자신의 학습경험에 대하여 어떻게 느꼈을까? 어쨌든 모둠활동에 관해서는 좀 더 깊이 고민해 봐야겠어. 생각하지 못했던 결과가 이 학생들에게 나타날 수도 있고 ….

[2024 중등] 교사 A의 궁금한 점을 설명할 수 있는 교육과정 유형에 근거하여 학습 목표 설정, 교육 내용 구성, 학생 평가 계획 시 교사가 고려해야 할 점 각 1가지

> 교사 A : 제가 교육실습을 나갔던 학교는 학생의 신체 활동을 장려하기 위해 '1인 1운동 맞춤형 동아리'를 운영했어요. 그랬더니 의도치 않게 몇몇 학생은 교우 관계가 좋아져서 봉사활동까지 같이 하는 반면, 일부 학생은 너무 친해져서 자기들끼리만 어울리는 문제가 생겼거요. 이렇게 의도치 않게 생긴 현상은 교육과정 측면에서 어떻게 설명할 수 있을지 궁금했습니다.

[2018 초등] 강 교사의 말에 함의된 교육과정의 유형을 쓰고, 이 교육과정 유형의 관점에 비추어 볼 때 범교과 학습 주제의 지도를 위한 학교 교육과정 '편성'과 '운영' 시 유의해야 할 점을 각각 1가지씩 논하시오.

> 강 교사: 중요한 주제라고 해서 모두 그렇게 할 수는 없죠. 그래서 학교 교육과정을 편성하고 운영하는 일이 더 어려운 것 같아요. 여러 주제 중 일부만 학교 교육과정에 포함되고, 어떤 주제는 포함되었다 하더라도 실제로는 지도가 이루어지지 않는 경우도 있잖아요?

[2020 중등] B 교사가 말한 '영 교육과정'이 교육내용 선정에 주는 시사점 1가지를 제시하시오.

> - 교육과정 분야에서는 교육내용의 선정과 조직방식에 대한 교사의 전문성이 강화될 필요가 있음
> - 교육내용 선정과 관련해서는 '영 교육과정'에 관심을 가지는 것이 도움이 됨
> - 교육내용 조직과 관련해서는 생활에 필요한 문제를 토의의 중심부에 놓고 여러 교과를 주변부에 결합하는 방식을 활용할 필요가 있음

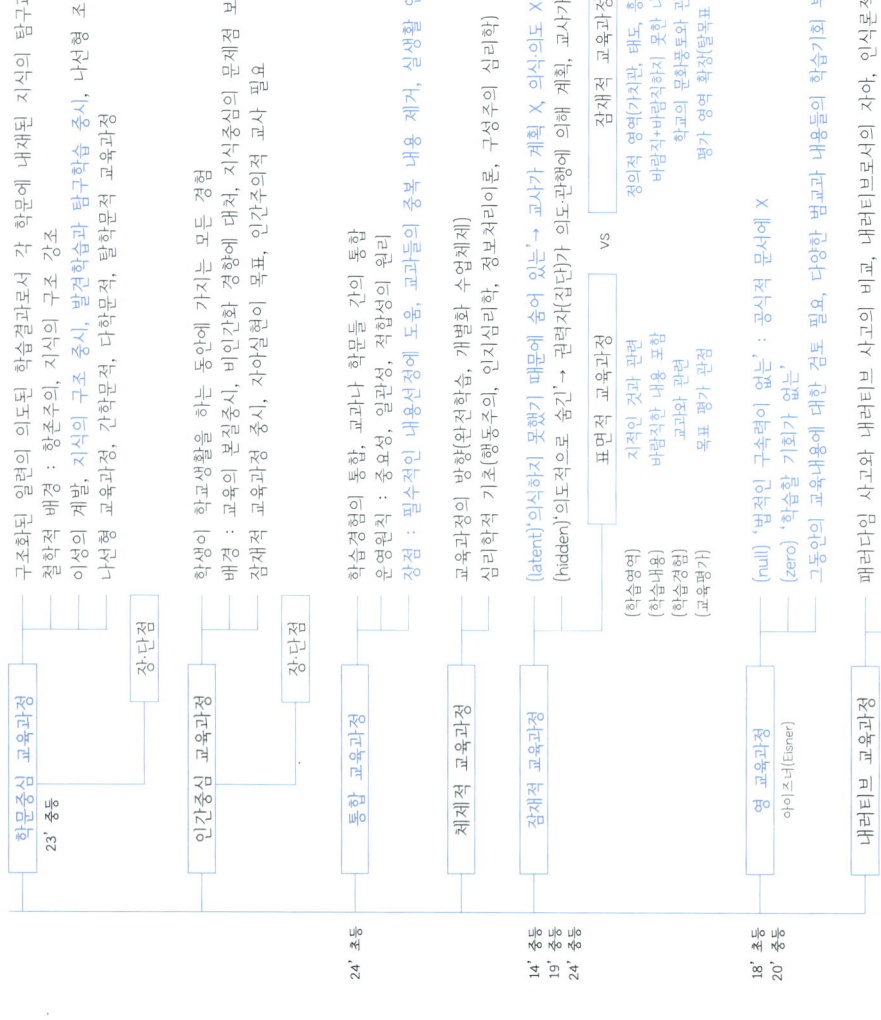

학습내용 인출하기

[2018 중등] 박 교사가 제안하는 워커(D.F.Walker)의 교육과정 개발모형의 명칭, 이 모형을 교육과정 개발에 적용하는 이유 3가지를 논하시오.

박 교사: 교육과정을 개발하는 과정에서 학생의 개인별 특성을 중시하는 이전과 교과를 중시하는 이전 간에 차이가 있습니다. 이를 조율하기 위해서는 시간이 걸리겠지만 적절한 논쟁을 거쳐 합의에 이르는 심사숙고의 과정이 필요합니다.

[2021 초등] 학교 수준의 교육과정을 개발할 때 고려해야 하는 점을 인적 자원 측면에서 4가지와 물적 자원 측면에서 2가지를 논하시오.

박 교사: 특색 있는 교육과정을 개발하는 일이 생각처럼 쉬운 것은 아니에요. 교육과정을 개발하려면 우선 우리 학교의 구성원인 교사, 학생, 학부모의 요구를 분석해야 하고, 교장 선생님의 교육 운영 방침도 고려해야죠. 그리고 학교의 시설·설비도 점검해봐야죠. 이러한 자원을 충분히 고려하여 교육과정을 개발·운영하는 것이 좋을 것 같아요. 그러면 우리 학교의 교육과정을 만들기 위해서는 무엇에 가장 역점을 두어야 할까요?

[2016 중등] A중학교가 내년에 중점을 두고자 하는 교육과정 설계 방식의 특징을 3가지 설명하시오.

... (중략)... 교육과정 설계 방식 측면에서, 종전의 평가 방식보다는 수업 계획 중심으로 설계되어 있어 서 교사가 교과서의 학습 목표에 비추어 학생들이 배우는 내용을 올바르게 이해했는지를 확인하는 데 한계 가 있었습니다. 이에 제가는 교사는 학생의 진보를 나가기에 급급한 나머지, 학생들의 학습 정도를 예방하지 못했습니다. 내년에는 학생들이 학습 목표 달성 정도를 확인하는 데 유용한 교육과정 설계를 하고자 합니다.

[2021 중등] 교육과정 운영 관점을 스나이더 외(J. Snyder, F. Bolin, & K. Zumwalt)의 분류에 따라 설명을 할 때, 김 교사가 언급한 자신의 기존 관점의 장단점 단점 각각 1가지, 새롭게 관심을 가지게 된 관점에 적합한 교육과정 운영 방안 2가지를 논하시오.

... (중략)... 그동안의 교육과정 운영을 되돌아보니 운영에 대한 나의 관점이 국가 교육과정의 내용을 있는 그대로 실행하는 관점으로 교육과정을 운영하는 것 같아요. 교직 생활 초기 에는 국가 교육과정에 맞춰 수업을 가장 잘 구현하고 있다고 생각해서 교과서의 내용을 중심으로 꼼꼼 하게 다루고 있습니다. 그런데 최근 우리 학교 주변에 있는 숲이 보호 야로에 대해 전반에 대응하는 국어과의 토의·토론, 사 회과의 민주적 의사결정, 과학과의 생태계 등의 내용을 통합하여 학교에서 새로운 프로그램을 개발하여 운영하는 것이 필요하다고 생각합니다. 학생들이 실험을 가지는 주제를 중심으로 직 접 개발하여 운영하는 것이 필요하다고 생각합니다. 학생들이 일상생활에서 벗어나 새로운 주제를 중심으로 석 과 학생들이 함께 만들어 봐야 겠습니다.

[2022 초등] 김 교사, 박 교사, 최 교사의 교육과정 실행에 대한 각각의 관점을 논하고, 각 관점에서 실행해야 할 교사의 역할을 논하시오.

김 교사: 요즘 교육부에서 지역과 학교의 교육과정 자율성을 강화하는 정책이 추진되고 있다고 합니다. 그러나 저는 교과서가 국가 교육과정을 가장 잘 구현하고 있다고 생각해서 교과서의 내용을 중심으로 하 게 다루고 있습니다.

박 교사: 저가 수년 수업의 교육 중점 활동을 중심 교육입니다. 최근 우리 학교 주변에 있는 숲이 보호 야 로에 대한 전반에 대응하는 국어과의 토의·토론, 사 회과의 민주적 의사결정, 과학과의 생태계 등의 내용을 통합하여 학교에서 새로운 프로그램을 개발 운영하고 합니다.

최 교사: 저는 국가나 지역 수준에서 개발된 교육과정을 적용하는 것이 필요하다고 생각합니다. 학생들이 신청하는 것을 개발하여 운영하는 것이 필요하다고 생각합니다. 학생들이 흥미를 가지는 주제를 중심으로 직 과 학생들이 함께 만들어 봅니다.

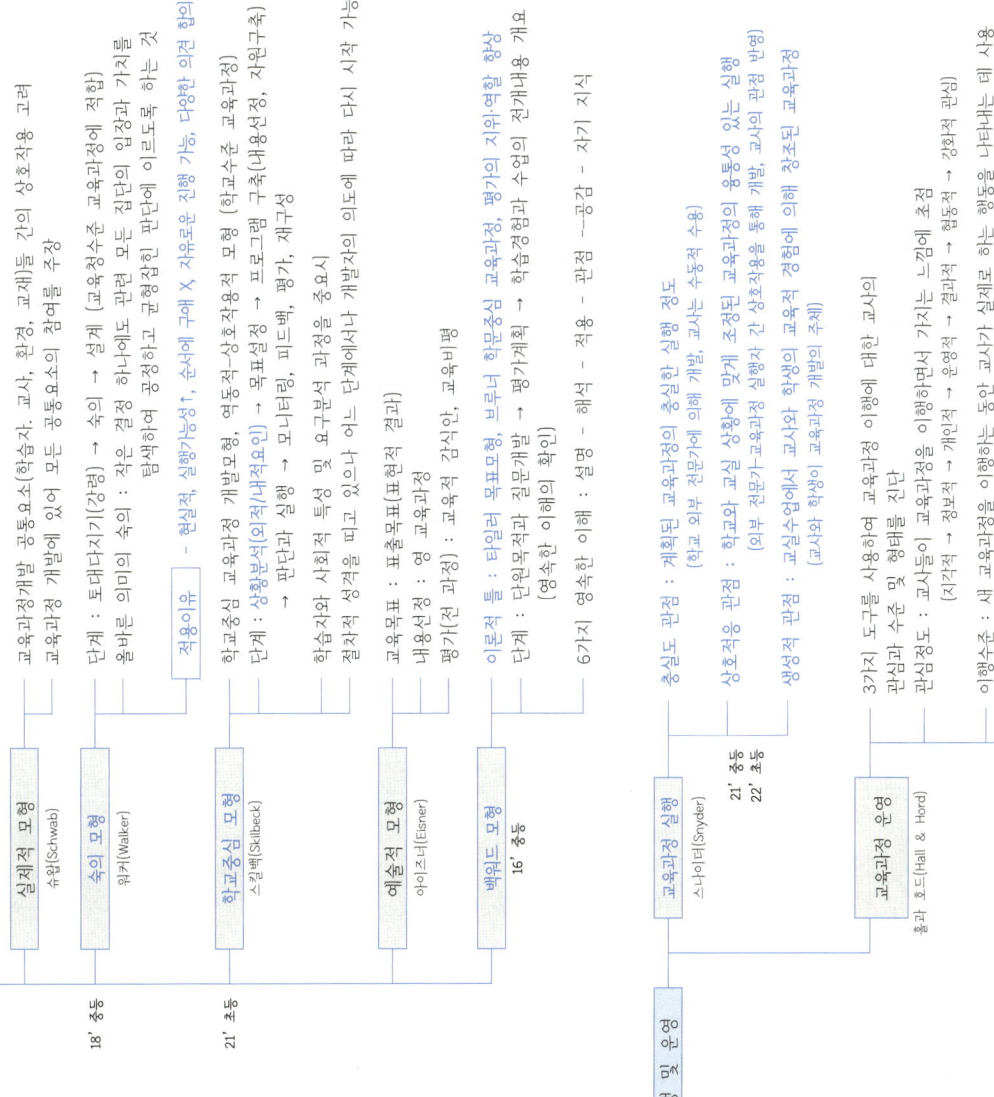

교육학 논술 KTX (X-file ver.)

학습내용 인출하기

[2019 초등] 교사가 전임교사에게 인터뷰한 다음의 내용에 근거하여, 2015 개정 교육과정 총론에 제시된 '추구하는 인간상' 구현을 위해 강조하는 교육의 특성과 관련자이 1가지씩 논하시오.

김 교사: 네, 그래왔어요. 전임으는 발표 시간에 자기 생각과 감정을 제대로 표현하지 못해요. 남의 이야기 경청하지 못하고, 남의 의견을 존중하지 않아요. 또 한 가지는 전임이가 자신감도 떨어지고, 선생님과 친구들에게 자기 이존적이고 자기가 주도적으로 하지 않아요.

[2022 초등] 임 교사의 3가지 제안에 따라 김 교사, 박 교사, 최 교사가 각각 구할 수 있는 교육과정 편성·운영 방안을 쓰고, 각 방안별 기대 효과를 논하시오.

임 교사: 요즘 교육부에서 지역과 학교의 교육과정 자율성을 강화하는 정책이 논의되고 있다고 합니다. 그러나 저는 교과서가 국가 교육과정을 가장 잘 구현하고 있다고 생각해서 교과서의 내용을 중심으로 하게 다루고 있습니다. 사실 진도를 나가면서 고민이 하나 있는데 고학년 학생임에도 불구하고 아직 자연수의 사칙연산이 서툰 학생들이 있습니다. 이 학생들을 위한 지원 마련되었으면 좋겠습니다.

김 교사: 제가 속한 교육청에서 교육 중점 활동을 환경 중심 교육입니다. 최근 우리 학교 주변에 있는 숲이 보수에 대해 전반에 대달하는 이 생태를 중심으로 교과활동의 도와드로, 사회과의 민주적 의사결정, 과학과의 생태계의 내용을 통합적으로 재구성에서 실행하려고 합니다. 프로젝트 수업으로 계획했는데 시간을 어떻게 확보해야 할지 모르겠습니다.

박 교사: 저는 국가나 지역 수준에서 개발된 교육과정을 적용하는 것에서 벗어나 학교에서 새로운 프로그램 개발에 운영하는 것이 필요하다고 생각합니다. 학생들의 관심을 가지는 주제를 중심으로 저와 학생들이 함께 만들어 보려고 합니다. 저는 소규모 학교이어서 학생들이 마을과 연계해서 학교 발전 방안을 탐구하고자 하는데 제안에 먼저 제안되었습니다. 그래서 학생들과 함께 개발한 서 운영하려고 하는데 어떻게 하면 효과적일지 고민됩니다.

최 교사: 세 분 선생님의 어려움은 교육과정을 자율적으로 편성·운영하면 어느 정도 해결할 수 있습니다. 학교에서는 기초 학습 능력의 부족으로 학습 결손이 누적되지 않도록 추가적인 지원을 할 수 있습니다. 시간이 필요한 경우 특정 범위 내에서 시수를 조정할 수 있고, 창의적 체험활동도 활용할 수 있습니다.

[2024 초등] 박 교사가 제시한 학생 평가 결과를 참고하여, 2022 개정 교육과정 총론에 제시된 학생 평가 결과의 활용 방안은 교과와 학생의 삶의 관점에서 각각 1가지씩 논하시오.

박 교사: 통합 단원에 대한 학생 평가 결과, '환경'의 중요성을 알고 관심을 갖는 것이 조화로운 삶과 관계가 있다는 점을 이해한 것으로 나타났습니다. 하지만 실천 측면에서 쓰레기, 일회용품을 줄이기 등과 같은 행동 실천과 관련이 있다는 점을 이해하는 데 어려워하는 것으로 나타났습니다. 이러한 학생 평가 결과는 통합 단원을 설계 및 운영하는 교사들에게뿐만 아니라 학습의 개선과 성장을 필요로 하는 학생들에게도 적절하게 활용되어야 합니다.

● 2022 개정 교육과정

교육과정 개정 방향		· 포용성과 창의성을 갖춘 주도적인 사람 · 모든 학생이 언어수리디지털소양에 대한 기초 소양 함양	
공통사항	총론	총론 6개 핵심역량 개선	· 학습량 적정화, 교수학습 및 평가 방향 개선을 통한 역량 함양 교육 · 교육과정과 수능대입제도 연계, 교원 연수 등 교육 전반 개선
	핵심역량 반영	· 의사소통역량 → 협력적 소통역량 · 교과 역량은 목표로 구체화되지 않고 역량 함양을 위한 내용 체계 개선, 핵심 아이디어 중심으로 작성함 ※ (개선) 지식·이해, 과정·기능, 가치·태도	안전교육 강화	· 체험·실습형 안전교육으로 개선 - (초 1~2) 통합교과 주제와 연계(64시간) - (초 3~고3) 다중밀집도 안전을 포함하여 체육·실습형 교육 요소 강화
	역량함양 강화	· 디지털 기초소양, 자기주도성, 지속가능성, 포용성과 시민성, 창의성 혁신 등 미래사회 요구 역량 지향	범교과 학습주제 개선	· 10개 범교과 학습주제 유지 - 교육과정 영향 사전협의하도록 초·중등교육법 개정
	소프트웨어 교육 강화	· 모든 교과교육을 통한 디지털 기초소양 함양 (초) 실과 + 학교 자율시간 등을 활용하여 34시간 이상 편성 (중) 정보과 + 학교 자율시간 등을 활용하여 68시간 이상 편성 (고) 교과 신설, 다양한 선택과목 신설(데이터과학, 소프트웨어와 생활 등)	창의적 체험활동	· 창의적 체험활동 영역 개선(3개) - 자율·자치활동, 동아리활동, 진로활동 ※ 봉사활동은 동아리 활동 영역에 편성되어 있으며, 모든 활동과 연계 가능
학교급	공통과목 신설 및 이수단위	· 공통과목 및 선택과목으로 구성 · 선택과목은 일반선택과, 융합선택과로 구분 - 다양한 진로선택과 융합선택과목재구조화를 통한 맞춤 교육		
	특목고 과목	· 전문교과 보통교과 통합(학생 선택권 확대), 진로선택과 수업일 실시		
	편성운영 기준	· 필수이수학점 84학점, 자율이수학점 90학점, 총 192학점 · 선택과목의 기본학점 4학점(학점 내 증감 가능)		
	특성화고	· 국가직무능력표준 기반 교육과정 분류체계 유지		
	초등학교	· 자유학기제 영역, 시수 적정화 ※ (시수) 170시간 → 102시간 ※ (영역) 4개 → 2개(주제선택, 진로탐색) · 학교스포츠클럽활동 시수적정화 ※ (시수)136시간 → 102시간	초등학교	· 입학초기 적응활동 개선 - 창의적 체험활동 중심으로 실시 · 국어 34시간 증배(기초문해력강화, 한글해독 강화) · 누리과정의 연계 강화(즐거운생활 내 신체활동)
	중학교	· 총론 교과교육과정 유기적 연계 강화		
교과교육과정 개정 방향		· 핵심아이디어 중심으로 학습량 적정화 · 교과역량중심, 교과의 목표로 구체화 - 학생참여중심, 학습자의 자기주도성을 중심으로 교수학습방법 개선(비판적 질문, 글쓰기)		
지원체제	교과서	· 실생활 맥락에서 학습자가 지식·정보를 깊이 있게 탐구할 수 있도록 평가, 개별 맞춤형 소통협력을 이끄는 교과서 개발		
	대입제도 및 교원	· 교육과정에 부합하는 미래형 대입제도 도입 검토 - '24년까지 '28학년도 대입제도 개편안 확정·발표		· 교원양성기관 질 제고, 연수 확대

▲ 2022 개정 교육과정이 추구하는 자아정체성은 다음과 같다.

① 전인적 성장을 바탕으로 자아정체성을 확립하고 자신의 진로와 삶을 스스로 개척하는 자기주도적인 사람
② 폭넓은 기초 능력을 바탕으로 진취적 발상과 도전을 통해 새로운 가치를 창출하는 창의적인 사람
③ 문화적 소양과 다원적 가치에 대한 이해를 바탕으로 인류 문화를 향유하고 발전시키는 교양 있는 사람
④ 공동체 의식을 바탕으로 다양성을 이해하고 서로 존중하며 세계와 소통하는 민주시민으로서 배려와 나눔, 협력을 실천하는 더불어 사는 사람

▲ 2022 개정 교육과정이 추구하는 인간상을 구현하기 위해 중점적으로 기르고자 하는 핵심역량은 다음과 같다. [19' 초등]

① 자아정체성과 자신감을 가지고 자신의 삶과 진로에 필요한 기초 능력과 자질을 갖추어 자기주도적으로 살아갈 수 있는 자기관리 역량
② 문제를 합리적으로 해결하기 위하여 다양한 영역의 지식과 정보를 깊이 있게 이해하고 비판적으로 탐구하며 활용할 수 있는 지식정보처리 역량
③ 폭넓은 기초 지식을 바탕으로 다양한 전문 분야의 지식, 기술, 경험을 융합적으로 활용하여 새로운 것을 창출하는 창의적 사고 역량
④ 인간에 대한 공감적 이해와 문화적 감수성을 바탕으로 삶의 의미와 가치를 성찰하고 향유하는 심미적 감성 역량
⑤ 다른 사람의 관점을 존중하고 경청하는 가운데 자신의 생각과 감정을 효과적으로 표현하며 상호협력적인 관계에서 공동의 목적을 구현하는 협력적 소통 역량
⑥ 지역·국가·세계 공동체의 구성원에게 요구되는 개방적·포용적 가치와 태도로 지속 가능한 인류 공동체 발전에 적극적이고 책임감 있게 참여하는 공동체 역량

● 2022 개정 교육과정 총론의 주요 개정내용: 배움의 즐거움을 일깨우는 미래교육으로의 전환

1) 자기주도성(주도성, 책임감, 적극적 태도) + 창의와 혁신(문제해결, 융합적 사고, 도전) + 포용성과 시민성(배려, 소통, 협력, 공감, 공동체의식)을 비전으로 제시하였고, '자기주도적으로 구현하는 미래 사회가 요구하는 해심역량을 갖춘 포용성과 창의성을 갖춘 주도적인 사람으로 성장'을 비전으로 제시하였다. 이를 구체적으로 구현하고자 '자기주도적인 사람'을 '주도성을 갖춘 자기주도적인 사람'으로 개선하고, 우리 교육이 지향해야 할 가치와 교과교육 방향 및 성격을 미래 사회가 요구하는 역량을 '협력적 소통 역량'을 강조하여 제시하였다.

2) 주요 개정 방향

① 미래 사회에 대응할 수 있는 능력과 자신의 학습과 삶에 대한 주도성을 강화한다.
 ∘ 이를 위해 여러 교과를 학습하는 데 기반이 되는 언어, 수리, 디지털 소양 등을 기초소양으로 하여 교육 전반에서 강조하고,
 ∘ 디지털 문해력(리터러시) 및 논리력, 절차적 문제해결력 등 함양을 위해 교과 특성에 맞게 디지털 기초소양 반영 및 선택 과목을 신설하였다.
② 학생들의 개개인의 인격적 성장을 지원하고 구성원 모두의 행복을 위해 공동체 의식을 강화한다.
 ∘ 기후·생태환경 변화 등에 대한 대응 능력 및 지속가능성 등 공동체적 가치를 함양하는 교육을 강조하고,
 ∘ 다양한 특성을 가진 학생이 차별받지 않도록 지역·학교 간 교육 격차를 완화할 수 있는 체제를 마련한다.
③ 학생들이 자신의 진로와 학습을 주도적으로 설계하고, 적절한 시기에 학습할 수 있도록 학습자 맞춤형 교육과정을 도입한다.
 ∘ 지역 연계 및 학생의 필요를 고려한 선택 과목을 개발·운영할 수 있도록 하고,
 ∘ 학교급 간 교과 교육과정 연계, 진로 설계 및 탐색 기회 제공, 학교생활 적응을 지원하는 진로연계교육의 운영 근거를 마련하였다.
④ 학생이 주도성을 기초로 역량을 기를 수 있는 교과 교육과정을 마련한다.
 ∘ 교과별로 꼭 배워야 할 해심 아이디어 중심으로 학습량을 적정화하고,
 ∘ 학생들이 경험해야 할 사고, 탐구, 문제해결 등의 과정을 중요하여 교수·학습 및 평가 방법을 개선하였다.

학습내용 인출하기

[2021 초등] 1) 학교 수준에서 교육과정을 편성·운영할 때 교사에게 요구되는 근거 2가지와 이때 교사에게 요구되는 역할 2가지를 논하시오. 2) 최 교사가 분석한 학습부진의 원인을 논하고, 이를 해결하기 위한 방안을 학습 동기 측면과 교수·학습 측면에서 각각 2가지씩 논하시오.

김 교사: 학교 자체평가 결과를 바탕으로 내년도 우리 학교의 교육과정 개선 방향을 이야기해 보죠. 아시다시피 학교 교육과정을 편성·운영할 때 국가 수준의 기본 방향과 함께 지역사회와 우리 학교의 특성을 반영할 수 있어요. 학교가 교육과정을 자율적으로 편성하고 그래서 지는 여러 선생님과 함께 우리 학교만의 철학이 반영된 비전을 보다 잘 특색 있고 창의적인 교육과정을 만들고 싶어요.

 (중략) ... 우리 학교에서 가장 필요한 교육과정을 만들기 위해서는 무엇에 역점을 두어야 할까요?

박 교사: 학교 자체평가 결과를 분석해 보니 우리 학교에 수업적으로 필요한 것은 학생들의 학습동기 유발이에요. 필요한 내용을 쉽고 재미있게 가르친다고 해도 학생들이 어떤 이유에서 든 공부할 준비 되어 있지 않고 공부하는 것을 좋아하지 않으면 안 돼요. 시간이 지나 자만 해도 교과서에 제시된 모든 것을 가르치라도 수도 없잖아요.

최 교사: 학교 자체평가 결과를 분석해 보니 수업 내용을 제대로 이해하지 못하고 계속 뒤처지는 학생들이 이렇게는 활동에 소극적인 모습을 보여요. 학생들의 학습 방법을 함께 고민해 보면 좋을 듯 해요. 그래서 이러한 문제를 해결하기 위한 방법을 함께 고민해 보면 좋을 듯 해요.

[2017 초등] 대화에 근거하여 2015 개정 교육과정에서 강조하는 교수·학습의 중점 사항 3가지를 제시하시오.(단, 협동학습 제외).

김 교사: 이번 2015 개정 교육과정에서는 특별히 교수·학습의 질 개선을 강조하는군요.
박 교사: 네, 그렇게 느꼈어요. 교과의 해심 개념 중심으로 학습 내용을 구조화하는 데 교육과정 구성의 중점을 둔 것도 같은 그 때문이다 싶네요.
김 교사: 맞아요. 진도를 나가야 한다는 부담감에 단편적 지식을 기계적으로 암기하는 것에 치중하거나, 학생의 수준을 고려하지 않은 채 교과서 내용을 단원 순서에 따라 가르치는 것을 지양하는 것 같아요.
박 교사: 네, 교과 올라다리 전반 수업 관례도 개선해야 하고요.
김 교사: 이런 측면에서 협동학습의 중요성도 강조된 것 같으니다. 김 선생님 반에서는 예전부터 협동학습 자주 하시죠?
박 교사: 네, 자주 주로 과제분담학습(Jigsaw, 직소) 모형을 활용했어요. 처음에는 이른바 '직소 I' 모형을 활용했는데, 개별 보상이 하다 보니까 협동학습이 취지가 이해지더라고요. 그래서 모둠성취분담(STAD) 모형의 보상 방식을 적용해 보았더니 협동학습이 훨씬 잘 이루어졌어요.
김 교사: 오, 그러셨군요. 저도 그렇게 해 보아야겠네요.

09 교육평가

교육 논술 KTX (X-file ver.)

● 교육평가의 관점

학습내용 인출하기

[2022 중등] 송 교사가 중평의 관점에서 학생을 진단할 수 있는 실행 방안 2가지 제시하시오.

김 교사: 그럼요. 제가 교육과정 재구성한 것을 보내 드릴 테니 보시고 다음에 교육활동에 대한 이해가 중요하잖아요. 하기 전에 어떤 방식으로 하려고 하시나요?
송 교사: 이번 학기에는 선생님께서 말씀하신 중평(assessment)의 관점에서 진단을 해 보려 합니다.
김 교사: 좋은 생각입니다. 그리고 우리 학교에서는 평가 결과로 학생들 간 비교를 하지 않고 하기 말 평가에서는 다양한 기준을 활용해 평가 결과를 해석해 보실 것을 제안합니다.

...(중략)...

평가관

22' 중등
- **선발적 교육관** — 인간의 능력은 타고나는 것, 소수의 우수자 변별(상대평가)
- **발달적 교육관** — 적절한 교수학습방법만 제공한다면 누구나 교육목표 도달 가능, 수업목표 달성도의 판단(절대평가)
- **인본주의적 교육관** — 학습자의 자율적 성장 잠재가 이루어지면 교육목표 도달 가능, 자아실현 가능성 개발, 전인적 특성 평가(질적평가/평가무용론)

교육평가모형

목표달성도 파악
- **목표성취모형 (Tyler)**
  - 미리 설정한 목표를 평가의 기준으로 삼고, 목표의 실현정도 판단
  - 장점: 교육목표-내용-평가 간의 논리적 일관성 유지, 교육 활동의 책무성 명백한 평가기준에 근거한 평가, 평가를 통한 목표의 실현정도 파악
  - 한계: 행동용어로 진술하기 어려운 교육목표에 대한 평가 곤란, 목표 외의 부수적 결과에 대한 평가 불가, 지나친 결과중심 평가

- **3차원 입방체 모형 (Hammond)**
  - 목표 달성도를 알아보기 위해 행동적-수업-교수적 차원을 고려
  - ① 행동적 차원(행동): 인지적, 정의적, 심동적 영역
  - ② 제도적 차원(기관): 학생, 교사, 관리자, 교육전문가, 학부모, 지역사회
  - ③ 교수적 차원(수업): 조직, 내용, 방법, 시설, 시간, 비용

의사결정과정
- **경영적 접근**
  - 평가는 '전 과정'에 걸쳐 이루어짐
  - 평가는 의사결정자에게 유용한 정보를 기술-수집하고 잘 정리된 상태로 의사결정하는 사람에게 제공하려는 것 (=의사결정적 평가)

- **스터플빔(Stufflebeam)**

  CIPP모형
  - C: 계획단계 → 상황평가: 경영목표를 확인하거나 선정
    → 구체적 상황이나 환경적 여건을 파악
  - I: 구조화단계 → 투입평가: 목표달성에 적합한 절차나 전략을 설계
    → 구조화된 절차에 따르고 있는지 앞으로 투입될 신중을 판단
  - P: 실행단계 → 과정평가: 결정된 절차나 전략을 행동으로 옮기는 단계
    → 과정평가: 실행과정에서 교정해야할 점 등을 파악
  - P: 결과 단계 → 산출평가: 결과의 가치판단에 도움이 되는 정보 수집
    → 목표 달성 정도를 파악하고 의견을 제시하는 단계

목표중심평가와 경영중심평가 비교

측정관 → 신발, 분류, 예언, 실험
평가관 → 교육목표 달성증거
총평관 → 예언, 실험, 분류
(자기보고법, 관찰, 면접 등)

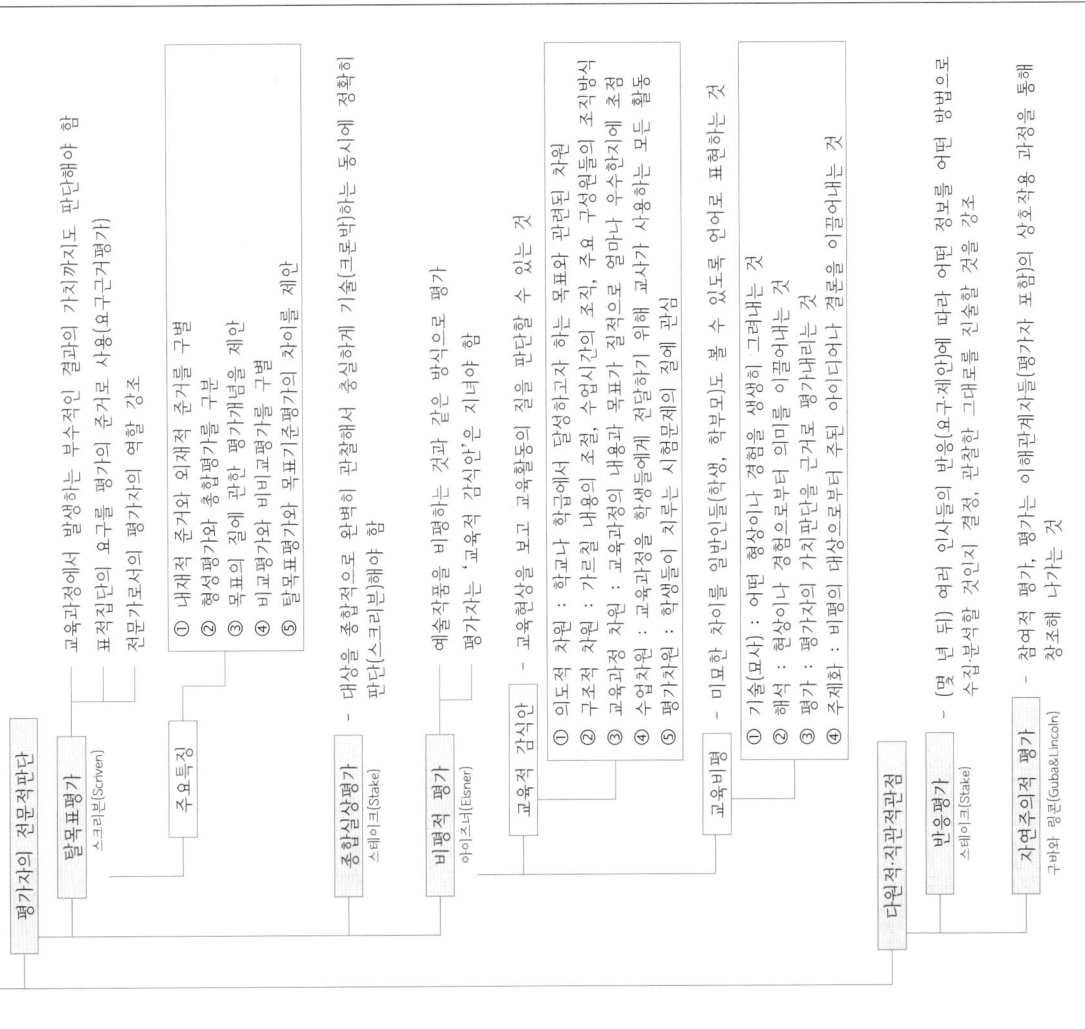

교육학 논술 KTX (X-file ver.)

학습내용 인출하기

[2015 중등 추시] 준거지향평가의 개념을 설명하고, 장점 2가지만 제시하시오.

[2018 중등] 박 교사가 제안하는 평가유형의 명칭과 이 유형에서 개인차에 대한 교육적 해석 1가지, 김 교사가 제안하는 2가지 평가유형의 개념을 서술하시오.

박 교사: 동의합니다. 그러기 위해서는 평가결과를 해석하고 판단하는 기준도 달라질 필요가 있습니다. 예컨대 학생의 상대적 위치가 아니 어느 정도인지를 판단하기보다는 미리 설정한 학습목표에 도달했는지 여부를 중시하는 평가유형이 적절해 보입니다.

김 교사: 네, 그렇게 생각합니다. 그리고 덧붙인다면 그 유형 외에 능력참조평가와 성장참조평가도 제안할 수 있겠네요.

[2022 중등] 송 교사가 활용할 수 있는 평가 결과의 해석 기준 2가지를 각각 그 이유와 함께 제시하시오.

김 교사: 교육 활동에서는 학생에 대한 이해가 중요하죠. 하기 중에 어떤 방식으로 하려고 하시나요?
송 교사: 이번 학기에는 선생님께서 특강에서 말씀하신 총합(assessment)의 관점에서 진단을 해 보려 합니다.
김 교사: 좋은 생각입니다. 그리고 우리 학교에서는 평가 결과로 학생 간 비교를 하지 않으니 답 평가에서는 다양한 기준으로 평가 결과를 활용해 보실 것을 제안합니다.

[2024 중등] 전문가 E가 학습자 맞춤형 교육을 위해 제시한 평가 유형의 적용과 결과 해석 시 유의점 2가지를 논하시오.

전문가 E: 네. 예를 들어, 수업에 앞서 학생들의 능력적응검사, 검사 방법으로는 컴퓨터 능력적응검사(Computer Adaptive Testing: CAT)를 고려해 볼 수 있습니다. ...(중략)... 교육 환경의 변화에 따라 학습자 맞춤형 교육이 강조되는 추세이므로 오늘 소개한 평가 유형과 방법에 관심을 가지시면 좋을 것 같습니다.

[2014 중등] 다음 대화 내용을 바탕으로 수업에 소극적인 학생들의 학습 동기를 유발하기 위한 방안을 형성평가 활용 측면에서 2가지 논하시오.

박 교사: 선생님, 요즘 자는 수업뿐만 아니라 평가에서도 고민거리가 있어요. 저는 하기 중에 수시로 학업성취 결과를 점수로 학생들에게 알려 주고 있는데요. 이렇게 했을 때 성적이 좋은 몇몇 학생들을 제외하고는 평가 결과를 선생님처럼 그렇게 제대로 수 있겠죠. 하지만 학습 동기를 유발하기 위해서는 평가를 어떻게 활용하는가도 중요해요.

최 교사: 금세요, 평가 결과를 선생님처럼 그렇게 제대로 수 있겠죠. 하지만 학습 동기를 유발하기 위해서는 평가를 어떻게 활용하는가도 중요해요.

[2016 중등] 김 교사가 실시하려는 평가 유형의 기능과 효과적인 시행 전략을 각각 2가지씩 논하시오.

- 평가 시점에 따라 적절한 평가 방법을 마련할 것
- 진단평가 이후 교수·학습이 진행되는 중간에 실시할 것
- 총괄평가 실시 전 학생의 학습 진전 상황에 관한 정보를 수집·분석할 것

교육평가의 유형

교육평가유형

평가기준에 따라 (15' 중등, 18' 중등, 22' 중등, 24' 중등)

- **규준참조평가**: 평균점을 기준으로 학생들의 성취도가 어느 위치에 있는가(상대평가)
- **준거참조평가**: 학생들이 성취해야 할 교육목표에 도달여부와 도달한 정도를 확인(절대평가)
- **능력참조평가**: 학생의 능력에 비추어 얼마나 '최선을' 다했느냐에 초점을 두는 평가
  → 개인에게 고유한 기준을 적용(개별적 평가), 능력에 대한 정확한 정보 필요
- **성장참조평가**: 교육과정을 통하여 '얼마나' 성장하였느냐에 관심을 두는 평가

평가기능에 따라

- **진단평가**
  - 목적: 학습 전에 학습자의 특성을 파악하기 위한 투입
  - 시기: 학습의 출발점, 적절한 수준전략 투입
  - 기능: 주로 수업시작 전, 계속적인 학습결함을 보일 때 수업 중 실시 가능
  - 특징: 학습결함 보충, 개별적 수업 대비, 정치(수업 전), 학습곤란의 외적요인 진단(수업 중)

- **형성평가**
  - 수업 중 학습자에게 송환효과를 주고 교수-학습 개선을 위해 실시하는 평가
  - 특징: 학습정보 피드백, 교정, 교사자극검사, 목표지향 검사
  - 기능: 학습보조의 개별화, 피드백, 학습곤란의 진단, 학습동기의 촉진, 교수전략에의 활용

수업 진행 중의 진단평가 vs 형성평가
- 진단평가: 학습결손이 '수업 외적인' 을 교정하기 위해
- 형성평가: 수업과 관련된 교사자신에 의한 '수업내적 행동'을 보충심화

- **총괄평가**
  - 학습이 끝난 후, 수업목표 달성 여부를 총합적으로 판단하기 위한 평가
  - 특징: 평가전문가에 의해서 제작된 검사도구가 활용
  - 기능: 학업성적의 판정, 장래학업의 예측, 집단 간 성적 비교, 교수방법에 활용

수행평가 (21' 중등)

- 학습의 결과뿐만 아니라 학습의 과정도 중시하는 평가, '두뇌력'을 통한 실제적인 평가 → '두뇌력'을 중심으로 평가, 자기주도 평가
- 국가에서 제공하는 교과목별 '성취기준', '성취수준'을 바탕으로 학업 성취도를 평가
- 성취기준: 내용·행동, 각 교과목에서 학습을 통해 성취해야 할 지식, 기능, 태도의 진술
- 성취수준: 교과별 성취기준에 도달한 정도를 몇 개의 수준으로 구분하고 각 수준에 속한 학생들이 무엇을 할 수 있는지를 나타냄

메타평가 (Scriven)

- 평가에 대한 평가, 평가의 유용성, 실용성, 윤리기술적 적합성에 대한 정보를 수집, 제공, 활용하는 과정(형성적 메타평가, 총괄적 메타평가)

정의적 능력 평가 (17' 초등)

- 중요성: 인성·전인교육에 기여, 학습의 추진력(학습에 긍정적 태도 및 흥미↑), 교육과정·교과서 개선에 필요한 정보 제조, 문제행동 치료·교정 가능
- 방법: 질문지법, 평정법, 관찰법, 의미분석법, 투사법 등

(14' 중등, 16' 중등, 23' 중등)

10 교육통계

교육학 논술 KTX (X-file ver.)

교육통계

학습내용 인출하기

[2019 중등] #3 모둠을 구성할 때 배도나 성격 같은 정의적 요소도 반영해야겠어. 진술문은 몇 개 만들어 설문으로 간단히 평가하고 신뢰도는 자체 점검해 보자. 학생들이 각 진술문에 대한 반응을 5등급으로 선택하면 그 등급 점수를 합산할 수 있게 해 주는 척도법을 써야지. 설문 문항으로 쓸 진술문을 만들 때 척도법이 유의할 점을 각 지키자. 그리고 평가를 한 번만 실시해서 신뢰도를 추정해야 할 텐데 반분검사신뢰도보다는 단점은 크나 다른 방법으로 신뢰도를 확인해 보자.

#3 모둠을 구성할 때 배도나 성격 같은 정의적 명칭과 이 방법을 적용하기 위하여 진술문을 작성할 때 유의할 점 1가지를 제시하시오.

교육통계 및 연구

- **교육통계**
  - **개념**: 교육사상 및 현상에 관한 사항을 수리적 방법을 통해 정확하게 기술·파악하는 학문
  - **척도**
    - **척도의 종류**: 명명척도, 서열척도, 동간척도, 비율척도, 절대척도
    - **척도의 구성** (19' 중등)
      - **유사동간법** 서스톤(Thurstone): 척도지 간에 동간성을 유지하도록 만든 척도 / 장·단점, 활용 시 유의점
      - **총합평정법** 리커트(Likert): 특정 대상에 관해 작성된 모든 진술문에 대해 동의하는 정도를 표시하도록 한 후, 진술문의 평정점수를 합산하여 나타내는 척도 / 장·단점, 활용 시 유의점
      - **척도분석법** 거트만(Guttman): 진술문들이 특정 대상에 대해서 긍정적인 태도를 상이한 정도로 나타낸다고 가정하며, 개별 문항들을 서열화하여 누적하는 척도 / 장·단점, 활용 시 유의점
      - **의미분석법** 오스굿(Osgood): 사람, 인물, 사건 등에 대한 개념이나 느낌의 양극이 뜻을 갖는 대비되는 형용사군으로 만들어서 의미를 측정하는 척도 / 장·단점, 활용 시 유의점

  - **기술통계** (18' 행시)
    - 수집된 자료를 쉽게 이해할 수 있도록 간결하게 요약·기술하고자 하는 목적으로 사용되는 통계적 분석방법
    - **집중경향치**: 한 분포에 들어있는 여러 수치를 종합적으로 대표하는 수치, 한 분포가 어떤 대표적인 경향으로 집중되어 있는가를 간결히 기술하는 수치
      - **최빈치(Mo)**: 한 분포에서 가장 빈도가 많은 점수
      - **중앙치(Mdn)**: 한 분포에서 수치들을 낮은 데서부터 높은 순서로 배열했을 때 중간에 위치한 수치
      - **평균치(M)**: 한 분포의 모든 점수의 합을 사례수로 나눈 것
      - M − Mdn > 0 : 정적편포, M − Mdn < 0 : 부적편포, M − Mdn = 0 : 정상분포
    - **변산도**: 집중경향치를 중심으로 '얼마나 흩어져 있는가'를 나타내며, 집단의 동질성이나 이질성을 파악하게 하고, 개인차의 정도를 알려줌
      - **범위(R)**: 한 분포에서 최고점과 최하점의 차이(R = 최고점 − 최하점 + 1)
      - **사분편차(Q)**: 한 분포의 중앙부에서 전체 사례의 50%가 차지하고 있는 점수범위의 반
      - **평균편차(AD)**: 모든 편차의 절대치를 합하여 사례수로 나눈 것(편차의 평균)
      - **표준편차(SD)**: 모든 편차를 자승하여 합하고 이를 사례수로 나누어 그 제곱근을 얻어낸 것
        $$SD = \sqrt{\frac{\Sigma(X-M)^2}{N}} \text{ (이론상)}, \quad SD = \sqrt{\frac{\Sigma(X-M)^2}{N-1}} \text{ (계산상)}$$

학습내용 인출하기

[2018 행시] 선우와 진우가 받은 지능검사 점수의 의미를 평균, 표준편차, 백분위 등의 개념을 활용하여 각각 설명하시오.

초등학교 1학년 쌍둥이 형제인 선우와 진우는 최근 웩슬러지능검사(K-WISC-IV)와 표준화 지능검사를 받았다. 지능지수(IQ)는 선우의 경우 99점, 진우의 경우 70점이었다. 선우와 진우의 부모는 자녀들의 지능 검사 점수에 대한 평균을 보고 담임교사에게 상담을 요청하였다. 선우와 진우의 부모는 담임교사에게 자신의 자녀들이 축시 특수교육 대상자는 아닌지 문의하였다.

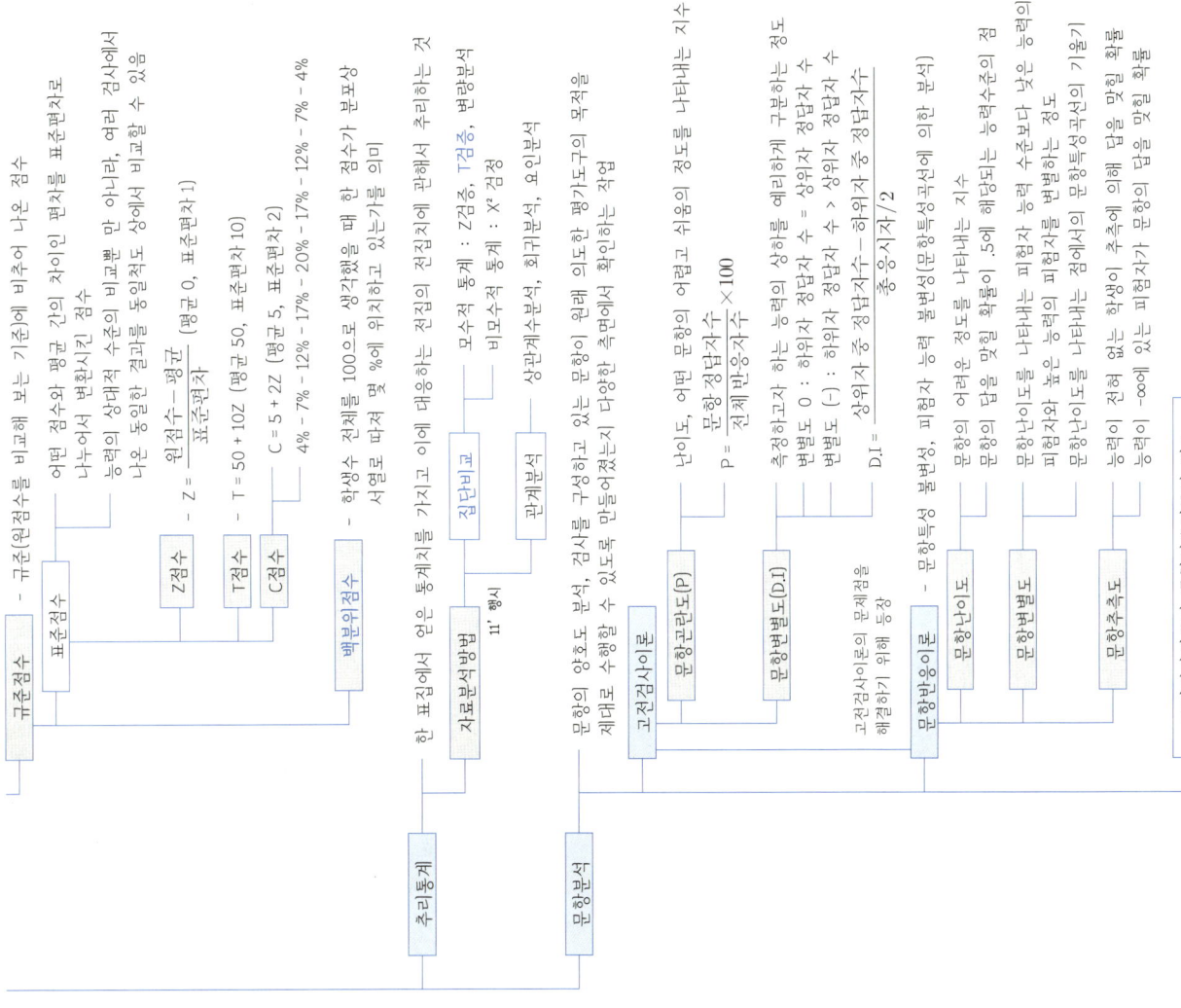

교육학 논술 KTX (X-file ver.)

학습내용 인출하기

[2011 행시] 다음 제시된 글을 읽고, 1) 내적 타당도와 외적 타당도의 의미를 설명하고, 이 연구의 내적, 외적 타당성을 확보하기 위해 각각 어떠한 점들을 고려해야 하는지 설명하시오. 2) 탐구식 수업의 효과를 검증하기 위해서 사전검사 결과를 토대로 어떤 통계적 분석방법을 사용해야 하는지 설명하시오.

어떤 교사가 중학생들을 위해 새로 개발한 탐구식 수업의 효과를 검증하기 위해 한 달 동안 100명의 중학생들에게 새로 개발한 탐구식 수업을 진행해 오던 강의식 수업을 진행했다. 다른 100명의 중학생들에게는 새로 개발한 탐구식 수업을 진행하였다. 두 유형의 수업을 시작하기 전에 전체 200명의 학생 모두에게 교과내용에 대한 지식수준을 알아보기 위해 사전검사를 실시하였고, 한 달간 수업을 진행한 뒤 학업성취도에 대한 사후검사를 실시하였다.

교육연구

교육연구

개념
- 모집단에서 선정된 표본집단을 대상으로 효과적인 자료수집방법을 채택하여 신뢰성 있고 타당성 있는 자료 수집을 하는 것

표집

확률적 표집

- **단순무선표집**: 특정한 선정기준이 없는 추첨식 표집 (추첨 기법 / 제비뽑기, 난수표 (모든 구성원이 동일한 추출확률, 표본추출의 독립성))
- **체계적 표집**: 출발점을 결정하고, 출발점에서 일정한 간격으로 표본을 추출 (k번째 1이라는 넣으의 처음 - 계통표집)
- **층화표집**: 모집단을 속성에 따라 계층을 구분, 각 계층에서 단순무선표집 (하위집단 내부는 동질적, 하위집단 간은 이질적)
- **군집표집**: 표집의 단위가 개인이나 요소가 아니라 집단으로, 집단을 추출 (집단 내부는 이질적, 집단 간은 동질적 - 지역표집, 면어리표집)
- **층화군집표집**: 모집단을 속성에 따라 계층으로 구분, 단위들을 집단으로 표집
- **행렬표집**: 피험자의 문항을 동일하게 표집할 수 있는 표본추출방법

비확률적 표집

- **목적표집**: 연구자의 주관적 판단에 의해 전체를 잘 대표하리라고 믿는 대상들을 의도적으로 표집 (의도적표집, 유의표집, 판단표집)
- **할당표집**: 각 집단에서 할당된 수만큼을 임의로 추출하는 방법
- **편의표집**: 지원자 표집 : 연구 목적에 동의하는 대상을 표집 / 우연적 표집 : 표집계획 없이, 쉽게 구할 수 있는 대상자료 표집
- **스노우볼표집**: 최초의 작은 표본을 선택 후, 소개를 받아 표본을 확대

자료수집방법
- 질문지법, 관찰법, 면접법, 델파이방법, 내용분석법, 사회성측정법, 투사법, 평정법, 메타분석법, Q방법론, 표준화검사

17' 초등

양적연구

비실험연구: 조사연구, 발달연구(종단/횡단연구), 상관연구, 인과비교연구

실험연구
11' 행시

- **가외변인통제**: 소거법, 상쇄법, 조건고정화법, 상쇄법, 무선화법, 결합무선배치법
- **타당도**
  - **내적타당도**: 실험결과가 실험처치에 기인한 것인가
  - **외적타당도**: 실험결과의 대표성 혹은 일반화 가능성

내적타당도 저해요인
① 역사(시간간효과) : 사전검사와 사후검사 사이에 있었던 장기간 특수한 사건들
② 성숙(피험자 내부의 변화) : 시간의 흐름에 따라 나타나는 피험자의 내적 변화가 피험자의 반응에 영향
③ 검사 : 사전검사를 받은 경험이 일반적 사후검사에 익숙해지는 경우

④ 측정도구 : 사전검사와 사후검사에서 측정도구의 변화, 관찰자나 채점자의 변화로 인해 측정치에 변화가 생기는 것
⑤ 통계적 회귀 : 피험자의 성향을 아주 극단적인 점수를 토대로 해서 결정할 경우 일어나기 쉬운 통계적 현상
⑥ 피험자의 선발 : 실험집단과 비교집단을 선발할 때 동질성이 결여되어 나타나는 현상
⑦ 피험자의 탈락 : 피험자들이 실험과정에서 중도 탈락함으로써 실험결과에 영향을 미침
⑧ 피험자의 선발과 성숙과의 상호작용 : '성숙 요인'과 '피험자의 선발' 요인의 상호작용에 의하여 실험 결과가 달라지는 것

외적타당도 저해요인

① 검사실시와 실험처치 간의 상호작용효과 : 사전검사의 실시로 인하여 실험처치에 대한 피험자의 관심이 증가 또는 감소됨으로써 실험결과에 영향을 미치는 것
② 피험자의 선발과 실험처치 간의 상호작용 효과 : 피험자의 유형에 따라 실험처치의 영향이 서로 다르게 나타나는 현상
③ 실험상황에 대한 반동효과 : 일상적인 생활과 실험상황이 여러하기 때문에 실험결과를 그대로 일반화하기 어렵게 되는 것
④ 중다처치에 의한 간섭효과 : 한 피험자가 여러 가지 실험처치를 받는 경우에 이전의 처치에 의한 경험이 계속 남아 때까지 일어나는 영향
⑤ 표집상의 오류 : 전집을 제대로 대표할 수 없는 집단을 연구 대상으로 표집했을 경우
⑥ 변인에 대한 애매한 정의 : 독립변인이나 종속변인에 대한 정의가 애매모호하여 다른 상황에서 동일한 연구를 수행하기 어려운 경우
⑦ 검사의 민감도(측정도구) : 검사측정도구의 깊이 낮아서 측정 결과 자체를 믿기 어려운 경우
⑧ 연구의 낮은 내적 타당도 : 연구의 내적 타당도가 낮아서 연구결과 자체를 믿기 어려운 경우
⑨ 호손 효과 : 연구자가 피험자에게 특별한 관심을 보이거나 피험자들이 인식중에 피험자들의 행동을 부추기는 경우, 자연스러운 처치 결과가 나타나지 못하는 현상

※ 존 헨리 효과 : 호손효과와 반대되는 현상. 통제집단에 있는 연구대상들이 실험 단계에 있는 연구대상들보다 더 나은 결과가 나타내도록 노력하는 현상
※ 연구자효과 : 연구자가 연구결과에 영향을 많이 미치는 행동을 함으로써 연구대상이 평상시와 다르게 행동하는 것

실험설계
- 준실험설계 - 사례에 대한 심층적인 관찰과 분석을 지향하는 질적 연구 방법
- 사례연구
- 문화기술지 - 참여관찰과 심층면접을 통해 한 문화를 이해하는 과정의 기록

사례연구 vs 문화기술연구의 차이점

질적연구

내용분석, 행위당사자연구(=실천연구, 현장연구), 근거이론, 역사연구

11 교사론

교사론

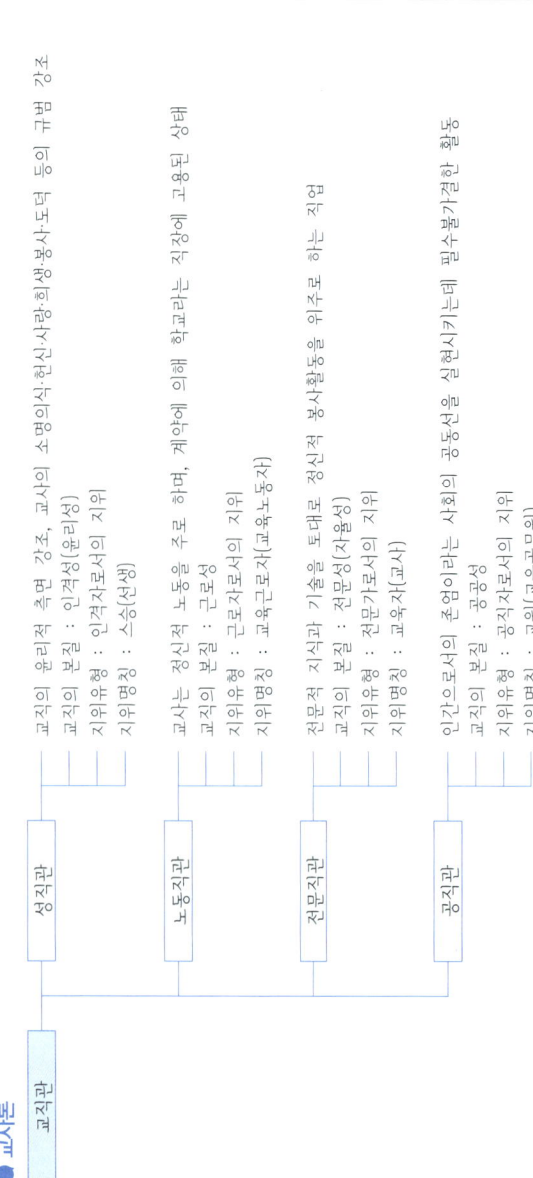

- 교직관
  - 성직관
    - 교직의 윤리적 측면 강조, 교사의 소명의식·헌신·사랑·희생·봉사·도덕 등의 규범 강조
    - 교직의 본질 : 인격성(윤리성)
    - 지위유형 : 인격지도자의 지위
    - 지위명칭 : 스승(선생)
  - 노동직관
    - 교사는 정신적 노동을 주로 하며, 계약에 의해 학교라는 직장에 고용된 상태
    - 교직의 본질 : 근로성
    - 지위유형 : 근로자의 지위
    - 지위명칭 : 교육근로자(교육노동자)
  - 전문직관
    - 전문적 지식과 기술을 토대로 정신적 봉사활동을 위주로 하는 직업
    - 교직의 본질 : 전문성(자율성)
    - 지위유형 : 전문가로서의 지위
    - 지위명칭 : 교육자(교사)
  - 공직관
    - 인간으로서의 존엄이라는 사회의 공동선을 실현시키는데 필수불가결한 활동
    - 교직의 본질 : 공공성
    - 지위유형 : 공직자로서의 지위
    - 지위명칭 : 교인(교육공무원)

MEMO

12. 2022 개정 교육과정

2022 개정 교육과정의 주요 개정 내용
- 배움의 즐거움을 일깨우는 미래교육으로의 전환 -

** 2024년부터 초등학교 1~2학년, 2025년부터 중·고등학교에 연차 적용 예정

(1) 교육과정 개정의 주요 내용

① 미래 변화를 능동적으로 준비할 수 있도록 역량 및 기초소양 함양 교육 강화
　㉠ 모든 교과 학습과 평생학습의 기반이 되는 언어·수리·디지털 기초소양 강화
　㉡ 지속 가능한 미래를 위한 공동체 역량 강화 및 환경·생태교육 확대, 디지털 기초소양 강화 및 정보교육 확대

② 학생의 자기주도성, 창의력과 인성을 키워주는 개별 맞춤형 교육 강화
　㉠ 학교급 전환 시기에 필요한 학습과 학교생활 적응을 위한 진로연계교육 도입
　㉡ 학생 맞춤형 과목 선택권 확대, 학습에 대한 성찰과 책임 강화 등

③ 학교 현장의 자율적인 혁신 지원 및 유연한 교육과정으로 개선
　㉠ 학교자율시간으로 지역 연계 교육 및 학교와 학생의 필요에 따른 다양한 선택과목 개설 활성화
　㉡ 학점 기반의 유연한 교육과정, 진로 선택 및 융합 선택과목 재구조화를 통한 학생 과목 선택권 확대

④ 학생의 삶과 연계한 깊이 있는 학습을 위한 교과 교육과정 개발
　㉠ 단순 암기 위주의 교육방식에서 탐구와 개념 기반의 깊이 있는 학습으로 전환
　㉡ 디지털·인공지능을 기반으로 학생 참여형·주도형 수업 및 학습의 과정을 중시하는 평가로 개선

(2) 2022 개정 교육과정 총론의 주요 개정내용

2022 개정 교육과정은 미래 사회가 요구하는 핵심역량을 갖춘 '포용성과 창의성을 갖춘 주도적인 사람으로 성장 지원'을 비전으로 제시하였다. 이를 구체적으로 구현하고자 추구하는 인간상에서는 학생의 주도성, 책임감, 적극적 태도 등을 강조하기 위해 현행 교육과정의 '자주적인 사람'을 '자기주도적인 사람'으로 개선하고, 우리 교육이 지향해야 할 가치와 교과교육 방향 및 성격을 기초로 미래 사회변화에 대응할 수 있는 역량으로 '협력적 소통 역량'을 강조하여 제시하였다.

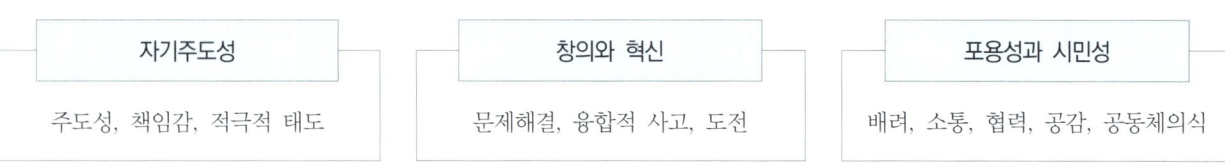

자기주도성	창의와 혁신	포용성과 시민성
주도성, 책임감, 적극적 태도	문제해결, 융합적 사고, 도전	배려, 소통, 협력, 공감, 공동체의식

1) 주요 개정 방향

① 미래 사회에 대응할 수 있는 능력과 기초 소양 및 자신의 학습과 삶에 대한 주도성을 강화한다.
　㉠ 이를 위해 여러 교과를 학습하는 데 기반이 되는 언어, 수리, 디지털 소양 등을 기초소양으로 하여 교육 전반에서 강조하고,
　㉡ 디지털 문해력(리터러시) 및 논리력, 절차적 문제해결력 등 함양을 위해 다양한 교과 특성에 맞게 디지털 기초소양 반영 및 선택 과목을 신설했다.

② 학생들의 개개인의 인격적 성장을 지원하고 구성원 모두의 행복을 위해 공동체 의식을 강화한다.
　㉠ 기후·생태환경 변화 등에 대한 대응 능력 및 지속가능성 등 공동체적 가치를 함양하는 교육을 강조하고,
　㉡ 다양한 특성을 가진 학생이 차별받지 않도록 지원하고, 지역·학교 간 교육 격차를 완화할 수 있는 지원 체제를 마련하였다.

③ 학생들이 자신의 진로와 학습을 주도적으로 설계하고, 적절한 시기에 학습할 수 있도록 학습자 맞춤형 교육과정을 마련한다.

㉠ 지역 연계 및 **학생의 필요**를 고려한 **선택 과목**을 개발·운영할 수 있도록 **학교자율시간**을 도입하고,
㉡ 학교급 간 교과 교육과정 연계, 진로 설계 및 탐색 기회 제공, 학교 생활 적응을 지원하는 **진로연계교육**의 운영 근거를 마련하였다.

④ 학생이 **주도성**을 기초로 역량을 기를 수 있도록 교과 교육과정을 마련한다.
㉠ 교과별로 꼭 배워야 할 **핵심 아이디어** 중심으로 **학습량을 적정화**하고,
㉡ 학생들이 경험해야 할 사고, 탐구, 문제해결 등의 과정을 학습 내용으로 명료화하여 교수·학습 및 평가 방법을 개선하였다.

2) 학교급별 주요 개정 사항

① **초등학교**의 경우, 1~2학년(군)에 입학 초기 적응활동을 개선하고, 한글 해득 교육과 실외 놀이 및 신체활동 내용을 강화하였다.
㉠ 초등학교 1학년 입학 초기 적응활동을 통합교과(바른 생활, 슬기로운 생활, 즐거운 생활)와 창의적 체험활동 시간으로 내용을 체계화하고, 기초 문해력 강화 및 한글 해득 교육을 위한 **국어 34시간을 증배**하였다.
㉡ 초등학교 1~2학년의 안전교육은 64시간을 유지하되, 통합교과와 연계하여 재구조화하고, 교과와 창의적 체험활동을 통해 학생 발달 수준에 맞는 **체험·실습형 안전교육**이 이루어지도록 개선하였다.
 ※ 초3 이후에는 안전 관련 교과에 다중 밀집 환경의 안전 수칙 내용 포함 및 위기 상황 대처 능력 함양 사항을 포함하여 체험 위주의 안전교육이 활성화되도록 개선
㉢ 또한, 초등학생들의 발달 특성에 적합한 실질적 움직임 기회 제공을 위해 '**즐거운 생활**' 교과에 실내외 놀이 및 신체활동을 강화하였다.
 * 표현, 놀이 및 활동 중심으로 즐거운 생활 교과를 재구조화하되, 충분한 신체활동을 제공할 수 있도록 성취기준 및 성취기준 해설에 반영

② **중학교**는 자유학기(1학년) 편성 영역 및 운영 시간을 적정화*하고, 학교스포츠클럽 활동의 의무 편성 시간을 적정화**하여 학교 교육과정 편성·운영의 어려움을 해소하였다.
 * 기존: 4개 영역(주제 선택, 진로 탐색, 예술·체육, 동아리 활동) 170시간 → 개선: 2개 영역으로 통합(주제 선택, 진로 탐색) 102시간
 ** 기존: 3년간 총 136시간, 연간 34~68시간 → 개선: 3년간 총 102시간, 연간 34시간
㉠ 고등학교로 진학하기 전 중학교 3학년 2학기를 중심으로, 고등학교에서 교과별로 배울 학습 내용과 진로 및 이수 경로 등을 학습할 수 있도록 **진로연계교육**을 도입하고 자유학기와 연계하여 운영한다.

③ **고등학교**는 학점 기반 선택 교육과정으로 명시하고, 한 학기에 과목 이수와 학점 취득을 완결할 수 있도록 재구조화하였다.
㉠ 학기 단위 과목 운영에 따라 과목의 **기본 학점을 4학점**(체육, 예술, 교양은 3학점)으로 조정하고, **증감 범위도 ±1**로 개선하여 학생이 진로에 적합한 과목을 이수할 수 있도록 개선하였다.
 ※ 자율적 과목 선택·이수, 자기주도적 공강 활용 등 학습자 주도성과 학습의 책임 강조
㉡ 학습자의 진로와 적성을 중심으로 비판적 질문, 실생활 문제해결, 주요 문제 탐구 등을 위한 글쓰기, 주제 융합 수업 등 실제적 역량을 기를 수 있도록 다양한 **진로선택과 융합선택과목**을 신설하고 재구조화하였다.

[고등학교 교과 구조 개선안]

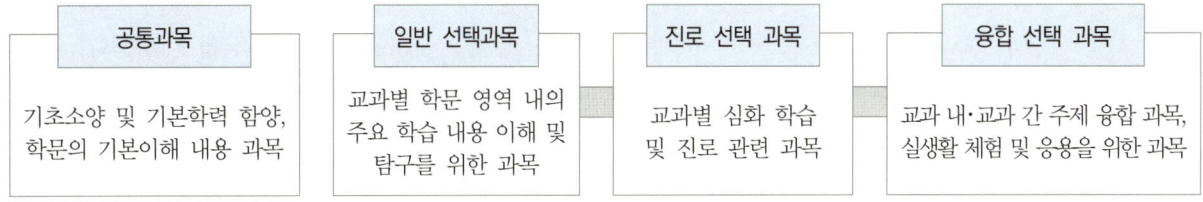

ⓒ 특수목적고에서 개설되었던 전문교과Ⅰ은 일반고 학생들도 진로와 적성에 따라 선택할 수 있도록 보통교과로 통합하였다.
　　　※ 향후 고교체제개편에 따라 특수 목적 고등학교 선택과목은 변경될 수 있음
　　ⓓ 특성화고 교육과정은 미래 직업세계 변화에 요구되는 기초소양 및 핵심역량을 갖출 수 있도록 전문 공통과목*을 확대하고 전공 일반, 전공 실무 과목으로 재구조화하였다.
　　　* (현행) 성공적인 직업 생활→(개선) 성공적인 직업 생활, 노동인권과 산업안전보건, 디지털과 직업 생활

3) 교과 교육과정 주요 개정내용

① 깊이 있는 학습, 교과 간 연계와 통합, 삶과 연계한 학습, 학습 과정에 대한 성찰을 중심으로 역량 함양 교과 교육과정을 개발하였다.
　ⓐ 핵심 아이디어를 중심으로 학습 내용을 적정화하고 교과 내 영역 간 내용 연계성을 강화하며,
　ⓑ 학생의 삶과 연계한 실생활 맥락 속에서 깊이 있는 학습을 지원한다.

② 또한, 다양한 문제해결 상황에 대해 스스로 문제를 인식하고 해결 방법을 탐구하여 자신만의 방식으로 과정을 실천하는 학습자 주도성을 강조하였다.
　ⓐ 비판적 질문, 토의·토론수업, 협업 수업 등 자기 능력과 속도에 맞춘 학습 역량을 기를 수 있도록 다양한 학생 주도형 수업으로 개선하고,
　ⓑ 학습 내용뿐 아니라 준비와 태도, 학생 간의 상호작용, 사고 및 행동의 변화 등을 지속해서 평가하는 등 학습 과정을 중시하는 평가와 개별 맞춤형 피드백 등을 강화한다.

③ 주요 교과별 개정 사항
　ⓐ 국어의 경우, 초등 저학년(1~2학년)의 국어 34시간 증배를 통해 한글 해득 및 기초 문해력 교육을 강화하고, 누적적 학습 경험이 요구되는 국어과 특성을 고려하여 기본적인 지식과 기능을 심화, 확장하는 방식으로 내용 체계를 구성하였다.
　ⓑ 초·중학교에서 '매체' 영역을, 고등학교 선택 교육과정에서 '문학과 영상', '매체 의사소통' 등의 선택 과목을 신설하여, 매체 관련 교육내용을 초등학교 단계부터 체계적으로 구성하였다.
　　ⓐ 또한 고등학교에서는 비판적 사고 역량과 서술·논술 능력을 갖출 수 있도록 '주제 탐구 독서', '독서 토론과 글쓰기' 등 독서·작문 연계 활동을 강화하는 과목을 신설하였다.
　ⓒ 수학 교과는 디지털 대전환 시대에 대응한 수학적 역량 함양을 위해 학교급(학년별) 학습량 적정성을 고려하여 관련한 필수 내용 요소와 과목체계를 재구조화하였다.
　　ⓐ 초·중학교에서는 교과 영역을 통합*하여 학교급 간 연계를 강화하고, 고등학교는 학생의 적성과 진로 등에 따른 '실용 통계', '수학과 문화', '직무 수학' 등 다양한 선택 과목을 신설하였다.
　　　* '수와 연산', '변화와 관계', '도형과 측정', '자료와 가능성' 4개 영역으로 통합·제시
　　ⓑ 아울러, 수학에 대한 흥미와 자신감을 높일 수 있도록 수학적 모델링, 놀이 및 게임학습 등에 대한 교수·학습과 평가 모형을 구체화하고, 디지털 기반 학습을 통한 공학도구의 활용을 강조하였다.
　ⓓ 영어의 경우, 현행의 '듣기', '말하기', '읽기', '쓰기' 언어 기능별 영역 분류 방식을 탈피하고, 영어 지식정보의 '이해', '표현' 2개 영역으로 개선하였다.
　　ⓐ 또한 학생 발달 수준과 학교급 간 연계 등을 고려하여 성취기준을 설계하고, 학생의 삶과 연계된 실생활 중심의 영어 의사소통 역량 교육을 강화하였다.
　　ⓑ 고등학교의 경우 '공통 영어'를 통해 영어의 기초적인 소양을 함양한 후, 학생의 진로를 고려한 '직무 영어', '영어 발표와 토론' 등 진로 선택 과목과 실생활에서 영어를 응용할 수 있는 '실생활 영어 회화', '미디어 영어', '세계문화와 영어'의 융합 선택 과목을 신설하였다.
　ⓔ 사회의 경우, 역량 함양 탐구형 수업이 가능하도록 초·중·고의 계열성을 고려하여 핵심아이디어 중심으로 학습량을 적정화하였고,
　　ⓐ 현행 '이해한다, 탐구한다' 등으로 편중된 성취기준 술어를 다양한 탐구 기능·실천 중심의 수행 동사로 개선하여

하나의 정답을 찾기보다는 '다양한 답을 찾아가는 수업'을 할 수 있도록 구성하였다.
- ⓑ 특히, 고등학교에서는 학생의 진로와 적성에 따른 교육이 가능하도록 '정치와 법'을 '정치', '법과 사회'로 분리하고, '세계시민과 지리', '도시의 미래 탐구', '금융과 경제생활', '기후변화와 지속가능한 세계' 등의 선택 과목을 다양하게 배울 수 있도록 신설하였다.
- ⓑ 과학 교과는 미래 융복합적 문제에 유연하게 대응할 수 있는 **과학적 소양과 창의성 함양**을 위해 일상의 자연현상과 삶의 경험을 토대로 탐구 및 추론, 통합적 사고, 문제해결력 등 **과학적 역량**을 강조하였다.
  - ⓐ 초·중학교에서는 물리학/화학/생명과학/지구과학 분야별 분절적 학습을 지양하며, 학생의 발달 단계에 따라 **핵심 아이디어를 중심으로 학교급별 내용 요소**를 기후변화, 감염병, 진로 등과 연계하여 재구성하고, 학년군별 **통합단원을 확대(1→2개)**하였다.
    - *【예시】(3·4학년군) 감염병과 건강한 생활, 기후변화와 우리 생활 / (5·6학년군) 자원과 에너지, 과학과 나의 진로
  - ⓑ 특히, 고등학교에서는 '통합과학'에서 과학적 기초역량과 통합적 이해를 강조하고, 과학 분야 및 진로·융합영역에서의 다양한 과목 개설을 통해 과학적 역량 함양을 강화하였다.
    - ※ 일반선택(4종), 진로 선택(8종), 융합 선택(3종), 과학 계열 선택 과목(9종)
- ⓢ 정보교육은 현행의 소프트웨어 교육을 바탕으로 인공지능·빅데이터 등 첨단 디지털 혁신 기술을 이해하고 활용할 수 있도록 초중학교 정보수업 시수를 확대하는 등 **정보 교과 교육과정을 재구조화**하였다.
  - * (초등학교) 실과: 17시간 → 34시간 이상 / (중학교) 정보: 34시간 → 68시간 이상
  - ⓐ 놀이·체험 활동(초) 및 실생활 문제해결 과정(중)을 간단한 컴퓨터 프로그램으로 구현하면서, 학습 부담 없이 쉽고 재미있게 **정보 기초소양을 학습**할 수 있도록 **학습 내용을 재구성**하였다.
    - ※ (초등학교) 카드놀이 등 언플러그드 활동으로 문제해결 절차를 이해하고 블록 코딩 등으로 구현
      (중학교) 일련의 컴퓨팅 사고 과정 이해와 실생활 중심의 인공지능 윤리 등 가치·태도 인식
  - ⓑ 아울러 학생의 진로·적성에 따른 맞춤형 정보 역량을 함양할 수 있도록 다양한 선택 과목 개설*을 통해 진로 연계를 강화하였다.
    - * 일반선택: 정보 / 진로선택: '인공지능 기초', '데이터과학' / 융합선택: '소프트웨어와 생활'
- ⓞ 특성화 고등학교 전문교과는 미래 산업의 변화 및 기술의 융·복합화에 따른 **기준학과를 신설**하고, 현장성을 고려하여 **교과(군) 재구조화**하였다.
  - * 소프트웨어, 화학(바이오), 에너지, 소방, 지능형도시(스마트시티), 지능형 공장(스마트 공장) 등 기준학과 신설

4) 교과 교육과정 주요 개정내용

① 2022 개정 특수교육 교육과정에서는 ① 기본 교육과정의 성격 확립, ② 장애 정도가 심한 학생을 위한 '일상생활 활동' 신설, ③ 통합교육을 위한 교육과정 지원 확대 등을 제시하여, 학생의 장애 특성 및 교육적 요구 등을 고려한 **맞춤형 교육과정**을 마련하였다.

② 총론의 주요 개정내용
- ㉠ 학생의 장애 특성 및 교육적 요구 등을 고려하여 **기본 교육과정의 성격**을 대안형 교육과정에서 **학생 맞춤형 교육과정**으로 확립하고,
  - ⓐ 현행 교과(군)별 30% 범위 시수 증감 가능 범위를 교과(군)별, 창의적 체험활동, 일상생활 활동 간 50% 범위에서 시수 증감이 가능하게 하였다.
  - ⓑ 또한 실생활 중심의 내용*으로 구성된 **일상생활 활동**을 신설하여, 장애가 심한 학생을 위한 교육을 강화하였다.
    - * 의사소통, 자립생활, 신체활동, 여가 활동, 생활적응 등
- ㉡ 배치환경에 따른 교육적 지원을 강화하여,
  - ⓐ (일반학교) 초·중등학교 교육과정 재구성, 특수교육 교과용 도서를 활용할 수 있는 지침 마련 등으로 특수교육 대상 학생의 **공통 교육과정 접근**을 확대하였다.
  - ⓑ (특수학교) 공통 및 선택 중심 교육과정과 기본 교육과정 병행할 수 있도록 하여 감각장애 또는 **장애가 심한 학생의 교육적 요구**를 반영했다.

- ⓒ (순회교육) 시·도교육청 차원의 교육과정 편성·운영 지침 마련 시 순회교육 대상 학생의 교육적 요구를 고려할 수 있도록 하였다.
- ⓒ 학생의 장애 특성 및 교육적 요구, 고등학교 졸업 후 가정생활 및 지역사회 적응 준비 등을 위한 과목을 신설하거나 전환하였다.
  - ※ '사회적응' 과목 신설, 고등학교 '시각장애인 자립생활' 및 '농인의 생활과 문화' 과목을 창의적 체험활동에서 직업·생활 교과(군) 선택 과목으로 전환

③ 각론의 주요 개정내용
- ㉠ 총론의 개정 취지와 각론(교과) 간 연계성을 강화하여,
  - ⓐ 국가 교육과정으로서의 문서 체제 및 내용체계의 일관성은 유지하면서 학생의 장애 특성 및 교육적 요구 등을 반영하였다.
    - ※ 장애 정도가 심한 학생을 위한 영역 성취기준 적용 시 고려 사항 제시, 교수·학습 및 평가 시 장애 유형 및 교육적 요구 고려 등
  - ⓑ 현행 교육과정 대비 성취기준 수를 약 20% 감축하고, 실생활 중심 교육내용 구성으로 학습량과 수준을 적정화하여 장애 정도가 심한 학생의 학습 부담을 경감하였다.

2022 개정 초·중등학교 교육과정 총론

1. 교육과정 구성의 방향

(1) 교육과정 구성의 중점

우리나라 초·중등학교 교육과정은 사회 변화와 시대적 요구를 반영하여 지속적으로 개정되고 발전해 왔다. 우리 사회는 새로운 변화와 도전에 직면해 있으며, 이에 대응하기 위해 교육과정을 개정할 필요성이 제기되었다. <u>교육과정의 변화를 요청하는 주요 배경</u>은 다음과 같다.

① 인공지능 기술 발전에 따른 디지털 전환, 감염병 대유행 및 기후·생태환경 변화, 인구 구조 변화 등에 의해 사회의 불확실성이 증가하고 있다.
② 사회의 복잡성과 다양성이 확대되고 사회적 문제를 해결하기 위한 협력의 필요성이 증가함에 따라 상호 존중과 공동체 의식을 함양하는 것이 더욱 중요해지고 있다.
③ 학생 개개인의 특성과 진로에 맞는 학습을 지원해 주는 맞춤형 교육에 대한 요구가 증가하고 있다.
④ 교육과정 의사 결정 과정에 다양한 교육 주체들의 참여를 확대하고 교육과정 자율화 및 분권화를 활성화해야 한다는 요구가 높아지고 있다.

이에 그동안의 교육과정 발전 방향을 계승하면서 미래 사회를 살아갈 학생들이 주도적으로 삶을 이끌어가는 능력을 함양할 수 있도록 교육과정을 구성한다.

이 교육과정은 우리나라 교육과정이 추구해 온 교육 이념과 인간상을 바탕으로, 미래 사회가 요구하는 핵심역량을 함양하여 포용성과 창의성을 갖춘 주도적인 사람으로 성장하게 하는 데 중점을 둔다.

이를 위한 <u>교육과정 구성의 중점</u>은 다음과 같다.

① 디지털 전환, 기후·생태환경 변화 등에 따른 미래 사회의 불확실성에 능동적으로 대응할 수 있는 능력과 자신의 삶과 학습을 스스로 이끌어가는 주도성을 함양한다.
② 학생 개개인의 인격적 성장을 지원하고, 사회 구성원 모두의 행복을 위해 서로 존중하고 배려하며 협력하는 공동체 의식을 함양한다.
③ 모든 학생이 학습의 기초인 언어·수리·디지털 기초소양을 갖출 수 있도록 하여 학교 교육과 평생 학습에서 학습을 지속할 수 있게 한다.
④ 학생들이 자신의 진로와 학습을 주도적으로 설계하고, 적절한 시기에 학습할 수 있도록 학습자 맞춤형 교육과정 체제를 구축한다.
⑤ 교과 교육에서 깊이 있는 학습을 통해 역량을 함양할 수 있도록 교과 간 연계와 통합, 학생의 삶과 연계된 학습, 학습에 대한 성찰 등을 강화한다.
⑥ 다양한 학생 참여형 수업을 활성화하고, 문제 해결 및 사고의 과정을 중시하는 평가를 통해 학습의 질을 개선한다.
⑦ 교육과정 자율화·분권화를 기반으로 학교, 교사, 학부모, 시·도 교육청, 교육부 등 교육 주체들 간의 협조 체제를 구축하여 학습자의 특성과 학교 여건에 적합한 학습이 이루어질 수 있도록 한다.

(2) 추구하는 인간상과 핵심역량

우리나라의 교육은 홍익인간의 이념 아래 모든 국민으로 하여금 인격을 도야하고, 자주적 생활 능력과 민주시민으로서 필요한 자질을 갖추어 인간다운 삶을 영위하고, 민주 국가의 발전과 인류 공영의 이상을 실현할 수 있도록 함을 목적으로 한다.

이러한 교육 이념과 교육 목적을 바탕으로, 이 교육과정이 추구하는 인간상은 다음과 같다.
① 전인적 성장을 바탕으로 자아정체성을 확립하고 자신의 진로와 삶을 스스로 개척하는 자기주도적인 사람
② 폭넓은 기초 능력을 바탕으로 진취적 발상과 도전을 통해 새로운 가치를 창출하는 창의적인 사람
③ 문화적 소양과 다원적 가치에 대한 이해를 바탕으로 인류 문화를 향유하고 발전시키는 교양 있는 사람
④ 공동체 의식을 바탕으로 다양성을 이해하고 서로 존중하며 세계와 소통하는 민주시민으로서 배려와 나눔, 협력을 실천하는 더불어 사는 사람

이 교육과정이 추구하는 인간상을 구현하기 위해 교과 교육과 창의적 체험활동을 포함한 학교 교육 전 과정을 통해 중점적으로 기르고자 하는 핵심역량은 다음과 같다.
① 자아정체성과 자신감을 가지고 자신의 삶과 진로를 스스로 설계하며 이에 필요한 기초 능력과 자질을 갖추어 자기주도적으로 살아갈 수 있는 자기관리 역량
② 문제를 합리적으로 해결하기 위하여 다양한 영역의 지식과 정보를 깊이 있게 이해하고 비판적으로 탐구하며 활용할 수 있는 지식정보처리 역량
③ 폭넓은 기초 지식을 바탕으로 다양한 전문 분야의 지식, 기술, 경험을 융합적으로 활용하여 새로운 것을 창출하는 창의적 사고 역량
④ 인간에 대한 공감적 이해와 문화적 감수성을 바탕으로 삶의 의미와 가치를 성찰하고 향유하는 심미적 감성 역량
⑤ 다른 사람의 관점을 존중하고 경청하는 가운데 자신의 생각과 감정을 효과적으로 표현하며 상호협력적인 관계에서 공동의 목적을 구현하는 협력적 소통 역량
⑥ 지역·국가·세계 공동체의 구성원에게 요구되는 개방적·포용적 가치와 태도로 지속 가능한 인류 공동체 발전에 적극적이고 책임감 있게 참여하는 공동체 역량

(3) 학교 급별 교육 목표

1) 초등학교 교육 목표

초등학교 교육은 학생의 일상생활과 학습에 필요한 기본 습관 및 기초 능력을 기르고 바른 인성을 함양하는 데 중점을 둔다.
① 자신의 소중함을 알고 건강한 생활 습관을 기르며, 풍부한 학습 경험을 통해 자신의 꿈을 키운다.
② 학습과 생활에서 문제를 발견하고 해결하는 기초 능력을 기르고, 이를 새롭게 경험할 수 있는 상상력을 키운다.
③ 다양한 문화 활동을 즐기며 자연과 생활 속에서 아름다움과 행복을 느낄 수 있는 심성을 기른다.
④ 일상생활과 학습에 필요한 규칙과 질서를 지키고 서로 돕고 배려하는 태도를 기른다.

2) 중학교 교육 목표

중학교 교육은 초등학교 교육의 성과를 바탕으로, 학생의 일상생활과 학습에 필요한 기본 능력을 기르고, 바른 인성 및 민주시민의 자질을 함양하는 데 중점을 둔다.
① 심신의 조화로운 발달을 바탕으로 자아존중감을 기르고, 다양한 지식과 경험을 통해 책임감을 가지고 적극적으로 삶의 방향과 진로를 탐색한다.
② 학습과 생활에 필요한 기본 능력 및 문제 해결력을 바탕으로, 도전정신과 창의적 사고력을 기른다.

③ 자신을 둘러싼 세계에서 경험한 내용을 토대로 우리나라와 세계의 다양한 문화를 이해하고 공감하는 태도를 기른다.
④ 공동체 의식을 바탕으로 타인을 존중하고 서로 소통하는 민주시민의 자질과 태도를 기른다.

3) 고등학교 교육 목표

고등학교 교육은 중학교 교육의 성과를 바탕으로, 학생의 적성과 소질에 맞게 진로를 개척하며 세계와 소통하는 민주시민으로서의 자질을 함양하는 데 중점을 둔다.

① 성숙한 자아의식과 인간의 존엄성에 대한 존중을 바탕으로 일의 가치를 이해하고, 자신의 진로에 맞는 지식과 기능을 익히며 평생학습의 기본 능력을 기른다.
② 다양한 분야의 지식과 경험을 융합하여 창의적으로 문제를 해결하고, 새로운 상황에 능동적으로 대처하는 능력을 기른다.
③ 다양한 문화에 대한 이해를 바탕으로 자신의 삶을 성찰하고 새로운 문화 창출에 기여할 수 있는 자질과 태도를 기른다.
④ 국가 공동체에 대한 책임감을 바탕으로 배려와 나눔을 실천하며 세계와 소통하는 민주시민으로서의 자질과 태도를 기른다.

2. 학교 교육과정 설계와 운영

(1) 설계의 원칙

① 학교는 이 교육과정을 바탕으로 학교 교육과정을 자율적으로 설계·운영하며, 학생의 특성과 학교 여건에 적합한 학습 경험을 제공한다.
  ㉠ 학습자의 발달 수준에 적합한 폭넓고 균형 있는 교육과정을 통해 다양한 영역의 세계를 탐색해보는 기회를 제공하고, 학습자의 전인적인 성장·발달이 가능하도록 학교 교육과정을 설계하여 운영한다.
  ㉡ 학생 실태와 요구, 교원 조직과 교육 시설·설비 등 학교 실태, 학부모 의견 및 지역사회 실정 등 학교의 교육 여건과 환경을 종합적으로 고려하여 학습자에게 적합한 학습 경험을 제공한다.
  ㉢ 학교는 학생의 필요와 요구에 따라 학교의 특성을 고려하여 다양한 교육 활동을 설계하여 운영할 수 있다.
  ㉣ 학교 교육 기간을 포함한 평생학습에 필요한 기초소양과 자기주도 학습 능력을 갖출 수 있도록 지원하며 학습 격차를 줄이도록 노력한다.
  ㉤ 학생들의 자발적인 참여를 원칙으로 하여 학교와 시·도 교육청은 학생과 학부모의 요구에 따라 방과 후 활동 또는 방학 중 활동을 운영·지원할 수 있다.
  ㉥ 학교는 학교 교육과정의 효율적인 설계와 운영을 위하여 지역사회의 인적, 물적 자원을 계획적으로 활용한다.
  ㉦ 학교는 가정 및 지역과 연계하여 학생이 건전한 생활 태도와 행동 양식을 가지고 학습할 수 있도록 지도한다.
② 학교 교육과정은 모든 교원이 전문성을 발휘하여 참여하는 민주적인 절차와 과정을 거쳐 설계·운영하며, 지속적인 개선을 위해 노력한다.
  ㉠ 교육과정의 합리적 설계와 효율적 운영을 위해 교원, 교육 전문가, 학부모 등이 참여하는 학교 교육과정 위원회를 구성·운영하며, 이 위원회는 학교장의 교육과정 운영 및 의사 결정에 관한 자문 역할을 담당한다. 단, 특성화 고등학교와 산업수요 맞춤형 고등학교의 경우에는 산업계 전문가가 참여할 수 있고, 통합교육이 이루어지는 학교의 경우에는 특수교사가 참여할 것을 권장한다.
  ㉡ 학교는 학습 공동체 문화를 조성하고 동학년 모임, 교과별 모임, 현장 연구, 자체 연수 등을 통해서 교사들의 교육 활동 개선이 이루어지도록 한다.
  ㉢ 학교는 학교 교육과정 설계·운영의 적절성과 효과성 등을 자체 평가하여 문제점과 개선점을 추출하고, 다음 학년도의 교육과정 설계·운영에 그 결과를 반영한다.

(2) 교수·학습

① 학교는 학생들이 깊이 있는 학습을 통해 핵심역량을 함양할 수 있도록 교수·학습을 설계하여 운영한다.
  ㉠ 단편적 지식의 암기를 지양하고 각 교과목의 핵심 아이디어를 중심으로 지식·이해, 과정·기능, 가치·태도의 내용 요소를 유기적으로 연계하며 학생의 발달 단계에 따라 학습 경험의 폭과 깊이를 확장할 수 있도록 수업을 설계한다.
  ㉡ 교과 내 영역 간, 교과 간 내용 연계성을 고려하여 수업을 설계하고 지도함으로써 학생들이 융합적으로 사고하고 창의적으로 문제를 해결하는 능력을 함양할 수 있도록 한다.
  ㉢ 학습 내용을 실생활 맥락 속에서 이해하고 적용하는 기회를 제공함으로써 학교에서의 학습이 학생의 삶에 의미 있는 학습 경험이 되도록 한다.
  ㉣ 학생이 여러 교과의 고유한 탐구 방법을 익히고 자신의 학습 과정과 학습 전략을 점검하며 개선하는 기회를 제공하여 스스로 탐구하고 학습할 수 있는 자기주도 학습 능력을 함양할 수 있도록 한다.
  ㉤ 교과의 깊이 있는 학습에 기반이 되는 언어·수리·디지털 기초소양을 모든 교과를 통해 함양할 수 있도록 수업을 설계한다.

② 학교는 학생들이 수업에 능동적으로 참여하고 학습의 즐거움을 경험할 수 있도록 교수·학습을 설계하여 운영한다.
  ㉠ 학습 주제에서 다루는 탐구 질문에 관심과 호기심을 가지고 스스로 문제를 해결하는 학생 참여형 수업을 활성화하며, 토의·토론 학습을 통해 자신의 생각을 표현하는 기회를 가질 수 있도록 한다.
  ㉡ 실험, 실습, 관찰, 조사, 견학 등의 체험 및 탐구 활동 경험이 충분히 이루어질 수 있도록 한다.
  ㉢ 개별 학습 활동과 함께 소집단 협동 학습 활동을 통하여 협력적으로 문제를 해결하는 경험을 충분히 갖도록 한다.

③ 교과의 특성과 학생의 능력, 적성, 진로를 고려하여 학습 활동과 방법을 다양화하고, 학교의 여건과 학생의 특성에 따라 다양한 학습 집단을 구성하여 학생 맞춤형 수업을 활성화한다.
  ㉠ 학생의 선행 경험, 선행 지식, 오개념 등 학습의 출발점을 파악하고 학생의 특성을 고려하여 학습 소재, 자료, 활동을 다양화한다.
  ㉡ 정보통신기술 매체를 활용하여 교수·학습 방법을 다양화하고, 학생 맞춤형 학습을 위해 지능정보기술을 활용할 수 있다.
  ㉢ 다문화 가정 배경, 가족 구성, 장애 유무 등 학습자의 개인적·사회문화적 배경의 다양성을 이해하고 존중하며, 이를 수업에 반영할 때 편견과 고정 관념, 차별을 야기하지 않도록 유의한다.
  ㉣ 학교는 학생 개개인의 학습 상황을 확인하여 학생의 학습 결손을 예방하도록 노력하며, 학습 결손이 발생한 경우 보충 학습 기회를 제공한다.

④ 교사와 학생 간, 학생과 학생 간 상호 신뢰와 협력이 가능한 유연하고 안전한 교수·학습 환경을 지원하고, 디지털 기반 학습이 가능하도록 교육공간과 환경을 조성한다.
  ㉠ 각 교과의 특성에 맞는 다양한 학습이 이루어질 수 있도록 교과 교실 운영을 활성화하며, 고등학교는 학점 기반 교육과정 운영을 위해 유연한 학습공간을 활용한다.
  ㉡ 학교는 교과용 도서 이외에 시·도 교육청이나 학교 등에서 개발한 다양한 교수·학습 자료를 활용할 수 있다.
  ㉢ 다양한 지능정보기술 및 도구를 활용하여 효율적인 학습을 지원할 수 있도록 디지털 학습 환경을 구축한다.
  ㉣ 학교는 실험 실습 및 실기 지도 과정에서 학생의 안전사고를 예방하기 위해 시설·기구, 기계, 약품, 용구 사용의 안전에 유의한다.
  ㉤ 특수교육 대상 학생 등 교육적 요구가 다양한 학생들을 위해 필요할 경우 의사소통 지원, 행동 지원, 보조공학 지원 등을 제공한다.

(3) 평가

① 평가는 학생 개개인의 교육 목표 도달 정도를 확인하고, 학습의 부족한 부분을 보충하며, 교수·학습의 질을 개선하는 데 주안점을 둔다.
  ㉠ 학교는 학생에게 평가 결과에 대한 적절한 정보를 제공하고 추수 지도를 실시하여 학생이 자신의 학습을 지속적으로 성찰하고 개선할 수 있도록 한다.
  ㉡ 학교와 교사는 학생 평가 결과를 활용하여 수업의 질을 지속적으로 개선한다.
② 학교와 교사는 성취기준에 근거하여 교수·학습과 평가 활동이 일관성 있게 이루어지도록 한다.
  ㉠ 학습의 결과만이 아니라 결과에 이르기까지의 학습 과정을 확인하고 환류하여, 학습자의 성공적인 학습과 사고 능력 함양을 지원한다.
  ㉡ 학교는 학생의 인지적·정의적 측면에 대한 평가가 균형 있게 이루어질 수 있도록 하며, 학생이 자신의 학습 과정과 결과를 스스로 평가할 수 있는 기회를 제공한다.
  ㉢ 학교는 교과목별 성취기준과 평가기준에 따라 성취수준을 설정하여 교수·학습 및 평가 계획에 반영한다.
  ㉣ 학생에게 배울 기회를 주지 않은 내용과 기능은 평가하지 않는다.
③ 학교는 교과목의 성격과 학습자 특성을 고려하여 적합한 평가 방법을 활용한다.
  ㉠ 수행평가를 내실화하고 서술형과 논술형 평가의 비중을 확대한다.
  ㉡ 정의적, 기능적 측면이나 실험·실습이 중시되는 평가에서는 교과목의 성격을 고려하여 타당하고 합리적인 기준과 척도를 마련하여 평가를 실시한다.
  ㉢ 학교의 여건과 교육활동의 특성을 고려하여 다양한 지능정보기술을 활용함으로써 학생 맞춤형 평가를 활성화한다.
  ㉣ 개별 학생의 발달 수준 및 특성을 고려하여 평가 계획을 조정할 수 있으며, 특수학급 및 일반학급에 재학하고 있는 특수교육 대상 학생을 위해 필요한 경우 평가 방법을 조정할 수 있다.
  ㉤ 창의적 체험활동은 내용과 특성을 고려하여 평가의 주안점을 학교에서 결정하여 평가한다.

(4) 모든 학생을 위한 교육기회의 제공

① 교육 활동 전반을 통하여 남녀의 역할, 학력과 직업, 장애, 종교, 이전 거주지, 인종, 민족, 언어 등에 관한 고정 관념이나 편견을 가지지 않도록 지도한다.
② 학습자의 개인적 특성이나 사회·문화적 배경에 의해 교육의 기회와 학습 경험에서 부당한 차별을 받거나 소외되지 않도록 한다.
③ 학습 부진 학생, 특정 분야에서 탁월한 재능을 보이는 학생, 특수교육 대상 학생, 귀국 학생, 다문화 가정 학생 등이 학교에서 충실한 학습 경험을 누릴 수 있도록 필요한 지원을 한다.
④ 특수교육 대상 학생을 위해 특수학급을 설치·운영하는 경우, 학생의 장애 특성 및 정도를 고려하여, 이 교육과정을 조정하여 운영하거나 특수교육 교과용 도서 및 통합교육용 교수·학습 자료를 활용할 수 있다.
⑤ 다문화 가정 학생을 위한 특별 학급을 설치·운영하는 경우, 다문화 가정 학생의 한국어 능력을 고려하여 이 교육과정을 조정하여 운영하거나, 한국어 교육과정 및 교수·학습 자료를 활용할 수 있다. 한국어 교육과정은 학교의 특성, 학생·교사·학부모의 요구와 필요에 따라 주당 10시간 내외에서 운영할 수 있다.
⑥ 학교가 종교 과목을 개설할 때는 종교 이외의 과목과 함께 복수로 과목을 편성하여 학생에게 선택의 기회를 주어야 한다. 다만, 학생의 학교 선택권이 허용되는 종립 학교의 경우 학생·학부모의 동의를 얻어 단수로 개설할 수 있다.

3. 학교급별 교육과정 편성·운영의 기준

(1) 기본 사항

① 초등학교 1학년부터 중학교 3학년까지의 공통 교육과정과 고등학교 1학년부터 3학년까지의 학점 기반 선택 중심 교육과정으로 편성·운영한다.

② 학교는 학교 교육과정 편성·운영 계획을 바탕으로 학년(군)별 교육과정 및 교과(군)별 교육과정을 편성할 수 있다.

③ 학년 간 상호 연계와 협력을 통해 학교 교육과정을 유연하게 편성·운영할 수 있도록 학년군을 설정한다.

④ 공통 교육과정의 교과는 교육 목적상의 근접성, 학문 탐구 대상 또는 방법상의 인접성, 생활양식에서의 연관성 등을 고려하여 교과(군)로 재분류한다.

⑤ 고등학교 교과는 보통 교과와 전문 교과로 구분하며, 학생들의 기초소양 함양과 기본 학력을 보장하기 위하여 보통 교과에 공통 과목을 개설하여 모든 학생이 이수하도록 한다.

⑥ 교과와 창의적 체험활동의 내용 배열은 반드시 따라야 할 학습 순서를 의미하는 것은 아니며, 학생의 관심과 요구, 학교의 실정과 교사의 필요, 계절 및 지역의 특성 등에 따라 각 교과목의 학년군별 목표 달성을 위해 지도 내용의 순서와 비중, 교과 내 또는 교과 간 연계 지도 방법 등을 조정하여 운영할 수 있다.

⑦ 학업 부담을 적정화하고 의미 있는 학습 활동이 이루어질 수 있도록 학기당 이수 교과목 수를 조정하여 집중이수를 실시할 수 있다.

⑧ 학교는 학교급 간 전환기의 학생들이 상급 학교의 생활 및 학습을 준비하는 데 필요한 교육을 지원하기 위해 진로연계교육을 운영할 수 있다.

⑨ 범교과 학습 주제는 교과와 창의적 체험활동 등 교육 활동 전반에 걸쳐 통합적으로 다루도록 하고, 지역사회 및 가정과 연계하여 지도한다.

▶ 안전·건강 교육, 인성 교육, 진로 교육, 민주시민 교육, 인권 교육, 다문화 교육, 통일 교육, 독도 교육, 경제·금융 교육, 환경·지속가능발전 교육

⑩ 학교는 가정과 학교, 사회에서의 위험 상황을 알고 대처할 수 있도록 체험 중심의 안전교육을 관련 교과와 창의적 체험활동과 연계하여 운영한다.

⑪ 학교는 필요에 따라 계기 교육을 실시할 수 있으며, 이 경우 계기 교육 지침에 따른다.

⑫ 학교는 필요에 따라 원격수업을 실시할 수 있으며, 이 경우 원격수업 운영 기준은 관련 법령과 지침에 따른다.

⑬ 시·도 교육청과 학교는 필요에 따라 이 교육과정에 제시되어 있는 과목 외에 새로운 과목을 개설할 수 있다. 이 경우 시·도 교육감이 정하는 지침에 따라 사전에 필요한 절차를 거쳐야 한다.

⑭ 특수교육 대상 학생에 대해서는 이 교육과정 해당 학년군의 편제와 시간(학점 배당)을 따르되, 학생의 교육적 요구를 고려하여 특수교육 교육과정의 교과(군) 내용과 연계하거나 대체하여 수업을 설계·운영할 수 있다.

(2) 초등학교

1) 편제와 시간 배당 기준

① 편제

㉠ 초등학교 교육과정은 교과(군)와 창의적 체험활동으로 편성한다.

㉡ 교과(군)는 국어, 사회/도덕, 수학, 과학/실과, 체육, 예술(음악/미술), 영어로 한다. 다만, 1, 2학년의 교과는 국어, 수학, 바른 생활, 슬기로운 생활, 즐거운 생활로 한다.

㉢ 창의적 체험활동은 자율·자치 활동, 동아리 활동, 진로 활동으로 한다.

② 시간 배당 기준

구 분		1~2학년	3~4학년	5~6학년
교과(군)	국어	국어 482	408	408
	사회/도덕		272	272
	수학	수학 256	272	272
	과학/실과	바른 생활 144	204	340
	체육	슬기로운 생활 224	204	204
	예술(음악/미술)		272	272
	영어	즐거운 생활 400	136	204
	소계	1,506	1,768	1,972
창의적 체험활동		238	204	204
학년군별 총 수업 시간 수		1,744	1,972	2,176

㉠ 1시간의 수업은 40분을 원칙으로 하되, 기후 및 계절, 학생의 발달 정도, 학습 내용의 성격, 학교 실정 등을 고려하여 탄력적으로 편성·운영할 수 있다.
㉡ 학년군의 교과(군)별 및 창의적 체험활동 시간 배당은 연간 34주를 기준으로 2년간의 기준 수업 시수를 나타낸 것이다.
㉢ 학년군별 총 수업 시간 수는 최소 수업 시수를 나타낸 것이다.
㉣ 실과의 수업 시간은 5~6학년 과학/실과의 수업 시수에만 포함된다.
㉤ 정보교육은 실과의 정보영역 시수와 학교자율시간 등을 활용하여 34시간 이상 편성·운영한다.

2) 교육과정 편성·운영 기준

① 학교는 학년(군)별 교과(군)와 창의적 체험활동의 수업 시수를 학년별, 학기별로 자율적으로 편성할 수 있다.
  ㉠ 학교는 학생이 학년(군)별로 이수해야 할 교과를 학년별, 학기별로 편성하여 학생과 학부모에게 안내한다.
  ㉡ 학교는 모든 교육 활동을 통해 학생이 기본 생활 습관, 기초 학습 능력, 바른 인성을 함양할 수 있도록 교육과정을 편성·운영한다.
  ㉢ 학교는 학교의 특성, 학생·교사·학부모의 요구 및 필요에 따라 자율적으로 교과(군)별 및 창의적 체험활동의 20% 범위 내에서 시수를 증감하여 편성·운영할 수 있다. 단, 체육, 예술(음악/미술) 교과는 기준 수업 시수를 감축하여 편성·운영할 수 없다.
  ㉣ 학교는 교육의 효과를 높이기 위하여 필요한 경우 학년별, 학기별로 교과 집중이수를 실시할 수 있다.
  ㉤ 학교는 창의적 체험활동의 영역을 학생들의 발달 수준, 학교의 여건 등을 고려하여 학년(군)별로 자율적으로 편성·운영한다.
② 학교는 모든 학생의 학습 기회를 보장할 수 있도록 학교 교육과정을 편성·운영한다.
  ㉠ 학교는 각 교과의 기초적, 기본적 요소들이 체계적으로 학습되도록 교육과정을 편성·운영한다. 특히 국어사용 능력과 수리 능력의 기초가 부족한 학생들을 대상으로 기초 학습 능력 향상을 위한 별도의 프로그램을 편성·운영할 수 있다.
  ㉡ 전입 학생이 특정 교과를 이수하지 못할 경우, 시·도 교육청과 학교에서는 보충 학습 과정 등을 통해 학습 결손이 발생하지 않도록 한다.
  ㉢ 학년을 달리하는 학생을 대상으로 복식 학급을 편성·운영하는 경우에는 교육 내용의 학년별 순서를 조정하거나 공통 주제를 중심으로 교재를 재구성하여 활용할 수 있다.
③ 학교는 3~6학년별로 지역과 연계하거나 다양하고 특색 있는 교육과정 운영을 위해 학교자율시간을 편성·운영한다.
  ㉠ 학교자율시간을 활용하여 이 교육과정에 제시되어 있는 교과 외에 새로운 과목이나 활동을 개설할 수 있으며,

이 경우 시·도 교육감이 정하는 지침에 따라 사전에 필요한 절차를 거쳐야 한다.
　　　ⓒ 학교자율시간에 운영하는 과목과 활동의 내용은 지역과 학교의 여건 및 학생의 필요에 따라 학교가 결정하되, 다양한 과목과 활동으로 개설하여 운영한다.
　　　ⓒ 학교자율시간은 학교 여건에 따라 연간 34주를 기준으로 한 교과별 및 창의적 체험활동 수업 시간의 학기별 1주의 수업 시간을 확보하여 운영한다.
　④ 학교는 입학 초기 및 상급 학교(학년)으로 진학하기 전 학기의 일부 시간을 활용하여 학교급 간 연계 및 진로 교육을 강화하는 진로연계교육을 편성·운영한다.
　　　㉠ 학교는 1학년 학생의 학교생활 적응 및 한글 해독 교육 등의 입학 초기 적응 프로그램을 교과와 창의적 체험활동 시간을 활용하여 진로연계교육으로 운영한다.
　　　ⓒ 학교는 중학교의 생활 및 학습 준비, 진로 탐색 등의 프로그램을 교과와 창의적 체험활동 시간을 활용하여 진로연계교육을 자율적으로 운영한다.
　　　ⓒ 학교는 진로연계교육의 중점을 학생의 역량 함양 및 자기주도적 학습 능력 향상에 두고, 교과별 학습 내용 및 학습 방법의 학교급 간 연계, 교과와 연계한 진로 활동 등을 통해 학생의 학습과 성장을 지원한다.
　⑤ 학교는 학생의 발달 특성을 고려하여 학교 교육과정을 편성·운영한다.
　　　㉠ 학교는 1~2학년 학생에게 실내·외 놀이 및 신체 활동의 기회를 충분히 제공한다.
　　　ⓒ 1~2학년의 안전교육은 바른 생활·슬기로운 생활·즐거운 생활 교과의 64시간을 포함하여 교과 및 창의적 체험활동을 활용하여 편성·운영한다.
　　　ⓒ 정보통신 활용 교육, 보건 교육, 한자 교육 등은 관련 교과와 창의적 체험활동 시간을 활용하여 체계적인 지도가 이루어질 수 있도록 한다.

(3) 중학교

1) 편제와 시간 배당 기준

① 편제
　㉠ 중학교 교육과정은 교과(군)와 창의적 체험활동으로 편성한다.
　ⓒ 교과(군)는 국어, 사회(역사 포함)/도덕, 수학, 과학/기술·가정/정보, 체육, 예술(음악/미술), 영어, 선택으로 한다.
　ⓒ 선택 교과는 한문, 환경, 생활 외국어(생활 독일어, 생활 프랑스어, 생활 스페인어, 생활 중국어, 생활 일본어, 생활 러시아어, 생활 아랍어, 생활 베트남어), 보건, 진로와 직업 등의 과목으로 한다.
　ⓔ 창의적 체험활동은 자율·자치 활동, 동아리 활동, 진로 활동으로 한다.

② 시간 배당 기준

구 분		1~3학년
교과(군)	국어	442
	사회(역사 포함)/도덕	510
	수학	374
	과학/기술·가정/정보	680
	체육	272
	예술(음악/미술)	272
	영어	340
	선택	170
	소계	3,060
창의적 체험활동		306
총 수업 시간 수		3,366

㉠ 1시간 수업은 45분을 원칙으로 하되, 기후 및 계절, 학생의 발달 정도, 학습 내용의 성격, 학교 실정 등을 고려하여 탄력적으로 편성·운영할 수 있다.
㉡ 교과(군)별 및 창의적 체험활동 시간 배당은 연간 34주를 기준으로 3년간의 기준 수업 시수를 나타낸 것이다.
㉢ 총 수업 시간 수는 3년간의 최소 수업 시수를 나타낸 것이다.
㉣ 정보는 정보 수업 시수와 학교자율시간 등을 활용하여 68시간 이상 편성·운영한다.

2) 교육과정 편성·운영 기준

① 학교는 교과(군)와 창의적 체험활동의 수업 시수를 학년별, 학기별로 자율적으로 편성할 수 있다.
  ㉠ 학교는 학생이 3년간 이수해야 할 교과목을 학년별, 학기별로 편성하여 학생과 학부모에게 안내한다.
  ㉡ 학교는 학교의 특성, 학생·교사·학부모의 요구 및 필요에 따라 자율적으로 교과(군)별 및 창의적 체험활동의 20% 범위 내에서 시수를 증감하여 편성·운영할 수 있다. 단, 체육, 예술(음악/미술) 교과는 기준 수업 시수를 감축하여 편성·운영할 수 없다.
  ㉢ 학교는 학생의 학업 부담을 적정화하고 의미 있는 학습 활동이 이루어질 수 있도록 학기당 이수 교과목 수를 8개 이내로 편성한다. 단, 체육, 예술(음악/미술) 교과 및 선택 과목과 학교자율시간에 편성한 과목은 이수 교과목 수 제한에서 제외하여 편성할 수 있다.
  ㉣ 학교는 선택 과목을 개설할 경우, 2개 이상의 과목을 동시에 개설하여 학생의 선택권을 보장한다. 학교는 필요한 경우 새로운 선택 과목을 개설할 수 있으며, 이 경우 시·도 교육감이 정하는 지침에 따라 사전에 필요한 절차를 거쳐야 한다.
  ㉤ 학교는 창의적 체험활동의 영역을 학생들의 발달 수준, 학교의 여건 등을 고려하여 자율적으로 편성·운영한다.
② 학교는 모든 학생의 학습 기회를 보장할 수 있도록 학교 교육과정을 편성·운영한다.
  ㉠ 전입 학생이 특정 교과목을 이수하지 못할 경우, 시·도 교육청과 학교에서는 학습 결손이 발생하지 않도록 보충 학습 과정 등을 제공한다.
  ㉡ 교과목 개설이 어려운 소규모 학교, 농산어촌학교 등에서는 학습 결손이 발생하지 않도록 온라인 활용 및 지역 내 교육자원 공유·협력을 활성화한다. 이 경우 시·도 교육감이 정하는 지침에 따른다.
③ 학교는 지역과 연계하거나 다양하고 특색 있는 교육과정 운영을 위해 학교자율시간을 편성·운영한다.
  ㉠ 학교자율시간을 활용하여 이 교육과정에 제시되어 있는 교과목 외에 새로운 선택 과목을 개설할 수 있다.
  ㉡ 학교자율시간에 개설되는 과목의 내용은 지역과 학교의 여건 및 학생의 필요에 따라 학교가 결정하되, 학생의 선택권을 고려하여 다양한 과목을 개설·운영한다.
  ㉢ 학교자율시간은 학교 여건에 따라 연간 34주를 기준으로 한 교과별 및 창의적 체험활동 수업 시간의 학기별 1주의 수업 시간을 확보하여 운영한다.
④ 학교는 학생들이 자신의 적성과 미래에 대해 탐색하고 학습의 즐거움을 경험할 수 있도록 자유학기와 진로연계교육을 편성·운영한다.
  ㉠ 중학교 과정 중 한 학기는 자유학기로 운영하되, 해당 학기의 교과 및 창의적 체험활동을 자유학기 취지에 부합하도록 편성·운영한다.
    ⓐ 자유학기에는 지역 및 학교 여건을 고려하여 자율적으로 학생 참여 중심의 주제선택 활동과 진로 탐색 활동을 운영한다.
    ⓑ 자유학기에는 토의·토론 학습, 프로젝트 학습 등 학생 참여형 수업을 강화하고, 학습의 과정을 중시하는 다양한 평가 방법을 활용하되, 일제식 지필 평가는 지양한다.
  ㉡ 학교는 상급 학교(학년)로 진학하기 전 학기나 학년의 일부 시간을 활용하여 학교급 간 연계 및 진로 교육을 강화하는 진로연계교육을 편성·운영한다.
    ⓐ 학교는 고등학교 생활 및 학습 준비, 진로 탐색, 진학 준비 등을 위해 교과와 창의적 체험활동 시간을 활용하여 진로연계교육을 자율적으로 운영한다.

ⓑ 학교는 진로연계교육의 중점을 학생의 역량 함양 및 자기주도적 학습 능력 향상에 중점을 두고 교과별 내용 및 학습 방법 등의 학교급 간 연계를 통해 학생의 학습과 성장을 지원한다.

ⓒ 학교는 진로연계교육을 창의적 체험활동의 진로 활동 및 자유학기의 활동과 연계하여 운영한다.

⑤ 학교는 학생들이 삶 속에서 스포츠 문화를 지속적으로 향유하여 건전한 심신 발달과 정서 함양이 이루어질 수 있도록 학교스포츠클럽 활동을 편성·운영한다.

㉠ 학교스포츠클럽 활동은 창의적 체험활동의 동아리 활동으로 편성하고 학년별 연간 34시간 운영하며, 매 학기 편성하도록 한다.

㉡ 학교스포츠클럽 활동의 종목과 내용은 학생들의 희망을 반영하여 학교가 결정하되, 다양한 종목을 개설하여 학생들의 선택권이 보장되도록 한다.

(4) 고등학교

1) 편제와 시간 배당 기준

① 편제

㉠ 고등학교 교육과정은 교과(군)와 창의적 체험활동으로 편성한다.

㉡ 교과는 보통 교과와 전문 교과로 한다.

가. 보통 교과

ⓐ 보통 교과의 교과(군)는 국어, 수학, 영어, 사회(역사/도덕 포함), 과학, 체육, 예술, 기술·가정/정보/제2외국어/한문/교양으로 한다.

ⓑ 보통 교과는 공통 과목과 선택 과목으로 구분한다. 선택 과목은 일반 선택 과목, 진로 선택 과목, 융합 선택 과목으로 구분한다.

나. 전문 교과

ⓐ 전문 교과의 교과(군)는 국가직무능력표준 등을 고려하여 경영·금융, 보건·복지, 문화·예술·디자인·방송, 미용, 관광·레저, 식품·조리, 건축·토목, 기계, 재료, 화학 공업, 섬유·의류, 전기·전자, 정보·통신, 환경·안전·소방, 농림·축산, 수산·해운, 융복합·지식 재산 과목으로 한다.

ⓑ 전문 교과의 과목은 전문 공통 과목, 전공 일반 과목, 전공 실무 과목으로 구분한다.

㉢ 창의적 체험활동은 자율·자치 활동, 동아리 활동, 진로 활동으로 한다.

② 학점 배당 기준

㉠ 일반 고등학교와 특수 목적 고등학교(산업수요 맞춤형 고등학교 제외)

교과(군)	공통 과목	필수 이수 학점	자율 이수 학점
국어	공통국어1, 공통국어2	8	학생의 적성과 진로를 고려하여 편성
수학	공통수학1, 공통수학2	8	
영어	공통영어1, 공통영어2	8	
사회 (역사/도덕 포함)	한국사1, 한국사2	6	
	통합사회1, 통합사회2	8	
과학	통합과학1, 통합과학2, 과학탐구실험1, 과학탐구실험2	10	
체육		10	
예술		10	
기술·가정/정보/제2외국어/한문/교양		16	
소계		84	90
창의적 체험활동		18(288시간)	
총 이수 학점		192	

ⓐ 1학점은 50분을 기준으로 하여 16회를 이수하는 수업량이다.
ⓑ 1시간의 수업은 50분을 원칙으로 하되, 기후 및 계절, 학생의 발달 정도, 학습 내용의 성격, 학교 실정 등을 고려하여 탄력적으로 편성·운영할 수 있다.
ⓒ 공통 과목의 기본 학점은 4학점이며, 1학점 범위 내에서 감하여 편성·운영할 수 있다. 단, 한국사1, 2의 기본 학점은 3학점이며 감하여 편성·운영할 수 없다.
ⓓ 과학탐구실험1, 2의 기본 학점은 1학점이며 증감 없이 편성·운영하는 것을 원칙으로 한다. 단, 과학, 체육, 예술 계열 고등학교의 경우 학교 실정에 따라 탄력적으로 운영할 수 있다.
ⓔ 필수 이수 학점 수는 해당 교과(군)의 최소 이수 학점이다. 특수 목적 고등학교의 경우 예술 교과(군)는 5학점 이상, 기술·가정/정보/제2외국어/한문/교양 교과(군)는 12학점 이상 이수하도록 한다.
ⓕ 국어, 수학, 영어 교과의 이수 학점 총합은 81학점을 초과하지 않도록 하며, 교과 이수 학점이 174학점을 초과하는 경우에는 초과 이수 학점의 50%를 넘지 않도록 한다.
ⓖ 창의적 체험활동의 학점 수는 최소 이수 학점이며 ( )안의 숫자는 이수 학점을 시간 수로 환산한 것이다.
ⓗ 총 이수 학점 수는 고등학교 졸업을 위해 3년간 이수해야 할 최소 이수 학점을 의미한다.

ⓛ 특성화 고등학교와 산업수요 맞춤형 고등학교

교과(군)		공통 과목	필수 이수 학점	자율 이수 학점
보통 교과	국어	공통국어1, 공통국어2	24	학생의 적성과 진로를 고려하여 편성
	수학	공통수학1, 공통수학2		
	영어	공통영어1, 공통영어2		
	사회 (역사/도덕 포함)	한국사1, 한국사2	6	
		통합사회1, 통합사회2	12	
	과학	통합과학1, 통합과학2		
	체육		8	
	예술		6	
	기술·가정/정보/제2외국어/한문/교양		8	
	소계		64	
전문 교과	17개 교과(군)		80	30
창의적 체험활동			18(288시간)	
총 이수 학점			192	

ⓐ 1학점은 50분을 기준으로 하여 16회를 이수하는 수업량이다.
ⓑ 1시간의 수업은 50분을 원칙으로 하되, 기후 및 계절, 학생의 발달 정도, 학습 내용의 성격 등과 학교 실정 등을 고려하여 탄력적으로 편성·운영할 수 있다.
ⓒ 공통 과목의 기본 학점은 4학점이며, 1학점 범위 내에서 감하여 편성·운영할 수 있다. 단, 한국사1, 2의 기본 학점은 3학점이며 감하여 편성·운영할 수 없다.
ⓓ 필수 이수 학점 수는 해당 교과(군)의 최소 이수 학점이다.
ⓔ 자연현장 실습 등 체험 위주의 교육을 전문적으로 실시하는 특성화 고등학교의 전문 교과 필수 이수 학점은 시·도 교육감이 정한다.
ⓕ 창의적 체험활동의 학점 수는 최소 이수 학점이며 ( )안의 숫자는 이수 학점을 시간 수로 환산한 것이다.
ⓖ 총 이수 학점 수는 고등학교 졸업을 위해 3년간 이수해야 할 최소 이수 학점을 의미한다.

ⓒ 보통 교과

교과(군)	공통 과목	선택 과목		
		일반 선택	진로 선택	융합 선택
국어	공통국어1 공통국어2	화법과 언어, 독서와 작문, 문학	주제 탐구 독서, 문학과 영상, 직무 의사소통	독서 토론과 글쓰기, 매체 의사소통, 언어생활 탐구
수학	공통수학1 공통수학2	대수, 미적분Ⅰ, 확률과 통계	기하, 미적분Ⅱ, 경제 수학, 인공지능 수학, 직무 수학	수학과 문화, 실용 통계, 수학과제 탐구
	기본수학1 기본수학2			
영어	공통영어1 공통영어2	영어Ⅰ, 영어Ⅱ, 영어 독해와 작문	영미 문학 읽기, 영어 발표와 토론, 심화 영어, 심화 영어 독해와 작문, 직무 영어	실생활 영어 회화, 미디어 영어, 세계 문화와 영어
	기본영어1 기본영어2			
사회 (역사/ 도덕 포함)	한국사1 한국사2	세계시민과 지리, 세계사, 사회와 문화, 현대사회와 윤리	한국지리 탐구, 도시의 미래 탐구,	여행지리, 역사로 탐구하는 현대 세계, 사회문제 탐구, 금융과 경제생활, 윤리문제 탐구, 기후변화와 지속가능한 세계
			동아시아 역사 기행,	
	통합사회1 통합사회2		정치, 법과 사회, 경제,	
			윤리와 사상, 인문학과 윤리,	
			국제 관계의 이해	
과학	통합과학1 통합과학2	물리학, 화학, 생명과학, 지구과학	역학과 에너지,	전자기와 양자,	과학의 역사와 문화, 기후변화와 환경생태, 융합과학 탐구
			물질과 에너지,	화학 반응의 세계,	
	과학탐구실험1 과학탐구실험2		세포와 물질대사,	생물의 유전,	
			지구시스템과학,	행성우주과학	
체육		체육1, 체육2	운동과 건강, 스포츠 문화*, 스포츠 과학*	스포츠 생활1, 스포츠 생활2
예술		음악, 미술, 연극	음악 연주와 창작, 음악 감상과 비평, 미술 창작, 미술 감상과 비평	음악과 미디어, 미술과 매체
기술· 가정/ 정보		기술·가정	로봇과 공학세계, 생활과학 탐구	창의 공학 설계, 지식 재산 일반, 생애 설계와 자립*, 아동발달과 부모
		정보	인공지능 기초, 데이터 과학	소프트웨어와 생활
제2 외국어 /한문		독일어, 프랑스어, 스페인어, 중국어, 일본어, 러시아어, 아랍어, 베트남어	독일어 회화, 프랑스어 회화, 스페인어 회화, 중국어 회화, 일본어 회화, 러시아어 회화, 아랍어 회화, 베트남어 회화,	독일어권 문화, 프랑스어권 문화, 스페인어권 문화, 중국 문화, 일본 문화, 러시아 문화, 아랍 문화, 베트남 문화
			심화 독일어, 심화 프랑스어, 심화 스페인어, 심화 중국어, 심화 일본어, 심화 러시아어, 심화 아랍어, 심화 베트남어	
		한문	한문 고전 읽기	언어생활과 한자

교과(군)	공통 과목	선택 과목		
		일반 선택	진로 선택	융합 선택
교양		진로와 직업, 생태와 환경	인간과 철학, 논리와 사고, 인간과 심리, 교육의 이해, 삶과 종교, 보건	인간과 경제활동, 논술

ⓐ 선택 과목의 기본 학점은 4학점이다. 단, 체육, 예술, 교양 교과(군)의 기본 학점은 3학점이다.
ⓑ 선택 과목은 1학점 범위 내에서 증감하여 편성·운영할 수 있다.
ⓒ * 표시한 과목의 기본 학점은 2학점이며, 1학점 범위 내에서 감하여 편성·운영할 수 있다.
ⓓ 체육 교과는 매 학기 이수하도록 한다. 단, 특성화 고등학교와 산업수요 맞춤형 고등학교의 경우, 현장 실습이 있는 학년에는 탄력적으로 운영할 수 있다.

계열	교과(군)	선택 과목				
		진로 선택				융합 선택
과학 계열	수학	전문 수학	이산 수학	고급 기하	고급 대수	
		고급 미적분				
	과학	고급 물리학	고급 화학	고급 생명과학	고급 지구과학	물리학 실험
						화학 실험
		과학과제 연구				생명과학 실험
						지구과학 실험
	정보	정보과학				
체육 계열	체육	스포츠 개론	육상	체조	수상 스포츠	스포츠 교육
		기초 체육 전공 실기	심화 체육 전공 실기	고급 체육 전공 실기	스포츠 경기 체력	스포츠 생리의학
		스포츠 경기 기술	스포츠 경기 분석			스포츠 행정 및 경영
예술 계열	예술	음악 이론	음악사	시창·청음	음악 전공 실기	음악과 문화
		합창·합주	음악 공연 실습			
		미술 이론	드로잉	미술사	미술 전공 실기	미술 매체 탐구
		조형 탐구				미술과 사회
		무용의 이해	무용과 몸	무용 기초 실기	무용 전공 실기	무용과 매체
		안무	무용 제작 실습	무용 감상과 비평		
		문예 창작의 이해	문장론	문학 감상과 비평	시 창작	문학과 매체
		소설 창작	극 창작			
		연극과 몸	연극과 말	연기	무대 미술과 기술	연극과 삶
		연극 제작 실습	연극 감상과 비평	영화의 이해	촬영·조명	영화와 삶
		편집·사운드	영화 제작 실습	영화 감상과 비평		
		사진의 이해	사진 촬영	사진 표현 기법	영상 제작의 이해	사진과 삶
		사진 감상과 비평				

ⓔ 특수 목적 고등학교 선택 과목은 과학, 체육, 예술 계열에 관한 과목으로 한다.
ⓕ 특수 목적 고등학교 선택 과목의 기본 학점 및 증감 범위는 시·도 교육감이 정한다.

ⓔ 전문 교과
  ⓐ 교과(군) : 경영·금융, 보건·복지, 문화·예술·디자인·방송, 미용, 관광·레저, 식품·조리, 건축·토목, 기계, 재료, 화학 공업, 섬유·의류, 전기·전자, 정보·통신, 환경·안전·소방, 농림·축산, 수산·해운, 융복합·지식 재산
  ⓑ 선택 과목 : 전문 공통, 전공 일반, 전공 실무
  ※ 전문 교과의 과목 기본 학점 및 증감 범위는 시·도 교육감이 정한다.

2) 교육과정 편성·운영 기준

① 공통 사항
  ㉠ 고등학교 교육과정의 총 이수 학점은 192학점이며 교과(군) 174학점, 창의적 체험활동 18학점(288시간)으로 편성한다.
  ㉡ 학교는 학생이 3년간 이수할 수 있는 과목을 학기별로 편성하여 학생과 학부모에게 안내한다.
  ㉢ 학교는 학생이 자신의 진로에 적합한 과목을 이수할 수 있도록 진로·학업 설계 지도와 연계하여 선택 과목에 대한 정보를 적극적으로 안내한다.
  ㉣ 과목의 이수 시기와 학점은 학교에서 자율적으로 편성·운영하되, 다음의 각호를 따른다.
    ⓐ 학생이 학기 단위로 과목을 이수할 수 있도록 편성·운영한다.
    ⓑ 공통 과목은 해당 교과(군)의 선택 과목 이수 전에 편성·운영하는 것을 원칙으로 한다.
    ⓒ 학생의 발달 수준 등을 고려하여 공통수학1, 2와 공통영어1, 2를 기본수학1, 2와 기본영어1, 2로 대체하여 이수하도록 편성·운영할 수 있다. 이와 관련된 구체적인 사항은 시·도 교육감이 정하는 지침에 따른다.
    ⓓ 선택 과목 중에서 위계성을 갖는 과목의 경우, 계열적 학습이 가능하도록 편성한다. 단, 학교의 실정 및 학생의 요구, 과목의 성격에 따라 탄력적으로 편성·운영할 수 있다.
  ㉤ 학교는 학생의 학업 부담을 완화하고 깊이 있는 학습이 이루어질 수 있도록 학기당 이수하는 학점을 적정하게 편성한다.
  ㉥ 학교는 학생의 필요와 학업 부담을 고려하여 교과(군) 총 이수 학점을 초과 이수하는 학점이 적정화되도록 하며, 특수 목적 고등학교는 특수 목적 고등학교 선택 과목에 한하여, 특성화 고등학교 및 산업수요 맞춤형 고등학교는 전문 교과의 과목에 한하여 초과 이수할 수 있다.
  ㉦ 학교는 일정 규모 이상의 학생이 이 교육과정에 제시된 선택 과목의 개설을 요청할 경우 해당 과목을 개설해야 한다. 이와 관련된 구체적인 사항은 시·도 교육감이 정하는 지침에 따른다.
  ㉧ 학교는 다양한 방식으로 학생의 선택 과목 이수 기회를 확대하기 위해 노력하되, 다음의 각호를 따른다.
    ⓐ 학교에서 개설하지 않은 선택 과목 이수를 희망하는 학생이 있을 경우 그 과목을 개설한 다른 학교에서의 이수를 인정한다. 이와 관련된 구체적인 사항은 시·도 교육감이 정하는 지침에 따른다.
    ⓑ 학교는 필요에 따라 이 교육과정에 제시되어 있는 과목 외에 새로운 과목을 개설할 수 있다. 이 경우 시·도 교육감이 정하는 지침에 따라 사전에 필요한 절차를 거쳐야 한다.
    ⓒ 학교는 학생의 필요에 따라 지역사회 기관에서 이루어진 학교 밖 교육을 과목 또는 창의적 체험활동으로 이수를 인정한다. 이와 관련된 구체적인 사항은 시·도 교육감이 정하는 지침에 따른다.
    ⓓ 학교는 필요에 따라 대학 과목 선이수제의 과목을 개설할 수 있고, 국제적으로 공인된 교육과정이나 과목을 개설할 수 있다. 이와 관련된 구체적인 사항은 시·도 교육감이 정하는 지침에 따른다.
  ㉨ 학교는 창의적 체험활동의 영역을 학생의 발달 수준, 학교의 여건 등을 고려하여 자율적으로 편성·운영하고, 학생의 진로 및 적성과 연계하여 다양한 활동이 이루어질 수 있도록 한다.
  ㉩ 학교는 학생이 교과 및 창의적 체험활동의 이수 기준을 충족한 경우 학점 취득을 인정한다. 이수 기준은 출석률과 학업성취율을 반영하여 설정하며, 이와 관련된 구체적인 사항은 교육부 장관이 정하는 지침에 따른다.
  ㉪ 학교는 과목별 최소 성취수준을 보장하기 위해 학교의 여건 등을 고려하여 다양한 방식으로 예방·보충 지도를 실시한다.
  ㉫ 학교는 학교급 전환 시기에 학교급 간 연계 및 진로 교육을 강화하는 진로연계교육을 편성·운영한다.

ⓐ 학교는 학생의 진로·학업 설계 지도를 위해 교과와 창의적 체험활동 시간을 활용하여 진로연계교육을 자율적으로 운영한다.
ⓑ 졸업을 앞둔 시기에 교과와 창의적 체험활동 시간을 활용하여 대학 생활에 대한 이해, 대학 선이수 과목, 사회생활 안내와 적응 활동 등을 운영한다.
ⓔ 학교는 특수교육 대상 학생을 위해 필요시 특수교육 전문 교과의 과목을 개설할 수 있다. 이 경우 진로 선택 과목 또는 융합 선택 과목으로 편성한다.

② 일반 고등학교
㉠ 교과(군) 174학점 중 필수 이수 학점은 84학점으로 한다. 단, 필요한 경우 학교는 학생의 진로 및 발달 수준 등을 고려하여 필수 이수 학점 수를 학생별로 다르게 정할 수 있으며, 이와 관련된 구체적인 사항은 시·도 교육감이 정하는 지침에 따른다.
㉡ 학교는 교육과정을 보통 교과 중심으로 편성하되, 필요에 따라 전문 교과의 과목을 개설할 수 있다. 이 경우 진로 선택 과목으로 편성한다.
㉢ 학교가 제2외국어 과목을 개설할 경우, 2개 이상의 과목을 동시에 개설하도록 노력해야 한다.
㉣ 학교가 필요에 따라 이 교육과정에 제시되어 있는 과목 외에 새로운 과목을 개설할 경우 진로 선택 과목 또는 융합 선택 과목으로 편성한다.
㉤ 학교는 교육과정을 특성화하기 위해 특정 교과를 중심으로 중점학교를 운영할 수 있다. 이 경우 자율 이수 학점의 30% 이상을 해당 교과(군)의 과목으로 편성하도록 권장하며, 이와 관련된 구체적인 사항은 시·도 교육감이 정하는 지침에 따른다.
㉥ 학교는 직업교육 관련 학과를 설치·운영하거나 직업 위탁 과정을 운영할 수 있다. 이 경우 특성화 고등학교와 산업수요 맞춤형 고등학교의 학점 배당 기준을 적용할 수 있으며, 이와 관련된 구체적인 사항은 시·도 교육감이 정하는 지침에 따른다.

③ 특수 목적 고등학교(산업수요 맞춤형 고등학교 제외)
㉠ 교과(군) 174학점 중 필수 이수 학점은 75학점으로 하고, 자율 이수 학점 중 68학점 이상을 특수 목적 고등학교 전공 관련 선택 과목으로 편성한다.
㉡ 이 교육과정에 제시되지 않은 계열의 교육과정은 유사 계열의 교육과정에 준한다. 부득이 새로운 계열을 설치하고 그에 따른 교육과정을 편성할 경우에는 시·도 교육감이 정하는 지침에 따라 사전에 필요한 절차를 거쳐야 한다.
㉢ 학교는 필요에 따라 전문 교과의 과목을 개설할 수 있다. 이 경우 진로 선택 과목으로 편성한다.
㉣ 학교가 필요에 따라 이 교육과정에 제시되어 있는 과목 외에 새로운 과목을 개설할 경우 진로 선택 과목 또는 융합 선택 과목으로 편성한다.

④ 특성화 고등학교와 산업수요 맞춤형 고등학교
㉠ 학교는 산업수요와 직업의 변화를 고려하여 학과를 개설하고, 학과별 인력 양성 유형, 학생의 취업 역량과 경력 개발 등을 고려하여 학생이 직업기초능력 및 직무능력을 함양할 수 있도록 교육과정을 편성·운영한다.
ⓐ 교과(군)의 총 이수 학점 174학점 중 보통 교과의 필수 이수 학점은 64학점, 전문 교과의 필수 이수 학점은 80학점으로 한다. 단, 필요한 경우 학교는 학생의 진로 및 발달 수준 등을 고려하여 필수 이수 학점을 학생별로 다르게 정할 수 있으며, 이와 관련된 구체적인 사항은 시·도 교육감이 정하는 지침에 따른다.
ⓑ 학교는 두 개 이상의 교과(군)의 과목을 선택하여 전문 교과를 편성·운영할 수 있다.
ⓒ 학교는 모든 교과(군)에서 요구되는 전문 공통 과목을 학교 여건과 학생 요구를 반영하여 편성·운영할 수 있다.
ⓓ 전공 실무 과목은 국가직무능력표준의 성취기준에 적합하게 교수·학습이 이루어지도록 하며, 내용 영역인 능력단위 기준으로 평가한다.
㉡ 학교는 학과를 운영할 때 필요한 경우 세부 전공, 부전공 또는 자격 취득 과정을 개설할 수 있다. 이와 관련된 구체적인 사항은 시·도 교육감이 정하는 지침에 따른다.
㉢ 전문 교과의 기초가 되는 과목을 선택하여 이수할 경우, 이와 관련되는 보통 교과의 선택 과목 이수로 간주할 수 있다.

- ㄹ) 내용이 유사하거나 관련되는 보통 교과의 선택 과목과 전문 교과의 과목을 교체하여 편성·운영할 수 있다. 이 경우 시·도 교육감이 정하는 지침에 따라 사전에 필요한 절차를 거쳐야 한다.
- ㅁ) 학교는 산업계의 수요 등을 고려하여 전문 교과의 교과 내용에 주제나 내용 요소를 추가하여 구성할 수 있다. 단, 전공 실무 과목의 경우에는 국가직무능력표준에 기반을 두어야 하며, 학교 및 학생의 필요에 따라 내용 영역(능력단위) 중 일부를 선택하여 운영할 수 있다.
- ㅂ) 다양한 직업적 체험과 현장 적응력 제고 등을 위해 학교에서 배운 지식과 기술을 경험하고 적용하는 현장 실습을 교육과정에 포함하여 운영한다.
    - ⓐ 현장 실습은 교육과정과 관련된 직무를 경험할 수 있도록 운영한다. 특히, 산업체를 기반으로 실시하는 현장 실습은 학생이 참여 여부를 선택하도록 하되, 학교와 산업계가 현장 실습 프로그램을 공동으로 개발하고 현장 실습의 과정과 결과를 평가하도록 한다.
    - ⓑ 현장 실습은 지역사회 기관들과 연계하여 다양한 형태로 운영할 수 있으며, 이와 관련된 구체적인 사항은 시·도 교육감이 정하는 지침에 따른다.
- ㅅ) 학교는 실습 관련 과목을 지도할 경우 사전에 수업 내용과 관련된 산업안전보건 등에 대한 교육을 실시해야 하고, 안전 장구 착용 등 안전 조치를 취한다.
- ㅇ) 창의적 체험활동은 학생의 진로 및 경력 개발, 인성 계발, 취업 역량 제고 등을 목적으로 프로그램을 운영할 수 있다.
- ㅈ) 이 교육과정에 제시되지 않은 교과(군)의 교육과정은 유사한 교과(군)의 교육과정에 준한다. 부득이 새로운 교과(군)의 설치 및 그에 따른 교육과정을 편성·운영하고자 할 경우에는 시·도 교육감이 정하는 지침에 따라 사전에 필요한 절차를 거쳐야 한다.
- ㅊ) 학교가 필요에 따라 이 교육과정에 제시되어 있는 과목 외에 새로운 전공 실무 과목을 개설하여 운영할 경우 국가직무능력표준에 기반을 두어야 하며, 이 경우 시·도 교육감이 정하는 지침에 따라 사전에 필요한 절차를 거쳐야 한다.
- ㅋ) 산업수요 맞춤형 고등학교는 산업계의 수요와 직접 연계된 맞춤형 교육과정 운영이 가능하도록 교육과정 편성·운영의 자율권을 부여하고, 이와 관련된 구체적인 사항은 시·도 교육감이 정하는 지침에 따른다.

(5) 특수한 학교

① 초·중·고등학교에 준하는 학교의 교육과정은 이 교육과정에 따라서 편성·운영한다.
② 국가가 설립 운영하는 학교의 교육과정은 해당 시·도 교육청의 편성·운영 지침을 참고하여 학교장이 편성한다.
③ 고등공민학교, 고등기술학교, 근로 청소년을 위한 특별 학급 및 산업체 부설 중·고등학교, 기타 특수한 학교는 이 교육과정을 바탕으로 학교의 실정과 학생의 특성에 알맞은 학교 교육과정을 편성하고, 시·도 교육감의 승인을 얻어 운영한다.
④ 야간 수업을 하는 학교의 교육과정은 이 교육과정을 따르되, 다만 1시간의 수업을 40분으로 단축하여 운영할 수 있다.
⑤ 방송통신중학교 및 방송통신고등학교는 이 교육과정에 제시된 중학교 및 고등학교 교육과정을 따르되, 시·도 교육감의 승인을 얻어 이 교육과정의 편제와 시간·학점 배당 기준을 다음과 같이 조정하여 운영할 수 있다.
- ㄱ) 편제와 시간·학점 배당 기준은 중학교 및 고등학교 교육과정에 준하되, 중학교는 2,652시간 이상, 고등학교는 152학점 이상 이수하도록 한다.
- ㄴ) 학교 출석 수업 일수는 연간 20일 이상으로 한다.
⑥ 자율학교, 재외한국학교 등 법령에 따라 교육과정 편성·운영의 자율성이 부여되는 학교와 특성화 중학교의 경우에는 학교의 설립 목적 및 특성에 따른 교육이 가능하도록 교육과정 편성·운영의 자율권을 부여하고, 이와 관련한 구체적인 사항은 시·도 교육감(재외한국학교의 경우 교육부 장관)이 정하는 지침에 따른다.
⑦ 효율적인 학교 운영을 위해 통합하여 운영하는 학교의 경우에는 이 교육과정을 따르되, 학교의 실정과 학생의 특성에 맞는 학교 교육과정을 운영할 수 있도록 교육과정 편성·운영의 자율권을 부여하고 이와 관련된 구체적인 사항은 시·

도 교육감이 정하는 지침에 따른다.
⑧ 교육과정의 연구 등을 위해 새로운 방식으로 교육과정을 편성·운영하고자 하는 학교는 교육부 장관의 승인을 받아 이 교육과정의 기준과는 다르게 학교 교육과정을 편성·운영할 수 있다.

4. 학교 교육과정 지원

(1) 교육과정의 질 관리

1) 국가 수준의 지원

① 이 교육과정의 질 관리를 위하여 주기적으로 학업 성취도 평가, 교육과정 편성·운영에 관한 평가, 학교와 교육 기관 평가를 실시하고 그 결과를 교육과정 개선에 활용한다.
  ㉠ 교과별, 학년(군)별 학업 성취도 평가를 실시하고, 평가 결과는 학생의 학습 지원, 학력의 질 관리, 교육과정의 적절성 확보 및 개선 등에 활용한다.
  ㉡ 학교의 교육과정 편성·운영과 교육청의 교육과정 지원 상황을 파악하기 위하여 학교와 교육청에 대한 평가를 주기적으로 실시한다.
  ㉢ 교육과정에 대하여 조사, 분석 및 점검을 실시하고 그 결과를 교육과정 개선에 반영한다.
② 교육과정 편성·운영과 지원 체제의 적절성 및 실효성을 평가하기 위한 연구를 수행한다.

2) 교육청 수준의 지원

① 지역의 특수성, 교육의 실태, 학생·교원·주민의 요구와 필요 등을 반영하여 교육청 단위의 교육 중점을 설정하고, 학교 교육과정 개발을 위한 시·도 교육청 수준 교육과정 편성·운영 지침을 마련하여 안내한다.
② 시·도의 특성과 교육적 요구를 구현하기 위하여 시·도 교육청 교육과정 위원회를 조직하여 운영한다.
  ㉠ 이 위원회는 교육과정 편성·운영에 관한 조사 연구와 자문 기능을 담당한다.
  ㉡ 이 위원회에는 교원, 교육 행정가, 교육학 전문가, 교과 교육 전문가, 학부모, 지역사회 인사, 산업체 전문가 등이 참여할 수 있다.
③ 학교 교육과정의 질 관리를 위해 각급 학교의 교육과정 편성·운영 실태를 정기적으로 파악하고, 교육과정 운영 지원 실태를 점검하여 효과적인 교육과정 운영과 개선에 필요한 지원을 한다.
  ㉠ 학교 교육과정 편성·운영 체제의 적절성 및 실효성을 높이기 위하여 학업 성취도 평가, 학교 교육과정 평가 등을 실시하고 그 결과를 교육과정 개선에 활용한다.
  ㉡ 교육청 수준의 학교 교육과정 지원에 대한 자체 평가와 교육과정 운영 지원 실태에 대한 점검을 실시하고 개선 방안을 마련한다.

(2) 학습자 맞춤교육 강화

1) 국가 수준의 지원

① 학교에서 학생의 성장과 성공적인 학습을 지원하는 평가가 원활히 이루어질 수 있도록 다양한 방안을 개발하여 학교에 제공한다.
  ㉠ 학교가 교과 교육과정의 목표에 부합되는 평가를 실시할 수 있도록 교과별로 성취기준에 따른 평가기준을 개발·보급한다.
  ㉡ 교과목별 평가 활동에 활용할 수 있는 다양한 평가 방법, 절차, 도구 등을 개발하여 학교에 제공한다.
② 특성화 고등학교와 산업수요 맞춤형 고등학교가 기준 학과별 국가직무능력표준이나 직무분석 결과에 기초하여 학교의 특성 및 학과별 인력 양성 유형을 고려하여 교육과정을 편성·운영할 수 있도록 지원한다.
③ 학습 부진 학생, 느린 학습자, 다문화 가정 학생 등 다양한 특성을 가진 학생을 위해 필요한 지원 방안을 마련한다.

④ 특수교육 대상 학생에 대한 정당한 편의 제공을 위해 필요한 교수·학습 자료, 교육 평가 방법 및 도구 등의 제반 사항을 지원한다.

2) 교육청 수준의 지원

① 지역 및 학교, 학생의 다양한 특성을 반영하여 학교 교육과정이 운영될 수 있도록 지원한다.
  ㉠ 학교가 이 교육과정에 제시되어 있는 과목 외에 새로운 교과목을 개설·운영할 수 있도록 관련 지침을 마련한다.
  ㉡ 통합운영학교 관련 규정 및 지침을 정비하고, 통합운영학교에 맞는 교육과정 운영이 이루어질 수 있도록 지원한다.
  ㉢ 학교 밖 교육이 지역 및 학교의 여건, 학생의 희망을 고려하여 운영될 수 있도록 우수한 학교 밖 교육 자원을 발굴·공유하고, 질 관리에 힘쓴다.
  ㉣ 개별 학교의 희망과 여건을 반영하여 필요한 경우 공동으로 교육과정을 운영할 수 있도록 지원한다.
  ㉤ 지역사회와 학교의 여건에 따라 초등학교 저학년 학생을 학교에서 돌볼 수 있는 기능을 강화하고, 이에 대해 행·재정적 지원을 한다.
  ㉥ 학교가 학생과 학부모의 요구에 따라 방과 후 또는 방학 중 활동을 운영할 수 있도록 행·재정적 지원을 한다.
② 학생의 진로 및 발달적 특성을 고려하여 자신의 진로를 스스로 설계해 갈 수 있도록 다양한 방안을 마련하여 지원한다.
  ㉠ 학교급과 학생의 발달적 특성에 맞는 진로 활동 및 학교급 간 연계 교육을 강화하는 데 필요한 지원을 한다.
  ㉡ 학교급 전환 시기 진로연계교육을 위한 자료를 개발·보급하고, 각 학교급 교육과정에 대한 교사의 이해 증진 및 학교급 간 협력 관계 구축을 위한 지원을 확대한다.
  ㉢ 중학교 자유학기 운영을 지원하기 위해 각종 자료의 개발·보급, 교원의 연수, 지역사회와의 연계가 포함된 자유학기 지원 계획을 수립하여 추진한다.
  ㉣ 고등학교 교육과정이 학점을 기반으로 내실 있게 운영될 수 있도록 각종 자료의 개발·보급, 교원의 연수, 학교 컨설팅, 최소 성취수준 보장, 지역사회와의 연계 등 지원 계획을 수립하여 추진한다.
  ㉤ 인문학적 소양 및 통합적 읽기 능력 함양을 위해 독서 활동을 활성화하도록 다양한 지원을 한다.
③ 학습자의 다양성을 존중하고 학습 소외 및 교육 격차를 방지할 수 있도록 맞춤형 교육을 지원한다.
  ㉠ 지역 간, 학교 간 교육 격차를 완화할 수 있도록 농산어촌학교, 소규모학교에 대한 지원 체제를 마련한다.
  ㉡ 모든 학생이 학습에서 소외되지 않도록 교육공동체가 함께 협력하여 학생 개개인의 필요와 요구에 맞는 맞춤형 교육 활동을 계획하고 실행할 수 있도록 지원한다.
  ㉢ 전·입학, 귀국 등에 따라 공통 교육과정의 교과와 고등학교 공통 과목을 이수하지 못한 학생들이 해당 과목을 이수할 수 있도록 다양한 기회를 마련해 주고, 학생들이 공공성을 갖춘 지역사회 기관을 통해 이수한 과정을 인정해 주는 방안을 마련한다.
  ㉣ 귀국자 및 다문화 가정 학생을 포함하는 다양한 배경의 학생들이 그들의 교육 경험의 특성과 배경에 의해 이 교육과정을 이수하는 데 어려움이 없도록 지원한다.
  ㉤ 특정 분야에서 탁월한 재능을 보이는 학생, 학습 부진 학생, 특수교육 대상 학생들을 위한 교육 기회를 마련하고 지원한다.
  ㉥ 통합교육 실행 및 개선을 위해 교사 간 협력 지원, 초·중학교 교육과정과 특수교육 교육과정을 연계할 수 있는 자료 개발 및 보급, 관련 연수나 컨설팅 등을 제공한다.

(3) 학교의 교육 환경 조성

1) 국가 수준의 지원

① 교육과정 자율화·분권화를 바탕으로 교육 주체들이 각각의 역할과 책임을 충실하게 수행할 수 있는 협조 체제를 구축하고 지원한다.
② 시·도 교육청의 교육과정 지원 활동과 단위 학교의 교육과정 편성·운영 활동이 상호 유기적으로 이루어질 수 있도록

행·재정적 지원을 한다.

③ 이 교육과정이 교육 현장에 정착될 수 있도록 교육청 수준의 교원 연수와 전국 단위의 교과 연구회 활동을 적극적으로 지원한다.

④ 디지털 교육 환경 변화에 부합하는 미래형 교수·학습 방법과 평가체제 구축을 위해 교원의 에듀테크 활용 역량 함양을 지원한다.

⑤ 학교 교육과정이 원활히 운영될 수 있도록 학교 시설 및 교원 수급 계획을 마련하여 제시한다.

2) 교육청 수준의 지원

① 학교가 이 교육과정에 근거하여 학교 교육과정을 편성·운영할 수 있도록 다음의 사항을 지원한다.
　㉠ 학교 교육과정 편성·운영을 위해서 교육 시설, 설비, 자료 등을 정비하고 확충하는 데 필요한 행·재정적 지원을 한다.
　㉡ 복식 학급 운영 등 소규모 학교의 정상적인 교육과정 운영을 지원하기 위해 교원의 배치, 학생의 교육받을 기회 확충 등에 필요한 행·재정적 지원을 한다.
　㉢ 수준별 수업을 효율적으로 운영하도록 지원하며, 기초학력 향상과 학습 결손 보충이 가능하도록 보충 수업을 운영하는 데 필요한 행·재정적 지원을 한다.
　㉣ 학교 교육활동 전반에 걸쳐 종합적인 안전교육 계획을 수립하고 사고 예방을 위한 행·재정적 지원을 한다.
　㉤ 고등학교에서 학생의 과목 선택권을 보장할 수 있도록 교원 수급, 시설 확보, 유연한 학습 공간 조성, 프로그램 개발 등 필요한 행·재정적 지원을 한다.
　㉥ 특성화 고등학교와 산업수요 맞춤형 고등학교가 산업체와 협력하여 특성화된 교육과정과 실습 과목을 편성·운영하는 경우, 학생의 현장 실습과 전문교과 실습이 안전하고 내실 있게 운영될 수 있도록 행·재정적 지원을 한다.

② 학교가 새 학년도 시작에 앞서 교육과정 편성·운영에 관한 계획을 수립할 수 있도록 교육과정 편성·운영 자료를 개발·보급하고, 교원의 전보를 적기에 시행한다.

③ 교과와 창의적 체험활동 등에 필요한 교과용 도서의 개발, 인정, 보급을 위해 노력한다.

④ 학교가 지역사회의 관계 기관과 적극적으로 연계·협력해서 교과, 창의적 체험활동, 학교스포츠클럽활동, 자유학기 등을 내실 있게 운영할 수 있도록 지원하며, 관내 학교가 활용할 수 있는 우수한 지역 자원을 발굴하여 안내한다.

⑤ 학교 교육과정의 효과적 운영을 위하여 학생의 배정, 교원의 수급 및 순회, 학교 간 시설과 설비의 공동 활용, 자료의 공동 개발과 활용에 관하여 학교 간 및 시·도 교육(지원)청 간의 협조 체제를 구축한다.

⑥ 단위 학교의 교육과정 편성·운영 및 교수·학습, 평가를 지원할 수 있도록 교원 연수, 교육과정 컨설팅, 연구학교 운영 및 연구회 활동 지원 등에 대한 계획을 수립하여 시행한다.
　㉠ 교원의 학교 교육과정 편성·운영 능력과 교과 및 창의적 체험활동에 대한 교수·학습, 평가 역량을 제고하기 위하여 교원에 대한 연수 계획을 수립하여 시행한다.
　㉡ 학교 교육과정의 효율적인 편성·운영을 지원하기 위해 교육과정 컨설팅 지원단 등 지원 기구를 운영하며 교육과정 편성·운영을 위한 각종 자료를 개발하여 보급한다.
　㉢ 학교 교육과정 편성·운영의 개선과 수업 개선을 위해 연구학교를 운영하고 연구 교사제 및 교과별 연구회 활동 등을 적극적으로 지원한다.

⑦ 온오프라인 연계를 통한 효과적인 교수·학습과 평가가 이루어질 수 있도록 하며, 지능정보기술을 활용한 맞춤형 수업과 평가가 가능하도록 지원한다.
　㉠ 원격수업을 효과적으로 지원하기 위해 학교의 원격수업 기반 구축, 교원의 원격수업 역량 강화 등에 필요한 행·재정적 지원을 한다.
　㉡ 수업 설계·운영과 평가에서 다양한 디지털 플랫폼과 기술 및 도구를 효율적으로 활용할 수 있도록 시설·설비와 기자재 확충을 지원한다.

[우리나라 교육과정의 역사]

구 분	특 징
긴급 조치기 (1945~1946)	• 당면한 교육문제에 대한 미 군정의 응급조치 • 초·중등학교의 교과편제 및 시간배당 발표
교수요목기 (1946~1954)	• 각급 학교의 교수요목 발표 • 분과주의 채택 • 진보주의 교육영향 • 학습지도에 따른 아동중심의 새 교육운동 전개
제1차 교육과정 (1954~1963)	• 주요 배경이론 : 교과중심 교육과정 • 체제면에서는 분과형 교육과정 유지 • 내용면에서는 부분적으로 생활중심 교육과정 반영 • 도의 교육 강조 • 교육과정 영역을 교과활동 + 특별활동으로 2대분
제2차 교육과정 (1963~1973)	• 주요 배경이론 : 경험중심 교육과정 • 교육과정 의미 : 학교의 지도 하에 학생들이 가지는 경험의 총체 • 자주성, 생산성, 유용성 강조 • 교육과정 영역을 교과활동 + 반공·도덕생활 + 특별활동으로 3대분
제3차 교육과정 (1973~1981)	• 주요 배경이론 : 학문중심 교육과정 • 지식의 구조, 기본 개념과 원리를 중시, 탐구학습 강조 • 국민교육헌장 이념 구현 • 도덕과 신설(초·중학교), 국사과 신설(중학교) • 교육과정 영역을 다시 교과 + 특별활동으로 2대분
제4차 교육과정 (1981~1987)	• 주요 배경이론 : 인간중심 교육과정 • 국민정신교육, 전인교육, 과학기술교육 강조 • 국민학교에서 교과의 통합적 운영으로 통합 교육과정이 싹틈 • 교육과정 영역을 교과활동 + 특별활동으로 2대분 • 문교부 주도에서 연구기관 위탁형 교육과정 개발 시작
제5차 교육과정 (1987~1992)	• 주요 배경이론 : 교과, 경험, 학문, 인간중심 교육과정의 조화 • 국민학교의 통합 교육과정 개정(교과통합 → 교육과정 통합) • 기초교육, 미래사회 대비교육 지향 • 교육과정 운영의 효율성 강조 • '우리들은 1학년' 신설 • 다양한 교육과정 자료개발 보급 • 컴퓨터교육과 경제교육을 강화 • 시·도 단위의 교과서 편찬 • 교육과정 영역을 교과활동 + 특별활동으로 2대분
제6차 교육과정 (1992~1997)	• 주요 배경이론 : 다양한 교육과정이론의 복합적 적용 • 교육과정 결정의 분권화, 교육과정 구조의 다양화, 교육과정 내용의 적정화, 교육과정 운영의 효율화 지향 • 초등학교 교육과정 영역을 교과활동 + 특별활동 + 학교 재량시간으로 3대분 • 중학교 교육과정에 선택교과 설정 • 교육과정 결정과 운영의 중앙 집중화 탈피, 지방분권화 지향
제7차 교육과정 (1997~)	• 주요 배경이론 : 다양한 교육과정이론의 복합적 적용 • 국민공통기본 교육과정의 도입(1~10학년) • 수준별 교육과정의 도입(단계형, 심화보충형, 과목선택형) • 재량활동 신설 및 확대 : 자치·적응·계발·봉사·행사 • 고교 2·~3학년(11~12학년)의 선택중심 교육과정 도입 • 교육과정 영역을 교과 + 재량 + 특별활동으로 3대분
2007 개정 교육과정 (2007~2010)	• 제7차 교육과정의 골격을 유지하면서 부분적으로 수정 • 수업시수를 일부 축소 • 과학과 역사 교육을 강화 • 단위학교 교육과정 운영의 자율권 확대 • 고등학교 선택중심 교육과정 개선 - 선택과목의 일원화, 선택과목(군) 조정 등
2009 개정 교육과정 (2010~2015)	• 창의적인 인재 양성 • 전인적 성장을 위한 창의적 체험활동 강화 • 고등학교 선택중심 교육과정 확대(고2~3 → 고1~3) • 편성·운영의 자율성 강화 • 교육과정 개편을 통한 대학수능시험 제도 개혁 유도 → 각론보다 총론에 중점을 둔 개정이 이루어졌음
2015 개정 교육과정 (2015~2022)	• 핵심역량을 갖춘 '창의융합형 인재' 양성 • 모든 학생이 인문·사회·과학기술에 대한 기초 소양 함양 • 학습량 적정화, 교수·학습 및 평가 방법 개선을 통한 핵심역량 함양 교육 • 교육과정과 수능·대입제도 연계, 교원 연수 등 교육 전반 개선
2022 개정 교육과정 (2022~)	• 포용성과 창의성을 갖춘 주도적인 사람 • 모든 학생이 언어·수리·디지털소양에 대한 기초 소양 함양 • 학습량 적정화, 교수·학습 및 평가 방법 개선을 통한 역량 함양 교육 • 교육과정과 수능·대입제도 연계, 교원 연수 등 교육 전반 개선

[2015 개정 교육과정과 2022 개정 교육과정의 비교]

구분		주요 내용	
		2015 개정	2022 개정
교육과정 개정 방향		• 창의융합형 인재 양성 • 모든 학생이 인문·사회·과학기술에 대한 기초 소양 함양 • 학습량 적정화, 교수·학습 및 평가 방법 개선을 통한 핵심역량 함양 교육 • 교육과정과 수능·대입제도 연계, 교원 연수 등 교육 전반 개선	• 포용성과 창의성을 갖춘 주도적인 사람 • 모든 학생이 언어·수리·디지털소양에 대한 기초 소양 함양 • 학습량 적정화, 교수·학습 및 평가 방법 개선을 통한 역량 함양 교육 • 교육과정과 수능·대입제도 연계, 교원 연수 등 교육 전반 개선
총론	공통사항 / 핵심역량 반영	• 총론 '추구하는 인간상' 부문에 6개 핵심역량 제시 • 교과별 교과 역량을 제시하고 역량 함양을 위한 성취기준 개발 ※ 일반화된 지식, 핵심개념, 내용요소, 기능	• 총론 6개 핵심역량 개선 : 의사소통역량 → 협력적 소통 역량 • 교과 역량을 목표로 구체화하고 역량 함양을 위한 내용체계 개선, 핵심 아이디어 중심으로 적정화 ※ (개선) 지식·이해, 과정·기능, 가치·태도
	역량 함양 강화	• 연극교육 활성화 - (초·중) 국어 연극 단원 신설 - (고) '연극'과목 일반선택으로 개설 • 독서교육 활성화	• 디지털 기초소양, 자기주도성, 지속가능성, 포용성과 시민성, 창의와 혁신 등 미래사회 요구 역량 지향
	소프트웨어 교육 강화	• (초) 교과(실과) 내용을 SW 기초 소양교육으로 개편 • (중) 과학/기술·가정/정보 교과 신설 • (고) '정보' 과목을 심화선택에서 일반선택 전환, SW 중심 개편	▶ 모든 교과교육을 통한 디지털 기초소양 함양 • (초) 실과 + 학교 자율시간 등을 활용하여 34시간 이상 편성 • (중) 정보과 + 학교 자율시간 등을 활용하여 68시간 이상 편성 • (고) 교과 신설, 다양한 진로 및 융합선택과목 신설(데이터과학, 소프트웨어와 생활 등)
	안전교육 강화	• 안전 교과 또는 단원 신설 - (초 1~2) 「안전한 생활」 신설(64시간) - (초 3~고3) 관련 교과에 단원 신설	• 체험·실습형 안전교육으로 개선 - (초 1~2) 통합교과 주제와 연계(64시간) - (초 3~고3) 다중밀집도 안전을 포함하여 체험·실습형 교육 요소 강화
	범교과 학습주제 개선	• 10개 범교과 학습 주제로 재구조화	• 10개 범교과 학습 주제로 유지 ※ (초·중등교육법 개정) 교육과정 영향 사전협의하도록 관련 법 개정
	창의적 체험활동	• 창의적체험활동 내실화 - 자율활동, 동아리활동, 봉사활동, 진로활동(4개)	• 창의적 체험활동 영역 개선(3개) - 자율·자치활동, 동아리활동, 진로활동 ※ 봉사활동은 동아리 활동 영역에 편성되어 있으며, 모든 활동과 연계 가능
	고등학교 / 공통과목 신설 및 이수단위	• 공통과목 및 선택과목으로 구성 • (선택과목) 일반선택과 진로선택 - 진로선택 및 전문교과를 통한 맞춤형 교육, 수월성 교육 실시	• 공통과목 및 선택과목으로 구성 • 선택과목은 일반선택과 진로선택, 융합선택으로 구분 - 다양한 진로선택 및 융합선택과목재구조화를 통한 맞춤형 교육
	특목고 과목	• 보통교과에서 분리하여 전문교과로 제시	• 전문교과I 보통교과로 통합(학생 선택권 확대), 진로선택과 융합선택으로 구분, 수월성 교육 실시
	편성운영 기준	• 필수이수단위 94단위, 자율편성단위 86학점, 총 204단위 • 선택과목의 기본단위 5단위(일반선택 2단위증감, 진로선택 3단위 증감가능)	• 필수이수학점 84학점, 자율이수학점 90학점, 총 192학점 • 선택과목의 기본학점 4학점(1학점 내 증감가능)
	특성화고 교육과정	• 총론(보통교과)과 NCS 교과의 연계	• 국가직무능력표준 기반 교육과정 분류체계 유지 • 신산업 및 융합기술 분야 인력양성 수요 반영

구분		주요 내용	
		2015 개정	2022 개정
	중학교	• 중학교 '교육과정 편성·운영의 중점'에 자유학기제 교육과정 운영 지침 제시	• 자유학기제 영역, 시수 적정화 　※ (시수) 170시간→ 102시간 　※ (영역) 4개→ 2개(주제선택, 진로탐색) • 학교스포츠클럽활동 시수적정화 　※ (시수)136시간→ 102시간
	초등학교	• 주당 1시간 증배, '안전한 생활' 신설 　- 창의적 체험활동에서 체험중심 교육으로 실시 • 초등학교 교육과정과 누리과정의 연계 강화(한글교육 강화)	• 입학초기적응활동 개선 　- 창의적 체험활동 중심으로 실시 • 기초문해력강화, 한글해득 강화를 위한 국어 34시간 증배 • 누리과정의 연계 강화(즐거운생활 내 신체활동 강화)
교과교육과정 개정 방향		• 총론과 교과교육과정의 유기적 연계 강화 • 교과교육과정 개정 기본방향 제시 　- 핵심개념 중심의 학습량 적정화 　- 핵심역량을 반영 　- 학생참여중심 교수·학습방법 개선 　- 과정중심 평가 확대	• 총론과 교과교육과정의 유기적 연계 강화 • 교과교육과정 개정 기본방향 제시 　- 핵심아이디어 중심의 학습량 적정화 　- 교과역량 교과 목표로 구체화 　- 학생참여중심, 학생주도형 교수·학습방법 개선(비판적 질문, 글쓰기 등) 　- 학습의 과정을 중시하는 평가, 개별 맞춤형 피드백 강화
지원체제	교과서	• 흥미롭고 재미있는 질 높은 교과서 개발	• 실생활 맥락에서 학습자의 자기주도성과 소통협력을 이끄는 교과서 개발
	대입제도 및 교원	• 교육과정에 부합하는 수능 및 대입 제도 도입 검토 　- 수능 3년 예고제에 따라 '17년까지 '21학년도 수능 제도 확정 • 교원양성기관 질 제고, 연수 확대	• 교육과정에 부합하는 대입 제도 도입 검토 　- '24년까지 '28학년도 대입제도 개편안 확정·발표 • 교원양성기관 질 제고, 연수 확대

교육학 논술 KTX(X-file ver.)

발행일 · 2024年 1月 5日 초판 1쇄
저 자 · 이경범 | 발행인 · 이경범 | ISBN 979-11-982585-8-8(14370)   979-11-982585-6-4(세트)
발행처 · 씨엘웍스 | 주소 · 서울시 영등포구 국회대로54길 2, 1202호
주문 및 배본처 | Tel · 02) 785-3088 | Fax · 02) 786-3088

본서의 無斷轉載·複製를 禁함 | 본서의 무단 전재·복제행위는 저작권법 제136조에 의거 5년 이하의 징역 또는 5,000만 원 이하의 벌금에 처하거나 이를 병과할 수 있습니다. | 파본은 구입처에서 교환하시기 바랍니다.

정가 35,000원